Kirchenbau

zwischen evangelischen Idealen und absolutistischer Herrschaft

Die Querkirchen im hessischen Raum vom Reformationsjahrhundert bis zum Siebenjährigen Krieg

Kathrin Ellwardt

Kirchenbau zwischen evangelischen Idealen und absolutistischer Herrschaft

Die Querkirchen im hessischen Raum vom Reformationsjahrhundert bis zum Siebenjährigen Krieg

Michael Imhof Verlag

Marburg, Universität, Dissertation 2000

Kathrin Ellwardt: Kirchenbau zwischen evangelischen Idealen und absolutistischer Herrschaft. Die Querkirchen im hessischen Raum vom Reformationsjahrhundert bis zum Siebenjährigen Krieg
Michael Imhof Verlag, Petersberg 2004

Michael Imhof Verlag, Stettiner Straße 25, D-36100 Petersberg
Tel. 06 61/9 62 82 86; Fax 06 61/6 36 86

Gestaltung und Reproduktion: Michael Imhof Verlag
Druck: Meiling Druck, Haldensleben

Printed in EU

ISBN 3-937251-34-0

Inhaltsverzeichnis

Einleitung

Ansätze und offene Fragestellungen im Spiegel der bisherigen Forschung

Bis sich eine eigenständige protestantische Kirchenbaukunst verbreiten konnte, vergingen nach der Reformation rund eineinhalb Jahrhunderte. Die in den Schloßkapellen des 16. Jahrhunderts begonnenen Ansätze fanden durch den Dreißigjährigen Krieg ein vorläufiges Ende. Erst nach der Überwindung dieser Katastrophe, als die Bevölkerungszahlen über den Vorkriegsstand hinauswuchsen und wieder wirtschaftliche Ressourcen zur Verfügung standen, konnten im großen Stil evangelische Kirchen gebaut werden. Im späten 17. und frühen 18. Jahrhundert konkretisierten sich charakteristische evangelische Bauformen, die nun für Stadt- und Landkirchen vielfältig eingesetzt wurden. Das Ziel, optimale protestantische Gottesdiensträume zu gestalten, führte in der Baupraxis wie in der Architekturtheorie zu Lösungen, die von der überkommenen Sakralarchitektur entscheidend abwichen. Die wohl außergewöhnlichste und erfolgreichste unter den Raumformen, die in der protestantischen Kirchenarchitektur jener Zeit aufkamen und sich im Gebiet des Reiches zunehmend verbreiteten, ist der quergerichtete Saal.

Die Querkirche hat in der Forschung bereits verschiedentlich Beachtung gefunden. Obwohl mit der Doktorarbeit von Ilse-Käthe Dött aus dem Jahr 1955[1] bereits eine systematische Untersuchung zur Problematik des quergerichteten protestantischen Kirchenraumes vorliegt, ist es dennoch mehr als berechtigt, die Frage nach Ursprung und Entwicklung der protestantischen Querkirche erneut aufzugreifen. Dött stellt eine Grundrißtypologie auf und betrachtet speziell die Unterscheidung lutherischer und reformierter Typen sowie die Frage des Emporenraumes. Ihre Arbeit beruht im wesentlichen auf der Auswertung von Inventaren, deren Informationen oft lückenhaft sind und die nur ausgewählte Objekte aufnehmen, ganz davon abgesehen, daß nicht für alle Landkreise überhaupt Kunstdenkmälerinventare vorliegen. Folglich ist ihr Katalog um eine erhebliche Zahl von Bauten zu ergänzen und in vielen Einzelinformationen zu korrigieren. Neben der sehr summarisch formulierten Erklärung von der „Erkenntnis der guten Verwendbarkeit der Querkirche für den protestantischen Gottesdienst" (*den* protestantischen Gottesdienst gibt es nicht) argumentiert Dött im wesentlichen stilistisch mit dem „allgemeinen Geschmack des 18. Jahrhunderts", dem die Queranlage besonders entsprochen habe. In diesem Zusammenhang gebraucht sie den fragwürdigen Begriff des „künstlerischen Wollens" oder des „Bauwollens" und erklät den Raumtyp als „Mittel der Phantasieanregung" im deutschen Barock.[2] Sie versucht, Grundrißgenealogien aufzustellen, läßt jedoch fundierte Begründungen vermissen. Mit rein formalen Betrachtungsweisen ist dem Phänomen ‚Querkirche' nicht beizukommen. Nötig ist der Blick auf historisch-politische Zusammenhänge ebenso wie die sozialen Strukturen der Zeit und die Anforderungen der gottesdienstlichen Nutzung.

Die jüngste Untersuchung, die sich systematisch mit diesem Bautyp in einer bestimmten Region beschäftigt, ist die 1992 eingereichte Dissertation von Jörg Ulrich Kunzendorf über die Querkirchen in Berlin-Brandenburg. Da zu einem Gesamtüberblick über das Phänomen quergerichteter Kirchenräume, wie Dött es in ihrer Arbeit versucht habe, wesentlich mehr Detailwissen gehöre, fordert er „weitere territorialhistorische Arbeiten über einzelne Kultur- und Geschichtslandschaften und ihre Querkirchen. Erst aus diesen Einzelstudien, die zwangsläufig viele Details bearbeiten und vergleichen müssen, wird sich in der Zukunft ein Gesamtbild der Querkirche ergeben können."[3] Um zu einer fundierteren Erklärung zu kommen, ist es in der Tat notwendig, sich für eine begrenzte Region der Fleißarbeit gleichsam monographischer Behandlung aller oder möglichst vieler Querkirchen des betreffenden Gebietes zu unterziehen, wie Kunzendorf es bereits für Berlin und Brandenburg geleistet hat. Diese Forderung, die er seiner eigenen Arbeit voranstellt, bildet auch meinen Ausgangspunkt.

Außer den beiden genannten Arbeiten von Dött und Kunzendorf liegen lediglich einige monographische Betrachtungen vor, zumeist Magisterarbeiten, die sich speziell mit dem Problem der Querkirche auseinandersetzen.[4] Die Frage nach dem quergerichteten Kirchenraum spielt jedoch in den meisten Arbeiten zur Entwicklung der protestantischen Sakralarchitektur eine Rolle, seien es nun Überblicksdarstellungen, auf bestimmte Territorien oder Architekten bezogene Untersuchungen.

Die material- und thesenreiche, aber unübersichtliche Dissertation von Erwin Morlock zum Kirchenbau in der linksrheinischen Pfalz, die leider über das Manuskriptstadium nicht hinausgekommen und nur in einer Kurzfassung gedruckt worden ist, enthält interessante Ansätze und Fragestellungen zu allgemeinen Fragen wie zu Einzelkirchen, unter anderem zu Weilburg und Kirchheimbolanden. Der Verfasser griff als Architekt bereits in den Sechziger Jahren Problemkomplexe auf,

welche die Kunstgeschichte erst in jüngerer Zeit zu entdecken begonnen hat, beispielsweise die Rolle der Landesherrschaft als Auftraggeber oder die Zusammenhänge von evangelischen Gottesdienstordnungen und der Raumgestalt der dafür genutzten Kirchenräume.[5]
Die 1999 erschienene Dissertation von Stephan Schönfeld über den niederländischen Einfluß auf den Kirchenbau in Brandenburg und Anhalt liefert einige neue Erkenntnisse sowohl zur niederländischen als auch zur brandenburgischen und anhaltischen Sakralarchitektur. Der Verfasser erläutert, worin sich „niederländischer Einfluß" an Kirchengebäuden manifestiert, doch den an sich eher diffusen Begriff des Einflusses problematisiert er nicht. Schönfelds Ansatz richtet sich darauf, die „Entwicklungslinien" der Grundrißtypen in den Niederlanden sowie deren Aufnahme und Weiterentwicklung in den beiden Reichsterritorien herauszuarbeiten.[6] Dabei werden die historischen und gesellschaftlichen Zusammenhänge sowie die konfessionellen Unterschiede zwar erwähnt, doch nicht weiter vertieft, so daß die Untersuchung letzten Endes über und typologische Vergleiche und formgeschichtliche Herleitungen kaum hinauskommt.
Von Ansatz und Fragestellungen her beispielgebend erscheint hingegen die Dissertation von Klaus Raschzok über die evangelischen Kirchenbauten im Markgraftum Brandenburg-Ansbach. Raschzok fragt nicht nur nach dem Erscheinungsbild der Gebäude, sondern erörtert darüber hinaus kirchenrechtliche und gesellschaftliche Zusammenhänge. Durch die Auswertung von Quellen gelangt er zu konkreten Informationen über die Organisation des Bauwesens, das Zustandekommen und den Gebrauch von Kirchengebäuden. Der Autor bezieht sich speziell auf ein einzelnes Territorium, welches lutherischer Konfession ist. Raschzok sucht nicht das ideale lutherische Gotteshaus, sondern „Kirchenbauten als Manifestationen des jeweils konkret gelebten Gottesdienstes." Der bisherigen Forschung wirft er vor, sie sei nur an wegbereitenden Innovationen und an einem zu allgemein formulierten Ideal des protestantischen Kirchengebäudes interessiert. Fragen der Ausstattung und Ikonographie, soziologische Zusammenhänge, die Theologie der Zeit sowie die territorialpolitische Situation würden dabei vernachlässigt.[7]
Den geographischen Rahmen meiner Forschungen bildet nicht ein einzelnes Territorium innerhalb seiner historischen Grenzen. Das zu untersuchende Gebiet, das noch näher zu definieren sein wird, soll zunächst bewußt ungenau bezeichnet werden als „der hessische" beziehungsweise „hessisch-nassauische Raum". Die Grenzen des heutigen Bundeslandes Hessen sind ein Kunstprodukt des 20. Jahrhunderts und daher als historische Kategorie nicht brauchbar. Allein die hessischen Landgrafschaften zu betrachten, wäre zu einseitig. Diese Region läßt sich außerdem schwer als einheitliche Kulturlandschaft beschreiben. Was sie für landesgeschichtliche und kunstgeschichtliche Forschungen dagegen interessant macht, ist ihre territoriale Zersplitterung und die daraus resultierende Vielfalt an Herrschaftsformen, Konfessionen, politischen und kulturellen Beziehungen. Die Beschränkung auf ein einzelnes Territorium verstellt nur zu leicht den Blick für den grenzüberschreitenden Vergleich, der allein landestypische Besonderheiten von übergreifenden Entwicklungen unterscheiden kann.
Ein „Ansatz aus dem Bereich deskriptiver Territorialkirchenforschung", wie ihn Kunzendorf verfolgt, genügt nicht, um zu aussagekräftigen Erkenntnissen über das Phänomen ‚Querkirche' zu kommen. Kunzendorfs Auffassung, daß „eine gewisse Zurückhaltung bei der Aufstellung von meist wohlklingenden Analysen (notwendig ist), denn oft haben deskriptive Ansätze mehr Bestand"[8], ist durchaus zu widersprechen. Am Anfang muß die genaue Beschreibung des Vorhandenen stehen, doch der zweite Schritt sollte die analytische Auswertung sein, die auch den historischen, theologischen und sozialen Hintergrund mit einbezieht. Nicht eine flächendeckende Erfassung ist letztlich das Ziel der vorliegenden Untersuchung, sondern die problemorientierte Analyse.
Zunächst erfolgt deshalb eine Betrachtung des insgesamt 35 Bauten umfassenden Querkirchenbestandes, eingebettet in den Kontext der jeweiligen territorialen Zugehörigkeit und der historischen Entstehungsbedingungen. Hier wird jedes Objekt mit kurzen Angaben zur Baugeschichte, zum entwerfenden Architekten, zum Raumtyp und zu eventuellen Besonderheiten einzeln vorgestellt und der ursprüngliche Zustand des Gebäudes, soweit möglich und notwendig, rekonstruiert. Für einige Bauten sind überraschende neue Erkenntnisse zu präsentieren. Um den Haupttext zu entlasten, wird jedoch in diesem Teil zugunsten knapper Fakten und besserer Lesbarkeit auf Quellenbelege und Literaturhinweise weitgehend verzichtet. Ausführliche Nachweise zu Einzelheiten der Baugeschichte und der Architektenzuschreibung können, ebenso wie detaillierte Rekonstruktionen nachträglich veränderter Bauten, in der Dokumentation im Anhang nachgeschlagen werden, wo sämtliche 35 Querkirchenbauten in alphabetischer Reihenfolge verzeichnet sind. Dort sind zudem die Grundrisse der Kirchen zu finden, auf welche im Text daher nicht gesondert verwiesen wird.
Der Forschungsstand zu den einzelnen hessisch-nassauischen Querkirchen ist sehr unterschiedlich. Einige herausragende Bauwerke, allen voran Weilburg und Kirchheimbolanden, aber auch die Bauten der Architekten Christian Ludwig Hermann und Friedrich Joachim Stengel, haben Eingang in wissenschaftliche Publikationen gefunden. Zu den weitaus meisten Objekten liegt lokalhistorische Literatur vor, die vorrangig

Ereignisse aus der jeweiligen Ortsgeschichte behandelt. Einige Kirchen sind hingegen jetzt erstmalig Gegenstand der Forschung geworden. Systematische Archivarbeit ist für sämtliche behandelten Bauten geleistet worden. So manche Datierung und Zuschreibung konnte dadurch geklärt, ergänzt oder korrigiert werden. Für verschiedene nachträglich veränderte Kirchenräume haben sich neue Erkenntnisse bezüglich ihres ursprünglichen Zustandes ergeben.

Einige aus der Forschung bekannte, nicht ausgeführte Querkirchenentwürfe werden anschließend kurz vorgestellt; bezüglich der Entwürfe ist eine vollständige Erfassung hingegen nicht zu leisten und daher auch nicht angestrebt.

Die nachfolgenden Kapitel dienen der vergleichenden Analyse der Kirchen nach übergeordneten Problemfeldern.

Kriterien der Analyse

Im Zentrum der Untersuchung steht die Frage: Warum verbreitete sich der Typus der Querkirche im protestantischen Kirchenbau ab dem letzten Viertel des 17. Jahrhunderts sprunghaft, und zwar in einem relativ eng begrenzten Gebiet?

Da es sich als unmöglich erwiesen hat, den Gesamtbaubestand systematisch nach Gruppen zu ordnen, werden in der Auswertung Analysekriterien entwickelt, die nacheinander anhand jeweils geeigneter Beispiele erörtert werden. Eine evangelische Kirche kann nicht nur unter formalen Gesichtspunkten betrachtet werden. Sie dient einem bestimmten Zweck, nämlich als Versammlungsraum für einen Gottesdienst. Damit rücken der liturgische Ablauf und allgemeinere theologische Aspekte ins Blickfeld. Sie wird von einer Gemeinde und ihrem Prediger genutzt: Die sozialen Strukturen schlagen sich im Kirchenraum nieder. Der Bau hat einen Auftraggeber. Das kann die Gemeinde selbst sein, doch in den meisten Fällen ist es Landesherr oder der Patron, der seine eigenen repräsentativen Interessen in die Bau- und Gestaltungspläne einbringt. Oberster Kirchenherr ist der Landesherr, der die Kirchenordnung erläßt und für den Religion ein wesentlicher Bestandteil seiner Politik ist. Der historische Kontext eines jeden Kirchenneubaus muß berücksichtigt werden. Das Erkenntnisinteresse richtet sich somit nicht zuletzt auf die Rolle des Landesherrn und des Patrons im protestantischen Kirchenbau der frühen Neuzeit. Im Mittelpunkt stehen daher weniger die Quellen, aus welchen die Architekten ihre Ideen schöpfen, als vielmehr die Ursachen für die Wünsche und Ansprüche der Auftraggeber.

Die verschiedenen Erscheinungsformen des Typus der Querkirche können nicht gänzlich isoliert von anderen Sonderformen betrachtet werden, die von der Norm, d. h. dem längsgerichteten Saal als der am häufigsten vorkommenden Grundrißform, abweichen. Zu nennen wären Zentralbauten über quadratischem, regelmäßig polygonalem oder kreisförmigem Grundriß, das griechische Kreuz, das Längsoval, das längsgerichtete gestreckte Achteck, ferner das lateinische Kreuz oder die mehrschiffigen Raumtypen wie Halle und Basilika. Alle diese kommen jedoch auch bei katholischen Kirchen zur Anwendung, was bei den quergerichteten Grundrissen in der Regel nicht der Fall ist.[9] Als evangelischer Sondertyp wäre daneben noch die Winkelhakenkirche zu erwähnen, welche aber recht selten ist und im hessischen Raum überhaupt nicht vorkommt.[10]

Die Querkirche in ihren verschiedenen Erscheinungsformen ist also der einzige rein protestantische Bautypus, folglich eine Bauform, mit der es möglich ist, eine betonte Aussage zugunsten des Protestantismus zu verknüpften und in der Sprache der Architektur ein eindeutiges Bekenntnis zum evangelischen Glauben zu formulieren. Daher können an ihr auch allgemeinere Fragen protestantischer Sakralarchitektur exemplarisch erörtert werden.

Ein Ziel dieser Arbeit ist, einen Blick in den organisatorischen Ablauf frühneuzeitlicher evangelischer Kirchbauprojekte zu tun. Verschiedenste Parteien waren daran beteiligt: Pfarrer und Gemeinde, der Landesherr und dessen nachgeordnete Behörden und Beamte, der entwerfende Baumeister, welcher nicht immer identisch mit dem ausführenden Bauleiter war, die Handwerker, eventuell im Ort ansässige Adelige, gegebenenfalls der Patron, soweit das Patronatsrecht nicht bei der Landesherrschaft lag. Dabei ist zu fragen, wer von all diesen Beteiligten letztendlich befugt war, Entscheidungen zu treffen, und wie die Reaktionen an anderer Stelle aussahen. Die Wahl einer bestimmten Form oder Dekoration ist stets eine Entscheidung, die von einem oder mehreren Menschen getroffen wird und für die es Gründe gibt, welche sich die Entscheidenden mehr oder weniger bewußt machen.

Um eben diese Gründe geht es in der Auswertung. Sie zu erkennen, ist Voraussetzung für eine gültige Erklärung kunsthistorischer Phänomene, die über Spekulationen hinausgeht. Leider sind sie äußerst schwer zu fassen, denn die Verfasser der Quellen aus der Bauzeit hüllten sich über die wahren Motive meistens in Schweigen.

Anstelle der flächendeckenden Betrachtung der Kirchenbaumaßnahmen eines speziellen Territoriums in einem festgelegten Zeitabschnitt, beispielsweise während der Regentschaft eines einzelnen Herrschers, beschränkt sich diese exemplarische Studie auf einen bestimmten, noch dazu relativ seltenen Bautyp. Die Auswahl der behandelten Objekte erscheint nur auf den ersten Blick einseitig, denn aus drei Gründen erweisen sich Querkirchen unter dieser Fragestellung als besonders interessant:

1. Die Querkirche ist eine genuin protestantische Bauform, die in der frühen Neuzeit (nahezu) ausschließlich bei evangelischen Kirchen vorkommt, da sie für den katholischen Kultus völlig ungeeignet wäre. Bei der Wahl dieses Typs manifestiert sich also eine bewußt evangelische Haltung.
2. Das erste Auftreten der Form im 16. Jahrhundert ist mit Neubauten evangelischer Kirchen verbunden.
3. Querkirchen stellen auch in der Hochphase ihrer Verbreitung von ca. 1720 bis in die 1780er Jahre nur einen verhältnismäßig geringen Prozentsatz der Kirchenneu- und -umbauten. Lokale Traditionen bilden sich kaum heraus. Zusammenhängende Reihen, die auf ein gemeinsames ‚Vorbild' zurückgehen, sind schwer zu bilden.

Daraus folgt eine grundlegende These: Jedem Bau einer Querkirche – jedenfalls in der ersten Hälfte des 18. Jahrhunderts, ab der Jahrhundertmitte kann die Form wohl als allgemein bekannt und verfügbar angesehen werden – beruht auf einer bewußten und begründeten Entscheidung. Dabei zeigt sich, daß nicht ein alleiniger Beweggrund ermittelt werden kann, der bei sämtlichen ausgeführten Beispielen für die Wahl dieser Bauform ausschlaggebend war.

Georg Germann liefert vier „verschiedene, einander jedoch ergänzende Erklärungen" für das Aufkommen der protestantischen Querkirche: zum ersten die Liturgie, speziell mit Blick auf die Reformierten, außerdem die Akustik, ferner die Raumpsychologie hinsichtlich des Gemeindeprinzips sowie die Ästhetik, denn er betrachtet wie Dött den Quersaal und das Queroval als Raumideale des Barock.[11] Dieter Großmann, der die Vorbildwirkung der Schloßkapellen herausstellt, erkennt zwei grundsätzliche Faktoren an: „die Adaptierung mittelalterlicher Kirchen durch ein auf die Kanzel konzentriertes Gestühl und die Erbauung der Schloßkapellen in Stuttgart und Rotenburg."[12] In den Schloßkapellen, beginnend mit Schmalkalden, werde zuerst der entscheidende Schritt vollzogen, die Prinzipalstücke in einer liturgischen Achse zusammenzufügen, der gegenüber die Fürstenloge angeordnet wird. Ähnlich äußert sich Peter Poscharsky: „Es will uns ... scheinen, als ob ... die Form der Querkirche in sehr vielen Fällen vom Fürstenstuhl her konzipiert worden ist, um auf möglichst kurze Entfernung den Herrscher und Patron in Beziehung zu den Prinzipalstücken bringen zu können."[13] Gerhard Kunze äußert sich zwar nicht konkret über Querkirchen, konstatiert aber, die „protestantischen Sonderentwicklungen des Querraumes, der Emporen, des Kanzelaltars" seien ausschließlich „vom Kultischen her" zu verstehen und zu erklären.[14]

Für die Entstehung der protestantischen Querkirche läßt sich nicht nur eine einzige zufriedenstellende Begründung finden. Ein ganzes Bündel von Faktoren spielt eine Rolle, warum an verschiedenen Orten gleichsam unabhängig voneinander dieser Raumtyp ‚erfunden' worden ist. Die Autoren, die sich bisher mit dem Phänomen des Querraums befaßt haben, liefern für seine Entstehung zumeist recht globale Erklärungsmuster, die kaum hinterfragt oder am Einzelfall belegt werden. Dötts Feststellung, daß der Querkirchentypus „offenbar einem allgemeinen Bedürfnis der neuen Konfession"[15] entsprach, trifft zweifellos zu, doch die Ursachen dafür bedürfen genauerer Betrachtung.

Daher ist anhand des Querkirchenbestandes im hessischen Raum eine Reihe von Kriterien zu untersuchen. Die Einzelbauten sind zunächst zu befragen nach ihren historischen Entstehungsbedingungen, nach ihrer Einordnung in herrschaftliche Zusammenhänge, nach den Ansprüchen ihrer Benutzer, nach Bautypus, Architekt und Auftraggeber. Eine wesentliche Rolle spielen die Erfordernisse der lutherischen und reformierten Liturgie und die Auffassung der beiden evangelischen Konfessionen vom Kirchengebäude als Gotteshaus und Versammlungsort der Gemeinde.

Definition: „Querkirche" und verwandte Begriffe

Um das Phänomen quergerichteter Kirchenräume zu klassifizieren, finden in der kunst- und architekturgeschichtlichen Forschung diverse mehr oder weniger angemessene Begriffe Verwendung. Die folgende Liste gibt einen Eindruck von der Vielfalt: Breitraum – breitrechteckig – Breitsaalkirche – Breitschiffanlage – Breitseitenanlage – Kirche in Querstellung – Oblongum – Querachse – Queranlage – Querbau – quergerichtet – Querhaus – Querhausanlage – Querkirche – querorientiert – Querovalsaal – Querraum – Querraumkirche – Quersaal – Quersaalkirche – Rechteckbreitsaal – Saal – Saalkirche – Zentralhallenbau. Der Begriff „Querhaus" oder „Querschiff" ist aus der mittelalterlichen Sakralarchitektur per definitionem anders belegt, bedarf also keiner weiteren Erörterung. Ebenso ungeeignet ist der Begriff „Saal" oder „Saalkirche", der lediglich einen einheitlichen Raum ohne Unterteilung beschreibt, ohne Hinweis auf dessen innere Ausgestaltung und Richtung.

Bezeichnend ist, daß in der französischsprachigen architekturhistorischen Fachliteratur kein eigener Terminus für diese Grundrißform existiert, sondern der deutsche Begriff „Breitsaalkirche" Verwendung findet.[16] In der englischsprachigen Fachliteratur ist kein spezieller Name für diese Art von Grundrissen zu fin-

den. Auch im Niederländischen existiert offenbar kein konkreter Begriff, denn Ozinga beschreibt die niederländischen Querkirchen als „type eener langschepige kerk met centraliseerende strekking."[17]
Eine präzise Definition des Begriffs „Querkirche" ist in den einschlägigen Architekturlexika nicht enthalten. Ein Teil der älteren Forschung verzichtet angesichts der zahlreichen Mischtypen und Übergangsformen auf eine Abgrenzung verschiedener Typen im evangelischen Kirchenbau und betont die allen gemeinsame „zentralisierende Tendenz."[18]
Diejenigen Autorinnen und Autoren, die sich speziell mit protestantischen Kirchenbau befassen, formulieren unterschiedliche Definitionen. Ilse-Käthe Dött definiert den Begriff „Querraum" wie folgt: „Unter einem Querraum ist ein Raum zu verstehen, dessen kürzere Achse Hauptrichtung ist, der sich also stärker nach seiner Breite als nach seiner Länge ausdehnt."[19] Ihre Begriffsbestimmung bezieht sich nicht speziell auf Kirchenräume. Allerdings versäumt sie es, die zahlreichen ähnlichen Begriffe, die sie im weiteren Verlauf ihrer Arbeit mehr oder weniger synonym verwendet, entsprechend deutlich abzugrenzen. Frank-Michael Saltenberger kritisiert dies insbesondere, „da die Interpretation von einem internen oder externen Standpunkt aus ggf. zu unterschiedlichen Ergebnissen führen kann, andererseits ein dem Langbau und Zentralbau adäquater Typus ‚Querbau' ein Mindestmaß an Kongruenz von innen und außen beansprucht."[20] Bauten, die von außen quer-, jedoch im Inneren längsorientiert erscheinen (Mariendorf 1701–1710; Wallrabenstein 1705–08) bzw. umgekehrt (Wabern 1722; Steinau, Reinhardskirche 1724–1731; Heftrich 1737; Bad Nauheim, Wilhelmskirche 1740–42) passen seiner Meinung nach nicht in Dötts Typologie.[21]
Georg Germann stellt vor dem Hintergrund des evangelischen Kirchenbaus der Schweiz eine ziemlich weitläufige Definition auf, welche dem Sachverhalt jedoch gerecht wird:

> „Als Querkirchen bezeichnen wir vom Kult her alle Kirchen, deren Altar die Mitte einer Breitseite einnimmt. In Kirchen ohne festen Altar ... kann diesen die Kanzel vertreten. Künstlerisch ergibt sich gewöhnlich, daß diese Prinzipalstücke in einer Symmetrieebene liegen. Da die Querkirchen gemeinhin zentralsymmetrisch sind, spricht man gerne von ihrer ‚zentralisierenden Tendenz'."[22]

Jörg Ulrich Kunzendorf formuliert für die berlin-brandenburgischen Bauten eine Begriffsbestimmung, die sich problemlos auf die hessischen Verhältnisse übertragen läßt:

> „Eine Querkirche ist eine Kirche, in deren Innenraum die Hauptachse auf das liturgische Zentrum hin die kürzere Achse ist. Der Raum dehnt sich stärker nach seiner Breite als nach seiner Länge aus. Querkirchen sind also Kirchen, in denen Kanzel und Altar in der Mitte einer Breitseite stehen. Da die Gestaltung von Außen- und Innengrundriß weitgehend unabhängig voneinander erfolgen kann, kommt es in Grenzfällen zu Mischformen zwischen Quer- und Zentralbauten, sowie zwischen Querkirchen und Kirchen mit quadratischem Außengrundriß. Durch entsprechende Aufstellung von Altar, Kanzel und Gestühl kann es dort trotz eines zentralen bzw. quadratischen Außengrundrisses zu einem quergerichteten Innenraum kommen. Die Struktur im Inneren ist also bei der Systematisierung als Querkirche entscheidend."[23]

Eine protestantische Kirche ist, bedingt durch ihre liturgische Funktion, primär vom Innenraum her bestimmt. Eine Typenbestimmung muß sich daher nach der Disposition des Innenraumes richten. Entscheidend ist die Anordnung des liturgischen Zentrums in der Querachse des Innenraumes. Kunzendorfs Begriffsbestimmung wird in der hier vorliegenden Arbeit gefolgt, da sie zwischen Innen- und Außengrundriß – und zudem der Gestalt des Baukörpers von außen und derjenigen des Innenraumes – unterscheidet und die Struktur des Raumes als das entscheidende Kriterium herausstellt. Sie ist sogar auszudehnen auf jene Mischformen, die von außen als Längsbauten erscheinen, im Inneren aber quergerichtet sind. Für den Baubestand im hessischen Raum ist sie uneingeschränkt gültig. Für die reformierten Querkirchenbauten der Schweiz und der Niederlande, die teilweise ohne ständigen Abendmahlstisch auskommen, wäre sie allerdings nicht anwendbar.
Bei protestantischen Kirchen ist die Klärung der Hauptrichtung unter Umständen problematisch. Generell gilt die Position des wichtigsten der Prinzipalstücke, nämlich des Altars, als entscheidend – obwohl in der evangelischen Liturgie der frühen Neuzeit die Kanzel wichtiger wird als der Altar, vor allem in den reformierten Kirchen, die gar keinen festen Altar mehr kennen. Bei den hier untersuchten Kirchenräumen stellt sich das Problem, welches Hauptstück als das wichtigste zu betrachten ist, bei der Formulierung der Definition hingegen nicht, da überall Kanzel und Altar bzw. Abendmahlstisch entweder axial übereinander oder zumindest leicht versetzt vor derselben Längswand angeordnet sind.
Die verschiedenen in der architekturgeschichtlichen Forschung gebräuchlichen Begriffe, die in der Regel synonym nebeneinander verwendet werden, bedürfen einer gewissen Abgrenzung. Der Begriff „Quersaal" impliziert die Saalform, d. h. Einschiffigkeit und rechteckigen Grundriß, kann aber auch auf andere Bauaufgaben als Kirchen bezogen sein. „Querkirche" läßt Mehrschiffigkeit (Königsberg, Schloßkirche 1584/1706) oder das Vorhandensein von Anräumen sowie kompli-

ziertere Grundrißtypen zu (Weilburg 1707–1713, Steinau 1724–1731, Langenselbold 1727–35, Kirchheimbolanden 1739–1744). „Quersaal/Breitsaal" bzw. „Querraum/Breitraum" beschreibt die Disposition des Innenraumes, „Queranlage" oder „Querbau" den gesamten Baukörper. Eindeutig ist die Bezeichnung „Quersaalkirche", die sowohl die Raumform als auch die Nutzung umfaßt, für ein Kirchengebäude mit einem querrechteckigen Gemeinderaum ohne Unterteilungen. Für die unterschiedlichen Grundrißtypen, die noch systematisch zu erläutern sein werden, gebrauche ich als Oberbegriff die Bezeichnung „Querkirche" oder das Adjektiv „quergerichtet", sowie, um bestimmte Grundrißformen konkreter zu benennen, Begriffe wie „Quersaal", „Queroval" etc.

An dieser Stelle sei angemerkt, daß in zeitgenössischen Quellen keine präzise Bezeichnung für die quergerichtete Raumform vorkommt. Leonhard Christoph Sturm beschreibt sie ausführlich, propagiert sie sogar als die für evangelische Kirchen mit am besten geeignete Form, aber er hat keinen genauen Begriff, um sie zu benennen. Sein erster Traktat zum protestantischen Kirchenbau enthält lediglich eine Beschreibung.[24] In der 1718 erschienenen „Architectonischen Anweisung" klassifiziert er die Querkirchen als „die länglichte Recht=Ecke / da mitten an eine von den langen Seiten der Altar / die Beicht=Stühle und der Predigt=Stuhl gesetzet würden."[25] Generell geht er bei der Beschreibung seiner Raumfiguren von deren Außenschale aus und möbliert diese im zweiten Schritt. Keine der Schriftquellen zu den hier behandelten hessischen Kirchen enthält einen Namen für diese Raumform. Auch der Hanauer Baudirektor Christian Ludwig Hermann liefert in seinem Gutachten zum Ober-Eschbacher Kirchenentwurf nur eine diffuse Beschreibung, die der damals dem Schreiben beigelegten, aber nicht erhaltenen Planzeichnung bedarf, um vollends verständlich zu sein.[26] All die eingangs aufgelisteten Begriffe sind erst in späterer Zeit in den Sprachgebrauch der Kunstgeschichte aufgenommen worden. In jener Epoche, als quergerichtete Kirchenräume die modernste Bauform in der evangelischen Sakralarchitektur darstellten, gab es offenkundig auch unter Fachleuten kein konkretes Wort, um dieses Phänomen zu benennen.

Abstecken des Untersuchungsgebietes und -zeitraumes

In Forschungsarbeiten ist gelegentlich die Rede davon, die Querkirche sei „in verschiedenen deutschen Kunstlandschaften, insbesondere in Brandenburg, Bremen, Hessen und Franken"[27] schwerpunktmäßig verbreitet, ohne daß genauer erläutert wird, was dort genau mit der „Kunstlandschaft Hessen" gemeint ist. Eine exakte Abgrenzung des Untersuchungsgebietes ergibt sich, wie aus der Karte (Abb. 1) zu ersehen ist, einerseits aus historischen Grenzverläufen, andererseits aus dem Verbreitungsgebiet des Bautypus Querkirche. Die Karte zeigt deutlich eine Kumulation von Querkirchenbauten vom Dilltal, dem östlichen Westerwald und Taunus über die Wetterau bis zum Vogelsberg, Büdinger Land und Kinzigtal.

Das Gebiet des heutigen Hessen ist in der frühen Neuzeit von großen katholischen Herrschaftskomplexen umgeben, die das zu untersuchende Gebiet eindeutig begrenzen, nämlich Besitzungen der Kurfürstentümer Mainz, Trier und Köln, der Fürstbistümer Paderborn und Würzburg sowie der Fürstabtei Fulda. Im Norden grenzt die Landgrafschaft Hessen-Kassel an welfisches Territorium, nach Osten schließen sich die sächsischen Herzogtümer an; beides sind große Dynastien, die im Rahmen dieser Arbeit nicht behandelt werden können und daher ausgeklammert bleiben. Auch in der Grafschaft Waldeck sind vor dem 19. Jahrhundert keine Querkirchen gebaut worden, womit nach Nordwesten ein Schnitt leicht möglich ist. Dadurch erweist es sich als unproblematisch, das zu untersuchende Gebiet nach Nordwesten, Norden, Osten und Süden abzugrenzen. Schwierig ist lediglich die Grenzziehung nach Westen und Südwesten. Die nassauischen Territorien reichen bis über Saarbrükken hinaus ins Krumme Elsaß. Zur Grafschaft Hanau gehören ebenfalls die hanau-lichtenbergischen Gebiete im nördlichen Elsaß, in der Ortenau und um Pirmasens, die 1736 an Hessen-Darmstadt fallen. Daher werden einige Querkirchen, die in den heutigen Bundesländern Rheinland-Pfalz und Saarland oder auf inzwischen französischem Boden stehen, mit in die Auswertung einbezogen. Die Auswahl erfolgt nach dem Grundsatz, daß über den sich abzeichnenden ‚Querkirchenballungsraum' im mittelhessischen Raum hinaus diejenigen Territorien, die an diesem Kerngebiet Anteil haben, in ihrer Gesamtheit untersucht werden.

Der hessische Raum war in der frühen Neuzeit in eine Unzahl größerer, kleinerer und kleinster politischer Einheiten zersplittert, von den beiden großen Landgrafschaften Hessen-Kassel und Hessen-Darmstadt bis zu den reichsunmittelbaren Territorien verschiedener Reichsritter, welche mitunter nur aus einem einzigen Dorf und dessen Gemarkung bestanden. Eine politische Karte allein für die Wetterau, das im 18. Jahrhundert am stärksten zerrissene Gebiet, benötigt rund zwei Dutzend verschiedene Farben. Auffallend ist, daß sich die Querkirchen der ersten Hälfte des 18. Jahrhunderts umso stärker konzentrieren, je kleinteiliger die geographische Verteilung der Herrschaftsverhältnisse ist.

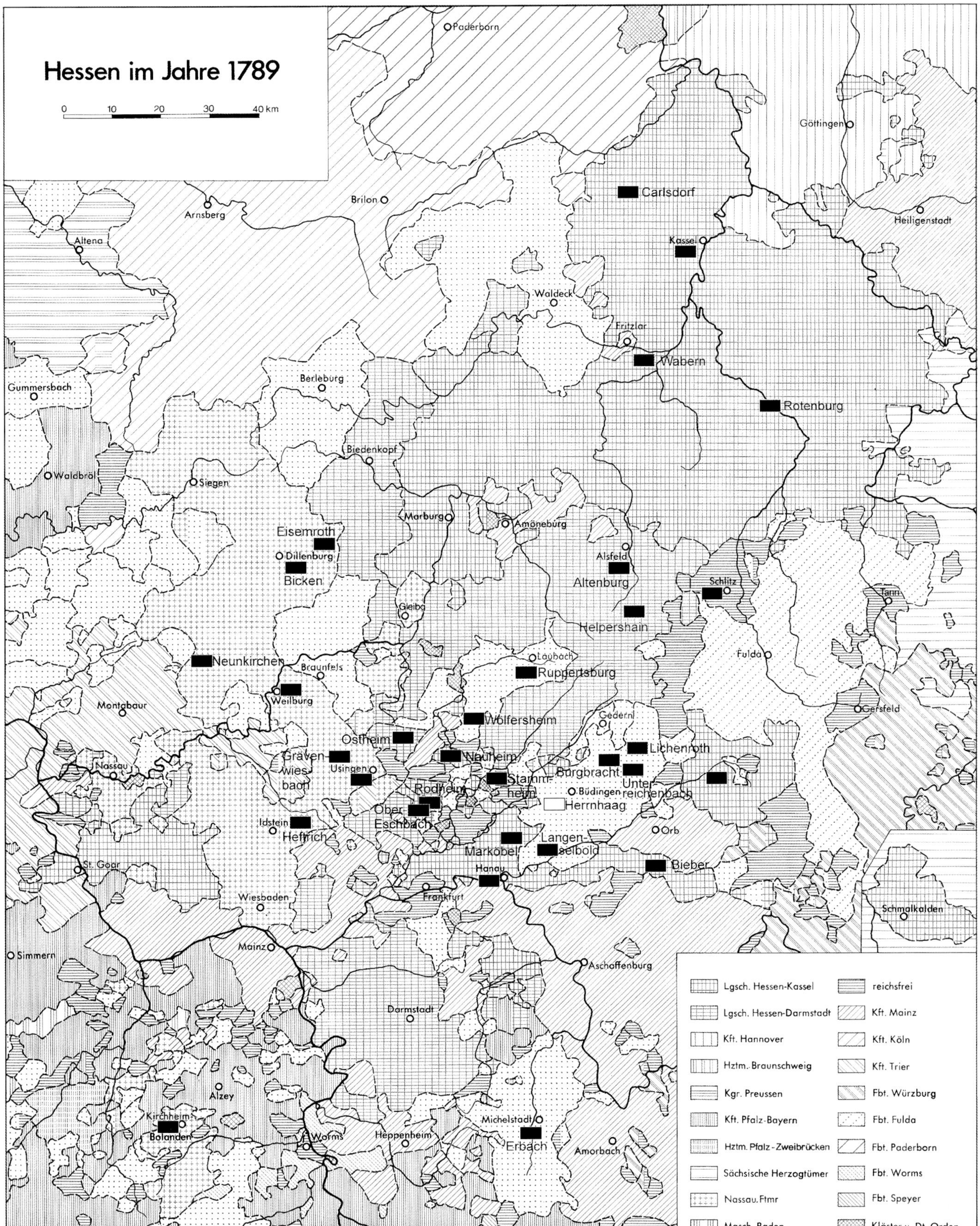

1 Bis 1756 erbaute Querkirchen im hessischen Raum; Karte nach DEMANDT 1980, S. 496

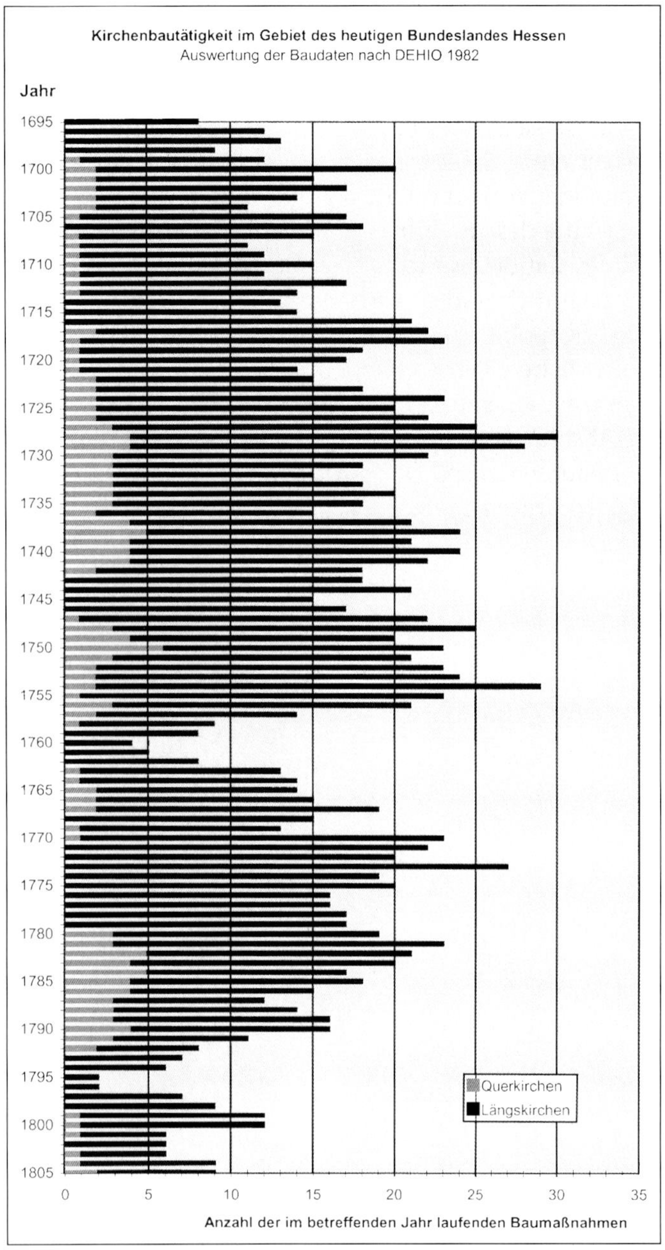

2 Kirchenbautätigkeit im Gebiet des heutigen Bundeslandes Hessen im 18. Jahrhundert; Auswertung nach DEHIO 1982

Der territorialen Situation entsprechend, sind auch die drei großen Konfessionen (Katholiken, Lutheraner, Reformierte) in bunter Durchmischung vertreten. Vor allem in der Wetterau wechselt die Konfession in manchen Gegenden von einem Dorf zum anderen.

Lutheraner wie Reformierte wählen den Querkirchentypus. Entgegen der oft behaupteten These, der Querraum sei eine hauptsächlich reformierte Erscheinung, was noch näher zu hinterfragen sein wird, ergibt eine statistische Auswertung ein Verhältnis von 3 : 2 zugunsten der Lutheraner: 21 lutherische stehen 14 reformierten Querkirchen gegenüber.

Der zeitliche Rahmen erstreckt sich von der zweiten Hälfte des 16. Jahrhunderts, als die ersten quergerichteten Schloßkapellen ausgeführt wurden (Rotenburg/Fulda um 1580), bis zum Beginn des Siebenjährigen Krieges, da die Jahre 1756–1763 einen offenkundigen Einschnitt in der Baukonjunktur darstellen. Dieser Einbruch läßt sich belegen anhand einer Auswertung der im von Georg Dehio begründeten Handbuch der Kunstdenkmäler für das Bundesland Hessen[28] erfaßten Kirchenbauten aus dem 18. Jahrhundert (Abb. 2).

Das Bundesland Hessen, das der betreffende Band des Handbuches umfaßt, ist zwar keine historische Größe, und die in diesem Werk behandelten Kirchenbauten sind nicht vollständig und die darin angegebenen Baudaten nicht unbedingt zuverlässig. Zudem werden die abgegangenen Bauten naturgemäß so gut wie nicht erfaßt. Dennoch läßt sich aus einer statistischen Auswertung ein gewisser Trend ablesen, was die Baukonjunktur im Verlauf des 18. Jahrhunderts anbelangt.

Nicht in der Statistik enthalten sind die zahlreichen Bauten, die nur ungenau datiert sind, etwa: „18. Jahrhundert", „Ende 17. Jahrhundert", „um die Mitte des 18. Jahrhunderts" o. ä. Bei den langen Bauzeiten, die für manche Kirchen angeben werden, ist zu vermuten, daß es Bauunterbrechungen gegeben hat. Die konkreten Zahlen dieser statistischen Auswertung erheben daher nicht den geringsten Anspruch auf Richtigkeit oder Vollständigkeit. Dennoch ist davon auszugehen, daß die Ungenauigkeiten sich insoweit ausgleichen, daß die generelle Tendenz in der Baukonjunktur interpretationsfähig ist.

Nach einer eher schleppenden Bautätigkeit im letzten Viertel den 17. Jahrhunderts, die ab der Jahrhundertwende spürbar zunimmt, zeigt sich als Hochphase die Zeit von 1715 bis 1755/56. Über einen Zeitraum von vier Jahrzehnten wird konstant in jedem Jahr auf mindestens 15 Baustellen gleichzeitig gearbeitet. Der Ausbruch des Siebenjährigen Krieges 1756 bedeutet einen tiefen Einbruch. Erst nach seinem Ende wird wieder in größerem Maße gebaut; eine weitere Hochphase sind die Siebziger und die erste Hälfte der Achtziger Jahre. In der napoleonischen Zeit flaut die Bautätigkeit wiederum deutlich ab.

Die Verbreitung der Querkirchen beginnt um 1700 mit der Waldenserkirche in Carlsdorf, der reformierten Kirche in Usingen sowie der Schloßkirche in Weilburg. Eine Zeit, in der in jedem Jahr an mehreren Querkirchen gleichzeitig gebaut wird, sind die Zwanziger und Dreißiger bis Anfang der Vierziger Jahre sowie die späten Vierziger Jahre bis in den Anfang des Siebenjährigen Krieges hinein. In den Sechziger und Siebziger Jahren werden vereinzelt Querkirchen errichtet; eine letzte Hochphase im 18. Jahrhundert zeigt sich in den Achtziger Jahren.

An der Statistik läßt sich unzweifelhaft ablesen, welche Auswirkungen die Kriegsereignisse auf den hessischen Raum haben. Quellenberichte bestätigen, wie schlimm der Krieg im Lande gewütet hat. Die nassau-dillenburgische Gemeinde Bicken kann beispielsweise wegen dieser Notzeit den Innenausbau ihrer Kirche nicht fertigstellen. Der Bicker Pfarrer schreibt einige Jahre nach Kriegsende an die Regierung in Dillenburg:

„Inzwischen machte der auch in Deutschland ausgebrochene schwere 7.jährige Krieg unsere ganze Kollekte scheitern. Wir mußten uns daher durch Aufnehmung grosser Kapitalien in tiefe Schulden stekken ... Wuth des Kriegs, zwo uns nur allzunahe Armeen, eine doppelte Viehseuche, Hagelschlag u.s.w. erschöpften uns an einem Ort vollends, wo wenig Erwerbnis ist und wo der Verkauf der Früchten in den wohlfeilern Herbstzeiten – zur Erhaltung der nöthigen Ab= und Ausgaben – und der Wiedereinkauf derselben in den theuren Frühlingszeiten – zum nöthigen Brod – die meiste in der Entkräftung hält oder noch tiefer hineinstürzet. Alles dieses hat bisher die völlige Ausbauung unserer Kirche ... behindert.“[29]

Der Verlauf der Baukonjunktur rechtfertigt den Forschungsansatz, mit dem Ausbruch des Siebenjährigen Krieges einen Schnitt zu setzen und sich auf die vorher entstandenen Bauwerke zu konzentrieren. In der zweiten Hälfte des 18. Jahrhunderts, als sich das Gedankengut des Rationalismus und der Aufklärung durchzusetzen beginnt[30] und das Bürgertum zunehmend erstarkt, sind die politischen, gesellschaftlichen und geistesgeschichtlichen Verhältnisse schlichtweg nicht mehr dieselben wie ein ganzes oder halbes Jahrhundert früher, als der Absolutismus seinen Höhepunkt erreichte. Die Kirchenbauten des späten 18. und frühen 19. Jahrhunderts müßten unter anderen Vorzeichen untersucht werden.

Die Entstehung, Entwicklung und Verbreitung des protestantischen Querkirchenraumes

Vorreformatorische Vorläufer: Die traditionelle Kanzelposition

Der quergerichtete Predigtraum an sich ist ebensowenig eine revolutionäre Idee des Protestantismus, wie der Predigtgottesdienst, der in ihm gefeiert wird, eine neue Erfindung der Reformatoren gewesen wäre. Beides hat seine Vorläufer im späten Mittelalter. Die Reformation war die folgerichtige Fortsetzung der innerkirchlichen Reformbestrebungen des 15. Jahrhunderts. Das theologische Fundament war längst vorhanden, Luthers Thesen fielen auf fruchtbaren Nährboden. Analog gab es bereits Vorformen für die evangelischen Prinzipien der Raumausstattung.

Die traditionelle und übliche Position des Altars befand sich an einer Schmalseite des Kirchenraums bzw. in einem an diese angrenzenden, ausgeschiedenen Chorraum. Von den Anfängen christlicher Sakralarchitektur bis an die Grenzen der Gegenwart ist dies das grundsätzliche Prinzip der Innenraumdisposition. In einer Querkirche steht der Altar hingegen vor einer Längswand. Die spontane Frage nach den Gründen, weshalb der Altar an die Breitseite versetzt wurde, erweist sich bei näherem Hinsehen jedoch als unangemessen. In einer protestantischen Kirche ist nicht der Altar oder Abendmahlstisch, sondern die Kanzel das eigentlich wichtigste der Prinzipalstücke: Den Kern des Gottesdienstes bildet die Verkündigung von Gottes Wort, d.h. die Predigt. Zu fragen ist also zunächst und vor allem nach dem Ursprung der Kanzelposition an der Breitseite. Dabei zeigt sich, daß die Grundidee eines quergerichteten Predigtraumes älter ist als die Reformation. Die Geschichte des protestantischen Kirchenbaues beginnt nicht erst mit den Schloßkapellen des 16. Jahrhunderts.

Quergerichtete Versammlungsräume gab es bereits in der Antike, und schon in frühmittelalterlichen Klosterrefektorien befand sich in der Mitte einer Langseite, oft gegenüber vom Eingang, eine ‚Kanzel', von der aus während der Mahlzeiten Lesungen abgehalten wurden. Ein derartige Refektoriumskanzel enthält der St. Galler Klosterplan. Dies oder sogar den spätantiken Synagogenbau bereits als Urform der Querkirche zu bezeichnen, wäre allerdings zu gewagt. Wex bringt als Vorbilder quergerichteter Raumkonzeption darüber hinaus die profanen mittelalterlichen Festräume und Königs- oder Thronsäle ins Gespräch, z. B. den Saal in der Goslarer Kaiserpfalz oder den Fürstensaal des Marburger Schlosses, wo der Herrschersitz in der Mitte einer Längswand seinen Platz erhielt.[31]

Im frühen und hohen Mittelalter fanden Predigten weniger im normalen Messegottesdienst, sondern meist nur zu besonderen Anlässen statt, beispielsweise wenn ein Wanderprediger durchreiste, und dann in der Regel unter freiem Himmel. Als sich im 13. und 14. Jahrhundert die Bettelorden etablierten, änderte sich das, denn diese betrachteten das Predigen als selbstverständlichen Bestandteil ihrer seelsorgerischen Arbeit. Die Kanzel wurde zum zentralen Element ihrer Raumgestaltung. Bettelordenskirchen waren Predigtkirchen, die gewissermaßen um die Kanzel herum gebaut wurden. Damit kamen die ersten festen Kanzeln in die Kirchen hinein. Ihr Platz war so gut wie immer die Mitte der Südseite bzw. bei mehrschiffigen Anlagen der Mittelpfeiler im Langhaus. Die rechte Langseite galt als ‚Epistelseite' (im Gegensatz zur nördlichen ‚Evangelienseite'), und da die Epistel als Auslegung der Evangelien begriffen wurde, war dort der adäquate Standort

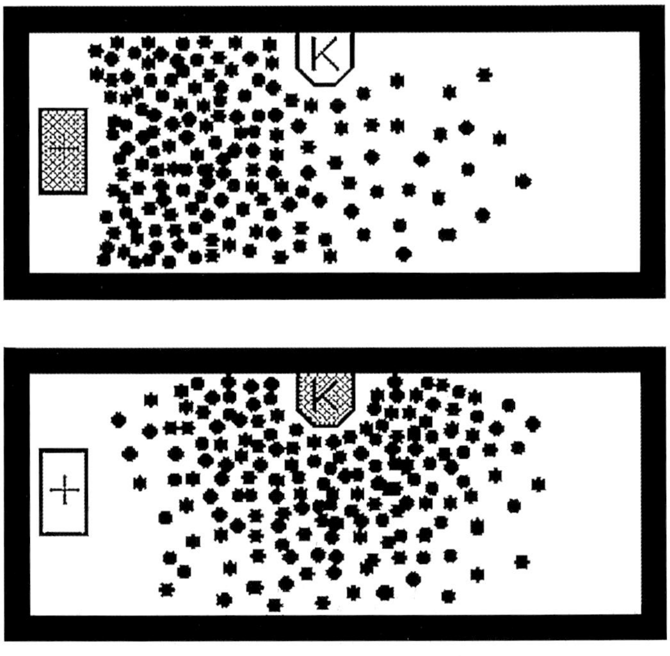

3 Aufstellung der Gemeinde in einer mittelalterlichen Kirche während der Messe und während der Predigt Schemazeichnung nach POSCHARSKY 1963, S. 19

für eine Auslegung der biblischen Texte in der Predigt. Im Verlauf des Gottesdienstes mußte die Gemeinde also die Richtung wechseln. Während der Messe wandte sie sich zum Hauptaltar in der Längsachse; zur Predigt versammelte sie sich im Halbkreis um die Kanzel (Abb. 3). Dies war problemlos durchzuführen, da es im Langhaus noch kein festes Gestühl gab. Das Schiff wurde somit einmal als Längs-, dann als Breitraum erlebt. Ab der Mitte des 14. Jahrhunderts übernahmen auch die städtischen Pfarreien verstärkt die Predigt. In der Regel predigten die Priester nicht selbst. An den Pfarrkirchen wurden spezielle Prädikanten angestellt, die einen Universitätsabschluß nachweisen mußten. Kurz vor der Reformation hatte das Prädikantenwesen seinen Höhepunkt erreicht. Die wenigsten Prädikanten besaßen jedoch das Recht, selbst am Hauptaltar die Messe zu lesen. Sie hatten sogar nur in den seltensten Fällen eine Altaristenstelle an einem der Nebenaltäre inne. Die logische Folge war, daß sich zwei unterschiedliche Gottesdienstformen herauskristallisierten, die zu getrennten Zeiten stattfanden: die Messe am Hauptaltar zum einen, der von der Kanzel abgehaltene Predigtgottesdienst zum anderen. Letzterer war vornehmlich in Süddeutschland verbreitet, in Nord- und Ostdeutschland seltener.[32] Die Prädikanten, die im Unterschied zu vielen Meßpriestern über eine Universitätsausbildung verfügten, können als die theologische Elite ihrer Zeit bezeichnet werden. Vor allem in ihren Reihen wurde schon vor Luthers Auftreten über eine Reform der Kirche nachgedacht. So gab es in oberdeutschen und nordschweizerischen Städten die sogenannte „Evangelische Bewegung", die zumeist von den Prädikanten geführt wurde. Viele von ihnen sind zu Wegbereitern der Reformation geworden.[33]
Dies waren die Voraussetzungen, welche die Reformatoren vorfanden, aus denen sie ihre Gottesdienstformen entwickelten und welche auch die Basis für die Entwicklung der evangelischen Kirchenarchitektur darstellten.

Die Reformationszeit: Adaption bestehender Kirchen durch die Protestanten

Luther hat die katholische Messe keineswegs auf einen Schlag abgeschafft. Seine Deutsche Messe von 1525 entfernte sich nicht allzu weit von den althergebrachten Formen. Die Liturgie wurde nun in deutscher Sprache vorgetragen, einige Texte waren modifiziert, der Predigt kam größeres Gewicht zu, und das Abendmahl wurde in beiderlei Gestalt ausgegeben. Abgesehen von der Predigt fand der Gottesdienst nach wie vor am Hauptaltar statt. Calvin und Zwingli entwickelten hingegen den reformierten Hauptgottesdienst aus dem Predigtgottesdienst der Prädikanten und schafften die Messe gänzlich ab. Im süd- und südwestdeutschen Raum, wo schon im Spätmittelalter der Predigtgottesdienst verbreitet war, orientierten sich auch die Lutheraner an dieser Form. Ihr Gottesdienst war von Luthers deutscher Messe fast ebenso weit entfernt wie derjenige der Reformierten. Daß dies auch für die hessischen Lutheraner gilt, wird in Zusammenhang mit den Erfordernissen, die evangelische Gottesdienste an die Ausstattung der Kirchenräume stellen, eingehend zu erörtern sein. Die Frage nach der Liturgie und dem Ablauf der Gottesdienste bedarf detaillierter Betrachtung, da es einen einheitlichen protestantischen Gottesdienst nicht gibt und nie gab.
Die lange Predigt, die in den evangelischen Hauptgottesdiensten der frühen Neuzeit ohne weiteres zwei oder drei Stunden dauern konnte, erforderte ein festes Gestühl für die Gemeinde. Die übliche Anordnung der Hauptstücke – Altar im Chor, Kanzel in der Mitte der Längsseite – war einem reibungslosen Gottesdienstablauf eher hinderlich. Je nachdem, wie die Bänke angeordnet waren, wandten die im vorderen Teil Sitzenden entweder der Kanzel oder dem Altar den Rücken zu. Umklappbare Bänke wie beispielsweise in der Heilig-Kreuz-Kirche in Augsburg, der Katharinenkirche in Frankfurt oder der Dreifaltigkeitskirche in Speyer boten nur eine Notlösung.[34] Auf Dauer kristallisierten sich zwei Lösungsvarianten heraus: Entweder wurde die Kanzel dem Altar angenähert, axial darüber angebracht oder seitlich daneben, oder der Altar wurde an den althergebrachten Standort der Kanzel verlagert, der Raum wurde zum Querraum.[35]
Da die Protestanten keine besondere ‚Heiligkeit' oder ‚Weihe' eines Gotteshauses forderten, bereitete es ihnen keine Schwierigkeiten, sich in den vorhandenen Kirchengebäuden einzurichten. Davon standen beinahe zu viele zur Verfügung, so daß im Reformationsjahrhundert im Reich nur äußerst wenige protestantische Neubauten errichtet werden mußten. Damit sah die Generation der Reformatoren ebenso wie ihre direkten Nachfolger keine Veranlassung, ein architektonisches Programm für ihre Kirchenbauten auszuarbeiten. Spezifisch protestantische Kirchentypen entwikkelten sich erst, nachdem die Notzeit des Dreißigjährigen Krieges überwunden war.
Die Geschichte der evangelischen Querkirche begann schon in der Reformationszeit. Die zahlreichen verfügbaren Kirchengebäude mußten für die Erfordernisse des evangelischen Kultus eingerichtet werden. Die Adaption mittelalterlicher Kirchengebäude erfolgte oft, indem im Langhaus ein Gestühl aufgestellt wurde, welches hufeisenförmig auf die Kanzel ausgerichtet war. Das Langhaus einer mittelalterlichen Halle oder Basilika wurde so zum Querraum. Der Chor wurde aus-

geräumt und mit Gestühl gefüllt, oder er stand gänzlich leer (Münster in Bern, Große Kirche Emden, Dom in Bremen). Mitunter blieb der Altar an seinem Platz, um für Trauungen oder zum Abendmahl verwendet zu werden. Im normalen sonntäglichen Gemeindegottesdienst wurde er jedoch überhaupt nicht beachtet. Kunzendorf beschreibt mehrere mittelalterliche Stadtpfarrkirchen in Berlin-Brandenburg, darunter die Marienkirchen in Berlin (Abb. 4) und in Beeskow, welche für den evangelischen Kultus insofern adaptiert wurden, als vor der Kanzel ein zusätzlicher Altar aufgestellt und das Gestühl auf dieses Zentrum des gottesdienstlichen Geschehens ausgerichtet wurde, während der bisherige Hochaltar im Chor bestehen blieb und für die Feier des Abendmahls Verwendung fand. Im sonntäglichen Predigtgottesdienst nutzte und erlebte die Gemeinde das Langhaus seitdem als Querraum.[36] Dasselbe Phänomen ist beispielsweise für die Stadtkirche St. Stephan in Pforzheim (Abb. 5), die Stiftskirche in Stuttgart, die Heiliggeistkirche in Heidelberg, Alt St. Peter in Straßburg oder die Große Kirche in Emden zu beobachten.[37] Diese letztgenannten sind Stadtkirchen in Regionen, in denen aus dem vorreformatorischen Prädikantengottesdienst entwickelte Gottesdienstformen südwestdeutsch-lutherischer oder reformierter Prägung üblich waren. Die ehemalige Dominikanerkirche St. Stephan in Pforzheim, seit der Reformation evangelische Stadtkirche, war nach einem Brand 1716–1721 auf den alten Grundmauern wiederhergestellt worden. Zahlreiche Klagen aus der Gemeinde über die schlechte Verständlichkeit des Predigers lieferten hier den Anstoß, 1737 die Kanzel von ihrem bisherigen Platz unter dem Triumphbogen in die Mitte des Langhauses zu versetzen und das Gestühl entsprechend auszurichten.[38]

4 Berlin, Marienkirche, Innenraum, Aufnahme vor 1945

In Straßburg ist der Schritt zur Querausrichtung der Gemeinderäume auf die Kanzel hin recht früh vollzogen worden, wahrscheinlich schon zu Zeiten des Reformators Martin Bucer. Ab 1525 wurde dort evangelischer Gottesdienst gefeiert. Beim Abendmahl stand der Geistliche hinter einem transportablen hölzernen Tisch, wobei mit verschiedenen Aufstellungsorten experimentiert werden konnte.[39]
Zusammenfassend ist festzuhalten, daß es quergerichtete Kirchenausstattungen im Prinzip schon in vorreformatorischer Zeit in den Predigträumen des späten Mittelalters gab, sobald sich die Gemeinde um die in der Mitte der südlichen Längswand bzw. an einem Mittelschiffspfeiler angebrachte Kanzel scharte. Die ersten evangelischen Querkirchenräume entstanden demzufolge unmittelbar in der Reformationszeit, als der längst bekannte Predigtgottesdienst zum Hauptgottesdienst erhoben wurde, man daher das Gestühl auf die Kanzel ausrichtete und für die Lesungen sowie das Abendmahl einen Altartisch vor dieser aufstellte.
Erste Kirchenneubauten, bei denen Architekturen herausgebildet wurden, die für die evangelische Konfession charakteristisch werden sollten, entstanden nicht vor der zweiten Hälfte des 16. Jahrhunderts: „Erst nachdem die Formulierung der protestantischen Dogmatik in der ersten Hälfte des 16. Jahrhunderts im wesentlichen abgeschlossen war, konnten sich in der zweiten Hälfte des 16. Jahrhunderts auch die Ansätze für einen eigenständigen protestantischen Kirchenbau und – als Voraussetzung dafür – ein eigenes protestantisches Kirchenrecht entwickeln."[40]

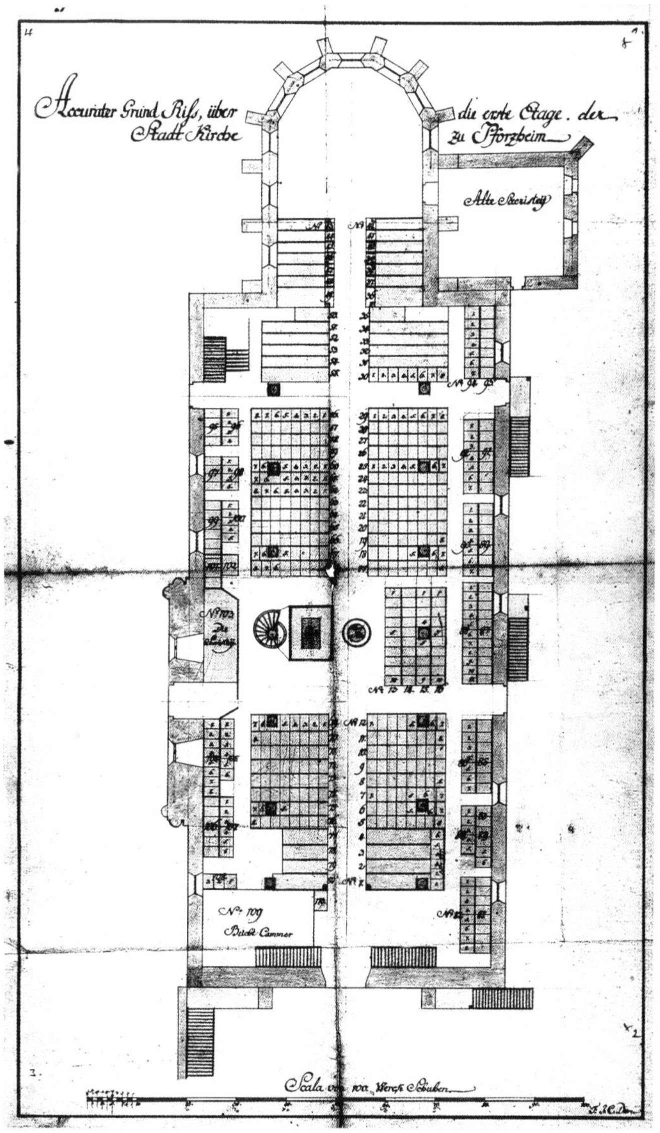

5 Pforzheim, ev. Stadtkirche St. Stephan, Grundrißzeichnung von F. J. C. Dürr, 1763; GLA KA G Pforzheim/103

Der Mythos von der Stuttgarter Schloßkapelle als „Mutterkirche des Protestantismus"

In Stuttgart ließ Herzog Christoph von Württemberg das mittelalterliche Residenzschloß durch den Anbau dreier neuer Flügel zu einer Vierflügelanlage ungestalten; im Westflügel begann 1559 der Bau der quergerichteten Schloßkapelle (Abb. 6). Die Kapelle wurde schon 1562 eingeweiht, das Gewölbe war aber erst im Sommer 1566 vollendet. Die Schloßkapelle wurde 1808 unter König Friedrich aufgegeben und profaniert, so daß die originale Ausstattung nur in Teilen erhalten ist. Ab 1865 stellte man sie in neugotischen Formen wieder her.
Hier wurde erstmals nicht die neue Konstellation von Kanzel und Altar in eine vorhandene Architektur eingepaßt, sondern um sie herum eine passende Raumschale errichtet. Der Mythos von Stuttgart als der ersten Querkirche, der Mythos von der Querkirche als einer Erfindung der Protestanten, als einer Bauform, die

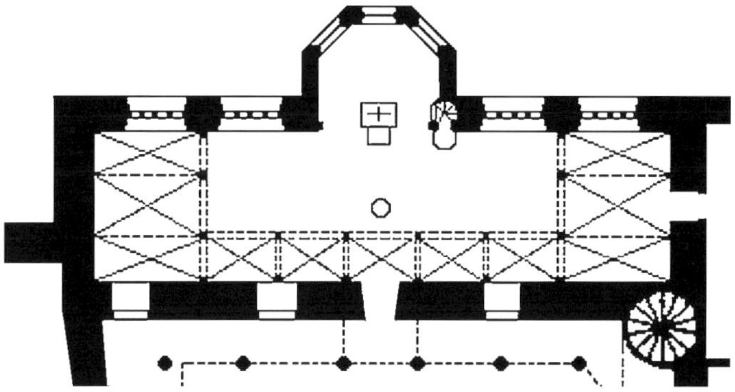

6 Stuttgart, Schloßkapelle, Grundriß

in der zweiten Hälfte des 16. Jahrhunderts plötzlich auftauchte, ohne daß ‚Vorläufer' und ‚Vorbilder' erkennbar wären, bedarf jedoch dringend einer Korrektur. Die Stuttgarter Schloßkapelle ist nicht etwa eine

Neuheit, die ohne Vorläufer gleichsam aus dem Nichts entstanden ist, wie es seit K. E. O. Fritsch gerade in älteren, stilkritisch orientierten Abhandlungen gern suggeriert wird.[41]

Die Stuttgarter Architektur ist die Reaktion auf ein längst gebräuchliches Prinzip, der erste Versuch, ein speziell an dieses angepaßtes ‚Gehäuse' zu entwickeln. Einer zweiten Tradition folgend, daß nämlich der Altar in einem abgetrennten Chorraum zu stehen hat, wurde an die Mitte der Längsseite eine polygonale Apsis angefügt. Die Innovation bestand darin, zwei einander eigentlich widersprechende Grundsätze miteinander zu verbinden, um beide gleichzeitig beibehalten zu können, also aus dem letztlich konservativen Festhalten an zwei gegenläufigen Traditionen unter der Prämisse, daß Altar und Kanzel einander so angenähert werden sollten, daß sich die Gemeinde um beide versammeln konnte. Der Altar behielt seinen Standort in einem Chor. Die Kanzel behielt gleichfalls ihre traditionelle Position an der Längsseite bei; sie wurde nur um der Symmetrie des Baukörpers willen leicht aus der Achse verschoben, um für die Choröffnung Platz zu schaffen. Dadurch geriet sie an den rechten Chorbogenpfeiler, was gerade in kleineren Kirchen keineswegs unüblich ist. Die Orgel stand ursprünglich auf einer Empore im Chor, wurde aber später auf die Ostempore versetzt. Die Fürstenloge soll sich an einer Schmalseite des Raumes befunden haben, so daß es nicht das Ziel gewesen sein kann, sie in größere Nähe oder gar axiale Beziehung zu den Prinzipalstücken zu bringen. Dabei bleibt jedoch ungeklärt, ob nicht möglicherweise doch die Empore an der Längsseite ursprünglich für die Herrschaft vorgesehen war; dies ist im nachhinein nicht mehr festzustellen.

Der am Außenbau prominent hervortretende und durch einen Turm überhöhte Chor ist entgegen früherer Vermutungen nicht Resultat einer Planänderung und nachträglich angefügt. Der Kirchenflügel ist vielmehr einheitlich hochgeführt worden Der Turm steht im Verband des Mauerwerkes, so daß „daraus zwingend geschlossen werden darf, der Kirchenraum sei eine Neuplanung ohne Rücksichtnahme auf Bestehendes."[42] Nach außen hin wird die Kapelle durch eine Gestaltung der Fassade mit den traditionell sakralen Architekturformen präsentiert: „Vielleicht hat die betonte Gestaltung der Kirchenfassade mit gotischen Maßwerkfenstern und einem Turm über dem Chor ... gerade ihre Ursache in der neuen Raumkonzeption. Das heißt also: Dieser Querraum ist nicht als ein Raum angesehen worden, der auch Kirchencharakter hatte, sondern als ein Raum, der gerade richtigen evangeliumsmäßigen Kirchencharakter hatte und auf den als vollwertige Kirche mit entsprechenden architektonischen Mitteln hinzuweisen war."[43]

Die Stuttgarter Schloßkapelle findet in nahezu jeder architekturhistorischen Veröffentlichung Erwähnung, die sich mit der Entwicklung des protestantischen Kirchenbaues beschäftigt. Erst Kunzendorf und Fleck konstatieren jedoch den Zusammenhang mit der zeitgleich erfolgten Erarbeitung einer neuen Kirchenordnung für das Herzogtum Württemberg durch Johannes Brenz, die 1559 erschien, und geben damit den Hinweis auf ein besonderes Interesse des Landesherrn, Herzog Christoph, an der evangelischen Sache auch im Detail und auf die praktische Durchführung bezogen. Die Raumkonzeption der Stuttgarter Schloßkapelle ist somit als programmatisch anzusehen.[44]

Als Nachfolgebauten Stuttgarts sind die Schloßkapellen von Liebenstein (1590), Hellenstein (1605) und Königsberg (1585–1586, verändert 1600–1607 und 1706) anzusprechen, wahrscheinlich auch die nicht in ihrer originalen Ausstattung erhaltene Schloßkapelle auf der Plassenburg in Kulmbach (1568–1575)[45], außerdem – nicht zuletzt aufgrund dynastischer Verbindungen – die Schloßkapelle in Rotenburg an der Fulda (um 1580), die erste Querkirche im hessischen Raum in einer Nebenresidenz der zu jenem Zeitpunkt noch lutherischen Landgrafschaft Hessen-Kassel. Die protestantischen Schloßkapellen des 16. und frühen 17. Jahrhunderts, die Hofkirchen der Landesherren und neuen Landesbischöfe, besaßen Vorbildcharakter für die evangelische Sakralarchitektur im Land. Der Dreißigjährige Krieg unterbrach jedoch die Entwicklung in den Ländern des Reiches. Was diese evangelischen Schloßkapellen des 16. und 17. Jahrhunderts anbelangt, so sind die verschiedenen Typen und Entwicklungsstränge bereits hinlänglich oft zum Gegenstand der Forschung geworden, so daß sich weitere Erörterungen an dieser Stelle erübrigen.[46]

Der reformierte Weg zum Quersaal

Calvin und Zwingli verfuhren bei der Neuordnung des Gottesdienstes wesentlich radikaler als Luther. Sie entwickelten ihre Gottesdienstagende aus dem spätmittelalterlichen Predigtgottesdienst; der gesamte Gottesdienst wurde von der Kanzel aus abgehalten, um die sich die Gemeinde versammelte. Von den Funktionen des Altars blieb lediglich die des Abendmahlstisches übrig. Nicht umsonst wird in der reformierten Kirche bis zum heutigen Tag der Altar als „Tisch des Herrn" oder „Abendmahlstisch" bezeichnet. Da aber nur viermal im Jahr das Abendmahl gefeiert wurde, holte man bei Bedarf für Abendmahl und Taufe einen gewöhnlichen hölzernen Tisch herein. Die frühen reformierten Kirchen, sei es in Holland, der Schweiz oder Frankreich, besaßen zunächst keinen festen Altar.

Die niederländischen Gemeinden feiern das Abendmahl an langen Tischen sitzend, die nur zu diesem Anlaß anstelle der Stühle im Mittelschiff vor der Kanzel aufgestellt werden. Daher gibt es in der Mitte des Raumes nie fest installiertes Gestühl. Außerhalb der Abendmahlsfeiern steht kein Abendmahlstisch in diesen Kirchen. Die Kanzel allein dient als liturgisches Zentrum während der Predigtgottesdienste. Von hier leitet der Pfarrer den gesamten Gottesdienst einschließlich der Gebete. Nur während des Abendmahls verliert die Kanzel ihre zentrale Rolle, „dann ist die sitzend um die Tische gescharte Gemeinde selbst das liturgische Zentrum."[47] Die Kanzel wird von einer Abschrankung, dem sogenannten *doophek*, umgeben, worin sich die Plätze für die Mitglieder des Kirchenrates befinden. Vor der Kanzel steht das Pult für den Vorleser und Vorsänger.[48]

Die calvinistischen nördlichen Niederlande, die von den Zerstörungen des Dreißigjährigen Krieges nicht im gleichen Maße betroffen waren wie das Reich, erlebten im Gegenteil trotz der 80 Jahre währenden kriegerischen Auseinandersetzungen mit den spanischen Habsburgern nach ihrer Unabhängigkeit eine Phase wirtschaftlichen Aufschwungs und allgemeiner Prosperität; sie sind als „eines der ökonomisch fortschrittlichsten und am stärksten urbanisierten Gebiete Europas" einzustufen.[49] Die Synode von Doordrecht beschloß erst 1619 endgültig und verbindlich die Einführung des calvinistischen Bekenntnisses in den sieben nördlichen Provinzen. Unmittelbar danach, eigentlich sogar schon im Vorfeld der Synode, begannen offensichtlich die Überlegungen seitens der Theologen und Architekten, wie ein calvinistischer Gottesdienstraum auszusehen hätte, denn schon in der ersten Hälfte des 17. Jahrhunderts entstanden bedeutende Kirchenbauten, beginnend mit den Amsterdamer Stadtkirchen Hendrik de Keyzers. Im Zuge der Stadterweiterung wurden nacheinander vier große Pfarrkirchen für die neuen Stadtviertel ausgeführt. Von Interesse für die Entwicklung der Querkirchen sind die beiden frühen, zugleich die ersten großen städtischen Kirchenneubauten in den Niederlanden seit Einführung der Reformation: die Zuiderkerk (1603–1607/1611) und die Westerkerk (1620–1631/1638; Abb. 7). Der Architekt entwickelte die Raumform aus dem traditionellen Schema der Stufenhalle, die er mit zwei symmetrisch angeordneten Querschiffen versah. Der Turm vor der Schmalseite verleiht dem äußeren Erscheinungsbild eine klare Längsrichtung. Da die Kanzel jedoch ihren angestammten Platz am mittleren Pfeiler des insgesamt sechsjochigen Langhauses auch in diesen Neubauten bekommen hat, ist der Innenraum quer auf das liturgische Zentrum mit Kanzel, *doophek* und Kantorenpult ausgerichtet. Eine Weiterentwicklung des Amsterdamer Grundrißschemas, das jedoch auch als die Verschmelzung zweier Zentralbauten über dem griechischen Kreuz verstanden werden kann, stellen die Nieuwe Kerk in Den Haag (1649–1656) und die un-

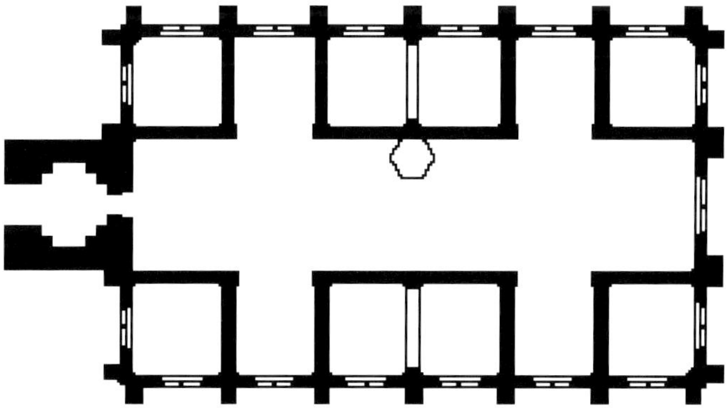

7 Amsterdam, Westerkerk, Grundriß

vollendete Waardkerk in Leiden (begonnen 1663) dar. An den einschiffigen Hauptraum sind dort polygonale Apsiden angefügt, und zwar an den Schmalseiten sowie je zwei an jeder Längsseite anstelle der Amsterdamer Querhäuser. Von außen erscheint der Haager Baukörper richtungslos, zumal der Dachreiter in der Mitte des Firstes sitzt. Die Kanzel hat ihren Platz wiederum in der Mitte der Längsseite, so daß das Innere eindeutig querorientiert ist.[50]

Ebenso wie eine Reihe von evangelischen Stadtkirchen des 16. und 17. Jahrhunderts im Reich in der Tradition der spätmittelalterlichen Hallenkirchen steht (Bückeburg, Wolfenbüttel), orientierte man sich auch in Amsterdam an Architekturen des späten Mittelalters, kam jedoch zu einer wesentlich konsequenteren Ausformung von Baukörper und Raum. Da die niederländischen Calvinisten auf die Aufstellung eines Altares gänzlich verzichteten und der Chor von vornherein wegfiel, kristallisierte sich von selbst die Querachse des Raumes als Hauptrichtung heraus. Daher stellte sich das Problem der divergierenden Achsen dort nicht, das im deutschen Kirchenbau zu so großen Schwierigkeiten geführt hat wie beispielsweise in der Katharinenkirche in Frankfurt und den Dreifaltigkeitskirchen in Speyer und Worms, wo der Altar in der Längsachse des Raumes steht, die Kanzel jedoch der Tradition gemäß an der Seite angebracht ist. Ilse-Käthe Dött konstatiert einen bedeutungsvollen Unterschied zwischen den frühen deutschen und niederländischen Querkirchen: „Die deutschen Schlosskapellen des 16. Jahrhunderts sind einfache Quersäle, deren eine Seite durch eine Nische erweitert wird, dagegen schuf Hendrik de Keyzer sofort einen zentralisierten Querraum."[51] Da es in den niederländischen Kirchen nur ein einziges Hauptstück, die Kanzel, gibt, bestimmt diese eindeutig das Zentrum des Raumes. Die Ausrichtung auf einen Mittelpunkt ist in den Niederlanden bei allen verschiedenen Grundrißtypen das charakteristische Prinzip der Raumorganisation.[52]

Zwei Raumtypen prägen den niederländischen Kirchenbau des 17. Jahrhunderts: die Querkirche und der Zentralbau über allen nur denkbaren Grundrißformen

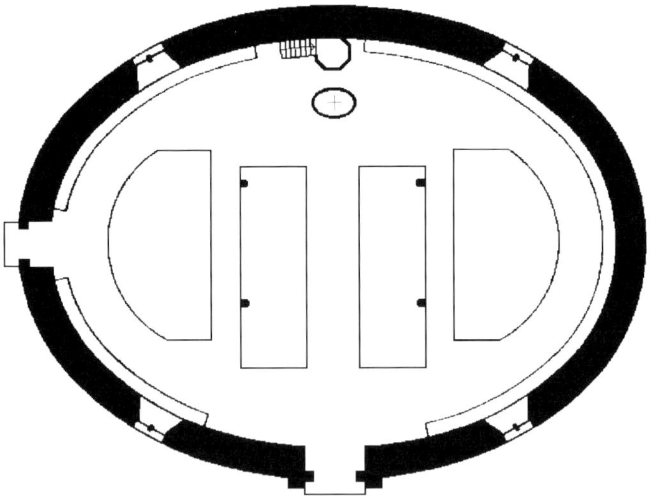

8 Chêne-Pâquier, ev.-ref. Kirche, Grundriß

(Kreuz, Polygon, Quadrat, Kreis und Kombinationen davon), die an dieser Stelle nicht eingehend erörtert werden können. Erwähnung verdient jedoch die Kirche von Ijzendijke. Um 1612 wurde sie als oktogonaler Zentralbau errichtet, von 1656–1659 jedoch auf die doppelte Länge erweitert zu einen gestreckten Achteck, das im Inneren als Querraum mit der Kanzel an einer Längswand eingerichtet wurde. Gestreckte Achteckbauten in Querorientierung wurden weiterhin in Spaarndam (1627), Bloemendaal (1635–1636), Den Bommel (1647) und St. Filipsland (1668) errichtet. Das reine Querrechteck erschien erst relativ spät (Rotterdam, Luthersche Kerk 1733–1736). Die holländischen Kirchenbauten zeichnen sich dadurch aus, daß sie fast durchgängig keine Emporen besitzen, anders als die Mehrzahl der evangelischen Kirchen beider Bekenntnisse im Reich. Erst im 18. Jahrhundert wurden auch in den Niederlanden Emporen möglich. Die Reformierten verwendeten sie äußerst selten, häufiger traten sie bei den Lutheranern, Täufern und Remonstranten auf.[53]

In der Schweiz erscheinen die frühesten Querkirchen in der zweiten Hälfte des 17. Jahrhunderts. Das Mutterland der reformierten Theologie entwickelte bemerkenswert spät eigenständige reformierte Sakralarchitekturen. Die ersten Querkirchen stehen – wie im Reich auch, wenn man von den Schloßkapellen absieht – in kleinen Ortschaften auf dem Land. Die erste Querkirche der Schweiz wurde 1667 unter der Bauleitung des Berner Werkmeisters Abraham Dünz I. in dem waadtländischen Dorf Chêne-Pâquier ausgeführt. Sie besitzt einen ovalen Grundriß (Abb. 8), das abgewalmte Dach über dem eingeschossigen Mauerwerk wird im Mittelpunkt von einem kleinen Dachreiter bekrönt.[54] 1678 baute derselbe Baumeister in Oron-la Ville eine wiederum ovale Querkirche, nachdem er drei Jahre früher in Othmarsingen einen längsgerichteten Kirchenbau über einem gestreckten Zwölfeck errichtet hatte. Gestreckte Vielecke lassen sich ebensogut in der Längs- wie in der Querrichtung ausstatten. Germann vermutet, da die beiden ersten Querkirchen in der Westschweiz stehen, eventuell doch einen Einfluß französischer Réfugiés. Er betont jedoch, daß diese Bauten nicht auf Wunsch der Gemeinden, sondern auf Befehl der Regierung in Bern durchgeführt worden seien, so daß es Dünz eher möglich gewesen sei, neue Formen zu verwenden, da er „nicht gegen die dem Landvolk eigene Beharrlichkeit zu kämpfen“ gehabt habe.[55]

Weitere Schweizer Querkirchen entstanden 1676 in Wilchingen, 1716–1717 in Zurzach, 1721–1724 in Maienfeld. Erst ab dem letzten Drittel des 18. Jahrhunderts bis in die erste Hälfte des 19. Jahrhunderts hinein wurde die Querkirche zum „reformierten Haupttypus“, vorrangig im Zürichbiet, wo in Wädenswil (1764–1767) und Horgen (1780–1781) bedeutende Stadtkirchen errichtet wurden, neben einer Reihe dörflicher Kirchen. Eine weitere wichtige Gruppe findet sich in der Westschweiz (u.a. La Neuveville 1720, Yverdon 1753–1757, Le Locle 1758–1759, La Chaux-de-fonds 1795–1796).[56]

Die Puritaner in England entwickelten ebenso wie zahlreiche reformierte Gemeinden in Schottland schon am Anfang des 17. Jahrhunderts ebenfalls quergerichtete Raumformen für ihre streng funktionalen Bauten.[57] Es waren demzufolge die überall sehr ähnlichen Anforderungen des reformierten Predigtgottesdienstes, die dazu führten, daß Reformierte in verschiedenen Ländern an vielerlei Orten weitgehend unabhängig voneinander zu analogen Formen der Raumgestaltung fanden.

Eine Ausnahme, die gesondert zu betrachten ist, bilden jedoch die französischen Hugenotten.[58] Die Protestanten in Frankreich vertraten die wahrscheinlich strengste Haltung unter allen reformierten Gruppen. Da sie im Unterschied zu ihren Glaubensgenossen in anderen Ländern nicht die vorhandenen Kirchengebäude übernehmen konnten, waren sie von Anfang an gezwungen, eigene gottesdienstliche Versammlungsräume zu errichten. Die meisten ihrer Tempel in Frankreich waren, bedingt durch die historischen Zusammenhänge, einfache Holzbauten, notdürftig zu dem Zweck errichtet, eine möglichst große Menge Menschen aufzunehmen. Dazu paßt die hugenottische Auffassung vom Tempel als einem rein profanen Versammlungsraum. Die Hugenotten entwarfen, unbeeinflußt von bestehenden Traditionen und nur von den praktischen Anforderungen ihres Gottesdienstes geleitet, überwiegend Gottesdiensträume mit der Kanzel in der Längsachse. Nur einzelne Tempel wurden quergerichtet. Der Einfluß der Hugenotten auf die Entwicklung der Querkirchen im Reich muß folglich als äußerst gering eingeschätzt werden.

Die Bautätigkeit der französischen Protestanten in ihrer Heimat in einem Gesamtüberblick angemessen zu beurteilen, stößt auf größte Schwierigkeiten, denn ihre „temples" (der Begriff „église", Kirche, ist den katholischen Gotteshäusern vorbehalten) sind nahezu alle in den Wirren der religiösen Auseinandersetzungen des 16. und 17. Jahrhunderts oder spätestens nach der Aufhebung des Edikts von Nantes 1685 gewaltsam zerstört worden. Von den wenigsten haben sich skizzenhafte zeichnerische Darstellungen erhalten. Auch die beispielsweise in Handwerkerverträgen überlieferten Beschreibungen sind im Regelfall wenig aussagekräftig. Einige grundsätzliche Tendenzen, die den französischen Tempeln gemeinsam waren, lassen sich aus dem spärlichen Material dennoch ablesen: einfache Grundrißformen wie Quadrat, Rechteck, Polygon (Acht- oder Zwölfeck, regelmäßig oder gestreckt) und Oval, umlaufende Emporen, die axiale Stellung von Kanzel und freistehendem Abendmahlstisch, möglichst stützenfreie Innenräume sowie der Verzicht auf eine besondere Gestaltung der Außenfassaden. Einen einheitlichen Prototyp hugenottischer Tempelarchitektur gab es nicht, vielmehr kristallisierten sich zwei Hauptgruppen heraus: längsrechteckige Räume nach den Vorbild von Charenton und polygonale Grundrisse. Allen war jedoch eine zentralisierende Tendenz gemeinsam.[59]

Herausragend unter den Hugenottenbauten war der zweite Temple von Charenton, 1621–23 nach Plänen von Salomon de Brosse als protestantische Pfarrkirche für die Stadt Paris erbaut. Seine Raumgestalt wurde prägend für zahlreiche Hugenottenkirchen des 18. Jahrhunderts im Reich. Nach außen fehlte jede Fassadengestaltung, doch umso neuartiger war der längsrechteckige Innenraum. Eine Kolonnade mit toskanischen Säulen trug die obere der beiden Emporen, die untere war auf halber Höhe in die Säulenstellung eingespannt. Auch die französischen Protestanten leisteten sich also, wenn der Rang der Bauaufgabe es gestattete, wenigstens im Innenraum eine Monumentalarchitektur. Die architektonische Gestalt des Bauwerks war durch eine doppelte Symmetrie geprägt. Germann zieht aus der Anordnung der drei Eingangsportale in der Mitte einer Längsseite und beider Schmalseiten die Schlußfolgerung, daß vermutlich anfangs eine Querkirche vorgesehen gewesen sei; auf dem Originalplan sei die Kanzel vor der Breitseite skizziert.[60] Im ausgeführten Bau stand die Kanzel jedoch in der Längsachse, wodurch der Raum eine eindeutige Längsrichtung bekam.

Rechteckige Säle, gestreckte Polygonal- und Ovalbauten konnten hingegen längs- oder quergerichtet sein. Als quergerichtet bekannt sind der Grand Temple von Montpellier, erbaut 1583, der zweite Temple von Dieppe aus dem Jahre 1608, ein Bau auf quergestrecktem achteckigem Grundriß, den ein niedriges Seitenschiff mit Pultdach umgab, und der 1612 erbaute Temple von Caen, dessen Form der von Dieppe glich, der aber einen zwölfeckigen Grundriß besaß. Caen wird durch seine Außenansicht als Querbau geprägt. Von zahlreichen Bauten ist nicht überliefert, ob sie im Inneren längs- oder quergerichtet waren.[61] Der Grand Temple von La Rochelle (1577 begonnen, fertiggestellt 1600–1603), ein im Inneren längsgerichtetes Oktogon, wirkte von außen dank eines Treppenturmes in der Mittelachse der Längsseite wie ein Querbau.[62] Definitiv quergerichtet war nach einer überlieferten Planzeichnung von 1679/80 der rechteckige Tempel von Saumur.[63]

Das älteste der seltenen erhaltenen Beispiele hugenottischer Tempelarchitektur aus dem 17. Jahrhundert steht in der Bergbaustadt Sainte-Marie-aux-Mines am Rande der südlichen Vogesen im Tal der Liepvrette. Die Herren von Ribeaupierre, die das rechte Ufer des Flusses Liepvrette besaßen, während das linke Ufer zum Herzogtum Lothringen gehörte, hatten dort im Jahr 1550 die Reformation eingeführt. Unter den zuwandernden Minenarbeitern befanden sich sowohl aus dem Reich stammende Lutheraner als auch Franzosen, die mehrheitlich Calvinisten waren. Letztere erhielten um 1630 die Erlaubnis, eine eigene Kirche zu bauen, welche am 1. Oktober 1634 feierlich in Gebrauch genommen werden konnte. Dabei handelt es sich um einen in Stein ausgeführten rechteckigen Quersaal, den, abgesehen von der Position des Glockenturmes, eine streng durchgehaltene Symmetrie charakterisiert. Dies betrifft insbesondere die Gestaltung der Hauptfassade mit ihren drei Portalen. Den Innenraum, der auf die Kanzel in der Mitte der Rückwand ausgerichtet ist, prägt ebenfalls eine symmetrische Gestaltung. Der Abendmahlstisch steht, wie in reformierten Gottesdiensträumen üblich, frei in der Achse vor der Kanzel. Emporen umziehen die übrigen drei Seiten des Raumes; die Orgel hat ihren Platz über dem Haupteingang gegenüber der Kanzel.[64]

Die Verbreitung des Typus ab 1680/1700

Abgesehen von wenigen Ausnahmen fand die Querkirche im Reich für Pfarrkirchen erst ab dem späten 17. Jahrhundert, verstärkt ab den 1720er Jahren Verwendung. Die in den Schloßkapellen des 16. Jahrhunderts begonnene Entwicklung ist außerhalb des höfischen Bereichs zunächst nur vereinzelt aufgegriffen worden. Der Dreißigjährige Krieg bedeutete für die gesamte Entwicklung in weiten Teilen des Reiches, also auch für die Ausbildung der Kirchenarchitektur, einen tiefen Einschnitt. Erst gegen Ende des 17. Jahrhunderts hatten sich Bevölkerungszahlen und Wirtschaft so

9 Königsberg, Schloßkapelle, Zustand vor 1945

weit konsolidiert, daß die erforderlichen Ressourcen zur Verfügung standen, um wieder in größerem Stil zu bauen, und erst jetzt entfaltete sich eine eigenständige protestantische Sakralbaukunst. Das 18. Jahrhundert brachte schließlich eine Hochphase des Kirchenbauwesens, besonders im hessischen Raum. Neubauten waren vielerorts unabdingbar, denn die Gemeinden wuchsen weiter an, so daß zahlreiche Kirchen nicht mehr genug Raum boten, und die Kirchengebäude, die man seit dem Dreißigjährigen Krieg wiederholt mit notdürftigen Mitteln repariert hatte, wurden im Laufe der Zeit so baufällig, daß Instandsetzungen endgültig nicht mehr möglich waren.

Auf zwei großen Entwicklungssträngen vollzog sich die Entwicklung des Querkirchentypus: zum einen über die zumeist lutherischen Schloßkapellen im Reich mit ihren Nachfolgebauten, zum anderen über die reformierten Tempel und Pfarrkirchen in Frankreich und den Niederlanden.

In Königsberg trafen beide Stränge aufeinander. Die Schloßkapelle (Abb. 9) wurde 1585–1586 durch Baumeister, die auch an der Stuttgarter Schloßkapelle beteiligt waren, errichtet und 1600–1607 sowie 1706 verändert; sie steht folglich in der Tradition der höfischen lutherischen Querkirchen des 16. Jahrhunderts. Beim Bau der reformierten Burgkirche (1690–1699; Abb. 10) wurden hingegen bewußt niederländische Bauformen aufgegriffen; die Grundrißform aus zwei aneinanderstoßenden griechischen Kreuzen entspricht derjenigen der Nieuwe Kerk in Den Haag. Ein ähnlicher Bau war schon 1671 in Weichselmünde errichtet worden. Diese ersten preußischen Querkirchen wurden zum Ausgangspunkt für die Entwicklung des Typus in Brandenburg-Preußen.[65] Von großer, allerdings trotzdem nicht zu überschätzender Bedeutung für die Folgezeit wurden die Berliner Kirchenbauten, die dort ab 1694 im Laufe von knapp 90 Jahren entstanden, gerade in der Zeit, als Berlin sich von der kurfürstlichen zur königlichen Residenzstadt entwickelte.[66]

In den calvinistischen Gebieten am Niederrhein und im Emsland wurden ab dem zweiten Viertel des 17. Jahrhunderts bereits quergerichtete Gotteshäuser gebaut, die große Ähnlichkeiten mit niederländischen Stadtkirchen besitzen. Frühe quergerichtete Pfarrkirchen entstanden beispielsweise in Rees 1623–1624, Emden (Neue Kirche) 1643–1648, Xanten 1648–1649, Süchteln 1669–1681, Düsseldorf (ref. Kirche in der Bolkerstraße, heute Neanderkirche) 1683–1684, Neuen-

10 Königsberg, Burgkirche, Zustand vor 1945

haus 1684–1686 und Urdenbach 1688–1693. Der Bezug zu den benachbarten Niederlanden ist hier unübersehbar.[67]
Im 18. Jahrhundert wurden Querkirchen in fast allen evangelischen Gebieten errichtet. Schwerpunkte lassen sich in Brandenburg-Preußen, am Niederrhein, im hessischen Raum und in Franken[68] feststellen. Weiterhin waren es die Kirchenbauten der französischen Glaubensflüchtlinge, welche die Kirchenbaulandschaft bereicherten. In ihrer neuen Heimat bauten die Hugenotten nun gelegentlich Querkirchen – die Hintergründe werden noch zu betrachten sein. Bis in die erste Hälfte des 19. Jahrhunderts hinein fand die Form für Stadt- und Dorfkirchen gleichermaßen Verwendung, bis sie ab etwa 1840/1850 aus der Kirchenarchitektur gänzlich verschwand.
In den beiden Traktaten des Architekturtheoretikers Leonhard Christoph Sturm zum protestantischen Kirchenbau wird unter vielen anderen Grundrißfiguren auch jeweils ein Entwurf für eine Quersaalkirche vorgestellt (vgl. 122 ff.).[69] Sturm äußert darin die Ansicht, daß diese Bauform für evangelische Predigtkirchen besonders geeignet sei. Auch wenn Sturm im wesentlichen die schon vorhandenen Trends in der Architektur seiner Zeit aufgriff und verarbeitete, so sollte doch der Einfluß seiner Schriften auf nachfolgende Architektengenerationen bezüglich der evangelischen Sakralarchitektur nicht zu gering eingeschätzt werden.
Bei all den gerade von der älteren Forschung formulierten Evolutionstheorien und Vorbildketten ist ein bemerkenswertes, schwer erklärbares Phänomen übersehen worden. Eine Reihe der frühen Querkirchen, im Reich ebenso wie in der Schweiz, wurde in kleinen, abgelegenen Dörfern gebaut, ohne daß Zusammenhänge zu bedeutenderen Bauprojekten erkennbar wären. Diese Bauten stehen vereinzelt sowohl innerhalb ihrer Kunstlandschaften als auch in der zeitlichen Abfolge.[70]
Eine überregionale, programmatische Intention läßt sich an Bauten wie der Sandkirche in Schlitz (1612) oder der Erweiterung der Filialkirche von Helpershain (1658/1717) ebensowenig festmachen wie an der Kirche des bernischen Dorfes Chêne-Pâquier (1667). Die Waldenserkirche von Carlsdorf (1699–1700) fand in den weiteren hessen-kasselischen Hugenottenkolonien ebenfalls keine Nachfolge.

Der Bestand an Querkirchen in den Territorien des hessischen Raumes

Der in dieser Untersuchung behandelte Bestand an Querkirchen einschließlich der außerhalb des eigentlichen Kernraumes (s. Karte Abb. 1) gelegenen Bauten, die aufgrund ihrer territorialen Zugehörigkeit und Bedeutung mit einbezogen werden, umfaßt insgesamt 35 Objekte. Diese werden im folgenden Kapitel einzeln vorgestellt, und zwar nach Territorien geordnet und damit eingebettet in den landesgeschichtlichen Kontext ihrer Entstehung. Querkirchen wurden in den Landgrafschaften Hessen-Kassel und Hessen-Darmstadt, in beiden Teilen der Grafschaft Hanau (Hanau-Münzenberg und Hanau-Lichtenberg), in den gefürsteten Grafschaften Nassau-Weilburg, Nassau-Usingen, Nassau-Saarbrücken und Nassau-Dillenburg, in den Grafschaften Solms-Laubach und Solms-Braunfels, Erbach-Erbach, Isenburg-Birstein, in der Herrschaft Schlitz und der Ganerbschaft Staden errichtet. In einem gesonderten Abschnitt werden die Besitzungen der Grafschaft Hanau-Lichtenberg und der nassauischen Grafschaften und Fürstentümer im Grenzgebiet zu Frankreich mit ihren Querkirchenbauten abgehandelt, da dort gänzlich andere historische Voraussetzungen gelten als im eigentlichen hessischen Raum.

Die Vorstellung der einzelnen Objekte liefert die maßgeblichen Informationen zu jedem einzelnen Bauprojekt, die den nachfolgenden Analysen spezieller Kriterien zugrundegelegt werden. Der Bautypus wird hier nur knapp benannt, desgleichen die Eckdaten der Baugeschichte und, sofern bekannt, die Zuschreibung an den entwerfenden Architekten. Zu jeder Kirche findet sich im Rahmen der Dokumentation im Anhang eine ausführliche Klärung der Baugeschichte und der Architektenzuschreibung, so weit anhand der überlieferten Quellen möglich, sowie gegebenenfalls eine Rekonstruktion des ursprünglichen Zustandes ihrer Architektur und Raumgestaltung. Dort sind auch die Quellen- und Literaturnachweise zu den einzelnen Sachverhalten aufgeführt. Für alle Detailinformationen sei daher auf die Dokumentation verwiesen.

Vergleichende Analysen unter verschiedenen Problemschwerpunkten werden in den anschließenden Kapiteln vorgenommen, da es faktisch unmöglich ist, den gesamten Bestand durchgängig nach systematischen Gruppen zu ordnen. Die meisten Bauten sind für die Behandlung unterschiedlicher Aspekte relevant und werden dafür an entsprechender Stelle herangezogen. Aus ihren historischen Entstehungsbedingungen heraus und aufgrund der Formensprache bestimmter Architektenpersönlichkeiten fügen sich jedoch einige von ihnen zu Gruppen zusammen, die sich für eine vergleichende Darstellung anbieten.

11 Bicken, ev. Pfarrkirche

Die größte und augenfälligste Gruppe mit insgesamt sechs Bauten bilden die von Baudirektor Christian Ludwig Hermann für Hanau-Münzenberg, Isenburg-Birstein und Hessen-Hanau entworfenen Querkirchen in Steinau, Langenselbold, Ober-Eschbach, Rodheim, Bad Nauheim (Wilhelmskirche) und Marköbel, die in ihren architektonischen Merkmalen ein relativ einheitliches Gesamtbild bieten.

Im Bereich Nassaus lassen sich zwei Gruppen erkennen: zum einen die Querkirchen in der Grafschaft Nassau-Weilburg, ausgehend von der Weilburger Schloßkirche mit ihren Nachfolgebauten in Kirchheimbolanden und Neunkirchen, dazuzurechnen sind ferner die in der zweiten Jahrhunderthälfte errichteten Kirchen in Kubach, Atzbach und Göllheim. Die Persönlichkeit eines Architekten prägt wiederum die zweite nassauische Gruppe mit den Bauten von Friedrich Joachim Stengel in Nassau-Usingen und -Saarbrücken. Stengel entwickelt in Grävenwiesbach unter Umsetzung eines Idealentwurfs von Leonhard Christoph Sturm einen Grundtypus, den er selbst und später sein Sohn und Nachfolger sowie weitere Mitarbeiter des Saarbrücker Landbauwesens in Abwandlungen wiederholen: Heftrich, Neusaarwerden, die reformierte Kirche (Friedenskirche) in Saarbrücken, weiterhin die nach dem Siebenjährigen Krieg entstandenen Bauten in Jugenheim/Rheinhessen, Berg/Elsaß, Gersweiler, Niederlinxweiler, Albisheim sowie Stengels Hauptwerk, die Ludwigskirche in Saarbrücken.

Die in Isenburg-Birstein unter Wolfgang Ernst III. errichteten Querkirchen in Langenselbold, Lichenroth, Burgbracht und Unterreichenbach lassen zwar vermuten, daß es dort ebenfalls ein landesherrliches Kirchenbauprogramm gegeben hat. Die vier Bauten bieten jedoch ein sehr inhomogenes Bild und weisen außer ihrer inneren Querrichtung nur wenig Gemeinsamkeiten auf.

Zusammenfassen lassen sich ferner die Bauten und Entwürfe des Laubacher Bauschreibers Johann Wiesenfeld, dessen Wirken bislang wenig erforscht ist, für Wölfersheim, Altenburg, Unterreichenbach und Ruppertsburg.

Die beiden für reformierte Neusiedler errichteten Kirchen in Carlsdorf und Usingen sind, obwohl fast zeitgleich erbaut, nur schwer miteinander in Beziehung zu setzen, zumal die reformierte Kirche in Usingen nicht als reine Hugenottenkirche bezeichnet werden darf. Bei beiden Projekten spielen die lokalen Verhältnisse und das herrschaftliche Bauwesen des Aufnahmelandes eine wesentlich größere Rolle als möglicherweise vorhandene Gemeinsamkeiten der Flüchtlinge. Alle übrigen Objekte stehen mehr oder minder als Einzelfälle für sich allein; Übereinstimmungen und Ansätze für einen Vergleich ergeben sich nur anhand spezieller Aspekte.

Nicht behandelt werden im Rahmen dieser Arbeit die folgenden, von früheren Autoren als Querkirchen genannten Bauten im Gebiet des Bundeslandes Hessen: Die aus spätgotischer Zeit stammende Kirche in Gleichen, ein Saalbau mit dreiseitigem Schluß, wurde 1716 umgebaut. Ilse-Käthe Dött ist der Ansicht, es handele sich um einen querrechteckigen Saal, denn „seit dem Umbau (verstellt) eine an drei Seiten um den Raum geführte Empore diesen östlichen Teil der Kirche und lässt nur die längere Südseite, wo Kanzel und Altar stehen, frei. Da der Altar etwas nach Osten verschoben ist, entsteht ein Widerspruch zwischen quergelagertem Predigt- und längsgerichtetem Altarraum."[71] Dött bezieht sich auf das Inventar aus dem Jahre 1909. Die dort abgebildete Fotografie zeigt jedoch einen eindeutig längsgerichteten Raum.[72] Für die 1749 erbaute Pfarrkirche in Bischhausen gilt Entsprechendes.[73]

Die zeitweise quergerichtete Waldenserkirche in Mariendorf, die von außen gesehen wie ein quergelagerter Saalbau wirkt, präsentiert sich seit der jüngsten Renovierung wieder in Längsrichtung.[74] Dennoch besteht große Ungewißheit bezüglich der ursprünglichen Raumgestaltung. Jede Rekonstruktion des Raumes bewegt sich auf der Ebene bloßer Spekulation. Der heutige Zustand ist nicht einfach als dem originalen entsprechend anzunehmen. Die Kirche kann daher im Rahmen dieser Arbeit nur als ein ungeklärter Problemfall vorgestellt werden.

Die in der Kolonie Frankenhain (Abb. 12) in den Jahren 1746–1755 erbaute Fachwerkkirche wird mitunter für ursprünglich querorientiert gehalten. Die Kirche, ein schlichter Rechteckbau, habe bei einer Renovierung der Nachkriegszeit ihre alte Innenausstattung verloren und sei längsgerichtet worden.[75] Zur Unterstützung dieser These wird eine historische Innenaufnahme herangezogen, welche die Kanzel zwischen zwei Fenstern zeigt. Da das Kirchengebäude in seinem heutigen Zustand nur auf den Längsseiten im Norden und Süden je drei Fenster besitzt, wird daraus gefolgert, die Kanzel und der frei davorstehende Abendmahlstisch hätten ihren Platz vor der Nordwand gegenüber dem Eingangsportal gehabt. Das Portal befindet sich unter dem linken Fenster, also nicht in der Mittelachse, so daß dadurch eine asymmetrische Raumform zu rekonstruieren wäre. In der Tat verhält es sich aber so, daß die Kirche früher zwei kleine Fenster an der östlichen Schmalseite besaß, die man bei besagter Renovierung wegen der störenden Blendung durch die Morgensonne geschlossen hat. Eben diese beiden Fenster, zwecks Lichtschutz mit Vorhängen versehen, sind auf der Fotografie zu erkennen. Kanzel und Abendmahlstisch befanden sich immer vor der östlichen Schmalseite.[76]

Der von dem Darmstädter Superintendenten Johann Conrad Lichtenberg entworfene, 1742–1743 ausge-

12 Frankenhain, ev. Kirche

führte Kirchenbau in Neunkirchen/Odenwald ist in seinem heutigen Zustand quergerichtet; jedoch handelt es sich, wie Frank Schmidt nachgewiesen hat, bei dem jetzigen Raumzustand um das Ergebnis der Renovierungen von 1927 und 1957. Ursprünglich war der Kirchenraum hingegen längsorientiert.[77]

Die Landgrafschaft Hessen-Kassel

Nach dem Tode Landgraf Philipps des Großmütigen 1567 wurde die seit 1526 evangelische Landgrafschaft Hessen unter seine vier Söhne aufgeteilt, so daß die Landgrafschaften Hessen-Kassel, Hessen-Marburg, Hessen-Rheinfels und Hessen-Darmstadt entstanden. Zwei von ihnen, die bis zum Ende des alten Reiches Bestand hatten, sind auch für diese Untersuchung von Bedeutung: Hessen-Kassel und Hessen-Darmstadt. Während Hessen-Darmstadt stets lutherisch blieb, wurde in Hessen-Kassel mit den „Verbesserungspunkten" Landgraf Moritz' im Jahr 1606 das reformierte Bekenntnis eingeführt.[78] Oberhessen mit Marburg, das Hessen-Kassel durch den Westfälischen Frieden endgültig zugesprochen wurde, blieb hingegen lutherisch, so daß in der Bevölkerung der Landgrafschaft zwei Konfessionen mit gesicherten Rechten vertreten waren.[79] Mit dem Anfall der Grafschaft Hanau-Münzenberg kam 1736 eine weitere lutherische Bevölkerungsgruppe hinzu, deren Religionsfreiheit respektiert werden mußte. Die Religionspolitik der Landgrafen blieb jedoch weiterhin vom Calvinismus geprägt.

In Hessen-Kassel entstanden zwischen der Reformationszeit und dem Siebenjährigen Krieg insgesamt vier Querkirchenbauten, vier Projekte mit unterschiedlicher Funktion und grundverschiedenen Voraussetzungen: die Schloßkapelle in Rotenburg an der Fulda, erbaut um 1580 und damit die älteste hier zu betrachtende Querkirche, die Waldenserkirche in Carlsdorf bei Hofgeismar, errichtet 1699–1704 in einer neu angelegten Flüchtlingskolonie, ferner die Pfarrkirche in Wabern (1722–ca. 1726), deren Bau in Verbindung mit Landgraf Karls bevorzugtem Jagdschloß zu sehen ist, und die Kirche der lutherischen Gemeinde in Kassel (1734–1738), Gotteshaus einer Minderheit in der reformierten Residenzstadt. Die Querkirchen in den 1736 an Hessen-Kassel gekommenen Teilen der Grafschaft Hanau werden in Zusammenhang mit den dort unter hanauischer Regentschaft errichteten Bauten erörtert.

Die *Schloßkapelle im Rotenburger Residenzschloß* war die erste Querkirche in der Landgrafschaft Hessen-Kassel und der ganzen weiteren Umgebung. Sie ist jener Gruppe von quergerichteten Schloßkapellen zuzurechnen, die im 16. Jahrhundert ausgehend von der Stuttgarter Schloßkapelle entstanden sind. Sie war in den Nordflügel des Schlosses integriert, welcher aufgrund irreparabler Bauschäden im Jahre 1791 abgebrochen worden ist. In der Forschung wird Rotenburg zumeist als Nachfolgebau von Stuttgart gesehen, bedingt durch die familiären Verhältnisse des Landgrafen, dessen Gemahlin Sabine eine geborene Prinzessin von Württemberg war.[80]

Landgraf Wilhelm IV. ließ das alte und baufällige Rotenburger Schloß ab 1570/71 erneuern. Die Schloßkapelle wird gemeinhin auf die Zeit um 1580 datiert. Im Giebelfeld des Kapellenportals war die Jahreszahl 1581 zu lesen (Abb. 13). Bis 1607 dauerten die Baumaßnahmen am Schloß, sie reichten also bis in die Regierungszeit Landgraf Moritz' hinein. Wilhelm bestimmte in seinem Testament das Schloß in Rotenburg als Wittum für seine Gemahlin.[81] Dieter Großmann nimmt an, Landgraf Wilhelm der Weise sei selbst weitgehend verantwortlich für die Gesamtplanung des Schlosses, also auch der Kapelle, gewesen; die künstlerische Ausgestaltung habe in den Händen des Niederländers Wilhelm Vernukken gelegen.[82] Sollte dies tatsächlich zutreffen, dann kann Rotenburg mit Fug und Recht ein programmatischer Bau eines protestantischen Landesfürsten genannt werden.

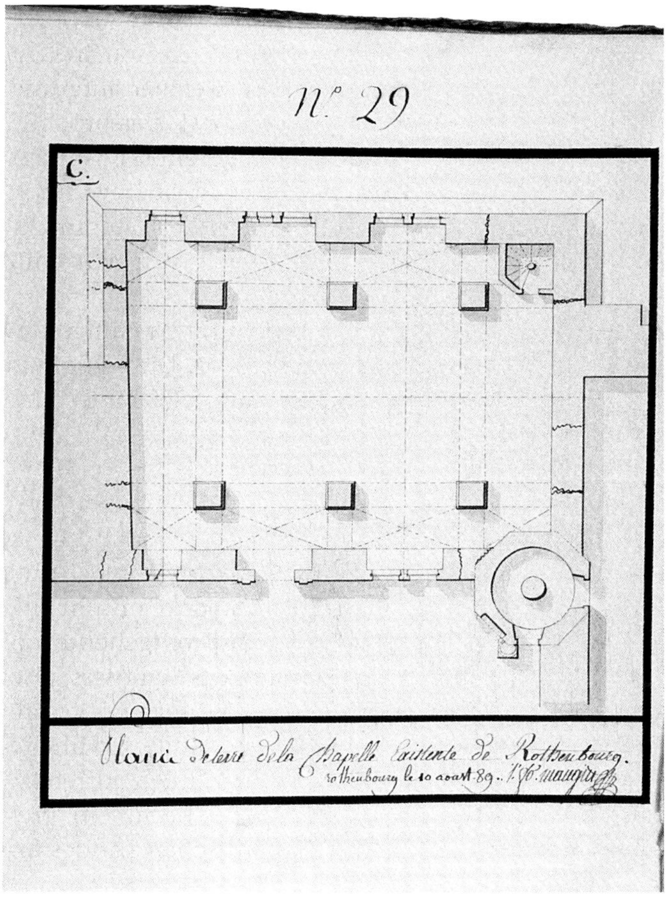

13–15 Rotenburg/Fulda, Schloßkapelle, Grundriß, Ansicht der Hoffassade und Längsschnitt. Zeichnungen von J. Ph. Mangin, 1789; StA MR 17 e Rotenburg Nr. 192

Das Schloß wurde ab 1627 die Residenz der sogenannten „Rotenburger Quart", der Linie Hessen-Rotenburg bzw. Hessen-Rheinfels. Die Schloßkapelle wurde vor allem als Hofkapelle genutzt. Zeitweise gestattete der Rotenburger Landgraf bzw. die verwitwete Landgräfin den Stadtbürgern, an den Hofgottesdiensten teilzunehmen und auch Gottesdienste dort zu feiern, wenn der Hof sich nicht im Schloß aufhielt. Die Hofgemeinde war von der Stadtgemeinde jedoch getrennt; der Hofprediger hatte nicht zugleich das Amt des Stadtpfarrers inne. Bis um die Mitte des 18. Jahrhunderts wurde die Schloßkapelle trotz der offenkundigen Einsturzgefahr noch regelmäßig für Gottesdienste benutzt. Der späteste Nachweis dafür datiert von 1745.[83] Um 1750/51 wurde noch einmal intensiv über eine mögliche Reparatur des baufälligen Gebäudes verhandelt. In allen späteren Schreiben heißt es, die Kapelle stehe schon seit Jahren leer. 1791 wurde sie abgebrochen, da Landgraf Emmanuel den baufälligen Nordflügel des Schlosses durch einen Neubau zu ersetzen beabsichtigte, welcher in den Folgejahren ausgeführt wurde.

Die architektonische Gestalt der Rotenburger Schloßkapelle läßt sich anhand von Quellen aus dem 18. Jahrhundert einigermaßen sicher rekonstruieren.[84] Zwei Jahre vor dem Abbruch fertigte der französische Architekt J. Ph. Mangin vier Bestandspläne an, die Auskunft über das Aussehen und den desolaten Zustand des Gebäudes geben.[85] Mangin zeichnete den Grundriß der Schloßkapelle (Abb. 14), die Hoffassade (Abb. 13), eine Untersicht in das Gewölbe und einen Längsschnitt (Abb. 15). Großen Wert legte der Zeichner auf eine minutiöse und möglichst drastische Hervorhebung aller Risse und schadhaften Stellen im Mauerwerk.

Die Kapelle lag in der nordöstlichen Ecke der Vierflügelanlage, die das Rotenburger Schloß vor dem ersatzlosen Abbruch des Ost- und der Erneuerung des Nordflügels darstellte. Die eigentliche Kapelle nahm nur das Erdgeschoß und das erste Obergeschoß des Nordflügels ein. Der Grundriß der Schloßkapelle bildete ein Rechteck, das an einer Ecke durch den Treppenturm leicht angeschnitten wurde. In den Raum war auf beiden Längsseiten je eine Reihe von drei Stützen eingestellt, welche die umlaufende Empore und das Deckengewölbe trugen. Dadurch entstand ein freier zweijochiger Mittelraum, der ringsherum von zweigeschossigen Arkaden umgeben war. Im Innenraum der Kirche fand sich das in jener Zeit häufige Motiv der umlaufenden Galerien mit mehrgeschossigen Arkaden, wie sie vor allem bei den Fassaden von Schloßhöfen vorkommen (Altes Schloß Stuttgart, Plassenburg in Kulmbach). Ausgehend von Torgau und Dresden wurde dieses Raumschema des öfteren bei Schloßkapellen des 16. Jahrhunderts eingesetzt.[86]

Einzelheiten bezüglich der Innenausstattung geben Mangins Zeichnungen jedoch nicht preis, weil zu dem Zeitpunkt, als der Architekt seine Bauaufnahme durchführte, die Kapelle nicht mehr in Gebrauch war. Ein Teil der beweglichen Ausstattung war längst aus der Kirche entfernt worden, das übrige vollkommen unbrauchbar geworden. Die Chronik des Rotenburger Pfarrers Lucae liefert jedoch Aufschluß über die innere Disposition. Demnach war die Kanzel am mittleren Pfeiler der Nordseite angebracht, schräg gegenüber dem Eingangsportal. Davor stand erhöht der Altar. Auf der östlichen Schmalseitenempore befand sich die fürstliche Loge, ihr gegenüber an der westlichen Schmalseite die Orgel mit der „Cantorey", der Sängerempore.[87]

Die nächste in Hessen-Kassel errichtete Querkirche verkörpert eine gänzlich andere Bauaufgabe. Die *Waldenserkirche in Carlsdorf* entstand als Pfarrkirche für eine Kolonie französischer Zuwanderer.

Die erste hessen-kasselische Kolonie, die von überwiegend waldensischen Flüchtlingen besiedelt wurde, wurde 1686 unweit von Hofgeismar nach einem Plan von Paul du Ry angelegt und nach dem regierenden Landgrafen Carlsdorf genannt. Nachdem die nötigsten Wohnhäuser fertiggestellt waren, begann 1699 der Bau einer Fachwerkkirche (Abb. 16), die ebenfalls Paul du Ry zugeschrieben wird. Die Inschrift über dem Portal nennt die Jahreszahl 1702, fertiggestellt wurde das Gebäude jedoch erst 1704.

Der rechteckige Fachwerkbau ist der einzige Quersaal unter den zahlreichen Hugenotten- und Waldenserkirchen in Hessen-Kassel. Der Dachreiter sitzt auf dem

16 Carlsdorf, ev. Kirche

17 Wabern, ev.-ref. Pfarrkirche

westlichen Firstende des Satteldaches, doch das Hauptportal und der darüberliegende Dreiecksgiebel deuten die Querrichtung nach außen an. Eine Empore mit deckenhohen Stützen verläuft an der Nord- und Westwand des Raumes. Der von ihr ausgesparte Raum ist symmetrisch organisiert. Kanzel, Pfarrerstand und Kantorenpult haben ihren Platz an der Südwand, der Abendmahlstisch steht frei davor. Zwei Holzstützen in der Raummitte tragen einen Längsunterzug, der als Auflager für die Deckenbalken und den Dachstuhl dient.

Nicht die Bauweise der südfranzösischen Heimat der Kolonisten, sondern die in Nordhessen übliche Fachwerkarchitektur kommt bei der Carlsdorfer Kirche zum Einsatz. Das Gotteshaus ordnet sich bescheiden in die Wohnbebauung ein, lediglich der kleine Dachreiter und die Betonung des Portals weisen behutsam auf seine besondere Aufgabe hin.[88] Die Kolonisten haben schwerlich auf die Gestaltung ihres Tempels großen Einfluß genommen. Dieser Bau ist als landgräflich hessen-kasselische Dorfkirche einzuordnen.

Die zweite während der Regentschaft Karls in Hessen-Kassel errichtete Querkirche befindet sich an einem Ort, der für den Fürsten selbst eine weitaus größere Bedeutung besaß. *Wabern* gehörte zu den bevorzugten Jagdrevieren des Landgrafen. Er ließ sich am Ortsrand das Jagdschloß Karlshof erbauen, in welchem er sich mehrmals im Jahr aufhielt. Der Neubau der Pfarrkirche des Dorfes wurde, nachdem es spätestens 1716 erste Planungen gegeben hatte, schließlich 1722 begonnen. 1724 gerieten die Bauarbeiten ins Stocken, weil es an Geld fehlte. Der Innenausbau wurde ab dem Sommer 1725 fortgesetzt, so daß das Gotteshaus wahrscheinlich 1726 fertiggestellt war. Der Architekt der Kirche ist unbekannt.

Der gestreckte Achteckbau erscheint von außen längsorientiert, da der eingestellte Turm an einer Schmalseite aus dem Mansarddach herausragt. Der Innenraum (Abb. 17) ist jedoch quer auf die Kanzel an der südlichen Längswand und den freistehenden Abendmahlstisch ausgerichtet. Der Kanzel gegenüber befand sich ursprünglich die herrschaftliche Loge, die von der Nordseite über einen eigenen Treppenaufgang von außen her zugänglich war.[89] Am mittleren Fenster der Nordwand ist der Türsturz dieses Eingangs noch zu sehen. Gemeindeemporen gab es nur an den Schmalseiten. 1889 wurde der Herrschaftsstand entfernt und die durchgehende Nordempore eingezogen. Die Orgel wurde in den 1970er Jahren von der West- auf die Ostempore versetzt.

Kanzel und Abendmahlstisch wurden dem Herrschaftsstand gegenüber plaziert, wobei die Kanzel aus der Achse verschoben werden mußte, denn die Symmetrie des Gesamtbaues verlangte, daß gegenüber vom Logenzugang in der Mittelachse ebenfalls ein Fenster eingesetzt wurde. Statische Erfordernisse bedingten die Abtrennung des Westteils durch die Arkade, welche den Turm stützt. Alles in allem ist die Innenraumlösung nicht gerade geschickt zu nennen. Zudem werden die Gottesdienstbesucher von den drei großen Fenstern an der Südseite geblendet.

Die Kirche ist offensichtlich von der Herrschaftsloge her gedacht und entworfen, für deren Einrichtung der Landgraf schon während der Planungsphase und dann noch einmal während der Bauzeit nicht unerhebliche Beträge stiftete; ausgeführt wurde die Loge nach dem Mai 1725, als die Gemeinde Wabern zum Innenausbau ihrer Kirche einen erneuten Zuschuß erhalten hatte.

Karl legte sichtlich Wert darauf, daß er bei seinen Jagdaufenthalten im Schloß Karlshof die Möglichkeit eines standesgemäßen Kirchgangs hatte.
Nachdem Landgraf Karl den Lutheranern in der mehrheitlich reformierten Residenzstadt *Kassel* die öffentliche Ausübung ihres Gottesdienstes stets versagt hatte, erhielt die lutherische Gemeinde nach dem Regierungsantritt seines Sohnes Friedrich, des Königs von Schweden, 1731 die Religionsfreiheit. Anläßlich seiner Vermählung mit der schwedischen Erbprinzessin Ulrike Eleonore im Jahr 1715 war Friedrich selbst zum lutherischen Glauben konvertiert. Die wachsende lutherische Gemeinde begann 1734 mit ihrem ersten eigenen Kirchenbau, der 1738 fertiggestellt und eingeweiht wurde. Der Entwurf wird gewöhnlich Giovanni Ghezzy zugeschrieben. Die erhaltenen Zeichnungen und Skizzen mit verschiedenen Entwürfen mehrerer Architekten zeigen jedoch, daß dem Projekt ein Plan von Charles du Ry zugrundeliegt, den Ghezzy als Bauunternehmer ausgeführt hat.
Das Gotteshaus am Graben wurde mit den meisten Gebäuden der Kasseler Altstadt ein Opfer der Bombennacht vom 22. Oktober 1943. Die Ruine wurde in der Nachkriegszeit abgebrochen.
Die Kirche war auf einem trapezförmigen Grundriß in eine Häuserzeile eingepaßt. Die Straßenfront wurde als Hauptfassade mit einem flachen Mittelrisalit unter einem Dreiecksgiebel und mit drei Portalen gestaltet. Ein etwas tieferer Risalit an der Rückseite nahm im Inneren die Emporen für Kanzel und Orgel auf (Abb. 18). Der Altar stand frei vor der Kanzel. Doppelgeschossige Emporen mit deckenhohen Stützen verliefen an den übrigen drei Seiten des Raumes. Nach außen hin besaß das Gebäude eine sehr zurückhaltende Architektursprache. Es gemahnte eher an ein bürgerliches Stadthaus oder ein Verwaltungsgebäude denn an eine Kirche. Dies begründet sich aus der Minderheitensituation einer lutherischen Gemeinde in einer mehrheitlich reformierten Residenzstadt.

18 Kassel, Lutherische Kirche am Graben, Innenraum vor der Zerstörung

19 Steinau a. d. Straße, Reinhardskirche, Ansicht von Süden

Die Grafschaft Hanau-Münzenberg

Die zwei Linien des Gräflichen Hauses Hanau entstanden 1458 durch eine Landesteilung zwischen Philipp d. J. und seinem Onkel Philipp d. Ä., wobei letzterer alle Gebiete südlich des Mains mit der Hauptstadt Babenhausen erhielt. Durch Heirat und Erbanfall gelangte Philipp d. Ä. 1480 in den Besitz der Herrschaft Lichtenberg im Elsaß und nannte sich zur Unterscheidung von der anderen Linie Hanau-Münzenberg fortan Hanau-Lichtenberg. In Hanau-Münzenberg führte Graf Philipp Ludwig II. im Jahre 1595 das reformierte Bekenntnis ein.[90] Als das Haus Hanau-Münzenberg 1642, mitten im Dreißigjährigen Krieg, ausstarb, kam das Land an den Grafen von Hanau-Lichtenberg, dem es auch gelang, seinen Herrschaftsanspruch zu sichern. Der Erbvertrag der beiden Hanauer Linien von 1610 bestimmte, daß der konfessionelle Status quo bei einem Erbfall erhalten bleiben sollte, so daß die lutherischen Lichtenberger nun über ein reformiertes Land herrschten. Die Streitigkeiten zwischen Lutheranern und Reformierten wurden erst durch den Hanauischen Hauptreceß von 1670 beigelegt, der die Gleichberechtigung der beiden Konfessionen regelte.[91]
Nach dem Tod des Grafen Friedrich Kasimir 1685 wurde das Land erneut unter seine beiden Neffen geteilt, so daß Philipp Reinhard II. Münzenberg und Johann Reinhard III. Lichtenberg erhielt. Nach dem Tod des ersteren im Jahr 1712 vereinte der letzte Hanauer Graf, Johann Reinhard III., noch einmal beide Teilgrafschaften in einer Hand.[92] Im weiteren Verlauf seiner Regierungszeit hielt der Graf sich abwechselnd in seinen beiden Residenzen Hanau und Buchsweiler auf.

Das Kirchenprogramm für die lutherische Minderheit unter Johann Reinhard III.

Im überwiegend reformierten Hanau-Münzenberg förderte Johann Reinhard allerorten die Entstehung und Entwicklung lutherischer Gemeinden. Von einem regelrechten Kirchenbauprogramm zeugen die zahlreichen in jener Zeit errichteten lutherischen Kirchen im Land, für die sich der Begriff „Reinhardskirchen" eingebürgert hat. Vier seiner Bauprojekte sind Querkirchen, nämlich die lutherischen Pfarrkirchen in Steinau an der Straße, Hanau, Ober-Eschbach und Rodheim vor der Höhe. Die Reinhardskirchen zeichnen sich durch einen relativ einheitlichen Baustil aus, den das Hanauer Landbauwesen unter Leitung des Baudirektors Christian Ludwig Hermann geprägt hat.[93]
Die erste der lutherischen Querkirchen in der Grafschaft Hanau-Münzenberg, der erste nachgewiesene quergerichtete Kirchenbau des hanauischen Baudirektors Christian Ludwig Hermann und zugleich die größte und bedeutendste architektonische Lösung unter den lutherischen Kirchen aus der Zeit Johann Reinhards III. ist die Reinhardskirche in der hanauischen

Nebenresidenz *Steinau an der Straße*. Das Schloß in Steinau diente als Witwenresidenz der Hanauer Gräfinnen. Durch den dort zumindest zeitweilig anwesenden Hof und seine Bedienten sowie die Verwaltungsbeamten des Amtes bildete sich in der reformierten Stadt Steinau eine stetig wachsende lutherische Gemeinde. Das machte aus der Sicht der Landesherrschaft den Bau einer lutherischen Pfarrkirche erforderlich, obwohl die vorhandene Schloßkapelle von der Größe her noch ausgereicht hätte. Aber die lutherische Kirche sollte zugleich als Hofkirche dienen und hatte entsprechend repräsentativ zu sein. Erste Vorbereitungen begannen 1724. Das Gotteshaus, das 1725–1731 nach einem Entwurf von Christian Ludwig Hermann entstand, war für die tatsächliche Gemeinde viel zu geräumig, so daß man schließlich alle Lutheraner des oberen Kinzigtales der Reinhardsgemeinde eingliederte.[94]

Der Grundriß besteht aus einem rechteckigen Saal mit Halbkreiskonchen an den Schmalseiten, woran im Westen der Turm, im Süden und Osten Risalite und im Norden die Sakristei angefügt sind. Die Position des Turmes sorgt für ein längsgerichtetes Erscheinungsbild des Außenbaues (Abb. 19), allein die Fassade des Südrisaliten deutet die innere Querrichtung am Außenbau an. Kanzel und Altar plazierte Hermann an der nördlichen Längswand. Auf der Empore gegenüber befand sich die herrschaftliche Loge, deren verglaste Fensterfront im 19. Jahrhundert entfernt worden ist. Das Vor- und Zurückspringen der Mauerschale schafft im Verein mit der schwingenden Kontur der teils zweigeschossigen Emporenanlage eine bewegte Raumwirkung. Das liturgische Zentrum an der geraden Längswand wird von drei Seiten umfangen. Die Orgel stand früher auf der oberen Westempore; bei ihrer Versetzung auf die Ostempore wurde eine Wand zum Turmraum eingezogen. Der Altar mitsamt Podest ist in jüngerer Zeit erneuert worden, ebenso der Zugang zur Kanzel von der Sakristei her. Die ursprünglich gerade verlaufenden Bänke sind durch moderne Einzelstühle ersetzt worden (Abb. 20).

Christian Ludwig Hermanns erste große Querkirche ist neben Langenselbold als seine anspruchsvollste Umsetzung dieses Bautypus zu bezeichnen. Beide Bauten stehen in enger Beziehung und sollen einander daher später noch ausführlich gegenübergestellt werden.

Unmittelbar darauf ließ Johann Reinhard die lutherische Hof- und Stadtkirche in seiner Residenz Hanau erweitern und zur Querkirche umgestalten.

Die *Alte Johanneskirche in Hanau*, die ehemalige lutherische Stadtpfarrkirche, ist nach ihrer schweren Zerstörung im 2. Weltkrieg in veränderter Form wieder aufgebaut und profaniert worden. Die Gestalt des Innenraumes kann jedoch anhand von Grundrissen und Fotografien (Abb. 21 u. 22) sowie Beschreibungen[95] aus der Vorkriegszeit rekonstruiert werden. Die Baugeschichte der Johanneskirche ist im wesentlichen durch vier Phasen bestimmt: den Bau des Langhauses 1658–1662, die Erneuerung des Turmes 1679–1691, die Erweiterung des Gemeinderaumes zur Querkirche 1727–1729 und den Wiederaufbau 1956– 1957.[96] Von Interesse ist hier der Umbau zur Querkirche während der Regierungszeit Johann Reinhards III.

20 Steinau a. d. Straße, Reinhardskirche

rechts: 21 Hanau, Johanneskirche, Ansicht vor der Zerstörung

unten: 22 Hanau, Johanneskirche, Innenraum vor der Zerstörung

23 Ober-Eschbach, ev. Pfarrkirche

Nach der Übernahme der Regentschaft durch die Linie Hanau-Lichtenberg 1642 wurde in Hanau der Bau einer lutherischen Pfarrkirche notwendig, die zugleich als Hofkirche und als Grablege des Grafenhauses diente. Graf Friedrich Kasimir setzte den Bau gegenüber erheblichen Widerständen seitens der mehrheitlich reformierten Bürgerschaft durch. Die Kirche des 17. Jahrhunderts war ein nach Norden gerichteter Saal mit dreiseitigem Schluß, der zunächst nur einen Dachreiter besaß. Einige Jahre später wurde vor die Giebelfront die wuchtige Turmfassade gesetzt. Johann Reinhard ließ ab 1727 den Herrschaftsstand, der sich bis dahin auf der Empore an der östlichen Längsseite befand, ins Parterre verlegen und die Kirche nach Westen durch einen Anbau erweitern. Kanzel und Altar wurden in den neuen Flügel versetzt, so daß der bis dahin längsgerichtete Saal zu einem Querraum wurde. Bis zu dem Umbau des 18. Jahrhunderts waren Kanzel und Altar räumlich getrennt. Graf Johann Reinhard ließ die Konstellation von Herrschaftsloge und liturgischem Zentrum in ein konsequentes Schema bringen. Dreh- und Angelpunkt der neuen Raumgestaltung war die gräfliche Loge, auf die sich der Erweiterungsflügel und, abgesehen von der Orgel, die gesamte Ausstattung ausrichteten.

In den 1730er Jahren wurden zudem zwei dörfliche Pfarrkirchen als Querkirchen ausgeführt, Ober-Eschbach und Rodheim. Die heutige evangelische, bis zur Union evangelisch-lutherische Pfarrkirche „Zur Himmelspforte" in *Ober-Eschbach* sollte 1728 nach einem

24 Rodheim, Kleine Kirche (ehem. luth. Pfarrkirche)

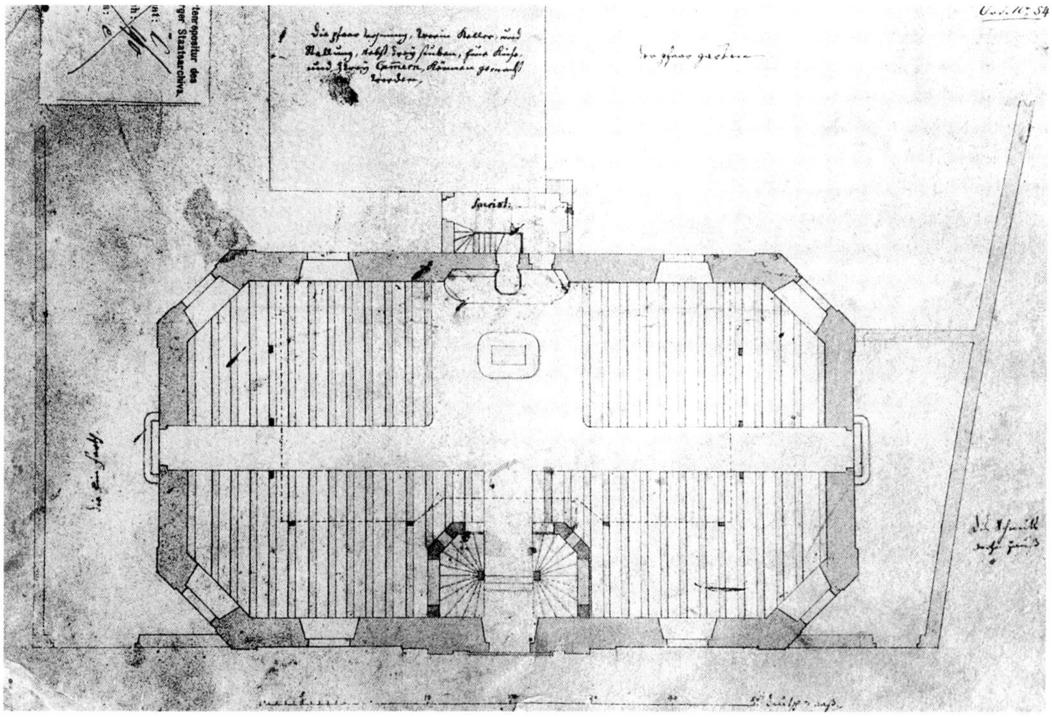

25 Rodheim, Plan von Christian Ludwig Hermann für die lutherische Pfarrkirche, 1732; StA MR P II Nr. 9697

Riß des Hanauer Hofzimmermanns Johann Heinrich Petter begonnen werden. Auf Anweisung von Graf Johann Reinhard III. wurde jedoch ein Entwurf von Christian Ludwig Hermann realisiert. Trotz erheblicher finanzieller und organisatorischer Schwierigkeiten gelang es, das Gotteshaus bis 1731 fertigzustellen.[97] Außerordentlich reichhaltige Aktenbestände aus der Bauzeit berichten über alle Einzelheiten des Planungs- und Bauverlaufs. Daher wird Ober-Eschbach für die weiterführenden Betrachtungen zur Organisation des Bauwesens von größtem Interesse sein (vgl. S. 176 ff.)

Hermann entwarf einen querorientierten rechteckigen Saal mit abgeschrägten Ecken, dessen Längsseite mit dem inzwischen vermauerten Hauptportal an die Straße grenzt. Mitten auf dem abgewalmten Dach erhebt sich ein Haubendachreiter, so daß die Richtung des Innenraumes von außen nicht klar abzulesen ist. Die Kanzel ist dem ehemaligen Hauptportal gegenüber angebracht, der Altar steht frei im Raum (Abb. 23). Diese Kanzel gehörte zur ersten Innenausstattung der lutherischen Kirche in Hanau und wurde nach deren Umbau, bei welchem sie eine neue Ausstattung erhielt, vom Grafen der lutherischen Gemeinde Ober-Eschbach überlassen. Die dreiseitige Emporenanlage, deren Stützen bis an die Unterzüge der Decke reichen, ist in gewohnter Weise auf das liturgische Zentrum ausgerichtet. Auf der linken Seitenempore steht die Orgel.

Die Baugeschichte der lutherischen Kirche in *Rodheim v. d. Höhe* (Abb. 24) ist ebenfalls durch die umfangreichen Bestände des dortigen Pfarrarchivs hervorragend dokumentiert. Die lutherische Gemeinde Rodheim ersetzte ihre schon 1676 errichtete, mittlerweile baufällige Fachwerkkirche nach mehrjähriger Vorbereitungszeit ab 1732 durch einen Neubau, für den Christian Ludwig Hermann den Entwurf lieferte. Das neue Gotteshaus war Ende 1735 weitgehend fertiggestellt und benutzbar. Der Tod von Graf Johann Reinhard im März 1736 und der Erbanfall an Hessen-Kassel hatte aber zur Folge, daß sich die offizielle Einweihung bis 1738 verzögerte.

Den Grundriß der Kirche (Abb. 25) ist wie in Ober-Eschbach ein querliegendes Rechteck mit abgeschrägten Ecken. Die Straßenfront wird durch eine Lisenengliederung sowie einen axialen Fassadenturm mit der für Hermann charakteristischen gedrungenen Haube betont. Die ursprüngliche Innenausstattung ist nicht erhalten, da die Kirche 1901 bei einem Großbrand schwer beschädigt worden ist. Der Raum hat 1901–1903 einen neue Ausstattung in historistischen Formen, aber in derselben Disposition wie vorher erhalten. Kanzel und Altar sind hintereinander in der Mitte der dem Turm gegenüberliegenden Langseite angeordnet. Die beiden Geschosse der Empore verlaufen an den übrigen drei Seiten des Raumes.

Hessen-Hanau unter Landgraf Wilhelm VIII.

Johann Reinhard III., der letzte Graf von Hanau, hatte aus seiner Ehe mit Dorothea Friederike von Brandenburg-Ansbach eine einzige Tochter, Charlotte Christine, die mit dem hessen-darmstädtischen Landgrafen Ludwig VIII. vermählt war, jedoch schon zehn Jahre vor ihrem Vater verstarb. Den Erbansprüchen Hessen-Darmstadts stand ein Erbvertrag mit dem Haus Hessen-Kassel von 1643 entgegen. Unerfreuliche Streitigkeiten zwischen den beiden hessischen Landgrafschaften, die schon vor dem Tod des letzten Hanauer Grafen am 28. März 1736 ihren Anfang nahmen, ergaben schließlich eine erneute Teilung. Die Grafschaft Hanau-Lichtenberg einschließlich Babenhausens kam an Hessen-Darmstadt, und zwar direkt an Johann Reinhards Enkel, den späteren Landgrafen Ludwig IX. Die Grafschaft Hanau-Münzenberg fiel an Hessen-Kassel. Friedrich I., der als König in Schweden regierte, hatte bereits 1735 zugunsten seines Bruders Wilhelm auf seine Erbansprüche bezüglich Hanaus verzichtet.[98] Wilhelm VIII. regierte somit in der Landgrafschaft Hessen-Kassel nur als Statthalter seines älteren Bruders, im hanauischen Territorium hingegen als Graf von Hanau unabhängig und aus eigenem Recht. Wilhelm behielt in Hanau-Münzenberg, nun „Hessen-Hanau" genannt, die Verwaltungsstruktur und den Beamtenapparat seines Vorgängers vorerst bei. Erst 1758 wurde die hanauische Verwaltung mit der hessischen zusammengeschlossen. Baudirektor Hermann entwarf für den neuen Landesherrn weiterhin Kirchen- und Profanbauten in seiner gewohnten Formensprache. Allerdings waren es nun überwiegend reformierte Kirchengemeinden, die Neubauprojekte in Angriff nahmen. Die beiden quergerichteten Pfarrkirchen in Bad Nauheim und Marköbel passen ohne weiteres in die Reihe der Reinhardskirchen. Einen Sonderfall stellt dagegen die erst eineinhalb Jahrzehnte später erweiterte lutherische Pfarrkirche in Bieber dar.

1740–1742 wurde eine neue Pfarrkirche für die reformierte Gemeinde in *Nauheim* errichtet, die nach der Union den Namen „Wilhelmskirche" bekommen hat. Leonhard Kraft hat die Baugeschichte der Bad Nauheimer Wilhelmskirche bereits in seiner 1919 erschienenen Dissertation hinreichend geklärt.[99] Christian Ludwig Hermann ist als Baumeister eindeutig nachgewiesen. Die Quellen aus dem Staatsarchiv Darmstadt, die Kraft damals noch benutzen konnte, sind offenbar dem 2. Weltkrieg zum Opfer gefallen. Dazu gehören auch die drei Entwürfe der Architekten Wörrishöfer und Hermann (Abb. 26 u. 27), die nur noch durch die Abbildungen bei Kraft überliefert sind.

Die Kirche, die in ihrem äußeren Erscheinungsbild weitgehend unverändert erhalten ist (Abb. 28) steht ganz in der Tradition der hanau-münzenbergischen Sakralarchitektur. Hermann wählte wiederum das unregelmäßige gestreckte Achteck als Grundrißform. Zwei

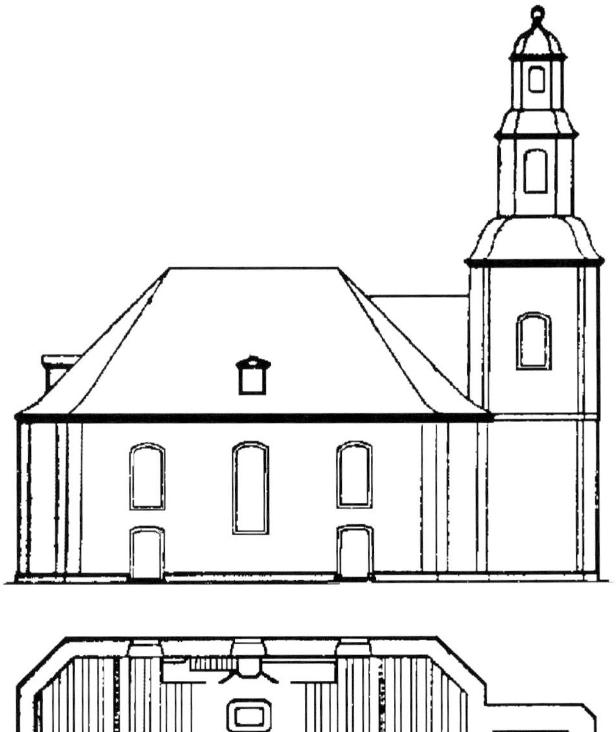

26 u. 27 Zwei Entwürfe von Christian Ludwig Hermann für die reformierte Pfarrkirche in Nauheim, 1740; nach KRAFT 1919, Tafel 3 und 4

28 Bad Nauheim, Wilhelmskirche (ehem. ref. Pfarrkirche, seit 1926 Gemeindehaus)

Portale an der nördlichen Längsseite erschließen den Kirchenraum. Der Turm steht hier vor der westlichen Schmalseite, ähnelt in seinen Detailformen aber sehr stark dem Fassadenturm in Rodheim. Die Fassaden erhielten eine Lisenengliederung. Von der ehemaligen Innenausstattung ist jedoch, da das Gebäude seit 1926 als Gemeindehaus dient und in den Sechziger Jahren noch einmal umgebaut worden ist, nichts erhalten. Die frühere Innenausstattung mit der dreiseitigen Doppelempore entsprach dem Dispositionsprinzip von Ober-Eschbach und Rodheim.

Die lutherische Gemeinde in Nauheim hatte noch unter der Regierung Johann Reinhards 1732–1733 einen Kirchenneubau ausgeführt, ebenfalls nach einem Entwurf von Baudirektor Hermann. Auch wenn die lutherische Reinhardskirche längsorientiert ist und einen anderen Grundriß besitzt, sehen sich die beiden Nauheimer Kirchen aufgrund der Fassadengliederung und der Turmformen ausgesprochen ähnlich.

Eine zweite reformierte Querkirche in Hessen-Hanau entstand 1741–1742, fast zeitgleich mit Nauheim, in *Marköbel* (Abb. 29 u. 30) wurde der Chorturm der Vorgängerkirche beibehalten und nur der Gemeinderaum erneuert. Letzterer hat wie Ober-Eschbach, Rodheim und Nauheim den Grundriß in Form eines unregelmäßigen gestreckten Achtecks.

Der Name des Baumeisters, der die Marköbeler Kirche entworfen hat, war bis dato nicht bekannt. Neu aufgefundene Quellen bezeugen jedoch den hanauischen Baudirektor Christian Ludwig Hermann als Urheber des Planes.

Auch die architektonische Gestalt der Kirche paßt gut in die Reihe der übrigen von Hermann geschaffenen Gotteshäuser. Vor allem besitzt der Marköbeler Bau große Ähnlichkeit mit Hermanns erstem Entwurf für Nauheim aus dem Jahre 1740 (Abb. 26). Marköbel läßt sich ohne weiteres als eine ausgereiftere Variante dieses Entwurfs ansehen. Auch in Nauheim sollte ursprünglich der Chorturm des Vorgängerbaues beibehalten werden, was sich aufgrund der schlechten Bausubstanz hingegen nicht durchführen ließ. Die nördliche Längsseite als Eingangsfront weist in beiden Fällen drei Fensterachsen und ein Mittelportal auf. Ein hohes, beidseitig dem Grundriß entsprechend abgewalmtes Dach überdeckt den Gemeinderaum; es ist anzunehmen, daß der verbindende Sattel zum Chorturm auch in Marköbel vorhanden war. Die Gaupe, die im Nauheimer Entwurf in der Achse des Portals vorgese-

29 Marköbel, ev. Pfarrkirche

hen war, fehlt in Marköbel. Im Nauheimer Entwurf sind dagegen die Ovalfenster an den Schrägseiten nicht enthalten, die sich aber an der ausgeführten Kirche wiederfinden. Die Nauheimer Kirche hat an jeder Seite nur ein solches ovales Fenster, während Marköbel deren zwei übereinander besitzt. Die Südseite, in deren Mitte die Kanzel ihren Platz hat, sollte in Nauheim vier Fensterachsen bekommen, in Marköbel sind es nur zwei, so daß die Kanzel für die Kirchenbesucher weniger stark im Gegenlicht steht. In der ausgeführten Nauheimer Fassung sind es drei Fenster, so daß die Kanzel sich vor dem Mittelfenster befindet, was von der Lichtführung her noch ungünstiger ist. Der Außenbau ist in Hermanns erstem Entwurf glatt verputzt. Marköbel und Nauheim besitzen gequaderte Ecklisenen aus Sandstein und einen Sockel mit einem Rundstabprofil, das unter den Lisenen verkröpft ist. Die Marköbeler Kirche ist heute unverputzt. Die Bauglieder und Fenster- und Türrahmungen weisen aber deutliche Putzkanten auf, so daß auch hier möglicherweise ein Verputz geplant war. Die segmentbogigen Fenster entsprechen sich ebenfalls. Die im ersten Entwurf sichtbaren betonten Schlußsteine finden sich weder in Bad Nauheim noch in Marköbel.

Von der inneren Disposition her sind sich die beiden Kirchen ausgesprochen ähnlich. Beide besitzen doppelgeschossige dreiseitige Emporenanlagen. Die Gestühlsanordnung in Marköbel nach dem Bestuhlungsplan von 1744[100] mit ihren sechs Blöcken entspricht Hermanns erstem Nauheimer Entwurf. Da er in dem zweiten Nauheimer Entwurf die Nordseite mit zwei Portalen versieht, folgt daraus eine Anordnung des Gestühls in nur noch fünf Blöcken.

Die Kartensammlung des Staatsarchivs Marburg verzeichnet einen angeblichen Grund- und Aufriß der Kirche in Marköbel, der um 1780 datiert wird.[101] Die beiden Zeichnungen auf diesem Blatt zeigen einen

30 Marköbel, ev. Pfarrkirche

längsgerichteten Saalbau mit dreiseitigem Schluß und einem Dachreiter auf dem giebelseitigen Ende des Dachfirsts. Da aber in Marköbel durch die ganze Planungs- und Bauzeit hindurch stets außer Frage stand, daß der Turm der alten Kirche erhalten werden sollte, können jene Pläne keinesfalls einen Entwurf für Marköbel darstellen. Eher mit Marköbel in Zusammenhang zu bringen sind zwei unbeschriftete Planzeichnungen, ein Grund- und ein Aufriß (Abb. 31), welche in einem umfangreichen Konvolut von Rissen für Kirchenbauten Hanauer Provenienz aus dem 18. und frühen 19. Jahrhundert enthalten sind.[102] Diese zeigen eine Querkirche auf einem Grundriß mit abgeschrägten Ecken und einem Turm an der Schmalseite. Die Anordnung der Portale, der Empore und der liturgischen Hauptstücke sowie der Gestühlsblöcke entspricht weitgehend derjenigen in Marköbel, wenn es auch Unterschiede im Detail gibt, z. B. die Lage der Emporentreppen und die Zahl der Stützen. Solche kleinen Änderungen könnten sich aber möglicherweise im Verlauf der Bauarbeiten in Rücksprache mit dem Architekten ergeben haben, sind also kein Gegenargument. Besonders auffallend ist die Ähnlichkeit im Aufriß des Gemeinderaums mit den Ecklisenen und den übereinanderstehenden Ovalfenstern in den schräggestellten Wandflächen. Die Positionierung der Fenster an der Längswand entspricht ebenfalls der in Marköbel ausgeführten, abgesehen davon, daß der unbekannte Zeichner der Pläne das Mittelportal mit dem darüberliegenden Fenster verbindet, während am Bau ein Stück Mauerwerk die beiden Wandöffnungen trennt. Der Turm wird in dem Entwurf zur Hälfte in den Gemeinderaum eingestellt. In Marköbel dagegen war die Westmauer des alten Turmes zugleich die Ostmauer des neuen Gemeinderaums; das beweist der von außen noch sichtbare Triumphbogen. Die Identifikation dieser unbezeichneten Marburger Pläne als möglicher Entwurf für Marköbel muß jedoch eine unbewiesene Vermutung bleiben. Es ist ebenso denkbar, daß Hermann selbst oder einer seiner Mitarbeiter diesen Entwurf für ein anderes Kirchenprojekt nochmals aufgegriffen hat.

Christian Ludwig Hermann[103] stand als Baudirektor an der Spitze des Landbauwesens in der Grafschaft Hanau. Dort war er für herrschaftliche Bauaufgaben aller Art, profane wie sakrale, zuständig und übernahm auch Aufsichts- und Kontrollfunktionen sowie die Begutachtung von Rissen. Der Personalbestand der Hanauer Baubehörde kann folglich nicht allzu umfangreich gewesen sein, so daß Hermann weitgehend allein für das öffentliche Bauwesen der Grafschaft verantwortlich war. Als Mitarbeiter ist lediglich der Hofzimmermann Johann Heinrich Petter namentlich bekannt, der 1730 zum Werkmeister ernannt wurde.[104] Für Ober-Eschbach lieferte Petter den ersten Entwurf.

31 Riß einer unbekannten Kirche in der Grafschaft Hanau (Marköbel?); StA MR P II Nr. 9680, Blatt 2

Baudirektor Hermann bekam diesen zur Genehmigung vorgelegt, erstellte dann aber seinerseits einen neuen Riß, der nach Rücksprache mit dem Grafen für verbindlich erklärt und durch das Konsistorium der Gemeinde übersandt wurde. Petter behielt dennoch die technische Leitung des Baues und war in dieser Eigenschaft des öfteren in Ober-Eschbach anzutreffen. In Rodheim übernahm Baudirektor Hermann selbst den Entwurf und die Bauleitung, Petter erscheint in den Quellen mehrmals als sein Mitarbeiter. Die Gemeinde Marköbel holte den Baudirektor schon vor Baubeginn als Gutachter, als es um eine Reparatur und innere Umgestaltung der alten Kirche ging und von einem Neubau noch gar keine Rede war.

Hermann arbeitete allerdings nicht nur für den Grafen von Hanau. Einen großen Auftrag erhielt er von dem Grafen Wolfgang Ernst von Isenburg-Birstein, für den er das Schloß und die neue Pfarrkirche in Langenselbold plante. Die Kirche, ein Bau auf querovalem Grundriß, wird im Kontext der Grafschaft Isenburg-Birstein genauer zu betrachten sein.

Die Sakralbauten des Hanauer Baudirektors Christian Ludwig Hermann zeichnen sich durch eine relativ einheitliche Formensprache aus, was die Gestaltung der Fassaden und Turmabschlüsse anbelangt, so daß sie von außen leicht zu erkennen sind. Hermann gliederte die Fassaden in der Regel durch breite Ecklisenen, die in rotem Sandstein ausgeführt oder sandsteinfarben überstrichen wurden, wodurch sie mit den weiß verputzten Wandflächen kontrastieren. Charakteristisch sind seine gedrungenen Turmhauben. Die Ecken der quadratischen Turmschäfte werden zum unregelmäßigen Achteck abgeschrägt. Die erste Schweifhaube ist relativ stark eingezogen und leitet zu einem schlanken Glockengeschoß über, das wiederum von einer geschweiften Haube abgeschlossen wird, so in Rodheim, an der Reinhardskirche und der Wilhelmskirche in Bad Nauheim und in Steinau. Da auch die lutherische Kirche in der elsässischen Residenz Buchsweiler 1728 einen derartigen Turmabschluß erhalten hat (Abb. 32), kann die Urheberschaft Hermanns dafür zumindest vermutet werden. Hermanns mögliche Tätigkeit in der Grafschaft Hanau-Lichtenberg bedarf genauerer Untersuchung.

Hermann entwarf für Steinau, ebenso wie für Langenselbold und für die Reinhardskirche in Bad Nauheim, einen vielgliedrigen Baukörper, der durch die Vor- und Rücksprünge der Umfassungsmauer als gestaffeltes Konglomerat gerader und gekrümmter Wandflächen erscheint. Die Grundrisse entwickeln sich von zusammengesetzten Formen, die Hermann in den 1720er Jahren verwendete (Steinau, Langenselbold, Reinhardskirche Nauheim) hin zu einfacheren Umrißlinien (Wilhelmskirche Nauheim, Marköbel). Für kleinere Längsbauten unter den Reinhardskirchen wurde zumeist der Saal mit dreiseitigem Schluß gewählt (z. B. Burg-Gräfenrode Abb. 33, Gronau, Bruchköbel), für Querkirchen das unregelmäßige gestreckte Achteck (Ober-Eschbach, Rodheim, Marköbel, Wilhelmskirche Bad Nauheim). Für die kleineren längsgerichteten Säle, die in der Grafschaft Hanau-Münzenberg unter Johann Reinhard III. gebaut worden sind, gibt es durchweg keine gesicherte Architektenzuschreibung,[105] wohingegen für sämtliche Querkirchen, mit Ausnahme des Umbaus in Hanau, Christian Ludwig Hermann als Baumeister nachgewiesen ist.

Die Disposition der Innenräume folgt der Symmetrie, welche die Großform des Raumes vorgibt. Langenselbold besaß in ihrem ursprünglichen Zustand als einzige Hermann-Kirche die vollständige Prinzipalwand mit der Orgel über der Kanzel. Sonst ist die Kanzel direkt an der Wand angebracht, der Altar steht auch in den lutherischen Kirchen immer frei. Die Orgel hat ihren Platz gewöhnlich auf einer Schmalseitenempore, meist links. Die Empore gegenüber der Kanzel wird entweder von der herrschaftlichen Loge eingenommen, oder sie steht der Gemeinde zur Verfügung; die Orgel plaziert Hermann dort nie.

Die Kirchenbauten des Hanauer Baudirektors stellen stets neue Variationen eines Grundmusters dar. Er bleibt nicht einer einmal gefundenen Lösung treu, sondern entwickelt diese kontinuierlich weiter. Seine Formensprache läßt sich zwar in Details immer wieder entdecken, aber von einem einheitlichen ‚Hermann'schen Querkirchentypus' kann, anders als bei den Bauten von Friedrich Joachim Stengel, nicht die Rede sein.[106]

Hermanns Entwurfstätigkeit und die bauliche Entwicklung in der Grafschaft Hanau-Münzenberg folgen dem allgemein zu beobachtenden Trend: Der Bautypus der Querkirche wurde zunächst für anspruchsvolle Projekte, nämlich vom Hof genutzte Kirchen, eingesetzt (Steinau, Hanau und desgleichen im isenburgischen Langenselbold), bei denen der Einbau einer herrschaftlichen Loge in möglichst günstiger Position vorzusehen war, wofür sich die Querachse gegenüber von Kanzel und Altar anbot. Erst danach wurde die Form auch für gewöhnliche Pfarrkirchen angewandt, worin möglicherweise ein Rückgriff auf die Residenzkirchen zu sehen ist, vielleicht auch ein Absinken der Wertigkeit dieses Typus hin zu allgemeiner Verfügbarkeit.

32 Buchsweiler/Bouxwiller, Niederkirche. Die Form der Turmhaube ähnelt stark denen der Kirchen von Hermann in Hanau-Münzenberg.

33 Burg-Gräfenrode, ev. Pfarrkirche: typische Form einer Dorfkirche des 18. Jahrhunderts in Mittelhessen, längsgerichteter Saal mit dreiseitigem Schluß und Dachreiter über dem gegenüberliegenden Giebel

Außerhalb dieser Gruppe steht der Umbau der lutherischen Pfarrkirche in *Bieber*. Das in den Ausläufern des Spessart gelegene Dorf und Kirchspiel Bieber verfügte in der frühen Neuzeit über drei Kirchen für die Angehörigen aller drei Konfessionen. Das Erzstift Mainz und die Grafschaft Hanau regierten den Ort gemeinsam bis 1684, dann kam der Ort gänzlich an Hanau und 1736 an Hessen-Kassel. Das Präsentationsrecht der Pfarrei Bieber lag schon um 1400 bei den Grafen von Hanau. Pfarrkirche des Kirchspiels war die auf dem Totenhof stehende Laurentiuskirche. Daneben bestand außerhalb des Dorfes die aus dem 14. Jahrhundert stammende sogenannte Burgberg- oder Moritzkapelle. Als die während des Dreißigjährigen Krieges ausgebrannte Pfarrkirche 1660 ein neues Langhaus erhalten hatte, wurde die Burgbergkapelle an die Katholiken zurückgegeben. Neben der lutherischen bestand bereits 1632 eine reformierte Pfarrei in Bieber. Der überwiegende Teil der Bevölkerung scheint aber lutherisch geblieben zu sein, auch nachdem in der Grafschaft Hanau-Münzenberg das reformierte Bekenntnis eingeführt worden war.[107] Die reformierte Gemeinde erhielt ebenso wie die lutherische Zuwachs durch die Beamten und Arbeiter des Bieberer Bergwerks, welches dem Ort einen bescheidenen Wohlstand verschaffte. Schon in den 1750er Jahren, als die Lutheraner ihre Kirchenerweiterung planten, trug sich auch die anwachsende reformierte Gemeinde mit ähnlichen Absichten.[108] Realisiert wurde der reformierte Kirchenneubau aber erst in den 1760er Jahren; die Inschrift über dem Hauptportal nennt die Jahreszahl 1767.

Nach der Hanauer Union von 1818 wurden die Bezeichnungen „Lutherische" und „Reformierte" Pfarrkirche gemäß der Lage im Ort durch die heute nach wie vor üblichen Begriffe „Obere" und „Untere" Kirche ersetzt. Die Obere Kirche, die ehemalige lutherische Pfarrkirche, wurde zunächst Hauptgottesdienstkirche, bis 1966 der Unteren Kirche diese Rolle zufiel. Nach einer Renovierung dient die Obere Kirche der Gemeinde seitdem als Friedhofskirche.

Die lutherische Pfarrkirche, die aus einem hochmittelalterlichen Chorturm und dem 1660 erneuerten Langhaus bestand, wurde in den Jahren 1756–1758 im rechten Winkel zum Schiff durch einen Anbau erweitert (Abb. 34 u. 35). Die Vergrößerung der Kirche wurde vor allem deshalb notwendig, weil durch den Zustrom von Bergleuten, die in den Bieberer Silber-, Eisen- und Kobaltgruben tätig waren, das Kirchspiel enorm gewachsen war.[109] Indem man seitlich einen Flügel anfügte, konnten zwei Mauern des Gemeinderaumes, die gerade erst ein knappes Jahrhundert alt waren, stehengelassen und somit Kosten gespart werden. Den Plan dafür (vgl. Abb. 194 u. 195 in der Dokumentation) entwarf der Geheime Kammerrat Jakob Sigismund Waitz aus Kassel.

Mit einer solchen asymmetrischen Lösung war das Konsistorium allerdings nicht einverstanden, weil „durch den vorgeschlagenen Seiten Bau, die Kirche kein gutes ansehen bekommen wird." Die Kirchenbehörde favorisierte einen Alternativentwurf, nach dem die Kirche nach beiden Seiten durch Anbauten vergrößert werden sollte, so daß ein symmetrischer Grundriß entstanden wäre. Der Triumphbogen des Chorturmes wird in dieser Zeichnung durch eine Stützenreihe verstellt, also war entweder eine Empore oder sogar eine hölzerne Kanzelwand vorgesehen, so daß die Kanzel in der Mittelachse Platz gefunden hätte; der Altar sollte direkt davor stehen. Das frühneuzeitliche Ideal der Symmetrie wurde mit diesem Entwurf eingefordert. Bemängelt wurde ferner das viel zu „kostbare" Hängewerk im Dachstuhl, das durch den stützenfreien Innenraum in Waitz' Entwurf notwendig wurde. Gegen den Wunsch des Konsistoriums, architektonisch-ästhetische Gesichtspunkte stärker zu berücksichtigen, fand der Pfarrer bittere Worte über die Armut seiner Gemeinde. Abgesehen von der Kostenfrage wäre außerdem, so Pfarrer Geneff, überhaupt kein Platz, auch nach Norden einen Flügel anzubauen. Das Hängewerk im Dach wäre notwendig, denn Stützen im Kirchenraum machten „einen großen Mißstand und Hindernüßen". Ein stützenfreier Raum wäre ein Gewinn für den Kirchenraum, „wie davon unsere liebe Mutter Kirche in Hanau ein unverwerflich Zeugnüß und Beispiel geben kann." Sein Vorbild war also die 1727–1729 erweiterte lutherische Pfarrkirche in Hanau

34 Bieber, Obere Kirche (ehem. luth. Pfarrkirche), Ansicht von Erweiterungsflügel und Chorturm

35 Bieber, Obere Kirche (ehem. luth. Pfarrkirche)

(Abb. 22). Landgraf Wilhelm VIII. erteilte schließlich den ausdrücklichen Befehl, Kammerrat Waitz übernähme die oberste Bauleitung, und das Konsistorium hätte sich in allen Fragen an ihn zu wenden. Das Konsistorium fragte daraufhin noch einmal bei Waitz selbst an, ob es nicht mit etwa denselben Kosten doch möglich wäre, das Kirchengebäude nach beiden Seiten zu erweitern. Waitz aber ließ sich nicht überreden. Allein bezüglich des aufwendigen Hängewerkes gab er nach und entschied, die Emporenstützen sollten bis unter den Dachstuhl hochgeführt werden.[110]

Waitz war ein Praktiker und Pragmatiker. Seine Erfahrungen im Bauwesen stammten hauptsächlich von Zweckbauten für Salinen, Hütten und Bergwerke oder aus dem Brücken- und Wasserbau. Die ästhetischen Argumente des Konsistoriums waren für ihn daher nebensächlich. Die Gemeinde befürwortete Waitz' kostengünstigeren Plan vor allem wegen ihrer beschränkten finanziellen Möglichkeiten. Das Konsistorium versuchte dagegen, die architektonische Gestaltung ins Spiel zu bringen und eine Idealform durchzusetzen.

Im Inneren des ausgeführten Baus werden alter und neuer Raumteil als Einheit behandelt. Die dreiseitige Empore faßt beide Teile zusammen. Die Kanzel ist am Chorbogenpfeiler angebracht. Der Altar hat heute seinen Platz im Chor, stand aber früher im Mittelpunkt des Raumes. Auch der Turmchor war mit Gestühl gefüllt. Die Gemeinde versammelte sich somit von allen Seiten um das liturgische Zentrum herum.

Unter den hier behandelten Querkirchenbauten muß die Kirche in Bieber ebenso wie die Johanneskirche in Hanau als Sonderfall bezeichnet werden, da es sich nicht um eine einheitliche Planung, sondern um eine sekundäre Erweiterung handelt, durch die der ursprünglich längsgerichtete Gottesdienstraum zu einem Querraum geworden ist. Erweiterungen durch Anbauten, Ergänzungen um zusätzliche Flügel sparten Baukosten und waren gerade für finanzschwächere Gemeinden mitunter die einzige Chance, ihre Gotteshäuser zu vergrößern. Dieses Phänomen in all seinen Varianten, das nicht selten mit der Aufgabe des überkommenen Altarstandortes und einer Richtungsänderung einherging, wird daher in einem gesonderten Abschnitt diskutiert (vgl. S. 118).

Die Landgrafschaft Hessen-Darmstadt

Da zum evangelischen Kirchenbau in der Grafschaft Hessen-Darmstadt mit der Dissertation von Frank Schmidt erst 1993 eine umfassende und flächendeckende Untersuchung erschienen ist[111], erübrigt sich an dieser Stelle eine eingehendere Erläuterung des historischen Kontextes. Querkirchen stellen in Hessen-Darmstadt die absolute Ausnahme dar. Unter den zahlrei-

36 Helpershain, ev. Kirche, Ansicht von der Dorfstraße, 1904; StA DA G 15 Alsfeld K Nr. 966

chen frühneuzeitlichen Kirchenneu- und -umbauten der Landgrafschaft finden sich lediglich vier Querkirchen: die Fachwerkkirche in Helpershain im Vogelsberg, die unter riedeselischem Patronat stehende Schloßkirche in Altenburg, die Pfarrkirche in Ostheim bei Butzbach sowie schließlich die erst 1790–1792 errichtete Pfarrkirche in Rüsselsheim.

Die kleine Fachwerkkirche zu *Helpershain* im Vogelsberg ist 1911 nach der Errichtung eines Neubaus abgebrochen worden. Alle Bemühungen des Denkmalpflegers Heinrich Walbe, das Gebäude zu erhalten und einer neuen Nutzung als Heimatmuseum zuzuführen, blieben erfolglos.[112] Das Aussehen der Kirche ist mittels der damaligen Denkmalpflegegutachten und einer Serie von Fotografien rekonstruierbar, die Walbe anläßlich seiner Besichtigung des Objekts im Jahre 1904 hat aufnehmen lassen.[113] Die Grund- und Aufrisse, die vor dem Abbruch erstellt worden sein sollen, sind nicht mehr aufzufinden. Aus der Bauzeit der Kirche sind keinerlei Akten erhalten. Die Beurteilung des Gebäudes durch den Denkmalpfleger muß daher zunächst ungeprüft vorgestellt werden. Einziger Anhaltspunkt zur Datierung war die an der Empore eingeschnitzte Jahreszahl 1659. Dieses Detail ist leider vor dem Abbruch nicht fotografisch dokumentiert worden. Walbe datiert danach und anhand der Gestalt des Fachwerks die ganze Kirche um die Mitte des 17. Jahrhunderts.[114] Seine Datierung sollte jedoch mit Vorsicht betrachtet werden, denn an anderer Stelle heißt es, das Kirchengebäude, das im Jahre 1620 erbaut worden sei, sei 1717 vergrößert und repariert worden.[115]

Daß die Fachwerkkapelle erst 1717 zum Quersaal erweitert worden ist, klingt wesentlich glaubwürdiger als das extrem frühe Datum 1659. Andererseits hätte ein Fachmann wie Walbe anhand der Konstruktion des Fachwerks einen eventuellen Anbau gewiß identifiziert. Aus den erhaltenen Fotografien ist kein Hinweis auf Umbauten erkennbar, allerdings verbirgt sich das

Fachwerk der Längsseite unter einer Schindelverkleidung (Abb. 36).
Der Rechtecksaal (Abb. 37) besaß eine dreiseitige Empore. Die Kanzel war asymmetrisch an einer Längswand angebracht, der Altar stand frei in der Raummitte. Als Quersaal würde die Helpershainer Kirche in der Epoche unmittelbar nach dem Dreißigjährigen Krieg völlig allein stehen. Auch wenn man die Datierung in das Jahr 1717 zugrundelegt, handelt es sich immer noch um den ersten Querkirchenbau in der Landgrafschaft Hessen-Darmstadt.[116] Die Entscheidung für einen Quersaal begründet sich möglicherweise auch durch die steile Hanglage des Baugrundstückes. Die Topographie des Geländes gab sicherlich den Ausschlag, den rechteckigen Grundriß hangparallel anzuordnen. Der Zugang vom Dorf her, ein steiler Treppenweg, führt zwischen zwei Häusern den Hang hinauf und trifft auf die Breitseite des Gebäudes. Dennoch wäre eine längsgerichtete Lösung im Inneren ohne weiteres möglich gewesen. Herrschaftliche Repräsentationsansprüche können bei dieser kleinen hessen-darmstädtischen Filialkirche mit Sicherheit ausgeschlossen werden. Die Raumdisposition entspricht vom Prinzip her derjenigen der nicht allzu weit entfernten Sandkirche in Schlitz, abgesehen davon, daß diese durch zwei Portale auf der Kanzelseite zugänglich ist.
Unter anderen Vorzeichen steht die Kirche auf der Altenburg bei Alsfeld. Sie wurde in den Jahren 1748–1750 anstelle einer mittelalterlichen Kapelle in der Mitte des Schloßhofes errichtet. Sie war eine Stiftung des in Altenburg ansässigen Freiherrn und Generalleutnants Hermann XX. Riedesel zu Eisenbach. Sein Wappen nebst einer Inschrift mit seinem Monogramm und der Jahreszahl 1748 ist über dem Turmportal zu finden. Die Riedesel zu Eisenbach, 1680 zu Reichsfreiherren erhoben, erlangten durch Verträge mit Fulda 1680 und Hessen-Darmstadt 1713 in ihren Besitzungen im Vogelsberg eine quasi landesherrliche Stellung. Ab 1437 hatte der jeweilige Senior des in zahlreiche Linien verzweigten Hauses Riedesel das hessische Erbmarschallamt inne.[117] Noch heute wird das Schloß von Angehörigen der Familie bewohnt, die nach wie vor das Patronatsrecht besitzt.
Nach dem Tode eines Vetters ging die Erbmarschallwürde 1745 auf Hermann XX. über. Nach einer dreißigjährigen Militärkarriere ließ sich der Fünfundsechzigjährige 1747 auf der Altenburg nieder, die sein Alterssitz werden sollte. „Zum Dank dafür, daß er heil aus all den Schlachten mit großen Meriten und ansehnlichem Vermögen wohlbehalten hierher zurückkehren konnte"[118], ließ er in seinen letzten Lebensjahren im Hof der Altenburg ein neues Gotteshaus errichten, das seine Grablege werden sollte. Zugleich begründete er 1749 eine eigene Pfarrei in Altenburg, die bis 1809 bestand, und ließ auch ein Pfarrhaus bauen. Am Ende seines Lebens wollte er, so hat es den Anschein, der Nachwelt ein gottgefälliges Werk hinterlassen. Unvermählt und kinderlos starb Hermann, der Letzte des Altenburger Mannesstammes, am 26. Januar 1751, gerade ein Vierteljahr nach der Einweihung des neuen Gotteshauses.[119]
Die Planungen zum Bau der Kirche begannen wahrscheinlich gleich nach der Heimkehr des Freiherrn. Im darauffolgenden Jahr 1748 wurden die Bauarbeiten aufgenommen. Im Frühjahr 1749 erstellte Bauschreiber Johann Wiesenfeld aus Laubach Entwurfszeichnungen zur Innenausstattung; es ist zu vermuten, daß

37 Helpershain, ev. Kirche, Innenraum, 1904; StA DA G 15 Alsfeld K Nr. 966

er auch den Gesamtentwurf für das Gebäude geliefert hat. Eingeweiht wurde die Kirche am 22. Oktober 1750.
Der Baukörper (Abb. 38) besteht aus einem quergelagerten achteckigen Gemeinderaum, der zwischen dem Turm und dem Sakristeianbau eingespannt ist. Die Kanten der zweigeschossigen Fassaden werden im Sockelbereich durch rustizierte, im Obergeschoß durch glatte Lisenen betont. Der Innenraum entspricht dem üblichen Schema mit dreiseitiger Empore, axialer Kanzelposition vor der Sakristeiwand und freistehendem Altar. Der nicht mehr erhaltene Stand der Patronatsfamilie befand sich jedoch nicht in der Hauptachse des Raumes auf der Empore, dort steht die Orgel, sondern im Parterre unter der linken Seitenempore. Seine verglaste Front schloß den Raum unter der Empore gänzlich ab.
Die Pfarrkirche des hessen-darmstädtischen Dorfes *Ostheim* erhielt in den Jahren 1749–1750 anstelle des wahrscheinlich mittelalterlichen Langhauses einen neuen, nun quergerichteten Gemeinderaum. Der alte Ostturm blieb bestehen, der Triumphbogen zum im Erdgeschoß der Turmes befindlichen Chorraum wurde vermauert. Zwei erhaltene Entwürfe belegen, daß anfänglich ein Längsbau geplant wurde. Als Grund dafür, daß der neue Gemeinderaum quer vor den Turm gesetzt wurde, nennt Frank Schmidt das beengte Grundstück. Als Architekten vermutet er wegen der für Hessen-Darmstadt ungebräuchlichen Quersaalform den fürstlichen Baumeister in Gießen, Helfrich Müller.[120]
Der älteste Teil der Kirche ist der mittelalterliche Chorturm. Der neue Gemeinderaum wurde nicht axial vor den Turm gesetzt, sondern nach Süden verschoben. Axiale Symmetrie sucht man auch bei der inneren Gliederung des Raumes vergebens. Orgel und Kanzel sind nebeneinander an der östlichen Breitseite des Raumes angebracht (Abb. 39). Die Orgelempore sitzt

38 Altenburg, ev. Schloßkirche

39 Ostheim, ev. Pfarrkirche

wie ein Schwalbennest vor der Turmwand. Die dreiseitige Gemeindeempore reicht auf der südlichen Schmalseite nicht ganz bis zur Stirnwand. Insgesamt gesehen hat die Ausstattung einschließlich Gestühl und Farbfassung seit der Bauzeit keine wesentlichen Veränderungen erfahren, so daß sie „das geschlossene Bild einer hessen-darmstädtischen Landkirche des 18. Jahrhunderts (vermittelt)."[121] Bemerkenswert ist die Anordnung der liturgischen Hauptstücke. Die Disposition traditioneller Längsräume mit Kanzelstellung seitlich am rechten Chorbogenpfeiler wurde auf den Querraum übertragen. Zwar sind Kanzel, Orgel und Altar auf einer Raumseite angeordnet, doch auf axiale Beziehungen wurde verzichtet. Statt einer liturgischen Achse entstand quasi ein liturgisches Dreieck, um dessen Spitze, den frei im Raum stehenden Altar, sich die Gemeinde von drei Seiten gruppiert. Ob die Symbolik gewollt ist oder ob es sich um eine bloße zufällige Notlösung aufgrund der geringen Deckenhöhe handelt, muß dahingestellt bleiben.

40 Weilburg, Schloßkirche und Rathaus, Ansicht vom Marktplatz

Die Grafschaft Nassau-Weilburg

Die verwickelte Geschichte der zahlreichen Linienteilungen des Hauses Nassau kann an dieser Stelle nur in äußerst groben Zügen umrissen werden. Die ottonische und die walramische Hauptlinie entstanden bei der Landesteilung von 1255; beide spalteten sich in den folgenden Jahrhunderten etliche Male. Vier nassauische Länder sind für die vorliegende Untersuchung relevant. Während Nassau-Weilburg und die ebenfalls walramischen Linien Nassau-Usingen und Nassau-Saarbrücken am lutherischen Bekenntnis festhielten, wurde im ottonischen Nassau-Dillenburg im Jahr 1578 das reformierte Bekenntnis eingeführt.[122]
Die *Schloß- und Stadtkirche in Weilburg* (Abb. 40–45), erbaut in den Jahren 1707–1713 unter der Regentschaft des Grafen Johann Ernst nach den Plänen von dessen Landbaumeister Julius Ludwig Rothweil, ist die architektonisch bedeutendste Quersaalkirche im heutigen Hessen. Daher ist sie verschiedentlich in der allgemeineren Literatur zum protestantischen Kirchenbau berücksichtigt worden. Die Betrachtung dieser Kirche bedarf also, anders als bei den meisten der in dieser Arbeit behandelten Bauten, einer intensiven Auseinandersetzung mit der bisherigen Forschung.
Weilburg war schon seit 1355 Residenz der Grafen von Nassau-Weilburg. Der Bauherr der Weilburger Schloß- und Stadtkirche war Graf Johann Ernst von Nassau-Weilburg, unter dessen Regierung der Ausbau des Schloßkomplexes und der Residenzstadt vorangetrieben wurde. Die Reichsfürstenwürde, die Johann Ernst schon 1688 gemeinsam mit Nassau-Usingen und Nassau-Idstein hätte erlangen können, lehnte er für sich ab, weil ihm Aufwand und Kosten zu hoch erschienen. Erst sein Sohn und Nachfolger Carl August führte ab 1737 den Fürstentitel.
Der Kirchenbau ist Bestandteil eines Großprojekts, für das der Begriff des Gesamtkunstwerks durchaus seine Berechtigung hat. Den Ausbau der Residenz seit Rothweils Dienstantritt 1702 unterteilt Backes in sechs Planungsabschnitte; die ersten fünf, darunter als vierter Teil die Schloß- und Stadtkirche, wurden zwischen 1702–1714, der sechste und letzte Abschnitt erst 1743–1746 ausgeführt.[123] Der Bau wurde 1707 begonnen. Bis 1709 war der Rohbau fertiggestellt. Die Arbeiten an der Innenausstattung zogen sich bis 1713 hin, obwohl bereits im Januar 1712 das erste Kind in der neuen Kirche getauft wurde.[124]
Das Gotteshaus als der Ort, wo Herrschaft und Untertanen sich im Gottesdienst begegneten, steht an der Gelenkstelle zwischen Hof und Stadt, in baulicher Verbindung sowohl mit dem Festbau des Schlosses als auch mit dem bürgerlichen Rathaus. Die Kirche ist zugleich daran angebunden und doch separiert von dem höfischen Leben im Schloß einerseits und

41 Weilburg, Schloßkirche und Schloßpark, rechts das Kernschloß aus dem 16. Jahrhundert

dem bürgerlichen Leben in der Stadt andererseits. Die Pfarrkirche der Stadtgemeinde tritt zum städtischen Raum hin nicht als Kirchengebäude in Erscheinung. Allein der Turm wendet sich zum Marktplatz (Abb. 40). Ansonsten sind die Fassaden der Kirche selbst zum Schloß und zum Lustgarten gerichtet, denn die Marktplatzseite des Gemeinderaumes wird durch das Rathaus verstellt. Von dem im Westen gelegenen Platz sieht man nur auf das Rathaus, den Stadtturm und die Rückseite der Oberen Orangerie. Lediglich die Südfassade weist in den bürgerlichen Stadtbereich, wenn auch nur in eine Seitengasse. Die Bürger betreten die Kirche durch den Sitz ihres vom Grafen abhängigen Stadtrates und dringen gleichsam in den höfischen Bereich ein. Der Blick auf die Kirchenfassaden von Norden und Osten blieb allein den Angehörigen des Hofes, d. h. allen denen, die aufgrund ihres Standes Zutritt zum Hofgarten hatten, vorbehalten. Das Kirchenportal, das in den Lustgarten führt, zu benutzen, war den Stadtbürgern bei Strafe verboten.[125]

Die Kirche ist mit dem Turm und dem städtischen Rathaus in eine annähernd quadratische Außenschale eingepaßt. Dieter Großmann nennt den Komplex einen „Mehrzweckbau“[126]. Doch so geschlossen die Umrißlinie im Grundriß auch aussehen mag, angesichts der Fassaden und der Dachformen offenbart sich der Bau als ein Konglomerat aus drei aneinandergefügten Teilen. In der nordwestlichen Ecke steht der Turm, an den sich zum Marktplatz hin das Rathaus anschließt, den Rest der Fläche nimmt die Kirche ein.

Der Baukomplex aus Kirche,Turm und Rathaus ist gewiß ausgehend von einem Baumassenplan im Rahmen des Gesamtentwurfes entwickelt worden. Als Gegengewicht zum Vierflügelbau des Schlosses mußte am anderen Ende der Orangerie ein großer, möglichst geschlossener Baukörper auf quadratischem Grundriß folgen, der den Höhepunkt der Silhouette bilden sollte. Die Schauseite des Schlosses ist die Ostfront, die sich von der anderen Lahnseite gesehen auf der Krone des steilen Hügelsporns weit oben über dem Fluß erstreckt. Auf diese Ansicht hin ist die Gruppierung der Baumassen angelegt. Die Baugruppe beginnt rechts mit der Heuscheuer, dann folgt der etwas höhere Marstall, wieder eine Stufe hinauf der Prinzessenbau, an den das aus dem 16. Jahrhundert stammende Kernschloß mit dem Schloßturm anschließt. Der zwar annähernd gleich hohe, aber durch seinen zurückgesetzten Standort niedriger wirkende Orangerieflügel vermittelt zum Gipfel, der Schloßkirche und ihrem Turm. Der in mehreren Terrassen angelegte Lustgarten, hinter dem die Dächer der Bürgerstadt nur knapp zu sehen sind, bildet den Abschluß der Silhouette hin zum tiefer gelegenen Landtor. Durch die Umbauten in der Zeit Johann Ernsts ist der Höhepunkt verlagert worden: Nicht mehr das gräfliche Schloß, sondern die Schloßkirche mit dem Glockenturm ist seitdem die Krone des Ensembles (Abb. 41). Magnus Backes gibt der Einordnung des Gotteshauses in einen Komplex, worin zugleich profane Funktionsräume untergebracht sind, eine verallgemeinernde, zu stark vereinfachte Deutung, die den Weilburger Verhältnissen nicht gerecht wird:

„Nach protestantischer Auffassung ist das Kirchengebäude an sich profan. Seine Architektur kann daher profane Formen haben (z. B. Mansarddach). (...) In seiner Funktion als Versammlungsort ist daher die Kirche einem Rathaus, in dem sich der Gemeinderat versammelt, oder einem Kaufhaus, in dem sich die Bürger vor den Waren versammeln, grundsätzlich gleichwertig. (...) Die Einbindung wurde (im 18. Jahrhundert) ... oft zu einer Unterordnung: Die Kirche trat ihre stadtbeherrschende Stellung an das Schloß ab und wurde einem Schloßflügel, einer Orangerie oder einem Rathaus gleichgeschaltet."[127]

Genau dies geschieht in Weilburg eben nicht: Die neue Kirche wird, von Osten gesehen, zur Krone des Stadtpanoramas. Sie behält als Baukörper ihre Selbständigkeit gegenüber dem Residenzschloß, an das sie durch einen Gelenkbau, die Orangerie, angebunden wird. Eher wäre mit Recht zu konstatieren, daß das Rathaus der Kirche untergeordnet wird und seine Selbständigkeit verloren hat. Beide fügen sich darüber hinaus in den großen Zusammenhang der Schloßanlage ein. Kirche und Rathaus, Geistlichkeit und städtische Selbstverwaltung sind gleichermaßen eingebunden in das absolutistische Herrschaftssystem.

42 Weilburg, Schloßkirche, Grafenloge mit dem Allianzwappen des Bauherrnpaares (Nassau-Weilburg und Leiningen-Westerburg)

Der Kirchengrundriß setzt sich aus einem zentralen Querrechteck, zwei halbkreisförmigen Konchen an dessen Breitseiten und quadratischen Nebenräumen in den vier Ecken zusammen. In die letzteren stellt Rothweil kleinere verglaste Logen in drei Geschossen übereinander. Die Konchen nehmen im Süden den Kanzelaltar und die Orgel, im Norden die herrschaftliche Loge auf (Abb. 42). Die im Grundriß so klare Form der halbrunden Konchen wird in der Realität kaum wahrgenommen, denn beide Konchen sind durch Einbauten verstellt. Nur in der Gewölbezone werden die Anräume in der Längsachse deutlicher, dank der Stichkappen, die in das weite Muldengewölbe des Quersaales einschneiden. Die Trennwände zwischen Kirchenraum und Nebenräumen sind jedoch nicht undurchdringlich, sondern transparent. Die Logenräume haben eigene Fenster, deren Lichteinfall durch die Frontverglasung diffus bis in den Gemeinderaum dringt, auch wenn dessen hauptsächliche Lichtquelle die fünf großen Fensterbahnen an der östlichen Schmalseite zum Lustgarten hin sind.

Die Weilburger Kirche verfügt über eine Emporenanlage in insgesamt drei Geschossen auf beiden Längsseiten, aber diese sind als Grafen- und Hoflogen in die Anräume hineingezogen und durch Fensterfronten abgeschlossen, so daß sie zum Kircheninneren hin nicht wie Emporen wirken. Nicht leicht zu entscheiden und folglich umstritten ist die Frage, ob diese mehrgeschossigen Logeneinbauten als Emporen eingestuft werden können oder nicht. Sie erfüllen deren Funktion, haben aber nicht die raumgestaltende Wirkung in den Raum eingestellter Emporen, und können daher als eine Sonderform der Empore bewertet werden, die sich als Logenwand bezeichnen läßt. Der Gemeinderaum wirkt trotz des vielteiligen Grundrisses wie ein emporenloser Rechtecksaal. Neben dem Nachfolgebau in Kirchheimbolanden ist Weilburg ziemlich die einzige Querkirche im Reich, bei der die Emporen nicht als raumgestaltendes Element eingesetzt werden. Wex beschreibt den Sachverhalt sehr treffend:

„... die Betstuben, die der Weilburger Kirchenbau bereitstellt, sind aus diesem öffentlichen Raum herausgenommen und in die den Raum bildende Wand verlegt. Faktisch handelt es sich zwar um Emporen, die in die Nebenräume eingezogen sind, aber dieses wird – mit Ausnahme der Lakaien-Empore über der Fürstenloge! – kaum sichtbar. Durch die architektonische Rahmung ... erscheinen die Emporenlogen eben nicht als Einbauten in den Gesamtraum, sondern als ‚Zimmer', welche sich in Fenstern zum Kirchen‘hof' hin öffnen. Es verwundert daher nicht, daß in den ‚Zimmern' die Hofdiener ihre festen Plätze haben, von wo sie in die Kirche, die hier wirklich ein Raum des Volkes ist, hineinschauen."[128]

Die verschiedenen gesellschaftlichen Schichten innerhalb der Gemeinde werden, so interpretiert Backes die Sitzordnung, je nach ihrem Status den zwei Achsen des Raumes zugeordnet:

> „Die Stadtgemeinde saß (und sitzt) quer zu Altar und Kanzel, also entsprechend dem sichtbaren gebauten, ‚öffentlichen' Raum. Die andere Achse bilden Kanzel und Fürstenloge; diese Achse ist nur ideell, nicht faktisch räumlich angedeutet; ihre architektonische Gestalt in den beiden gegenüberliegenden Konchen bleibt verdeckt. Sie trägt fast privaten Charakter; denn wenn der Geistliche auf der Kanzel dem Fürsten in Augenhöhe gegenüberstand, nahm die Predigt die Form privater Anrede an, und der im Betsessel sitzende Herrscher sah nur den Pfarrer, nicht die Gemeinde. Es ist das Prinzip der mittelalterlichen Burgkapellen in barocker Form."[129]

Backes versteht dabei als „Stadtgemeinde" anscheinend nur die in den vier zentralen Bankblöcken sitzenden Frauen. Die männlichen Gemeindeglieder verteilten sich ringsherum um den ganzen Raum. Wenn man die übrigen Logen in die Betrachtung einbezieht, wird die Zahl der in Querrichtung blickenden Personen noch größer. Morlock widerspricht Backes' Zwei-Achsen-Theorie deshalb entschieden:

> „Der Raum ist nicht von 2 Achsen, sondern von einer sehr starken Umfassung geprägt, von einer Umspannung, die auch die Altar-Kanzel-Orgelgruppe einbindet, nicht achsial an ein Raumende drückt, sondern allseitig mit der gemeindlich-gottesdienstlichen Spange umgreift, zu der der Fürst als ‚primus inter pares' ebenso gehört wie sein Hofstaat und die Pfarrgemeinde. Wort und Sakrament befinden sich inmitten dieser in Christus versammelten, wenn auch ständisch und nach Männlein und Weiblein gegliederten Gemeinde."[130]

Des weiteren ist gegen diese Beschreibung einzuwenden, daß die Mittelachse in der Deckenzone durch die tief eingeschnittenen Stichkappen über den Konchen durchaus architektonisch betont wird. Die Stellung des Gestühls betont sie erst recht, denn in der Achse zwischen ihren beiden Polen, Kanzelaltar und Fürstenloge, bleibt der Raum frei von Gestühl.[131]

Das Weilburger Gotteshaus war als Residenzkirche unter Johann Ernst das wichtigste Kirchengebäude im Land, und dieses sollte über die Landesgrenzen hinaus wirken. Mit allen Mitteln, die den bildenden Künsten zu Gebote standen, ist es ausgeschmückt worden. Betont lutherisch präsentiert sich die Innenausstattung.[132] Der Graf von Nassau-Weilburg legte hier ein deutliches Zeugnis für seine Konfession ab, wodurch er sich von seinen reformierten Verwandten, den Linien Nassau-Oranien und Nassau-Dillenburg, und den ebenfalls reformierten Nachbarländern wie Solms-Braunfels und Wied-Runkel abgrenzte. Gemäß der lutherischen Konfession der Grafschaft Nassau-Weilburg weist ihre Residenzkirche ein reichhaltiges ikonographisches Programm auf.

Architektonisch prägt der Einsatz von Säulenordnungen den Raumeindruck. Eine Ionica gliedert als Kolossalordnung alle Wände des Raumes. Ihr Gebälk trägt eine Attika, oberhalb derer das Gewölbe ansetzt. Stichkappen, die zu den dahinterliegenden Konchen überleiten, schneiden in der Mittelachse auf beiden Längsseiten einen hohen Rundbogen aus dem Gewölbe aus, dessen Kämpfer das Gebälk der Ionica darstellt und der auf gestuften ionischen Pilastern ruht. In die seitlichen Wandfelder sind unter das Gebälk kleinere Rundbögen eingepaßt, die von toskanischen Pilastern getragen werden. Dies ist das Prinzip des antiken Triumphbogenschemas: Die Kämpferhöhe des großen Bogens bestimmt die Scheitelhöhe des kleineren Bogens. Auf den Längswänden findet sich daher zweimal das Motiv des Triumphbogens: An der Südwand rahmt er Kanzelaltar und Orgel, auf der Nordseite dagegen die herrschaftliche Loge. Von der architektonischen Rahmung her werden die beiden Pole des Kirchenraumes gleich behandelt. Die Außenwände eines antiken Triumphbogens werden hier zu Innenwänden und umschließen hofartig den Bereich des ‚gemeinen Volkes'. Dieser Innenraum soll eigentlich einen Außenraum darstellen. Das Volk darf ein Stück weit in den höfischen Bereich vordringen, aber wirklich ‚hinein' darf es nicht.[133] Die Fensterfronten erinnern an die Außenfassade eines Gebäudes, und auch die Wand zum Rathaus hin gemahnt eher an eine Außen- als an eine Innenwand. Der Raum erhält dadurch eine eigentümliche Ambivalenz: Schaut die Hofgesellschaft aus den Fenstern ihrer Logen nun in die Kirche hinein oder in die Kirche hinaus?

Ein kleiner, aber entscheidender Eingriff in die Raumstruktur geschah im Jahre 1737 (Abb. 43 u. 44). An der Orgelempore waren schwerwiegende Bauschäden festgestellt worden, deren Behebung keinen Aufschub mehr duldete. Der eichene Trägerbalken, auf dem das Gewicht des schweren Orgelwerkes lastete, bog sich zu stark durch, zudem waren die in die Seitenwände eingemauerten Balkenköpfe von Fäulnis bedroht. Der flache Korbbogen unter der Orgelempore konnte die Last nicht übernehmen. Im Stuck zeigten sich bereits Risse.[134] Um das nötige Geld für die Reparatur zusammenzubekommen, wurden 1736, erstmals seit dem Bau der neuen Kirche, die Kirchenstühle gegen Bezahlung verlost.[135] Unter dem Orgelbogen wurden zur Unterstützung vier Pfeiler aus Backstein aufgemauert, welche drei Bögen tragen. Der Kanzelaltar mußte zu diesem Zweck um einen knappen Meter (3 Schuh) nach vorn

43 Weilburg, Schloßkirche, Kanzelseite, Zustand 1998

44 Weilburg, Schloßkirche, Kanzelseite, Rekonstruktion des Zustandes vor dem Umbau von 1736

versetzt werden. Gleichzeitig wurde dahinter auf halber Höhe eine Empore als Stand für die Schulknaben, also den Chor, eingezogen[136], für die der Hofmaler Seekatz zwei Brüstungsgemälde anfertigte.[137] Julius Ludwig Rothweil, der zum damaligen Zeitpunkt in Arolsen tätig war, war in dieser Angelegenheit um Rat gefragt worden,[138] doch der Urheber des Gedankens war Johann Michael Petri, der herrschaftliche Lustgärtner in Weilburg, der sich zum Bausachverständigen weitergebildet hatte.

Bis 1737 stand der Kanzelaltar folglich ein Stück weiter zurückgesetzt unter dem von Wand zu Wand reichenden Korbbogen, der allein den oberen Abschluß der Öffnung bildete, wie die Rekonstruktion (Abb. 44) verdeutlicht. Bis dahin existierten weder die drei kleinen Bögen mit dem darüberliegenden Wandfeld noch die vier Stützpfeiler und die Geschoßteilung durch die Empore. Die dreiteilige Arkade hinter dem Kanzelaltar ist also erst 1737 entstanden. Im Bereich der Bogenkämpfer ist von der Apsisseite her im Stuck zu erkennen, daß die innere Bogenstellung nachträglich angesetzt worden ist (Abb. 45). Da auch die Wandvorlagen, welche die äußeren Auflager der kleinen Bögen links und rechts tragen, fehlten, war die Öffnung insgesamt breiter und zudem durch Fenster erleuchtet. Die Südkonche erschien zum Kirchenraum hin als hellster Ort im ganzen Kirchenraum. Beiderseits des Kanzelaufbaus hatte man einen viel deutlicheren Einblick in die Konche, die in ihrem damaligen Zustand ohne weiteres als Apsis bezeichnet werden kann. Die Beurteilung des Raumtypus steht vor dem Hintergrund dieser Erkenntnis auf einer neuen Grundlage.

Der Kirchengrundriß der Weilburger Schloßkirche setzt sich aus einem zentralen Querrechteck, zwei halbkreisförmigen Konchen an dessen Breitseiten und quadratischen Nebenräumen in den vier Ecken zusammen. Die komplizierte Grundriß- und Raumgestalt der Weilburger Anlage zu beschreiben und abzuleiten, stößt auf Schwierigkeiten, wie an den unterschiedlichen Herangehensweisen verschiedener Autoren schon deutlich wird. Die einen leiten die Form vom Querrechteck ab, das an den Längsseiten erweitert und letztlich von einer Mauerhülle, die alles zu einer Großform zusammenfaßt, umgeben wurde.[139] Die anderen nehmen eben diese Großform als Ausgangspunkt, welche nach und nach unterteilt wurde, so daß der Rechtecksaal als Rest übrigblieb.[140]

Betrachtet man die Gesamtanlage, die nach einem Baumassenplan entwickelt worden ist, so gewinnt die Sichtweise an Überzeugungskraft, daß der Architekt von der Außenkontur der Mauerschale ausgegangen ist. Warum Rothweil eine Grundrißform mit jenen in die Ecken des Raumes eingestellten Hoflogen gewählt hat, dafür gibt es zwei zusätzliche Argumente. Zum einen wurde im Rahmen des Gesamtplans ein Baukörper mit geraden Außenkonturen erwartet, vom Innenraum her jedoch, der lutherischen Präferenz entsprechend, eine Kirche mit Chor oder Apsis. Zum zweiten mußte die Kirche nach Süden gerichtet werden, damit die dem Altar gegenüberliegende Grafenloge einen direkten Zugang von der nordwestlich anschließenden Orangerie, d. h. vom Schloß her, bekommen konnte. Fenster in der Südwand hätten zur vormittäglichen Hauptgottesdienstzeit erheblich geblendet. So dämpfen die Fenster der Logen auf der Südseite das einfallende Licht.

Der emporenlose Rechtecksaal in Weilburg leitet sich, so die übereinstimmende Meinung in der älteren Forschung, von holländischen Vorbildern her, ohne daß konkrete Belege für diese Theorie genannt werden.[141] In der Tat ist die Gemeindeempore in den holländischen Pfarrkirchen aller Grundrißtypen, anders als im Reichsgebiet, unüblich. Nassau-Weilburg besaß zweifellos verwandtschaftliche und politische Beziehungen zum in den Niederlanden regierenden Haus Nassau-Oranien. Zudem gehörte Holland neben Frankreich zu den klassischen Zielen für Kavalierstouren junger evangelischer Adeliger ebenso wie für Studienreisen von Architekten. Daß holländische Architektur, auch Sakralarchitektur, am Weilburger Hof bekannt war, davon kann wohl ausgegangen werden. Damit ist aber noch nicht das Motiv der mehrgeschossigen, vom eigentlichen Raum abgeschlossenen Logenwand als Ersatz für die in den Raum hineinragende Empore erklärt.

45 Weilburg, Schloßkirche, Stuckgesims mit Bogenansatz am nordwestlichen Pfeiler der Südkonche, Restaurierungsbefund 1993. Restaurierungsdokumentation der Firma Jean Kramer, Fachbetrieb für Denkmalpflege, Fulda

Alle bisherigen Bewertungen des Weilburger Raumtyps gehen vom gegenwärtigen Zustand der Raumschale aus, d. h. von dem Zustand, der durch die Umbaumaßnahme von 1737 geschaffen worden ist, als man den Kanzelaltar nach vorn rückte, um die Stützarkade unter die Orgelempore einziehen zu können. Vorher war der große Korbbogen offen, fungierte quasi als Triumphbogen. Keinerlei Emporeneinbauten verstellten den Blick in die Konche zu beiden Seiten des Kanzelaltars, der unter, nicht vor dem Bogen stand. Die Südkonche erschien zum Kirchenraum hin wie eine hell erleuchtete Apsis. Damit war die Weilburger Schloßkirche in ihrer ursprünglichen Innenraumgestalt kein einfacher querrechteckiger Saal, sondern sie gehört zur Gruppe der einseitig, und zwar auf der Seite des liturgischen Zentrums, erweiterten Querkirchen mit einer chorähnlichen Situation, der vom Innenraum her auch deutlich wahrnehmbar war. Rothweil hat für Weilburg also nicht unreflektiert holländisch-reformierte Vorbilder übernommen, sondern sich an der vorwiegend lutherischen Form der Chorkirche orientiert, in welcher es einen festen Altar gibt, dessen Position durch die Rahmung mit einem Triumphbogen und die Aufstellung in bzw. vor einer Chornische architektonisch hervorgehoben wird. Der Kanzelaltar bekam eine Rahmung durch den Triumphbogen und eine Hinterfangung durch die gekrümmte Wand der Konche, aber der mächtige Aufbau hatte zugleich viel mehr Raum neben und hinter sich. Da dieser Anraum nicht die volle Raumhöhe erreicht, sondern unter dem Hauptgesims der Pilasterordnung optisch abgeschlossen wird, ist die Bezeichnung ‚Apsis' treffender als ‚Chor', denn die Orgelempore gehört von der Struktur des Mauerwerks her zwar dazu, stellt aber optisch ein eigenständiges Element dar.

Zur Erläuterung sei zunächst ein Vergleich angeführt, den auch Dieter Großmann vorstellt: die Sophienkirche in Bayreuth-St. Georgen, nach einem Entwurf des Architekten Gottfried von Gedeler 1705–1711 erbaut.[142] Es handelt sich um einen kreuzförmigen Raum mit Emporen. Der reich ausgeschmückte Kanzel-Orgel-Aufbau steht in einem der Kreuzarme, der dadurch wie ein Chor wirkt, vor einer doppelgeschossigen Empore, also ähnlich wie in Weilburg in der Choröffnung. Der quergelagerte Hauptraum wird an drei Seiten von Emporen umzogen. Die Loge des Markgrafen, die über beide Emporengeschosse reicht, liegt dem Kanzelaltar gegenüber.

Eine quergerichtete lutherische Schloßkapelle aus dem späten 17. Jahrhundert mit Chor, sogar mit Chorturm, steht in der thüringischen Stadt Eisenberg, die von 1676–1707 unter Herzog Christian von Sachsen-Eisenberg die Residenz eines selbständigen Herzogtums war. Im Zuge des Schloßausbaus ließ der Herzog in den Jahren 1679–1692 an der nordöstlichen Ecke der Schloßanlage die neue Kapelle errichten (Abb. 46 u. 47), wahrscheinlich nach einem Entwurf von Johann Moritz Richter d. J.[143] An den querrechteckigen Hauptraum, dessen Proportionen einem Quadrat relativ nahekommen, schließt im Osten der ebenfalls querrechteckige Chor an, der den Kanzelaltar und die Orgel aufnimmt. Die beiden im Bogen zurückschwingenden Choremporen hinterfangen den Kanzelaltar und bewirken eine optische Anbindung an die zweigeschossige Säulenstellung an Wänden und Emporen des Gemeinderaumes. Der Raumeindruck wird durch das Gegenüber von Kanzelaltar und fürstlicher Loge beherrscht. Sieht man von der Emporenanlage und der Zweigeschossigkeit des Aufrisses ab, besitzt Eisenberg von der Raumdisposition durchaus Ähnlichkeit mit der in Weilburg gefundenen Lösung.

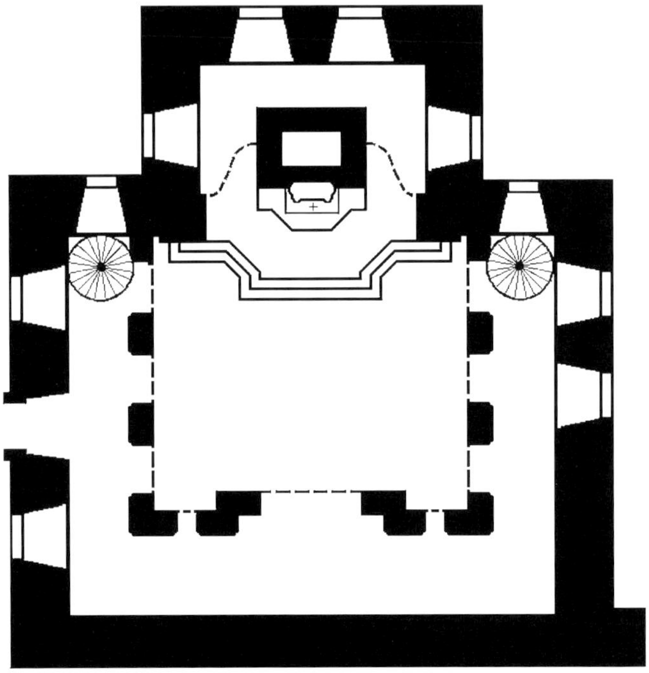

46 Eisenberg/Thüringen, Schloßkirche, Grundriß

Eisenberg als Vorbild für Weilburg zu bezeichnen, wäre entschieden zu weit hergeholt und aus historischen Zusammenhängen nicht zu begründen. Querkirchen mit Chor gibt es seit der Stuttgarter Schloßkapelle. Dennoch muß die Weilburger Schloßkirche als lutherische Chorkirche neu bewertet werden, und zu ihrer Herleitung wird sich in Holland keine Erklärung finden lassen, sondern es darf die Blickrichtung nach Osten, auf die lutherischen Kirchenbauten des sächsisch-thüringischen und auch des fränkischen Raumes, nicht übersehen werden.

Die in Weilburg gefundene Raumkonzeption wurde eine Generation später beim Bau der *Paulskirche in Kirchheimbolanden* wiederholt. Carl August von Nassau-Weilburg erhob nach seiner 1737 erfolgten Annahme des Reichsfürstentitels das linksrheinische Kirchheim bei Bolanden zur zweiten Landesresidenz. Seit dem 19. Jahrhundert heißt die Stadt am Fuße des Donnersberges amtlich „Kirchheimbolanden". Nach dem Vorbild seines Vaters Johann Ernst in Weilburg ließ Carl August Kirchheimbolanden zu einer Residenzstadt ausgestalten. Das Projekt, das sein Sohn und Nachfolger Carl Christian fortführte, umfaßte den Neubau des Schlosses (ca. 1738–1744) mit ausgedehnten Gartenanlagen, die Errichtung der lutherischen Hofkirche und eine planmäßige Entfestigung und Erweiterung der Stadt.[144] Der Neubau der Schloßkirche gehört also in Kirchheimbolanden wie in Weilburg zu einer stadtgestalterischen Maßnahme größeren Umfanges.

In der Grafschaft Nassau-Weilburg bekannte sich der überwiegende Teil der Bevölkerung zur lutherischen Konfession. Durch einen Gebietstausch von 1706 waren jedoch mehrere geschlossene reformierte Gemeinden zum Amt Kirchheim gekommen, darunter der Ort Bolanden. In einem Dekret vom 13. Januar 1738 ge-

47 Eisenberg/Thüringen, Schloßkirche

währte Carl August den Reformierten in Kirchheim die völlige Religionsfreiheit mit gleichen Rechten, wie sie die lutherische Gemeinde genoß. Am gleichen Tag stellte der Fürst eine Urkunde über den Verkauf der bisherigen lutherischen Pfarrkirche der Stadt an die reformierte Gemeinde aus. Der Kaufpreis von 3000 Reichstalern sollte zum Neubau einer lutherischen Kirche verwendet werden.[145] Die alte Stadtkirche St. Peter war bis zum Neubau der Paulskirche die Pfarrkirche der Stadt und zugleich die Hofkirche. Von dem Verkauf ausdrücklich ausgenommen war der Kirchturm mit den Glocken der im Besitz der Lutheraner blieb. Damit war man der Notwendigkeit enthoben, für die neue lutherische Hof- und Pfarrkirche einen eigenen, kostspieligen und aufwendigen Turm vorsehen zu müssen.
Während in Weilburg das alte Kirchengebäude durch einen Neubau ersetzt wurde, der dann von der gesamten lutherischen Einwohnerschaft der Residenz und schließlich auch von der reformierten Gemeinde genutzt wurde, blieb in Kirchheimbolanden die alte Pfarrkirche bestehen und wurde einem Teil der Bevölkerung, der anscheinend zahlenmäßig recht starken reformierten Gemeinde, überlassen. Von nun an verfügte die Stadt über zwei Gotteshäuser unterschiedlichen Bekenntnisses.

Die lutherische Kirche (Abb. 48 u. 49) entstand in den Jahren 1739–1744. Der Entwurf wird im allgemeinen aufgrund der stilistischen Ähnlichkeit zu Weilburg Julius Ludwig Rothweil zugeschrieben, obwohl dies archivalisch nicht nachweisbar ist. Belegt ist nur, daß Rothweil in Kirchheimbolanden als Architekt gearbeitet hat, nicht aber, an welchen Bauten.[146] Die große Ähnlichkeit mit der Weilburger Kirche, die bis in Detailformen reicht, ist aber meines Erachtens gerade kein zwingender Beweis, daß beide von demselben Architekten entworfen worden sein müssen. Es handelt sich um eine Wiederholung, die als bewußtes Zitat zu verstehen ist. Die dreiteilige Arkade hinter dem Weilburger Kanzelaltar, eingezogen bei der Reparatur von 1736, wurde jedenfalls in Kirchheimbolanden als Motiv wiederholt und von vornherein in die Planung einbezogen. Daß Rothweil die improvisierte Notlösung Johann Michael Petris in seinem Entwurf aufgegriffen und keine elegantere Lösung gesucht haben soll, erscheint eher zweifelhaft. Der Entwerfer von Kirchheimbolanden muß in jedem Fall mit den baulichen Schwierigkeiten in Weilburg und mit der dort durchgeführten Instandsetzungsmaßnahme vertraut, wenn nicht sogar an letzterer beteiligt gewesen sein. Es ist nicht auszuschließen, daß sogar Petri selbst zu den Pla-

48 Kirchheimbolanden, ev. Paulskirche, Kanzelseite

49 Kirchheimbolanden, ev. Paulskirche, Fürstenloge

nungen für Kirchheimbolanden herangezogen worden sein könnte. Leider sind keine Quellen aus der Bauzeit auffindbar, die genauere Auskunft liefern könnten.

Die oft postulierte Mitwirkung Friedrich Joachim Stengels, der als Baudirektor am Usinger, dann am Saarbrücker Hof tätig war, am Bau der Paulskirche[147] ist archivalisch durch nichts belegt und mit dem Erscheinungsbild der Architektur nicht zu begründen.

Grundriß und Innenraum der Kirchheimbolander Paulskirche sollen im direkten Vergleich mit der Weilburger Schloß- und Stadtkirche analysiert werden (Abb. 50), denn nur über einen Blick zurück auf die Residenzkirche Johann Ernsts läßt sich der Kirchenbau seines Sohnes Carl August in der zweiten nassau-weilburgischen Residenz angemessen würdigen. Auf den ersten Blick ist der Kirchenraum in Kirchheimbolanden eine exakte Kopie seines Weilburger Vorbildes. In Grund- und Aufriß wiederholen sich die grundlegenden Prinzipien der Raumorganisation und -gestaltung. Bei genauerem Hinsehen offenbaren sich jedoch diverse kleine, aber bedeutsame Unterschiede, die zeigen, daß der entwerfende Architekt für Kirchheimbolanden den Weilburger Plan überarbeitet bzw. andere Vorgaben erhalten hat.

Kirchheimbolanden wird bezeichnet als „konsequente Weiterentwicklung des in Weilburg ... konzipierten Grundrisses zum quergerichteten Saalbau mit seitlichen Anbauten, in denen Fürstenloge und Kanzelaltar mit Orgel einander gegenüberliegen."[148] Dem ist zunächst zuzustimmen.

Die Paulskirche wird im Regelfall in einem Atemzug mit der Weilburger Schloßkirche genannt und nicht im einzelnen analysiert.[149] Ein sehr aufmerksamer Vergleich beider Kirchen, der die Eigenheiten der ‚jüngeren Schwester' im Detail herausarbeitet, ist vonnöten, um dem Gebäude gerecht zu werden. Die lutherische Kirche in Kirchheimbolanden „ist wie ihr Weilburger Vorbild Stadtkirche und Hofkirche zugleich: in ihrer städtebaulichen Zuordnung, in ihrer Erschliessung wie auch in ihrer inneren Gliederung."[150] Dennoch ist Kirchheimbolanden keine exakte Kopie von Weilburg. Der Kirchheimbolander Grundriß entspricht dem der Weilburger Schloßkirche, mit Ausnahme des Chorbereiches, der nicht als halbrunde Konche mit verborgenen Spindeltreppen in den Zwickeln, sondern rechteckig mit sichtbaren Treppenläufen in den Ecken ausgebildet ist, so daß die Logen auf der Kanzelaltarseite vom Kircheninneren her erschlossen werden. Das Eingangsportal hinter dem Weilburger Kanzelaltar fehlt in Kirchheimbolanden. Die gegenüberliegende Erweiterung mit der herrschaftlichen Loge besitzt hingegen die Konchenform. Morlock nimmt an, daß eigentlich wie in Weilburg ein direkter Zugang vom Schloß auf gleicher Höhe mit der im ersten Obergeschoß gelegenen Loge geplant war, man darauf aber letztlich verzichtete und sich mit einem gedeckten Gang zu ebener Erde begnügte.[151] Die Topographie des Geländes liefert dafür eine ausreichende Begründung, denn das nur eingeschossige Schloß liegt erheblich niedriger als das Kirchengrundstück.

Der Außenbau der Paulskirche verzichtet auf die Umhüllung durch Schaufassaden nach Weilburger Vorbild, wo alle Gebäudeteile zu einem geschlossenen Baublock zusammengefaßt werden. Die Struktur des Inneren mit dem quergerichteten Hauptraum und den angeschobenen, niedrigeren Nebenräumen an beiden Längsseiten wird vielmehr in Kirchheimbolanden durch die schlichten Dachformen schon von außen ablesbar gemacht.

Der gravierendste Unterschied zwischen den beiden nassau-weilburgischen Residenzkirchen liegt in der Struktur des Gewölbes und damit im Aufriß der beiden Längswände. Während sich in Weilburg zwei Gewölbe kreuzförmig durchdringen, wird in Kirchheimbolanden der Raum von einem einfachen Muldengewölbe überspannt, welches nur an den kurzen Seiten in der Mitte je eine Stichkappe für das obere Rundbogenfenster aufweist. Dementsprechend war in Kirchheimbolanden die einfache Dachform möglich, während Rothweil in Weilburg zu einem komplizierten System einander durchdringender Dächer greifen mußte. Das hatte Konsequenzen für den inneren Aufriß. In Weilburg bieten die Gewölbe über den Konchen Raum für die Orgel- bzw. die Lakaienempore, die in der Gewölbezone oberhalb des Gebälkes angesiedelt sind. Dagegen ist in Kirchheimbolanden im Gewölbe kein Raum für Emporenöffnungen. Die Orgelempore und die Empore über der fürstlichen Loge sind Bestandteile der Wand unter dem Gebälk; ihre korbbogigen Öffnungen enden unter dem umlaufenden Kranzgesims.

Der Neubau der Schloßkirche in Kirchheimbolanden ist nur vor dem Hintergrund der baulichen Probleme zu verstehen, die unmittelbar während der Planungs- und Bauzeit an dem damals ein Vierteljahrhundert alten Kirchengebäude in Weilburg aktuell waren. Offensichtlich hat man bei der Planung versucht, die Ursachen für die Wasserschäden, die in Weilburg ab etwa 1735 an Orgelempore und Dachwerk auftraten, in Kirchheimbolanden zu vermeiden. Jedes Kompartiment des Baukörpers besitzt ein eigenes Walmdach, es gibt keine Durchdringung von Dächern. Dadurch war eine wesentlich einfachere Konstruktion der Dach-

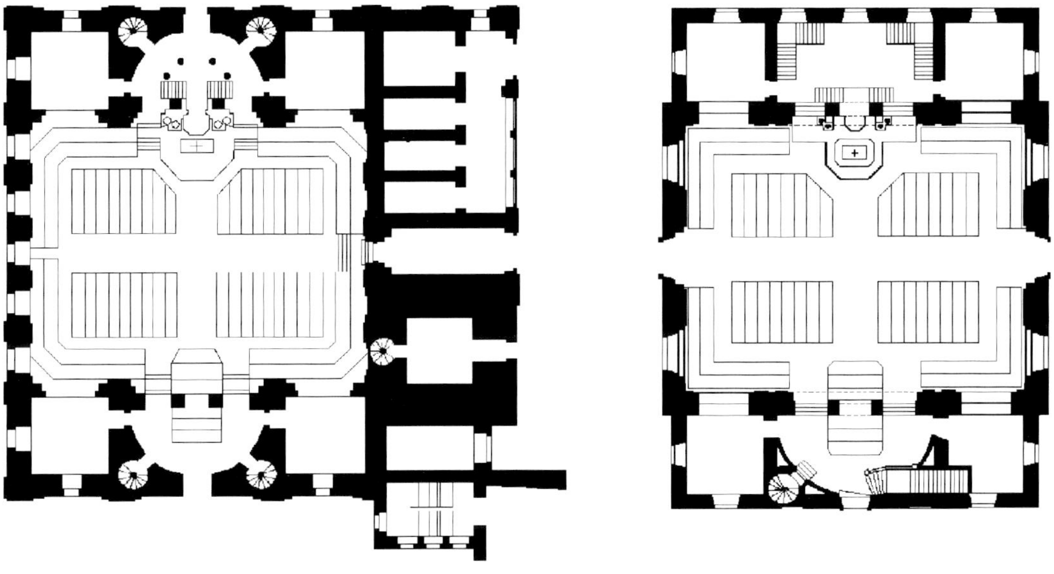

50 Weilburg und Kirchheimbolanden, Grundrisse im Vergleich

stühle möglich. Im Innern tritt nur das vom Dachstuhl des Quersaales abgehängte Muldengewölbe zutage.
Die Notlösung in Weilburg, die 1736 eingebaute dreiteilige Arkade, welche die Orgelempore stützt, ist in Kirchheimbolanden von Anfang an eingeplant und in den Aufbau des Kanzelaltars konstruktiv einbezogen worden.[152] Die Kanzelempore, in Weilburg eine nachträgliche Zutat, unterteilt den Raum hinter der Kirchheimbolander Kanzel horizontal. Weilburg in der ursprünglichen Konzeption muß als Querkirche mit chorartiger Erweiterung hinter der Kanzel eingestuft werden, Kirchheimbolanden hingegen als rechteckiger Quersaal. Wesentlich eleganter als in Weilburg ist in Kirchheimbolanden die Anordnung der Treppen hinter dem Kanzelaltar gelungen, die, vom Innenraum aus sichtbar, in den Ecken verlaufen.
Weilburg und Kirchheimbolanden sind die einzigen unter den größeren deutschen Querkirchen, die keine in den Raum vorkragenden, raumgestaltenden Emporenanlagen besitzen, sondern stattdessen bis unter das Deckengesims reichende verglaste Logenfronten, die eine glatte Wandflucht bilden und den eigentlichen Kirchenraum wandgleich abschließen. Die Wandaufrisse sind letztlich, wie für Weilburg schon angedeutet, Fassadenarchitekturen, in Kirchheimbolanden noch stärker als in Weilburg, weil die Decke ungestaltet geblieben ist.
Von der Architektur her ist auch Weilburg durchgängig symmetrisch aufgebaut, aber dadurch, daß das Rathaus eine Schmalseite verstellt, dringt nur von Osten her Licht in das Innere. In Kirchheimbolanden kommt die Symmetrie noch stärker zum Ausdruck, da das Tageslicht gleichmäßig von beiden Schmalseiten her durch die hohen Rundbogenfenster in der Wand und das kleinere oben in der Stichkappe einfällt. Einzig die großen Rocailleornamente vor dem Gebälk über der Herrschaftsloge und in der Mitte beider Schmalseiten widersetzen sich der Symmetrie.
Während die Weilburger Schloßkirche eine reich ausgestaltete Stuckdecke besitzt, deren Symboldarstellungen, die allerdings größtenteils erst 1781 ausgeführt worden sind, Bestandteile des theologischen Bildprogramms sind, fehlt eine vergleichbare Gestaltung des Gewölbes in Kirchheimbolanden. Die vorher glatt verputzte Decke[153] hat erst bei der jüngsten Renovierung aufgemalte Ornamente und Medaillons mit Taufe und Abendmahl, der ehernen Schlange und dem Lamm Gottes nach dem Vorbild der Weilburger Stuckdekoration erhalten. Die Frage ist, ob die Ausschmückung des Gewölbes von vornherein nicht vorgesehen war oder ob sie aus Geldmangel unterblieben ist. An dieser Stelle zeigt sich ein wesentlicher Unterschied in der Ausgestaltung der beiden Kirchenräume. Das Weilburger Gotteshaus ist Träger eines hoch differenzierten theologischen Bildprogrammes, das alle Teile des Gebäudes überzieht, von der Decke über die Kanzelempore und die Logenfronten bis hin zum Inneren der herrschaftlichen Loge und dem gräflichen Beichtstuhl. Die meisten dieser Bilder sind Embleme, bei denen eine bildliche Darstellung mit einem knappen Sinnspruch in lateinischer Sprache kombiniert ist. Ein solches Programm fehlt in Kirchheimbolanden vollkommen. Lediglich an der Decke der Fürstenloge ist hier ein kleines Stuckrelief mit einer Darstellung von Moses und der ehernen Schlange angebracht. Die Wappenkartusche über dem Mittelfenster der Fürstenloge weist wie in Weilburg eine Rahmung aus Kriegstrophäen auf, jedoch kleiner und zurückhaltender. Anstelle des Weilburger Allianzwappens von Graf Johann Ernst und seiner Gemahlin Maria Polyxena erscheint in Kirchheimbolanden nur ein einziger Wappenschild, dessen Fläche heute wie sämtliche Stukkaturen weiß gefaßt ist. Ob ursprünglich eine farbige Fassung mit dem Wappen Carl Augusts vorhanden war, müßte durch Freilegung untersucht werden, ebenso, ob die reinweiße Fassung mit zartgrau getönten Wandflächen dem ursprünglichen Zustand entspricht. Die übrigen Stukkaturen mit Putti und Rocaillen erscheinen ausschließlich dekorativ. Die inhaltliche Aussage des Weilburger Kirchenraumes, die nur von entsprechend Gebildeten verstanden werden konnte, und der damit verbundene Anspruch des Bauherrn verschwinden in Kirchheimbolanden zugunsten einer Dekoration mit reinen Schmuckformen. Als Bildträger fungiert in Kirchheimbolanden allein der Kanzelaltar, dessen Programm als Kopie des Weilburger Altars bezeichnet werden darf. Die auswechselbaren Kanzelbilder sind Kopien der Weilburger Gemälde des Hofmalers Seekatz. Auf dem Schalldeckel befinden sich in beiden Kirchen Holzskulpturen von Moses und Johannes dem Täufer sowie fünf Engel, die Glaubenssymbole in den Händen halten. Während in Weilburg ein Medaillon mit einem Bildnis Christi einen optischen Bezug zwischen der Spitze des Schalldeckels und dem Orgelprospekt schafft, wirkt in Kirchheimbolanden der Schalldeckel oben wie abgeschnitten. Auf der Spitze ist eine kleine Darstellung des Pelikans mit seinen Jungen zu sehen. Zwischen Orgel und Kanzelaltar bestehen keinerlei gestalterische Verbindungen.
Der Orgelprospekt überschneidet nach unten die Bögen der Arkade, nach rechts und links die Kapitelle der angrenzenden Pilaster. Am Fries wurde ein bereits angebrachtes Stuckornament zugunsten des Orgelprospekts wieder abgeschlagen, wie die deutlich sichtbaren Spuren verraten. Der wuchtige Orgelprospekt, der den Rahmen der ihn umgebenden Architektur sprengt, entspricht gewiß nicht den Planungen des entwerfenden Architekten. Während in Weilburg die Orgel in den Gewölbebogen harmonisch eingepaßt ist und ausreichend Raum läßt für das durchlaufende ho-

rizontale Gebälk, ragt der Kirchheimbolander Prospekt nach allen Seiten über die Begrenzungen hinaus. Er gewinnt eine Eigendynamik und Dominanz, die das Instrument wesentlich stärker zum Blickfang werden läßt als in Weilburg, wo es ein organischer Bestandteil der Architektur ist. Der Orgelprospekt der Paulskirche unterdrückt optisch geradezu das wichtigste Ausstattungsstück dieser lutherischen Predigtkirche, nämlich den Kanzelaltar.

Von den Proportionen her betrachtet, wirkt Kirchheimbolanden höher und steiler. Die seitlichen Logenfronten mit ihren dreigeschossigen Fensterfronten erscheinen in Weilburg breiter gelagert, in Kirchheimbolanden mehr in die Höhe gestreckt. Der Kanzelaltar in Kirchheimbolanden ist sichtlich niedriger als das Weilburger Vorbild. Das weite Muldengewölbe als oberer Abschluß verstärkt in der Schlichtheit seiner Form den Zug in die Höhe. Während in Weilburg die Pilaster in zwei Schichten übereinander liegen, gliedern in Kirchheimbolanden Doppelpilaster die Wandstücke zwischen den Öffnungen. Die Schmalseiten bieten daher in Weilburg Raum für fünf Fensterachsen, wohingegen in Kirchheimbolanden der Platz lediglich für drei Achsen ausreicht. In Kirchheimbolanden wurde anstelle der in Weilburg verwendeten Ionica im Innenraum die korinthische Ordnung gewählt. Möglicherweise sollte damit die Standeserhöhung des regierenden Landesherrn demonstriert werden.[154] Den Rang der Kirche als Hofkirche in der neuen Landesresidenz dokumentiert die korinthische Ordnung. Tatsache ist, daß der Kirchenraum durch die Wahl einer der beiden höchsten Ordnungen aufgewertet wird, ebenso durch die damals modernste Ornamentik, nämlich die Rocaille. Die reiche Gestaltung des Innenraumes steht im krassen Gegensatz zur Schmucklosigkeit des Äußeren.

Zusammenfassend bleibt festzuhalten, daß die Paulskirche in Kirchheimbolanden nicht eine bloße Kopie, sondern eine Weiterentwicklung des Weilburger Entwurfs darstellt, wobei die Entwerfer und Bauleiter sich zweifellos die am Weilburger Kirchengebäude gesammelten Erfahrungen zunutze machten, um bekannte technische Schwierigkeiten z. B. am Dachwerk und bezüglich der Tragfähigkeit der Orgelempore zu vermeiden. Die Geschlossenheit und Einheitlichkeit des Raumkonzepts wird in Kirchheimbolanden von der Gestaltung des Orgelprospekts durchbrochen, die sehr wahrscheinlich eine nachträgliche Änderung des ursprünglichen Plans bedeutet. Trotz aller feinen Unterschiede war für jeden kundigen Besucher jedoch offensichtlich, was der Bauherr, Fürst Carl August, mit dem Projekt bezweckte: den Bezug auf die Tradition der Residenz Weilburg und der Regentschaft seines Vaters, des Grafen Johann Ernst, sinnfällig zu verdeutlichen.

In vereinfachter Form kam der Quersaaltypus in Nassau-Weilburg in der Folgezeit beim Bau verschiedener döflicher Pfarrkirchen zum Einsatz, zuerst beim Bau des neuen Gemeinderaumes in *Neunkirchen/Westerwald*, der zeitgleich mit der Paulskirche in Kirchheimbolanden begonnen wurde.

Das Kirchspiel Neunkirchen kam 1328 von den Herren von Merenberg an die Grafschaft Nassau-Weilburg. Ab 1548 besaß Nassau-Weilburg auch die Kollatur. Neunkirchen blieb lutherisch bis 1776, als es im Zuge eines Gebietstausches von Nassau-Weilburg an Nassau-Oranien fiel und die Einwohner zum reformierten Bekenntnis wechselten; damit ging auch die Kollatur an Nassau-Oranien über.[155]

Der querorientierte Gemeinderaum (Abb. 51–53) entstand in den Jahren 1739–1741, er wurde zwischen Turm und Chor des mittelalterlichen Vorgängerbaues eingefügt. Den Entwurf lieferte der Weilburger Lustgärtner Johann Michael Petri, in dessen Händen auch die örtliche Bauleitung lag.

Vom Grundriß her gehört Neunkirchen zur Gruppe der zweiseitig erweiterten Querkirchen. Vor der südwestlichen Langseite steht ein quadratischer Turm. Er nimmt die Sakristei und die Kanzeltreppe auf. Das liturgische Zentrum mit Kanzel und Altar besetzt die innere Turmwand. Der Innenraum präsentiert sich folglich als T-förmiger Raum. Der Flügel gegenüber der Kanzel (Abb. 53), dessen Mauerzüge fünf Seiten eines Achtecks einnehmen, läßt sich jedoch nicht ohne weiteres als Risalit bezeichnen. Der dreiseitige Schluß und die steilen Proportionen im Aufriß passen eher zu einem älteren Chor. In der Tat handelt es sich um den Chor der Vorgängerkirche. Die Datierung dieses Bauteiles ist strittig. Verschiedene Autoren bezeichnen ihn als gotisch.[156] Gotische Stilelemente sind daran allerdings nicht mehr zu erkennen, denn die Wandflächen sind im Zuge der Baumaßnahmen von 1740/1741 außen und innen überformt worden. In einem Bericht über den Kirchenbau, der in den 1830er Jahren anhand von damals noch vorhandenen älteren Dokumenten abgefaßt worden ist, wird er explizit als „Chor" benannt.[157] Der Chor ist beim Neubau des Gemeinderaumes allein deswegen nicht abgebrochen und erneuert worden, weil über die Finanzierung keine Einigung erzielt werden konnte. Die Baupflicht für den Gemeinderaum lag bei der Pfarrgemeinde Neunkirchen und dem Filial Hüblingen, diejenige am Chor jedoch bei der katholischen Pfarrei Lahr, denn der Pastor zu Lahr erhielt im Wechsel mit dem fürstlichen Haus Diez den jährlichen Kornzehnten.[158] Der Pastor signalisierte grundsätzlich seine Bereitschaft, die Zahlungen zu leisten, zu denen er verpflichtet war, verlangte aber einen schriftlichen Beweis, während die Gemeinden nur mündliche Zeugenaussagen bieten konnten.[159] Also blieb der alte Chor bestehen. Ihn abzubrechen, hätte bedeutet, in ein unklares Rechtsgefüge einzugreifen und einen Präzedenzfall für die Zukunft zu schaffen.[160]

Die Wahl des Querraumes hatte also zunächst ganz praktische Ursachen: Der Gemeinderaum mußte aufgrund des erhöhten Platzbedarfs erweitert werden, aber es gab keine Möglichkeit, in der Länge zu expandieren, da Turm und Chor erhalten bleiben sollten. Beim Bau der Kirche wurde der alte Turm nebst dem alten Chor stehengelassen und dazwischen ein querrechteckiger Saal eingespannt. Die Richtung des Raumes wurde um 180° gedreht, das liturgische Zentrum vom Chor an die gegenüberliegende Turmwand verlagert. Die Gemeinde gruppiert sich seitdem von drei Seiten um den freistehenden Altar, denn in dem ehemaligen Chor stellte man Bänke auf und zog eine Empore für die Orgel ein.

Die Kanzel wird von einer reich gestalteten Kanzelwand umrahmt (Abb. 52), die eine vereinfachte Version des Weilburger Kanzelaltars darstellt. Man gestaltete hier ein betont lutherisches Zentrum in einer betont protestantischen Predigtkirche. Das Kirchspiel Neunkirchen war eine weilburgische, evangelisch-lutherische Exklave im Grenzgebiet zu den katholischen Besitzungen von Nassau-Hadamar und dem Erzstift

51 Neunkirchen/ Westerwald, ev. Pfarrkirche

52 Neunkirchen/ Westerwald, ev. Pfarrkirche, Innenraum mit dem Kanzelaltar vor der Turmwand

53 Neunkirchen/ Westerwald, ev. Pfarrkirche, Blick in den ehemaligen Chor

Trier. Die umliegenden Pfarrorte sind durchweg katholisch. Auch daraus erklärt sich die Wahl einer eindeutig protestantischen Bauform und die aufwendige Gestaltung der Kanzelwand in bewußtem Kontrast zu den katholischen Hochaltären der Umgebung.

Die gefürstete Grafschaft Nassau-Usingen

Die Grafschaft Nassau-Usingen als selbständige Herrschaft entstand aus der Teilung der nassauischen Lande im Jahre 1659. Graf Walrad, der Begründer der Linie Nassau-Usingen, wählte das Städtchen *Usingen* als Residenz und sorgte für dessen Ausbau. 1688 erlangte Walrad die erbliche Reichsfürstenwürde.
Nach dem großen Usinger Stadtbrand von 1692 wurden großangelegte stadtplanerische Maßnahmen möglich und notwendig. Das entvölkerte Land, das noch immer unter den Folgen des Dreißigjährigen Krieges litt, veranlaßte den Fürsten, Maßnahmen zur Peuplierung zu ergreifen. Später als in anderen Residenzen begannen in Usingen die Planungen zur Anlage einer Neustadt, in der neben französischen Flüchtlingen auch Schweizer Reformierte, Katholiken aus dem Lütticher Land, Salzburger Protestanten, Pfälzer und andere Zuwanderer angesiedelt werden sollten.[161] Während in Kassel, Berlin oder Erlangen unmittelbar auf die erste Flüchtlingswelle nach dem Edikt von Fontainebleau 1685 reagiert wurde, dauerte es in Usingen bis 1699/1700, bis entsprechende Aktivitäten einsetzten. Sicherlich auf Anweisung des Grafen Walrad entsandte die Kanzlei einen Beauftragten in die Schweiz, der dort unter den Flüchtlingen Siedler anwerben sollte; zugleich ergingen entsprechende Schreiben an die Räte mehrerer Schweizer Städte. Den Neusiedlern wurde 1699 in 13 Artikeln neben dem vollen Bürgerrecht eine Reihe von Privilegien und Freiheiten zugesichert. Vornehmstes Privileg war die volle Religionsfreiheit für die Reformierten im lutherischen Usingen, was die Erlaubnis einschloß, eine Kirche zu errichten und einen eigenen Pfarrer und Schulmeister einzusetzen.[162]
Der Planer der Usinger Neustadt war zunächst Johann Emmerich Küntzel[163], dann der Tiroler Baumeister Benedikt Burtscher[164], der auch das dortige Bürgerrecht besaß. Burtscher leitete den Bau der Kirche, und es darf als sicher gelten, daß er auch die erhaltenen Planskizzen (Abb. 54 u. 55) gezeichnet hat, auch wenn diese Pläne weder signiert noch anderweitig beschriftet sind.[165] Die Bauarbeiten begannen im Sommer 1700; bis 1702 war der Rohbau unter Dach. Aufgrund finanzieller Engpässe war der Innenausbau 1705 noch immer nicht abgeschlossen. Das genaue Datum der Vollendung ist unbekannt.
Die gern als „französisch-reformierte Kirche" oder gar „Hugenottenkirche" bezeichnete ehemalige reformierte Kirche in der Usinger Neustadt war keine echte Hugenottenkirche im engeren Sinne.[166] Die bereits erwähnten Privilegien für die Neusiedler aus dem Jahr 1700 richteten sich an „Französ[isch]e Flüchtlinge wie auch andere Ankömblinge aus der Pfalz, Schweiz und sonsten reformierter Religion." Die Kirche diente einer zweisprachigen Gemeinde, die aus Deutschen, Franzosen und Schweizern bestand. Dementsprechend legten Regierungsbeamte und Gemeinde bei der Auswahl des Pfar-

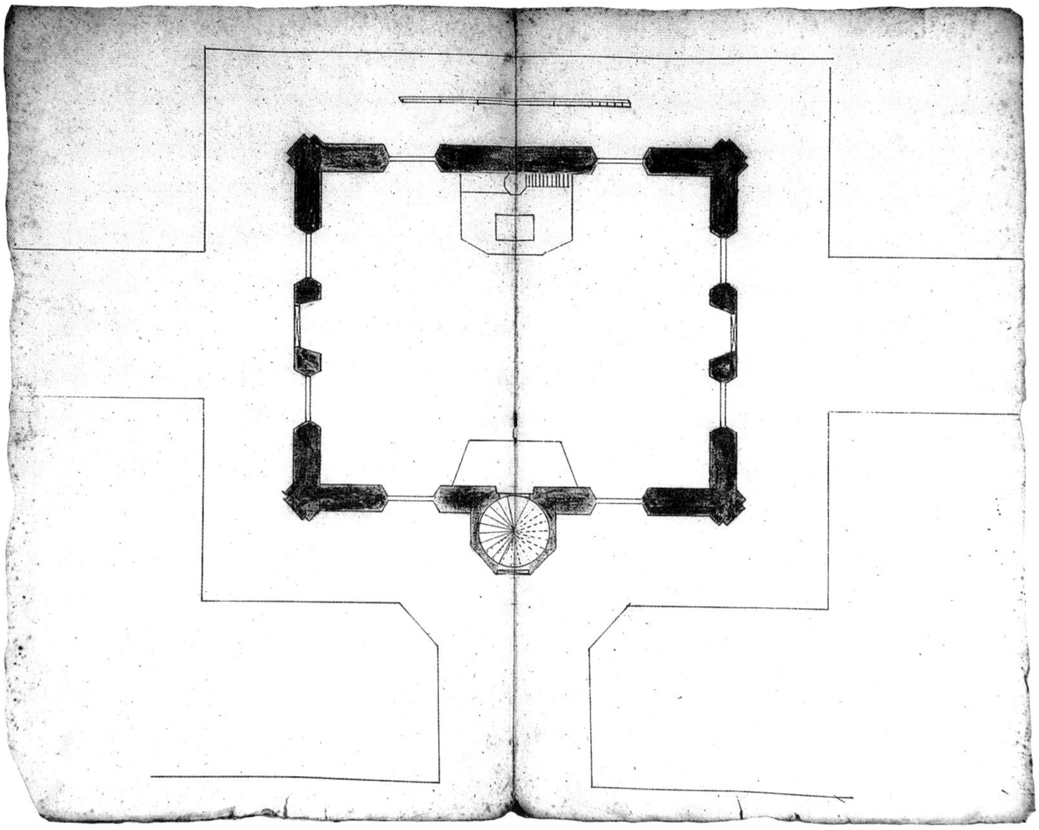

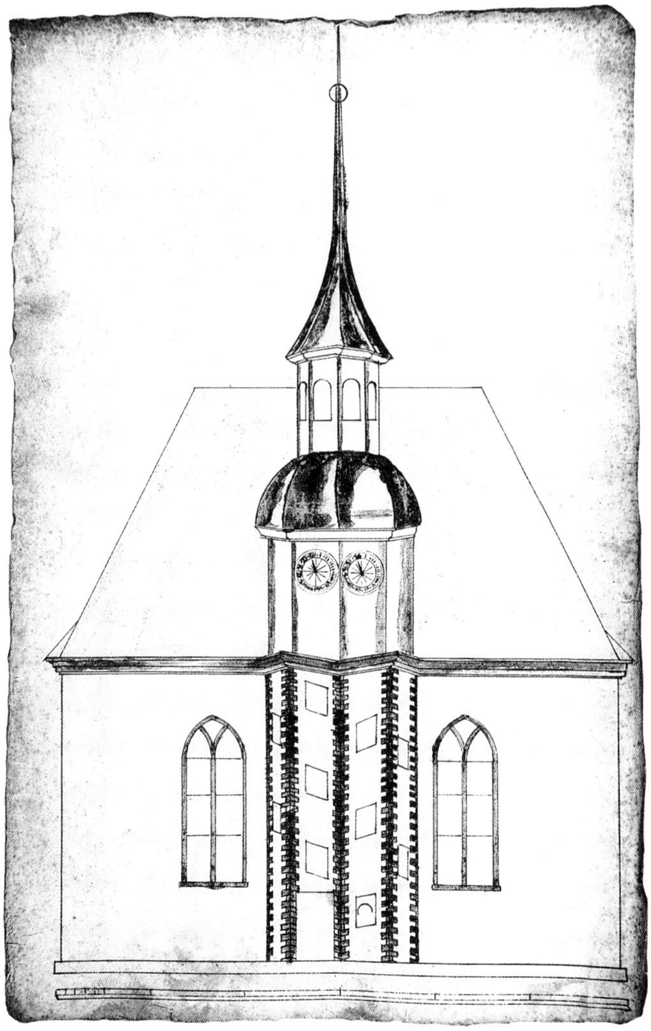

54 u. 55 Usingen, reformierte Pfarrkirche, Entwürfe von Benedikt Burtscher, 1700 HStA WI 135 Nr. 17

rers Wert darauf, einen Seelsorger einzustellen, der sowohl in deutscher als auch in französischer Sprache zu predigen imstande war.[167] Folglich kann die Bauform der Kirche nicht allein aus hugenottischen Traditionen abgeleitet werden. Da in der kleinen Usinger Neustadt Bürger unterschiedlichster Herkunft lebten, kann auch die Kenntnis von holländischen oder schweizerischen Architekturen eine Rolle gespielt haben, neben denen in anderen Ländern des Reiches. Wie alle landesherrlichen Kirchenbauten war auch dieser in erster Linie ein Projekt der Regierung und des Landbauwesens.

Die seit der Union profanierte und zu einer Schule umgebaute Kirche ist Bestandteil der Bebauung des Marktplatzes. Zusammen mit den rechtwinklig dazu angeordneten Gebäuden an beiden Seiten ergibt sich eine durchgeplante Platzanlage, deren Zentrum und Höhepunkt der Kirchturm in der Symmetrieachse darstellt. Nur der Außenbau des Gebäudes ist erhalten. Vor einem quergestellten Baukörper mit hohem Walmdach betont ein Fassadenturm die Mittelachse. Insgesamt gesehen ist die Formensprache der Fassaden für die Zeit um 1700 als eher altertümlich zu bezeichnen. Der zentrale Treppenturm vor der Hauptfassade kommt in ähnlicher Gestalt überwiegend im 16. Jahrhundert vor. Die angedeuteten Strebepfeiler an den Gebäudeecken müssen ebenso als nachgotische Elemente eingeordnet werden wie die Maßwerkfenster, die Burtscher in seinem Entwurf vorsah.

Über die ursprünglich geplante Innenausstattung gibt Burtschers Grundriß ansatzweise Auskunft. Kanzel

56 Grävenwiesbach, ev. Pfarrkirche

und Abendmahlstisch befanden sich in der Mitte der rückwärtigen Längswand, dem Turmportal gegenüber, wahrscheinlich auf einem fünfseitigen Podest. Von rechts führte eine Treppe auf die Kanzel, links deutet der Zeichner vermutlich den Pfarrerstand an. An der Turmseite gibt er eine Trapezfigur an, die vielleicht eine Orgelempore darstellen soll. Einzelheiten über die Aufstellung des Gestühls etc. enthalten die Pläne nicht.

Saarbrücken, Ottweiler, Wiesbaden-Idstein und Usingen fielen 1728 wieder in der Linie Nassau-Usingen zusammen. Unter der Vormundschaftsregierung der Fürstin Charlotte Amalie (1718–1735) wurden Reformen in der Landesorganisation durchgeführt sowie zahlreiche Bauprojekte in Angriff genommen, wofür 1733 Friedrich Joachim Stengel als Hofbaumeister in Dienst genommen wurde. Ihre Söhne Karl und Wilhelm Heinrich übernahmen 1735 die Regierung und teilten daraufhin das Land, wobei Karl die rechtsrheinischen Gebiete als Grafschaft Nassau-Usingen, Wilhelm Heinrich hingegen die linksrheinischen Besitzungen erhielt und so die Linie Nassau-Saarbrücken begründete. Danach war Stengel primär in Saarbrücken als Baudirektor tätig. Charlotte Amalie bekannte sich wie Walrad zur reformierten Konfession, ihre Söhne waren hingegen Lutheraner wie die überwiegende Mehrheit ihrer Untertanen.[168]

Die Pfarrkirchen der Taunusdörfer Grävenwiesbach und Heftrich in der Grafschaft Nassau-Usingen sind nach Entwürfen desselben Architekten, nämlich des Hofarchitekten Friedrich Joachim Stengel, fast gleichzeitig errichtet worden. Der Bekenntnisstand beider Kirchspiele war bis zur Nassauischen Union von 1817 lutherisch. Die beiden Kirchen sind sich in den Detailformen sehr ähnlich, stellen aber vom Grundriß und von der inneren Disposition her zwei unterschiedliche Varianten einer Grundidee dar. Eine sorgfältige Aufarbeitung der Baugeschichte und eine umfassende Analyse der Architektur wie auch der historischen Zusammenhänge für beide Kirchenbauten liefert Frank-Michael Saltenberger.[169]

Die Pfarrkirche von *Grävenwiesbach* (Abb. 56) wurde nach in den Jahren 1737–1738 errichtet. Sie besitzt einen querrechteckigen Gemeinderaum, den gegenüber dem liturgischen Zentrum ein Risalit erweitert. Der rückwärtige Turm wird durch eine Mauer abgetrennt, so daß vom Gemeinderaum kein Einblick in den Turmraum möglich ist. Altar und Kanzel stehen vor der Turmwand. An den übrigen drei Seiten des Raumes verläuft eine Empore. Der Außenbau zeigt die innere Querrichtung durch den Frontrisalit, den toskanische Pilaster auszeichnen, und den axialen Turm hinter dem quergelagerten Gemeinderaum.

Die Pfarrkirche in *Heftrich* (Abb. 57), die von 1737–1739 errichtet wurde, weist gestalterische Parallelen zu Grävenwiesbach auf, verkörpert aber einen anderen Bautyp. Während Stengel für Grävenwiesbach einen außen wie innen konsequent quergerichteten Baukörper entworfen hat, stellte er sich beim Heftricher Plan dem Konflikt zwischen äußerer Längs- und innerer Querorientierung. Der Turm steht in Heftrich an einer Schmalseite. Die beiden Längsseiten bilden zwei identische Fassaden mit je einem Risalit unter einem Dreiecksgiebel. Wie in Grävenwiesbach zeichnen tos-

kanische Pilaster die Front der Risalite aus. Die Querrichtung des Gemeinderaumes fällt von innen gesehen kaum auf, denn dank der Erweiterung durch die Risalite sind beide Raumachsen de facto gleich lang. Die Kanzelwand ist in einen der Risalite eingezogen. Durch die tiefe dreiseitige Emporenanlage wirkt der kleine Kirchenraum ziemlich beengt.
Das archietktonische Schema, das Stengel für Grävenwiesbach entwickelte und in Heftrich abwandelte, basiert auf einem Idealentwurf von Leonhard Christoph Sturm und wird vor diesem Hintergrund ausführlich zu erörtern sein. Es wurde für spätere Kirchenbauten in Nassau-Saarbrücken mehrfach wieder aufgegriffen.

Das Fürstentum Nassau-Dillenburg

Die Linie Nassau-Dillenburg, Teil der ottonischen Hauptlinie, teilte sich 1559 in Nassau-Dillenburg und Nassau-Oranien. Graf Johann VI. von Nassau-Dillenburg vollzog 1576 als erstes Mitglied des Wetterauer Grafenvereins den Übertritt von der lutherischen zur reformierten Konfession, was weitreichenden Einfluß auf die übrigen Mitglieder ausübte. Innerhalb weniger Jahre folgten die Grafschaften Sayn, Wittgenstein, Wied-Runkel, Solms-Braunfels, Isenburg-Büdingen und Hanau-Münzenberg seinem Beispiel. Zur geistigen Zentrale der reformierten Lehre wurde Herborn mit der von Johann VI. gegründeten Hohen Schule.[170]
Nassau-Dillenburg, ab 1620 im Besitz einer Nebenlinie, erlangte 1652/1654 die erbliche Reichsfürstenwürde. 1739 fiel Nassau-Dillenburg an die Linie Nassau-Diez, die 1702 Nassau-Oranien beerbt hatte, sich seitdem Nassau-Oranien nannte und in Den Haag residierte.[171] Zwei Querkirchen wurden im Dillenburgischen errichtet: in Eisemroth und in Bicken, letztere schon nach dem Erbanfall an Nassau-Oranien.
Die Datierung des Kirchenneubaus in *Eisemroth* ist nicht gesichert; bekannt ist lediglich das Einweihungsdatum Ende 1723. Wahrscheinlich ist von einem Baubeginn nicht später als 1721 auszugehen. Dabei wurde im Osten ein älterer Chor stehengelassen. Da die Kirche auf einer nicht allzu breiten Hangterrasse steht, blieb aufgrund der Geländetopographie keine andere Möglichkeit, als den neuen Gemeinderaum in Querrichtung vor den Chor zu setzen (Abb. 58).
Im Laufe ihrer weiteren Geschichte hat die Kirche im Inneren zwei Umgestaltungen erfahren, die den ursprünglichen Raumeindruck völlig unkenntlich gemacht haben. Zunächst kamen in den 1830er Jahren

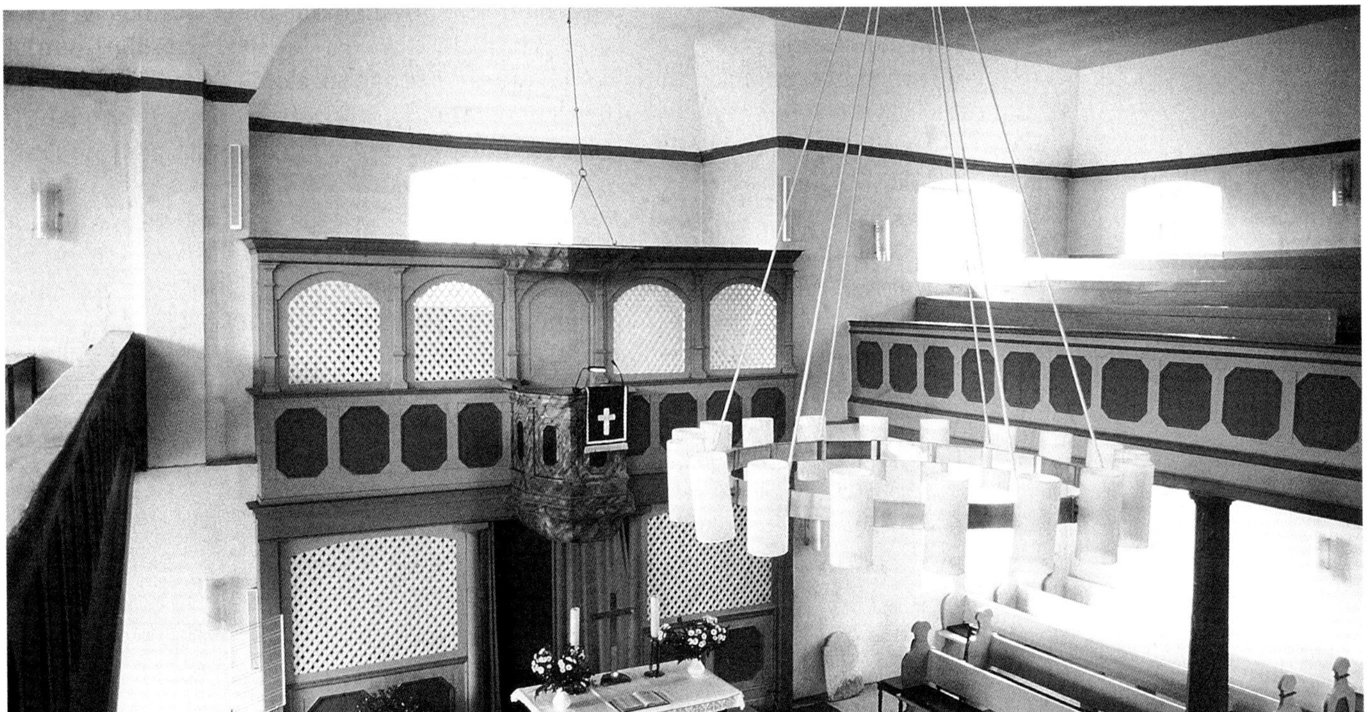

57 Heftrich, ev. Pfarrkirche

58 Eisemroth, ev. Pfarrkirche

59 Eisemroth, ev. Pfarrkirche

die heute noch vorhandenen Prinzipalstücke neu in die Kirche: 1835 Kanzel und Orgel einschließlich einer neuen Orgelbühne, die vor den Chor gesetzt wurde, zwei Jahre später der Altartisch.[172]
Die derzeitige Disposition (Abb. 59) ist das Resultat der Kirchenrenovierung von 1951–1952. Die Öffnung zum alten Chor, der inzwischen als Sakristei dient, wird von einer hölzernen Wand verschlossen, an welcher die Kanzel angebracht ist. Die Empore verläuft an den übrigen drei Seiten, so daß seither die Ausstattung wieder nach Osten ausgerichtet ist. Anscheinend ist der Kirchenraum also zweimal um 180° gedreht worden, weshalb sehr zu vermuten ist, daß die heutige Anordnung von Prinzipalstücken und Emporen der ursprünglichen wesentlich näher kommt als die Raumgestaltung des 19. Jahrhunderts. Jeder Versuch, anhand von Vergleichen die Ausstattung der Bauzeit zu rekonstruieren, muß jedoch bloße Spekulation bleiben. Es ist noch nicht einmal sicher nachzuweisen (wenn auch sehr wahrscheinlich), daß es sich von Anfang an um eine Quersaalkirche gehandelt hat. Die Anordnung des rechteckigen Saales, dessen Breitseite axial an den Chor angefügt ist, deutet aber darauf hin. Denkbar wäre, daß der Abendmahlstisch seinen überkommenen Standort in dem alten Chor behalten

hat. Die Kanzel hätte dann an einem der Triumphbogenpfeiler angebracht werden müssen wie in der Stuttgarter Schloßkapelle. Andererseits ist auch vorstellbar, daß der alte Chorraum durch eine Wand verschlossen worden ist, in deren Achse man die Kanzel anordnete und davor den Abendmahlstisch aufstellte. Die in Eisemroth im 18. Jahrhundert gewählte Disposition wurde jedenfalls im frühen 19. Jahrhundert nicht mehr als zufriedenstellend empfunden, was eine konsequent axiale Anordnung eigentlich ausschließt.

Die Pfarrkirche in *Bicken* (Abb. 11 u. Abb. 60) setzt sich zusammen aus dem 1756 errichteten rechteckigen Gemeinderaum mit hohem schiefergedecktem Walmdach und einem auffallend niedrigen mittelalterlichen Ostturm, wahrscheinlich einem ehemaligen Chorturm. Der Ausbruch des Siebenjährigen Krieges verhinderte die endgültige Fertigstellung der Innenausstattung, so daß die letzten Arbeiten erst 1787/88 ausgeführt werden konnten. Beim Neubau des Gemeinderaumes ist die bisherige Richtung der liturgischen Hauptachse um 90° gedreht worden. Aus einer längsgerichteten, geosteten Chorturmkirche wurde so ein genordeter Quersaal mit dem Turm an einer Schmalseite. Mit einfachsten Mitteln der Wandgliederung machte der Architekt die Querrichtung des Raumes nach außen hin deutlich, indem er die zur Hauptdurchgangsstraße des Dorfes gewandte südliche Längswand als Fassade gestaltete und dort zwei Portale symmetrisch anordnete. Der Innenraum läßt sich in die große Gruppe der rechteckigen Quersäle mit dreiseitiger Emporenanlage sowie Kanzel und Altar in der Mitte der freien Längsseite einordnen, bei denen keine Prinzipalwand ausgebildet, sondern die Kanzel vor der freien Wandfläche angebracht ist.

Die Grafschaft Solms-Braunfels

Unübersichtliche Linienteilungen prägen die Geschichte des Solmser Grafenhauses nach der im 15. Jahrhundert erfolgten Spaltung in die beiden Hauptlinien Solms-Braunfels und Solms-Lich.[173] Nur in zwei solmsischen Herrschaftsgebieten sind vor dem Siebenjährigen Krieg Querkirchen gebaut worden: im braunfelsischen Wölfersheim und im laubachischen Ruppertsburg.

60 Bicken, ev. Pfarrkirche

61 Wölfersheim, ev.-ref. Pfarrkirche

Graf Philipp von Solms-Braunfels (1547–1581) hatte 1555/1556 das lutherische Bekenntnis in seiner Grafschaft eingeführt. Sein Sohn und Nachfolger Konrad (1581–1592) schloß sich der reformierten Lehre an, in enger Anlehnung an Nassau-Dillenburg. 1582 erließ er eine neue Kirchenordnung nach dem Vorbild derjenigen der Kurpfalz.[174] Im Jahre 1602 teilten die drei Brüder Johann Albrecht, Wilhelm I. und Reinhard das Territorium in die drei Grafschaften Braunfels, Greifenstein und Hungen, wobei das Amt Wölfersheim zu Greifenstein geschlagen wurde. Die Hungener Linie starb bereits 1678 aus; die beiden Verbleibenden regierten den Hungener Anteil zunächst gemeinsam. Als Heinrich Trajectin von Solms-Braunfels 1693 kinderlos starb, waren wieder alle Teile in einer Hand vereinigt. Wilhelm Moritz von Solms-Greifenstein nannte sich daraufhin wieder Solms-Braunfels und verlegte seine Residenz nach Braunfels, wo er Schloß und Stadt auszubauen begann. Nach seinem Tod übernahm sein Sohn Friedrich Wilhelm 1724 die Regierung; dieser erlangte 1742 die Reichsfürstenwürde.[175]

Der Flecken und Amtssitz *Wölfersheim*, seit 1612 selbständige reformierte Pfarrei, bildete den Mittelpunkt einer in der nördlichen Wetterau gelegenen, von den Kernlanden der Grafschaft getrennten Exklave. Dort entstand ab 1717 ein aufwendiger Querkirchenbau. Die Landesherrschaft hatte in Wölfersheim nicht nur reichen Grundbesitz, sondern verfügte sogar über ein Schloß, welches aber schon im frühen 17. Jahrhundert unbewohnt und in schlechtem baulichem Zustand gewesen sein muß.[176]

Mit dem Bau der Kirche wurde 1717 nach einem Entwurf des Braunfelser Hofbaumeisters Meyer begonnen, doch da das Projekt von Größe und Aufwand her die Möglichkeiten der Gemeinde bei weitem überstieg, wurden die Arbeiten 1720 unterbrochen. Siebzehn Jahre lang stand daraufhin die Bauruine ohne Dach. Erst nachdem ein ortsansässiger Adeliger, Johann Wilhelm von Pappenheim, eine finanzielle Forderung, die er von dem Grafen von Wied einzuklagen hatte, der Kirchengemeinde übereignet und diese die Auszahlung des Geldes vor dem Reichskammergericht erstritten hatte, konnte der Bau 1737 fortgesetzt werden. Der Laubacher Bauschreiber Johann Wüstenfeld, der sich später Wiesenfeld nannte, leitete den Bau von Dach und Turmhaube und zeichnete Pläne für die innere Ausstattung (Abb. 247–253), welche aber das Mißfallen sowohl der Landesherrschaft in Braunfels als auch der Gemeinde erregten. Daraufhin wurde Wüstenfeld der Auftrag entzogen und die weitere Planung dem solmsbraunfelsischen Baudirektor Johann Ludwig Knoch übertragen (Abb. 255–257), unter dessen Leitung die Kirche bis 1741 fertiggestellt wurde.

Vom Grundriß her ist die Wölfersheimer Kirche den einseitig erweiterten Quersaalkirchen mit einem zusätzlichen Flügel hinter dem Altar zuzuordnen. Die achsensymmetrische Grundrißform läßt keinen Zweifel daran zu, daß die Kirche von Anfang an quergerichtet werden sollte. Grundform des Gemeinderaumes ist ein Querrechteck, welches axial vor den alten Rundturm gesetzt und durch einen kurzen Verbindungsflügel an diesen angeschlossen worden ist. Die Gesamtform des Kirchengebäudes (Abb. 61) setzt sich zusammen aus der lagernden Masse des Gemeinderaumes und der hochragenden Vertikale des Turmes, verbunden durch einen niedrigeren Zwischenflügel. Die Querrichtung des Innenraumes ist von außen bereits ablesbar, da die südliche Längsseite mit ihren drei Portalen die Hauptfassade darstellt. Durch das Ansteigen des Geländes, die Treppenanlage und den Sockel ist der Bau im wörtlichen Sinne ‚herausgehoben' aus seiner Umgebung. Das beidseitig abgewalmte, schiefergedeckte Mansarddach, dessen tatsächliche Höhe aus der Nähe gar nicht deutlich wird, verleiht dem Baukörper eine in sich geschlossene Solitärform. Die äußere Erscheinung des Baukörpers prägt der Unterschied zwischen der weiß verputzten Hauptfassade mit ihrer aufgeblendeten sandsteinroten ionischen Säulen- und Pilasterstellung und dem Bruchsteinmauerwerk der übrigen Wände. Wie angeheftet sitzt die Südfassade, die breiter ist als der eigentliche Gemeinderaum, vor dem ansonsten steinsichtigen Baukörper.

Wie schon am Außenbau ablesbar ist, bietet sich der Gemeinderaum (Abb. 62 u. 63) als Quersaal dar. Die li-

62 Wölfersheim, ev.-ref. Pfarrkirche, Kanzelwand mit der heute leeren Orgelempore darüber

63 Wölfersheim, ev.-ref. Pfarrkirche, Innenraum mit den ehemaligen Logen auf der Südempore

64 Ruppertsburg, ev. Pfarrkirche

turgischen Hauptstücke stehen in der Hauptachse der Kirche. Eine reich gestaltete Kanzelwand schließt den Verbindungsflügel vom Gemeinderaum ab. Auf der Empore über der Kanzel stand ursprünglich die Orgel. Reformierter Tradition gemäß steht der Abendmahlstisch frei im Raum. Eine eingeschossige Empore umzieht die übrigen drei Seiten des stützenfreien Raumes unter einer weit gespannten Flachdecke mit Voute. West- und Ostempore stehen der Gemeinde zur Verfügung. In der Mitte der Südempore, wo die herrschaftliche Loge ihren Platz hatte, befindet sich seit 1875/1877 die Orgel. Beiderseits der Orgel sind die Fensterrahmen der Logen für die Ortsadeligen erhalten. In Anpassung an die Fassade, die schon in der ersten Bauphase von 1717–1720 entstand, ist auch 1739 für die Innenausstattung die ionische Ordnung gewählt worden.

Die Grafschaft Solms-Laubach

Als Abspaltung von Solms-Lich entstand 1548 die Linie Solms-Laubach, die sich in der Folgezeit vielfach weiterverzweigt hat. Um die Mitte des 16. Jahrhunderts wurde das evangelische Bekenntnis eingeführt. Anders als Solms-Braunfels blieb die Laubacher Grafschaft lutherisch.[177]

Im Land wurde eine einzige Querkirche gebaut, nämlich die Pfarrkirche in *Ruppertsburg*. Zu dem Bau sind lediglich einige Eckdaten bekannt. Zuerst wurde der Turm errichtet, der auf 1750–1753 datiert wird. Der Gemeinderaum wurde 1754 begonnen, und im folgenden Jahr war er bereits notdürftig benutzbar. Der Siebenjährige Krieg erschwerte die Fortsetzung der Bauarbeiten, doch bis 1757 war auch die Innenausstattung weitgehend fertiggestellt. Der Kirchenraum wurde allerdings erst 1773 ausgemalt.

Der Baukörper der Kirche besteht aus einem querrechteckigen Gemeinderaum, einem annähernd quadratischen Turm, der mittig vor die nördliche Längswand gestellt ist und den Haupteingang sowie die Emporentreppen aufnimmt, und einem rechteckigen Sakristeiraum in der Mitte der Südseite. Der kleine Sakristeiflügel wird zum Kircheninneren hin durch eine hölzerne Kanzelwand abgeschlossen. Die Kanzel befindet sich in der Mittelachse, davor steht frei ein moderner steinerner Blockaltar auf einem einstufigen Podest (Abb. 64). Vor den übrigen drei Seiten des Raumes verläuft eine eingeschossige Empore, worauf vor der Turmwand die Orgel ihren Platz hat.

Die Grafschaft Isenburg-Birstein

Die vom Haus Isenburg regierte Grafschaft Büdingen hat wie das Haus Solms eine komplizierte Geschichte wiederholter Erbteilungen. Auf die Teilung von 1684 gehen die noch bestehenden Hauptlinien Isenburg-Büdingen und Isenburg-Birstein zurück. Um 1710 bestanden sechs Linien des Hauses Isenburg in Büdingen, Wächtersbach, Meerholz, Marienborn, Offenbach und Birstein.[178] In der seit 1596 reformierten Grafschaft Isenburg-Birstein entstanden unter der Regierung des Grafen Wolfgang Ernst III. (reg. 1718–1754), der sich nach seiner 1744 erfolgten Erhebung in den Reichsfürstenstand Fürst Wolfgang Ernst I. nannte, die vier Querkirchen in Langenselbold, Lichenroth, Burgbracht und Unterreichenbach.

Die reformierte Pfarrkirche in *Langenselbold* wurde in den Jahren 1727–1735 auf Veranlassung Wolfgang Ernsts, der an dem Projekt großen Anteil nahm, errichtet. Sie entstand als gemeinsame Pfarrkirche für die vier Dörfer Hinserdorf, Oberdorf, Hausen und Klosterberg, die im Laufe der Zeit zu der heutigen Ortschaft Langenselbold zusammengewachsen sind. Den Entwurf lieferte der hanauische Baudirektor Christian Ludwig Hermann, der hier in einem Nachbarterritorium tätig wurde. Der Kirchenbau steht in Zusammenhang mit dem Bau einer Schloßanlage.[179]

Die Großform des Grundrisses ist ein Oval, das von einem Kreuz durchdrungen wird. An allen Seiten sind in den Achsen der Ellipse Risalite angeschoben. Die zusammengesetzte Form des Grundrisses schlägt sich auch in der äußeren Gestalt des Gebäudes nieder (Abb. 170). Die Risalite wirken wie angelehnt an den großen ovalen Mauerzylinder, der in einem hoch aufragenden Schieferdach gipfelt. Vor der südlichen Breitseite erhebt sich anstelle eines Risalites der Turm. Das li-

65 Langenselbold, ev. Pfarrkirche, Innenraum, Zustand 1993

66 Langenselbold, ev. Pfarrkirche, Kanzelseite, Zustand vor dem Umbau von 1959

turgische Zentrum befindet sich im Innern vor der nördlichen Breitseite, dem Turm gegenüber. An der Turmseite stand zu ebener Erde die herrschaftliche Loge. Der Innenraum der Kirche (Abb. 65) ist in den Jahren 1959–1960 tiefgreifend verändert worden. Der Herrschaftsstand wurde entfernt. Die Öffnung zum Nordrisalit verschließt seither eine massive Wand mit einer kassettierten hölzernen Verkleidung, an welcher die Kanzel angebracht ist. Frei davor steht ein moderner Altartisch, erhöht um zwei Stufen auf kreisförmigem Grundriß. Die übrigen drei Seiten des Raumes umzieht jetzt eine eingeschossige Emporenanlage mit mehrfach gebrochener und geschwungener Kontur. Ein zweites Emporengeschoß wird nur an den Schmalseiten angelegt und kommt über eine Andeutung nicht hinaus, denn die oberen Emporen kragen nur knapp in den Hauptraum vor. Das Gestühl, heute sind es Einzelstühle, steht in konzentrischen Ringen; vom Altar gehen strahlenförmig drei Gänge aus. Runde Formen und Kurven bestimmen den Raumeindruck: die Ellipse als Raumschale, dazu die vor- und zurückschwingende erste Empore, die konzentrischen Stuhlreihen, das runde Altarpodest. Selten war die Bezeichnung „exzentrischer Zentralraum“[180] so passend wie für den gegenwärtigen Zustand der Langenselbolder Querkirche.

Die Gestalt der Kanzelwand vor diesem Umbau ist durch eine historische Fotografie (Abb. 66) überliefert. Bis 1881/1883 stand die Orgel auf der Empore über der Kanzel, dann wurde sie auf den Herrschaftsstand versetzt. Die Loge der Fürsten von Isenburg-Birstein stand, nach einer zweiten historischen Aufnahme (Abb. 67) zu schließen, im Süden, nur um wenige Stufen gegenüber dem Fußbodenniveau erhöht, in der Achse von Abendmahlstisch und Kanzel. Unmittelbar zugänglich war sie von hinten durch das Südportal und das Turmerdgeschoß. Sie füllt den Zwischenraum zwischen den beiden seitlichen Gemeindeemporen aus. Die kassettierte Brüstung könnte darauf hindeuten, daß oben vorher eine Empore bestanden hatte, vielleicht für die Hofbediensteten. Die vorschwingende Südempore, die den Raumeindruck heute so entscheidend prägt, ist demzufolge nicht ursprünglich, sondern ein Produkt der Umgestaltungen von 1959–1960.

Für die Inneneinrichtung der Langenselbolder Kirche hat man sich offensichtlich die kurz vorher fertiggestellte Reinhardskirche in Steinau an der Straße, ebenfalls ein Entwurf des Hanauer Baudirektors Christian Ludwig Hermann, zum Vorbild genommen. Im Sommer 1733 reisten die beiden am Langenselbolder Kirchenbau tätigen Schreiner mit einem Kirchenältesten nach Steinau, um die dortige Kirche zu besichtigen.[181] Beide Gotteshäuser dienten gleichzeitig als Hof- und Gemeindepfarrkirchen in Nebenresidenzen der jeweiligen Landesherren.

67 Langenselbold, ev. Pfarrkirche, Herrschaftsstand und Orgelempore, Zustand vor dem Umbau von 1959

Vom Außenbau her ist die Langenselbolder Kirche unübersehbar als Querkirche gekennzeichnet. In Steinau hingegen steht der Turm an der westlichen Schmalseite (Abb. 19), so daß das Bauwerk von außen als längsgerichtet erscheint. Der Steinauer Grundriß hat als zentrale Figur ein Rechteck, an dessen kurze Seiten Halbkreiskonchen angefügt wurden. Vor die Ostkonche und die südliche Langseite setzte Hermann rechtwinklige Risalite, vor die Westkonche den Turm. Wie bei der Nauheimer Reinhardskirche ist der Steinauer Grundriß eine Addition mehrerer geometrischer Einzelfiguren. Der Langenselbolder Grundriß besitzt dagegen eine alles beherrschende Großform, nämlich die Querellipse, welche auch das Rauminnere bestimmt. In den Achsen sind rechtwinklige Risalite bzw. im Süden der Turm vorgelegt. Die Konturlinie der Umfassungsmauern läßt sich als Synthese von einer Querellipse und einem nicht exakt symmetrischen griechischen Kreuz mit gemeinsamem Mittelpunkt charakterisieren.

Das Additionsprinzip wird in Steinau auch im Innenraum offenbar (Abb. 20). Die leicht eingezogenen Konchen erweitern den großen Rechteckraum nach beiden Schmalseiten und steigern die Breitenwirkung des Raumes. In Langenselbold dagegen formen die gekrümmten Wandflächen die Raumhülle. Die Risalite sind von innen lediglich an den Schmalseiten überhaupt sichtbar und dort durch zwei Emporen verstellt.

Langenselbold, zwei Jahre später begonnen als Steinau, kann daher als Weiterentwicklung des Steinauer Plans angesehen werden. Margarete Prinzessin von Isenburg bezeichnet Steinau wegen des unsymmetrischen Grundrisses als „eine seltsame, nicht ganz bewältigte Lösung“, Langenselbold dagegen als „die ausgewogenere und reichere Lösung ... Hier sind Innen- und Außenbau ... mit letzter Konsequenz und in stereometrischer Klarheit aufeinander abgestimmt. So schuf Hermann seine beste Kirche für seinen ‚zweiten Bauherrn‘.“[182]

68 Steinau a. d. Straße, Reinhardskirche, Kanzelseite

69 Lichenroth, ev. Kirche

Alles in allem wirkt der Langenselbolder Entwurf konsequenter und ausgereifter, obwohl auch das Steinauer Gotteshaus architektonische Höhepunkte besitzt, die in Langenselbold nicht wieder erreicht werden. Hervorzuheben ist besonders die Lichtwirkung im Innenraum mit Hilfe der gerade eingeschnittenen tiefen Fensternischen, die gesteigerte Breitenwirkung des Raumes durch die Halbkreiskonchen und die gegenüber der Kanzel vorschwingende Empore, ferner die Ausgestaltung einer Kanzelwand allein mittels der Anordnung der Fensteröffnungen (Abb. 68), also mit einfachsten, aber umso wirkungsvolleren Mitteln. Im Steinauer Kirchenraum zeigt Hermann einen geradezu modern anmutenden Umgang mit Architektur, indem er den Raum allein durch die Elemente Wand und Öffnung gestaltet und, abgesehen von dem umlaufenden Stuckgesims unter der Decke, auf klassische Gliederungselemente völlig verzichtet. In Langenselbold wirken die Fensteröffnungen dank ihrer schrägen Leibungen flacher und lassen das Licht gleichmäßiger in den Raum einströmen. Ein einfaches Maßwerk unterteilt die Rundbogenfenster in zwei Lanzetten. Die Kanzel erhält eine hölzerne Wand als Umrahmung. Die Orgel stand nicht an der Seite wie in Steinau, sondern über der Kanzel, so daß eine Prinzipalwand ausgeprägt wurde.

Langenselbold ist zwar ein Querraum, jedoch viel stärker zentralisiert als der ausgesprochene Breitraum in Steinau. Der Steinauer Innenraum ist wie die Erweiterung der lutherischen Kirche in Hanau vom Standort der Herrschaftsloge her entworfen worden. Während es in Steinau das Ziel war, die herrschaftliche Loge möglichst nahe an das liturgische Zentrum heranzu-

70 Lichenroth,
ev. Kirche

rücken, wodurch die Hauptachse gestaucht und der Raum in die Breite gedrückt erscheint, bemüht sich der Architekt in Langenselbold um eine Zusammenfassung der ganzen Gemeinde einschließlich der Landesherrschaft, welche hier nicht auf einer Empore, sondern zu ebener Erde ihren Sitz hat. Die evangelische Vorstellung von der Gemeinde als Gemeinschaft kommt in Langenselbold wesentlich stärker zum Ausdruck, was nicht allein auf die Konfession – Steinau war lutherisch, Langenselbold reformiert – zurückgeführt werden kann. Unterschiedliche Auffassungen und Wünsche des jeweiligen Bauherrn müssen diesen zwei so verschiedenen Ansätzen zugrundeliegen. Die Steinauer Reinhardskirche war an erster Stelle Hofkirche: Gotteshaus für den Witwensitz, die Nebenresidenz des lutherischen Grafenhauses Hanau-Lichtenberg in der mehrheitlich reformierten Stadt Steinau. Das Langenselbolder Gotteshaus hingegen war von Anfang an als Pfarrkirche für ein großes, seit langem bestehendes Kirchspiel geplant und diente zusätzlich als Kirche für den Hof, wenn dieser sich im Ort aufhielt.

Unterschiedlich sind auch die Gegebenheiten der Bauplätze. In Langenselbold steht die Kirche mitten auf einem freien Platz. Die Hauptansicht ist die dem Schloß zugewandte Turmseite, doch auch alle übrigen Wände mußten als Schaufassaden gestaltet werden. Als freistehender Solitär kann das Bauwerk aus allen nur denkbaren Richtungen betrachtet werden, wofür sich eine runde oder elliptische Grundrißform anbietet. Die Steinauer Reinhardskirche dagegen wurde in die dichte Bebauung der Vorstadt hineingestellt. Ihre Nordwand grenzt so eng an die Nachbarhäuser, daß ein besonderer Bauschmuck hier nicht erforderlich war. Sie besitzt ein ‚Vorn' und ein ‚Hinten', während es in Langenselbold ein ‚Ringsherum' gibt. Schauseite ist in Steinau eindeutig die Südfront mit ihrer reich gestaffelten Fassade. Die Turmfront und die östliche Schmalseite besitzen zwar dieselben Gliederungsformen wie die Südfassade, können aber aufgrund der beengten Straßensituation nicht aus ausreichender Distanz wahrgenommen werden. Dach und Turm sind bei beiden Kirchen auf ortsbildprägende Fernwirkung hin konzipiert.

Während die Bauarbeiten an der großen Pfarrkirche von Langenselbold noch liefen, wurde In dem Dorf *Lichenroth* unweit von Birstein ein kleiner, schlichter Kirchenneubau ausgeführt. Die kleine Filialkirche in Lichenroth wird nach einer Inschrift am Hauptportal auf 1732 datiert. Die Jahreszahl 1733 an der aus dem 17. Jahrhundert stammenden Kanzel weist darauf hin, daß wahrscheinlich der Innenausbau erst im folgenden Jahr vorgenommen wurde.

Von außen gesehen (Abb. 69) erscheint die Kirche wie eine Vertreterin jenes Typs, dem im ganzen hessischen Raum Dutzende von Dorfkirchen des 17. und 18. Jahrhunderts entsprechen: ein längsgerichteter Saal mit dreiseitigem Schluß und einem Haubendachreiter auf dem entgegengesetzten Firstende, der die zur Straße gewandte Giebelfassade bekrönt. Dennoch entpuppt sich das Gotteshaus im Inneren als Querkirche (Abb. 70). Die Kanzel ist an der südlichen Längswand zwischen dem Mittelfenster und dem Seitenportal angebracht, also nicht axial. Der hölzerne Abendmahlstisch, der früher ein Paradiesgitter besaß, steht auf einem kleinen Podest schräg vor der Kanzel. Die dreisei-

71 Burgbracht, ev. Kirche

tige Empore richtet sich auf das liturgische Zentrum aus.

Der Neubau der Filialkirche in *Burgbracht*, ausgeführt von 1738–1741, kam nur dank der Unterstützung durch den Landesherrn und Patron Wolfgang Ernst zustande. Es handelt sich um einen schlichten rechteckigen Saalbau, der von außen wie längsgerichtet wirkt, da der Dachreiter mit seiner dreistufigen Haube sich über dem südöstlichen Ende des Dachfirsts erhebt und das Dach auf der Gegenseite abgewalmt ist. Der Innenraum (Abb. 71) weist das bei kleineren Querkirchen übliche Schema mit einer dreiseitigen Emporenanlage und der Kanzel an der freien Längsseite auf. Der von einem Paradiesgitter umgebene Abendmahlstisch steht axial davor auf einem kleinen Podest. Die Hauptachse der Kirche entspricht nicht exakt der Symmetrieachse des Grundrisses, sondern ist nach links verschoben. Die Orgel hat ihren Platz auf der rechten Seitenempore.

72 Unterreichenbach, ev. Pfarrkirche

Die große Quersaalkirche in *Unterreichenbach* wurde 1748 als Pfarrkirche des aus sieben Dörfern bestehenden Kirchspiels Reichenbach begonnen. Rohbau und Turm standen bis 1750, doch die weiteren Bauarbeiten gerieten aufgrund finanzieller Nöte ins Stocken. Nach sechsjähriger Bauzeit wurde die Kirche 1754 eingeweiht. Das Kirchspiel gehörte zum Territorium des Fürsten von Isenburg-Birstein, der im nahegelegenen Birstein seine Hauptresidenz hatte, doch das Patronatsrecht lag bei Fulda. Die reformierte Gemeinde hatte also einen reformierten Landesherrn, aber einen katholischen Patron.

Die südliche Längsseite, vor deren Mitte der Turm aufragt, stellt die Hauptansicht dar (Abb. 72). Der Grundriß setzt sich aus dem rechteckigen Gemeinderaum und dem vorgelagerten quadratischen Turm in der Mitte der südlichen Längsseite zusammen. Vom Raumeindruck her ist Unterreichenbach der Gruppe der ein-

73 Unterreichenbach, ev. Pfarrkirche

fachen rechteckigen Quersäle ohne Erweiterung zuzurechnen, denn der Turmraum wird von innen nicht wahrgenommen. Der auffallend in die Breite gestreckte Saal (Abb. 73), dessen Seitenverhältnis mehr als 2 : 1 beträgt, besitzt wahrscheinlich die extremsten Proportionen unter den hier behandelten Querkirchen. Der Abendmahlstisch steht im Schnittpunkt der Raumdiagonalen, im Mittelpunkt der versammelten Gemeinde. Kanzel und Orgel sind an der Turmwand angebracht, so daß die Kirchenbesucher vom Turmportal her unter der Kanzel den Raum betreten. Doppelgeschossige Emporen umspannen die übrigen drei Seiten des Raumes.

Als Entwerfer der Unterreichenbacher Kirche wird gewöhnlich Gallus Diemar aus Fulda genannt, ein Schüler Andrea Gallasinis.[183] Richtig ist, daß Johann Gallus Diemar, fuldischer Hofmaurermeister, die Maurerarbeiten an der Kirche geleitet hat.[184] Ob jedoch auch der Entwurf von ihm stammt, muß anhand der Quellenüberlieferung aus der Bauzeit zumindest in Zweifel gezogen werden. Vor Baubeginn holte Wolfgang Ernst nämlich den Baudirektor Johann Wiesenfeld aus Laubach, der den Auftrag erhielt, den Entwurf zu erstellen und die Leitung des Projektes zu übernehmen. Wiesenfeld hat nachweislich Baupläne und ein Modell angefertigt und auch das Abstecken des Grundrisses persönlich beaufsichtigt. Bis dahin war Wiesenfeld auf jeden Fall an dem Projekt für Unterreichenbach tätig, d. h. die Quersaalform mit dem Fassadenturm geht auf ihn zurück. Im weiteren Verlauf wurde er jedoch durch den Maurermeister Gallus Diemar aus Fulda verdrängt. Eine mögliche und plausible Deutung des Sachverhalts wäre, daß Wiesenfeld im Auftrag des Fürsten den Entwurf für den Kirchenneubau geliefert hat. Nach seinem Plan ist auf der Baustelle der Grundriß abgesteckt worden. Sei es in Folge von Arbeitsüberlastung, sei es, weil man ihn absichtlich nicht gerufen hat, ist Wiesenfeld aber insgesamt nur dreimal von Laubach nach Unterreichenbach herübergekommen. Auf den Fortgang der Bauarbeiten im einzelnen hatte er folglich nur geringen Einfluß. Die Ausführungspläne und vermutlich auch Kopien des Wiesenfeld'schen Risses, die an die einzelnen Handwerker gegeben wurden, hat dagegen Diemar gezeichnet, wobei er Gelegenheit hatte, die Pläne nach seinen Vorstellungen bzw. denen seiner Auftraggeber zu überarbeiten. Wiesenfelds Planzeichnungen, die er selbst als „verschiedene grund= auf und profill= wie auch Cantzel=Riße"[185] bezeichnet, sind nicht erhalten. Diemar hatte die Bauleitung vor Ort und war dementsprechend der Ansprechpartner sowohl der Unterreichenbacher Gemeindevertreter als auch der Birsteiner Beamten. In den Augen der Zeitgenossen wie der Nachwelt bleibt somit die Planung des Kirchenbaus mit seinem Namen verbunden.

Unterreichenbach war ein evangelisches Kirchspiel unter evangelischer Landesherrschaft, aber katholischem Patronat. Die Gemeinde hat sich mit der Bitte um Unterstützung nicht an den Patron, sondern an den Landesherrn gewandt und bekam von diesem einen Architekten vermittelt, der den Kirchenbau entwerfen sollte. Jener Architekt, der aus Laubach herbeigeholte Johann Wiesenfeld, entwarf nun eine typisch protestantische Bauform, nämlich einen Quersaal. Allem Anschein nach hatte Fürst Wolfgang Ernst als Auftraggeber das Ziel, ein deutliches Zeichen gegen den katholischen Patronatsherrn, den Fürstabt in Fulda, zu

setzen. Vermutlich deshalb wurde auch das Wappen der Landesherrschaft über dem Portal an der Hauptstraße angebracht. Das Projekt wurde Wiesenfeld jedoch systematisch entzogen, zugunsten des „Fürstl. Fuldaischen Hoffmaurer und Steinhauer Meisters"[186] Johann Gallus Diemar. Von fuldischer Seite wurde offenbar versucht, Einfluß auf das Projekt zu gewinnen.
Die von Diemar in den Jahren 1753–1755 errichtete Pfarrkirche in Altenschlirf[187], ein längsgerichteter Saal mit Ostturm, läßt keine nennenswerten Übereinstimmungen mit Unterreichenbach erkennen. Um einer Klärung der Architektenfrage etwas näherzukommen, muß die Unterreichenbacher Pfarrkirche mit den übrigen Querkirchenentwürfen des Laubacher Hofarchitekten verglichen werden.
Johann Wüstenfeld, der sich in späteren Jahren Wiesenfeld nannte, führte zwar anfangs nur den Titel „Bauschreiber", in den 1750er Jahren wird er dann als „Architekt und Hofbauinspektor" bezeichnet[188], aber er hatte als einziger Baubeamter am Hof in Laubach faktisch die Aufgaben eines Landbaumeisters zu erfüllen. Dabei arbeitete er nicht nur für den Laubacher Grafen, sondern auch in benachbarten Territorien, und er bewarb sich gelegentlich aus eigenem Antrieb um Bauprojekte, denn in der kleinen Grafschaft Solms-Laubach war er gewiß nicht ausgelastet. Sein Gesamtwerk[189] ist bislang größtenteils unerforscht, sein Name weitgehend vergessen. Vier Planungen Wiesenfelds für Querkirchenprojekte sind jedoch mittlerweile bekannt geworden, die an dieser Stelle erstmals zusammengebracht und verglichen werden. 1738, damals noch als Bauschreiber und unter dem Namen Wüstenfeld, legte er Entwürfe für den Innenausbau der Pfarrkirche im solms-braunfelsischen Wölfersheim vor (Abb. 247–253).[190] Diese kamen jedoch nicht zur Ausführung, weil sie dem Charakter des angefangenen Kirchenraumes ebensowenig entsprachen wie den liturgischen Anforderungen des reformierten Gottesdienstes und daher weder bei der Landesherrschaft noch bei der Gemeinde Zustimmung fanden. Als ausgeführtes Werk Wiesenfelds gesichert ist die Pfarrkirche in Ruppertsburg (Abb. 64 u. 117), die einzige Querkirche in Solms-Laubach.[191]
Für die Schloßkirche in Altenburg, die Patronatskirche des Freiherrn Hermann XX. Riedesel zu Eisenbach, hat sich ein Satz signierte und auf 1749 datierte Zeichnungen der Innenausstattung erhalten (Abb. 189–192).[192] Dabei läßt sich jedoch nicht mit letzter Sicherheit klä-

74 Unterreichenbach, ev. Pfarrkirche, Fassadengliederung

75 Altenburg, ev. Schloßkirche, Fassadengliederung

76 Erbach/Odenwald, ev. Stadtkirche

ren, ob diese Pläne tatsächlich der Ausführung zugrundegelegt worden sind oder ob Wiesenfeld sich mit ihnen um die Übertragung eines bereits laufenden Projektes beworben hat, das aber nach einem anderen Plan vollendet worden ist. Die jetzige Ausstattung der Kirche stimmt jedenfalls nicht in allen Details mit Wiesenfelds Entwürfen überein. Für Wiesenfeld als Urheber der Altenburger Schloßkirche spricht hingegen die Fassadengestaltung.

Unterreichenbach besitzt im Wandaufriß eine bemerkenswerte Ähnlichkeit mit der fast gleichzeitig begonnenen Schloßkirche in Altenburg (Abb. 74 u. 75). Bei beiden Gemeinderäumen sind die Fenster in zwei Geschossen angeordnet, wobei das Sockelgeschoß relativ kleine Segmentbogenfenster aufweist, das Hauptgeschoß dagegen hohe Rundbogenfensterbahnen. Ein profiliertes Gesims, das um den ganzen Bau herumläuft, trennt die beiden Geschosse. Dieses Gesims bezieht der Architekt in die Portalgestaltungen mit ein: In Altenburg setzt es sich im Architrav fort, in Unterreichenbach dagegen in den Portalverdachungen. Das Sockelgeschoß beider Kirchen weist an den Ecken rustizierte Lisenen über einem leicht vorspringenden umlaufenden Sockel auf, welcher mit einem Karniesprofil abschließt. Im Hauptgeschoß werden die Gebäudekanten durch glatte Lisenen in Quadermauerwerk auf attisch-ionischen Basen und kleinen Postamenten betont. In Unterreichenbach gliedern zusätzlich schmalere, aber ansonsten identisch ausgebildete Lisenen die großen Wandflächen, während in Altenburg wegen des polygonalen Grundrisses jeweils nur eine Fensterachse in jedem Wandfeld Platz hat. Die Lisenen enden stumpf unter dem unverkröpften Kranzgesims (Altenburg) bzw. einem glatten horizontalen Streifen (Unterreichenbach). Ein zweites Horizontalgesims umläuft den Turmschaft als Verlängerung der Dachtraufe. Somit darf davon ausgegangen werden, daß sowohl Altenburg als auch der Rohbau in Unterreichenbach nach Plänen desselben Baumeisters, nämlich Johann Wiesenfeld, errichtet worden sind. Gallus Diemar hat demnach erst den Innenausbau in Unterreichenbach eigenständig geplant.

Ruppertsburg erscheint insgesamt wie eine verkleinerte und durch das Bildprogramm lutheranisierte Variante des Wölfersheimer Kirchenraumes. Für Ruppertsburg übernimmt Wiesenfeld das in Wölfersheim von Johann Ludwig Knoch angewandte Prinzip mit der Kanzel in der Mittelachse vor einer hölzernen Logenwand, welche die dahinterliegende zweigeschossige Sakristei abschließt. Im Unterschied zur Wölfersheimer Raumkonzeption setzt er allerdings in Ruppertsburg die Orgel auf die Empore gegenüber der Kanzel, wahrscheinlich durch die geringere Deckenhöhe bedingt. Somit besetzt die Orgel den zentralen Platz in der Mittelachse, die herrschaftlichen Stühle müssen weichen, bekommen aber noch einen Platz auf der Orgelempore seitlich des Instrumentes. In der Altenburger Schloßkapelle ordnet Wiesenfeld die Loge dagegen im Parterre unter einer Seitenempore an.

Wie in Unterreichenbach ist auch in Altenburg und Ruppertsburg das Turmportal der Haupteingang; alle drei Kirchen besitzen den aus der Wandflucht vorspringenden Fassadenturm in der Mittelachse. Bei den beiden letzteren befindet sich das liturgische Zentrum gegenüber des Haupteinganges, wohingegen man die Unterreichenbacher Kirche unter der Kanzel oder von der Schmalseite her betritt.

Eine offenkundige Weiterentwicklung von der verfehlten Raumgestaltung für Wölfersheim, der zu Recht abgelehnt worden ist, über die Schloßkirche in Altenburg, die trotz der verputzten, fast provisorisch wirkenden Kanzelwand und der seitlichen Loge an sich gelungen ist, hin zu Ruppertsburg mit durchgebildeter Kanzelwand und den herrschaftlichen Ständen gegenüber auf der Orgelempore ist zu beobachten. Wiesenfeld durchläuft sichtlich einen Lernprozeß, bei dem der nach Knochs Plan ausgeführte Innenraum in Wölfersheim eine entscheidende Rolle gespielt haben dürfte.

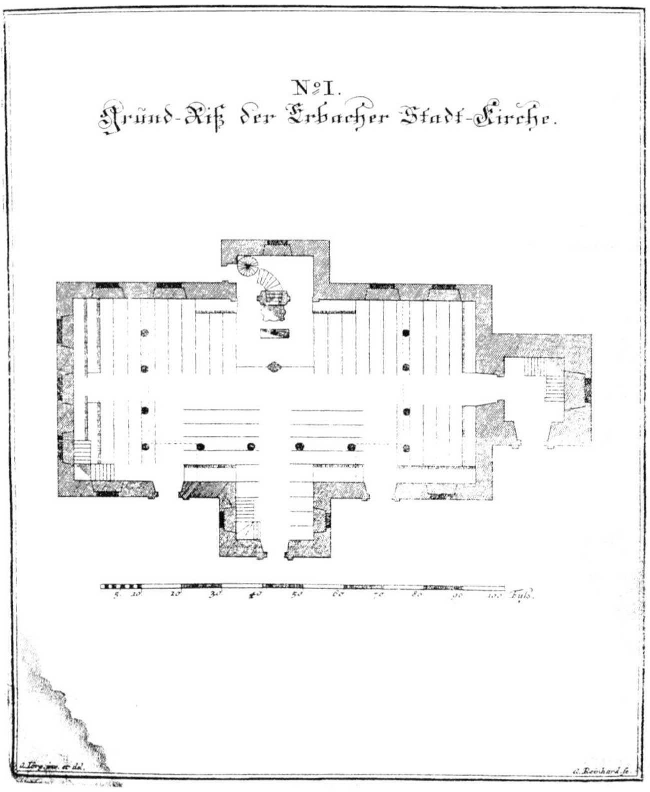

Die Grafschaft Erbach-Erbach

Im Jahr 1560 erschien in der Grafschaft Erbach die erste lutherische Kirchenordnung; trotz der Nachbarschaft zur reformierten Pfalz hielten die Grafen immer am Luthertum fest. Auch die Geschichte dieser Grafschaft ist von wiederholten Teilungen in mehrere Linien geprägt, wobei dennoch die Einheit des Landes bewahrt wurde. Erst nach dem letzten Teilungsvertrag von 1747 ergab sich in der Folgezeit eine Realteilung. Seit 1678 bestanden die Linien Erbach-Erbach und Erbach-Fürstenau; letztere teilte 1718 erneut unter drei Söhne. Nach dem Erlöschen der Erbacher Linie verwalteten diese den Erbacher Besitz zunächst gemeinsam, um ihn im Jahre 1747 endgültig zu teilen.[193] Der mittlere der drei Brüder, Graf Georg Wilhelm, residierte seit

77–79 Erbach/Odenwald, ev. Stadtkirche, Grundriß, Ansicht und Längsschnitt. Kupferstiche von Andreas Jörg in der Einweihungsfestschrift von 1750; nach Festschrift Erbach 1750, S. 93–95

80 Schlitz, Sandkirche, Ansicht der Südseite mit Außenkanzel

1731 in Erbach und ließ den Ort in großem Stil zu einer zeitgemäßen reichsgräflichen Residenz ausbauen. Zunächst entstand 1736 mitten in der Stadt der Neubau des Schlosses, dessen Fassade eine Front des Marktplatzes bildet. Der Neubau der Stadtkirche ist somit Teil eines größeren Gesamtplans.

Mit dem Bau der *Stadtkirche in Erbach* (Abb. 76) wurde 1747 begonnen; noch in demselben Jahr war der Turm aufgemauert. Im Spätherbst 1748 war das Kirchenschiff unter Dach. Die feierliche Einweihung wurde am 12. Juli 1750 gefeiert. Den Bauplan entwarf wahrscheinlich der Erbacher Bauschreiber Andreas Jörg, der auch die Stiche mit drei Rissen des Gebäudes für die Einweihungsschrift verfertigt hat (Abb. 77–79)

Das Gebäude steht direkt am Ufer des Flusses Mümling. Wollte man einen Kirchenraum ausreichender Größe für die Residenzstadt unterbringen und zugleich die Ostung des Vorgängerbaues beibehalten, so blieb keine andere Möglichkeit, als den Raum querzurichten. Der Außenbau wirkt hingegen durch die Position des Turmes an der südlichen Schmalseite wie längsgerichtet. Risalite betonen die Querachse des Baukörpers. Die Prinzipalwand mit der Kanzel und dem weit ausladenden Orgelprospekt trennt den Ostrisalit vom Gemeinderaum ab. In die doppelgeschossige dreiseitige Emporenanlage ist dem liturgischen Zentrum gegenüber eine herrschaftliche Loge integriert, die heute aus zwei Etagen besteht, früher aber noch ein drittes Geschoß darüber aufwies. Das erste Logengeschoß, in welchem ein eigener Altar steht, war der Stand der gräflichen Familie. Verschiedene Inschriften und Wappen am und im Gebäude nehmen Bezug auf Georg Wilhelm als Bauherrn der Kirche. Das heute „Stadtkirche“ genannte Gotteshaus wurde von Stadt und Hof genutzt und ist daher als Residenzkirche einzustufen.

Die Herrschaft Schlitz

Die älteste erhaltene Querkirche im heutigen Bundesland Hessen entstand im Jahre 1612 außerhalb des Städtchens *Schlitz* als Friedhofskirche auf dem sogenannten Sandberg, weshalb sie den Namen „*Sandkirche*“ erhielt. Von der Entstehung des kleinen Gotteshauses gibt eine steinerne Inschrifttafel über dem linken Eingangsportal Nachricht. Die dort genannte Jahreszahl 1612 erscheint noch einmal an der Kanzel. Über die Baugeschichte der Kirche erteilen, abgesehen von diesen beiden Bauinschriften, keine schriftlichen Quellen Auskunft.

Die Sandkirche (Abb. 80 u. 81) präsentiert sich als frühestes Beispiel des einfachen rechteckigen Quersaals ohne Erweiterung. Den Baukörper deckt ein Satteldach, auf dessen Mitte sich ein kleiner sechsseitiger Dachreiter mit Pyramidendach erhebt. Von der südlichen Längsseite führen zwei Rundbogenportale in die Kirche. An der Südwand kragt eine Außenkanzel vor, die durch eine Tür von der Innenkanzel her betreten wird. Das quergerichtete Innere der Kirche zeigt erstmals die dreiseitige Emporenanlage an beiden Schmalseiten und der Langseite gegenüber dem liturgischen Zentrum, welche in späterer Zeit beinahe zum Standard für Quersaalkirchen wird. Zudem besitzt die Kirche ein ausgesprochen frühes Beispiel eines lutherischen Kanzelaltars. Es handelt sich um einen äußerst innovativen Bau in äußerst erklärungsbedürftiger Lage.

Die Bauinschrift über dem Portal nennt die Namen der amtierenden Geistlichen und der Amtsträger der Stadtbürgerschaft, nicht jedoch des regierenden Ortsherrn. Diese Tatsache weist die Sandkirche als von der Stadtbürgerschaft getragenes Bauprojekt aus. Warum dann aber ein damals noch so seltener und so eindeutig und zeichenhaft evangelischer Bautypus gerade an dieser Stelle gewählt worden ist, dazu soll ein Blick auf die religionspolitischen Ereignisse in jener Zeit zwischen Reformation und Gegenreformation versuchen, weitere Aufschlüsse zu liefern.

Die Herren von Schlitz gen. von Görtz, die in Schlitz residierten, waren fuldische Lehensträger und nachweislich seit 1490 Erbmarschälle des Stiftes. Seit der Mitte des 16. Jahrhunderts erhoben sie verstärkt Anspruch auf Reichsunmittelbarkeit.[194] Die evangelische Lehre setzte sich ab 1546 langsam im Schlitzer Land durch, regelrecht eingeführt wurde sie aber erst 1563 mit der Übertragung der Kollatur an den Gerichtsjunker Eustach von Schlitz durch Fürstabt Wolfgang Schutzbar von Milchling, welcher der evangelischen Bewegung wohlwollend gegenüberstand. Das änderte sich jedoch rasch unter dessen Nachfolger, Fürstabt Balthasar von Dermbach. Jener betrieb die Rekatholisierung des Fuldaer Landes mit allen Mitteln. Nach seinem Tode 1606 ging der nächste Fürstabt, Johann Bernhard Schenk zu Schweinsberg, mit noch größerer Härte gegen die Evangelischen vor, besonders in den Jahren 1628–1632.[195]

Gerade im Jahre 1612, als die Sandkirche errichtet wurde, kam es zum endgültigen Bruch mit Fulda. Die Herren von Schlitz legten die fuldische Erbmarschallwürde nieder und setzten die Aufnahme ihrer Herrschaft in den Kanton Rhön-Werra des Ritterkreises Franken durch, gemeinsam mit 15 anderen Herren aus dem buchischen Adel. Das bedeutete die Befreiung von der fuldischen Landstandschaft.[196] In demselben Jahr 1612 trat Wilhelm Balthasar von Schlitz, der bis dahin noch katholische Senior des Hauses, offen zum evangelischen Glauben über. Bis 1603 war er sogar noch Domherr in Würzburg gewesen.[197] Die Entstehung der Sandkirche fällt also genau mit dem Zeitpunkt zusammen, als die Herrschaft Schlitz sich mit aller Energie aus dem fuldischen Lehnsverhältnis zu lösen suchte.

81 Schlitz, Sandkirche, Innenraum mit dem wohl frühesten Kanzelaltar im hessischen Raum

Die Ganerbschaft Staden

Die Ganerbschaft Staden, die acht Orte in der östlichen Wetterau umfaßte, bildete sich 1404/1405. Im 18. Jahrhundert waren die Ganerben die Löw von Steinfurth, die Grafschaft Isenburg-Büdingen und die Reichsburg Friedberg, aber nicht zu gleichen Teilen, sondern in komplizierten Rechtsverhältnissen: Das Amt Ober-Mockstadt stand seit 1662 unter büdingischer Alleinherrschaft, während der Anteil von Isenburg-Büdingen an den Dörfern um Staden sich auf 12/57 belief, jener der Reichsburg Friedberg auf 13/57 und derjenige der Freiherren Löw zu Steinfurt auf 32/57.[198]

Zu diesem Kleinstterritorum mit einer aus mehreren Herrschaftsträgern bestehenden Regierung gehörte das Dorf *Stammheim*, wo 1750 der Bau einer neuen Kirche mit quergerichtetem Gemeinderaum begonnen wurde. Bis 1751 wurde die Kirche weitgehend fertiggestellt; einzelne Arbeiten verzögerten sich aber noch bis ins folgende Jahr. Das Patronatsrecht über die Stammheimer Kirche lag bis ins 17. Jahrhundert bei der Abtei Fulda, kam dann an die Herren von Schlitz gen. von Görtz und fiel 1732 an den hessen-darmstädtischen geheimen Rat Christian Ernst von Weitolshausen gen. von Schrautenbach, nach dessen Tod wieder an die Herren von Schlitz. Das Dorf unterstand also drei verschiedenen Ortsherren, deren Interessen sicher nicht immer deckungsgleich waren. Dazu kam ein auswärtiger Patronatsherr, der aktiv in den Planungsprozeß eingriff.

Als Architekt der Stammheimer Kirche gilt der Darmstädter Superintendent Johann Konrad Lichtenberg, welcher für eine Reihe von Kirchenbauten in der Landgrafschaft Hessen-Darmstadt die Entwürfe verfertigt hat. Auch für Stammheim hat er Pläne erstellt; erhalten sind zwei Zeichnungen sowie mehrere eigenhändige Schreiben Lichtenbergs.[199] Dennoch gibt es Veranlassung, dieser Zuschreibung mit einer behutsamen Skepsis zu begegnen, denn für die Stammheimer Kirche sind zwei verschiedene Entwürfe erstellt worden, und der Architekt des letztlich ausgeführten Planes läßt sich anhand der schriftlichen Quellen nicht sicher identifizieren. Die großen Schwierigkeiten, die Frank Schmidt mit der Frage sieht, warum Lichtenberg bei Stammheim von dem in seinen Entwürfen sonst üb-

lichen Raumdispositionsschema abwich[200], könnten sich dadurch lösen. Andererseits wäre Stammheim Lichtenbergs einziger Bau, der außerhalb der Landgrafschaft Hessen-Darmstadt errichtet wurde und bei dem der Entwerfer folglich nicht an eventuelle programmatische Vorgaben des Darmstädter Konsistoriums gebunden war. In der ganzen Landgrafschaft sind, mit Ausnahme von Altenburg und Ostheim, in der fraglichen Zeit keine Querkirchen errichtet worden.
Anscheinend spielt jedoch noch ein ganz anderer Faktor eine Rolle, nämlich die Beziehungen des Patrons von Schrautenbach und seiner Familie zu den Herrnhutern. Dies bedürfte einer näheren Untersuchung einschließlich Quellenrecherchen, was jedoch an dieser Stelle nicht geleistet werden kann.
Der Grundriß der Kirche bildet ein Rechteck mit abgeschrägten Ecken. Der Dachreiter erhebt sich über dem westlichen Ende des Dachfirstes, so daß die Kirche von außen auf den ersten Blick als Längsbau erschiene, wenn nicht die als Hauptfassade ausgeformte südliche Breitseite die Querrichtung andeutete (Abb. 82). Die unmittelbar an die Durchgangsstraße des Dorfes grenzende Südwand ist mit sparsamen Mitteln allein durch die Reihung der zwei Portale und fünf Fensterachsen architektonisch gestaltet. Im Inneren ist das Gotteshaus hingegen eindeutig als Querkirche konzipiert (Abb. 83). Das liturgische Zentrum besetzt die Mitte der Nordwand, den Eingangstüren gegenüber. Die Kanzel ist ohne architektonische Rahmung an der Wand angebracht. Die Emporenanlage zieht sich über die übrigen Wände mit einer Unterbrechung vor dem Mittelfenster gegenüber der Kanzel. Das von Süden un-

82 Stammheim, ev. Kirche

83 Stammheim, ev. Kirche

gehindert einfallende Licht betont die Hauptachse. Die bewegte Kontur der Emporen löst zusammen mit den abgeschrägten Ecken die starre Form der Raumschale auf.

Die hanau-lichtenbergischen und nassauischen Besitzungen im Grenzgebiet zu Frankreich

Die Situation der Protestanten im Elsaß

Das nördliche Elsaß rückt dadurch in das Blickfeld dieser Untersuchung, daß sowohl das Haus Nassau mit der Grafschaft Nassau-Saarwerden als auch Hanau mit der Grafschaft Hanau-Lichtenberg dort Besitzungen hatten.[201] In der Grenzlage zu dem expandierenden Nachbarn Frankreich galt es, die territoriale Souveränität ebenso wie den konfessionellen Bestand des Landes zu sichern. Dies betraf gleichfalls das Fürstentum Nassau-Saarbrücken.[202] Frankreichs Ostgrenze verlagerte sich durch verschiedene Gebietserwerbungen im Lauf der Jahrhunderte immer weiter ostwärts; nach 1680 kam auch der größte Teil des Elsaß einschließlich der beiden genannten Grafschaften unter die Herrschaft der französischen Krone. Saarwerden war nur bis zum Frieden von Rijswijk 1697 besetzt, während Hanau-Lichtenberg dauerhaft unter französischer Oberhoheit blieb.

Das Elsaß stand bis ins 17. Jahrhundert in seiner territorialen und konfessionellen Zerrissenheit dem hessischen Raum in nichts nach. Die Geschichte der Landschaft im Reformationszeitalter verlief keineswegs einheitlich. Luthers Lehre konnte auf dem linken Rheinufer rasch Fuß fassen. Zu einem Zentrum reformatorischer Theologie entwickelte sich die Stadt Straßburg, die vor allem durch das Wirken Martin Bucers geprägt wurde. Auch auf dem Land schlossen sich mehr und mehr Pfarrer und Gemeinden der neuen Bewegung an. Der Schwerpunkt lag im Unterelsaß mit den Grafschaften Hanau-Lichtenberg, La-Petite-Pierre (Lützelstein) und Nassau-Saarwerden, der Herrschaft Fleckenstein, den Pfalz-Zweibrücken'schen Besitzungen, die später calvinistisch wurden, sowie den 19 Landpfarreien in den straßburgischen Dörfern. Die meisten der kleineren Herrschaften im nördlichen Teil der Vogesen wurden in den 1540er Jahren evangelisch, so auch 1545 die Grafschaft Hanau-Lichtenberg, die sich mit ihren 55 Pfarreien zu einer Bastion des Luthertums entwickelte.[203] Ab 1600 verschärften sich die Gegensätze zwischen Lutheranern und Katholiken zunehmend.

Im 16. Jahrhundert wurden, wie in den übrigen Teilen des Reiches auch, so gut wie keine evangelischen Gotteshäuser neu errichtet. Der erste protestantische Kirchenneubau des Elsaß war die nachgotische Stadtkirche in Buchsweiler (Abb. 93–94), die 1613–1614 als Basilika unter Verwendung älterer Bauteile erbaut und während der Regierung Johann Reinhards III. ab 1728 umgestaltet worden ist. Schwer betroffen war das Elsaß von den Verheerungen des Dreißigjährigen Krieges. Die Bevölkerungsverluste waren so gravierend, daß die Regenten sich in der Folgezeit veranlaßt sahen, eine aktive Peuplierungspolitik zu betreiben. Die Zuwanderer kamen vor allem aus der Schweiz.

Da das Elsaß zum Reichsgebiet gehörte, griffen auch dort die Bestimmungen des Westfälischen Friedens, worin die Wiederherstellung des konfessionellen Status quo des Normaljahres 1624 festgesetzt war. Jahrzehnte später sollte das für die dortigen Evangelischen einen rechtlichen Schutz gegen die Aufhebung des Edikts von Nantes bedeuten, auch wenn Ludwig XIV. ihnen diesen Rechtsanspruch niemals zugestehen wollte. Die elsässischen Protestanten orientierten sich über einen langen Zeitraum politisch eher an den lutherischen Ländern im Reich als an Frankreich, was weiteren Zündstoff für Konflikte bot.

Schon während des Dreißigjährigen Krieges drang die französische Kultur immer stärker in das überwiegend deutschsprachige Elsaß vor. In den vormals habsburgischen Besitzungen im Oberelsaß bestand ab 1648 eine französische Verwaltung. Durch Ansiedlung von Garnisonen wurde der französische Bevölkerungsanteil vergrößert. Nach 1650 entstand eine große Zahl von katholischen Kirchenneubauten. Ludwig XIV. machte Frankreich zu einem absolutistisch regierten Staat, dessen Zentralgewalt auch die Herrschaft über die katholische Kirche im Land gegen die Kurie zu stabilisieren suchte. Der König verfolgte beharrlich das Ziel, sein Staatsgebiet nach Osten und Norden bis an die Rheingrenze abzurunden. Um dies auf angeblich friedlichem Wege zu erreichen, richtete der König vier Reunionskammern in Besançon, Tournai, Metz und Breisach ein, die alle nur irgend feststellbaren französischen Ansprüche auf Reichsterritorien zu untersuchen und auf gerichtlichem Wege geltend zu machen hatten. Solche Gebiete wurden daraufhin gewaltsam eingezogen. Im Jahr 1673 wurden die Städte der Dekapolis, deren Rechte als Reichsstädte im Westfälischen Frieden garantiert waren, von Frankreich militärisch besetzt, 1677–1679 auch Hagenau und Weißenburg. Im Zuge der Reunionen wurde das ganze Elsaß 1680–1682 annektiert und als *province d'Alsace* mit der Hauptstadt Strasbourg der französischen Krone unterstellt.

Nachdem Ludwig XIV. 1685 das Edikt von Nantes widerrufen hatte, wurde die französische Religionspolitik zunehmend aggressiver, vor allem in den Gebieten, in denen die Evangelischen die Mehrheit bildeten, obwohl die Bestimmungen des Westfälischen Friedens zu einer gewissen Mäßigung zwangen. Im erst vor kurzem französisch gewordenen Elsaß, für welches das Edikt von Nantes von 1598 somit keine Gültigkeit hatte, konnte der König auch das Edikt von Fontainebleau nicht ohne weiteres zur Anwendung bringen. Dennoch verfolgte die Regierung im Elsaß eine rigide antiprotestantische Politik.[204] Wie hart man durchgriff, geht aus dem Urteil des (katholischen) elsässischen Historikers Chr. Pfister hervor: „De 1680 à 1715, l'Église protestante d'Alsace fut véritablement sous la croix."[205]

Mit zwei Methoden wurde versucht, das Land zum Katholizismus zurückzuführen, zunächst auf vorsichtige Weise durch Missionsarbeit, Propaganda, wirtschaftliche und politische Vorteile für Katholiken. Da dies wenig Wirkung zeigte, setzte Versailles härtere Maßnahmen ein. In allen Orten, in denen mindestens sieben katholische Familien wohnten, befahl die Regierung die Errichtung des Simultaneums, so daß die Chöre der evangelischen Kirchen fortan für die Feier der Messe benutzt wurden. Ab 1685 mußten alle Beamten katholisch und französischsprachig sein, außer in Pfalz-Zweibrücken und Hanau-Lichtenberg. Auf dem Land praktizierte Frankreich die „méthode Louvois": häufige Schikanen gegen die Evangelischen, die Einsetzung katholischer Pfarrer als Missionare durch den König, dagegen auch wieder Zugeständnisse wie die Stundung von Schulden oder die Befreiung von militärischer Einquartierung als Belohnung für die erfolgte Konversion. Diese Politik erfuhr die größte Härte in der Grafschaft Nassau-Saarwerden, die von 1680–1697 mit Frankreich reuniert war, und in den württembergischen Herrschaften, wo die evangelischen Pfarrer vertrieben und zahlreiche Kirchen den Protestanten ganz verboten wurden. Der Widerstand der evangelischen Bevölkerung, die ohne Pfarrer, ohne kommunale Selbstverwaltung und ohne ihre Erbauungsschriften, welche man öffentlich verbrannt hatte, dastand, war trotz der harten Strafen stark. Auch wenn Tausende konvertierten – in vielen Fällen waren es nur die Familienväter, während Frau und Kinder dem protestantischen Glauben treu blieben –, gelang es dennoch nicht, den Protestantismus gänzlich zu besiegen. Die französische Religionspolitik, alle evangelisch gewordenen Gotteshäuser wieder zum katholischen Kultus zurückzuführen oder wenigstens eine Simultannutzung zu erwirken, richtete sich ohne Unterschied gegen Lutheraner wie Reformierte: „Ludwig XIV. und seine Intendanten sehen in ihnen mehr Gemeinsames als diese oft selbst."[206]

Im Frieden von Rijswijk 1697 wurde die Annexion des Elsaß einschließlich Straßburgs bis an den Rhein endgültig festgeschrieben, auch wenn Frankreich den größten Teil der während der Reunionen besetzten Gebiete zurückgeben mußte, so die Pfalz und die nassauischen Besitzungen. Der Friedensvertrag, der zwar die Rechte der Protestanten grundsätzlich bestätigte, enthielt die folgenschwere ‚Rijswijker Klausel' am Ende des Artikels IV, in dem Frankreich sich zur Rückgabe aller außerhalb des Elsaß gelegenen reunierten Gebiete verpflichtete. Diese Klausel lautet: „Religione tamen Catholica Romana in locis sis restituis in statu quo nunc est, remanente."[207] Der König verlangte, daß in den ehemaligen Reunionsgebieten die katholische Religion in den an ihre ursprünglichen Herren zurückgegebenen Orten in dem Stand zu verbleiben hatte, in dem sie sich 1697 befand. Die Proteste der protestantischen Reichsstände blieben erfolglos.[208]

Betroffen waren davon auch die Grafschaften Hanau-Lichtenberg, Nassau-Saarbrücken, -Saarwerden und -Ottweiler. Unter der angestammten Landesherrschaft bekam der Protestantismus dort jedoch im Laufe der Zeit neuen Aufwind. Anders sah es im französischen Elsaß aus, wo keine protestantische reichsständische Landesherrschaft half.

Jene Epoche bedeutete für das Elsaß in politischer, kultureller und kirchlicher Hinsicht einen tiefgreifenden Umbruch. Um 1700 existierten zwei lebendige, aber streng voneinander abgegrenzte Konfessionen, nämlich Lutheraner und Katholiken. Die Reformierten stellten nur eine Minderheit dar, die zunächst wenig Toleranz erfuhr. Nach dem Tod des Sonnenkönigs 1715 ließ der Druck der königlichen Macht auf die Kirche nach. Im weiteren Verlauf, als das Gedankengut der Aufklärung sich zu verbreiten begann, wuchs auch die Bereitschaft, die anderen Bekenntnisse zu akzeptieren. Dennoch prägten die Maßnahmen Ludwigs XIV. das religiöse Leben noch bis ins Revolutionszeitalter. Der Anteil der katholischen Bevölkerung stieg dank einer hohen Geburtenrate und der fortgesetzten Zuwanderung immer weiter an. 1789 war nur noch etwa ein Drittel der Bevölkerung evangelisch. Die protestantischen Gemeinden bewahrten sich trotz allem ihre Eigenständigkeit, besonders in der Grafschaft Hanau-Lichtenberg.

Verglichen mit dem reichen architektonischen Schaffen der elsässischen Katholiken, hauptsächlich in der Zeit zwischen 1735 und 1789, nehmen sich die Kirchenbauten der Protestanten eher bescheiden aus. Die bemerkenswertesten evangelischen Neubauten sind neben dem Gotteshaus im reformierten pfälzischen Bischwiller, einem Bau auf kreuzförmigem Grundriß, und der Kirche Sainte-Aurélie in Straßburg, einem Quersaal von 1765, die Bauten aus dem Umfeld von Friedrich Joachim Stengel in der Grafschaft Nassau-Saarwerden. Trotz allen Drucks entstanden auch in Hanau-Lichtenberg einige evangelische Kirchenneubauten.

Die Grafschaft Hanau-Lichtenberg unter Johann Reinhard III. und Ludwig IX.

Von den verschiedenen Kriegen, an denen Frankreich im ausgehenden 17. und frühen 18. Jahrhundert beteiligt war, waren die hanau-lichtenbergischen Ämter in kaum vorstellbarer Weise betroffen. Das Grenzland beiderseits des Rheins war Militärlager, Truppendurchzugsgebiet und Schauplatz erbitterter Kämpfe während der Feldzüge Turennes 1672–1675, des Krieges um das Oberelsaß und Straßburg 1676–1679, der Reunionen 1680–1682, des Pfälzischen Erbfolgekrieges 1688–1697, des Spanischen Erbfolgekrieges 1701–1713, des Polnischen Erbfolgekrieges 1733–1736 und des Österreichischen Erbfolgekrieges 1743–1748. Die Truppen beider Seiten verpflegten sich aus dem Land und nahmen der Bevölkerung das Letzte, was diese noch besaß. Die kurzen Friedensphasen genügten kaum für den notwendigsten Wiederaufbau.[209] Das Land war ausgeblutet, die Dörfer und Städte zu einem großen Teil beschädigt und zerstört, die Menschen verarmt. Zusätzliche Belastungen resultierten aus den Fron- und Schanzdiensten, zu denen die Einwohner herangezogen wurden, und der hohen Verschuldung der meisten Gemeinden. Die zerstörten Kirchen konnten nur notdürftig geflickt werden. Erst ab den 1720er Jahren sind überhaupt in nennenswertem Maße Kirchenneubauten zu verzeichnen.

Zur Grafschaft Hanau-Lichtenberg, deren Grenzen um 1790 die Karte (Abb. 84) zeigt, gehörten elf Ämter im Elsaß, dazu das heute zu Rheinland-Pfalz gehörige Amt

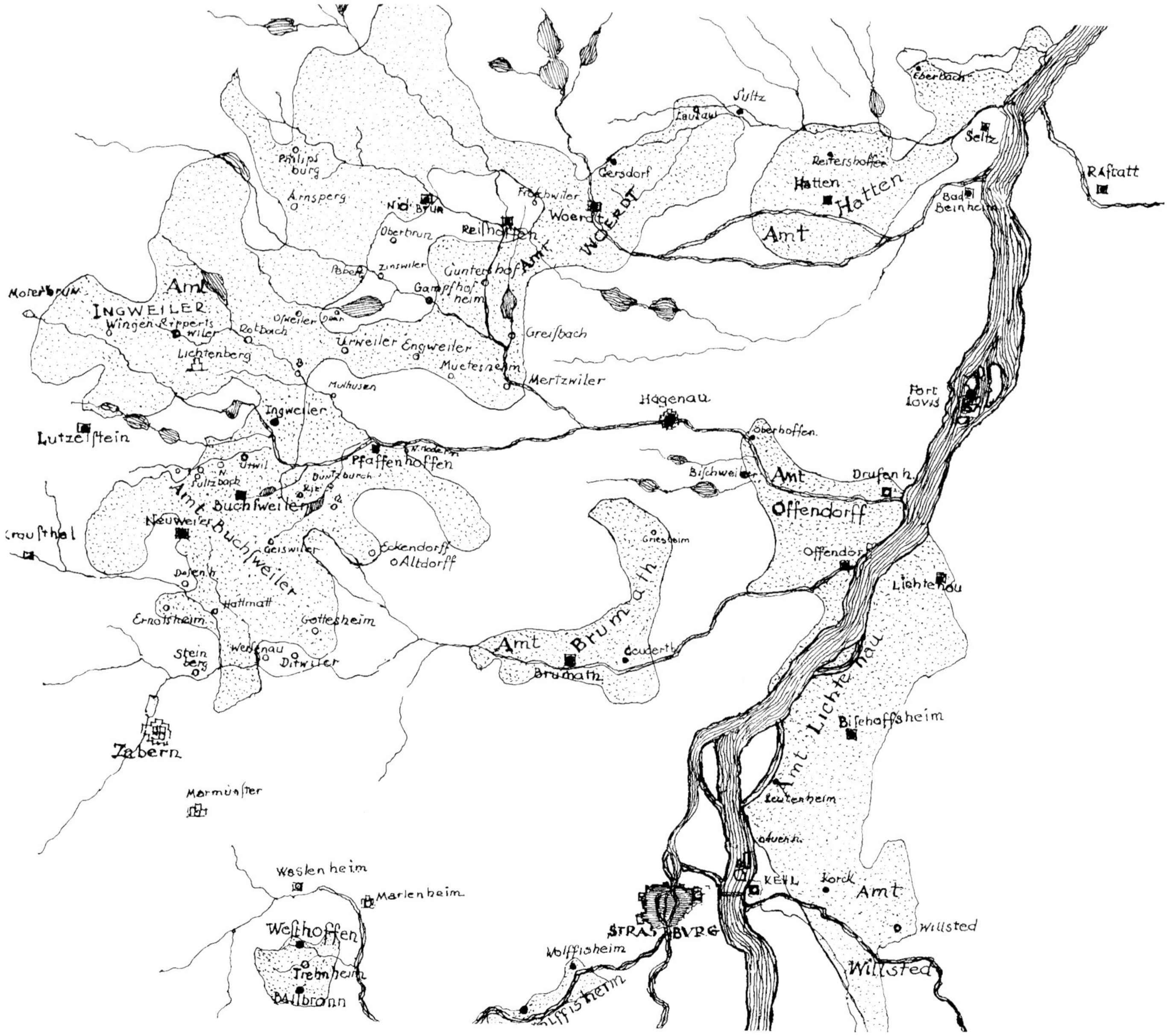

84 Besitzungen der Grafschaft Hanau-Lichtenberg um 1790, nach MATT 1988, S. 80 f.

Lemberg mit der Stadt Pirmasens, die beiden Ämter Lichtenau-Bischofsheim und Willstätt in der Ortenau, heute Baden-Württemberg, und das Amt Schaafheim-Babenhausen südlich von Hanau.[210] 1680 teilte die Grafschaft mit Ausnahme der rechtsrheinischen Ämter und des Gebietes um Pirmasens das Schicksal des übrigen Elsaß: Im Zuge der französischen Reunionspolitik wurde sie von Frankreich annektiert. Der Graf von Hanau-Lichtenberg hatte, wie die übrigen elsässischen Landesherren auch, dem französischen König den Huldigungseid zu leisten. Er konnte aber unter französischer Oberhoheit seine Landesherrschaft weiter ausüben. So ergab sich die verfassungsrechtlich schwierige Situation, daß der Graf von Hanau-Lichtenberg gleichzeitig Reichsgraf des Kaisers und Vasall des französischen Königs war.[211] 1701 schloß Johann Reinhard III. mit Ludwig XIV. einen Vertrag, worin vorbehaltlich der französischen Oberhoheit alle Rechte des Grafen von Hanau anerkannt wurden. Die Residenzstadt Buchsweiler erhielt zusätzlich die Befreiung von Einquartierungen zugestanden.[212] Inwieweit die Anerkennung der hanauischen Rechte nun wirklich gewahrt wurde, bedürfte einer näheren Untersuchung. 1701 und 1707 erließ der König zwei „lettres patente" für Johann Reinhard, worin er diesem immerhin die Ausübung der Gerichtsbarkeit in seinem Lande zusicherte.[213] Dennoch bedeutete die französische Oberhoheit für den Grafen eine arge Einschränkung seiner Entscheidungsfreiheit.

Bezeichnend für die Situation in Buchsweiler und Umgebung ist ein Brief des Superintendenten Müller aus Buchsweiler vom August 1730. Müller antwortet auf ein Schreiben des lutherischen Pfarrers im hanau-münzenbergischen Ober-Eschbach, der ihn um Durchführung einer Kollekte zugunsten des Kirchenneubaus seiner Gemeinde gebeten und zu diesem Zweck einen Kollektanten geschickt hat. Der Superintendent versichert der Gemeinde Ober-Eschbach, er sei sehr wohl geneigt, ihr zu helfen, doch die Franzosen hätten die öffentlichen Kollekten zugunsten evangelischer Kirchbauprojekte im Land verboten. Er wolle versuchen, heimlich etwas Geld zusammenzubringen:

> „... als habe mich wegen der Collecte in Abwesenheit frembder Herrschafften doch Best möglich bemühet etwas weniges zusam[m]en zu bringen, in hiesigen Landen ist das Colligiren wegen des Königl[ichen] verbots so gefährlich als wegen des alltäglichen anlauffs beschwerlich. Es haben es auch Illus[trissimi] Hochgräffl[iche] Gnaden nicht allzu gnädig auffgenommen, auch wegen zu besorgend[en] verdrießligkeiten im Lande herum zu gehen nicht erlauben wollen. Ich werde aber doch nachsorgen, so wohl von gn[ä]d[ig]st[e]r Herrschaft als auch sonsten von einigen guten Freunden etwas unter der hand zu bekom[m]en ..."[214]

Nach dem Tod Johann Reinhards III. im März 1736 fiel Hanau-Lichtenberg an Hessen-Darmstadt. Bei dem Regierungswechsel übernahm, um Konflikte mit dem französischen König zu vermeiden, nicht der regierende Landgraf Ludwig VIII., sondern dessen Sohn, der spätere Ludwig IX., Johann Reinhards Enkel, die Herrschaft in der Grafschaft Hanau-Lichtenberg, die er bei seiner Volljährigkeit 1741 persönlich antrat. Nach dem Tod seines Vaters regierte er ab 1768 zudem die Landgrafschaft Hessen-Darmstadt. Der junge Ludwig wählte das außerhalb des französischen Machtbereichs gelegene Pirmasens als Residenz. Sitz der Regierung blieb aber weiterhin Buchsweiler, wie Johann Reinhard es testamentarisch verfügt hatte.[215] Unter den hessen-darmstädtischen Landgrafen gelangte das Land in der Folgezeit wieder zu einem gewissen Wohlstand.[216]

Die Grafschaft Hanau unter ihrem letzten Grafen Johann Reinhard III. hat in den vergangenen Jahren in der Forschung verschiedentlich Interesse gefunden, aber so gut wie alle Autorinnen und Autoren haben sich auf Hanau-Münzenberg beschränkt und die lichtenbergischen Ämter ausgeklammert.[217] Dadurch entsteht ein verzerrtes Bild. Wie eng die Verbindung zwischen den Landesteilen war und wie sehr die Regierung der Hanauer Grafen das Gebiet geprägt hat, zeigt sich auch daran, daß bis heute die Gegend um Bouxwiller/Buchsweiler das „Hanauerland" genannt wird. Gerade Johann Reinhard, der in Rheinbischofsheim im rechtsrheinischen Amt Lichtenau geboren war, residierte bis 1712 in Buchsweiler, das er zu einem „kleinen Versailles", wie es Zeitgenossen rühmten, ausbauen ließ,[218] und hat sich auch in späteren Jahren oft dort aufgehalten. In seine zweite Residenz Buchsweiler begleitete ihn auch sein Baudirektor Christian Ludwig Hermann. Hermann hielt sich im Frühjahr 1725 nachweislich dort auf, als er die Risse für den Steinauer Kirchenneubau verfertigte. Das belegen mehrere eigenhändige Schreiben Hermanns aus Buchsweiler.[219] Ein Gutachten für den Kirchenbau in Ober-Eschbach, datiert vom 6. Mai 1728, ist in Brumath erstellt worden.[220] Die Entwurfszeichnungen für die lutherische Kirche in Ober-Eschbach, angefertigt durch Christian Ludwig Hermann, wurden im April 1728 von Buchsweiler nach Hanau geschickt, ein weiterer Beleg dafür, daß Hermann in Buchsweiler gearbeitet hat.[221] Der Graf hätte wohl kaum seinen Baumeister ins Elsaß mitgenommen, wenn er ihn nicht auch dort für die Planung und Durchführung von Bauprojekten gebraucht hätte. Zwar existieren keine archivalischen Belege, doch es darf angenommen werden, daß der hanauische Baudirektor auch für den Umbau der Niederkirche in Buchsweiler von 1728 verantwortlich zeichnet.

Der Kirchenbau in den unter französischer Oberhoheit stehenden Ämtern der Grafschaft stellt ein von der landes- wie kunstgeschichtlichen Forschung bislang

oben links: 85 Eckwersheim, ev. Kirche

unten links: 86 Woerth, ev. Kirche

oben rechts: 87 Allenwiller, ev. Kirche

weitgehend unbeachtetes Gebiet dar.[222] Die notwendige Quellenarbeit war für die über 100 ehemals hanau-lichtenbergischen Dörfer im Rahmen dieser Untersuchung nicht durchführbar. Daher kann hier nur ein grober Überblick über den dortigen Bestand an Kirchenbauten vorgestellt werden.

Festzustellen ist zunächst, daß nicht nur in den rechtsheinischen Ämtern und im Amt Lemberg um Pirmasens, sondern auch in den unter französischer Oberhoheit stehenden Gebieten der Grafschaft evangelische Kirchen gebaut worden sind, und zwar sowohl unter Graf Johann Reinhard III. als auch unter dem Erbprinzen und späteren hessischen Landgrafen Ludwig IX. Unter Johann Reinhard hat es Baumaßnahmen an einzelnen Kirchen gegeben, darunter Eckwersheim, durch eine Inschrift am Westportal auf 1720 datiert[223] (Abb. 85), wahrscheinlich auch Woerth mit einer Inschrift von 1732[224] (Abb. 86), hinzu kommt der ab 1728 erfolgte Umbau der lutherischen Kirche in Buchsweiler. Unmittelbar nach dem Regierungswechsel wurden zwischen 1736 und 1745 einige weitere lutherische Gotteshäuser erbaut, darunter Allenwiller 1739[225]

88 Niedersteinbach, ev. Kirche

(Abb. 87) und Niedersteinbach 1742–1745 (Abb. 88).[226] Ein Höhepunkt der Bautätigkeit kristallisiert sich jedoch erst in den 1760er Jahren heraus. Ein anders gelagertes Bild ergibt sich in den beiden rechtsrheinischen Ämtern, wo nach Diersheim 1731 und Kork 1731–1732 verstärkt ab den 1740er Jahren gebaut wurde. Die bedeutendste Kirche dort ist die des Amtssitzes Willstätt (Abb. 89), errichtet 1755–1756 als Längsbau mit Fassadenturm und halbrundem Schluß.

Die Kirchen in den elsässischen Ämtern wirken in ihrem äußeren Erscheinungsbild betont schlicht. Die Formen der Außengestaltung kongruieren durchaus mit den in Hanau-Münzenberg für einfache Landkirchen üblichen. Auf eine Gestaltung der Fassaden mit den Mitteln der Prachtbaukunst (Pilaster, Säulenordnungen) wird hingegen durchgängig verzichtet. Die typischen Gestaltungselemente des Außenbaus sind Lisenen, Öffnungen mit Sandsteinrahmungen, Rundbogenfenster, liegende Ovalfenster, mit Ecklisenen versehene Türme. Die Kirche in Hattmatt, die allerdings erst 1787 errichtet wurde[227], ähnelt in ihrer Fassadengestaltung sehr den hanau-münzenbergischen Bauten Hermanns wie den beiden Nauheimer Kirchen oder Rodheim. Die Türme tragen meist Spitzhelme, zum Teil auch Satteldächer, geschweifte Hauben (Buchsweiler 1728) sind dagegen selten, anders als in Hanau-Münzenberg. Bei der Betrachtung der Türme sei jedoch zu bedenken, daß es im Elsaß auch in späterer Zeit wiederholt Zerstörungen gegeben hat, viele Turmabschlüsse daher neueren Datums oder Notdächer sind. Die Kirchen verkörpern trotz aller Schlichtheit einen erkennbaren architektonischen Stil. Katholische Kir-

89 Willstätt, ev. Pfarrkirche

oben: 90 Kork, ev. Pfarrkirche, Wappen der Grafschaft Hanau und Inschrift über dem Hauptportal

unten: 91 Kutzenhausen, ev. Kirche

chen aus derselben Epoche sehen ihnen oft sehr ähnlich, sind aber doch zumeist etwas aufwendiger gestaltet (z. B. Niederbetschdorf, Westturm bezeichnet 1766).

In den von Frankreich beherrschten Gebieten der Grafschaft Hanau fehlt durchweg das herrschaftliche Programm in Gestalt von farbig gefaßten Wappen und Inschriften, die den Ortsherrn als Bauherrn rühmen. In den rechtsrheinischen Ämtern hingegen wurde gerade darauf großer Wert gelegt. So besitzt die Pfarrkirche in Kork von 1732 ein farbig gefaßtes Hanauer Wappen nebst lateinischer Inschrift (Abb. 90), diejenige in Freistett von 1741 eine deutsche Inschrift mit Bezug auf den Regierungsantritt des Erbprinzen Ludwig in demselben Jahr, während Willstätt (1756) und Legelshurst (1763) farbig gefaßte hessischen Wappen und lateinische Bauinschriften tragen. An den elsässischen Kirchen findet sich, wenn überhaupt, lediglich eine Jahreszahl, selten dazu der Name des amtierenden Schultheißen. Einzig und allein die lutherische Stadtkirche in Buchsweiler weist ein kleines, stark beschädigtes und verwittertes Sandsteinwappen über dem Hauptportal auf.

Der übliche Grundriß- und Raumtyp ist der längsgerichtete Saal mit separatem Chorraum, entweder als Abfolge von Westturm, Saal und eingezogenem Chor wie Kork, Niedersteinbach und Kutzenhausen (1763–1765[228], Abb. 91) oder als Kombination von Saal und Chorturm wie Schalkendorf, ein Neubau von 1774[229] (Abb. 92). Vielerorts sind wie in Eckwersheim oder Allenwiller mittelalterliche Chortürme, die anscheinend für die Region typisch sind, ganz oder in Teilen in die Neubauten einbezogen worden (Gottesheim 1775[230], Ringendorf 1764[231], Waltenheim-sur-Zorn 1759[232]). Nur bei kleinen Landkirchen in Dörfern mit geringer Einwohnerzahl verzichtete man auf den Chor (Mattstall als Rechtecksaal, Wickesheim mit dreiseitigem Schluß). Querkirchen wurden im 18. Jahrhundert nicht gebaut. Die lutherische Kirche in Buchsweiler mit ihrem zentralisierten Raum entstand bereits 1614, also lange vor dem Beginn der Reunionen.

Im Vergleich zu den Kirchen der Grafschaft Hanau-Münzenberg fällt auf, daß im hanauischen Elsaß auch die meisten lutherischen Kirchen Chöre besitzen. Dadurch waren diese Gebäude von vornherein auch für den katholischen Kultus geeignet. Vermutlich gab es Vorschriften von französischer Seite, daß den Katholiken die Mitbenutzung der Kirche eingeräumt werden mußte. Ein Simultaneum besteht bis heute beispielsweise in Hohwiller.[233]

92 Schalkendorf, ev. Kirche

Die Situation der Protestanten in den elsässischen Teilen Hanau-Lichtenbergs stellte sich demzufolge so dar, daß nicht nur die Ausübung des evangelischen Gottesdienstes aufgrund der Bestimmungen des Westfälischen Friedens von Frankreich toleriert werden mußte, sondern daß es ihnen auch gestattet war, eigene Kirchen zu bauen. So frei und außenwirksam zu gestalten, wie es die evangelischen Landesherren in den Territorien des Reiches taten, war hingegen nicht möglich. Die hanauische Ortsherrschaft durfte offensichtlich am und im Kirchengebäude nicht dokumentiert werden. Sogar die Residenzkirche in Buchsweiler weist nur ein sehr bescheidenes Wappen über einem Portal auf. Vor diesem Hintergrund wird erklärlich, warum Ludwig IX. darauf bestand, auf der Spitze des Turmes der lutherischen Residenzkirche in Pirmasens anstelle einer Wetterfahne das schmiedeeiserne Wappen mit dem hessischen Löwen und dem lichtenbergischen Schwan weithin sichtbar anzubringen (Abb. 96).[234]
Die Stadt *Buchsweiler* war die Residenz der Grafschaft Hanau-Lichtenberg in einem Gebiet, das in der zweiten Hälfte des 17. Jahrhunderts mehr und mehr in den Machtbereich des französischen Königtums geriet. Der König benutzte seine Oberhoheit über den Hanauer Grafen, um die katholische Minderheit im Ort zu begünstigen, die sich im wesentlichen aus Franzosen zusammensetzte, welche im Gefolge der Armeen gekommen und in Buchsweiler ansässig geworden waren. Er sorgte dafür, daß eine der beiden Pfarrkirchen, nämlich die Oberkirche, die bis dahin nur als Friedhofskirche genutzt worden war, samt dem dazugehörigen Friedhof im Jahr 1683 wieder dem katholischen Kultus zugänglich gemacht wurde. Die evangelische Pfarrgemeinde behielt die mitten in der Stadt gelegene *Niederkirche* und legte außerhalb der Stadt einen neuen Friedhof an.[235]

93 Buchsweiler/Bouxwiller, ev. Niederkirche, Ansicht von Süden

Die mittelalterliche Niederkirche war im Jahr 1542 evangelisch geworden, als Philipp IV. von Hanau-Lichtenberg die Reformation in Buchsweiler einführte.[236] 1546 erfolgte eine Wiederherstellung der Kirche, die jedoch 1613 zerstört wurde. Bei dem sofortigen Wiederaufbau wurde der untere Teil des quadratischen Turmes vom Vorgängerbau beibehalten und in den bis 1614 vollendeten Neubau integriert. Nach Westen fügte man ein Langhaus mit basilikalem Querschnitt an. Ihr endgültiges Aussehen (Abb. 93) erhielt die Kirche im 18. Jahrhundert. Der Turm, dessen Schaft noch die romanischen gekuppelten Schalluken enthält, bekam 1728 ein zusätzliches Stockwerk mit abgeschrägten Ecken und eine verschieferte Haube in der für die hanau-münzenbergischen Reinhardskirchen typischen Form (vgl. Steinau, Bad Nauheim, Rodheim), möglicherweise ebenfalls nach einem Entwurf von Christian Ludwig Hermann. 1758 und 1762 entfernte man die Gewölbe der Seitenschiffe.

Der Grundriß des dreischiffigen Gemeinderaumes besitzt eine fast quadratische, sogar leicht in die Breite überdehnte Form. Die relativ steilen Pultdächer der Seitenschiffe lassen nur Platz für eine schmale Obergadenzone mit Oculi. Die Südfassade wendet sich als Schauseite der Kirche zu einem kleinen Platz. Der Turm bekommt erst durch seine aus der Nähe überdimensioniert erscheinende Höhe die einer Residenzkirche angemessene Fernwirkung, denn die Niederkirche steht inmitten des Gassengewirrs der Altstadt in einer Talsenke.

Der basilikale Raum ist zentral um die Kanzel herum organisiert, welche am Mittelpfeiler der Arkade zum nördlichen Seitenschiff, also in der Querachse, ihren Platz hat (Abb. 94). Der heutige Altar, der aber erst 1914 in die Kirche gekommen ist, steht in östlicher Richtung in der Längsachse. Die herrschaftliche Loge und die Orgel auf der Empore darüber besetzen seit 1778 die Ostwand vor dem Turm. Die verschiedenen Gestühlsblöcke gruppieren sich von allen vier Seiten um das liturgische Zentrum herum. Dadurch, daß die Kanzel nicht an der Wand lehnt, sondern an den Mittelschiffspfeiler vorgezogen ist, konnte das nördliche Seitenschiff dahinter mit Gestühl gefüllt werden. In seinem heutigen Zustand ist der Raum den Predigtkirchen mit divergierenden Achsen zuzurechnen. Es wird allerdings vermutet, daß der Altar früher vor der Kanzel gestanden hat[237], wodurch eine stärkere Betonung der Querachse zum Tragen käme. In der Querachse liegt der Haupteingang, der Kanzel gegenüber; auch die zwischen den quadratischen Pfeilern der Rundbogenarkaden eingespannte Emporenanlage im Westen, Süden und Osten ist querorientiert. Einzig die Orgel nutzt die Raumhöhe voll aus, eventuell tat das früher auch die zweite Empore, die 1965 entfernt worden ist.[238] Die herrschaftliche Loge im Osten zu ebener Erde hinter dem Altar wurde erst 1778 unter Landgraf Ludwig IX. eingebaut. Doch mindestens schon zu Johann Reinhards Zeiten, wenn nicht schon lange vorher, muß in der Residenzkirche der Grafschaft Hanau-Lichtenberg ein Herrschaftsstand existiert haben. Ob sich dieser an demselben Platz befand oder vielleicht gegenüber der Kanzel, ob im Erdgeschoß oder auf der Empore, darüber kann lediglich spekuliert werden.

94 Buchsweiler/ Bouxwiller, ev. Niederkirche

Die *Lutherkirche in Pirmasens*, obwohl erst 1757 begonnen, soll trotzdem in diese Untersuchung Eingang finden, denn der Entwurfsplan entstand bereits 1755. Als Residenz- und Garnisonkirche einer hessen-darmstädtischen Nebenresidenz ist sie schon dadurch besonders interessant, daß sie eines der seltenen Beispiele des Querkirchentypus im Herrschaftsbereich der Landgrafschaft darstellt.
Die Ortschaft Pirmasens, Teil des hanau-lichtenbergischen Amts Lemberg, in der der letzte Hanauer Graf 1720–1723 ein Jagdschloß hatte errichten lassen, wählte Erbprinz Ludwig 1741 als Residenz. Dort verbrachte er, abgesehen von einigen Jahren in Diensten des preußischen Militärs, bis zu seinem Tod 1790 fast 50 Jahre. In dieser Zeit wuchs der kleine Ort, der 1769 Stadtrechte erhielt, zu einer Stadt mit 9000 Einwohnern.

96 Pirmasens, Lutherkirche

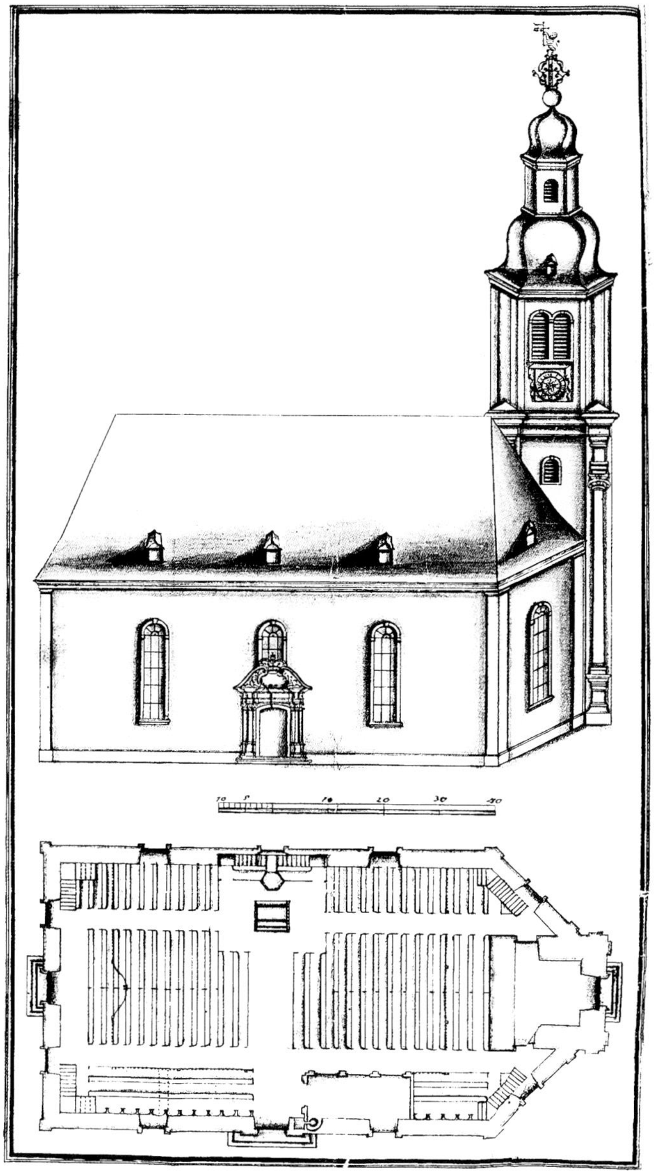

95 Pirmasens, Plan des Baumeisters Schild für die lutherische Pfarrkirche, 1755; LA SP C 20 Nr. 3172

Nach preußischem Vorbild gründete Ludwig, dessen hauptsächliches Interesse dem Militärwesen galt, in Pirmasens eine Garnison, die erheblich zum Anwachsen der Bevölkerungszahl beitrug. Neben dem Schloß und den beiden in den 1750er Jahren errichteten Kirchen für die lutherische und die reformierte Gemeinde bestimmten vor allem Militäranlagen das Stadtbild. Das Amt Lemberg war Reichsgebiet; hier konnte der Erbprinz eine eigene Militärtruppe aufbauen, was ihm in Buchsweiler nicht erlaubt war.[239]
Spätestens 1755 lieferte Baumeister Schild erste Entwürfe für den Kirchenbau der Lutheraner. Erst 1757 wurde jedoch endgültig mit den Bauarbeiten begonnen, nachdem Schild einen zweiten Entwurf (Abb. 95) angefertigt und sich damit gegen den Zweibrücker Werkmeister Schweighofer durchgesetzt hatte, den einige Beteiligte mit der Planung beauftragen wollten. Trotz massiver Geldschwierigkeiten war um die Jahreswende 1758/59 das Schiff vollendet, 1760 auch der Turm. Bei einem Luftangriff wurde 1944 die gesamte Innenstadt und damit auch die Lutherkirche zerstört. Das Äußere (Abb. 96) wurde zwar 1947–1949 in den alten Formen wieder aufgebaut, der Innenraum jedoch völlig neu gestaltet. Mit der Raumkonzeption des 18. Jahrhunderts hat die heutige Kirche nichts mehr gemein.
Der Grundriß des Gemeinderaumes ist der eines rechteckigen Saalbaus mit dreiseitigem Schluß nach Nordwesten. Der quadratische Turm wurde so in den Polygonalschluß eingestellt, daß er nur zu einem Drittel

seiner Tiefe nach außen vorspringt. Die ursprüngliche Raumdisposition folgte dem schon wiederholt beschriebenen Schema rechteckiger Querkirchen mit dem liturgischen Zentrum in der Mitte einer Längswand und einer Emporenanlage entlang der übrigen drei Seiten. Der gerade Verlauf der Nordwestempore überspielte den dahinter aufragenden eingezogenen Turm und die schräggestellten Wandstücke. Die Orgel stand dem Turm gegenüber auf der Empore an der südöstlichen Schmalseite, die herrschaftliche Loge im Parterre rechts neben dem Hauptportal unter der Längsempore.

Die Grafschaft Nassau-Saarbrücken

Durch die Teilung der gefürsteten Grafschaft Nassau-Usingen entstand 1735 wieder eine eigene Linie Nassau-Saarbrücken. Nach der Volljährigkeit und dem Regierungsantritt des Fürsten Wilhelm Heinrich wurde Saarbrücken ab 1741 erneut Residenz. Welche Bedeutung der Besitz Saarbrückens für die walramischen Linien des Hauses Nassau besaß, zeigt sich nicht zuletzt daran, daß alle walramischen Grafen und Fürsten den Titel „Nassau-Saarbrücken" führten. Carl August von Nassau-Weilburg beispielsweise nannte sich in offiziellen Verordnungen „Graf zu Nassau Saarbrücken und Saarwerden, Herr zu Lahr, Wiesbaden und Idstein"[240], führte damit den Titel der Gesamtlinie. Seine Besitzung Weilburg kommt in seinem Titel nicht vor. Die verschiedenen Zweige der walramischen Linie betonten dadurch ihre Zusammengehörigkeit.[241]

Die Residenzstadt *Saarbrücken* wurde im Laufe des 18. Jahrhunderts in großem Stil umgestaltet; vor allem waren es Bauten Friedrich Joachim Stengels, die ihr neues Gesicht prägten. Die Baumaßnahmen gipfelten dort in der Ludwigskirche mit der Randbebauung des sie umgebenden Platzes. Die Ludwigskirche, Stengels bedeutendstes Werk im Bereich der Sakralarchitektur, entstand jedoch erst in den Jahren 1762–1775.

Am östlichen Rand des späteren Ludwigsplatzes wurde auf Veranlassung des Fürsten Wilhelm Heinrich aber schon ab 1743 eine Kirche für die reformierte Gemeinde errichtet, die unter dem Namen *„Friedenskirche"* bekannt ist. Friedrich Joachim Stengel entwarf einen quergerichteten Baukörper nach dem Grävenwiesbacher Konzept, wenn auch in kleineren Dimensionen. Der Bau konnte 1746 bis auf den Turm vollendet werden, dessen obere Geschosse nebst Abschluß erst 1760–1762 ausgeführt wurden.

Die Kirche ist im Inneren so tiefgreifend verändert, daß von der ursprünglichen Einrichtung nichts mehr zu erkennen ist. Nach der Union von 1817 wurde sie wie die reformierte Kirche in Usingen zu einer Schule umgebaut. Nach schweren Zerstörungen im 2. Weltkrieg wurde die Kirche 1965–1967 anhand der Rekonstruktion des Architekten Dieter Heinz wieder aufgebaut. Seither nutzen sie die altkatholische und die orthodoxe Gemeinde simultan.

Der Baukörper (Abb. 97) besteht aus einem rechteckigen Saal unter einem Walmdach, dessen Längsseite ein zweiachsiger Mittelrisalit mit Dreiecksgiebel erweitert, und dem quadratischen Turm, der sich in der Mitte der gegenüberliegenden Längsseite anschließt. Eine Bewertung der Kirche ist schwierig, nicht allein deshalb, weil sie stets im Schatten der Ludwigskirche steht, sondern aufgrund der Tatsache, daß über den ursprünglichen Charakter des Innenraumes keinerlei Aussagen möglich sind und auch das äußere Erscheinungsbild mehrfach Veränderungen unterworfen war. Die Grundrißgestalt und die Verwandtschaft zu Stengels sonstigen Kirchenbauten läßt jedoch als sicher annehmen, daß der Innenraum ursprünglich wie Grävenwiesbach, Jugenheim und Berg quergerichtet war. Die Kanzel war, wie Heinz nachgewiesen hat, erhöht an der Turmwand angebracht. Die für Quersäle weitgehend übliche dreiseitige Emporenanlage ist auch hier durchaus wahrscheinlich.[242] Da die Kirche von ihrem äußeren Gestaltungsmuster her so sehr der gerade fünf Jahre vorher vollendeten Kirche von Grävenwiesbach (Abb. 137) gleicht, ist davon auszugehen, daß Stengel auch in Saarbrücken eine ebenso harmonische Übereinstimmung von Innen und Außen entworfen hat, mithin die reformierte Kirche ein symmetrisch organisierter Quersaal gewesen ist.

Stengel hatte seinen bis dahin besten Kirchenbau in einem Dorf im Taunus geschaffen. Nun erhielt er einen Auftrag in der Residenzstadt Saarbrücken. Der Musterentwurf, der zuerst bei einer weit entfernt gelegenen Landpfarrkirche realisiert worden war, wurde nun in die Residenzstadt selbst verpflanzt.

In den Grafschaften Nassau-Usingen und Nassau-Saarbrücken ist ein erstaunliches Phänomen zu beobachten: An unterschiedlichen Orten des Landes, teilweise weit voneinander entfernt, wurden über einen Zeitraum von rund 60 Jahren Kirchen gebaut, die einander so ähnlich sehen, daß man geneigt ist, von einer landestypischen Kirchenarchitektur zu sprechen. Dieser Nassau-Usingen-Saarbrücken'sche Kirchentyp ist untrennbar mit dem Namen des Baudirektors Friedrich Joachim Stengel verbunden.

Charakteristisch für diese Bauten ist die klare Form des Baukörpers, die Übereinstimmung von Innen und Außen. Eine Breitseite wird durch einen Frontrisalit betont, während der Turm auf der entgegengesetzten Seite steht, so daß schon von außen die quergerichtete innere Raumstruktur deutlich ablesbar ist. Die kürzere Achse des Baukörpers ist die Hauptachse für Außenbau und Innenraum. Den rechteckigen Gemeinderaum erweitert gegenüber dem liturgischen Zentrum ein Risa-

97 Saarbrücken, Friedenskirche

lit. Der Turm wird durch eine Mauer abgetrennt, so daß vom Gemeinderaum kein Einblick in sein Erdgeschoß möglich ist. Altar und Kanzel stehen vor der Turmwand. An den übrigen drei Seiten des Raumes verläuft eine Empore.
Friedrich Joachim Stengel entwickelte diesen Bautyp während seiner Usinger Zeit für den 1737–1738 ausgeführten Neubau der Pfarrkirche in dem Taunusdorf Grävenwiesbach (Abb. 56, 136 u. 137). Annähernd zeitgleich entstand 1737–1739 der Neubau der Pfarrkirche in Heftrich (Abb. 57, 119 u. 138), wo das Schema der Querkirche in der Raumschale eines traditionellen Längsbaus mit dem Turm an einer Schmalseite umgesetzt worden ist.

Stengel selbst wiederholte die in Grävenwiesbach gefundene Lösung noch mehrmals, jeweils mit Abwandlungen im Detail und in Anpassung an die örtlichen Gegebenheiten. Außer der soeben vorgestellten reformierten Kirche in Saarbrücken, errichtet 1743–1746, gehören in diese Gruppe die Ludwigskirche in Saarbrücken sowie die Pfarrkirchen in Jugenheim und Berg.
Die Residenzstadt Saarbrücken wurde unter Fürst Wilhelm Heinrich in großem Stil umgestaltet. Höhepunkt der Baumaßnahmen wurde die von Stengel geplante Anlage des Ludwigsplatzes, dessen Randbebauung mit der Kirche im Zentrum ein geschlossenes Ensemble bildet. Die *Ludwigskirche* (Abb. 98 u. 99) entstand als Pfarrkirche für den Hof und die lutherische Stadtgemeinde in den Jahren 1762–1775. Nicht nur von ihren Dimensionen her, sondern auch von der Ausgestaltung mit den Mitteln der Prachtbaukunst galt es folglich, einen wesentlich höheren architektonischen Anspruch umzusetzen als bei einer ländlichen Pfarrkirche wie Grävenwiesbach oder der Kirche einer Minderheit wie der reformierten Gemeinde in Saarbrücken. Der

98 Saarbrücken, Ludwigskirche

Grundriß der Ludwigskirche (Abb. 160) besitzt die Form eines etwas gestauchten griechischen Kreuzes, aber grundsätzlich steckt das Grävenwiesbacher Querkirchenschema immer noch darin. Der Raumeindruck entsteht aus der Verschmelzung der beiden Gestaltungsprinzipien von Kreuzkirche und Quersaal.[243]
Die Pfarrkirche in *Jugenheim* in Rheinhessen (Abb. 100) entwarf Stengel 1768. Nach dreißig Jahren griff er hier seinen ersten Querkirchenbau von Grävenwiesbach in exakt den gleichen Proportionen wieder auf. Anstelle der Rechteckfenster in einem Haupt- und einem Mezzaningeschoß, die er in Grävenwiesbach eingesetzt hatte, verwendete Stengel in Jugenheim hohe segmentbogige Fensterbahnen. Außerdem verzichtete er auf die Pilasterordnung am Risalit. Die Bauleitung lag zunächst in den Händen seines Sohnes Johann Friedrich Stengel. Als dieser 1771 nach Rußland ging, übernahm Johann Wilhelm Faber das Projekt. Faber beabsichtigte, den Kirchenraum im Inneren als Längssaal einzurichten. Das Konsistorium erteilte jedoch die Anweisung, die Innenausstattung der Kirche wäre nach Stengels Entwurf auszuführen, also in Querrichtung. Bis 1775 wurde das Kirchengebäude schließlich als Quersaal fertiggestellt.[244]

99 Saarbrücken, Ludwigskirche, Innenraum, Zustand vor 1940

Die Grafschaft Nassau-Saarwerden

Schon 1629 vertrieb der Herzog von Lothringen alle Protestanten aus der Grafschaft Nassau-Saarwerden.[245] 1648 kam die Grafschaft an Nassau zurück bis auf Saarwerden und Bockenheim, die lothringisch wurden. Auch nach dem Westfälischen Frieden beanspruchte das von Frankreich abhängige Lothringen weiterhin den Besitz der Grafschaft für sich. Nach der 1685 erfolgten Aufhebung des Edikts von Nantes versuchte Frankreich, die Bewohner der Grafschaft Saarwerden zum Katholizismus zurückzuführen. Durch den Frieden von Rijswijk mußte Frankreich jedoch 1697 die nassauischen Besitzungen wieder abtreten. Als einziges Dorf in der Grafschaft Saarwerden blieb Eschwiller ganz katholisch und, obwohl Teil des Reiches, weiterhin unter der Herrschaft des französischen Königs.[246] Verschiedene im 18. Jahrhundert auf Verlangen des

100 Jugenheim/ Rheinhessen, ev. Pfarrkirche

101 Berg, ev. Pfarrkirche

Konsistoriums in Usingen und der Regierung in Saarbrücken verfaßte Berichte handeln ausführlich von der Unterdrückung der Protestanten beider Konfessionen in der Grafschaft während der Zeit von 1685–1697. Aus den Texten spricht, auch wenn die jeweiligen Verfasser sich um einen sachlichen Ton bemühen, ein tiefer Haß auf die Katholiken wegen des immer stärker werdenden Druckes auf die Evangelischen.[247]

102 Berg, ev. Pfarrkirche

Anstelle Bockenheims, des an Lothringen verlorenen Hauptortes der Grafschaft, erbaute Graf Ludwig Crato in den Jahren 1706–1710 die neue Stadt Neusaarwerden auf dem gegenüberliegenden Saarufer. 1745 wurde die Grafschaft unter Nassau-Saarbrücken und Nassau-Weilburg geteilt; Stadt und Oberamt Neusaarwerden kamen an Nassau-Weilburg.[248] Nach langen Verhandlungen mit Ludwig XV. erreichte Wilhelm Heinrich von Nassau-Saarbrücken für seinen Anteil an der Grafschaft Saarwerden 1766 die Aufhebung des Simultaneums in sechs Gemeinden. In diesen Dörfern sollte zusätzlich eine zweite Kirche errichtet werden, wobei den Katholiken die Wahl vorbehalten blieb, ob sie die bestehende Kirche übernehmen oder neu bauen wollten. Beide Vertragsparteien verpflichteten sich, die Kirchenneubauten gemeinsam zu finanzieren. Nur in einem der sechs Dörfer, in Lorentzen, entschieden sich die Katholiken für einen Neubau.[249]

Unter den nach 1766 ausgeführten evangelischen Neubauten in der Grafschaft Saarwerden befindet sich die Querkirche von *Berg* (Abb. 101–102), die ebenfalls dem Stengel'schen Grävenwiesbacher Typus zugehört: Der Bau wurde 1770 nach einem Entwurf von Friedrich Joachim Stengel begonnen und wahrscheinlich 1773 vollendet.[250] Stengels späteste nachgewiesene Querkirche ist zugleich seine schlichteste, was den Bauschmuck anbelangt. Sie entspricht in ihren Großformen und ihrer Innenraumdisposition dem beschriebenen Schema; allerdings besitzt sie nur eine Empore an der Längsseite. Die Verkürzung der Fensterbahnen an den Schmalseiten deutet jedoch darauf hin, daß die übliche dreiseitige Empore auch hier zumindest geplant war.

In der Stadt *Neusaarwerden* entstand bereits in den Aufbaujahren eine lutherische Kirche, welche 1710 eingeweiht wurde, als längsgerichteter Saal mit dreiseitigem Schluß.[251] Zu den Siedlern in der planmäßig angelegten neuen Stadt zählten jedoch nicht nur Lutheraner, sondern auch zahlreiche reformierte Familien französisch-hugenottischer oder Schweizer Herkunft. 1746 erhielten diese das Recht der freien Religionsausübung und die Erlaubnis, Gelder für den Bau einer eigenen Kirche zu sammeln. 1750 wurde der Kirchenbau begonnen und im darauffolgenden Jahr fertiggestellt. Ab 1935 stand die Kirche leer; in den letzten Jahren wurde sie renoviert und als Kulturzentrum eingerichtet. Die reformierte Kirche in Neusaarwerden (Abb. 103 u. 104) gehört zur Gruppe der rechteckigen Quersäle mit rückwärtigem Turm. Der Turm vor der Mitte der südlichen Längsseite wurde jedoch mangels ausreichender finanzieller Mittel nie vollendet und reicht deshalb nur bis zur Dachtraufe. Eine strenge Achsensymmetrie charakterisiert den Baukörper insgesamt ebenso wie alle Fassaden. Die nordwestliche Längsseite des Gebäudes schließt als Schaufassade die Blickachse der auf sie zuführenden Straße. Sie enthält in der Mittelachse das Hauptportal mit einer dorischen Pilasterordnung und einem Dreiecksgiebel.

Der Bau entspricht grundsätzlich dem Grävenwiesbacher Schema. Auf den Frontrisalit wird allerdings verzichtet. Die Portalrahmung, die einem Architekturtraktat oder Musterbuch entstammen könnte, ersetzt den ansonsten für Stengels Querkirchen typischen Frontrisalit (Grävenwiesbach, reformierte Kirche Saarbrücken, Jugenheim, Berg). Für einen solchen war in Neusaarwerden kein Platz, da die Fassade direkt in der

103 Neusaarwerden/ Sarre-Union, ehem. ref. Kirche

104 Neusaarwerden/ Sarre-Union, ehem. ref. Kirche, Innenraum, Zustand 1999

Straßenflucht liegt. Das Risalitmotiv ist auf eine Portalrahmung reduziert. Durch das Fehlen des Risaliten ergibt sich ein rechteckiger Kastenraum in reiner Form. Der mittlerweile profanierte Innenraum enthält noch die Kanzel an der Turmwand und die Emporen an beiden Schmalseite. Der Abendmahlstisch, welcher reformierter Tradition gemäß frei vor der Kanzel stand, und das Gestühl wurden entfernt.

Der Entwurf für das Bauwerk wird im allgemeinen Friedrich Joachim Stengel oder einem seiner Mitarbeiter aus der Saarbrücker Baubehörde zugeschrieben, obwohl archivalische Belege dafür fehlen.[252] Das Gotteshaus wurde jedoch gerade wenige Jahre, nachdem das Amt Neusaarwerden unter die Herrschaft des Fürsten von Nassau-Weilburg gekommen war, ausgeführt. Demzufolge kann die reformierte Kirche in Neusaarwerden nicht ohne weiteres in die Reihe der Usingen-Saarbrückischen Stengel-Kirchen eingeordnet, sondern muß auch vor dem Hintergrund der weilburgischen Residenzkirchen und ihrer Nachfolgebauten betrachtet werden.

Nicht ausgeführte Entwürfe für Querkirchen

Entwürfe für Querkirchen, die nicht realisiert wurden, sind schwer zu finden. Verworfene Pläne sind in den seltensten Fällen erhalten oder dokumentiert. Gewiß gab es bei zahlreichen Kirchenbauprojekten mehrere Entwürfe, die unter Umständen sogar von verschiedenen Architekten stammten, welche sich um den Auftrag bemühten oder, wie im Fall Stammheim nachgewiesen, von unterschiedlichen Auftraggebern angesprochen wurden. Auch daß das Bauamt bzw. der Landbaumeister bei der Begutachtung eines Planes seinerseits einen Alternativentwurf anfertigte, war keine Seltenheit.

Die nicht ausgeführten Pläne, die im Zuge der Recherchen bekannt geworden sind, stammen sämtlich aus den Landgrafschaften Hessen-Kassel und Hessen-Darmstadt. Diese drei hier kurz vorgestellten Entwürfe müssen als rein zufällige Beispiele aus einem Bestand gewertet werden, dessen tatsächlicher Umfang nicht zu überblicken ist. Da im Untersuchungszeitraum im fraglichen Gebiet Hunderte von Kirchenneubauten errichtet wurden, ganz zu schweigen von den Projekten, die überhaupt nie zur Ausführung kamen, wäre eine systematische Überprüfung aller Planungsprozesse daraufhin, ob möglicherweise als Alternative eine Querkirche vorgeschlagen ist, praktisch nicht realisierbar.

In *Oberweimar* bei Marburg wurde 1733 nach einem Plan von Charles du Ry eine neue Pfarrkirche als längsgerichteter Saalbau errichtet. Für dieses Projekt sind mehrere Entwürfe erstellt worden; leider ist nicht für alle der Name des Architekten bekannt. Der damals für das Oberfürstentum zuständige Landbaumeister, Oberst J. Marin in Marburg, entwarf 1732 einen längsgerichteten Bau über einem gestreckten Achteck. Der Wunsch des Konsistoriums und des Ortspfarrers, nach diesem Plan zu bauen, scheiterte aber am Widerstand des Kirchspiels. Die Gemeinden wandten sich daraufhin an du Ry, dessen Plan mit Modifikationen letztlich ausgeführt wurde. Bei den Akten liegen neben Marins Plänen zu dem gestreckten Achteck zwei weitere Projekte, nämlich ein Saal mit Polygonalchor und ein

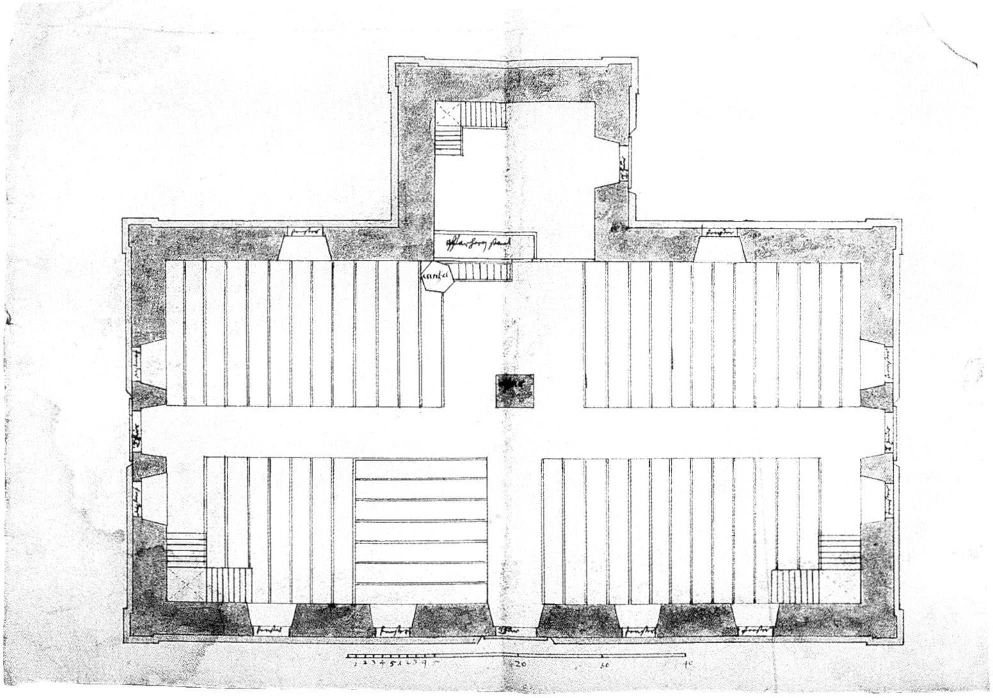

105–106 Oberweimar, nicht ausgeführter Entwurf für die ev. Pfarrkirche von einem unbekannten Architekten, um 1730; StA MR 315 f Oberweimar III,1

Quersaal. Eine dieser beiden Zeichnungen, vermutlich der Saal mit Chor, stammt von dem darmstädtischen Maurermeister Johann Jacob Schüler.[253] Der Entwerfer des Quersaales bleibt unbekannt, ebenso die Gründe, die zur Ablehnung des Quersaales geführt haben.

Der Quersaalentwurf (Abb. 105 u. 106) zeigt einen rechteckigen Gemeinderaum unter hohem Walmdach mit einem rückwärtigen Turm, der in einer zweigeschossigen welschen Haube schließt. Die Aufrißzeichnung ist zwar sorgfältig durchgearbeitet, was den Bauschmuck betrifft, aber die Planung für die Innenausstattung erscheint wenig durchdacht. Trotz der Achsensymmetrie des Grundrisses erhält die Kanzel ihren Standort nicht in der Mittelachse, sondern an der linken Chorecke. Der Turmraum wird durch eine hölzerne Balustrade oder Wand abgeschlossen. Hinter der Kanzel und der Kanzeltreppe befindet sich der Pfarrerstand, der sich etwa über zwei Drittel der Breite erstreckt. Der Altar wird bis an den Mittelgang vorgezogen, also für eine lutherische Kirche viel zu weit nach vorn, denn so steht der Geistliche vor dem Altar annähernd im Mittelpunkt des Raumes. Über den Verlauf der Emporen macht der Zeichner keine Angaben; daß solche vorgesehen sind, läßt sich aus dem Vorhandensein von Treppen in den Ecken folgern. Ausgehend von den drei Portalen in der Mitte jeder Wand erschließen axial verlaufende Gänge den Raum. Für das Gestühl werden im Grundriß zwei Aufstellungsvarianten dargestellt. Im rechten Teil sind beide Bankblöcke auf die Längsachse ausgerichtet, so daß die ganz vorn Sitzenden ihre Köpfe fast im rechten Winkel zur Seite wenden müßten. Um dies zu vermeiden, schlägt der Architekt vor, den Bankblock an der Fassadenseite zu teilen und die Bänke der inneren Hälfte in Querrichtung zu drehen, so wie er es in der linken Hälfte des Planes vorführt. Der stark in die Breite gestreckte Gottesdienstraum, dessen Seitenverhältnis 1 : 2 beträgt, besitzt eine erhebliche Größe mit je 13 Kirchenbänken pro Bankblock. Wenn auch nicht bekannt ist, warum die Form des Quersaales grundsätzlich abgelehnt wurde, so verwundert es doch nicht, daß dieser Einzelentwurf keine Zustimmung bei Konsistorium, Pfarrer und Gemeinde finden konnte. Seine Schwächen gerade bei

107–108 Diedenbergen, nicht ausgeführter Entwurf für die ev. Pfarrkirche von Johann Friedrich Karge. Zeichnungen von Johann Jakob Hill, 1754
Aufriß der Hauptfassade: LHB DA Mappe 28/9/1
Längsschnitt: LHB DA Mappe 28/1/7

entscheidenden Punkten wie der Aufstellung der Prinzipalstücke sind gar zu offenkundig.

Für den Neubau der Pfarrkirche in *Diedenbergen* erstellte Johann Friedrich Karge 1754 einen Entwurf, von dem sich zwei Außenansichten erhalten haben (Abb. 107).[254] Weiterhin existieren ein Grundriß (Abb. 108) und ein Längsschnitt, die als solche zwar unsigniert sind, sich aber den Diedenbergener Plänen zuordnen lassen.[255] Karge stand seit 1714 in Diensten der Landgrafschaft Hessen-Darmstadt, zunächst als Mitarbeiter von Louis Remy de la Fosse. Erst in seinen beiden letzten Lebensjahren hatte Karge 1759–1761 das Amt des Baudirektors inne. Bei verschiedenen Bauten nach Entwürfen anderer Architekten übernahm Karge die örtliche Bauleitung, so z. B. in Pfungstadt 1746– 1748, wo man nach einem Plan des Superintendenten Johann Konrad Lichtenberg baute. Karges Zeichnungen zeigen einen quergerichteten Baukörper. Vor die der Landstraße zugewandte Breitseite stellt der Entwerfer den quadratischen Turm, der in einer achteckigen geschweiften Haube gipfelt. Ein Walmdach deckt den Gemeinderaum, an dessen Rückseite ein niedrigerer Sakristeianbau anschließt. Lisenen zieren die Gebäudekanten. Der rechteckige Raum wird streng achsensymmetrisch organisiert, indem Kanzel und Altar vor der Sakristei plaziert werden, während die dreiseitige Empore und das Gestühl das liturgische Zentrum umspannen.

Verwirklicht wurde in Diedenbergen hingegen der Plan des Darmstädter Baudirektors Lorenz Friedrich Müller, den Frank Schmidt zu den vier oder fünf bedeutendsten Kirchenbauten des 18. Jahrhunderts in der Obergrafschaft rechnet. Karges Entwurf wurde, so vermutet Schmidt, gerade deswegen abgelehnt, „weil

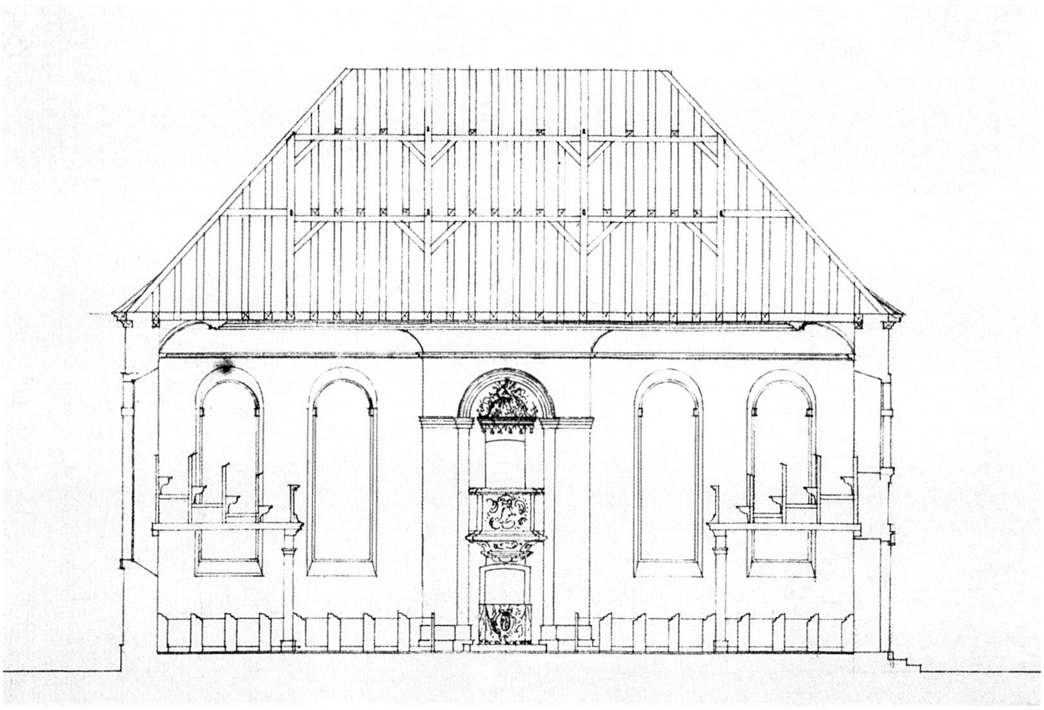

er den in Hessen-Darmstadt immer eine extreme Ausnahme bleibenden Quersaal vorschlug."[256]
In der Landes- und Hochschulbibliothek Darmstadt befinden sich außerdem zwei undatierte Skizzenblätter mit Ansicht, Grundriß und Längsschnitt einer Quersaalkirche, deren eines die Beschriftung trägt. „Dessin der Haubacher Evangelischen Kirche par J. Hill inventirt..." (Abb. 109).[257] Ein Ort namens „Haubach" existiert in der Landgrafschaft Hessen-Darmstadt und ganzen weiteren Umgebung nicht. Es dürfte folglich der Ort *Heubach* bei Groß-Umstadt gemeint sein, wo in den 1750er Jahren zwei evangelische Gotteshäuser gebaut worden sind. Die alte Pfarrkirche in Heubach diente bis 1894 als Simultankirche für Reformierte und Katholiken; letztere nutzten den dreiseitigen Chorschluß im Westen. An den romanischen Ostturm wurde 1754–1759 nach einem Plan von Johann Georg Lützweiler ein neues Schiff angebaut. Zusätzlich entstand 1755 eine lutherische Kirche, ein kleiner längsgerichteter Saalbau mit dreiseitigem Schluß.[258] Wenn es zutrifft, daß die Beschriftung sich auf Heubach bezieht, bleibt die Frage, ob es sich um Pläne für die lutherische oder eine neue reformierte Kirche handelt. Da aber die reformierte Kirche zugleich von der katholischen Gemeinde mitbenutzt wurde, ist es äußerst unwahrscheinlich, daß dafür ein Quersaal geplant worden wäre; folglich war der Entwurf für die Lutheraner bestimmt.
Hills Entwurf zeigt einen Quersaal über rechteckigem Grundriß mit einem sehr flachen Risalit an der Frontseite, welcher das einzige Portal aufnimmt, und einem geringfügig tieferen auf der gegenüberliegenden Längsseite, in dem die Kanzeltreppe untergebracht wird. Die streng symmetrisch gegliederte Längsfassade mit dem Portal stellt die Hauptansicht des Gebäudes dar. Lisenen begleiten alle Gebäudekanten. Zusätzlich werden die Wandflächen durch abgesetzte Putzrahmungen eingefaßt. Das Mansarddach gipfelt in einem Dachreiter auf quadratischem Unterbau in der Mitte des Firstes, dessen sechs- oder achtseitiges Glockengeschoß eine geschweifte Haube deckt. Der Innenraum der Kirche zeigt die übliche Disposition mit der Kanzel in der Mitte der Längsseite gegenüber vom Portal und einer Gemeindeempore an den übrigen drei Seiten. Auf der Kanzelseite deutet Hill in seiner Skizze die Möglichkeit an, die Empore umlaufend fortzuführen. Aufgrund des skizzenhaften Charakters der Darstellung läßt sich nicht entscheiden, ob der Altar frei vor der Kanzel zu stehen kommt oder ob ein Kanzelaltar vorgesehen ist.
Ein Plan für den Neubau des Waisenhauses in Darmstadt, der eine Kapelle in Gestalt eines Quersaales vorsieht und sich an eine Vorlage aus einem Traktat von Johann Rudolf Fäsch anlehnt, soll in Zusammenhang mit der Umsetzung architekturtheoretischer Idealentwürfe genauer behandelt werden.[259]

109 Entwurfsskizze für eine Kirche in "Haubach" (Heubach?) von Johann Jakob Hill, um 1750/55; LHB DA Mappe 28/10

Für die 1736–1737 erbaute Totenkirche am Barfüßertor in Marburg gab es ebenfalls einen quergerichteten Entwurf. Stadtbaumeister Johann Christoph Cöster erstellte zunächst zwei unterschiedliche Pläne für Fachwerkbauten. Realisiert wurde letztlich ein dritter Entwurf, ein längsgerichteter Massivbau, der in der Folgezeit mehrfach verändert worden ist. Einer der beiden Fachwerkentwürfe zeigt einen stark gestreckten Quersaal. Die umlaufende Empore verzahnt der Architekt mit den deckenhohen Stützen, welche die Unterzüge des Dachstuhls tragen. Die Kanzel setzt er an die Längsempore, den Altar stellt er unter der Kanzel, also fast in den Mittelpunkt des Raumes. Das Gestühl richtet er an der Längsachse des Raumes aus, so daß sich die Bankblöcke gegenüberstehen. Von außen erscheint der Baukörper richtungslos, da der Haubendachreiter in der Mitte des Walmdaches sitzt.[260]
Ferner ist ein von Giovanni Ghezzy signierter Bauplan mit den Grund- und Aufrissen zweier Querkirchen bekannt. Eine der beiden ist eine Dreikonchenanlage mit außen polygonalen, innen runden Mauerzügen, die andere hat ein gestrecktes Achteck als Grundriß. In beiden Fällen steht der Turm axial hinter der Altarseite des Raumes. Für welches Bauprojekt diese Entwürfe bestimmt gewesen sein könnten, geht aus den Zeichnungen nicht hervor.[261] Von Ghezzy liegt außerdem ein signierter Entwurf für die lutherische Kirche am Gra-

ben in Kassel vor, die einen rechteckigen Quersaal mit einem außen polygonalen, innen abgerundeten Chor zeigt (Abb. 216).[262] Ghezzy plante, den Altar im Chor, die Kanzel am rechten Chorbogenpfeiler anzuordnen, womit er die Disposition der Stuttgarter Schloßkapelle wiederholte. Obwohl Ghezzy in Kassel die Bauleitung übernahm, wurde trotzdem nicht sein eigener Entwurf umgesetzt, sondern derjenige von Charles du Ry.

Querkirchen im hessischen Raum nach dem Siebenjährigen Krieg

Die Kriegshandlungen des Siebenjährigen Krieges (1756–1763) hatten so schwerwiegende Auswirkungen auf den hessischen Raum, daß dort die Bautätigkeit für einige Jahre praktisch zum Erliegen kam. In den linksrheinischen Gebieten, die weniger stark betroffen waren, konnten hingegen auch während der Kriegsjahre weitere Kirchenbauten ausgeführt werden. Die zeitlich späteste in diese Untersuchung einbezogene Querkirche, die lutherische Kirche in Pirmasens, entstand in den Jahren 1757–1761. Ein Jahr nach deren Vollendung begannen die Bauarbeiten an der Ludwigskirche in der Residenzstadt Saarbrücken (Abb. 98 u. 99).[263]
Im hessisch-nassauischen Raum sind in der zweiten Jahrhunderthälfte weitere Querkirchenbauten zu verzeichnen, vor allem von 1763–1770 und in den 1780er Jahren, welche die bestehende Querkirchenlandschaft weiter verdichtet haben.
Drei nassau-weilburgische Projekte dürfen in Zusammenhang mit der Weilburger Schloßkirche gesehen werden. 1763 wurde in Kubach eine Querkirche errichtet, eine weitere 1766–1767 in Atzbach.[264] In Gräveneck entstand 1777 ein Kirchengebäude, das zwar von außen wie ein Quersaal wirkt, im Inneren jedoch längsgerichtet ist. Kubach und Gräveneck sehen sich von außen sehr ähnlich: Beide sind rechteckige Säle unter einem Walmdach mit mittigem Dachreiter, deren zur Straße gewandte Längsseite durch einen flachen Mittelrisalit als Hauptfassade gekennzeichnet wird. An den rechteckigen Quersaal in Atzbach schließt an der nördlichen Längswand axial der Turm an, dessen geschweifte Haube 1899 durch einen Spitzhelm ersetzt worden ist. Hohe Rundbogenfenster gliedern die Fassaden. Im Inneren stehen Kanzel und Altar vor der Turmwand, die Orgel gegenüber auf der dreiseitigen Empore.
Die Reihe der Querkirchen in der nunmehr hessen-kasselischen Grafschaft Hanau fand ihre Fortsetzung mit den Gotteshäusern in Lohrhaupten am Rande des Spessart (1765) und Dudenhofen im Rodgau (1769–1770). Im lutherischen Lohrhaupten wurde 1765 ein quergelagerter rechteckiger Saal axial an den mittelalterlichen Chorturm angefügt. Der frühere Chorraum wurde aufgegeben, die von korinthischen Säulen flankierte Kanzel und der von einem Paradies umgebene Altar bekamen ihren Platz vor der gegenüberliegenden westlichen Längswand. Auf der dreiseitigen Empore steht im Osten vor dem Turm die Orgel.[265] Die Querkirche in Dudenhofen, entworfen von Ingenieurleutnant Appolt aus Hanau, besitzt hingegen den in der Grafschaft Hanau-Münzenberg schon bekannten rechteckigen Grundriß mit abgeschrägten Ecken wie die Wilhelmskirche in Bad Nauheim und die Pfarrkirche in Marköbel. Die Fassaden zeigen ähnliche Ecklisenen und Ovalfenstern an den schräggestellten Wandflächen. Der Turm ist jedoch an einer Schmalseite in den Baukörper eingestellt. Der Innenraum wird von dem erst 1827 eingefügten Kanzel-Orgel-Aufbau und der dreiseitigen geschwungenen Empore beherrscht.[266]
Beide Kirchen tragen über dem Hauptportal das hessen-hanauische Wappen mit einer Bauinschrift. Der 1764–1765 entstandene quergerichtete Gemeinderaum im hessen-kasselischen Ransbach östlich von Bad Hersfeld ist 1965 abgebrochen und durch einen Neubau ersetzt worden.[267] Einen schlichten rechteckigen Quersaal mit seitlichem Dachreiter baute die Gemeinde Zennern von 1799–1801 nach einem Entwurf von Johann Andreas Engelhardt (Abb. 110); möglicherweise hat hierfür die Mutterkirche im benachbarten Wabern als Anregung fungiert.[268]
Als letzte der vier Querkirchen in der Grafschaft Hessen-Darmstadt wurde in den Jahren 1790–1792 die neue Stadtkirche in Rüsselsheim nach einem Entwurf des darmstädtischen Landbaumeisters Friedrich Schuhknecht gebaut. 1922 wurde der Turm, der vor der Längsfassade steht, erhöht und mit einem neuen Abschluß versehen, welcher beim Wiederaufbau nach dem 2. Weltkrieg noch einmal verändert wurde. Die Kirche brannte 1944 vollständig aus und wurde in veränderter Form wieder aufgebaut, ihre ursprüngliche Ausstattung ist also nicht erhalten. Die querovale umlaufende Empore faßte den Raum zusammen. Altar, Kanzel und Orgel standen in einer Achse übereinander. Die Fassadengliederung mit gekuppelten toskanischen Pilastern ist für Hessen-Darmstadt ebenso ungewöhnlich wie die Querrichtung des Raumes.[269]
In Solms-Braunfels entstanden nach Wölfersheim erst wieder unter der Regierung von Graf Friedrich Wilhelm Ernst weitere Querkirchen, und zwar in Schwalbach (Gem. Schöffengrund) im nördlichen Taunus in den Jahren 1766–1767[270] und in Langsdorf bei Lich von 1780–1782, letztere nach einem Entwurf des solmsischen Landbaumeisters Block.[271] Die reformierte Kirche in Langsdorf präsentiert sich im Inneren als vereinfachter Nachfolgebau von Wölfersheim mit Kanzel-Orgel-Wand und dreiseitiger Empore. Wie in Wölfersheim ist auch in Langsdorf der rückwärtige mittelalterliche Turm durch einen Zwischenbau mit dem Ge-

110 Zennern, ev.-ref. Kirche

meinderaum verbunden, in dem die Sakristei, die Patronatslogen und die Orgel untergebracht sind.
Das nassau-dillenburgische Dorf Frohnhausen wurde nach einem Brand im Jahr 1778 planmäßig neu angelegt. Zu diesem Projekt gehörte auch der 1780–1784 erfolgte Neubau der Kirche unter Beibehaltung eines gotischen Westturmes, an den mit der Schmalseite ein rechteckiger Saal mit Walmdach angefügt wurde. Im Inneren ist der Gemeinderaum jedoch quer auf Kanzel und Altar ausgerichtet, die sich an der südlichen Längsseite befinden. Die dreiseitige Empore entspricht wieder dem weitverbreiteten Schema.[272]
Das Taunusdorf Esch erhielt 1786 eine Querkirche mit seitlich angeordnetem Dachreiter und lisenengegliederten Fassaden, die aber seit einem Umbau von 1962 längsgerichtet ist.[273]
Im Gefolge der isenburg-birsteinischen Querkirchen steht Nieder-Moos im Vogelsberg, wo durch Johannes Georg Link aus Brückenau in den Jahren 1784–1790 für das aus fünfzehn Gemeinden bestehende Kirchspiel eine Quersaalkirche errichtet wurde. Erst 1808–1809 wurde die Innenausstattung vollendet (Abb. 111). Die südliche Giebelseite und der eingebaute Frontturm, den eine verschieferte Zwiebelhaube abschließt, sind in Quadersteinen errichtet und durch toskanische Pilaster gegliedert, während die übrigen Außenwände einen Verputz aufweisen. Kanzelwand und Altar stehen vor der östlichen Längsseite. Korinthische Säulen zu Seiten der Kanzel tragen ein wuchtiges Gebälk, aus welchem der Schalldeckel vorkragt. Auf der dreiseitigen Empore steht vor der Turmwand die von Johannes Markus Oestreich 1790–1791 gebaute Orgel.[274]
In dem Gebiet mit der dichtesten Verbreitung des Querkirchentyps schon vor dem Siebenjährigen Krieg, in der territorial so stark zersplitterten Wetterau, wuchs der Bestand in der zweiten Jahrhunderthälfte noch weiter an. In den Jahren 1782–1785 erhielt die Stadt Assenheim eine Querkirche (Abb. 112). Erste Absichten, ein neues Gotteshaus zu errichten, gab es schon 1727. Der Tiroler Maurermeister Johann Jacob Fritz entwarf 1737 einen längsgerichteten Saal mit abgeschrägten Ecken und Westturm. Da sich die drei Ortsherren, nämlich Solms-Rödelheim, Isenburg-Wächtersbach und Hanau bzw. in dessen Rechtsnachfolge Hessen-Kassel, und das Kloster Ilbenstadt als Inhaber der Patronatsrechte über die Finanzierung des Bauvorhabens nicht einig wurden, zögerten sich die Planungen über Jahrzehnte hinaus. Erst 1782 konnte der Bau begonnen und nach einer Vorbereitungszeit von 58 Jahren im Sommer 1785 schließlich eingeweiht werden. Bauschreiber Johann Philipp Wörrishöfer lieferte den endgültigen Entwurf. Da in der dreiherrischen

111 Nieder-Moos, ev. Pfarrkirche

Stadt sowohl eine lutherische als auch eine reformierte Gemeinde bestand, wurde die Kirche von Anfang an simultan genutzt.[275] Der rechteckige Quersaal mit Frontrisalit und rückwärtigem Turm besitzt eine umlaufende Emporenanlage; Altar, Kanzel und Orgel stehen vor der Turmwand, gegenüber auf der Empore befindet sich die Loge der im Ort residierenden Grafen von Solms-Rödelheim-Assenheim. Somit war die Kirche zugleich Hofkirche und Grablege einer Kleinresidenz.

Hofkirchenfunktionen besaß erst recht die Burgkirche in der Reichsburg Friedberg (Abb. 113), die 1782–1791 nach einem 1771 von Franz Ludwig von Cancrin erstellten und vier Jahre später von Wörrishöfer überarbeiteten Entwurf im Rohbau aufgeführt und nach einer Unterbrechung 1805–1808 fertiggestellt wurde. Die Bauunterbrechung liegt nicht zuletzt in Differenzen zwischen der lutherischen Geistlichkeit und dem katholischen Burggrafen Waldbott von Bassenheim begründet, der die Kirche als Simultankirche einzurichten beabsichtigte. Erst nach dessen Tod 1805 wurde der Kirchenbau unter Leitung des späteren Gießener Landbaumeisters Hofmann vollendet. Die Wahl der betont evangelischen Querkirchenform ist in Anbetracht der gemischtkonfessionellen Burgmannschaft immerhin bezeichnend, zu-

112 Assenheim, ev. Pfarrkirche

mal auch im von Friedberg beherrschten Freigericht Kaichen die Katholiken in zwei Dörfern als Bevölkerungsmehrheit die volle Religionsfreiheit besaßen. Innerhalb des weitläufigen Burggeländes erhebt sich der rechteckige Quersaal mit Walmdach, einem Frontrisalit, aus welchem der Turm aufragt, und einem rückwärtigen Risalit, worin sich die Sakristei befindet. Paarweise angeordnete Lisenen begleiten die Ecken und trennen die Fensterachsen der zweigeschossigen Fassaden. Da die ursprüngliche Turmbekrönung, ein zweigeschossiger hölzerner Aufbau mit geschweifter Haube, 1810 abgetragen worden ist, endet der Turmschaft eigenartig stumpf. Der streng achsensymmetrisch organisierte Saal im Inneren weist an der rückwärtigen Längswand, wo Altar, Kanzel und Orgel axial übereinander stehen, eine schmale Empore über dorischen Säulen auf.[276]

In dem ritterschaftlichen Ort Gersfeld in der Rhön wurde 1780–1788 ein neuer Kirchenbau ausgeführt. Es handelt sich um ein nach Westen gerichtetes Langhaus mit Querarmen und Ostturm. Der Architekt Johann Kaspar Heym plante, der äußeren Gestalt des Baukörpers zum Trotz, den Kirchenraum quer auf eine Kanzel-Orgel-Wand vor dem nördlichen Querhaus auszurichten. Nach seinen Plänen wurde ein Modell gefertigt, welches in der Kirche ausgestellt ist. Wegen der angeblich schlechten Akustik wurde die Querrichtung jedoch verworfen. Die Prinzipalwand wurde schließlich dem Turm gegenüber vor die westliche Schmalseite gesetzt und der Raum als Längssaal eingerichtet.[277]

Die querovale Paulskirche in Frankfurt ist 1789 von Johann Georg Christian Heß nach einem Entwurf von Johann Andreas Liebhard begonnen worden. Bis 1792 war der Rohbau unter Dach. Turmabschluß und Innenausstattung wurden erst 1829–1833 vollendet. Das Bauwerk ist bekannt als Tagungsort der ersten deutschen Nationalversammlung von 1848–1849; weniger bekannt ist freilich, daß es sich vorher um eine Querkirche handelte. Nach der Zerstörung im 2. Weltkrieg ist das Gebäude 1948–1949 als Versammlungs- und Ausstellungsstätte neu eingerichtet worden. Der quadratische Turmschaft, dessen obere zwei Geschosse dorische und ionische Pilaster zieren, wird von einer runden Laterne mit Kuppel bekrönt. Der ovale Baukörper trug ursprünglich ein hohes, leicht gebrochenes Dach, dessen First fast in einer Höhe mit dem Ansatz der Laterne auf dem Turm lag. Die Innenausstattung mit der umlaufenden Empore, dem halbrunden Altarpodest und den konzentrischen Bankreihen nahm die elliptische Kontur der Mauerschale auf. Altar, Kanzel und Orgel waren axial übereinander angeordnet.[278]

113 Friedberg, ev. Burgkirche

Im hanau-lichtenbergischen Thaleischweiler nahe Pirmasens wurde 1778–1788 das bestehende mittelalterliche Kirchenschiff verbreitert; seine Richtung wurde um 90° gedreht und der Gemeinderaum als Quersaal eingerichtet.[279]

Ein bemerkenswertes Phänomen, das in einer Region außerhalb des eigentlichen Untersuchungsgebietes zu beobachten ist, sei an dieser Stelle nur kurz erwähnt: die auffallende Häufung von Querkirchen rings um den nordpfälzischen Donnersberg. In einem regional eng begrenzten, aber historisch verschiedenen Landesherrschaften zugehörigen Gebiet sind in der zweiten Hälfte des 18. Jahrhunderts in einer ganzen Reihe von Dörfern Querkirchen errichtet worden. Das Zentrum dieses Gebietes bildet Kirchheimbolanden, die heutige Kreisstadt des Donnersbergkreises, mit der lutherischen Paulskirche (1739–1744; Abb. 48, 49 u. 126). Als direkte Nachfolgebauten in nassau-weilburgischem Territorium sind Göllheim (1765 von Sckell; Abb. 169) und Albisheim (1792) zu nennen. Albisheim ist das Nachbardorf von Gauersheim, wo die Freiherren von Wallbrunn als Ortsherren und Patrone schon 1751 die bestehende kleine Saalkirche mit Chorturm zu einer Quersaalkirche erweitern ließen. Räumlich wie zeitlich eng beieinander liegen die Kirchenbauten der zu Pfalz-Zweibrücken gehörigen Dörfer Lettweiler (1763), Ransweiler (1767) und Rehborn (1768) sowie Callbach (1778–1782) nordwestlich des Donnersberges.[280] Diese Querkirchengruppe rings um den Donnersberg wäre eine ausführliche, systematische Untersuchung wert.

Die quergerichteten Kirchenentwürfe Friedrich Joachim Stengels und seiner Mitarbeiter im Saarbrücker Baubüro aus der Zeit nach dem Siebenjährigen Krieg werden an anderer Stelle ausführlicher thematisiert (vgl. S. 92 ff. und 189) und daher hier nur knapp aufgezählt. An erster Stelle steht die Ludwigskirche in Saarbrücken (1762–1775). Nassau-Saarbrücken errichtete weitere Querkirchen in Jugenheim (1769–1775), Berg (1770–1773), Niederlinxweiler (1775) und Gersweiler (1784).

Querkirchen wurden bis in die 40er Jahre des 19. Jahrhunderts vorwiegend in Kurhessen gebaut, interessanterweise nun gerade in Regionen, in denen im 18. Jahrhundert noch keine Kirchenbauten dieses Typs entstanden waren: im Marburger Umland in Gemünden/Wohra (Umbau 1803–1806), Wollmar (1827–1828) und Wittelsberg (1844) sowie rings um den Meißner, wo mit Grebendorf (1825), Frankershausen (1827–1828), Küchen (1827–1828), Stadthosbach (1829–1830), Rittmannshausen (1828–1830), Langenhain (1837), Oetmannshausen (1838) und Frankenhain (1839) eine bemerkenswerte Gruppe von Querkirchen nach Entwürfen von Johann Friedrich Matthei ausgeführt worden

114 Wollmar, ev. Kirche

115 Wittelsberg, ev. Pfarrkirche

ist.[281] Einen Sondertypus vertreten die Kirchen von Küchen, Stadthosbach und Wollmar aufgrund ihrer amphitheatralen Gestühlsanordnung. Vollmarhausen bei Kassel besitzt ebenfalls seit 1838–1839 eine Querkirche. Im Großherzogtum Hessen erfreute sich die Form auch weiterhin geringerer Beliebtheit. Noch in napoleonischer Zeit wurde eine Querkirche im wetterauischen Bellersheim (1810–1812) erbaut.[282] Bemerkenswert ist die Raumdisposition der Querkirche in Wißmar (1828–1830), in welcher die Kanzel und der Altar als die beiden Pole der Mittelachse einander gegenüberliegen.[283] Zwei quergerichtete Gotteshäuser im nassauischen Westerwald zeichnen sich durch ihr äußeres Erscheinungsbild mit pilasterbesetzten Frontrisaliten aus: Bad Marienberg (1818–1821) und Driedorf (1822–1827).

1844 entstand in Wittelsberg die späteste hessische Querkirche (Abb. 115). Erst in der Nachkriegszeit hat die Querrichtung in unterschiedlichsten Grundrißfiguren wieder ihren Einzug sowohl in die evangelische als auch in die katholische Kirchenbaukunst gehalten. So wurde 1953 der Neubau in Herbornseelbach als Quersaal mit axialem Turm ausgeführt.[284] Einige ältere längsorientierte Kirchenräume wurden aus einem veränderten Gemeinde- und Liturgieverständnis heraus umgestaltet, z. B. Röddenau (seit 1963 quergerichtet), Neunkirchen/Odenwald (1927 oder 1957 quergerichtet) und Grifte (Abb. 187), dessen längsgerichteter Saal um 1970 zum Querraum umgewandelt worden ist.

Bauaufgaben

Der Typus der Querkirche in seinen verschiedenen Erscheinungsformen wurde im 17. und 18. Jahrhundert für alle möglichen Bauaufgaben im evangelischen Sakralbau angewandt: Hof- oder Residenzkirche, Pfarrkirche oder Filialkirche für eine städtische oder ländliche Gemeinde, Friedhofskapelle, Gotteshaus der Landeskonfession, der konfessionellen Mehrheit oder einer andersgläubigen Minderheit.
Die Begriffe ‚Hofkirche' und ‚Residenzkirche' sind klar zu definieren und abzugrenzen: Eine Hofkirche dient nur dem Hof, während eine Residenzkirche zugleich Pfarrkirche der Residenzstadt ist.[285]
Unter den hier zu untersuchenden Querkirchen kann nur eine einzige als reine Hofkirche eingestuft werden, und zwar die schon um 1580 errichtete Schloßkapelle in Rotenburg/Fulda, einer Nebenresidenz der hessischen Landgrafen. Für sechs Hauptresidenzen der jeweiligen Territorien wurde der Typus der Querkirche gewählt: Buchsweiler (1613–1614), Weilburg (1707–1713), Hanau (Umbau 1727–1729), Kirchheimbolanden (1739–1744), Erbach (1747–1750) und Pirmasens (1757–1761). Diese Kirchen stehen in einem städtischen Kontext und fungierten zugleich als Pfarrkirchen der Stadtgemeinden, in Weilburg und Erbach für die Landeskonfession, während in Buchsweiler, Hanau, Kirchheimbolanden und Pirmasens in der Stadt zwei mehr oder minder gleichberechtigte evangelische Bekenntnisse vertreten waren, folglich zwei evangelische Pfarrkirchen existierten. Drei weitere Querkirchen wurden in Nebenresidenzorten erbaut, die von der Landesherrschaft nur unregelmäßig genutzt wurden: Wabern (1722–ca.1726), Steinau (1724–1731) und Langenselbold (1727-1735). In Steinau war die lutherische Minderheit der Stadt in diese Kirche eingepfarrt, wohingegen in Wabern und Langenselbold das Gotteshaus vorrangig die Funktion der dörflichen Pfarrkirche besaß. Die sogenannte Schloßkirche in Altenburg (1748-1750) steht innerhalb der Residenz eines landsässigen Adeligen und wird zugleich von der Dorfgemeinde besucht. Elf der 35 Objekte, also ein knappes Drittel, sind demzufolge eindeutig einem höfischen Umfeld zuzuordnen.
Eine erneute Auswertung des „Handbuches der Kunstdenkmäler" für das Bundesland Hessen[286] unter dem Gesichtspunkt der Kirchen in höfischem Kontext und ihrer Grundrißtypen wurde durchgeführt. Dabei wurden nicht nur die Hof- und Residenzkirchen der größeren Territorien einbezogen, sondern auch diejenigen der reichsunmittelbaren Ritterschaft und, soweit sie sich nachweisen ließen, diejenigen Kirchen, in denen landsässige Adelsfamilien ihre Stände hatten. Gerade letztere waren allerdings nur zu einem geringen Teil festzustellen, es dürfte jedoch zahlreiche weitere Beispiele geben, die nicht erfaßt sind. Die Auswertung ergab, daß die längsgerichteten Bauten zwar zahlenmäßig überwiegen, daß sich darunter aber nur wenige bedeutende Architekturen befinden. Bei den Hof- und Residenzkirchen des 16. und 17. Jahrhunderts herrscht im hessischen Raum die längsgerichtete Grundrißform vor, mit Ausnahme der querorientierten Schloßkapelle in Rotenburg/Fulda und der quadratischen Burgkapelle von Eisenbach (1671-1675). Unter den längsgerichteten Bauten verdienen die Stadtkirche in Hungen (1596-1608), das 1602 Residenz der solms-braunfelsischen Nebenlinie Solms-Hungen wurde, die später „Unionskirche" genannte Stadtkirche im nassauischen Idstein (1665-1677) oder die als Emporensäle gestalteten osthessischen Patronatskirchen wie Mansbach (vor 1569/1682) Erwähnung.[287] Ab 1700 wurde der Querrichtung des Raumes immer häufiger der Vorzug gegeben. In den Jahren 1700-1702 erhielt die Stadtkirche in Laubach ein neues Langhaus, wobei der alte Chorturm und die Apsis bestehen blieben. In der Planstadt Arolsen entstand ab 1735 nach einem Entwurf von Julius Ludwig Rothweil eine neue Stadtkirche auf dem Grundriß des lateinischen Kreuzes, wobei die seitlichen Kreuzarme die herrschaftlichen Logen aufnehmen und vom Innenraum abgetrennt bleiben. Eine Reihe der wichtigsten Kirchenbauten evangelischer Landesherren dieses Gebietes wurde jedoch quergerichtet: Weilburg, Steinau, Langenselbold, Erbach, desgleichen der Umbau der lutherischen Kirche in Hanau und das ehrgeizige Projekt in Wölfersheim. Einen Sonderfall stellt die Schloßkapelle in Biebrich dar, die ab 1718 im Erdgeschoß der Rotunde eingerichtet wurde, worin ursprünglich eine Sala terrena vorgesehen war. Als die bedeutendsten evangelischen Kirchenbauten der zweiten Hälfte des 18. Jahrhunderts gelten diejenigen von Erbach (Quersaal), Lauterbach (1763–1767, längsgerichteter Saal) und Gersfeld (1780–1788 als Längsbau errichtet, jedoch im ersten Entwurf als Querkirche geplant).[288]
Neben den Residenzkirchen in Steinau, Hanau, Weilburg, Buchsweiler, Kirchheimbolanden und Erbach sind vier weitere Querkirchen festzustellen, die ebenfalls für Stadtgemeinden gebaut, aber nicht vom Hof besucht wurden: die lutherische Kirche in Kassel (1734–1738) sowie die reformierten Kirchen in Usingen (1700–nach 1705), Saarbrücken (1743–1746) und Neusaarwerden (1750–1751). Die letzteren wurden alle für konfessionelle Minderheiten errichtet, die nicht demselben Bekenntnis angehörten wie die jeweilige Lan-

desherrschaft und die gerade erst die Erlaubnis erhalten hatten, eigene Gotteshäuser zu bauen. Sie wurden mit Ausnahme von Neusaarwerden sämtlich in Residenzstädten errichtet. Auch diese stehen daher den jeweiligen Höfen und dem landesherrlichen Bauwesen nahe.

Die größte Gruppe bilden die ländlichen Pfarrkirchen, unter denen insgesamt 18 Querkirchen zu finden sind, Altenburg, Langenselbold und Wabern mit eingerechnet. Dabei muß allerdings berücksichtigt werden, daß die Pfarrkirche auf dem Land in der gesamten Kirchenbaulandschaft ohnedies die zahlenmäßig häufigste Bauaufgabe darstellt. Hierzu gehören Wölfersheim (1717–1741), Eisemroth (1721–1723), Wabern (1722–ca.1726), Langenselbold (1727–1735), Ober-Eschbach (1728–1731), Lichenroth (1732–1733), Rodheim (1732–1736/38), Grävenwiesbach (1737–1738), Heftrich (1737–1739), Neunkirchen (1739–1741), Nauheim (1740–1742), Marköbel (1741–1742), Altenburg (1748–1750), Unterreichenbach (1748–1754), Ostheim (1749–1750), Ruppertsburg (1750–1757), Bicken (1756) und Bieber (erweitert 1756–1758). Lichenroth und Altenburg wurden in Zusammenhang mit dem Kirchenbau zu selbständigen Pfarreien erhoben, was aber in beiden Fällen nur wenige Jahre Bestand hatte. Bei der Bauaufgabe der ländlichen Pfarrkirche tritt der Querkirchentypus jedoch mit leichter zeitlicher Verzögerung gegenüber den höfischen und städtischen Querkirchen auf. Die an erster Stelle genannte Querkirche in Wölfersheim muß zudem ebenfalls in einem höfischen Kontext gesehen werden, denn dieses Bauprojekt besaß für den Landesherrn, dem Grafen von Solms-Braunfels, offenkundig große Wichtigkeit. Das Gotteshaus im Amtsort Wölfersheim, einer solms-braunfelsischen Exklave, ist der mit weitem Abstand aufwendigste Kirchenbau der ganzen Grafschaft. Es verfügt über eine außergewöhnliche Prachtfassade und einer herrschaftlichen Loge auf der Empore gegenüber der Kanzel, ganz nach Art der Herrschaftslogen in Residenzkirchen, wenn sie auch gewöhnlich vom Amtmann genutzt wurde. Weiterhin war die Pfarrkirche in Wabern, wo der Landgraf von Hessen-Kassel ein Jagdschloß besaß, von der gelegentlichen Nutzung durch den Hof geprägt. Eine Loge, d. h. einen vergitterten Stand im Erdgeschoß, für die Vertreter der Landesherrschaft gab es außerdem in Lichenroth und Unterreichenbach.

Nur vier der Querkirchen wurden für ländliche Filialgemeinden erbaut: Carlsdorf (1699–1704), Helpershain (erweitert 1717), Burgbracht (1738–1741) und Stammheim (1750–1751). Burgbracht besaß wie die ebenfalls isenburg-birsteinischen Pfarrkirchen Lichenroth und Unterreichenbach einen herrschaftlichen Stand. In Stammheim nahm ein Patronatsherr großen Einfluß auf das Bauprojekt.

Einen Sonderfall stellt die Sandkirche in Schlitz (1612) dar, denn sie steht außerhalb der Stadt und dient lediglich als Friedhofskapelle. Sie findet eine räumlich weit entfernte Parallele einzig in der 1657 errichteten Friedhofskapelle der welfischen Residenzstadt Celle.[289]

Zusammenfassung: Die einzelnen Territorien und ihr Verhältnis zur Querkirche

Die mit Abstand größte Vielfalt quergerichteter Kirchenbauten findet sich in der Grafschaft Hanau-Münzenberg und in den nassau-walramischen Grafschaften. In Hanau-Münzenberg ist unter Graf Johann Reinhard III. ein regelrechtes landesherrliches Kirchenbauprogramm zugunsten der lutherischen Minderheit zu greifen, dessen herausragende Bauten sämtlich quergerichtet sind. Nassau-Usingen und -Saarbrücken einerseits und Nassau-Weilburg andererseits entwickelten eine landestypische Querkirchenform, die für mehrere Bauten Anwendung fand.

In der Mehrzahl waren es Kleinterritorien, welche verstärkt Querkirchen bauten, nach Fürstung strebende Grafschaften oder gerade erst in den Reichsfürstenstand erhobene Territorien. In den hessischen Landgrafschaften entstanden nur vereinzelte Querkirchen, zwischen denen landesgeschichtlich wie typologisch kein Zusammenhang besteht. Im reformierten Hessen-Kassel wurde der Typus noch etwas häufiger gewählt, aber das lutherische Hessen-Darmstadt übte eine auffallende Zurückhaltung gegenüber neuen Kirchenbauformen. Die drei in hessen-darmstädtischen Dörfern errichteten Querkirchen stehen im Vogelsberg und in der Wetterau, in Regionen also, in welchen die Bauform unter anderen Landesherrschaften verbreitet war. Die eingangs beschriebene Häufung von Querkirchen zwischen Lahn und Dill, Taunus, Wetterau, Vogelsberg und Kinzigtal betrifft ein Gebiet, das territorial außerordentlich zerstückelt war. Ein Dutzend unterschiedliche Landesherrschaften setzte diese Bauform in einem relativ eng begrenzten Gebiet ein.

Im von Hessen-Kassel regierten Oberfürstentum Marburg und im hessen-darmstädtischen Hinterland gibt es keine Querkirchen aus der Zeit vor dem Siebenjährigen Krieg, ebensowenig im Fürstentum Waldeck. Auch mit zentralisierenden Entwürfen konnte sich Julius Ludwig Rothweil dort nicht durchsetzen.[290] Waldeck hielt an der traditionellen Dreiteilung des Kirchenraumes in Vorhalle, Gemeinderaum und Chor fest. Die Religionspolitik in Waldeck wurde ab 1706, als Graf Friedrich Anton Ulrich die Regierung übernahm, von einem orthodoxen Luthertum geprägt. Die Vertreter des von seiner Stiefmutter intensiv geförderten Pietismus verdrängte er systematisch aus der Landesverwaltung.[291] Die streng orthodoxe Haltung der Landesherrschaft manifestiert sich im Waldecker Kirchenbau.

Formen

Grundriß- und Raumtypen

Die Grundform der Querkirche, der quergerichtete Rechtecksaal, läßt sich anhand von Veränderungen der Raumschale und Erweiterungen durch Risalite oder Flügel weiter ausdifferenzieren. Die Grundrißtypologie nach Dött (Abb. 116) definiert sechs verschiedene Schemata: (1) einfaches Querrechteck, einseitig erweiterter Querraum (zentralisierte T-Kirche) mit Altarposition (2) in dem Erweiterungsarm oder (3) an der gegenüberliegenden Längswand, (4) zweiseitig erweiterter Querraum, (5) quergelagertes gestrecktes Achteck, (6) Queroval. Durch Einbeziehung der Emporen gelangt Dött zu einer Systematik, die insgesamt 27 Typen umfaßt.[292]

Der Übergang von der zweiseitig erweiterten Quersaalkirche zum kreuzförmigen Zentralbau ist fließend. Oft lassen sekundäre Einbauten wie Prinzipalwände, Emporen oder Logen den Innenraum anders wirken, als es die Zuordnung zu dem entsprechenden Grundrißtyp erwarten ließe. Beispielsweise erscheint Grävenwiesbach vom Grundriß her als zweiseitig erweiterter Quersaal, im Innenraum tritt der hinter dem Altar angefügte Turm hingegen überhaupt nicht in Erscheinung. Ähnliches gilt für Neunkirchen, Altenburg oder Unterreichenbach. Um die Raumwirkung in ihrer Ganzheit richtig einzustufen, genügt der Blick auf den Grundriß nicht:

> „Als Grundrißschema für eine ... Querkirche konnte das Rechteck und vor allem die T-Form, aber auch ein dem Quadrat oder der T-Form angenähertes griechisches Kreuz benutzt werden. An dieser Vielfalt zeigt sich, wie wenig allein der Grundriß über den Raumcharakter einer lutherischen Kirche zur Zeit des Barocks aussagt. Aufschlußreicher ist demgegenüber der Aufriß im Querschnitt."[293]

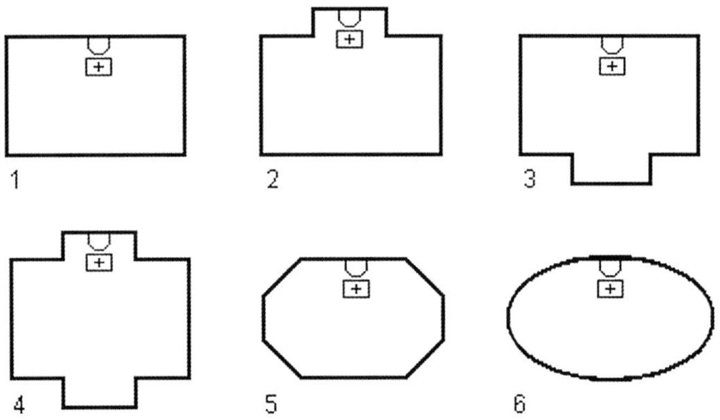

116 Haupttypen quergerichteter Kirchengrundrisse, Umzeichnung nach DÖTT 1955, S. 151

Darüber hinaus entziehen sich zusammengesetzte Baukörper wie Langenselbold (Durchdringung von Kreuz und Queroval) oder Steinau (Rechteck mit Frontrisalit und seitlichen Halbkreiskonchen) oder gar die Weilburger Schloßkirche, deren Grundriß- und Raumgestalt im Anschluß gesondert betrachtet wird, von vornherein der Einordnung in ein typologisches Raster. Schwierigkeiten der Einordnung birgt weiterhin das Rechteck mit abgeschrägten Ecken (Marköbel, Nauheim), das zwischen Rechteck und gestrecktem Achteck liegt. Erweiterte ältere Bauten wie Hanau oder Bieber passen erst recht in kein Schema. Da eine rein grundrißtypologisch ausgerichtete Systematisierung derart unübersehbare Probleme in sich birgt und wenig aussagekräftige Ergebnisse erwarten läßt[294], wird hier auf weitere diesbezügliche Ausführungen verzichtet.

Verhältnis von Außenbau und Innenraum

Protestantische Kirchenbauten sind in der Regel vom Innenraum ausgehend zu verstehen. Dennoch stimmen Außenbau und Innenraum in ihren Richtungen nicht unbedingt überein. Eine Klassifizierung allein anhand der Grundrisse wirft daher Schwierigkeiten auf.[295] Eine Divergenz von äußerer Erscheinung und innerer Ausrichtung kann auf eine nachträgliche Umgestaltung hindeuten, bei der die Position des liturgischen Zentrums verändert worden ist. Sie kann aber auch beabsichtigter Bestandteil des ursprünglichen Entwurfes sein. Dies mußte im Einzelfall mit Hilfe archivalischer Quellen, soweit möglich, geklärt werden.

Das Raumerlebnis der Kirchenbesucherinnen und -besucher hängt auch damit zusammen, aus welcher Richtung sie den Raum betreten. Wer durch ein Portal in der Hauptachse hineinkommt und unmittelbar auf Kanzel und Altar blickt, erlebt eine größere Nähe zum liturgischen Zentrum als diejenigen, welche von der Seite her im rechten Winkel zur Hauptachse den Raum betreten.

Zwei Vorgehensweisen sind bei der Gestaltung des Äußeren möglich: entweder das bewußte Ablesbarmachen der inneren Raumdisposition an der äußeren Gestalt des Baukörpers oder aber deren Verunklärung bis hin zu einer totalen Gegensätzlichkeit von äußerem Erscheinungsbild und innerer Struktur. Im ersteren Fall wird der Quersaal von außen dadurch kenntlich gemacht, daß der Turm in die Hauptachse gestellt wird, entweder als Fassadenturm vor der Frontseite wie in Usingen, Rodheim, Ruppertsburg (Abb. 117), Altenburg und Langenselbold oder an der Rückseite hinter dem Altar, so bei Wölfersheim und den Querkirchen von Friedrich Joachim Stengel. Ein Risalit, Choranbau oder rückwärtiger Turm kann die Altarposition nach außen kennzeichnen. Bei architektonisch konsequenter Durchformung wird die Eingangsseite, die dem liturgischen Zentrum gegenüberliegt, als Hauptfassade gewählt und dementsprechend ausgestaltet. Leonhard Christoph Sturm sieht darin einen der großen Vorzüge, den der Querkirchentypus bietet: „Noch hat diese Anordnung vor allen andern den Vortheil / daß die lange Seite der Kirche zur Haupt=Faciata gemacht wird / welches zu der Schönheit derselben gar ein grosses contribuiret."[296] Gerade bei Querkirchen wird häufiger als bei längsgerichteten Bauten von der traditionellen Ostung abgewichen, um den Baukörper mit der Breitseite zu einer Straßenflucht, beispielsweise in Ober-Eschbach und Rodheim, oder einer Platzanlage wie in Usingen oder im Fall der Ludwigskirche Saarbrücken, einer Blickachse im Ortsgefüge (Langenselbold) oder parallel zu einem Hang mit entsprechender Fernwirkung (Wölfersheim) auszurichten. Die Fassade kann durch einen Frontturm oder einen Mittelrisalit sowie den Einsatz von vollständigen Säulen- bzw. Pilasterordnungen (Wölfersheim, Grävenwiesbach) oder Lisenen (Rodheim) ausgezeichnet werden.

Der Grundgedanke der Zentralisierung des Raumes wird betont, wenn eine zweifach achsensymmetrische Grundrißfigur gewählt wird wie das Rechteck, Oval, gestreckte Polygon oder Kreuz. Verzichtet man noch dazu auf einen Turm und setzt den Dachreiter auf den Mittelpunkt des Dachfirstes, wie im Fall der lutherischen Kirche in Ober-Eschbach, so erscheint der Baukörper richtungslos. Noch stärker wird der Zentralbaugedanke bei der Schloßkirche im niedersächsischen Salder (1713–1717)[297] betont. Dieser Bau über einem kreuzförmigen Grundriß, dessen Arme in der Hauptachse verkürzt sind, wird von einem gewaltigen dreistufigen Haubendachreiter im Mittelpunkt bekrönt, welcher von innen fast wie eine Vierungskuppel wirkt. Ebenso unklar bleibt die innere Raumgestalt bei einem zusammengesetzten Baublock wie der Weilburger Schloßkirche, an deren Fassaden nichts darauf hindeutet, in welcher Richtung der Kirchenraum in das Innere dieses Baukörpers eingefügt ist. Auch der schlichte turm- und dachreiterlose Baukörper der Paulskirche in Kirchheimbolanden zeigt seine innere Disposition nicht nach außen.

Eine ganze Reihe von Querkirchen präsentiert sich von außen gesehen im Gewand der traditionellen, längsgerichteten Sakralbauten. Bei der Nauheimer Wilhelmskirche, Steinau und Erbach steht der Turm vor einer Schmalseite, in Wabern (Abb. 118) ist er seitlich in den Baukörper hineingestellt, und in Stammheim, Carlsdorf

117 Ruppertsburg, ev. Pfarrkirche: Der Fassadenturm an der Breitseite betont nach außen die Querrichtung. Außenbau und Innenraum korrespondieren.

118 Wabern, ev.-ref. Pfarrkirche: Die Großform mit dem eingestellten Turm an der Schmalseite negiert die innere Querrichtung.

und Burgbracht sitzt der Dachreiter an einem Ende des Dachfirstes über einem Giebel auf. Die kleine Filialkirche in Lichenroth besitzt sogar einen ganz herkömmlichen Grundriß mit einem dreiseitigen Schluß; ihr Dachreiter erhebt sich über dem der Straße zugewandten Giebel. Von außen ist keinesfalls ablesbar, daß der Innenraum quergerichtet sein könnte. Man wählte hier die protestantische Quersaalform, verzichtete aber darauf, dies von außen kenntlich zu machen, sondern hielt an der althergebrachten, längsgerichteten Kirchensilhouette fest. In Marköbel wurde ein älterer Chorturm an der östlichen Schmalseite des neuen, innen quergerichteten Gemeinderaumes stehengelassen, woraus die Längsrichtung des Äußeren resultierte. Die vorgenannten Beispiele sind sämtlich Neubauten, so daß dort die Entscheidung für das längsgerich-

119 Heftrich, ev. Pfarrkirche, Ansicht: Die Großform erscheint längsgerichtet, aber die Risalite an den Breitseiten deuten die Querrichtung des Innenraumes nach außen an.

120 Wallrabenstein, ev. Kirche: Der von außen wie eine Querkirche wirkende Baukörper umfaßt einen längsgerichteten Innenraum.

tete äußere Erscheinungsbild ein Bestandteil bewußter Planung gewesen ist.
Besonders deutlich wird die Spannung zwischen Außen und Innen an der Pfarrkirche in Heftrich (Abb. 119). Diese besitzt Fassaden mit übergiebelten Risaliten und Pilastern vor beiden Längsseiten, der Turm steht an der Schmalseite. Von außen erscheint die Längsrichtung als Dominante, zumal das Dach nur auf der dem Turm entgegengesetzten Seite abgewalmt ist. Der Baukörper besitzt die Silhouette eines Längssaales. Im Innern ist aber die Querachse, die nach außen durch die Risalite vor den Längsseiten angedeutet wird, die Hauptrichtung. Diese Ambivalenz der Achsen ist hier vom Architekten Friedrich Joachim Stengel zweifellos gewollt, möglicherweise sogar von der Kirchenbehörde oder der Gemeinde gefordert worden.[298]
Im Gegenzug existieren aus derselben Epoche durchaus Kirchengebäude, die von außen wie quergerichtet erscheinen, im Inneren jedoch längsgerichtet sind. Ein nassauisches Beispiel findet sich in Wallrabenstein im Taunus (Abb. 120). 1705–1708 wurde nach einem Entwurf von Friedrich Sonnemann ein längsgerichteter Saal erbaut, der dank Walmdach und mittigem Dachreiter sowie der zur Straße gewandten symmetrischen Längsfassade von außen wie ein Querbau wirkt.[299] Gleiches gilt für die Hugenottenkirche in Todenhausen, die von 1744–1755 in der Flucht einer Häuserzeile des Straßendorfes erbaut wurde.[300] Der im Innern längsgerichtete Saal steht mit seiner Breitseite an der Straße; das mittig gesetzte Portal und zwei symmetrisch angeordnete Rundbogenfenster gliedern die Fassade, die von einem Walmdach und einem zentralen Dachreiter überhöht wird.
Die evangelische Kirche in Dissen (Abb. 121 u. 122) besitzt einen um 1739/1740 erbauten Gemeinderaum[301] in der Form des gestreckten Achtecks, dessen Breitseite axial an den spätmittelalterlichen Westturm angefügt worden ist; der Turm erhielt 1740 (Datum auf der Wetterfahne) einen neuen Spitzhelm in einer eigenartig geschweiften Form. Der ehemalige, inzwischen vermauerte Haupteingang befindet sich dem Turm gegenüber in der Mitte der östlichen Längsseite. Der Grundriß weist damit eine Achsensymmetrie auf, die es nahelegen würde, den Raum im Inneren querzurichten, so daß die Symmetrieachse des Raumes auch die des Gesamtbaukörpers wäre. Nichtsdestotrotz ist der Kirchenraum längsgerichtet. Die Grundrißform konsequent umzusetzen, hätte bedeutet, Altar und Kanzel an der Turmwand anzubringen, dem Hauptportal gegenüber.[302] Stattdessen steht der Altar frei in der Längsachse des Raumes, die Kanzel ist, leicht aus der Achse abweichend, zwischen den Fenstern des südlichen Halbrundes angebracht. Die Kirche hat in ihrem Innern so tiefgreifende Veränderungen erlebt – die Ausstattung wurde in den Fünfziger Jahren komplett erneuert, bis auf die Orgel von 1883 –, daß es schwer ist, zu einer endgültigen Aussage über ihre ursprüngliche Disposition zu gelangen. Der älteste erhaltene Grundriß von ca. 1772 zeigt allerdings schon eine

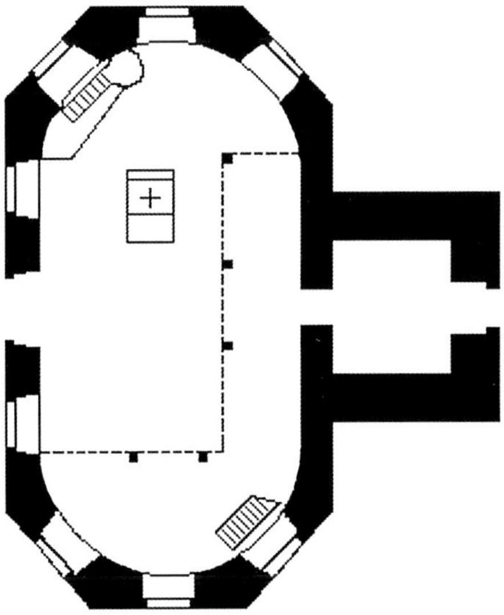

121 Dissen, ev. Kirche, Grundriß: Die Symmetrie des Baukörpers wurde im Innenraum nicht umgesetzt.

122 Dissen, ev. Kirche

123 Mariendorf, ev. Kirche

Innenausstattung in Längsrichtung.[303] Daß das Gotteshaus innerhalb der ersten dreißig Jahre seines Bestehens bereits so tiefgreifend umgestaltet worden wäre, erscheint unwahrscheinlich. Eher ist von einer Planänderung während der Bauzeit auszugehen, eventuell aufgrund von Widerständen aus der Gemeinde gegen die ungewohnte Querrichtung. Aus der Bauzeit waren bedauerlicherweise keinerlei Akten aufzufinden. Daher ist auch der Architekt der Kirche nicht nachweisbar; die Architektur liefert jedoch ein Indiz. Die außen polygonal gebrochenen Wände des Achtecks sind im Inneren abgerundet – ein Gestaltungsmittel, dessen sich Giovanni Ghezzy gern bediente, beispielsweise bei seinem Entwurf für die lutherische Kirche in Kassel (Abb. 216). Daß Ghezzy der Baumeister der Kirche in Dissen sein könnte, wäre durchaus denkbar. Ein von Ghezzy signierter Bauplan, dessen Zuordnung nicht bekannt ist, mit den Grund- und Aufrissen zweier Querkirchen zeigt unter anderem eine Dreikonchenanlage mit außen polygonalen, innen runden Mauerzügen.[304] Sieht man von der dritten Konche an der Längsseite ab, so besitzt dieser Entwurf auffallende Ähnlichkeiten mit der Kirche in Dissen, bis hin zu dem geschwungenen Spitzhelm des Turmes, dessen starkes Mauerwerk in Ghezzys Zeichnung darauf hindeuten könnte, daß der Architekt hier einen mittelalterlichen Turm gemeint hat.

Die Kirche der 1686 gegründeten hessen-kasselischen Waldenserkolonie Mariendorf (Abb. 123 u. 124) stellt einen ähnlichen Problemfall dar wie Dissen. Über die ursprüngliche innere Disposition des 1701–1710 wahrscheinlich nach einem Entwurf von Paul du Ry errichteten Gotteshauses[305] ist ebenfalls nichts bekannt. Der Außenbau der Kirche entspricht noch weitgehend dem ursprünglichen Aussehen, abgesehen davon, daß das Bruchsteinmauerwerk 1937 bei einer Renovierung einen Verputz erhalten hat. Den rechteckigen Baukörper deckt ein Mansarddach. Auf dem Dachfirst erhebt sich ein kleiner sechsseitiger verschieferter Dachreiter mit Pyramidendach. Von außen gesehen präsentiert sich die dem Dorf zugewandte Längsseite als Hauptfassade. Das rundbogige Portal wird durch einen Dreiecksgiebel, eine darunter angebrachte Inschriftentafel und den mittigen Dachreiter überhöht und von Rundbogenfenstern flankiert. Die Symmetrieachse des ganzen Bauwerks ist, betrachtet man Außenbau und Raumschale, die Querachse. Der Innenraum wurde jedoch im Laufe seiner Geschichte mehrfach umgestaltet. 1971 wurden Altar und Kanzel von der östlichen Schmalseite an die nördliche Längsseite, dem Portal gegenüber, versetzt und der Raum quergerichtet. Die Orgelempore wurde 1971 entfernt und das Instrument zu ebener Erde im Nordwesten des Raumes aufgestellt, wo es nach wie vor steht. Sicher ist, daß sich das liturgische Zentrum vor der Umgestaltung von 1971 an der östlichen Schmalseite befand. Die Kanzel war, wie eine Innenaufnahme aus dem Jahr 1965 zeigt[306], links neben dem Rundfenster angebracht. Dieses Rundfenster verleiht der Ostwand eine Hervorhebung und betont die Längsachse des Raumes. Wenn dies der ursprünglichen Konzeption entspricht, muß die Mariendorfer Waldenserkirche als längsgerichteter Saal gewertet

124 Mariendorf, ev. Kirche

werden.[307] Seit 1996 steht der Abendmahlstisch wieder in der Längsachse des Raumes frei vor der Fensterrosette. Die Kanzel wurde weiter zur Ecke hin an der Ostwand angebracht. Das ihr zunächst gelegene Fenster der Nordwand wird hoch oben, knapp unter dem Ansatz der Decke, von zwei Bibelsprüchen in französischer Sprache flankiert, von denen einer mit der Jahreszahl 1709 versehen ist. Insgesamt gesehen ergibt sich daraus eine Hervorhebung der nordöstlichen Ecke durch die besondere Fensterform und die Wandinschriften. Vorstellbar wäre daher auch, daß die Kanzel wie heute in der Ecke stand und das Gestühl im Winkel von Westen und Süden her auf das liturgische Zentrum ausgerichtet war. Jede Rekonstruktion des Raumes bleibt hingegen auf der Ebene der Spekulation. Der heutige Zustand kann nicht ohne Vorbehalt als dem ursprünglichen entsprechend angenommen werden.

Fassadenlösungen

Die Fassadengestaltung protestantischer Kirchengebäude ist bislang in der Forschung nur selten betrachtet worden und müßte, um zu aussagekräftigen Ergebnissen zu kommen, zum Thema einer eigenen Untersuchung gemacht werden. Daher folgen hier nur einige knappe Beobachtungen, die sich auf die kleine Objektgruppe der Querkirchen des hessisch-nassauischen Raumes beziehen und keineswegs verallgemeinerbar sind. Es fällt jedoch auf, daß regional große Unterschiede bestehen, mit wie großem oder geringem Aufwand die Kirchenbauten ausgeführt werden, daß es andererseits immer wieder einzelne Bauwerke gibt, die aufgrund besonderer örtlicher Voraussetzungen und Ansprüche herausragen.

Der Übergang von der Stadtkirche zur Dorfkirche ist gerade bezüglich der Außenwirkung fließend. Vor allem Kirchenbauten in sogenannten Minderstädten, die zwar im Mittelalter Stadtrechte erhalten, sich aber nie richtig zur Stadt entwickelt und ihren Status bis in die frühe Neuzeit verloren hatten, stehen auf der Schwelle zwischen Dorf- und Stadtkirche. Wichtiger als der rechtliche Status einer Ortschaft ist, wenn es um die Außengestaltung geht, zum einen die finanzielle Lage der Gemeinde, zum anderen ihre Bedeutung in der Hierarchie der landesherrlichen Verwaltung (Amtssitz o. ä.) und nicht zuletzt das Interesse der Landesherrschaft an diesem Ort (Jagdschloß, Nebenresidenz) beziehungsweise die Ambitionen ortsansässiger Adeliger, hinzu kommen eventuelle Ansprüche der Gemeinde selbst. Die wirtschaftliche Situation der Dorfgemeinden differierte von Region zu Region stark.[308] Gerade in der fruchtbaren und vergleichsweise wohlhabenden Wetterau sind es die katholischen Kirchen, die nach außen hin eher zurückhaltend gestaltet sind[309], während die Evangelischen beider Konfessionen ihren Kirchen mittels hochragender Turmhauben und mehrstufiger Dachreiter eine weithin sichtbare Fernwirkung verleihen.

Formen aus der Prachtbaukunst werden nur gelegentlich und durchaus gezielt eingesetzt. Bei der Auswertung der Fassaden zeigt sich, daß vollständige Säulenordnungen nur selten zur Anwendung kommen. Außer Wölfersheim sind es nur noch die Querkirchen Stengels, bei denen eine Pilasterordnung, und zwar in Grävenwiesbach und Heftrich die toskanische, die Frontrisalite auszeichnet. Lisenen werden wesentlich häufiger angebracht. Christian Ludwig Hermann verwendet sie bei allen seinen Querkirchenbauten, ausgenommen Ober-Eschbach. Johann Wüstenfeld gestaltet in Altenburg und Unterreichenbach sehr ähnliche zweigeschossige Wandaufrisse mit rustizierten Lisenen im Sockel und glatten Lisenen im Obergeschoß. Auch die Schloßkirche in Weilburg kommt mit einer Lisenengliederung am Außenbau aus, allerdings mit Verkröpfungen und aufwendig profilierten Gesimsen, während den Innenraum eine wandhohe Ionica gliedert. Wabern und die lutherische Kirche in Kassel sind mit schlichten glatten Ecklisenen versehen. Die übri-

125 Wölfersheim, ev.-ref. Pfarrkirche, Hauptfassade mit ionischer Säulenordnung

126 Kirchheimbolanden, ev. Paulskirche

gen Bauten weisen höchstens Eckquader als Fassadenschmuck auf. Ein rudimentäres Element der Säulenordnung wird jedoch so gut wie überall eingesetzt, nämlich das profilierte Traufgesims.

Die aufwendigste Schaufassade aller hier betrachteten Kirchen besitzt die reformierte Pfarrkirche in Wölfersheim (Abb. 125). Die dem tiefer gelegenen Ortskern zugewandte, in der Landschaft weithin sichtbare Fassade überspannt eine ionische Kolossalordnung. Beiderseits des Mittelportals tragen gekuppelte Dreiviertelsäulen einen konvexen Dreiecksgiebel, die Achsen der Seitenportale werden von gekuppelten Pilastern begleitet. Aufgrund dieser außergewöhnlich reichen Gestaltung der Hauptfassade hält sich hartnäckig das Gerücht, das Wölfersheimer Kirchengebäude wäre ursprünglich als Schloß geplant worden.[310] Als Ursprung dieser Legende ist der Reisebericht Philipp Dieffenbachs aus dem Jahre 1847 anzusehen, der aber keinen Beweis anführen kann:

> „Ueber die Erbauung der neuen großen Kirche zu Wölfersheim gibt der Wetterauische Geographus genauere Nachrichten, als man sonst von ihm zu erwarten berechtigt ist. Sie erklären zum Theil das Gebäude; doch hat er nicht angegeben, daß es ursprünglich zu einem Schlosse, nicht zu einer Kirche bestimmt war. (...) Die alte Burg stand nämlich da, wo sich jetzt die Kirche befindet, und wurde wahrscheinlich zum Theil abgerissen, um dem neuen Schlosse, das später Kirche ward, Platz zu machen."[311]

Archivalisch läßt sich dies unzweifelhaft widerlegen. Die entscheidende Quelle ist der Bericht von der Grundsteinlegung, den Pfarrer Elling noch am Tage der Feierlichkeiten, dem 29. Juni 1717, unter der Überschrift: „Unsere Newe Kirche betreffend" in das Stiftungsbuch eingetragen hat.[312] Außerdem fand schon ab 1716 die „Wölffersheimer Lotterie Zu Erbauung einer gantz neuen höchstbedürfftigen Kirche" statt.[313] Möglicherweise hatte es vorher am Greifensteiner und Braunfelser Hof Überlegungen gegeben, in Wölfersheim anstelle des verfallenen alten Schlosses ein neues herrschaftliches Wohngebäude zu errichten, doch das hier besprochene Bauwerk ist von Anfang an dazu bestimmt gewesen, als reformierte Predigtkirche zu dienen. Daher ergibt sich die Frage, aus welchem Grund die Theorie vom Schloßbau noch immer Bestand hat. Offenbar wecken die an der Südfront verwendeten Bauformen auf den ersten Blick die Assoziation ‚Schloß'.

Im protestantischen Kirchenbau war eine Architektursprache möglich, die gleichermaßen im Profanbau eingesetzt werden konnte.[314] Es gibt bezüglich des Außenbaus offensichtlich keine spezifische protestantische Kirchenikonographie. Wölfersheim ist kein Einzelfall. Die Auszeichnung besonders wichtiger Bauteile, besonders der Eingangszonen, durch Risalite, Portiken, Wechsel vom Pilaster zur Halb- oder gar Vollsäule ist ein häufig eingesetztes Prinzip in der Architektur um 1700, auch und gerade an Schloßbauten. Dies bedeutet jedoch nicht, daß die Protestanten ihre Kirchengebäude als Profanbauten eingeschätzt hätten.

Die Paulskirche in Kirchheimbolanden besitzt zwar einen aufwendig gestalteten Innenraum, doch der Außenbau der Kirche ist im Gegensatz zum Inneren von großer Klarheit und Schlichtheit gekennzeichnet (Abb. 126). Der Bauschmuck an den Fassaden der Paulskirche beschränkt sich auf ein Minimum: „Das ganze Äußere ist auffallend schlicht, fast ‚scheunenartig' gehalten und ruft trotz der kolossalen Ausmaße beim Betrachter zunächst nicht den Eindruck eines Gotteshauses hervor".[315] Da der Turm der alten Pfarrkirche St. Peter in der Verfügungsgewalt der lutherischen Gemeinde blieb, konnte auf den Neubau eines Turmes oder Dachreiters zur Aufnahme der Glocken verzichtet werden. Dem Baukörper fehlt daher das in die Höhe weisende Element eines Turmhelmes oder einer Haube, die es im Stadtbild von weiter her kenntlich machen würde. Das Gebäude ruht in sich, es „prahlt nicht mit dem Aussen, ... sondern ruft nach dem Innen: die einen, die von der Stadt, die anderen, die vom Schloss her kommen." Erwin Morlock sieht darin „eine protestantische, dem bewegten katholischen Barock entgegengesetzte Lebenshaltung."[316] Diese Interpretation wäre zunächst mit Vorsicht zu hinterfragen, da es durchaus protestantische Kirchen mit Schaufassaden und Säulenordnungen gibt. Eine bewußte Abgrenzung vom Katholizismus könnte allerdings in der räumlichen Nähe zu dem übermächtigen Nachbarn Frankreich durchaus ein Beweggrund gewesen sein.

Sowohl in Weilburg als auch in Kirchheimbolanden hat der Kirchenbau hingegen einen wohlüberlegten Platz im Stadtgefüge in direkter baulicher Verbindung mit dem Residenzschloß erhalten. Auch wenn in der protestantischen Sakralarchitektur Formen möglich waren, die ebenfalls im Profanbau vorkamen, bedeutet das keinen Beleg für eine eventuelle Absicht, der Kirche das Ansehen eines Profanbaus zu geben. Derartige Bauformen wurden nicht per se als profan verstanden. Dadurch, daß ein evangelisches Kirchengebäude durch seinen Gebrauch als Versammlungsort der Gemeinde, nicht als durch eine Weihehandlung im katholischen Sinne geheiligtes Haus Gottes gilt, sind Wechselwirkungen zwischen Profan- und Sakralbaukunst in protestantischem Umfeld ohne weiteres denkbar. Die theologischen Hintergründe dieser Auffassung werden in Zusammenhang mit den Erfordernissen der liturgischen Nutzung eingehend zu erörtern sein.

Erweiterung und Umorientierung bestehender Längsbauten: Das Phänomen der T-förmigen Räume

So manche Gemeinde stand vor dem Problem eines zu kleinen Kirchenraumes, verfügte aber nicht über die finanziellen Mittel für einen kompletten Neubau, während der Zustand der Bausubstanz es durchaus erlaubte, den vorhandenen Gemeinderaum lediglich zu renovieren. Zahllos sind die älteren Längsbauten, die durch einen rechtwinklig angefügten Flügel erweitert worden sind. Wird ein Langhaus zu einem T-förmigen Raum erweitert, so müssen entweder Sichtbehinderungen in Kauf genommen werden, oder man ist gezwungen, den Chorraum aufzugeben und die Prinzipalstücke in die Achse des Erweiterungsflügels zu stellen. Folglich müssen neue Standorte für Altar und Kanzel gefunden werden.

Dieses Phänomen wirft neue Definitionsprobleme auf. Lediglich auszumessen, ob der Altar seinen Standort in der längeren oder in der kürzeren Raumachse hat, und danach den Raumtypus zu bestimmen, führt bei zusammengesetzten Baukörpern zur Verwirrung.

Die Obere Kirche in Bieber (Abb. 127) besteht aus einem mittelalterlichen Chorturm, einem im Jahre 1660 vergrößerten Langhaus und einem rechtwinklig nach Süden anschließenden Anbau von 1756–1758. Sie stellt insofern einen Sonderfall dar, als es sich um einen sekundär entstandenen Querraum handelt, denn sie gehört in die Gruppe der nachträglich zur Queranlage erweiterten Längsbauten. Noch im 17. Jahrhundert wurde der mittelalterliche Typus der längsgerichteten Chorturmkirche beim Wiederaufbau nach der Kriegszerstörung beibehalten. Der Anbau des 18. Jahrhunderts setzt die Flucht der östlichen Gemeinderaumwand und des Triumphbogens fort, springt aber auf der gegenüberliegenden Seite um rund einen Meter aus der Flucht zurück, so daß die Breite des Anbaus etwas geringer ist als die Längsausdehnung des alten Teiles. Im Inneren werden alter und neuer Raumteil als Einheit behandelt. Dafür sorgt die an drei Seiten umlaufende Empore, die den Raum zusammenfaßt. Die Kanzel hat ihren Platz, wie sicherlich auch schon vor dem Umbau, am rechten Chorbogenpfeiler. Damit steht sie nur wenig aus der Mittelachse des Querraumes verschoben. Der Altar befindet sich inzwischen an der Rückwand des Turmchores, wo er vom Seitenflügel aus nicht zu sehen ist. Vorher stand er jedoch, wie eine ältere Fotografien beweist (Abb. 128), frei in der Raummitte vor der Kanzel, während der Chor mit Gestühl gefüllt war. Der Raum entsprach also der evangelischen Tendenz zur Zentralisierung in besonders ausgeprägter Weise. Die Gemeinde saß im Winkel von 270° um das liturgische Zentrum herum, da der Chor im Rücken von Kanzel und Altar ebenfalls von Gemeindegliedern besetzt wurde. Im Unterschied zu den Winkelhakenkirchen (Freudenstadt 1601–1608, Ruhla 1661, Entwürfe Sturms[317]) liegt das liturgische Zentrum hier nicht in der äußeren, sondern vor der inneren Ecke, so daß die Sichtverhältnisse sowohl für den Liturgen als auch für große Teile der Gemeinde sehr schlecht waren.

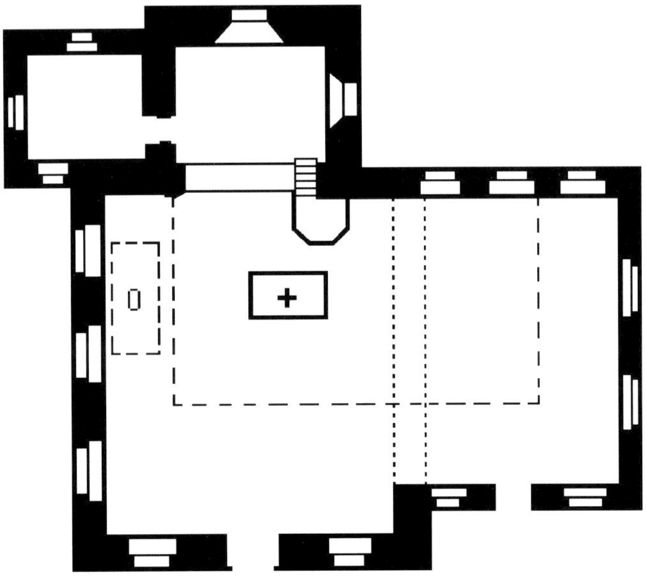

127 Bieber, Obere Kirche, Grundriß

Der Kirchenraum wird hier diskutiert, obwohl es sich nicht um eine konsequent durchgeplante Quersaalkirche handelt, denn sie läßt genau jene Vorgehensweise erkennen, die schon in den vorangegangenen zwei bis zweieinhalb Jahrhunderten zur Entwicklung des quergerichteten Kirchenraumes geführt hat. Der aus vorreformatorischer Zeit überkommene ausgeschiedene Chor verlor seine Bedeutung als Altarraum. Stattdessen holte man den Altar nach vorn vor die Kanzel, in die Mitte der versammelten Gemeinde. Gerade in Bieber nimmt der Altar nun wirklich den Mittelpunkt des Raumes ein. Im vorher der den Priestern vorbehaltenen Chorraum kann nun Laiengestühl plaziert werden. Mit einer solchen Disposition der Hauptstücke kann dieser Raum bedenkenlos als quergerichtet klassifiziert werden.

In der lutherischen Pfarrkirche in Hanau (Abb. 22, 206) waren Kanzel und Altar bis zu dem Umbau des 18. Jahrhunderts räumlich getrennt.[318] Graf Johann Reinhard ließ die Konstellation von Herrschaftsloge und liturgischem Zentrum in ein konsequentes Schema bringen. Die Unbequemlichkeit des bisherigen Zuganges zur Loge stellte sicherlich nicht den einzigen Anstoß dazu dar. Vorher besaß der Kirchenraum zwei sich überkreuzende Achsen: Altar – Orgel und Kanzel – Loge. Die asymmetrische, etwas improvisiert wirkende

Anordnung mit der seitlichen Loge und dem auf die Ecke des Chores gestellten Treppenturm wich einer strikten Achsensymmetrie, wobei die herrschaftliche Loge als Fixpunkt blieb. Zwar wurde sie ein Geschoß tiefer verlegt, behielt aber im Grundriß ihre bisherige Position. Den zweiten Orientierungspunkt bildete die Kanzel, die sich schon vorher an der Westwand gegenüber der Loge befunden hatte; sie wurde lediglich nach hinten an die neue Westwand gerückt. Eine gänzlich neuen Platz bekam der Altar, welcher der Kanzelposition untergeordnet und in die jetzt einzige Hauptachse versetzt wurde. Der bisherige Chorraum wurde aufgegeben und mit Gestühl gefüllt. Allein die Orgel stand außerhalb der neuen und noch in der alten Hauptachse, nämlich im Emporengeschoß des Chores. Dreh- und Angelpunkt der ganzen Raumgestaltung war demnach die gräfliche Loge, auf die sich der Erweiterungsflügel und, abgesehen von der Orgel, die gesamte Ausstattung ausrichteten.

In Neunkirchen/Westerwald (Abb. 52, 53 u. 224) wurde ab 1739 zwischen einen vorhandenen Westturm und Ostchor ein neuer Gemeinderaum gesetzt. Da die Längsausdehnung durch die beiden bestehenden Bauteile beschränkt war, konnte ein Raum ausreichender Größe nur in Gestalt eines Quersaales eingefügt werden. Dabei wurde aber nicht der Altar im Chor belassen, sondern der Gesamtraum um 180° gedreht und das liturgische Zentrum auf die Gegenseite vor die Turmwand verlegt. Die bisherige Ostung der Kirche wurde damit zugunsten einer Vereinheitlichung und Zentralisierung des Raumes aufgegeben.

In Tiefenbach wurde die mittelalterliche Kirche, bestehend aus einem Chorturm im Osten und einem rechteckigen Langhaus, im frühen 18. Jahrhundert für die gewachsene Gemeinde zu eng. In den Jahren 1713–1714 wurde sie unter Beibehaltung der Süd- und Westmauer sowie Teilen der Nordwand nach Norden erweitert, so daß sich die Richtung des Raumes änderte und das alte Schiff nebst Chorturm quasi zu einem Querhaus geworden ist (Abb. 129 u. 130). Der neue Gemeinderaum ist wieder längsgerichtet: Der Abendmahlstisch steht seitdem vor der Mitte der südlichen Längswand, in der Querachse des alten Langhauses, aber in der Längsachse des Gesamtraumes inklusive Erweiterungsflügel. Die Kanzel hat hingegen wieder den Standort ihrer Vorgängerin am rechten Chorpfeiler erhalten. Der Chor wurde mit Gestühl gefüllt; bei einer Renovierung in den 60er Jahren ist zudem eine Empore für die Orgel eingezogen worden. Die Innenausstattung wurde damals und erneut 1980 verändert. Vorher befanden sich an der Südwand der Pfarrerstand mit Kanzelaufgang, der Grafenstuhl mit der darüberliegenden Orgel und das Presbytergestühl.[319] Bei der Drehung des Raumes im 18. Jahrhundert entstand wieder ein Längsraum, weil der neue Flügel den alten Teil an

128 Bieber, Obere Kirche, Innenraum, Zustand vor 1952 mit dem Altar im Mittelpunkt des Raumes

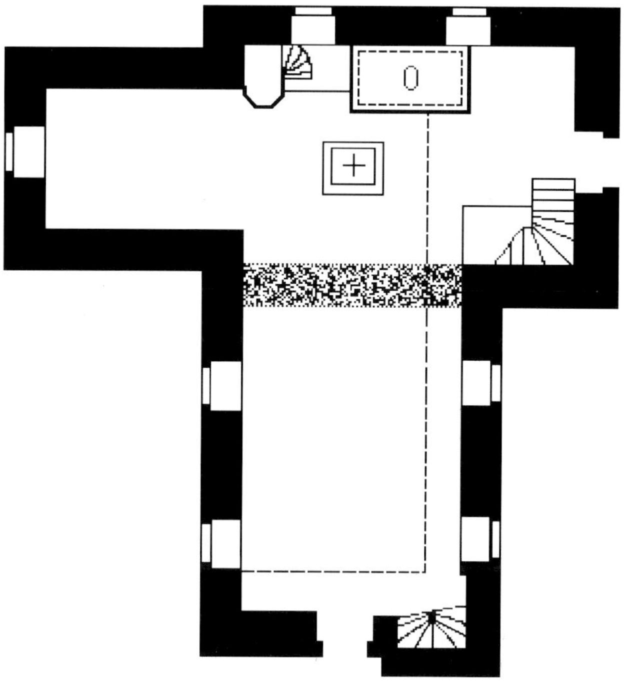

129 Tiefenbach, Grundriß, Zustand vor dem Umbau von 1952. Der schraffierte Balken deutet den Verlauf der ursprünglichen Nordwand des mittelalterlichen Langhauses an, 1713/ 14 wurde der Erweiterungsflügel angefügt und der Raum gedreht.

130 Tiefenbach, ev. Kirche, Innenraum, heutiger Zustand nach der Umgestaltung von 1965

Ausdehnung übertrifft. Dennoch zeigt sich das Prinzip eines Richtungswechsels aus optischen und akustischen Gründen. Nach genau diesem Prinzip haben im übrigen diverse katholische Kirchen in der zweiten Hälfte des 20. Jahrhunderts ihre vorhandenen Gotteshäuser durch einen modernen Anbau erweitert und gedreht, so daß das alte Kirchenschiff zum Querhaus der Gesamtanlage geworden ist.

In Schleswig-Holstein findet sich eine Gruppe von Kirchen, die ebenfalls im späten 17. oder frühen 18. Jahrhundert durch einen Querflügel im rechten Winkel zum Hauptraum, gewöhnlich nach Süden, erweitert worden sind, jedoch die Hauptachse und den überkommenen Standort des Altares beibehielten. Es handelt sich um mittelalterliche Anlagen, die zumeist schon mehrere Bauphasen durchlaufen haben und aus Langhaus und Chor sowie einem Westturm bestehen: Wewelsfleth (Erweiterung Ende 16. Jahrhundert), Heide (Erweiterung 1694–1696), Langenhorn (Umbauten 1722 und 1759), Tellingstedt (Erweiterung 1726), Elmshorn (Erweiterung 1733), Probsteierhagen (Erweiterung 1787). Mehr durch Zufall wurde die Kirche von Jevenstedt zu einem kreuzförmigen Querraum. Das mittelalterliche längsgerichtete Kirchengebäude erhielt 1605 einen Erweiterungsflügel nach Norden, 1764 einen weiteren nach Süden.[320] Der Altar behielt seinen althergebrachten Platz im Chor. Von einem Großteil der Sitzplätze in dem neuen Flügel besteht kein freier Blick zum Altar. Eine wesentliche Forderung der protestantischen Kirchenbautheorie wurde somit vernachlässigt. Die Kanzel wurde in der Regel an der östlichen Nahtstelle von altem und neuem Gemeinderaum angebracht, so daß wenigstens sie von allen Plätzen sichtbar ist.

Grundrißformen des Typs Tiefenbach oder Bieber würden in eine systematische formale Entwicklungsreihe von der Langhauskirche zum Quersaal gut hineinpassen, wie Ehler W. Grashoff, der eine Reduktion vom griechischen Kreuz über die T-Form hin zur saalförmigen Queranlage postuliert, und Ilse-Käthe Dött sie aufstellen.[321] Formal passen sie hinein, aber nicht von der zeitlichen Abfolge her. Derartige Evolutionstheorien liefern keine tragfähigen Argumente, da die ‚Entwicklung' nicht chronologisch verlief. Gerade solche Kompromißlösungen entstanden bei Umbauten nicht selten aus der Not des Augenblicks.

In Wächtersbach, seit 1661 Residenz der gleichnamigen Linie des Hauses Isenburg-Büdingen, erhielt die Stadtkirche, ein Längssaal mit dreiseitigem Schluß und Westturm, im Jahre 1702 querhausartige Erweiterungen, die zur Aufnahme der herrschaftlichen Logen bestimmt waren.[322] Somit entstand ein T-förmiger Grundriß. Die Angehörigen der gräflichen Familie und des Hofes saßen in nächster Nähe zum Altarraum, aber im rechten Winkel zur Hauptachse des Kirchenraumes, der weiterhin seine Längsrichtung behielt, da das alte Längsschiff im Grundriß den längeren Balken der T-Form bildet. In Egelsbach wurde eine kleine, geostete gotische Kirche mit Längsschiff und Chor 1615 nach Norden und 1751 nach Süden erweitert, so daß insgesamt ein rechteckiger Raum entstand. Der alte Chorbogen wurde vermauert, der Kirchenbau zeigt sich seitdem als längsgerichteter Saal in Nord-Süd-Richtung.[323] Der Umbau führte wie in Tiefenbach zu einer Drehung um 90°, wobei aber wiederum die neue Längsachse zur Hauptachse wurde.

Der Übergang zwischen Längs- und Querbau ist bei diesen sekundär entstandenen T- oder kreuzförmigen

131 Großenhain, ev.-luth. Stadtkirche

Grundrissen fließend. Dasselbe Prinzip kann je nach Ausdehnung der einzelnen Flügel zu Längs- oder Querräumen führen. Daher ist diesbezüglich nicht eine spitzfindige Abgrenzung von Längs- oder Querrichtung das Ziel der Argumentation, sondern die Schilderung eines Phänomens im protestantischen Kirchenbau, nämlich die Loslösung von der traditionellen Teilung in Schiff und Chor und von der Längsorientierung. Die Raumschale kann erweitert und variabel möbliert werden, je nach Wunsch und Bedarf.

In der sächsischen Stadt Großenhain bezog der Dresdner Ratszimmermeister Johann Georg Schmidt, Vetter und Schüler von George Bähr, den neuen Flügel so geschickt in die Raumgestaltung ein, daß sich ein geschlossenes Raumbild ergeben hat. Als die Stadtkirche 1744–1748 nach einem Brand wieder aufgebaut wurde, erweiterte man den Längsraum durch Anbau eines seitlichen Flügels zu einem T-förmigen Baukörper (Abb. 131). Der Altar wurde in die Achse des Querflügels verlegt, und alle drei Arme wurden mit Gestühl gefüllt. Die schwingende Kontur der mehrgeschossigen Emporenanlage und die Arkadenreihe, welche die Tonnengewölbe trägt, fassen alle Flügel zu einem einheitlichen Raum zusammen, in einer Manier, die deutliche Anklänge an die Dresdener Frauenkirche aufweist.[324] Daraus resultierte ein Quersaal mit einer Erweiterung dem liturgischen Zentrum gegenüber. Der vom Ansatz her improvisierte Baugedanke, einen längsgestreckten Raum zu vergrößern, indem man rechtwinklig nach der Seite einen zusätzlichen Flügel anfügte, wurde in Großenhain zur Vollendung geführt.

Architekturtheoretische Idealentwürfe und deren Umsetzung

Die architekturtheoretischen Schriften des 17. Jahrhunderts behandeln, mit Ausnahme von Joseph Furttenbachs „Kirchen=Gebäw“[325] von 1649, die protestantische Sakralarchitektur gar nicht oder höchstens am Rande. Furttenbach präsentiert in seinem Traktat den Entwurf eines Kirchenbaus nach dem traditionellen längsgerichteten Saalschema, der für die lutherische Konfession bestimmt ist. Er möchte damit den Gemeinden, deren Kirchen im Dreißigjährigen Krieg zerstört worden sind, eine möglichst kostengünstig realisierbare Vorlage für Neubauten an die Hand geben. Die Gesundheit und Annehmlichkeit des Gebäudes für den Prediger und für die Gemeinde ist dabei sein vorrangiges Anliegen. Sein Plan richtet sich nach praktischen Erfordernissen, weniger nach formalen Überlegungen.

Auch in der ersten Hälfte des 18. Jahrhunderts hat sich nur ein Autor ausführlich mit dem evangelischen Kirchenbau befaßt, nämlich Leonhard Christoph Sturm.[326] In zwei Schriften, erschienen 1712 und 1718, stellt er verschiedenste Grundrißtypen als Idealentwürfe vor, darunter auch den Quersaal. Außerdem setzt Johann Rudolf Fäsch den Quersaaltypus für die Kapelle in seinem Entwurf eines Invalidenhauses ein.

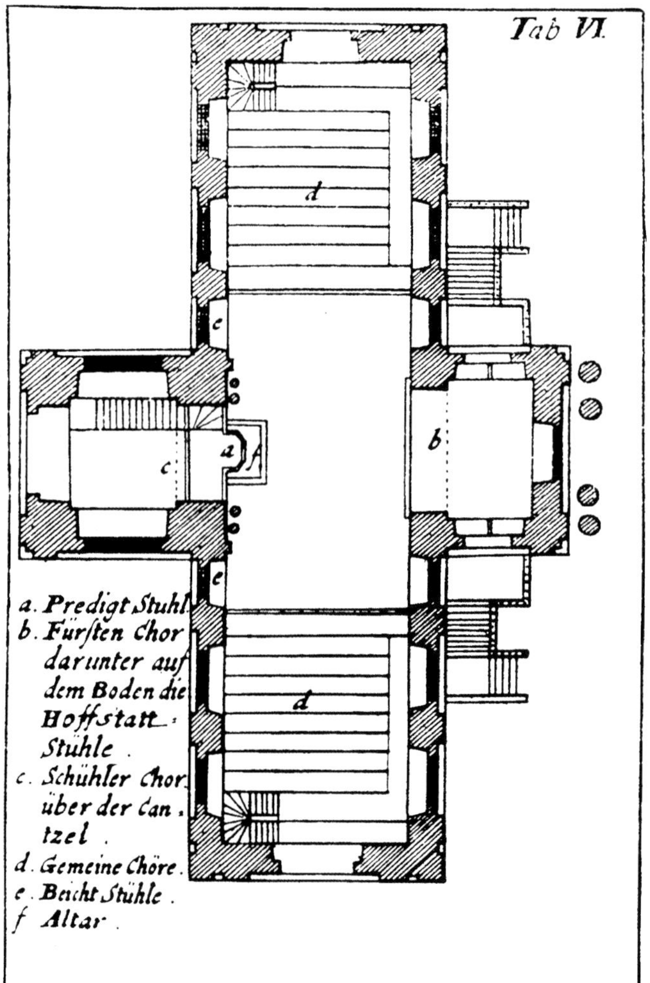

132 Leonhard Christoph Sturm, Plan einer Querkirche, aus STURM 1712, Tab. VI

Leonhard Christoph Sturm

Leonhard Christoph Sturm hat selbst als Architekt wenig gebaut, seine hauptsächliche Leistung liegt auf dem Gebiet theoretischer Traktate, in denen er die aktuellen Strömungen in der Baukunst seiner Zeit zusammenfaßt, sie weiterentwickelt und kommentiert. Er veröffentlicht 1712 eine Schrift mit dem Titel: „Architectonisches Bedencken von protestantischer kleinen Kirchen Figur und Einrichtung.“[327] Ausgehend von einem konkreten Bauvorhaben, nämlich der Innenausstattung der Schelfkirche in Schwerin, deren Fertigstellung ihm kurz nach seinem Dienstantritt als Fürstlich Mecklenburgischer Baudirektor aufgegeben worden ist, spielt Sturm darin unterschiedliche geometrische Grundrißformen durch und erläutert deren Vorzüge und Nachteile für protestantische Kirchengebäude. Sechs Jahre später erscheint seine zweite Schrift zum Thema Kirchenbau: „Vollständige Anweisung alle Arten von Kirchen wohl anzugeben.“[328]

Sturm sieht den Quersaal neben der Winkelhakenkirche als die ideale Raumform für evangelische Kirchen. In dem ersten Traktat von 1712 äußert er, er würde das Querrechteck „allen andern wegen der Bequemlichkeit“ vorziehen. Durch die gute Einteilung des Raumes könnten viel mehr Sitzplätze untergebracht werden als bei Bauten anderer Form bei gleichem Raumvolumen, ferner sei eine gute Belichtung möglich. Die Dachform sei einfach, und die Längsseite stehe als Hauptfassade zur Verfügung, „welches zu der Schönheit derselben gar ein grosses contribuiret.“ Sturm rechnet zwar mit der Kritik, daß der Altar im Kirchenraum und nicht in einem Chor steht, doch solcherlei Tadel gesteht er nur einem „Papisten“, nicht aber einem Protestanten zu. Der Grundrißplan (Abb. 132), den Sturm hier als Beispiel für seinen bevorzugten Kirchentyp vorstellt, zeigt einen extrem in die Breite gestreckten Quersaal, bei dem das Verhältnis der Seiten etwa 1 : 4 beträgt. Der Raum wird nach vorn durch einen Risalit erweitert, welcher „niedriger als das übrig Mauerwercke der Kirche" werden soll, während hinter dem Altar der Turm angefügt ist. Die Grundrißfigur zeichnet sich durch eine stringente Achsensymmetrie aus. In die Seitenarme werden die doppelgeschossigen Gemeindeemporen eingezogen; dank der geringen Raumtiefe kommen die Emporen ohne Stützen aus, so daß im Parterre Sichtbehinderungen vermieden werden. Den Frontrisalit füllt der Fürstenstand aus, der über zwei Freitreppen von außen zugänglich ist. Der Turmraum hinter dem Kanzelaltar soll die Sakristei und die Orgelempore aufnehmen. Der Turmraum ist also in den unteren beiden Geschossen vom eigentlichen Gemeinderaum abgetrennt zu denken, während sich das oberste Geschoß über der Kanzel zum Kirchenraum hin öffnet. Der Entwurf wäre damit als zweiseitig erweiterter Quersaal zu klassifizieren. Leider bildet Sturm nur den Grundriß des Emporengeschosses ab, so daß nicht alle Einzelheiten der Raumaufteilung, zum Beispiel die Aufstellung des Gemeindegestühls, ablesbar sind.[329]

Ein so extrem gestreckter Raum ist nur selten realisiert worden, weil er zweifellos Nachteile hat. Der Entwurf aus Sturms erstem Traktat hat von den Proportionen und der ganzen Raumgestaltung her allerdings Ähnlichkeit mit der Schloßkirche in Salder (heute Stadt Salzgitter), einer Nebenresidenz des Erbprinzen August Wilhelm von Braunschweig-Wolfenbüttel. Nach einem Entwurf von Johann Caspar Völcker[330] wurde in Salder von 1713–1717 ein Kirchenbau errichtet, der sowohl als Hofkirche für das Schloß als auch als Pfarrkirche für die Dorfgemeinde diente (Abb. 133). Im Unterschied zu Sturms Plan, der den Turm hinter die Altarseite stellt, wird jedoch in Salder der Turm durch eine Vierungskuppel ersetzt, so daß in der kurzen Achse zwei symmetrische Kreuzarme ausgebildet werden können. Kanzel und Orgel sind Bestandteile einer hölzernen, architektonisch gegliederten Wand, die den rückwärtigen Risaliten vom Kirchenraum abtrennt; lediglich beiderseits der Orgel erlaubt ein schmaler Zwischenraum den Blick in das Gewölbe. Der Risalit gegenüber der Kanzel nimmt die herzogliche Loge auf, die früher eine Verglasung besaß. Die Proportionen des Quersaales in Salder sind nicht ganz so extrem wie bei Sturm, aber mit annähernd 3 : 1 immer noch stärker in die Breite gestreckt als bei den meisten anderen Quersaalkirchen. Sturms Plan entsprechen die in die Kreuzarme eingespannten tiefen Gemeindeemporen und die durch Fenster abgeschlossene herrschaftliche Loge im Kreuzarm dem liturgischen Zentrum gegenüber, außerdem die Prinzipalwand, die den Turmraum bzw. den rückwärtigen Kreuzarm vom Hauptraum abtrennt, so daß allein das Querrechteck als Innenraum wahrgenommen wird.

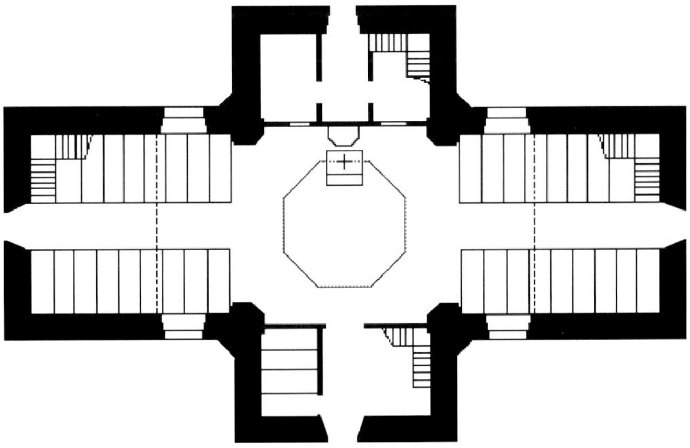

133 Salzgitter-Salder, ev.-luth. Pfarrkirche, Grundriß

Leonhard Christoph Sturms erster Musterentwurf zu einer Querkirche wurde 1712 gedruckt, also ein Jahr vor dem Baubeginn in Salder. Daß seine Schriften in Wolfenbüttel zur Kenntnis genommen worden sind, darf grundsätzlich angenommen werden, denn Sturm besaß zweifellos Verbindungen zum Wolfenbütteler Hof. Sturm hatte bis 1702 sieben Jahre lang in Wolfenbüttel gelebt und als Professor an der dortigen Ritterakademie gelehrt. Er verließ die Stelle auf eigenen Wunsch, um einem Ruf an die Universität Frankfurt/Oder zu folgen, später wurde er mecklenburgischer Baudirektor in Schwerin. Anfang 1719 erhielt er dann noch einmal eine Berufung ins Braunschweigische: Ludwig Rudolf holte ihn als Baudirektor und Rat nach Blankenburg. Sturm starb jedoch plötzlich an einem Schlaganfall, als er die Stelle gerade erst angetreten hatte.[331]

Daß Johann Caspar Völcker und sein Dienstherr, Erbprinz August Wilhelm, Sturms Schrift in der Planungsphase für die Saldersche Kirche vorliegen hatten, erscheint daher durchaus plausibel. Der bereits in der Seesener Andreaskirche ausgeführte, kreuzförmige längsgerichtete Bautyp (Abb. 178), den Völcker in leichten Abwandlungen in seinem ersten Entwurf für Salder wiederholt hatte[332], wurde zugunsten eines quergerichteten Raumtyps abgelehnt, der in der Sakralarchitektur der damaligen Zeit eine Neuerung darstellte. Im Herzogtum Braunschweig-Wolfenbüttel war allerdings schon 1674–1683 mit der Salvatorkirche in Zellerfeld eine erste Quersaalkirche errichtet worden, so daß das Raumprinzip grundsätzlich bekannt war.

In seinem 1718 erschienenen zweiten Traktat zum Kirchenbau behandelt Sturm sowohl die katholische als auch die evangelische Sakralarchitektur, ausgehend von den Entwürfen von Nikolaus Goldmann. Bezüglich der evangelischen Kirchen spielt er wiederum diverse geometrische Grundrißfiguren durch, deren Vor- und Nachteile er im Text ausführlich erörtert, und kommt zu dem Schluß, die am besten für eine prote-

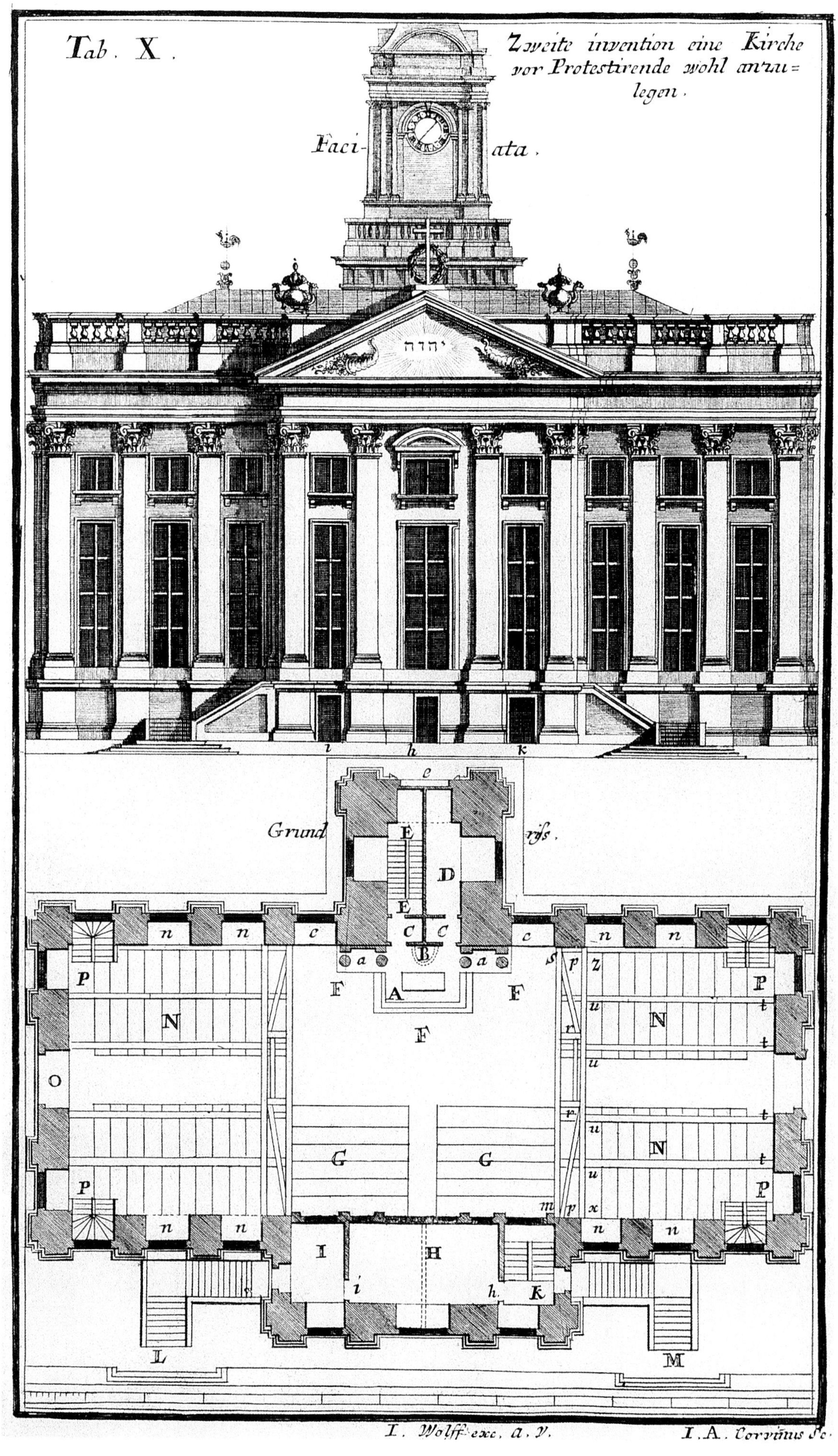

134 Leonhard Christoph Sturm, Musterentwurf für eine Querkirche, Hauptfassade und Grundriß, 1718 aus STURM 1718, Tafel X

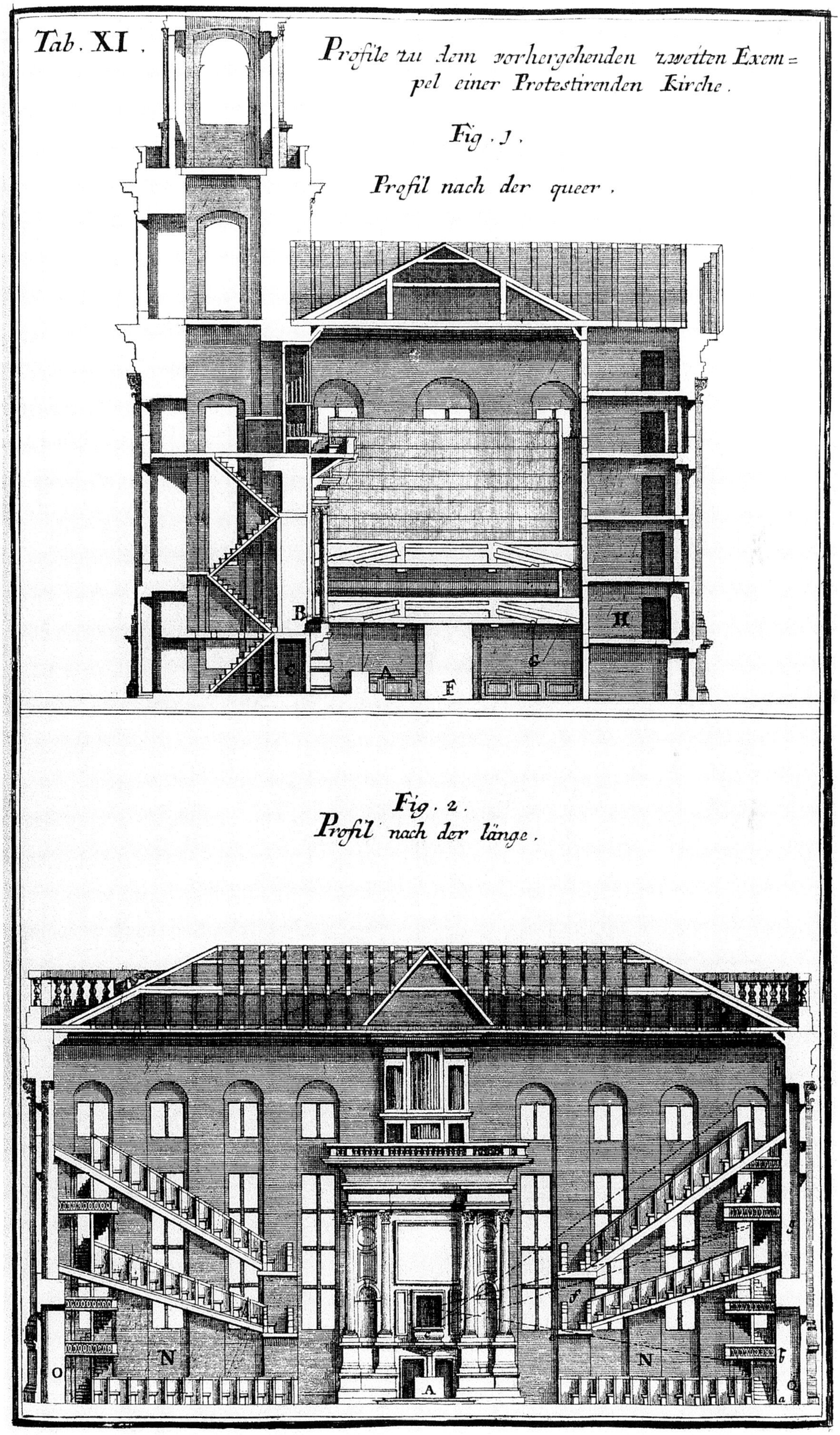

135 Leonhard Christoph Sturm, Musterentwurf für eine Querkirche, Quer- und Längsschnitt, 1718 aus STURM 1718, Tafel XI

stantische Kirche geeignete Form sei der quergerichtete rechteckige Saal:

„Wenn ich nun Vierdtens die längliche Recht=Ecke / da mitten an eine von den langen Seiten der Altar / die Beicht=Stühle und der Predigt=Stuhl gesetzet würden / unter die Figuren der Protestantischen Kirchen setze / wird es den meisten / auch selbst unter Baumeistern so übel gefallen / als wohl ihnen bisher die Creutz=Formen gefallen haben. Und allerdings ist auch viel Bedencken dabey wegen des Raums. (...) Aber dieses ist hingegen gewiß / daß keine Figur auszudencken ist / so zu innerer bequemen Eintheilung / und zu guter Bedachung so geschickt ist / als diese Figur / ... daß ich nicht zweiffle / es werden alle raisonablen Gemüther / wenn sie die Sache wohl überlegen hinkünfftig dieser Figur mit mir den Vorzug vor allen geben.“[333]

Sturms 1718 publizierter Musterentwurf (Abb. 134 u. 135) zeigt einen rechteckigen Quersaal von neun zu drei Achsen mit Frontrisalit und rückwärtigem Turm. Die Fassade wird über einem Sockelgeschoß von einer korinthischen Kolossalordnung gegliedert. Das niedrige Walmdach verschwindet optisch hinter einer Balustrade. Ein Dreiecksgiebel betont den dreiachsigen Frontrisalit, in dessen Sockelzone drei Portale in die Kirche führen. Zwei weitere Portale setzt der Entwerfer in die Mitte beider Schmalseiten. Die Fensterachsen bestehen aus hohen rechteckigen Fensterbahnen mit darüberliegenden quadratischen Mezzaninfenstern. Im Innenraum erhalten Altar, Kanzel und Orgel ihren Platz vor der Turmwand. Die Proportionen des Rechtecksaales sind mit rund 2,6 : 1 noch immer stark in die Breite gestreckt. Dadurch kann Sturm die Emporen mittels Sprengwerken stützenfrei zwischen den Wänden einspannen. Der Risalit nimmt die herrschaftliche Loge auf, die von außen über Freitreppen zu erreichen ist. Durch die tiefen Emporenanlagen bleibt in der Mitte nur ein relativ kleiner, annähernd quadratischer Freiraum ausgespart. Mit Hilfe von Sichtlinien führt Sturm im Längsschnitt vor, daß von jedem Platz auf und unter den tiefen zweigeschossigen Emporen freie Sicht zur Kanzel besteht. Damit weist er nach, daß eine seiner wesentlichsten Forderungen, die er schon 1712 formuliert hat, von diesem Entwurf erfüllt wird:

„Denn das Allervornehmste / was darinnen geschiehet / ist das Predigen / bey deme allezeit eine grosse Menge des Volcks zusammen kömmt / welche alle den Prediger nicht nur gerne deutlich hören / sondern auch sehen wollen / dazu denn ordentlich eingetheilete Sitze nöthig sind.“[334]

In einer Querkirche, so rechnet Sturm vor, läßt sich bei gleicher Grundfläche die größtmögliche Anzahl von Plätzen mit guten Sicht- und Hörbedingungen anordnen. Er verwendet in seinem Entwurf zwei ausgesprochen tiefe Emporengeschosse, um die Zahl der verfügbaren Sitzplätze bis an die Grenzen des Möglichen zu steigern. Er stellt heraus, daß sein Querkirchenentwurf allen Erfordernissen, die an ein evangelisches Gotteshaus gestellt werden, gerecht wird. Um den Altar herum ist ausreichend Freiraum für alle gottesdienstlichen Funktionen einschließlich Abendmahl und Trauung, der Prediger kann von allen Plätzen gut gesehen werden, für den Herrschaftsstuhl steht ein geeigneter Ort zur Verfügung.[335]

Diesmal präsentiert der Architekt seinen Querkirchenentwurf in Ansicht, Grundriß und zwei Schnitten. Die Raumdisposition von 1712 hat er grundsätzlich beibehalten, doch der Saal ist nicht mehr ganz so sehr in die Breite gestreckt. Dadurch erhält der Kirchenraum mehr Geschlossenheit. Sprengwerke ermöglichen eine Emporenkonstruktion ohne störende Stützen. Die Fassade erhält eine komposite Ordnung mit Kolossalpilastern, die sie als höfische Architektur auszeichnet.

Sturm bestimmt seine Entwürfe für Residenzkirchen, die ausreichende und angemessene Plätze sowie separate Eingänge für die Angehörigen des Hofes und für eine zahlenmäßig große Pfarrgemeinde bieten. Alles in allem soll ein solches Gotteshaus 2200 Menschen fassen.

Leonhard Christoph Sturm hat die Quersaalkirche nicht erfunden. Bauten dieses Typs wurden, auch als Residenzkirchen, bereits vorher ausgeführt. Seine Idealpläne spiegeln vielmehr zeitgleiche Tendenzen in der Baukunst wider. Zu fragen ist allerdings nach der Wirkung und Umsetzung seiner Theorien in der architektonischen Praxis. Hellmut Lorenz äußert in seinem Aufsatz zu Sturms „Prodromus Architecturae Goldmanniae“[336] die Ansicht, daß Sturms akademische, regelstrenge Traktate nur äußerst geringen Einfluß auf die Bautätigkeit jener Epoche hatten:

„Andererseits ist aber nicht zu übersehen, daß ein Großteil von Sturms Aktivitäten akademischen Scheinproblemen gewidmet war ..., für die sich aber in der real existierenden Architekturwelt seiner Zeit kaum jemand zu interessieren vermochte. Dieser etwas weltfremde Charakter, der sich beim *Prodromus* unschwer erkennen ließ, bestimmt auch einen guten Teil seiner übrigen Schriften. (...) Dabei ließe sich etwas überspitzt formulieren, daß es kaum ein bedeutendes Bauwerk der Barockzeit in Mitteleuropa gibt, zu dessen Erklärung Sturms Theorie hilfreich oder gar notwendig wäre. Die wichtigen Bauideen des Barock stammen vorrangig aus anderen Quellen; ein Bezug zu jenen Themen, die dem Theoretiker Sturm wichtig waren, läßt sich nur in den allerseltensten Fällen herstellen.“[337]

Lorenz selbst räumt jedoch ein, daß Sturms Ausführungen für den protestantischen Kirchenbau einen überaus bedeutenden Quellenwert besäßen.[338] In der evangelischen Sakralarchitektur lassen sich ausgeführte Beispiele wie die vorgestellten Kirchen in Salder und Grävenwiesbach finden, deren Zusammenhang mit Sturms Plänen unübersehbar ist. Die ein- oder zweiseitig erweiterten, aus einfachen rechtwinkligen Grundrißformen entwickelten Querkirchen werden verstärkt ab den 1720er Jahren errichtet, also nach dem Erscheinen der beiden Traktate zum protestantischen Kirchenbau. Hartmut Mai beobachtet in der protestantischen Sakralarchitektur ab 1700 eine „Dominanz der Innovation", als deren wichtigsten theoretischen Zeugen er Sturm bezeichnet: „Im Zuge eines unaufhaltsamen Trends kam die Eigenart des protestantischen Kirchenbaus voll zur Entfaltung, wobei Sturms Vorschläge wohl anregend und auch richtungsweisend, aber keineswegs verbindlich waren."[339] Der protestantische Kirchenbau fand in den ersten Jahrzehnten des 18. Jahrhunderts zu eigenständigen architektonischen Ausdrucksmöglichkeiten und grenzte sich dadurch von der katholischen Sakralarchitektur ab. Indem Sturm den Quersaalgedanken in so durchdachter und klar durchkonstruierter Weise vorstellte, hat seine Schrift gewiß nicht unwesentlich zur Bekanntheit des Typus beigetragen.[340]

Grävenwiesbach und Heftrich: ein Prototyp der Landkirche nach Sturm und eine Variante

Auch im hessisch-nassauischen Raum sind Sturms Schriften nicht ohne Wirkung geblieben. Für das Kirchspiel Grävenwiesbach in der Grafschaft Nassau-Usingen hat Friedrich Joachim Stengel 1736 einen Kirchenbau entworfen (Abb. 136 u. 137), der als eine auf Dorfkirchenniveau vereinfachte Umsetzung von Sturms Querkirchenplan aus der „Vollständigen Anweisung" gewertet werden darf. Die Übereinstimmungen in Grundriß, Raumaufteilung und Fassadengestaltung sind so frappierend, daß daran kein Zweifel besteht.[341] Stengel übernahm sogar, obwohl die Grävenwiesbacher Kirche sehr viel kleiner ist, Sturms Gliederung des Gestühls in sechs Blöcke.

Die Reduktion bestand zunächst darin, daß alle für den Landesherrn und den Hof bestimmten Einrichtungen wegfielen, da in Grävenwiesbach dafür kein Bedarf bestand: Herrschaftsloge, Plätze für Hofadel und Bedienstete, gesonderte Treppenaufgänge usw. Dementsprechend wurde auch das Formenrepertoire des Bauschmuckes zurückgenommen. Stengel verwendete lediglich am Frontrisalit toskanische Pilaster, getreu der Vorschrift Nikolaus Goldmanns:

> „Man kan zwar die Kirchen auß allerhand Ordnungen bauen / jedoch mit dem Unterschiede / auff den Dörffern kan man aussen die Tuscanische Art gebrauchen / in den Flecken die Dorische / in den kleinen Städten die Ionische / in den Fürstlichen Hoff-Städten die Römische / aber in den Haupt-Städten die Corinthische."[342]

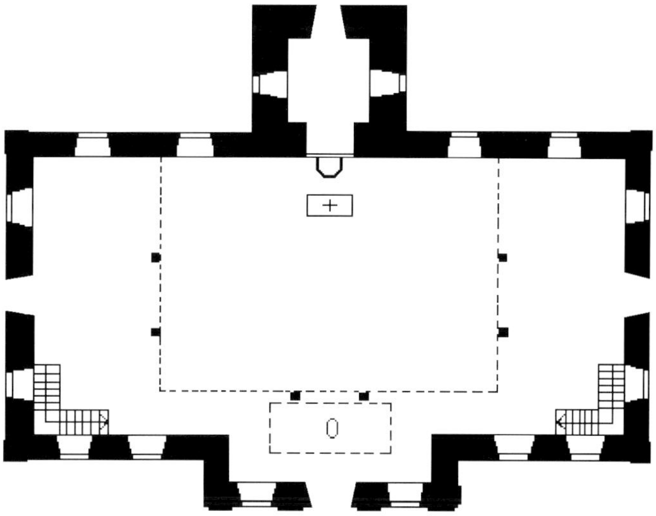

136 Grävenwiesbach, ev. Pfarrkirche, Grundriß

Von Sturms Entwurf abweichende Einzelheiten zeigen, daß Stengel den Idealplan nicht einfach übernommen, sondern sich damit auseinandergesetzt hat. Der Grundriß besitzt günstigere Seitenverhältnisse, ist weniger stark in die Breite gestreckt. Da kein Herrschaftsstand benötigt wurde, konnte die Orgel den Platz auf der Empore vor dem Risalit, gegenüber der Kanzel, erhalten. Anders als Sturm verband Stengel alle Emporen zu einer dreiseitigen Emporenanlage. Anstelle des hinter einer Balustrade verschwindenden, flach geneigten Daches wählte Stengel ein hohes Walmdach, das annähernd die gleiche Höhe einnimmt wie die Außenmauern des Gemeinderaumes, wodurch er die Fernwirkung des Bauwerks erheblich steigerte.

Friedrich Joachim Stengel selbst betrachtete seine Entwürfe für Grävenwiesbach und Heftrich mit einem gewissen Stolz. Das kommt in einem Schreiben zum Ausdruck, in welchem er seine Honorarforderungen mit denen seiner Vorgänger verglich, welche ebensoviel erhalten hätten, wie er verlangte, „ohnerachtet anitzo ohne ruhm zu melden gantz andere gebuhrten von gebäuden als damahls zum Vorschein kom[m]en, welche gewiß in diesem Seculo mit so geringen Kosten und ohn interessirten absichten niehmahls sind erbauet worden."[343] Stengel äußerte sich über seinen Entwurf für Heftrich ganz im Sinne Sturm'scher Postulate:

> „Ich überreiche anbey den verferttigten Riß nebst zugehörigen überschlag von der Heftricher Kirche, welchen ich solchergestalt eingerichtet habe, daß hierbey nicht überfließige Kosten aufgewendet werden, und der Bau auch keinen übelstand sondern einen guthen prospect veruhrsachen möge. An der innern eintheilung deßelben ist verhoffentl[ich] nichts vergeßen daß alle Stände und empor Kirchen

wohl rangiret, auch um den altar herrum rauhm genug übrig bleibe, wie nicht weniger ein jeder den Priester sehen und die Predigt deutl[ich] verstehen könne."[344]

Damit nahm der Landbaumeister unmittelbar Bezug auf die theoretischen Schriften Sturms. In der Praxis konnte er hingegen eine wesentliche Anforderung nicht erfüllen: Sowohl in Grävenwiesbach als auch in Heftrich ist von den Plätzen auf der Empore der Altar auch im Stehen praktisch nicht zu sehen. Die Sichtbedingungen sind nur auf die Kanzel hin kalkuliert.

Stengel sah sich vor dieselbe Bauaufgabe gestellt, der in jener Zeit Dutzende von Baumeistern gegenüberstanden: Für eine ländliche Gemeinde evangelisch-lutherischen Bekenntnisses war ein Gebäude zu errichten, das für den Gottesdienst zweckmäßig sein, allen Gemeindegliedern ausreichend Platz bieten, bautechnisch solide ausgeführt sein und ein angemessenes Erscheinungsbild besitzen sollte. Die Art und Weise, wie Stengel diese Aufgabe in Grävenwiesbach löste, hat jedoch programmatischen Stellenwert, so daß ein „Grävenwiesbacher Typus" definiert werden kann.[345] Stengel und seine Auftraggeber benutzten die in Grävenwiesbach gefundene Lösung noch mehrfach, so in Jugenheim, Berg und bei der Saarbrücker reformierten Kirche, bis hin zu Stengels Hauptwerk auf dem Gebiet der Sakralarchitektur, der Saarbrücker Ludwigskirche, mit der er wieder auf die Ebene höfischer Architektur zurückkehrte, die den Ausgangspunkt für den Grävenwiesbacher Plan gebildet hatte.[346]

In Heftrich (Abb. 119 u. 138) steht der Turm dagegen an einer Schmalseite des Gemeinderaumes, so daß von außen gesehen die Längsachse des Baukörpers als Hauptachse erscheint. Der Kirchenraum selbst ist jedoch quergerichtet. Vor beide Längsseiten sind Risalite mit Dreiecksgiebeln und toskanischen Pilastern gelegt, welche die Hauptachse des Innenraumes am Außenbau andeuten. Im Inneren wird ein Risalit durch eine hölzerne Kanzelwand abgetrennt, welche die Kanzel trägt. Der Altar steht frei davor. Die Orgel steht wie in Grävenwiesbach der Kanzel gegenüber auf der Empore, welche drei Seiten des Raumes umspannt und nur einen kleinen, fast schachtartig wirkenden Freiraum in der Mitte ausspart. Die Kirche ist schon in ihren Abmessungen deutlich kleiner, aber durch die tiefe Emporenanlage wirkt sie erst recht noch beengter als der lichte, großzügige Saalraum in Grävenwiesbach.

Beide Kirchen sind annähernd gleichzeitig geplant und gebaut worden. Für beide Bauten lagen schon erste Planungen durch Johann Jakob Bager vor, als Stengel die Projekte übernahm. Ende 1736 erhielt Stengel den Auftrag, die Grävenwiesbacher Kirche zu entwerfen; am 1. März des folgenden Jahres wurden die Zeichnungen nebst Kostenüberschlag dem Fürsten zur Approbation vorgelegt. Bereits im Februar 1737 präsentierte Stengel den Riß für Heftrich, der am 1. März nach Idstein übersandt und erst danach, unmittelbar vor der Grundsteinlegung, vom Fürsten approbiert wurde. Stengel war jedoch schon 1734 mit dem Heftricher Projekt befaßt, als er die alte Kirche in Augenschein nahm, aber zunächst von einem Neubau nach Bagers Riß ausging, welcher allerdings noch überarbeitet werden müßte.[347] Anhand der Bauakten läßt sich nicht eindeutig ermitteln, welcher der beiden Entwürfe zuerst entstanden ist. Hat Stengel den Idealentwurf für Grävenwiesbach erstellt und sich in Heftrich an einer Variante versucht, oder hat er für Heftrich die Vorgabe bekommen, einen nach außen hin traditionell

137 Grävenwiesbach, ev. Pfarrkirche

längsgerichtet erscheinenden Bau zu entwickeln, und hat die dort gefundene Innenraum- und Fassadenlösung schließlich in Grävenwiesbach konsequent ausarbeiten können? Von wem die Vorgabe ausging, daß in Heftrich ein Bau entstehen sollte, der von außen der althergebrachten Kirchenform mit dem Turm an einer Schmalseite entsprach, während im Inneren die ‚moderne' Raumform des Quersaales zur Anwendung kam, läßt sich ebensowenig ermitteln wie die Gründe, die zu dieser Entscheidung führten. Der Gemeinde Heftrich wurde im Vergleich zu anderen Kirchenneubauten jener Zeit außergewöhnlich viel Mitspracherecht zugestanden.[348] Während Stengel für Grävenwiesbach den Idealentwurf Sturms ungehindert umsetzen konnte, war dies in Heftrich offenkundig nur versteckt möglich, oder aber es handelte sich um eine Weiterführung von Sturms Gedanken, indem Stengel dessen Idealvorstellungen in Rahmen des traditionellen Längskirchentyps zu verwirklichen suchte.

Georg Skalecki liefert eine neue Deutung zu Stengels ersten Querkirchenbauten in Heftrich und Grävenwiesbach. Seiner Ansicht nach liegen beiden Bauten ältere Pläne von Werkmeister Johann Jakob Bager zugrunde, die Stengel lediglich überarbeitet und dabei leicht abgewandelt habe:

> „Es bleibt festzustellen, daß Stengel bei seinen frühen Kirchenbauten letztlich keine originären eigenen Schöpfungen hervorbrachte, sondern daß den Kirchen von Grävenwiesbach und Heftrich Pläne von Johann Jakob Bager zugrundelagen, der wiederum Ideen von Julius Ludwig Rothweil und Ideen des Architekturtheoretikers Leonhard Christoph Sturm verarbeitete. Stengels Leistung lag darin, diesen Plan und die älteren Ideen überarbeitet und variiert zu haben. Diesem einmal entwickelten Grundschema blieb Stengel letztlich bei allen seinen späteren Kirchenbauten treu, es wurde lediglich modifiziert und den örtlichen Bedingungen angepaßt. Die Kirchen von Grävenwiesbach und Heftrich, die ersten Kirchenbauten Stengels, an denen er zumindest Teile der Planung geleistet hat, verarbeiten somit Ideen, die im Nassauischen bereits vorbereitet waren."[349]

Gegen die Interpretation von Skalecki ist jedoch verschiedenes anzumerken. Stengel hat zwar in Heftrich tatsächlich einen Entwurf Bagers verwendet und überarbeitet: „Die Heftricher Kirche kan nach des Bagers Riß und Überschlag gar wohl vor 18 biß höchstens 19 hundert Gulden erbauet werden, wobei noch ein und anderes in diesem Riß zu verbeßern stünde."[350] Daß Bagers Plan für Heftrich jedoch bereits eine Querkirche vorgesehen haben soll[351], erscheint eher unwahrscheinlich. Zu Bagers Zeiten ist in Nassau-Usingen, -Wiesbaden und -Idstein keine einzige Querkirche entstanden. Heftrich ist eine Kompromißlösung, die sich

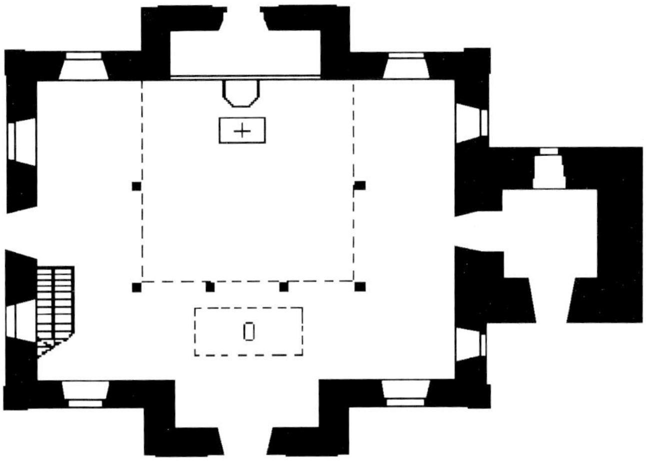

138 Heftrich, ev. Pfarrkirche, Grundriß

damit erklären läßt, daß Stengel offenbar einen älteren, nicht von seiner Hand stammenden Entwurf überarbeitet hat, d. h. den Plan von Bager. Die Bauform legt nahe, daß Bager einen längsgerichteten Saal mit dem Turm an einer Schmalseite, in der Hauptachse also, vorgesehen hatte, dessen Großform Stengel beibehalten mußte. Von Stengel hinzugefügt wären demnach die Fassadenrisalite an beiden Längsseiten mit dem aufgeblendeten Portikusmotiv, das große Ähnlichkeit mit der Grävenwiesbacher Fassade aufweist, und mit ziemlicher Sicherheit die Querrichtung im Inneren. Dennoch besteht keinerlei Zweifel, daß Stengel den zur Ausführung bestimmten Entwurf für Heftrich erstellt und die Bauarbeiten überwacht hat, daß mithin der Kirchenbau in Heftrich auf jeden Fall Stengel zuzuschreiben ist.

Grävenwiesbach versteht Skalecki als leichte Variation der in Heftrich durchgeführten Idee.[352] Die Kirche in Grävenwiesbach zeigt jedoch eine so klare, konsequente Durchführung eines Bau- und Raumideals, daß der ganze Plan wie aus einem Guß erscheint und nur erklärbar ist anhand des Idealentwurfs von Leonhard Christoph Sturm von 1718, den Stengel auf das Niveau einer ländlichen Pfarrkirche heruntergefahren hat.

Wie in Ober-Eschbach, wo Baudirektor Hermann den ursprünglichen Längsentwurf in einen quergerichteten veränderte, so kam auch für Heftrich und Grävenwiesbach die Querform erst ins Gespräch, als der Landbaumeister das Projekt übernahm, also der einflußreichste, führende Architekt des Landes, der in engem Kontakt mit der Landesherrschaft an der Spitze des Bauwesens stand. Dieser war der geeignete Mann für Aufgaben, bei denen es darum ging, programmatische Vorstellungen des Regenten bzw. der ihm unterstehenden Kirchenbehörde zu realisieren.

Die Schloßkirche in Weilburg als Vorbild und Erklärungsmuster für Stengels Querkirchentyp heranzuziehen[353], erscheint sehr weit hergeholt, denn die Gemeinsamkeiten zwischen Weilburg einerseits und Heftrich und Grävenwiesbach andererseits sind nur sehr allgemeiner Art und bestehen lediglich in der grundsätzlichen Querrichtung des Gottesdienstraumes. Zu jener Zeit, als Stengel die Pläne für Heftrich und Grävenwiesbach entwarf, standen bereits mehrere Querkirchen in der Grafschaft Hanau, darunter Ober-Eschbach und Rodheim am Taunusrand, und am Braunfelser Hof wurde der Innenausbau der Wölfersheimer Kirche diskutiert. In der näheren Umgebung war der Bautypus längst bekannt. Abgesehen davon existierte in der Residenzstadt Usingen selbst mit der reformierten Kirche schon ein quergerichtetes Sakralgebäude.

Stengels Querkirchen in Grävenwiesbach und Heftrich, die eine als konsequente Umsetzung eines Idealentwurfs, die andere als Anwendung von dessen Prinzip in einer traditionellen Raumschale mit dem Turm an der Schmalseite, nehmen folglich eine Entwicklung in der protestantischen Sakralarchitektur auf, die im zeitlichen und regionalen Umfeld betrachtet werden muß. Der Blick auf den Traktat eines Architekturtheoretikers reicht auch für Grävenwiesbach zur Erklärung nicht aus. Zu fragen ist außerdem nicht nur nach dem persönlichen Stil eines Architekten, sondern zunächst und vor allem nach den Ansprüchen der Auftraggeber, d. h. des Regenten und seiner Kirchenbehörde. Stengels Auseinandersetzung mit den Entwürfen von Leonhard Christoph Sturm dürfte auf einem Auftrag beruhen.

Johann Rudolf Fäsch

Im vierten Teil seines Werkes „Anderer Versuch", das 1722 erschien, stellt Johann Rudolf Fäsch einen Entwurf für ein Invalidenhaus vor, dessen Kapelle er als Quersaal gestaltet.[354] Die geschlossene Vierflügelanlage versieht er mit Risaliten in der Mitte jedes Flügels, worin er das Torhaus, die Treppen und dem Tor gegenüber die Kirche unterbringt. In dem rechteckigen Kirchenraum plaziert Fäsch den Kanzelaltar an der nach außen gewandten Längsseite. Zugänglich ist die Kapelle vom Hof her durch ein Portal, das dem liturgischen Zentrum axial gegenüberliegt, und in den Ecken vom Korridor aus, der an der Innenseite aller Flügel umläuft. Die Emporenanlage und das Gestühl richten sich von drei Seiten auf das liturgische Zentrum. Fäschs Entwurf für eine Garnisonkirche aus demselben Traktat folgt noch dem traditionellen Schema einer Saalkirche mit Chor. Für die Kapelle des Invalidenhauses wählt er hingegen den Quersaal. Dabei hat wohl der Wunsch, die liturgische Achse des Gottesdienstraumes mit der Hauptachse der Gesamtanlage zusammenfallen zu lassen, den Ausschlag gegeben.

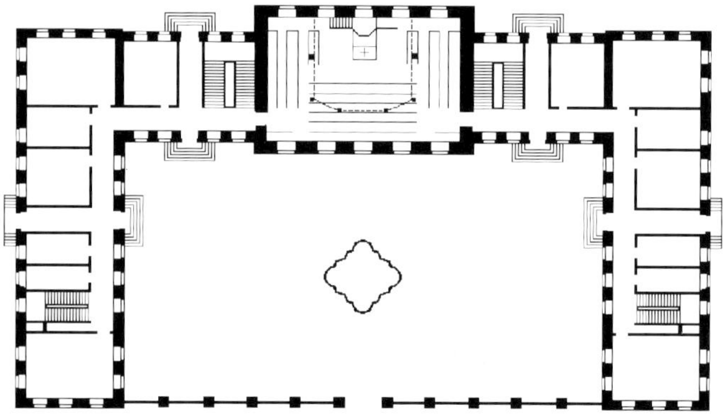

139 Darmstadt, Waisenhaus, Entwurfsplan. Grundriß des Erdgeschosses nach einer Zeichnung von Johann Jakob Hill

Johann Rudolf Fäsch stand als Architekt und Ingenieur mit hohem Offiziersrang in Diensten des sächsischen Hofes und lehrte an der dortigen Militärakademie. Festungsarchitekturen und sonstige militärische Bauten spielen daher in seinen Schriften eine wesentliche Rolle.[355] Nicht zufällig entwarf er Pläne für die speziellen Bauaufgaben einer Garnisonkirche und eines Invalidenhauses.

Die Gedanken von Fäsch wurden bei der Planung eines Neubaus für das 1697 in Darmstadt gegründete Waisenhaus aufgegriffen. Schon Anfang der 1720er Jahre war ein Neubauplan im Gespräch. Ein erster Entwurf von Louis Remy de la Fosse kam wegen Meinungsverschiedenheiten zwischen Konsistorium und Geheimem Rat nicht zur Ausführung. Erst 1748–1750 wurde das neue Waisenhaus nach der Konzeption von Johann Konrad Lichtenberg gebaut. Erhalten haben sich drei aus dem Jahre 1751 stammende Planzeichnungen des Landmessers Johann Jakob Hill, die vom ausgeführten Bau in wesentlichen Punkten abweichen.[356]

Die Pläne zeigen eine zweigeschossige Dreiflügelanlage mit Mansarddächern. Die Mitte des Gebäudekomplexes besetzt ein pavillonartiger Gebäudeteil von gleicher Traufhöhe, aber größerer Tiefe als der übrige Hauptflügel, so daß er vorn und hinten aus der Flucht des Gebäudes vorspringt. Ein dreieckiges Frontispiz und eine offene Laterne betonen die Mittelachse. Breite Lisenen zeichnen diesen Mittelpavillon aus, der die Kapelle aufnimmt. Der Kirchenraum ist nur über die beiden Flure von beiden Schmalseiten her zugänglich, aber nicht von außen. Folgerichtig zur axialen Symmetrie des Gesamtkomplexes organisiert der Entwerfer die Kirche als Quersaal, so daß Altar, Kanzel und Orgel in der Hauptachse des Baukomplexes, welche zugleich die Symmetrieachse des Kirchenraumes ist, angeordnet sind (Abb. 139). Auf der dreiseitigen Empore steht gegenüber der Kanzel die Orgel.[357]

Quergerichtete Kirchenbauten konfessioneller Minderheiten und religiöser Randgruppen

Hugenotten und Waldenser

Querkirchen der französischen Reformierten in ihren Zufluchtsländern im Reich

In den Einwanderungsländern im Reich wurden für und von Hugenottengemeinden vereinzelt Querkirchen gebaut. Die bekannteste unter ihnen ist die französisch-reformierte Kirche in Erlangen; zu nennen ist ferner die französische Kirche in Potsdam, ein Bau über querovalem Grundriß.[358] Von den Hugenotten selbst wurde in Anlehnung an den Temple von Charenton eher das längsgerichtete Rechteck oder gestreckte Achteck bevorzugt, wie es beispielsweise bei der Karlskirche in Kassel (1689–1710) zur Anwendung kam.[359] Erst in Zusammenhang mit den Intentionen der deutschen Landesherren wurde die Querkirche weit häufiger gebraucht, als es zuvor in Frankreich der Fall war.
Die Architekturen der niederländischen, wallonischen und französischen Glaubensflüchtlinge in den Ländern des Reiches können nicht losgelöst von den zeitgleichen Sakralbauten der Einheimischen betrachtet werden. Landesherrschaft und Landbauwesen des jeweiligen Staates nahmen Einfluß auf die Bauten der Flüchtlinge, landesübliche Formen wurden aufgegriffen, mit dem mitgebrachten Ideengut vermengt, das wiederum in der neuen Heimat andernorts Niederschlag finden konnte. Die Sichtweise, die Hugenotten hätten ihre typischen Bauformen aus Frankreich mitgebracht und in der Fremde unabhängig von aller lokalen Tradition realisieren können, ist zu einseitig, denn auch die Kirchen der Flüchtlinge sind in dem größeren Umfeld zu sehen, das aus dem Kirchenbau der neuen Landesherrschaft besteht.
In Erlangen entstand 1686–1693, also unmittelbar nach der Ankunft der Flüchtlinge, in der regelmäßig geplanten Neustadt als Schenkung des Markgrafen eine Querkirche auf rechteckigem Grundriß (Abb. 140 u. 141). Zwölf Pfeiler, verbunden durch Korbbogenarkaden, sparen einen zwölfeckigen Kernraum aus; auf halber Höhe ist zwischen die Pfeiler eine umlaufende Empore eingespannt, welche nur an der Westseite unterbrochen wird, so daß die Kanzel in einer chorartigen Nische zu stehen kommt. Gegenüber der Kanzel, wo sich seit 1764 die Orgel befindet, hatte sich der Landesherr, Markgraf Christian Ernst von Brandenburg-Bayreuth, eine Loge einrichten lassen. Inge Elsässer, deren Arbeit über die Erlanger Hugenottenkirche eine Reihe französischer Temples vorstellt und dabei in weiten Strecken den Argumentationsmustern Georg Germanns folgt, bezeichnet den Erlanger Bau als „eine geglückte Synthese aus französischem Hugenottentempel und deutscher Querhauskirche“[360], behandelt die Entwicklung der deutschen „Querhauskirche“ aber nur äußerst knapp. Der Schwerpunkt ihrer Arbeit liegt auf der Suche nach französischen Vorbildern, wobei die genannten Beispiele jedoch eher geringe Ähnlichkeit mit Erlangen aufweisen. Als Vorbild soll demnach der aus dem Jahr 1615 stammende Tempel von Montauban, dem Heimatort mehrerer nach Erlangen gekommener Réfugiés, gedient haben.[361] Auch Elsässer kann jedoch nicht klar rekonstruieren, ob dieser Tempel einen runden, acht- oder zwölfeckigen Grundriß in regelmäßiger oder gestreckter Form hatte und ob er im Inneren längs- oder quergerichtet war, weil die zeitgenössischen Darstellungen zu ungenau sind und sich gegenseitig widersprechen. Sie gibt der Rekonstruktion

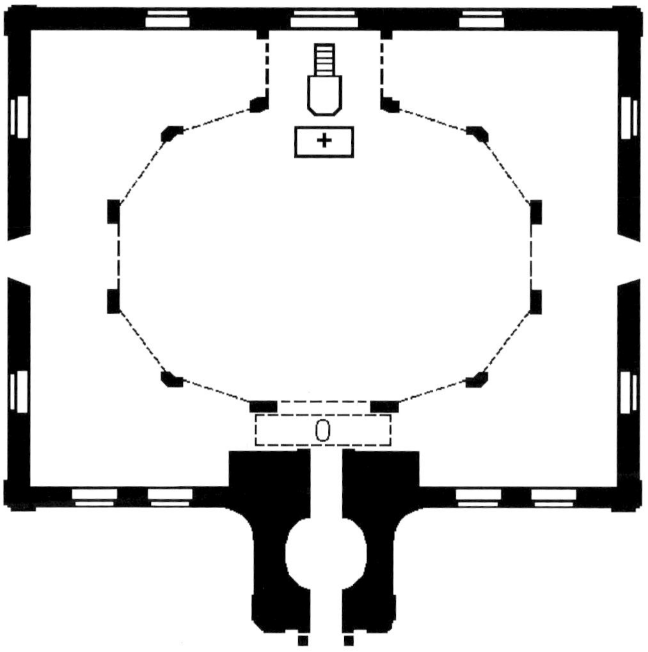

140 Erlangen, frz.-ref. Pfarrkirche, Grundriß

141 Erlangen, frz.-ref. Pfarrkirche

eines zwölfeckigen Grundrisses den Vorzug und erklärt damit die Genese des in Erlangen durch die Empore ausgesparten zwölfseitigen Mittelraumes. Bezüglich des rechteckigen Außengrundrisses sowie der Stellung von Kanzel und Abendmahlstisch kommt sie jedoch zu der Schlußfolgerung, daß diese „auf den deutschen evangelischen Kirchenbau hindeuten und schwerlich auf die Wünsche der Hugenotten zurückgeführt werden können."[362] Sie versäumt, auf die Positionierung der herrschaftlichen Loge näher einzugehen. Die Frage bleibt offen, was den Markgrafen, der sich zur lutherischen Konfession bekannte, veranlaßte, sich in dieser französisch-reformierten Kirche eine Loge einrichten zu lassen. Hatte er tatsächlich die Absicht, dort gelegentlich dem Gottesdienst beizuwohnen, hat er die Loge wirklich benutzt, oder besaß diese nur Stellvertreterfunktion als

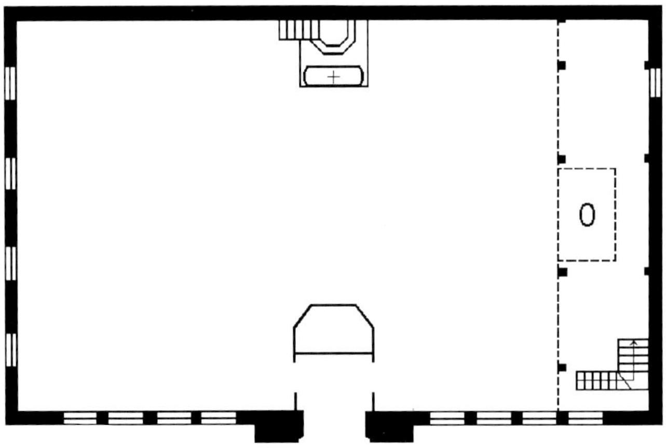

142 Celle, frz.-ref. Pfarrkirche, Grundriß, Zustand vor dem Umbau von 1961

Zeichen der neuen Landesherrschaft, der sich auch die hugenottische Gemeinde unterzuordnen hatte?

Eine weitere quergerichtete Hugenottenkirche, ein rechteckiger Fachwerkbau, wurde für die französisch-reformierte Gemeinde in der welfischen Residenzstadt Celle erbaut und im Dezember 1700 eingeweiht (Abb. 142). Die Gemahlin des regierenden Herzogs von Braunschweig-Lüneburg, Eleonore d'Olbreuse, war selbst Hugenottin und besuchte in dieser Kirche den Gottesdienst. Für sie wurde der Kanzel gegenüber ein Herrschaftsstand eingerichtet.[363] Somit spielte bei der Planung dieser Kirche die höfische Repräsentation eine gewichtige Rolle. Die Raumgestaltung entstand folglich eher im Gefolge herrschaftlicher Residenzkirchen als aus einer hugenottischen Tradition heraus.

Die reformierte Kirche in Usingen (Abb. 143) ist die älteste Querkirche in den nassauischen Grafschaften und Fürstentümern (abgesehen von den niederländischen Besitzungen Nassau-Oraniens) und eine der frühesten innerhalb des hier behandelten Untersuchungsgebietes. Ob die Querform auf Beziehungen zu den Niederlanden zurückzuführen oder von den Hugenotten mitgebracht worden ist, darüber ließe sich ausführlich spekulieren. Die Aufstellung der Privilegien für die Neusiedler liefert hingegen ein Indiz, das in eine ganz andere Richtung weist: Den Einwanderern wird „in ihrem Kirch und Schulwesen eben das Recht und die Freyheit, als den Flüchtlingen in dem Brandenburgischen und Bayereütischen ertheilet worden, zugestanden."[364] In dem Dokument beruft man sich auf Brandenburg-Bayreuth als Vorbild für die erteilten Privilegien. Eine Bezugnahme auch in architektonischer Hinsicht, nämlich auf die französisch-reformier-

143 Usingen, ehem. ref. Kirche

te Kirche in Erlangen, ist daher nicht auszuschließen. Die Peuplierungspolitik im Fürstentum Nassau-Usingen unter Fürst Walrad richtete sich nicht nur an hugenottische Glaubensflüchtlinge, sondern an Neusiedler verschiedenster Herkunft. Dementsprechend entstanden dort nie geschlossene Hugenottenkolonien. Die reformierte Gemeinde in der Usinger Neustadt setzte sich aus Deutschen, Schweizern und Franzosen zusammen. Nicht wenige ihrer Mitglieder kamen aus der im Pfälzischen Erbfolgekrieg verwüsteten Pfalz. Der Baumeister Benedikt Burtscher, Bürger der Usinger Neustadt, stammte aus Tirol. Gepredigt wurde deutsch und französisch. Die Kirche kann daher nicht als „Hugenottenkirche" im engeren Sinn gewertet werden, denn sie wurde nicht für eine reine Hugenottengemeinde gebaut. Die Anlage der Neustadt steht im Zusammenhang mit dem Ausbau der Residenzstadt unter Walrad, welcher nach seinem Regierungsantritt 1659 Usingen als Residenz gewählt und 1688 die Fürstenwürde erhalten hatte.[365] Der Stadtausbau ist, wenn auch in viel kleinerem Maßstab, vergleichbar mit der Situation in Erlangen, wo allerdings zwei Kirchen für die deutschsprachige und die französische reformierte Gemeinde entstanden.

Unter den Territorien des Reiches, die französische Glaubensflüchtlinge aufgenommen haben, steht die Landgrafschaft Hessen-Kassel nach Brandenburg-Preußen an zweiter Stelle.[366] Insgesamt wurden von der

Landgrafschaft etwa 3800 Réfugiés aufgenommen.[367] In drei Wellen kamen die Einwanderer nach Hessen-Kassel. Die ersten Flüchtlinge trafen unmittelbar nach der Aufhebung des Edikts von Nantes schon 1685 und 1686 ein. Die Freiheitskonzession Landgraf Karls vom 18. April 1685 sah zunächst eine Ansiedlung der Zuwanderer in verschiedenen Städten des Landes vor, doch letztlich blieb ein großer Teil von ihnen, vor allem die Begüterten, in der Residenzstadt Kassel, wo ab 1688 mit der Anlage der Oberneustadt begonnen wurde. Die Absichten, die der Landgraf mit der Erteilung der Privilegien verfolgte, zielten auf eine Belebung der Wirtschaft. Die ersten Privilegien vom April 1685 richteten sich daher an „Manufacturiers", qualifizierte Handwerker, Gewerbetreibende und Kaufleute mit eigenem Vermögen, die sich in einem städtischen Umfeld niederlassen sollten[368]. Für die hugenottische Flüchtlingsgemeinde im reformierten Kassel errichtete Hofbaumeister Paul du Ry in den Jahren 1689–1710 die Karlskirche.

Eine Kolonisation auf dem Lande war zunächst nicht vorgesehen. Sie wurde erst in Erwägung gezogen, als sich bei der Ansiedlung der Franzosen in den kleineren Landstädten erhebliche Schwierigkeiten ergaben – einerseits mit der Versorgung der Flüchtlinge, andererseits durch die Proteste der Einheimischen, die den Zuwanderern ihre Privilegien neideten, zum dritten dadurch, daß die lokalen Verwaltungen schlichtweg überfordert waren. Daß 1685/1686 unerwartet viele und 1699 unerwartet arme Flüchtlinge in Hessen-Kassel eintrafen, brachte alle Planungen durcheinander.[369] Dementsprechend schwierig und schlecht organisiert war der Aufbau der Kolonien. Die neuen Siedlungen wurden in der Regel auf dem Gelände von Wüstungen angelegt. Dadurch sollte der Landesausbau vorangetrieben werden, denn von den wieder erschlossenen Ländereien erhoffte die Staatskasse künftige Steuereinnahmen. Darüber hinaus war eine Steigerung der im Dreißigjährigen Krieg dezimierten Bevölkerungszahl das Ziel aller Landesherren jener Zeit.

Zahlreiche Flüchtlinge, deren finanzielle Mittel nicht ausreichten, um sich in der Residenzstadt niederzulassen, zogen weiter in das dünn besiedelte Gebiet um Hofgeismar. Um sie unterzubringen, begann noch 1686 die Planung und der Aufbau der beiden ältesten Koloniedörfer, die nach dem regierenden Landgrafen Karl und dessen Gemahlin Maria Amalia benannt wurden.[370] Für Carlsdorf und Mariendorf wurde der in landesherrlichen Diensten stehende Baumeister Paul du Ry mit den Planungen betraut, der selbst aus Frankreich stammte. Während der Ausbau der ersten beiden Siedlungen relativ schnell voranging, verlief er bei den später gegründeten Kolonien zunehmend planlos.

Waldenser aus der südfranzösischen Dauphiné siedelten in Carlsdorf und Mariendorf, wo um 1700 eigene Gotteshäuser errichtet wurden. In Carlsdorf (Abb. 144) handelt es sich um eine Querkirche, in Mariendorf ist die ursprüngliche Raumdisposition ungeklärt. In den später angelegten Kolonien wurden dagegen längsgerichtete Kirchenbauten ausgeführt. Diese Gründungen

144 Carlsdorf, ev. Kirche

der Anfangsphase, entstanden unter dem unmittelbaren Druck der Vertreibung der französischen Glaubensgenossen, lagen dem Landgrafen vermutlich besonders am Herzen. In der Residenzstadt Kassel entstand mit der Karlskirche ein Kirchengebäude, das sich mühelos in hugenottische Traditionen einreihen läßt. Die Genese der Bauformen von Carlsdorf und Mariendorf ist hingegen weniger eindeutig. Festzuhalten bleibt andererseits, daß gerade die bescheidene Kirche in Carlsdorf am Anfang der Hochphase des Querkirchenbaus im hessischen Raum steht, so daß sie keinesfalls mit einer zu jenem Zeitpunkt bereits vorhandenen Tradition in der Landgrafschaft erklärt werden kann. Sieht man von der 120 Jahre früher entstandenen Rotenburger Schloßkapelle ab, so gelangte mit Carlsdorf erstmals ein neuer Raumtyp in das Kirchenbauwesen der Landgrafschaft Hessen-Kassel. Carlsdorf wie Mariendorf gelten als Entwurf von Paul du Ry, der, bevor Karl ihn 1685 an den Kasseler Hof berief, zwanzig Jahre lang in den Niederlanden als Architekt gearbeitet hatte, hauptsächlich im Festungsbau in Maastricht.[371] Dort hat er zweifellos Querkirchen kennengelernt, die im protestantischen Holland schon seit Anfang des 17. Jahrhunderts verbreitet waren.

Ein eigener Baustil der Hugenotten ist in der Architektur der Hugenottenkolonien nicht festzustellen.[372] In der Tat unterscheiden sich die Städte und Dörfer der Flüchtlinge zwar von denen der Einheimischen in der Umgebung, doch der Grund ist nicht in einem besonderen Baustil der Einwanderer zu suchen, sondern darin, daß erstere binnen kurzer Zeit nach einem am Reißbrett entworfenen Plan angelegt, letztere hingegen langfristig gewachsen sind. Die Architektur der Planstädte und -dörfer ist die des Landbauwesens im jeweiligen Territorium. Die Zuwanderer hatten keinerlei Rechte und Optionen, an der architektonischen Ausgestaltung der Kolonien mitzuwirken, und offensichtlich zeigten sie daran auch wenig Interesse. Die beiden ersten Kolonien, Carlsdorf und Mariendorf, ließ der Landgraf als Prototypen immerhin noch von seinem Baumeister du Ry entwerfen, doch bei den späteren wurde die Planung den örtlichen Behörden überlassen.[373] Während für die beiden frühen Siedlungen außergewöhnliche Kirchenformen gewählt wurden, für Mariendorf sogar ein Massivbau, unterscheiden sich die kleinen längsgerichteten Tempel der späteren Ansiedlungen, auch derjenige von Louisendorf als erste fertiggestellte Hugenottenkirche in Hessen, nicht sonderlich von den in der Gegend üblichen Fachwerkkirchen.

Die Einflußmöglichkeiten, die den Kolonisten blieben, wenn es um die Gestaltung ihrer Wohnorte und ihrer Gotteshäuser ging, müssen als äußerst gering bis gar nicht existent eingeschätzt werden. Die Hugenottendörfer spiegeln die Architektursprache des Landbauwesens in dem jeweiligen Aufnahmeland wider. Wie die Einheimischen, so unterstanden auch die Zuwanderer derselben Landesherrschaft mit ihrem Behördenapparat.[374]

Die Lutheraner in der reformierten Residenzstadt Kassel

Die Errichtung einer eigenen Kirche für die lutherische Gemeinde in der mehrheitlich reformierten Residenzstadt Kassel hat eine lange Vorgeschichte. Die Lutheraner mußten sich ihre Religionsfreiheit hart erkämpfen. Nach der Einführung des reformierten Bekenntnisses in der Landgrafschaft lebten in Kassel nur noch wenige lutherische Familien, die sich in Privathäusern versammelten und zu Abendmahl und Kasualien im benachbarten Ausland die Kirche besuchten. Die Feier des lutherischen Abendmahls, die der Pfarrer aus dem hannoverschen Landwehrhagen jeden Montag in Kassel im Haus des Kammachers Ritsch durchführte, wurde 1720 verboten.[375] Zwar regierte der Landgraf in Oberhessen über weite Landstriche mit einer lutherischen Bevölkerung, welcher er die volle Religionsfreiheit zugestehen mußte, doch in der Residenzstadt wurden die Dinge strenger gehandhabt. Landgraf Karl gestand lediglich den lutherischen Angehörigen des Hofes und der Armee das Recht der freien Religionsausübung zu, aber erst, nachdem sein Sohn Friedrich sich mit Ulrike Eleonore, der Schwester des schwedischen Königs Karl XII., vermählt hatte. Um als Erbe für die Krone in Betracht zu kommen, mußte Friedrich selbst zum Luthertum konvertieren. Die Lutheraner in Kassel erhofften sich vor allem Protektion seitens der schwedischen Königin, an die sie sich wiederholt mit Bittschriften wandten, um eine Lockerung der gegen sie verhängten Verbote zu erreichen, vor allem bezüglich des öffentlichen Gottesdienstes und einer eigenen lutherischen Schule. Schon im April 1719 sicherte Ulrike Eleonore der Gemeinde brieflich ihre Unterstützung zu, ohne daß sich in den Folgejahren jedoch allzu viel veränderte. Nach Karls Tod gewährte Landgraf Wilhelm VIII. 1730 immerhin die freie Gottesdienstausübung in einem Privathaus, nicht aber die Einrichtung einer eigenen Schule. Sein Bruder Friedrich, inzwischen König in Schweden, erließ hingegen am 16. Januar 1731 das sogenannte „Stockholmer Dekret", das den Kasseler Lutheranern neben der freien Religionsausübung in einem Privathaus das Recht zubilligte, einen eigenen Prediger anzustellen und die lutherische Konfirmation zu feiern. Die Gottesdienste sollten nach der Agende in der Kirchenordnung, die in den lutherischen Gebieten um Marburg, Schmalkalden und in der

Grafschaft Katzenellenbogen Gültigkeit hatte, ablaufen.[376] Einige Monate später gestattete Friedrich I. der stark anwachsenden Gemeinde, ein Grundstück zu erwerben, darauf eine Kirche zu erbauen und zur Finanzierung des Baues Kollekten zu sammeln. Auf dem Grundstück des von Scholleyschen Hauses in der Altstadt am Graben wurde von 1734–1738 die erste eigene Kirche der Gemeinde errichtet. Der von der Gemeinde so sehr ersehnte Gebrauch ihrer Orgel in den Gottesdiensten wurde ihr jedoch weiterhin versagt. Mit seiner strengen Haltung wollte Friedrich vor allem erreichen, daß seine Gemahlin künftig nicht immer wieder mit Bittschriften „behelliget" würde. Erst zwanzig Jahre später, 1758, erhielten die Kasseler Lutheraner von Wilhelm VIII. die Genehmigung, die bereits vorhandene Orgel im Gottesdienst zu spielen.[377]

Die dreigeschossige Fassade der 1943 zerstörten Kirche (Abb. 145), die in einer Häuserzeile stand, wurde durch den Mittelrisalit und die Dreizahl der Portale symmetrisch gegliedert. Den Mittelrisalit bekrönte ein Dreiecksgiebel mit Okulus. Das Mittelportal flankierten gekuppelte ionische Dreiviertelsäulen, wohingegen die Seitenportale schlicht gehalten waren. Ein Gurtgesims auf Höhe der Fenstersohlbänke des ersten Obergeschosses ließ das Erdgeschoß als Sockelzone erscheinen. Lisenen betonten die Gebäudekanten; die Postamente der Säulen am Mittelportal fanden ihre Fortsetzung in einem durchgehenden Sockel. Nach außen hin benutzte das Gebäude eine sehr zurückhaltende Architektursprache, denn es durfte im Stadtbild nicht als Gotteshaus kenntlich gemacht werden. Einen Turm zu errichten und Glocken zu verwenden, wurde den Lutheranern verboten. Erst unter der französischen Regierung erhielt die lutherische Gemeinde nach 1806 die volle Gleichberechtigung mit den Reformierten.[378]

145 Kassel, Lutherische Kirche am Graben, Straßenfront vor der Zerstörung (Aufnahme vor 1926)

Die Fassadengestaltung, die in keiner Weise an eine Kirche gemahnt, sondern an ein profanes Bürgerhaus gehobener Kategorie, hat jedoch nichts mit der Konfession der es benutzenden Gemeinde und ebensowenig mit dem Bekenntnis der Landesherrschaft und der Bevölkerungsmehrheit zu tun. Die lutherische Gemeinde in der Residenzstadt der reformierten Landgrafschaft Hessen-Kassel mußte sich gleichermaßen restriktiven Bauvorschriften unterwerfen wie beispielsweise die katholische Gemeinde in Karlsruhe, der Residenz der lutherischen Markgrafschaft Baden-Durlach. Die dortigen Katholiken hatten bereits in den Anfangsjahren der Planstadt Karlsruhe auf Kosten des markgräflichen Hofes ein eigenes Gebäude erhalten, das den Verordnungen über die in der neuen Stadt zu errichtenden Modellhäuser entsprach (Abb. 146). Im Erdgeschoß befand sich der Kirchenraum, im Obergeschoß die Wohnung des Priesters. Das Anwachsen der Gemeinde und die zunehmende Baufälligkeit des ohne Fundamente in Holz ausgeführten ersten Bethauses machten bald einen Neubau erforderlich, welcher aber erst 1764 genehmigt wurde. Auch dafür waren die Gestaltungsvorschriften für modellmäßige Häuser einzuhalten.[379] Die innere Struktur des Gebäudes wurde durch die Gestaltung der Fassaden gänzlich negiert. Das Bauwerk, das auf einem Eckgrundstück stand, bot sich nach außen als längsgestreckter zweigeschossiger Baukörper unter einem hohen, nach einer Seite abgewalmten Satteldach dar. Genutete Lisenen gliederten die Längsfassade, deren Mitte durch einen dreiachsigen Risalit mit Dreiecksgiebel betont wurde. Das Portal in der Mittelachse führte in den Kirchenraum, der sich über drei Viertel der Gesamtlänge des Gebäudes erstreckte und über beide Geschosse reichte. Durch eine eingezogene Trennwand wurde ein Chor ausgeschieden. Die liturgische Achse des längsgerichteten Raumes verlief somit parallel zur Hauptfassade. Zur Straßenecke hin lagen Wohnräume in zwei Geschossen übereinander. Anders als in Kassel entsprachen sich somit in Karlsruhe nicht einmal die Hauptachsen von Baukörper und Raumkonzeption. Die Mauerschale des Kirchenraumes wurde in einen größeren kastenförmigen Baublock hineingestellt und verschwand darin völlig.

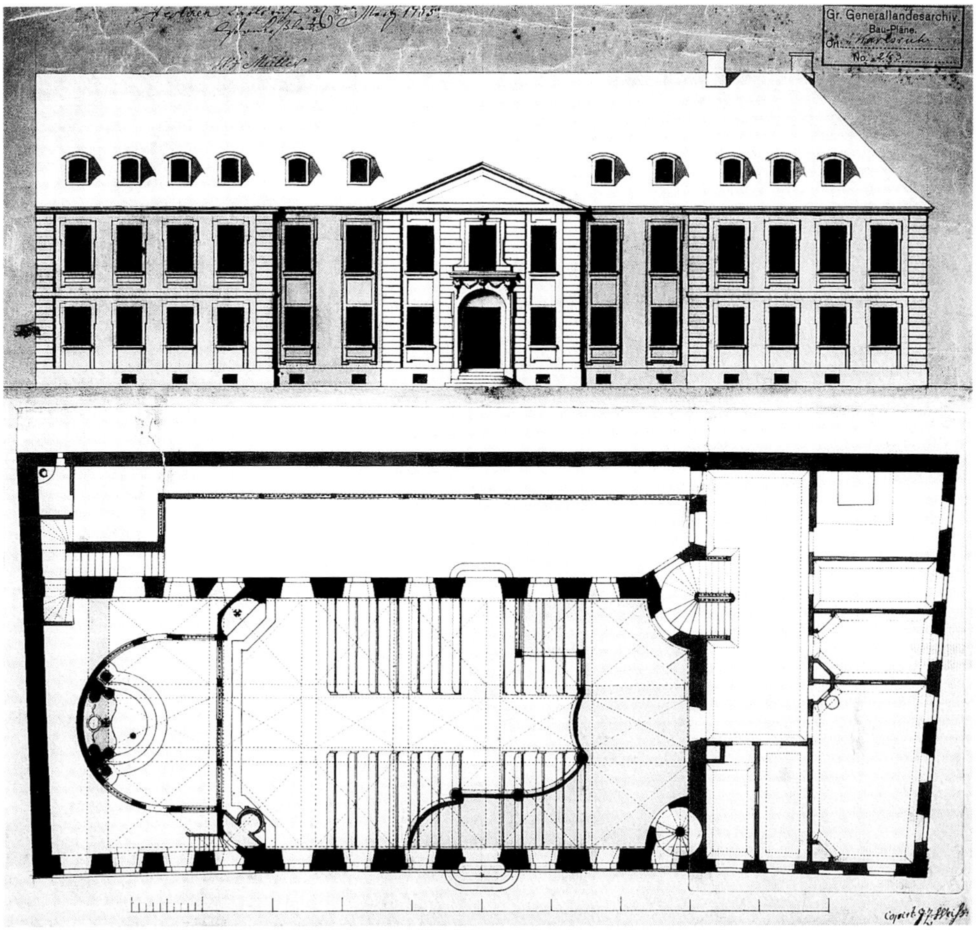

146 Karlsruhe, kath. Bethaus, Grund- und Aufriß. Beglaubigte Kopie des von dem Markgrafen genehmigten Originalrisses, gezeichnet von Keßlau und W. J. Müller, 1765. Kopie von J. Z. Weiß; GLA KA G Karlsruhe 243

Auch die Hugenottengemeinde in Celle, deren prominentestes Mitglied immerhin die Gemahlin des regierenden Herzogs war, wählte die schlichte Außengestalt ihres Kirchengebäudes nicht freiwillig und nicht als Glaubensgründen. Der lutherische Herzog gewährte zwar in einem Edikt von 1699 den französischen Glaubensflüchtlingen die freie Religionsausübung, erließ jedoch gleichzeitig strikte Auflagen für deren Kirchenbau. Das Gotteshaus mußte in einer Vorstadt errichtet werden und durfte nicht die „Form eines Kirchen-Gebäudes" haben. Auf einen Glockenturm oder Dachreiter mußte daher verzichtet werden. Die französisch-reformierte Kirche ist ein rechteckiger Quersaal in Fachwerk mit einem schlichten Walmdach und hohen rechteckigen Fenstern.[380]
Die Vergleiche zeigen, daß im Falle einer konfessionellen Minderheit in einer Residenzstadt nicht das Bekenntnis der betreffenden Gemeinde für die Gestaltung des Außenbaues entscheidend war, sondern die Vorschriften der Landesherrschaft. Sowohl in Kassel als auch in Karlsruhe ging es allein um das Verhältnis von herrschaftlicher Konfession und tolerierter Minderheit, die sich nicht nach außen als Glaubensgemeinschaft präsentieren durfte. Wie mit Glaubensminderheiten umgegangen wurde, hing jedoch sehr von der Haltung der jeweiligen Landesherrschaft ab. Das Gegenbeispiel par excellence ist Nassau-Saarbrükken, wo sowohl den Reformierten in Saarbrücken als auch den Katholiken in St. Johann gestattet wurde, eine Kirche mit Turm zu bauen, für welche der Hofarchitekt und Landbaumeister, Baudirektor Friedrich Joachim Stengel, die Pläne lieferte. Die katholische Kirche in St. Johann zeichnet sich durch eine sehr aufwendige Fassadengestaltung aus, welche diejenige der lutherischen Pfarrkirche in der Stadt bei weitem übertrifft.

Lutheraner und Reformierte in Hanau-Münzenberg: Konfrontation und Koexistenz

Lebten Angehörige verschiedener Konfessionen unter derselben Landesherrschaft nahe beieinander, konnte es zu erbitterten Auseinandersetzungen zwischen den beiden Gruppen kommen. Zu massiven Konflikte zwischen Reformierten und Lutheranern kam es in der Grafschaft Hanau-Münzenberg, wo der letzte Hanauer Graf Johann Reinhard ein gezieltes Kirchenbauprogramm zugunsten der lutherischen Minderheit in die Wege leitete.[381]

Ab 1642, nach dem Anfall der Grafschaft an die lutherische Lichtenberger Linie, sah sich die lutherische Minderheit deutlich gestärkt. In der reformierten Residenzstadt Hanau wurde der Bau einer lutherischen Pfarrkirche erforderlich, die zugleich als Hofkirche dienen konnte. Die Schloßkapelle, in der seit 1642 lutherischer Gottesdienst gehalten wurde, war bald zu klein für die wachsende Gemeinde, die wahrscheinlich zu einem erheblichen Teil aus Beamten und Angehörigen des Hofes sowie deren Familien bestand. Gegen den Widerstand der reformierten Stadtbürgerschaft setzte Graf Friedrich Kasimir den Kirchenneubau durch, der 1658–1662 realisiert wurde.[382]

Die Streitigkeiten wurden erst durch den Hanauischen Hauptreceß[383] von 1670 beigelegt, der das Verhältnis der beiden Konfessionen regelte und ihre Gleichberechtigung bestimmte. In allen konfessionellen Auseinandersetzungen bis weit in das 18. Jahrhundert hinein stützte man sich auf dieses Dokument als Rechtsgrundlage. Der Hauptreceß legt zunächst mit Berufung auf den Erbvertrag der beiden hanauischen Linien von 1610 fest, daß die Reformierten „bey allen, auß demselben erlangten Rechten, Privilegien, und Freyheiten gelassen, geschützt und gehandhabt" werden (§1). Auch ein zukünftiger Landesherr darf am Rechtsstatus der Reformierten niemals etwas ändern (§3). Das reformierte Konsistorium bleibt mit allen seinen Aufgaben bestehen (§4). Daneben erhalten aber jetzt die Lutheraner die volle Religionsfreiheit: „... und solle denen Lutherischen bey dieser Graffschafft Hanau=Müntzenberg und zugehörigen Orthen, das Coexercitium Religionis liberum indefinitum & illimitatum cum annexis ... ohne einige Dependentz von der andern Religion nun und hinführo zu ewigen Zeiten mit gleichmässigen Rechten und Freyheiten, als bey denen Reformirten ungekränckt und unverrückt verbleiben..." (§6). Die Erbauung eigener Kirchen und Schulen wird ihnen gestattet (§6), jedoch nicht in Orten, „wo nicht acht Haußgesessene dieser Religion zugethane Unterthanen vorhanden" (§7). Die Lutheraner müssen diese Bauten auf eigene Kosten aufführen; den Reformierten darf dadurch kein Nachteil und keine Belastung entstehen (§9). Für einzelne Ortschaften werden Sonderregelungen getroffen (§§10–12). Ein lutherisches Konsistorium wird eingerichtet, „welches ebenmässige Privilegia, hiermit und in Krafft dieses haben solle, als der Reformirten Consistorium bißhero gehabt hat, und noch hat..." (§13). Die lutherische Religionsfreiheit soll auch in Zukunft niemals zurückgenommen oder eingeschränkt werden (§20).

Bevor in Steinau überhaupt mit dem Bau einer lutherischen Kirche begonnen werden konnte, stellte sich das Problem, einen geeigneten Bauplatz zu finden. Die Lutheraner mußten in die Vorstadt vor dem Obertor ausweichen, denn die reformierte Kirchengemeinde, der die Mehrheit der Steinauer Bürger angehörte, wehrte sich gegen die Absicht, in der Innenstadt eine lutherische Kirche zu bauen. Sie berief sich auf den Hauptreceß, in welchem ein Passus enthalten ist, der vorschreibt, daß in Steinau die lutherische Religion ausschließlich in einer der Vorstädte ausgeübt und folglich eine lutherische Kirche nur dort errichtet werden dürfe.[384]

Auch in Ober-Eschbach stieß der Kirchenneubau der Lutheraner bei den Reformierten des Dorfes auf wenig Gegenliebe. Aus Hanau war verfügt worden, daß alle Einwohner sich an den Fuhren beteiligen und dafür zeitweise von den üblichen Fronden befreit werden sollten. Die Mehrheit der Reformierten nahm lieber mit ihren Gespannen den weiten Anfahrtsweg bis nach Hanau in Kauf und leistete beim dortigen Festungsbau ihre Frondienste ab, als ihre lutherischen Nachbarn in demselben Ort bei den Materialfuhren für deren Kirchenbau zu unterstützen. Bestärkt wurden sie darin durch das reformierte Konsistorium, das sich empört erkundigte, ob denn wahrhaftig den reformierten Untertanen in Ober-Eschbach befohlen worden wäre, beim lutherischen Kirchenbau zu helfen; dergleichen liefe doch den Bestimmungen des Hanauischen Religions-Recesses „schnur gerad entgegen."[385] Die Fronten waren zu Lebzeiten Johann Reinhards dermaßen verhärtet, daß Vernunftgründe überhaupt nicht zur Geltung kamen, wenn die andere Seite davon möglicherweise einen Vorteil gehabt hätte.

In Rodheim, wo im Jahr 1672 der lutherische Gottesdienst eingeführt wurde, konnte die lutherische Gemeinde schon 1676 ihr erstes eigenes Gotteshaus, eine kleine Fachwerkkirche, errichten, gegen den erbitterten, auch tätlichen Widerstand der Reformierten am Ort. Im Laufe der nächsten Jahrzehnte muß sich das Verhältnis zwischen den beiden Konfessionen so weit beruhigt haben, daß eine Zusammenarbeit möglich wurde.[386] 1721 erwarben 53 lutherische und reformierte Rodheimer Einwohner gemeinsam ein Grundstück[387], das anschließend geteilt wurde. Die Lutheraner errichteten auf ihrer Hälfte einige Jahre später das Pfarrhaus und die neue Kirche.

Als die Lutheraner ihre Kirche bauten, wurde es als selbstverständlich erwartet, „daß dasige reformirte Nachbarn ebenfalß gleichwie an anderen orthen geschehen ist, mit Ihrem geschirr eine hülffliche handt reichen, und so viel thunlich diesses Christliche Vorhaben befördern helffen werden...", auch wenn nur den lutherischen Einwohnern eine Befreiung von den herrschaftlichen Frondiensten zugestanden wurde. Das Konsistorium berief sich dabei – nicht ganz wahrheitsgemäß – auf den Verlauf der Dinge in Ober- und Nieder-Eschbach, wo die Behörden „... nur allein den Evange[lisch] Lutherischen die Frohnd Freyheit auf einige zeit Gnädigst ertheilet haben, und wie dessen ohnerachtet dennoch von den Reformirten zu

147 Bad Nauheim, Wilhelmskirche

Ihrem ruhm viehle fuhren zu obgedachtem bauwess[en] geschehen seyen." Der Vorschlag von seiten des lutherischen Konsistoriums, auch die Reformierten sollten sich um die Befreiung von den Fronden zugunsten ihrer Mithilfe beim lutherischen Kirchenbau bemühen, wurde von den Reformieren, die offensichtlich von ihrem Gerichtsherrn Jacobi gegen die Lutheraner aufgehetzt worden waren, zurückgewiesen.[388]

Eine harte Auseinandersetzung mit den Reformierten im Sommer und Herbst 1732 resultierte daraus, daß Baudirektor Hermann den Bauplan änderte und den Kirchturm aus der Fassade etwas vorspringen lassen wollte (vgl. Abb. 24 u. 25). Damit würde dieser Turm um $1^1/_2$ Schuh (43 cm)[389] in die „Gemeine Flecken Gaß" hineinragen. Das reformierte Konsistorium sah darin einen Verstoß gegen den Religionsreceß. Die Straße war jedoch so breit, daß das geringe Vorspringen des Turmes keinerlei Engpaß verursachen würde, wie auch die reformierten Gerichtsleute bei einer Besichtigung vor Ort zugeben mußten. Doch es ging ums Prinzip. Die Ursache für die Unnachgiebigkeit der Reformierten liegt zum Teil auch in dem überheblichen Verhalten von Baudirektor Hermann begründet:

„Als lezthin der Herrschafftl[iche] Herr Bau Director Hermann allhier gewesen und die neu zu erbauende Lutherische Kirche in augenschein genom[m]en ..., auf dem Kirchenplatz zu uns gesprochen, Er hät-

148 Bad Nauheim, Reinhardskirche

te noch eins zu proponiren und solten wir mit Ihm gehen, hinzufügende: Wann wir darin consentiren würden, so wäre es gut, thäten wir es aber nicht, so solte es doch geschehen worauff wir demselben zur antwort gegeben, Wann es die Meinung hätte, so wäre es gantz ohnnöthig, daß wir mit Ihm gingen, hätten auch solches gewißlich nicht gethan, wann nicht der Herr Ober Schultheiß Petri uns gütlich angeredet mit dahin zu gehen, da wirs dann gethan, und hat dem zu folge der H[err] Bau-Director uns daselbst gezeiget, wie etwa der Thurn 1 schue weither in die gassen, alß die Kirchen mauer, gerücket werden würde, und daß solches nicht viel machte, dahero er nicht zweifflen wolte, wir darein würden willigen. Wir haben erwiedert, daß wir vor uns ein solches nicht erlauben noch verwilligen könten, weilen es die gantze gemeinde anginge. Der H[err] Bau Director regerirte: So möchten Wir deßwegen mit der Gemeinde reden, Wir antwortteten, daß es geschehen könte."[390]

Die Gerüchteküche brodelte im Flecken Rodheim, und je mehr Personen über das Bauvorhaben der Lutheraner diskutierten, desto weiter sollte der Turm dem Vernehmen nach in die Straße vorragen, bis man schließlich bei insgesamt 6 Schuh (1,85 m) angelangt war, inklusive drei Stufen vor dem Eingang. Alle reformierten „Nachbahrn" (Einwohner) wurden auf das Rathaus beschieden und einzeln befragt, „da dann abermahlen von einem Jeden es bey Obiger Erklärung geblieben, und daß sie hoffen wolten, es in die weege gerichtet zu werden, daß die gemeine gasse vom herauß bauen frey bleiben möge." Der reformierte Gerichtsschreiber Schraidt referierte in seinem Bericht über diese Versammlung den Appell der Gerichtsleute an die Landesherrschaft, „daß Selbige keinen gefallen daran haben würden, wann die Evangelisch Lutherische gemeind bey ihrem Kirchenbauwesen etwas Recess wiedriges vornehme."[391] Das lutherische Konsistorium widersprach: Zum einen wäre keine Treppe geplant, und zum anderen unterständen doch alle Wege und Straßen dem Landesherrn, welcher den Bau der Kirche genehmigt hätte. Es schlug vor, die Lutheraner sollten den Reformierten das Stückchen Straße bezahlen. Ein erneuter Ortstermin wurde angesetzt. Der lutherische Pfarrer Schwalb nannte mehrere Beispiele von reformierten Einwohnern, deren Eingangstreppen viel weiter auf die Straße hinausragten als der geplante Kirchturm, und klagte über Repressalien von Seiten der Reformierten und daß er „en particulair ihre Tücke, falschheit, wie auch Neidisch= und feindseeles Gemüth gegen uns gewißl[ich] bißhero erfahren" hätte.[392] Dennoch fand sich am Ende eine einfache und friedliche Lösung, denn die reformierten Gerichtsleute und Vorsteher teilten dem Oberschultheiß auf dessen Anfrage, wieviel sie für das Stück Straße forderten, mit, „daß sie nichts vor dasselbe verlangten, sondern solches zu der Kirchen verehret haben wolten."[393]

Die beiden von dem Hanauer Baudirektor Christian Ludwig Hermann entworfenen evangelischen Kirchen in Bad Nauheim (Abb. 147 u. 148) sehen sich in ihrer Fassadengestaltung außerordentlich ähnlich, vor allem in bezug auf die Gestaltung der Türme, aber im Inneren war die lutherische Reinhardskirche ein Längsbau, die reformierte Wilhelmskirche hingegen ein Quersaal. In Nauheim hatten die Lutheraner in den Jahren 1732–1733, noch unter Johann Reinhard, einen Kirchenneubau erhalten. Es stellt sich die Frage, ob der Kirchenbau der Reformierten als Konkurrenz oder als Angleichung an die gerade vollendete lutherische Kirche zu begreifen ist. Konkrete Auseinandersetzungen zwischen den beiden evangelischen Glaubensgemeinschaften sind hier quellenmäßig weniger zu greifen. Hingegen fällt auf, daß die reformierte Gemeinde relativ bald nach dem Regierungswechsel einen eigenen Kirchenbau in Angriff nahm. Während der Regie-

Brüdergemeine aus dem Profanbau her: Die ersten Versammlungsstätten waren profane Säle, die in größere Architekturzusammenhänge eingepaßt waren. Deren rechteckiger Grundriß und Zweigeschossigkeit wurden auch weiterhin beibehalten.[412] Für die kultischen Erfordernisse war der quergerichtete Saal bestens geeignet. Die Ausstattung war zweckdienlich, schlicht und einfach, in deutlichem Kontrast zu den Kirchen der großen Konfessionen:

> „Für die Idee der Gemeinschaft den äußeren Rahmen zu bilden, das ist der Zweck des Betsaals. Er ist Gemeinschaftskirche. (...) Seine Größe, Höhe und Ausstattung gehen nicht über das für die Sammlung der Gemeinde notwendige Maß hinaus. Einfachheit und Intimität schließen Monumentalität aus. (...) Das Göttliche ist hier nur in der feiernden Gemeinde gegenwärtig, nicht am Altar, den es im Betsaal nicht gibt, ebensowenig wie eine Kanzel. Der Liturgus, ohne Amtstracht, sitzt bei allen Versammlungen; nur bei der Predigt, wo er eben nicht Liturgus, sondern Prediger ist, steht er. Sein Stuhl ... ist gerade nur um soviel Stufen erhöht, daß der Liturg allen Gottesdienstbesuchern sichtbar ist. Der Liturgietisch vor ihm ist weiter nichts als, wie der Name schon sagt, der Tisch für den Liturgen, wie ihn jeder Versammlungsleiter vor sich zu haben pflegt. Er ist nicht Abendmahlstisch ...“[413]

Der Vorteil der Querrichtung sei, so Marx, „daß die Gemeinde in sich und mit dem Liturgen fest zusammengeschlossen wird.“ Außerdem sei eine Querkirche geeigneter für das gemeinsame Singen, das in der Brüdergemeine einen hohen Stellenwert habe. Diese Form sei also nicht etwa eine Nachahmung vorangegangener Entwicklungen im protestantischen Kirchenbau, sondern aus den spezifischen Bedürfnissen der Brüdergemeine heraus entwickelt. Nichtsdestotrotz sieht auch Marx Parallelen zur Entwicklung des protestantischen Kirchenbaus, beruhend auf ähnlichen Anforderungen. Er kommt zu der Schlußfolgerung, daß der Betsaal zwar vom protestantischen Sakralbau beeinflußt sei, seinerseits aber keine Auswirkungen auf die evangelische Kirchenarchitektur gehabt habe.[414]

Fritz Gellers Behauptung, in der Nachfolge der Brüdersäle seien auch landeskirchliche Gotteshäuser „im Stil dieser herrnhutischen Kirchensäle gebaut worden“[415], trifft nicht zu, denn ein Blick auf die Baudaten zeigt, daß die Quersaalform bei landeskirchlichen Bauten längst zur Anwendung kam, noch ehe die Herrnhuter Brüdergemeine überhaupt gegründet wurde. Eventuell gilt diese Aussage für Schlesien, aber Verallgemeinerungen sollten vorsichtig gehandhabt werden. Die Herrnhuter kamen erst zu einem Zeitpunkt in die Wetterau, als die Quersaalform im hessischen Raum und auch gerade in der Wetterau längst bekannt war. Die Verbreitung der Querkirche begann vor den Anfängen der Herrnhuter Bewegung. Die Herrnhuter waren keinesfalls Vorbild und Erfinder des evangelischen Quersaales. Entweder übernahmen sie die Form aus der protestantischen Sakralarchitektur ihrer Zeit, oder sie entwickelten sie aus eigener Kraft, weil sie in der Tat die geeignetste Raumform für einen Gemeindegottesdienst war, wie ihn die gesamte evangelische Theologie verlangte. Eventuell haben sogar die Schriften Leonhard Christoph Sturms eine Rolle gespielt.

Ein potentielles Vorbild, das in der bisherigen Forschung bislang unbetrachtet geblieben ist, sollte zudem in die Diskussion unbedingt einbezogen werden. Es handelt sich um den Sing- und Betsaal im Franckeschen Waisenhaus in Halle, der in den oberen Geschossen des 1710/11 errichteten Südflügels liegt. Der junge Graf Zinzendorf war von 1710–1716 Schüler im dortigen Pädagogium, verbrachte dort also seine prägenden Jugendjahre, und kannte folglich den gerade fertiggestellten Saal bestens aus eigener Anschauung.[416] Der längsrechteckige Saal, der heutige Freylinghausensaal, nimmt die ganze Tiefe des Flügels ein, reicht über zwei Geschosse und erstreckt sich in der Breite über elf Fensterachsen. Er bot Platz für rund 2000 Personen. Nach einem Bombenschaden im 2. Weltkrieg ist die Ausstattung in veränderter Form wiederhergestellt worden, so daß der Raum seitdem in Längsrichtung erlebt wird. Auskunft über seine ursprüngliche Einrichtung gibt jedoch ein Modell aus dem frühen 18. Jahrhundert, das in der Kunst- und Naturalienkammer der Franckeschen Stiftungen verwahrt wird. Demnach befand sich an der zum Innenhof gewandten nördlichen Längsseite des Saales das Katheder. Die Querachse des extrem gestreckten Rechteckraumes wurde dadurch zur Hauptachse. Die Bänke waren, ähnlich wie in zahlreichen Querkirchen, beiderseits eines Mittelganges auf die Längsachse ausgerichtet, so daß die Bankblöcke der beiden Raumhälften sich gegenüberstanden. Lediglich gegenüber dem Katheder waren einige Bänke in Querrichtung aufgestellt. Das Katheder war nicht genau in der Mitte der Längswand plaziert, sondern etwas nach links verschoben. Eine Planzeichnung von 1740 zeigt vom Katheder ausgehend eine hölzerne Brüstung oder Trennwand, dort als „Unterscheid“ bezeichnet, die den Raum in den „Weiber-Saal“ und den „Männer-Saal“ teilte.[417]

Zinzendorfs Betsaal auf dem Herrnhaag hat mit dem Sing- und Betsaal in Halle die Integration in einen Gebäudekomplex und die innere Querrichtung gemeinsam, nicht jedoch die Aufstellung der Sitzbänke, denn in den Brüdersälen stehen alle Bänke zur Längsseite gewandt. Bei der Konzeption ihrer Betsäle orientierte sich die Brüdergemeine gewiß auch an diesem Leitbild, das eine sehr ähnliche Funktion als Andachts- und Versammlungsraum für die dort lebende Gemeinschaft besaß.

Theologie und Liturgie

Orthodoxie und Pietismus

Die Theologie der Zeit zwischen 1650 und 1750 wurde von zwei gegensätzlichen Strömungen geprägt: der Orthodoxie und dem Pietismus. Die Anerkennung der Evangelischen als eigenständige christliche Bekenntnisgemeinschaft im Augsburger Religionsfrieden von 1555 und das nachfolgende Zeitalter des Konfessionalismus, als in der sogenannten „Zweiten Reformation" in verschiedenen bis dahin lutherischen Territorien der Calvinismus eingeführt wurde und die Katholiken in manchen evangelisch gewordenen Gebieten die Gegenreformation durchsetzten, mündete in eine zunehmende Verhärtung der Fronten zwischen den unterschiedlichen Konfessionen und schließlich in den Dreißigjährigen Krieg. Die kriegerischen Auseinandersetzungen um Bekenntnisfragen bewirkten erst recht ein immer strengeres Festhalten an den Grundsätzen der eigenen Konfession auf allen Seiten.

Auch auf geistigem Gebiet wurden scharfe Kontroversen geführt. Die gelehrten Theologen bekämpften sich in ihrem Streitschriften mit erbitterter Polemik, aber auch mit wissenschaftlichen Beweisführungen zu ihren unterschiedlichen Auffassungen über bestimmte Glaubensfragen. Im Zentrum der evangelischen theologischen Wissenschaft stand die Heilige Schrift, doch die Werke der Reformatoren und die Bekenntnisschriften des 16. Jahrhunderts blieben wichtige Bezugspunkte. An der reinen Lehre der Reformation wollte man festhalten. Diese orthodoxe Haltung, die im letzten Drittel des 16. Jahrhunderts entstand und im ersten Drittel des 17. Jahrhunderts ihre Glanzzeit erlebte[418], führte im weiteren Verlauf zunehmend zu einer Erstarrung des kirchlichen Lebens.[419]

Gegen diese Entwicklung richtete sich der Pietismus. Die 1675 erschienene Schrift „Pia Desideria" des Frankfurter Geistlichen Philipp Jakob Spener bildete den Ausgangspunkt einer Bewegung, die darauf abzielte, die Frömmigkeit in den Gemeinden wiederzubeleben und den Glauben der einzelnen Christen zu stärken.[420] In sogenannten Konventikeln trafen sich kleine Gruppen, in der Regel in Privathäusern, um gemeinsam zu beten und das Wort der Bibel zu hören und auszulegen. Spannungen zwischen den örtlichen Kirchengemeinden und derartigen kleinen Zirkeln, die sich als die besseren Christen fühlten, waren quasi vorprogrammiert.

Die führenden Pietisten „sahen sich selbst als Erneuerer, Vollstrecker oder Vollender der Reformation, ganz besonders in der durch Martin Luther geprägten Traditionslinie."[421] Die Anhänger der pietistischen Lehre lassen sich in fünf Gruppen einordnen: Spener und seine unmittelbare Nachfolge, August Hermann Francke und der Hallesche Pietismus, der württembergische Pietismus, Zinzendorf und die Brüdergemeine und schließlich die schwärmerischen Pietisten unter Führung sehr individueller Persönlichkeiten, die gänzlich mit der Kirche brachen und sich in kleinen Gruppen von allen kirchlichen Organisationsstrukturen absonderten.[422] Spener, Francke, die Württemberger und letztlich auch Zinzendorf hatten ihre Wurzeln im Luthertum. Der Pietismus war innerhalb des Reiches in der Anfangszeit nicht ausschließlich, aber doch überwiegend ein lutherisches Phänomen.[423] In den calvinistischen Gebieten des hessisch-nassauischen Raumes fand er weniger Verbreitung. In den reformierten Landeskirchen des Reiches waren pietistische Strömungen zumeist abhängig von niederländischen Einflüssen.[424] Dort handelte es sich zumeist um kleine Gruppen mit einzelnen charismatischen Führern, die eher dem schwärmerischen Pietismus zugeordnet werden müssen. Letztere brachten durch ihre ungeregelte, bisweilen ausschweifende Lebensweise die ganze Bewegung in Verruf und lieferten den Gegnern in der Orthodoxie willkommene Argumente, den Pietismus insgesamt abzulehnen. Die gemäßigten Pietisten waren daher nach Kräften bemüht, sich von derartigen radikalen Kreisen abzugrenzen, so daß sich die Bewegung bald in zwei Richtungen teilte: in den schwärmerischen Pietismus unter der Führung sehr verschiedener Außenseiter, die sich von der Amtskirche lossagten, und den kirchlichen Pietismus, den vor allem die theologische Fakultät zu Halle vertrat.[425]

Speners Schrift „Pia Desideria" war zunächst auch in der lutherischen Orthodoxie wohlwollend aufgenommen worden. Doch die obrigkeitlich orientierten Staatskirchen empfanden derartige Gruppen, deren Zusammenkünfte sie nicht unter Kontrolle hatten, bald als Störung der allgemeinen Ordnung, wenn nicht sogar als Gefährdung des kirchlichen Lebens. Die orthodoxe Theologenschaft reagierte daher mit heftiger Ablehnung. In zahlreichen Territorien wurden pietistische Versammlungen von der Obrigkeit verboten.[426]

Dennoch lassen sich Spätorthodoxie und Pietismus nicht überall scharf voneinander abgrenzen. Das Verhältnis dieser beiden Glaubensströmungen muß differenzierter betrachtet werden, vor allem inneralb der lutherischen Kirchen. Dort sind mannigfaltige Wechselwirkungen zwischen der orthodoxen Lehre und der neuen Frömmigkeit zu beobachten.[427] Nur kleine Gruppen konnten sich eigenständig organisieren und sich eine radikal neue Ordnung geben. Reformen des Glaubenslebens im größeren Stil waren hingegen nur im Rahmen des landesherrlichen Kirchenregiments möglich. Die bestehenden Strukturen der kirchlichen Organisation an sich wurden dabei nicht angetastet. Eine konsequente Umformung im pietistischen Sinn war insofern nur begrenzt realisierbar. Ohnehin ließ sich eine Hinwendung zu tiefer pietistischer Frömmigkeit in einer Volkskirche nicht von der Obrigkeit verordnen.[428]

Kirchliche Reformen im pietistischen Sinn waren nur möglich, wenn die Landesherrschaft diesem Gedankengut gegenüber aufgeschlossen war. Die Hinwendung zu Orthodoxie oder Pietismus konnte sich daher von Herrschergeneration zu Herrschergeneration ändern. Überdies hing die Verbreitung dieser Glaubenslehre stark von Einzelpersönlichkeiten ab, die hohe theologische Ämter im Kirchenregiment besetzten. Somit hat sich in keinem Territorium des hessisch-nassauischen Raumes, auch nicht in der Reichsstadt Frankfurt, ein landeskirchlicher Pietismus dauerhaft etabliert.[429]

Die pietistische Bewegung nahm ihren Ursprung in Frankfurt, wo Spener als Senior das höchste geistliche Amt der Reichsstadt innehatte. Die umliegenden Länder reagierten sehr unterschiedlich auf Anhänger seiner Lehre. In der Landgrafschaft Hessen-Darmstadt konnten sich die Pietisten nach anfänglichen Auseinandersetzungen gegen die Orthodoxie durchsetzen, da Landgräfin Dorothea Charlotte selbst dem Pietismus zuneigte und auch ihren Ehemann, den regierenden Landgrafen, dafür gewinnen konnte. Ab etwa 1695 bis in das erste Viertel des 18. Jahrhunderts hatten Pietisten sowohl die wichtigsten geistlichen Ämter in der Landgrafschaft als auch die Professuren für Theologie an der Landesuniversität Gießen inne. Bis um die Jahrhundertmitte blieb ihr Einfluß noch spürbar. In die reformierte Landgrafschaft Hessen-Kassel kam 1668 der führende Theologe des nordwestdeutschen Pietismus, Theodor Underdeyck, als außerordentlicher Hofprediger der Landgräfin Hedwig Sophie. Er verließ Kassel aber schon zwei Jahre später wieder. In der Folgezeit wurde eine gemäßigte pietistische Frömmigkeit angenommen, ohne daß die Pietisten jedoch die Kirchenpolitik des Landgrafen Karl nachhaltig geprägt hätten. Ähnliches ist in Nassau-Usingen zu beobachten, erst recht in Nassau-Idstein, wo sich die Landesherrschaft der pietistischen Lehre noch weitaus stärker öffnete. In Waldeck hingegen konnte sich der Pietismus nur für kurze Zeit etablieren. Graf Christian Ludwig von Waldeck und seine Gemahlin waren pietistisch gesonnen, doch nach seinem Tod 1706 wies sein Nachfolger die führenden Pietisten aus Waldeck aus. In der Grafschaft Hanau wurden 1690 die privaten Zusammenkünfte der Pietisten verboten. Die Grafschaften Solms-Laubach und Isenburg-Büdingen, deren Regenten eine ausgesprochen tolerante Religionspolitik verfolgten, wurden zu Zufluchtsstätten von Glaubensflüchtlingen aller Art, auch radikaler Pietisten. In Nassau-Dillenburg konnten separatistische Strömungen das ganze 18. Jahrhundert hindurch existieren.[430]

Das Glaubensleben in der Grafschaft Nassau-Weilburg wurde in der Regierungszeit von Graf Johann Ernst stark von pietistischen Auffassungen geprägt. Dies ist im wesentlichen dem Wirken von Johann Adam Haßlocher zu verdanken, der von 1689–1726 in Weilburg als Pfarrer und Superintendent amtierte und im Land die Konfirmation und die Einzelbeichte einführte.[431] Haßlocher war vermutlich auch an den Planungen zum Bau der Weilburger Schloßkirche, vor allem am Entwurf des Bildprogramms, beteiligt.

Seine höchste Verbreitung und Anerkennung erlebte der Pietismus somit in den Jahrzehnten um 1700, als sich in einigen Territorien sogar die Landesherrschaft für seine Lehren öffnete. Genau in derselben Phase, als neues Gedankengut in der evangelischen Theologie diskutiert wurde, wurden auch in der Kirchenarchitektur neue, unverkennbar evangelische Bautypen entwickelt. Daraus darf jedoch nicht die Schlußfolgerung gezogen werden, allein die Pietisten hätten die Ausprägung dieser Kirchenbautypen veranlaßt. Dagegen spricht nicht zuletzt die Kirchenbautätigkeit in der vom Pietismus geprägten Landgrafschaft Hessen-Darmstadt. Dort wurde an eher traditionellen Raumformen festgehalten, und evangelische Entwicklungen wie die Querkirche kamen äußerst selten zur Anwendung. Dennoch hat, insgesamt gesehen, die theologische Diskussion jener Jahre offenbar in allen Bereichen neue Denkprozesse in Gang gebracht, so daß sich unter anderem eine eigene evangelische Sakralarchitektur entfalten konnte.[432] Es darf daher als durchaus wahrscheinlich angesehen werden, daß die Entwicklung eines gesamtevangelischen Baustils, der von Lutheranern wie Reformierten gleichermaßen eingesetzt wurde, mit dem Einfluß des Pietismus in Zusammenhang steht, zumal die Pietisten bereits bemüht waren, die konfessionellen Grenzen zu überschreiten.[433]

Um jedoch zu einem tieferen Verständnis einer Raumform wie der Querkirche zu gelangen, ist zunächst ein Blick auf die liturgische Nutzung dieser Gottesdiensträume erforderlich, wobei nach den Unterschieden zwischen den beiden evangelischen Bekenntnissen zu fragen ist.

Liturgie als Bauherr – Die Anforderungen der evangelischen Gottesdienste an die Gestalt der Kirchenräume

Kirchengebäude werden als Stätten der Glaubensausübung errichtet. Ihr primärer Zweck ist es, dem Kultus der jeweiligen Konfession zu dienen. Cornelius Gurlitt hat bereits 1906 den Begriff von der „Liturgie als Bauherr" geprägt.[434] Zur Theorie des Kirchengebäudes existieren von theologischer Seite aus der gesamten frühen Neuzeit leider nur ausgesprochen spärliche Äußerungen. Die theologischen Schriften aus der Reformationszeit müssen herangezogen werden, um die Prinzipien der Architektur, der Ausgestaltung und der Nutzung von Kirchenräumen des 17. und 18. Jahrhunderts zu erklären. Die Kirchenordnungen der folgenden zwei Jahrhunderte fußten auf der Arbeit der Reformatoren und modifizierten diese nur im Detail. Außerdem hielt die orthodoxe Theologie im 17. und frühen 18. Jahrhundert streng an der Lehre der Reformatoren fest, so daß die frühen Texte ihre Aussagekraft nicht eingebüßt haben.[435]

Die gottesdienstliche Nutzung stellt bestimmte Anforderungen an die Einrichtung des Kirchenraumes und an die vorhandenen Ausstattungsstücke. Da es unterschiedliche Formen des evangelischen Gottesdienstes gab und bis heute gibt, divergieren diese Anforderungen erheblich. Dementsprechend verschiedenartig sind die Lösungsmöglichkeiten der Raumdisposition. Daher werden vorab die Gottesdienstagenden der beiden großen evangelischen Bekenntnisgruppen vorgestellt. Es geht dabei nicht nur um die bekannten Unterschiede zwischen dem reformierten Predigtgottesdienst nach Calvin und Zwingli einerseits und dem Messegottesdienst nach den Vorgaben Martin Luthers andererseits. Innerhalb des Luthertums haben sich mehrere Gottesdiensttypen entwickelt, so daß ein höchst aufmerksames Augenmerk darauf zu richten ist, welche Art des Gottesdienstablaufs in den einzelnen Territorien in der frühen Neuzeit üblich war.

Der reformierte Predigtgottesdienst

In fast allen reformierten Gebieten orientierte man sich an der Kurpfälzischen Kirchenordnung von 1563 und deren späteren Fassungen. Graf Johann VI. von Nassau-Dillenburg, der an der Spitze des Wetterauer Grafenvereins stand, führte 1576 in seinem Land nach dem Vorbild der Kurpfalz das reformierte Bekenntnis ein. Weitere Mitglieder des Grafenvereins folgten seinem Beispiel. Die Herborner Generalsynode von 1586 erarbeitete eine Kirchenverfassung für Nassau-Dillenburg, Nassau-Katzenelnbogen, Sayn-Wittgenstein, Solms-Braunfels und Wied.[436] Die erste reformierte solms-braunfelsische Kirchenordnung erschien aber bereits 1582; nachfolgende Ausgaben wurden höchstens im Detail verändert.[437] Nach den Beschlüssen der Solmser Synode vom September 1582 zu schließen, hat auch Konrad von Solms-Braunfels die kurpfälzische Agende, den Heidelberger Katechismus als Lern- und Bekenntnisbuch und die Lobwasser'schen Psalmen als Gesangbuch eingeführt.[438]

Den Ablauf reformierter Gottesdienste genau zu rekonstruieren, stößt jedoch auf Schwierigkeiten, weil reformierte Kirchenordnungen in der Regel keine komplette Agende enthalten.[439] Nach der Kurpfälzischen Kirchenordnung beginnt der sonntägliche Hauptgottesdienst mit Eingangsvotum, Gebet und Vaterunser. Ob der Pfarrer hierbei am Abendmahlstisch steht, wird nicht erwähnt, ist aber anzunehmen. Von Lesungen ist nicht die Rede. Nach einem deutsch gesungenen Psalm schließt sich die Predigt an, wobei die Predigttexte gemäß dem Prinzip der lectio continua, nicht nach Perikopen ausgewählt werden. Es folgen das Sündenbekenntnis, das Fürbittengebet, ein zweites Vaterunser, Lobgesang und Segen. Die wesentlichen Bestandteile sind also Predigt und Gebet, wohingegen der Gesang eine untergeordnete Bedeutung hat.[440]

Die reformierte hanau-münzenbergische Kirchenordnung von 1688 enthält etwas genauere Vorschriften. Demnach beginnt der Gottesdienst mit einem Psalmengesang, anschließend Gebet und Vaterunser sowie eine Lesung aus der Bibel am Abendmahlstisch. Auf der Kanzel folgen Kanzelgruß, Gesang, Vaterunser, Predigt, Abkündigungen und Sonntagsgebet. Nach einem weiteren Gesang schließt der Gottesdienst mit Bekanntmachungen an die Gemeinde und dem Segen.[441]

Der Gottesdienst der französischen Calvinisten verlief nach einer noch stärker verkürzten Liturgie als derjenige der deutschen Reformierten. Den typischen Verlauf beschreibt Hans W. Wagner:

> „Vom Lesepult für den ‚Lecteur' unter der Kanzel stimmte der gleichzeitig als ‚chantre' fungierende Schulmeister den Psalm an, der mit den Worten eingeleitet wurde: ‚Zur Ehre und zum Ruhm Gottes singen wir.' Nach dem Eingangspsalm trat der Prediger an den Abendmahlstisch und sprach kniend das Sündenbekenntnis; auch die Gemeinde kniete nieder. Während die Gemeinde einen weiteren Psalm sang, bestieg der Prediger die Kanzel, sprach ein Gebet und hielt dann die Predigt, die nicht länger als eine Stunde dauern sollte. Danach folgten wieder Gebet und Psalmengesang."[442]

Im Mittelpunkt des reformierten Gottesdienstes steht die Predigt als Verkündigung und Auslegung von Gottes Wort: „Praedicatio verbi Dei est verbum Dei".[443] Der Altardienst ist auf ein Minimum reduziert; nahezu der unsern Wegen seyn: Diese Orgel soll mit ihren Thönen und Glocken zu deinem Preis erklingen, und alle, die sich hier versammlen, sollen in deinem Nahmen ausgesegnet werden..."[521]

Durch die Einweihungshandlung geht das Bauwerk von dem irdischen Erbauer an Gott über: „Und dieses Hauß, das seinen Stifter so viele Sorgfalt, die Bauleuthe Fleiß, und Euch Gedult, Arbeit und Mühe gekostet, sollen nun das Wort und Gebeth zu einer Wohnung Gottes bereiten..."[522] Damit ist das Kirchengebäude kein Profanbau mehr, sondern erhält eine höhere Wertigkeit. Der Pfarrer sieht sich als Vermittler zwischen Gott und der Gemeinde: „Nun bin ich für Euch meine geliebten Freunde! in das Heiligthum getretten, und Euer Mund vor GOtt worden; Höret nun auch, was ich von dem HErrn für Euch empfangen habe."[523] Der Vollzug von Gebet, Predigt, den beiden Sakramenten Taufe und Abendmahl und einigen Kasualien (Ordination, Konfirmation, Trauung, Aussegnung zweier Wöchnerinnen) gilt als Beweis, daß Gott sein neues Haus angenommen und zu seiner „Wohnung und Hütte unter uns erwählet" hat.[524]

Die Bezeichnung des Kirchengebäudes als Wohnung Gottes steht strenggenommen im Widerspruch zur neutestamentlichen Lehre: „Gott, der die Welt erschaffen hat und alles in ihr, er, der Herr über Himmel und Erde, wohnt nicht in Tempeln, die von Menschenhand gemacht sind" (Apg. 17,24). Die wahren Tempel Gottes sind nach Paulus die Gläubigen selbst.[525] Mit dieser Diskrepanz zurechtzukommen, gelingt den evangelischen Theologen, indem sie sich einerseits scharf vom katholischen Verständnis des geweihten Sakralraums abgrenzen, andererseits die praktische Notwendigkeit von Kirchengebäuden erläutern und die Gegenwart Christi in der gottesdienstlichen Gemeinschaft hervorheben.

Die evangelische Theologie im Zeitalter des Absolutismus sah sich unter einem permanenten Rechtfertigungsdruck. Im Spannungsfeld zwischen der biblischen Lehre und der historischen Wirklichkeit ihrer Zeit waren die Theologen bemüht, anscheinend unvereinbare Widersprüche in Einklang zu bringen. Auf der einen Seite stand das biblische Armutsideal nach dem Vorbild Christi, auf der anderen der höfische Prunk der Landesfürsten sowie die Prachtentfaltung zum Lobe Gottes im Kirchenbau. Der Idealvorstellung der Gleichheit aller Menschen vor Gott widersprach die ständische Weltordnung auf Erden und die Rolle der weltlichen Obrigkeit als oberster Kirchenherr. Die Notwendigkeit zu bauen wurde erklärt und das Recht des Fürsten, aufwendig und prächtig zu bauen und zu repräsentieren, bestätigt. Im Gegenzug dazu wurde durchaus eine Kritik an übermäßiger Pracht und allzu üppigem Hofleben formuliert. In Predigten und Schriften wurde, wie die Erbacher Einweihungsschrift zeigt, ein hoher rhetorischer Aufwand betrieben, um diese Divergenzen zu rechtfertigen und biblisch zu begründen.

153 Erbach, ev. Stadtkirche

Die Reformationszeit hatte zum Kirchenbau im wesentlichen Negativaussagen hinterlassen, kein verbindliches Programm. Dieses Vakuum galt es auszufüllen. Da die Kirche selbst auf Vorgaben verzichtete, besonders in bezug auf die Gestaltung des Außenbaues, bot sich Raum für Ansprüche von anderer Seite. In den evangelischen Territorien des Reiches waren es die Kirchenpatrone und die Landesherren, welche sich die Sakralarchitektur für ihre Ansprüche nutzbar machten.[526]

Landesherrschaft und Kirchenbau

Das ‚Zeitalter des Absolutismus': Zur Kontroverse um einen Terminus der Geschichtswissenschaft

Aus historischer und kunsthistorischer Sicht wird das ‚Zeitalter des Absolutismus' oft beschrieben als eine Epoche, in welcher der Herrscher allein die gesamte Macht in Händen hielt, willkürlich seine persönlichen Interessen auf Kosten seiner Untertanen verfolgte und dabei auch die Kirche unterdrückte, die mit dem Staat bis zum Staatskirchentum verflochten war.[527] Diese Interpretation folgt undifferenziert gängigen Klischees, doch sie ist im Kern nicht von der Hand zu weisen. Daß die damalige Landesherrschaft sämtliche Religionsangelegenheiten unter Kontrolle bekommen hatte, ist ein Faktum. Nach der Auffassung der Zeitgenossen war dies allerdings ihr Recht.

Der Begriff des Absolutismus bedarf vorab einer Differenzierung. Üblicherweise wird vom „Zeitalter des Absolutismus" im Sinne eines Epochenbegriffs gesprochen, welcher die Zeit von 1648–1789, d. h. vom Westfälischen Frieden bis zum Ende des Ancien Régime beschreibt.[528] Der Beginn einer Ausprägung absolutistischer Herrschaftsstrukturen ist hingegen schon weitaus früher zu beobachten. Der Begriff „absolut" als Beschreibung der Machtposition eines Herrschers findet sich in Quellen bereits ab dem 14. Jahrhundert.[529]

Darüber hinaus bezeichnet der historische Fachterminus jedoch eine bestimmte Form der Herrschaft, deren Kriterien Johannes Kunisch wie folgt zusammenfaßt:

> „In der historischen Vorstellung der Gegenwart bezeichnet der Absolutismus den Durchbruch und die Entfaltung einer Staatsform, die in Theorie und Praxis auf die unumschränkte Herrschaft von Monarchen angelegt war, deren Legitimation auf dem Gottesgnadentum, dem Erbrecht der Dynastien und der Gewährleistung von Sicherheit und Wohlfahrt beruhte. Er stellt jene Phase der modernen Staatsentwicklung dar, die den souveränen, auf territoriale Integrität und einheitlichen Untertanenverband gestützten Anstaltsstaat der Neuzeit hervorbringt.[530]

Trotz aller damit verbundenen Machtfülle wurde diese Regierungsform von den Zeitgenossen jedoch nicht als Alleinherrschaft eines Tyrannen verstanden.[531] Die Disziplinierung des gesamten öffentlichen und privaten Lebens zielte nach der damaligen Auffassung darauf ab, das Funktionieren des Staates zum Wohle aller, des Fürsten wie seiner Untertanen, zu gewährleisten.[532] Staatsrechtler betonten, der Regent könnte nicht nach reiner Willkür schalten und walten, sondern wäre an ethische Grundsätze gebunden und dem Allgemeinwohl verpflichtet:

> „Der Übergang von der begrenzten Monarchie der Ständestaatsepoche zur unumschränkten Machtvollkommenheit des Absolutismus vollzog sich also mit dem Heraustreten der Fürsten aus der Begrenzung ständischer Mitsprache. Die neugewonnene Machtfülle war aber nach Auffassung der Zeit keineswegs despotischer Natur. Vielmehr galt es als unumstößlich, daß der auch in den protestantischen Monarchien Mittel- und Nordeuropas in der Tradition des Gottesgnadentums stehende Herrscher die Staatsform, die vielfach als Staatsrecht geltende Thronfolgeordnung der Dynastien und die Rechtsgewohnheiten des Landes zu respektieren habe, daß er Eigentum und Freiheiten nicht weniger als die Normen der christlichen Staatsethik zu achten verpflichtet sei. In der Konzentration der Macht und – was nicht geringer einzuschätzen ist – besonders auch der Konzentration der Verantwortung auf die Person des Alleinherrschers trat ein hoher Anspruch zutage: Das System des Absolutismus bedeutete nicht nur Unterwerfung der Partikularinteressen unter eine eindeutig definierte Staatsräson, sondern stellte besondere Anforderungen auch insofern, als der Monarch den Staat leibhaftig und in Vollkommenheit zu verkörpern hatte. Der Fürst besaß nach Auffassung der Zeit die ‚potestas legibus soluta' nicht zum Zwecke schrankenloser Willkür, sondern in Verpflichtung auf die Grundsätze des göttlichen und natürlichen Rechts (jus divinum et naturale). Nur das positive, das von Menschen gesetzte ‚Recht' (lex) stand zur Disposition des Fürsten und sollte den Einsichten in die Staatsnotwendigkeiten unterworfen sein."[533]

Hierin zeigt sich ein wesentlicher Aspekt im Selbstverständnis der absolutistischen Herrscher und ihrer Höfe: Der Regent als Person und seine Hofhaltung repräsentierten sein Staatswesen, und zwar, wie Kunisch es formuliert, in Vollkommenheit. Eine prachtvolle Hofhaltung wurde von außen als Zeichen für den Wohlstand des Landes und für den Rang seines Herrschers angesehen. Um eine solche zu etablieren, war das Vorhandensein eines angemessenen architektonischen Rahmens die unabdingbare Voraussetzung.

Zur ‚Repräsentation' eines Herrschers gehörte mehr als nur die Selbstdarstellung und Prunksucht einer Einzelperson. Bereits Calvin gestand den Landesherren ganz selbstverständlich eine angemessene Hofhaltung zu.[534] Ihrer Stellung an der Spitze der ständischen Hierarchie entsprechend, gebührte allein ihnen die Prachtbaukunst. Ein Reichsgraf, der eine Statuserhöhung anstrebte, sah sich unter dem Zwang, vor dem Kaiser und den Reichsständen den Anforderungen zu genügen, die an einen Fürstenhof gestellt wurden – mit allen Konsequenzen für sein Land und seine Untertanen. Dazu gehörte notwendig eine Architektur, die nicht nur den erforderlichen Rahmen für das höfische Zeremoniell bildete, sondern zugleich von Ruhm und Größe des Herrscherhauses kündete.[535]

In der jüngeren Forschung ist der Begriff des Absolutismus in die Kritik geraten. Zum einen handelt es sich nicht um einen zeitgenössischen Quellenbegriff, sondern einen Terminus, der erst im Gefolge der Aufklärung und der Revolution von Historikern des 19. Jahrhunderts mit eindeutig negativer Konnotation geprägt wurde. Darüber hinaus bestehen jedoch begründete Zweifel, ob die theoretische Vorstellung eines absolut regierenden Herrschers überhaupt jemals Realität geworden ist. Nicholas Henshall bezeichnet die landläufige Vorstellung vom absolutistischen Herrscher, der über ein totales Machtmonopol verfügte, als Mythos. Auch der Herrscher war an bestehendes Recht gebunden, über das er sich nicht willkürlich hinwegsetzen konnte, und hatte die vorhandenen, durch frühere Regenten bestätigten Privilegien seiner Untertanen zu respektieren. Wesentlichen Anteil an der Ausübung von Herrschaft hatten und behielten die Landstände als Korporation, vor allem aber ihre einzelnen Mitglieder auf der lokalen und regionalen Ebene. Der Regent war auf die Zusammenarbeit mit dem Adel und den Städten angewiesen, deren Loyalität er sich nach Möglichkeit zu erhalten suchte. Zudem unterschieden sich die Art der Machtausübung und das Ziel, soviel Einfluß wie möglich in der Hand des Regenten zu vereinigen, nicht grundsätzlich von der Politik der Regierenden des 15. und 16. Jahrhunderts, weshalb das Ende des Dreißigjährigen Krieges nach Henshalls Ansicht keine wirkliche Epochengrenze markiert.[536]

Henshall und andere ziehen aus diesen Erkenntnissen die Folgerung, der Terminus des Absolutismus sei gänzlich abzuschaffen. Horst Dreitzel schlägt vor, ihn durch „frühneuzeitlicher Fürstenstaat" zu ersetzen.[537] Dieser Begriff ist jedoch nicht nur weitaus weniger prägnant, sondern zudem nicht auf alle hier untersuchten Territorien zutreffend, da ein wesentlicher Teil der Regenten keinen Fürstenrang besaßen. Also müßte der Oberbegriff noch weiter abgeschwächt werden zu der Bezeichnung „frühneuzeitliche Landesherrschaft", der jedoch zu wenig Aussagekraft besitzt, um das Phänomen treffend zu charakterisieren. Der von dem Historiker Heinz Duchhardt in die Diskussion eingebrachte Epochenbegriff des „Zeitalters des Barock"[538] wird sich aus der Sicht der Kunstgeschichte erst recht nicht durchsetzen können, da derartige Stilbegriffe dort mittlerweile kaum noch gebräuchlich sind.

Trotz allem hat der Vorschlag, sich vom gängigen Begriff des Absolutismus gänzlich zu befreien, sich bislang nicht überall durchsetzen können, „vielleicht auch deshalb, weil man sich bewußt war, daß auch Mythen die historische Realität prägen können und dies gerade für die Idee einer unbeschränkten monarchischen Herrschaft in der frühen Neuzeit galt" – so das Fazit, das Asch und Duchhardt zu einer Tagung ziehen, welche sich mit Henshalls Thesen auseinandersetzte.[539]

Die Kritik Henshalls und anderer am herkömmlichen Absolutismusbegriff bezieht sich auf die politische und verfassungsrechtliche Realität in den einzelnen Staaten. Nicht das staatsrechtliche Idealbild vom absoluten Herrscher an sich wird hinterfragt, sondern es werden Zweifel an der Übertragbarkeit der Theorie auf das tatsächliche Geschehen in der politischen Wirklichkeit angemeldet. Derartige Zweifel erscheinen durchaus berechtigt.

Es kann allerdings nicht das Ziel dieser Abhandlung sein, die Territorien des hessischen Raumes im einzelnen daraufhin zu untersuchen, inwieweit das absolutistische Staatssystem unter den jeweiligen Regenten tatsächlich ausgeprägt war und welche politischen Einflußmöglichkeiten den Ständen verblieben waren. Dergleichen muß einer verfassungsgeschichtlich orientierten landeshistorischen Forschung vorbehalten bleiben.

Trotzdem besaß die Fokussierung auf den Regenten, der in seiner Person das Land repräsentierte, als Idealkonzept monarchischer Herrschaft in jener Zeit Gültigkeit. Bei der Inszenierung von Herrschaft mit den Miteln der bildenden Künste und des Zeremoniells ging es um Propaganda, nicht um eine objektive Darstellung der Wirklichkeit. Immerhin konstatiert sogar Henshall: „The arts did not reflect the reality of royal authority: they created the illusion of it."[540] Der Herrscher stellte sich so dar bzw. ließ sich so darstellen, wie er von seinen Standesgenossen und von seinen Untertanen im Vergleich zu anderen Reichsfürsten und -grafen gesehen werden wollte. Repräsentation in jedweder Form orientierte sich somit an einem Anspruch, nicht an der tagespolitischen Realität. Dies gilt nicht zuletzt für die Bautätigkeit und erst recht die Bauplanungen. Der Hof in Weilburg unter Johann Ernst benötigte beispielsweise nur einen Bruchteil der zur Verfügung stehenden Hoflogen in seiner Schloßkirche, doch das Gotteshaus dokumentiert in seinen Dimensionen den Anspruch der Grafen von Nassau-Weilburg auf die Fürstenwürde, auch wenn Johann Ernst selbst beschlossen hatte, den Titel nicht zu gebrauchen.

Inwieweit die Landstände, der regionale Adel und die Magistrate der Städte, die Mitglieder der Regierung und der Beamtenapparat de facto über Machtbefugnisse verfügten, ist aus der Inszenierung der Landesherrschaft nicht ablesbar. Bei Grundsteinlegungs- und Einweihungszeremonien stand die Person des Regenten ebenso im Mittelpunkt wie in den typischen Bauinschriften. Amtsträger aus Hofgesellschaft und Regierung agierten in Abwesenheit des Landesherrn allenfalls als dessen Stellvertreter.

Um Kunstwerke zu erklären, die der herrschaftlichen Repräsentation dienten, ist daher weniger die Untersuchung der tatsächlichen Verhältnisse von Belang, sondern vorrangig die Frage nach den Ambitionen und politischen Programmen der jeweiligen Landesherrschaft. Deren Ansprüche orientierten sich zweifellos an jenem Herrscherbild, das gemeinhin mit dem Schlagwort „absolutistisch" erfaßt wird. Die vorstehend beschriebenen grundsätzlichen Tendenzen im Weltbild des ‚Zeitalters des Absolutismus' nach Kunisch dürfen folglich zumindest auf die Ansprüche der Höfe im hessischen Raum übertragen werden.

Insofern erscheint es legitim, trotz allen Problembewußtseins am Begriff des Absolutismus festzuhalten und das „Zeitalter des Absolutismus" als diejenige Epoche zu definieren, in welcher das staatsrechliche Modell als Ideal Gültigkeit und Vorbildfunktion besaß und die herrschaftliche Repräsentation prägte.

Die protestantischen Kirchen und die weltliche Herrschaft in der frühen Neuzeit

Die Institution Kirche spielte in der gesamten frühen Neuzeit eine große Rolle als gesellschaftspolitischer Faktor. Seit der Reformation war in den evangelischen Territorien die Organisationsstruktur der römischen Kirche weggefallen, und somit übernahmen die Landesherren diejenigen Aufgaben und Rechte, die vormals den Bischöfen zugestanden hatten.[541] Der weltliche Herrscher wurde zugleich oberster Landesbischof, summus episcopus, in seinem Machtbereich.

Der Protestantismus, besonders das Luthertum, wußte sich von Anfang an mit weltlichen Obrigkeiten zu arrangieren und verdankte diesen seine Verbreitung. Bezeichnenderweise wurde die Confessio Augustana als grundlegende Bekenntnisschrift des Luthertums auf dem Augsburger Reichstag von 1530 von Reichsständen unterschrieben, denn die evangelischen Theologen, die sie erarbeitet hatten, „waren auf dem Reichstag gar nicht ‚geschäftsfähig', sondern fungierten nur als Berater ihrer Fürsten."[542] Das Reformiertentum in der Schweiz, in Frankreich, Schottland und in den Niederlanden stützte sich im wesentlichen auf die Gemeinden selbst. Daß jedoch in einer Reihe von Reichsterritorien während der Zeit von den 1560er Jahren bis zum Ausbruch des Dreißigjährigen Krieges in einer ‚Zweiten Reformation' das calvinistische Bekenntnis eingeführt wurde, ging fast überall wiederum auf den betreffenden Landesherrn zurück.[543]

Getreu den Grundsätzen des Augsburger Religionsfriedens von 1555 galt die Entscheidung des Regenten zugunsten einer bestimmten Konfession für das ganze Land und sämtliche Untertanen nach der Formel: „Cuius regio, eius religio." Dies lockerte sich ab 1648. Die Westfälischen Friedensverträge schrieben fest, daß der konfessionelle Status quo des Jahres 1624 wiederherzustellen und beizubehalten war. Minderheiten bekamen das Recht, ihren Gottesdienst auszuüben.[544] Erstmals wurden die Reformierten als Konfession anerkannt. Ferner enthält das Vertragswerk die Klausel, daß bei einem Bekenntniswechsel der Herrschaft die öffentliche Religionsausübung nicht beeinträchtigt werden dürfe, so daß die Untertanen dem ab sofort nicht mehr zu folgen brauchten.[545] Das landesherrliche Kirchenregiment wurde von einem Konfessionswechsel des Regenten allerdings nicht berührt, sondern blieb nach wie vor in kraft. Zu hinterfragen ist jedoch die Einstellung, welche die Theologen selbst gegenüber ihrer Obrigkeit einnahmen. Schon die Schriften der Reformatoren verdeutlichen, daß nicht einseitig von Zwangsmaßnahmen der Landesherrschaft gegenüber der Kirche die Rede sein kann: Die Institution Kirche vermochte sich in dieses Weltbild relativ problemlos einzufügen.

Die theologisch begründete Weltanschauung der Reformation bildete letztlich das Fundament der frühneuzeitlichen Staatsformen. Der Leitsatz vom allgemeinen Priestertum aller Gläubigen befreite den Staat aus der Unterordnung unter die kirchliche Gewalt, wie sie die römische Kirche das ganze Mittelalter hindurch gefordert hatte, und gestand ihm Selbständigkeit zu. Die Rolle des Staates mußte neu definiert werden.[546] Somit ist die Entwicklung des landesherrlichen Kirchenregiments als Bestandteil der frühneuzeitlichen Staatsbildung anzusehen. Schon im späten Mittelalter gab es Bestrebungen der weltlichen Regenten, die Kirchen in ihrem Machtbereich stärker unter Kontrolle zu bekommen, und im 16. Jahrhundert erlangten auch katholische Fürsten in ihren Territorien einen ähnlichen Einfluß auf Religionsangelegenheiten wie die evangelischen Landesherren und Landesbischöfe.[547]

Huldrych Zwingli trennt die Aufgaben von Staat und Kirche: Das Amt der Obrigkeit sei nur ein äußeres, sie erlasse die Gesetze für die äußeren Beziehungen der Menschen, um Ordnung und Frieden aufrechtzuerhalten. Doch jede Herrschaft müsse im Dienst des Reiches Gottes stehen. Alle Obrigkeit sei von Gott eingesetzt; entsprechend schulde ihr jeder Christ Gehorsam.[548]

Die Kurpfälzische Kirchenordnung zitiert in diesem Zusammenhang aus dem Römerbrief:

> „Jedermann sey vnderthon der Oberkeyt, die gewalt vber jn hat, dann es ist kein Oberkeyt, on von Gott, wo aber Oberkeyt ist, die ist von Gott verordnet. Wer sich nun wider die Oberkeyt setzet, der widerstrebet Gottes ordnung...“[549]

So gut wie alle lutherischen und reformierten Bekenntnisschriften beinhalten entsprechende Aussagen über die Aufgaben der christlichen Obrigkeit und die Pflichten der Untertanen ihr gegenüber. Ihre Verfasser wollten sich damit vor Kaiser und Reich in aller Deutlichkeit von den revolutionären und anarchistischen Tendenzen der radikalen Sekten distanzieren.[550]

Johannes Calvin äußert sich am Schluß seiner „Institutio Christianae Religionis“ ausführlich über das „bürgerliche“ (weltliche) Regiment und das Verhältnis zwischen Obrigkeit und Untertanen. Laut Calvin steht die weltliche nicht im Gegensatz zur geistlichen Herrschaft, sondern sie ist notwendig, um Ordnung und Frieden aufrechtzuerhalten. Die Bibel bezeugt, daß Herrscher „einen Auftrag von Gott haben, mit göttlicher Autorität ausgestattet sind und überhaupt für Gottes Person eintreten, dessen Statthalterschaft sie gewissermaßen ausüben.“[551] Da die Obrigkeiten „zu Dienern der göttlichen Gerechtigkeit eingesetzt sind“, müssen sie sich dessen bewußt sein, „daß sie Gottes Abgesandte sind und daß sie ihm einst über das von ihnen verwaltete Gebiet werden Rechenschaft ablegen müssen.“[552] Die Amtspflicht der Obrigkeit besteht darin, die Zehn Gebote umzusetzen, was die Berechtigung einschließt, gegen Übeltäter mit Gewalt vorzugehen.[553] Die Untertanen sind zum Gehorsam verpflichtet.[554] Dieser Gehorsam gebührt nicht nur dem gerechten, sondern ganz genauso dem ungerechten Machthaber, da auch letzterer seine Herrschaft von Gott empfangen hat. Der Untertan kann lediglich versuchen, an die „Gnade“ seines Herrn zu appellieren.[555] Eine Einschränkung wird allerdings gemacht: Der Gehorsam gegen Menschen darf nie zum Ungehorsam gegen Gott werden.[556]

Laut Zwinglis Theorien hat auch die Geistlichkeit wie jedermann der weltlichen Obrigkeit gehorsam zu sein.[557] Umgekehrt ist die Obrigkeit in friedlichen Zeiten innerhalb der Kirche nicht zu bemerken, denn das obrigkeitliche Amt steht außerhalb der Kirche. Der Herrscher gilt als Mitglied der Gemeinde wie alle anderen.[558] In der Realität ließ sich die Trennung von geistlicher und weltlicher Sphäre jedoch nicht durchhalten, auch nicht in Zürich zu Zeiten Zwinglis.

In den reformierten Territorien des Reiches verblieb das Kirchenregiment wie bei den Lutheranern in den Händen der Landesherrschaft. Die calvinistische Kirchenverfassung mit einer weitgehenden kirchlichen Selbstverwaltung durch Presbyterien und Synoden, wie sie besonders die Hugenotten in ihrer Heimat aufgebaut hatten, paßte nicht in die religionspolitische Landschaft eines absolutistisch regierten Territoriums im Reich. Die Privilegien, die grundsätzlich die freie Ausübung der reformierten Religion garantierten, gingen auf unterschiedliche Weise damit um, verlangten jedoch die Unterordnung auch der Hugenotten unter das Summepiskopat des Regenten. Manche Staaten richteten eigene französische Konsistorien ein, doch in Hessen-Kassel blieb die französische Kirche stets dem deutschen Konsistorium unterstellt. Die Pfarrer der Flüchtlingsgemeinden mußten dem Landesherrn den Treueeid schwören. Vergleichsweise eingeschränkt waren die Zugeständnisse, die Landgraf Karl den Einwanderern zu gewähren bereit war: freie Religionsausübung in ihrer Sprache, eigene Pfarrer, der Bau von Kirchen auf ihre eigenen Kosten. Kirchenzucht, Presbyterien und Synoden wurden in den Privilegien nicht erwähnt.[559]

Die Bekenntnisschriften der Reformationszeit bezeichneten den Staat in der Regel als „weltliche Obrigkeit“. Die Art der Staatsverfassung spielte dabei keine Rolle; es wurde auch nicht problematisiert, welches politische System das beste wäre. Die Reformatoren gingen von der Vielfalt der damals faktisch vorhandenen Herrschaftsformen aus: „Wer die weltliche Obrigkeit in einem bestimmten Fall ist, richtet sich nach der jeweiligen Staatsform.“ Die Bekenntnisse waren gleichermaßen in einer Monarchie oder einem Ständestaat wie in einer Republik oder einer Reichsstadt mit Magistratsregierung anwendbar und gültig. Jede Form der Obrigkeit galt als von Gott eingesetzt.[560]

Dem einzelnen Untertan blieb nur, sich in die Hierarchie einzufügen: „... sey und bleibe, was du bist, und thue, was dir befohlen ist und dein Stand mit bringet.“[561] Martin Luther erklärt schon 1544 in seiner Einweihungspredigt für die Torgauer Schloßkapelle die ständische Ordnung der Welt, in der jeder und jede Einzelne seinen bzw. ihren zugewiesenen Platz auszufüllen hat, für gottgegeben und unantastbar:

> „Man kan nicht einem jeden ein sondern Ort und Stet, Zeit, Tempel odder Capell inn der gemeine machen und reumen, Also auch können wir nicht alle Fürsten, Graven, Prediger, Edelleut, Bürger, Menner, Frawen, Herren, Knechte sein, Sondern es müssen mancherley Stende unternander gehen und ein jglicher gnug zuthuen hat inn seinem Stand, Also sollen und können wir nicht alle gleich oben oder unten sitzen, Und mus die unterscheid sein, von Gott also geordnet, das der inn hoherm Stand ist, auch hoher sitze, denn die andern, Und sol ja nicht sein, das sich ein Grave uber den Fürsten, der Knecht uber den Herren setze, Also muß auch eine unterscheid sein unter andern Stenden, Bürger, Baurn etc.“[562]

Die Ungleichheit auf Erden müsse in Demut ertragen werden, denn in Gottes himmlischem Reich werden alle gleich sein.[563] Luther verweist hier auf seine Lehre von den zwei Reichen, die er schon in einer Schrift von 1523 erläutert.[564]. Zum Reich Gottes gehören demnach alle gläubigen Christen, zum Reich der Welt die Nichtchristen. Er unterscheidet weiterhin das geistliche und das weltliche Regiment, die er beide als Bestandteile von Gottes Ordnung ansieht. Das geistliche Regiment vollziehe sich durch Wort und Sakrament, das weltliche hingegen durch die staatliche Obrigkeit, die sich am Gesetz Gottes zu orientieren habe. Wahre Christen allein würden kein weltliches Recht und keine weltliche Obrigkeit benötigen, da sie von Natur aus gut und gerecht handelten. Doch das Reich der Welt brauche Gesetze und die Kontrolle durch eine Obrigkeit, die das Richteramt ausübe – Luther spricht vom „welltlich recht und schwerd"[565] – damit die Bösen und die Nichtchristen Frieden hielten. Christen unterwürfen sich aus Nächstenliebe der gottgegebenen Obrigkeit und übernähmen aus demselben Grund aktiv obrigkeitliche Aufgaben. Die Macht der weltlichen Herrschaft erstrecke sich jedoch keinesfalls über die Seelen ihrer Untertanen.[566]

Luther äußert eine ausgesprochen negative Meinung von der Mehrzahl der weltlichen Obrigkeiten; wahrhaft fromme Fürsten seien äußerst selten.[567] Daß die evangelischen Fürsten dennoch die Herrschaft über die Landeskirchen übernehmen sollen, ist in seinen Augen mehr eine Notlösung, da die Bischöfe hierfür nicht mehr zur Verfügung stehen.[568] Philipp Melanchthon liefert darüber hinaus eine theologische Legitimation des landesherrlichen Kirchenregiments, indem er der Obrigkeit als Wächter über das göttliche Gesetz die Aufgabe zuweist, die Kirche und ihre reine Lehre zu schützen.[569]

Das Weltbild der führenden Köpfe der Reformation, das in der lutherischen wie reformierten Orthodoxie bis ins 18. Jahrhundert seine Gültigkeit behielt, stand somit durchaus nicht im Widerspruch zu der frühneuzeitlichen Fürstenherrschaft. Die Theologen der beiden evangelischen Bekenntnisse vertraten im Endeffekt sehr ähnliche Auffassungen von der weltlichen Obrigkeit. Zwar wurde immer wieder betont, daß alle, auch der Herrscher, einem höheren Willen untertan und einer höheren Macht verantwortlich wären, doch die Position des Fürsten und Herren an der Spitze der irdischen Hierarchie und die damit verbundene Verfügungsgewalt über seine Untertanen wurde als solche nicht angezweifelt. Der Fürst war vor Gott dafür verantwortlich, wie er mit seiner Macht umging, aber daß er sie ausübte, war sein ureigenstes Recht und zugleich seine Pflicht.

Da die Kirchenordnungen der folgenden zwei Jahrhunderte auf der Arbeit der Reformatoren basierten, behalten die Aussagen der frühen Texte auch für die spätere Zeit im großen und ganzen ihre Gültigkeit.[570] Die Herrschaftsstrukturen hatten sich nach den Wirren des Dreißigjährigen Krieges immer weiter verfestigt; die Weltanschauungen waren verfeinert, aber im Prinzip unverändert. Christian Thomasius formuliert 1723 in seinen Grundsätzen über die Rechte und Pflichten eines christlichen Fürsten in Religionssachen:

> „Ein christlicher Fürst soll als ein Fürst das Amt des Fürsten und als ein christlicher Fürst die Pflicht eines Christen beobachten. (...) Ein christlicher Fürst hat bei seiner und seiner Untertanen Religion zu beobachten, daß alles ordentlich zugeht. Denn ohne Ordnung kann der gemeine Friede nicht erhalten werden. (...) Und gleichwie das höchste Recht in dem gemeinen Wesen alles wohl zu ordnen dem Fürsten zusteht, die Kirche aber, als eine Gesellschaft in dem gemeinen Wesen sich befindet: also gehört auch die Ordnung in den Religionssachen zu dem Recht eines Fürsten."[571]

Thomasius, ein früher Vertreter der Aufklärung, begründet seine Staatslehre aus dem Naturrecht. Der Regent besitze aufgrund seines allgemeinen Hoheitsrechts über den Staat auch die Herrschaft über die Kirche (ius circa sacra). Laut Thomasius leitet sich letztere jedoch nicht aus der Übertragung von bischöflichen Rechten an den Landesherrn ab, wie Rohls zusammenfaßt: „Das von der lutherischen Orthodoxie vertretene Episkopalsystem wird so durch das Territorialsystem abgelöst, das die Kirchenhoheit des Landesherrn allein aus seiner weltlichen Landeshoheit (superioritas territorialis) ableitet. Damit wird das landesherrliche Kirchenregiment frei von der Herrschaft der kirchlichen Theologen und des partikularen Bekenntnisses, so daß das Territorialsystem auch eine Tolerierung verschiedener Konfessionen ermöglicht."[572] Vor dem Hintergrund einer solchen Auffassung vom landesherrlichen Kirchenregiment wurde die Toleranz gegenüber konfessionellen Minderheiten möglich, die in zahlreichen Territorien oder zumindest in einzelnen Städten in der ersten Hälfte des 18. Jahrhunderts die Religionsfreiheit erhielten, so beispielsweise die Lutheraner in Kassel oder die Reformierten und Katholiken in Saarbrücken. Aus verfassungsgeschichtlicher Sicht hatte sich die Stellung der Territorialherren in den 200 Jahren seit der Reformation weiter gestärkt. Dem Landesherrn und seinem Konsistorium unterstand die gesamte Gesetzgebung, auch bezüglich religiöser Angelegenheiten. Die Pfarrer wurden mehr und mehr zu Staatsbeamten.[573]

Kirchenordnung und Kirchenzucht gehörten vor allem nach reformierter Auffassung zum Bekenntnis der Kirche.[574] Der Kirchenbesuch war bei Reformierten wie Lutheranern Pflicht, nicht nur zum sonntäglichen

Hauptgottesdienst, sondern auch zu Betstunden und Katechismuslehre unter der Woche. Die ständische Weltordnung spiegelte sich in der kirchlichen Sitzordnung wider. Alle Gemeindeglieder bekamen feste Plätze in der Kirche zugewiesen, wobei nach Geschlecht, Rang und Stand fein differenziert wurde.[575] Versäumnisse wurden bestraft, ebenso wie soziales Fehlverhalten. Die Kirchenordnung, die von einem geistlichen Gremium erarbeitet, aber vom Landesherrn erlassen und publiziert wurde, regelte nicht nur den Ablauf von Gottesdienst und Abendmahl, Taufe, Trauung und Begräbnis, sondern gab darüber hinaus sittliche und moralische Richtlinien für das Verhalten der Menschen, getreu dem häufig zitierten Wort des Apostels Paulus: „Laßt aber alles ehrbar und ordentlich zugehen" (1. Kor. 14,40). Dem Pfarrer und den Kirchenältesten oblag die Ahndung von Verfehlungen. Die Kirchenordnung lieferte damit zugleich das Instrumentarium zur sozialen Disziplinierung der Untertanen. Die Kanzel der Pfarrkirche war Ort der Verkündigung nicht nur des göttlichen Worts, sondern auch obrigkeitlicher Verordnungen. Jede Kirchenordnung enthielt vorformulierte Gebetstexte, zu denen immer die Fürbitte für das Wohl des Herrscherhauses gehörte.[576] In speziellen Gottesdiensten partizipierte die Bevölkerung, die vom eigentlichen Hofzeremoniell ausgeschlossen blieb, an den Lebensstationen des Landesherrn und seiner Familie wie Geburt, Heirat, Regierungsantritt oder Tod.[577] Daß der Landesherr unumstritten die Spitzenposition in der irdischen Hierarchie einnahm, bedeutete allerdings nicht, daß er alle seine Entscheidungen vollkommen willkürlich und unumschränkt treffen konnte. Auch der Souverän, so ‚absolut' seine Regierungsgewalt sein mochte, begriff sich als Untertan des Allerhöchsten, dem er dereinst würde Rechenschaft ablegen müssen. In der Weilburger Schloßkirche kündet davon das Bildprogramm des herrschaftlichen Beichtstuhls und der Grafenloge (Abb. 154).[578] Viele Fürsten waren tief religiös und sahen es als ihre Aufgabe an, Kirchen zu bauen und dadurch ihren Beitrag zur Verbreitung des Glaubens zu leisten.[579] Dazu ließen sie sich von ihren Geistlichen auch gelegentlich ermahnen, so wie es der Erbacher Hofprediger in der Einweihungspredigt zur neuen Stadtkirche tat:

> „Herr und Bischof dieser Kirche! Dir sey diese Kirche mit auf deine Seele gebunden; Wirst du für die Wahrheit der Evangelischen Religion, und die schönen Gottes=Dienste in diesem Hause ferner sorgen; Wirst du dem Volke, das dich GOtt regieren läßt, in der Furcht des HErrn vorangehen; so wird GOtt auch alle seine Güte vor deinem Angesichte lassen hergehen: Er wird das Flehen der Priester, und des Volkes, das sie hie für dich thun werden, erhören, und wie Er Dich nun vier und sechszig Jahre bewachet, im Alter auch nicht verlassen: Er wird Dich sättigen mit langem Leben, und Dir endlich, wann die Jahre herzutretten, ... auch sein Heil zeigen. Ihr künftige Regenten des Landes! die Ihr dieses Volk beherrschen werdet, wann unser Gesalbter die Krone des Himmels tragen, und in weissen Kleidern vor dem Throne des Lammes stehen wird! Euch sey diese Kirche mit auf Eure Seele gebunden; Werdet Ihr die Evangelische Lehre, und die schönen Gottes=Dienste in diesem Hausse schützen; Werdet Ihr Selbst mit Abraham vor GOtt wandeln: so werdet Ihr sicher wohnen, und der Hüther Israel wird Eurer Hülfe Schild seyn: Er wird Euch segnen aus Zion, und Euren Kindern Heil geben; Er wird Euch im Friede zu Euren Vättern versamlen, und am Tage des HErrn JEsu auch seelig machen."[580]

154 Weilburg, Schloßkirche, Wandemblem aus der Grafenloge: Das Buch des Lebens (Liber Vitae) mit dem Monogramm des Grafenpaares Johann Ernst und Marie Polyxena und dem Text „Inscripta manebunt nomina" (Die eingeschriebenen Namen werden bleiben)

Aber auch auf Erden war der absolutistische Herrscher eingebunden in ein Geflecht aus Beziehungen und Abhängigkeiten, welche ihm wiederum Zwänge auferlegten. Er stand an der Spitze eines hierarchischen Systems und konnte seine Bestimmungen treffen, vorausgesetzt, diese griffen nicht das Wesen des Systems selbst an. Auch der Regent hatte das Spiel von Rangordnung, Prestige und Privilegien mitzuspielen, ohne das die höfische Gesellschaft, auf die seine Macht sich stützte, zusammengebrochen wäre.[581] In den frühneuzeitlichen Territorialstaaten entwickelte sich eine Verwaltungsbürokratie, die mitunter zum Selbstläufer wurde. Der Einfluß z. B. des Konsistoriums, welches ein Votum des Landesherrn sehr wohl aushebeln konnte, sollte nicht zu gering eingeschätzt werden.

Die Kirche war selbstverständlicher Bestandteil des Staates. Insgesamt gesehen zogen geistliche und weltliche Obrigkeit an demselben Strang. Da die Weltanschauungen sich so nahe standen, hatte man keine Schwierigkeiten, sich miteinander zu arrangieren.[582] Ein christlicher Herrscher nahm seine Aufgabe als oberster Kirchenherr seines Landes sehr ernst. Das änderte aber nichts daran, daß er sich keine Einmischung in seine Befugnisse duldete und alles seiner „hoch weisen und gnädigsten und freyen Disposition überlassen"[583] blieb. Die Kirche geriet unter die Kontrolle des absolutistischen Staates, aber sie selbst lieferte das Weltbild, welches diese Kontrolle rechtfertigte. Die Institution Kirche unterstand und unterstellte sich dem politischen Herrn.

Der Landesherr als Bauherr der Kirche

Zahlreiche Angehörige regierender Fürsten- und Grafenhäuser befaßten sich intensiv mit der Architektur. Grundwissen sowohl in der Zivil- als auch der Militärbaukunst gehörte allgemein zur Erziehung und Ausbildung junger Adeliger. Auf den Ritterakademien wurden *architectura civilis* und *architectura militaris* im Rahmen der Mathematik gelehrt. Der Schwerpunkt lag dabei auf dem Militärbauwesen, denn Kenntnisse in den Kriegswissenschaften galten sowohl für einen jungen Adeligen, der eine Offizierslaufbahn einschlagen wollte, als auch für einen Landesherrn als unabdingbar. Dennoch wurde auch die Zivilbaukunst unterrichtet, wobei die Säulenordnungslehre im Mittelpunkt stand. Das Ziel dieser Unterweisungen war jedoch nicht unbedingt, die Schüler zur Erstellung eigener Entwürfe zu befähigen, sondern sie sollten in der Lage sein, Architektur zu beurteilen.[584]

Es ist folglich davon auszugehen, daß ein regierender Landesherr in der Regel nicht nur über Interesse am Bauen, sondern auch über die nötigen Kenntnisse verfügte, um den Architekten, die in seinen Diensten standen, Anweisungen zu erteilen und deren Entwürfe zu prüfen. Somit war er in der Lage, Entscheidungen über auszuführende Bauprojekte aller Art fachkundig zu treffen, und seine Genehmigung bedeutete mehr als eine bloße Formalität.

Der Landesherr war in allen wichtigen Fragen die oberste Entscheidungsinstanz, ohne seine Bewilligung war der Bau einer Kirche nicht möglich. Der Bauplan mußte ihm vorgelegt werden und seine Zustimmung finden. Auch weitere Beschlüsse traf entweder tatsächlich er selbst, oder sie geschahen zumindest in seinem Namen.[585]

Zeitgenossen gaben sich große Mühe, der Nachwelt gegenüber den Ruhm des Landesherrn als Erbauer der Kirche herauszustellen, wobei diesem eine höchst aktive Rolle zugesprochen wurde, so wie es die Bauinschrift an der Erbacher Stadtkirche besagt: „Dem Dreyeinigen Gott zur Ehre, der evangelisch-lutherischen Religion zum Dienste und sich und seinem Volke zum Troste erbaute diesen Tempel der Hochgebohrne des Heil. Roem. Reichs Graf und Herr Herr Georg Wilhelm regierender Graf zu Erbach, Herr zu Breuberg etc." Ebenso wurde der alternde Graf Johann Reinhard von Hanau-Münzenberg beim Richtfest in Rodheim als eigentlicher Erbauer der Kirche gepriesen:

> „Und daß Johann Reinhard noch lebt
> Sein Haupt noch munter empor hebt
> Diß Hauß hat er uns nun erbaut
> So man hier mit Vergnügen schaut..."[586]

Oft enthalten solche Bauinschriften einen Satz, dessen Subjekt der Regent ist und dessen Verb im Aktiv steht. Der Herrscher erscheint folglich als (einzige) handelnde Person. Ihm allein verdankten die Untertanen, daß sie eine neue Kirche bekommen haben. Dies sollte im Bewußtsein der Lebenden und der nachfolgenden Generationen verankert bleiben.[587] Es wurde also offen zugegeben, daß ein Regent, der in seinem Land eine prachtvolle Kirche bauen ließ, dabei auf den Nachruhm bedacht war. Selbstverständlich durfte ihm nicht unterstellt werden, er täte dies nur aus persönlicher Eitelkeit und irdischer Ruhmsucht. Die Verfasser zeitgenössischer Texte sprachen einem solchen Fürsten nur die lobenswertesten Beweggründe zu. Er strebte nach dem Lobpreis der wahren Religion und handelte darüber hinaus aus christlich-landesväterlicher Fürsorge für seine Untertanen:

> „Unser gnädigster Landes Herr, Herr Graf Georg Wilhelm ... wolten Ihren Nahmen unter Ihrem Volke auch ewig machen; Sie bauten daher in Ihrer Hochgräfl. Residenz Stadt auf eben der Stätte, wo die kleine, finstere und zum Umsturz schon geneigte Kirche gestanden, ein neues, schönes, und zum Dienste Gottes bequemes Hauß auf, nicht, daß die Nachwelt nur Ihren Nahmen nennen, Ihre Baukunst preisen, und an der äusserlichen Zierde der Kirche hangen, sondern, daß Sie auf Ihres Stifters Trieb und Freude schliessen mögte, soviel an Ihnen war, an dem Reiche Gottes zu bauen, Ihrer Unterthanen wahre Wohlfarth zu befördern, Sich selbst in Seufzern, die zu einem durch JEsum versöhnten

155 Carlsdorf, ev. Kirche, Bauinschrift über dem Hauptportal mit dem Monogramm des Landgrafen Karl und dem hessischen Wappen

> Vatter um Gnade rufen, vor das Angesichte des Allerheiligsten zu stellen, und vollends noch zu der triumphirenden Kirche zu bereiten, worinn Sie Ihre frommen Vor=Eltern um den Thron des Erlösers suchen. Und diese edlen Triebe werden der Nachwelt immer heilig und kostbar seyn."[588]

In leicht durchschaubarer Bescheidenheit wurde darauf verzichtet, die materiellen Beiträge des Grafen zu Bau und Ausstattung der Kirche im einzelnen aufzulisten:

> „Was unser mildthätiger und gnädigster Landes Herr ausser den meisten Baumaterialien, die Sie zu dem weitläuftigen Bau geschenket, noch zu dem innern Schmucke der Kirche beygetragen, führen wir nicht an; Wir können Ihre Liebe zu dem öffentlichen Gottesdienste, von der alle Kirchen Ihres Landes zeugen ... Sie lassen sich daher an der Gnade Gottes genügen, und suchen das Lob der Menschen nicht; der Seegen und Friede des HErrn ruhe nur auf Ihnen."[589]

Das Lob der Menschen wurde sehr wohl gesucht, auch wenn der Verfasser dieser Zeilen, der Erbacher Hofprediger Kern, es dem Leser und vermutlich auch sich selbst nicht eingestand.

Der Termin für die Fertigstellung des Erbacher Turmes war nicht ganz zufällig zustandegekommen. Der Turm wurde „zu eben der Zeit vollendet, da die Hochgebohrne des Heil. Röm. Reichs Grafen Fränkischer Bank einen ausserordentlichen Grafen=Tag das erstemahl in Erbach halten ließen."[590] Das Aufschlagen des Turmes und das Dankgebet für den glücklichen Abschluß am 12. September 1749 fand also in Gegenwart der Gesandten der übrigen fränkischen Grafen statt, denen demonstrativ das neueste prestigeträchtige Bauprojekt des Gastgebers vorgeführt wurde.

Die geschnitzte und farbig gefaßte Rahmung des Portals an der Waldenserkirche in Carlsdorf trägt oben links das Monogramm des Landgrafen Karl von Hessen-Kassel, rechts den hessischen Löwen (Abb. 155). Die Inschrift über dem Portal rühmt die großherzige Unterstützung, die der Landesherr den Glaubensflüchtlingen gewährt hat. Der Text, obwohl in französischer Sprache abgefaßt, paßt ohne weiteres zu den im Reich üblichen Bauinschriften, die den Landesvater als Bauherrn rühmen, ohne Rücksicht darauf, wer letztlich den Kirchenbau finanziert hat und aus welchen Motiven der Regent seine Zustimmung gewährt hat. Nun hatten die zumeist mittellosen Flüchtlinge in Carlsdorf durchaus Veranlassung zur Dankbarkeit, doch wie die Geschichte der Kolonie zeigt, waren die Verhältnisse dort keineswegs ideal und die Siedler längst nicht alle damit zufrieden. Zwar hat der Landgraf bestimmte Geldsummen gestiftet und auch Bauholz aus seinen Waldungen unentgeltlich zur Verfügung gestellt, aber auch die Carlsdorfer selbst wurden im Rahmen ihrer Möglichkeiten herangezogen, und ein erheblicher Teil der Baukosten wurde über die Einnahmen aus Kollekten finanziert.[591] In den Augen der Gemeinde Carlsdorf war die Bewilligung der Kollekten ein Gnadenerweis des Landesfürsten, aber das darf nicht darüber hinwegtäuschen, daß diese Geldbeiträge aus den Taschen von Untertanen im In- und Ausland stammten. Kollekten waren allgemein ein beliebtes Mittel, um Kirchenbauten zu finanzieren, denn dadurch wurden die herrschaftlichen Kassen kräftig entlastet. Die Regierungen vertrauten darauf, daß die Untertanen einem so gottgefälligen Werk wie dem Bau einer neuen Kirche für eine notleidende Gemeinde ihre Spenden nicht versagen würden, auch wenn dergleichen milde Gaben immer wieder von ihnen erbeten wurden.

Die Zeichen der Landesherrschaft in Gestalt von Inschriften, Wappen oder Monogrammen wurden an und in den Kirchengebäuden angebracht. Wenn herrschaftliche Zeichen überall über das Territorium ausgestreut wurden, bedeutete das die symbolische Inbesitznahme des Landes, denn zur Herrschaft eines Regenten gehörte das beherrschte Land. Das wird besonders deutlich in den zum Reich gehörigen Gebieten der Grafschaft Hanau-Lichtenberg. Da in den unter französischer Oberhoheit stehenden Orten im Elsaß keine Wappen gestattet wurden, setzte man sie umso stärker auf Reichsgebiet ein. Die Kirchenneubauten in den rechtsrheinischen Ämtern tragen aufwendige, teilweise farbig gefaßte Wappen und Inschriften (Kork, Abb. 90). Der hessische Löwe mit dem kleineren lichtenbergischen Schwan auf dem Turm der lutherischen Kirche in Pirmasens markiert weithin sichtbar die Residenzstadt des Erbprinzen Ludwig IX. (Abb. 96 u. 172). Auch nach dem Regierungswechsel und dem Anfall der Grafschaft Hanau-Münzenberg an Hessen-Kassel hielt die Gemeinde Rodheim ihren am 28. März 1736 verstorbenen Grafen noch in Ehren. Nach wie vor sah man in ihm den Landesvater, dessen Gnade es zu verdanken war, daß die Kirche gebaut werden konnte. Pfarrer Ganz ersuchte im Juli 1736 das Konsistorium, „doch gnädig zu befehlen, daß anstalt[en] mögen vorgekehret werd[en], um das Wappen von unserm hochseel[igen] Herrn Graffen in den bereits in der Mauer sich befindenden Stein an unserer neuen Kirche, einzuhauen.“[592] Dies ist aber nicht mehr geschehen. Noch heute fällt oberhalb des Hauptportals in der Turmwand die leere Fläche des großen, nur grob behauenen Steinblocks auf, der nicht zu der sorgfältigen Steinhauerarbeit an den übrigen Sandsteingliederungen paßt (Abb. 24). Die hanauische Herrschaft galt nicht mehr, folglich konnte die hessische Regierung kein Interesse daran haben, daß das Wappen des verstorbenen Grafen an der Kirche zu sehen war.

156 Ober-Eschbach, ev. Pfarrkirche, Kanzel aus der lutherischen Stadtkirche in Hanau

Landesherrliche Stiftungen

Als besonderen Gnadenerweis sahen es die Untertanen an, wenn der Landesherr ein bestimmtes Ausstattungsstück für die neue Kirche stiftete, wie beispielsweise in Ostheim die Orgel. Eine Inschrift am Prospekt nebst Wappen würdigt dort die Großzügigkeit des Landgrafen Ludwig VIII. von Hessen-Darmstadt, der zum Bau des Instrumentes eine Summe von 75 Gulden beigesteuert hat.

Aufgrund der angespannten Finanzlage beim Bau der Ober-Eschbacher Kirche bemühte sich der dortige Pfarrer erfolgreich, möglichst kostengünstig an gebrauchte Ausstattungsstücke zu kommen. Im Jahr 1727 hatte die lutherische Kirche in Hanau eine neue Innenausstattung erhalten. Pfarrer Wittich bat das Konsistorium, die dort nicht mehr benötigte alte Kanzel der Ober-Eschbacher Gemeinde zu überlassen.[593] Tatsächlich ließ sich Graf Johann Reinhard bewegen, diese Kanzel der Gemeinde Ober-Eschbach zu schenken (Abb. 156). Dies

war kein Einzelfall, denn der letzte hanauische Graf pflegte für alle in seiner Grafschaft neu erbauten lutherischen Kirchen die Kanzeln zu stiften.[594]
Bei zahlreichen Kirchenneubauten verbuchten die Baurechnungen Zuschüsse aus dem vom Konsistorium verwalteten Kirchenvermögen oder aus bestimmten Steuern. Die lutherische und später die reformierte Gemeinde Nauheim erhielten für die Dauer ihres Kirchenbaues den sogenannten „Salzkreuzer" verwilligt, einen Kreuzer von den Einnahmen für jedes auf der Nauheimer Saline verkaufte Achtel Salz.[595] Materialien, vor allem Bauholz aus den herrschaftlichen Waldungen, wurden oft kostenlos zur Verfügung gestellt.
Der Neubau der Schloß- und Stadtkirche in Weilburg, das mit großem Abstand teuerste unter den hier behandelten Bauprojekten, wurde sogar insgesamt aus der herrschaftlichen Kasse finanziert. Die Kosten wurden in der Rechnung über den Schloßbau verbucht.[596] Als es ein Vierteljahrhundert später um den Verkauf der Kirchenstände ging, hielt Graf Carl August der Gemeinde nachdrücklich vor, wie „unser in Gott ruhender Herr Vater, weyl. Herr Graf Johann Ernst zu Nassau christmildesten Andenkens aus einem gottseligen Antrieb und in christlöblicher Ansicht erwogen werden, ... diesen gegenwärtigen Tempel, auf dero alleinige Kosten, von Grund auf wieder neu aufzubauen, und daran, was zum Gottesdienste erforderlich wird, auch zu einem zierlichen Ansehen gereichet, nichts gesparet; sondern viele Tausende willkürlich ohne Schuldigkeit, bloß zu Gottes Ehr und dero unsterblichen Nachruhm aufgewendet ... haben, ohne daß die Pfarrkinder etwas dazu beigetragen, oder die mindeste Beschwerung davon gehabt hatten ..."[597]
Geldstiftungen von herrschaftlicher Seite konnten tatsächlich aus der Privatschatulle des Regenten oder eines seiner Familienmitglieder stammen, ansonsten aber aus einer der Staatskassen. Im Verständnis der Untertanen spielte dieser an sich bedeutsame Unterschied nur eine geringe Rolle. Geldbeiträge aus den herrschaftlichen Kassen galten im Bewußtsein der Untertanen immer als persönliche Gaben des Landesherrn. Die Behörden, welche letztlich die Mittel bereitstellten, taten dies, so die allgemeine Auffassung, in Stellvertretung des Regenten selbst.[598]

Der Herrschaftsstand als Bestandteil der Raumkonzeption

Zu den grundsätzlich vorhandenen Ausstattungsstükken Kanzel, Altar, Orgel, Gemeindegestühl und -empore kam in einer Residenzkirche noch ein weiteres Element, für das ein adäquater Platz im Kirchenraum gefunden werden mußte: die herrschaftliche Loge.[599] Dem Regenten als oberstem Kirchenherrn, der an der Spitze der Rangordnung in der Gemeinde stand, gebührte vom Prinzip her der akustisch wie optisch beste Platz in der Kirche. Die Lösungsmöglichkeiten waren vielfältig. Die Loge konnte auf der Westempore gegenüber vom liturgischen Zentrum plaziert werden, was in längsgerichteten Kirchenräumen den Nachteil hatte, daß der Abstand zum gottesdienstlichen Geschehen sehr groß war, oder seitlich, entweder auf der Empore oder unten im Schiff, wodurch aber die Hauptachse des Raumes verlassen wurde.
Auch für die Kirchen im hessischen Raum gilt, was Klaus Raschzok anhand der brandenburg-ansbachischen „Markgrafenlogen" ausführt: Eine Loge kann eigentlich nur dann als „Fürstenstand" bezeichnet werden, wenn sie sich an einem Residenzort, also in einer Hofkirche, befindet und ausschließlich von Angehörigen der Fürstenfamilie genutzt wird. Darüber hinaus existieren in zahlreichen weiteren Kirchen „Herrschaftsstände", die zumeist mit dem Landeswappen ausgezeichnet sind, nämlich die Plätze der Beamten, der Repräsentanten der Landesherrschaft vor Ort. Daß der Regent selbst bei gelegentlichen Besuchen diesen Stand nutzte, bleibt davon unbenommen.[600] Auch die „Fürst zu Solms-Braunfels'sche Loge" zu Wölfersheim diente in erster Linie dem Wölfersheimer Amtmann und den Hofleuten vom Herrschaftlichen Haus.[601] Daß ein Beamtenstuhl als herrschaftlicher Stand aufgefaßt wurde, belegt ein Schreiben des Rodheimer Amtmannes, worin dieser bemerkt, daß „... ein solcher Stuhl auch, den ein jeweiliger Beamter betretten soll, nicht anderst als ein Herrschafftl[iche]r Stuhl zu consideriren seye."[602]
Durch die Loge waren der Landesherr und seine Familie im Kirchenraum stets präsent, auch dann, wenn sie nicht in persona anwesend waren. Die mit Vorliebe an den Logenfronten angebrachten Wappen und Monogramme des Bauherrenpaares (Weilburg Abb. 159, Wölfersheim, Hanau Abb. 157) unterstützten diesen Effekt, der in der Eisenberger Schloßkapelle seine stärkste Ausprägung erhielt, indem das Portrait des Bauherrn, Herzog Christian von Sachsen-Eisenberg, in der Mitte der Logenfront der Kanzel gegenüber angebracht wurde (Abb. 158). Der Platz hinter den Fenstern wurde als der Platz des Landesherrn empfunden, ganz gleich, ob jener Platz nun tatsächlich besetzt war oder leer.[603]
Die streng axiale Anordnung mit der Herrschaftsloge in der Hauptachse des Raumes gegenüber von Altar, Kanzel und Orgel kam erstmals in der Schloßkapelle von Schmalkalden (1585–1590) zur Anwendung; sie ist letztlich die konsequenteste Lösung. In längsgerichteten Bauten plazierte man jedoch den Herrschaftsstand, um dem Altar näher zu kommen, gern vorn auf der Seitenempore, gegenüber der Kanzel (Peterskirche in Kirchheimbolanden, St. Gumbertus in Ansbach). In der Hungener Stadtkirche hat die Loge ihren Platz zu

157 Hanau, Front der Grafenloge mit den Wappen des Grafenpaares (Aufnahme vor 1940)

ebener Erde an der rechten Seite. Leonhard Christoph Sturm ordnete in seinen Entwürfen von 1712 und 1718 den „Fürsten Chor“ bei Quersaal und Winkelhakenkirche ebenso wie in der Schweriner Schelfkirche in der Hauptachse an, bei den übrigen Grundrißfiguren jedoch beiderseits des Altarbereiches.[604] Selten sind Herrschaftslogen vor der Stirnwand des Chores hinter dem Altar.[605] Der Laubacher Grafenstand soll sich ursprünglich im Chor befunden haben; der zweigeschossige Logenaufbau aus dem Jahre 1735 ist jetzt in das südliche Querhaus eingefügt.[606]

In Romrod im Vogelsberg entstand in den Jahren 1677–1680 und 1688–1690 eine neue Stadtpfarrkirche. Als dritte Residenz der Landgrafen von Hessen-Darmstadt nach Darmstadt und Gießen besaß das Städtchen überregionale Bedeutung. Ludwig VI., der aber schon 1678 starb, plante den Bau als Dank für das glückliche Gedeihen seines Hauses. Laut Frank Schmidt „handelt es sich um die letzte kirchliche Baumaßnahme unter direkter Beteiligung des Herrscherhauses“ in der Landgrafschaft. Die Kirche in Romrod ist ein längsgerichteter Saal mit einem abgeschnürten Chor in der Breite des Schiffes, welcher einen polygonalen Schluß besitzt. Eine dreiseitige, doppelgeschossige Emporenanlage umzieht das Langhaus. Die innere Disposition folgt dem Prinzip der divergierenden Achsen. Der Altar steht im Chor, die Kanzel ist dagegen seitlich angebracht. Das Gestühl gegenüber der Kanzel mußte daher im Querrichtung aufgestellt werden, wie es auch im oberrheinisch-pfälzischen Bereich häufig vorkommt. An der Südwand des Chores gab es einen vergitterten Stand für die herrschaftlichen Bedienten aus dem Schloß. Die landgräfliche Loge selbst befand sich bis 1886 auf der obersten Südempore, darunter war ein weiterer verglaster Stand für Angehörige des Hofes vorhanden. Der Landesherr und sein Gefolge erleben das

158 Eisenberg, Schloßkirche, Herrschaftsloge mit dem Porträt des Bauherrn, Herzog Christian von Sachsen-Weimar-Eisenberg

159 Weilburg, Schloßkirche, Nordwand mit der Grafenloge und den seitlichen Hoflogen

Gotteshaus somit als Querraum bzw. in Schrägsicht.[607] Die Blickrichtung des Landesherrn dürfte auch für die Entscheidung, die Orgel an die Seite des Chores zu stellen, den Ausschlag gegeben haben. Was den Landgrafen und den übrigen Hof anbelangt, so ist für sie der Schritt zum quergerichteten Kirchenraum, der sich an der herrschaftlichen Loge ausrichtet, in Romrod bereits in Ansätzen vollzogen.

In einer Querkirche ergibt sich der optimale Ort für die Herrschaftsloge geradezu von selbst: in der Hauptachse, gegenüber des liturgischen Geschehens und trotzdem in nicht zu großem Abstand, da die Mittelachse die kürzere Achse des Raumes darstellt. Die beiden gleichermaßen erwünschten Vorzüge, Nähe oder Symmetrie, die in einer Längskirche gegeneinander abgewogen werden müssen und immer nur zu Kompromißlösungen führen können, lassen sich in einem quergerichteten Raum problemlos realisieren. Daher sind Querkirchen besonders geeignet für Residenzkirchen, die für eine Hofgemeinde und zugleich eine Stadt- oder Dorfgemeinde ausreichend Platz bieten müssen und in denen ein Herrschaftsstand in bevorzugter Lage benötigt wird.[608]

In der Weilburger Schloß- und Stadtkirche (Abb. 159) und der Paulskirche in Kirchheimbolanden (Abb. 48 u. 49) sind Hoflogen[609] in die Nebenräume eingezogen und durch Fensterfronten abgeschlossen, so daß sie zum Kirchenraum hin nicht als Emporen in Erscheinung treten. Im Obergeschoß der Nordkonche befindet sich die Herrschaftsloge. Zwischen ionischen Kolossalpilastern öffnen sich drei hohe rundbogige Fensterbahnen zum Kircheninneren. Der Herrscher saß dem Prediger auf der Kanzel in Augenhöhe gegenüber.[610] Über der Weilburger Loge ist, umgeben von reicher Stuckornamentik, das Allianzwappen des Bauherrn, Graf Johann Ernst, und seiner Gemahlin angebracht. Die je drei übereinanderliegenden Betstuben beiderseits von Fürstenloge und Kanzelaltar waren für die adeligen Angehörigen des Hofes bestimmt, genutzt wurden aber bis 1736 nur der „Cavalierstuhl" und der „Fräuleinstuhl" im ersten Geschoß links und rechts der Grafenloge. Die übrigen Hoflogen standen zunächst leer bis auf die beiden Räume im Erdgeschoß neben dem Kanzelaltar, wo die Geistlichkeit ihre Plätze hatte. Erst ab 1736 bekamen die nichtadeligen Hofbedienten Plätze in den Logen zugewiesen.[611]

In der Steinauer Reinhardskirche befand sich die herrschaftliche Loge auf der Südempore, also der Kanzel gegenüber. Die Logenfront mit der Fensterverglasung ist Ende der 1830er Jahre entfernt worden.[612] Die isenburg-birsteinische Loge in Langenselbold stand, nach einer Vorkriegsaufnahme zu schließen (Abb. 67), im

160 Erbach, Inneres der Herrschaftsloge

Süden gegenüber von Abendmahlstisch und Kanzel, aber zu ebener Erde, nur um wenige Stufen erhöht. Zugänglich war sie direkt durch das Südportal. Die breite blockartige Logenfront setzte sich aus sieben Achsen mit Rechteckfenstern zusammen. Sie füllte den Zwischenraum zwischen den beiden seitlichen Gemeindeemporen aus. 1883 baute man die neue Orgel oben auf die Fürstenloge. Die kassettierte Brüstung als oberer Abschluß der Logenfront könnte darauf hindeuten, daß dort vorher eine Empore bestanden hatte, welche vielleicht für die Hofbediensteten bestimmt war.
In der Stadtkirche zu Erbach liegt die Loge gegenüber der Prinzipalwand. Diese Logenanlage ist heute zweigeschossig wie die Gemeindeemporen, ihre Geschoßhöhen sind aber niedriger als jene. Der Grund ist, daß die Loge ursprünglich drei Etagen hatte: Die oberste ist bei einer Renovierung im 20. Jahrhundert entfernt worden. Im ersten Stock, der Beletage, saß der Graf selbst mit seiner Familie, darüber die herrschaftlichen Beamten, ganz oben die Bedienten des Hofes.[613] Die Erbacher Grafenloge besitzt einen eigenen Altar (Abb. 160), ebenso wie die Herzogsloge in Eisenberg, der wahrscheinlich bei der Austeilung des Abendmahls an die Mitglieder der gräflichen Familie benutzt worden ist, so daß die Herrschaften sich zum Empfang des Abendmahls nicht hinunter in den Kirchenraum zu begeben brauchten.
An die Stelle der ehemaligen Herrschaftsloge in Wölfersheim wurde 1875 die neue Orgel gesetzt. Die Rahmungen der Fensterfronten der seitlichen Adelsstände blieben jedoch auf der Brüstung der Südempore erhalten, wenn sie auch keine Fenster mehr besitzen (Abb. 63). Aus den Wölfersheimer Bauakten geht hervor, daß auch hier sowohl die herrschaftliche Loge als auch die Adelsstände verglast waren.[614] Die Stirnseite aller Logen war identisch ausgeformt und mit ionischen Pilastern verziert, so daß die Südempore über ihre ganze Breite eine geschlossene Fensterfront besaß, welche der Entwurf von Johann Ludwig Knoch zeigt (Abb. 161). Unterhalb der Orgel hängt noch immer das in Holz geschnitzte und farbig gefaßte Wappen Friedrich Wilhelms von Solms-Braunfels mit ovalem Schild und Fürstenhut, gerahmt von vergoldetem Akanthuswerk.
Die Beispiele verdeutlichen, daß Herrschaftsstände im Regelfall Fensterverglasungen hatten, die nach Belieben geöffnet und geschlossen werden konnten. Üblich

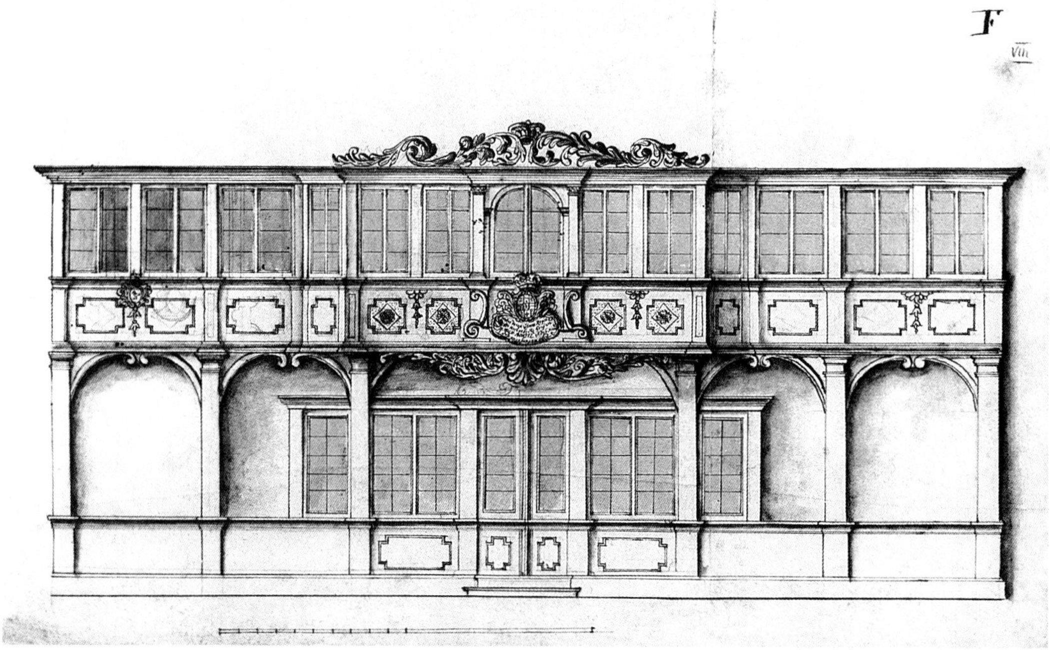

161 Wölfersheim, ev.-ref. Pfarrkirche, Entwurf für die Herrschaftsloge auf der Südempore von Johann Ludwig Knoch, 1739. GhK 2° Ms. Hass. 707

war auch ein eigener Zugang zur Loge, so daß die Repräsentanten der Landesherrschaft nicht mit den übrigen Gottesdienstbesuchern in Berührung kamen. Ein solcher hat auch in Wölfersheim existiert, die Treppe vom Mittelportal hinauf in den Herrschaftsstand ist jedoch nicht mehr vorhanden. Das Mittelportal war der Herrschaft vorbehalten; die Gemeinde benutzte die beiden kleineren Seitenportale. Die Grafenloge in Weilburg besitzt einen Zugang von der Oberen Orangerie her, die das Schloß mit der Kirche verbindet, so daß die Mitglieder der Hofgesellschaft den Weg zur Kirche innerhalb geschlossener Gebäude zurücklegen konnten. In Kirchheimbolanden wurde zu diesem Zweck ein gedeckter Gang vom Schloß zur Kirche hinaufgeführt. Ein ähnlicher Gang ist in Laubach noch erhalten.

Die Landgrafenloge in Wabern erreichte man über eine außen hochgeführte steinerne Treppe durch die mittlere Fensteröffnung, in die eine Tür eingesetzt war, deren Sturz am Bau noch zu sehen ist (Abb. 162). In der Kirche waren nur an den Schmalseiten Emporen eingezogen; vor der Mitte der nördlichen Längswand war in der Höhe eine separate Loge für den Landgrafen angebracht.[615] Die wahrscheinlich einzige überlieferte Beschreibung der 1889 abgebrochenen Fürstenloge liefert Pfarrer Suavedissen 1882 in einem Schreiben an das Kasseler Konsistorium:

> „In der hiesigen Kirche, und zwar an der nördlichen Langseite derselben, gegenüber der Kanzel, befindet sich eine von allen anderen Kirchenständen abgesonderte, auch durch anderen Bau und anderen Anstrich von ihnen unterschiedene, mit besonderem Zugang (steinerne Freitreppe von außen) versehene Emporbühne, welche in hessischer Zeit von der fürstlichen Familie und deren Gefolge benutzt worden ist ... Die Bühne wird von drei Pfeilern gestützt, über deren mittlerem das hessische Wappen aus der Zeit des Landgrafen Carl, über deren beiden äußeren die Initialen des Namens dieses Landgrafen (C u. L verschlungen) gemalt sind.“[616]

An der Nordseite wurde 1889 eine neue Gemeindeempore eingezogen, der die Loge weichen mußte. Die Brüstungsfelder mit dem Wappen und den Monogrammen befinden sich inzwischen an dem dreiseitig vorspringenden Teil der Westempore, an der Stelle, wo früher die Orgel stand (Abb. 17). Daraus und aus den erwähnten drei Stützen läßt sich folgern, daß die Loge die Form von fünf Seiten eines Achtecks hatte. Wahrscheinlich erstreckte sie sich nicht weiter als über den Zwischenraum bis hin zu den beiden seitlichen Fenstern, so daß diese frei blieben. Die Kirche ist offensichtlich von der Herrschaftsloge her gedacht und entworfen.[617] Kanzel und Abendmahlstisch wurden dem Fürstenstand gegenüber angeordnet. Die Kanzel wurde aus der Achse verschoben, denn die Symmetrie des Gesamtbaus verlangte, daß gegenüber vom Logenaufgang ebenfalls ein Fenster eingesetzt wurde. Einzelne Elemente der herrschaftlichen Repräsentation wurden wichtiger als die Erfordernisse der liturgischen Nutzung. Die Kanzel mußte der Herrschaftsloge und der Symmetrie der Fenster zuliebe aus der Mittelachse weichen.

162 Wabern, ev.-ref. Pfarrkirche, Fenster in der Nordwand mit Türsturz des Aufgangs zur Herrschaftsloge

In der alten Johanneskirche in Hanau (Abb. 22) bildete der Standort der Loge den Dreh- und Angelpunkt für die Umgestaltung des Raumes in den Jahren 1727–1729, bei der die liturgische Hauptrichtung durch die Verlegung des Altars um 90° gedreht wurde. Daß die Erweiterung von der Umgestaltung des herrschaftlichen Stuhles ausging, der von der Empore hinunter ins Parterre versetzt und auf den nun die ganze Ausstattung ausgerichtet wurde, beweist ein Schreiben des hanauischen Kanzlers Crantz vom Frühjahr 1727:

„...Unsers gn[ä]d[ig]sten Graffen und Herrns Hochgr[äfliche] Gn[a]d[en] gn[ä]d[ig]st intentioniret seind, den in hiesiger Ev[angelisch] Luth[erischer] Kirch befindl[ichen] Herrschafftl[ichen] Stuhl in ansehung daß derselbe auf der seithe in der Höhe stehet und die schwindel[ige] Trepp wo man hinauff gehet zu Eng, auch sonsten incom[m]od ist, und daher Ihre Hochgr[äfliche] Gn[a]d[en] und dero Frau Gemahlin Hochfürstl[iche] D[urc]hl[aucht] sich solcher nicht wohl bedienen am wenigsten Sich hinauff tragen lassen können, zu ändern und herunter auff die Erd gegenüber der Cantzel machen zu laßen. Gleichwie aber nun dadurch viele Ständ weggenom[m]en werden, mithin Ihre Hochgräfl[iche] Gn[a]d[en] gn[ä]d[ig]st bedacht gewesen, Solche auff eine andere Art zu ersetzen, zumahlen es doch anjetzo schon an dergl[eichen] jezuweilen gefehlet; Also seind Sie des fernern gn[ä]d[ig]sten Vorhabens, vermittelst aufführung einer andern Wand welche auf der seithen nach der Ev[angelisch] Luth[erischen] Schul zu anerbauet werden soll, die Kirch in etwas zu erweitern ...“[618]

Bei den zwei letztgenannten Kirchen, Wabern und Hanau, hat offenkundig die Position der Loge die gesamte Innenraumdisposition bestimmt. Poscharsky hat in seiner Untersuchung zur Kanzel bereits die damals noch ungeprüfte These in den Raum gestellt: „Es will uns jedoch scheinen, als ob zum Beispiel die Form der Querkirche in sehr vielen Fällen vom Fürstenstuhl her konzipiert worden ist, um auf möglichst kurze Entfernung den Herrscher und Patron in Beziehung zu den Prinzipalstücken bringen zu können.“[619] Der Quellenbeleg für Hanau liefert den Beweis, daß bei dem dortigen Umbau tatsächlich der Herrschaftsstand den Ausgangspunkt bildete. Dort ging es nicht allein darum, den Zugang bequemer zu gestalten, sondern auch, die bis dahin störende seitliche Blickrichtung aus der herrschaftlichen Loge zum Altar zu ändern. Auch die meisten übrigen quergerichteten Residenzkirchen der ersten Hälfte des 18. Jahrhunderts in dem hier untersuchten Gebiet bestätigen Poscharskys Vermutung. Die Herrschaftsstände befinden sich in der Regel auf der der Kanzel gegenüberliegenden Empore (Weilburg, Wabern, Erbach, Steinau, Wölfersheim, Kirchheimbolanden). Die Loge in Langenselbold wurde wie in Hanau gleichfalls dem liturgischen Zentrum gegenüber angeordnet, allerdings im Parterre. Zu ebener Erde gegenüber von Kanzel und Abendmahlstisch sind die Herrschaftsstände in den birsteinischen Kirchen von Burgbracht und Unterreichenbach plaziert, während derjenige in Lichenroth neben dem Haupteingang an der westlichen Schmalseite steht und auf die Längsachse des Raumes ausgerichtet ist. Einen Ausnahmefall stellt die Schloßkirche in Altenburg dar. Die Stände für den Patron Riedesel zu Eisenbach und für seine Dienerschaft setzte man dort ins Erdgeschoß unter die Seitenempore (Abb. 189–192).

Die Empore in der Mittelachse, dem liturgischen Zentrum gegenüber, ist in einer Querkirche von den Sicht- und Hörbedingungen her der beste Platz im ganzen Raum und daher der prädestinierte Ort für die herrschaftliche Loge. Das zeigen außer den genannten Beispielen diverse andere quergerichtete Residenzkirchen wie Eisenberg, Salder, wo die in den südlichen Kreuzarm eingespannte Empore als Herzogsprieche diente, die Potsdamer Hof- und Garnisonkirche, die wetterauische Residenzkirche der Linie Solms-Rödelheim zu Assenheim oder die Saarbrücker Ludwigskirche von Friedrich Joachim Stengel, um nur einige zu nennen – nicht zu vergessen die Idealentwürfe Leonhard Christoph Sturms aus seinen beiden Traktaten zum protestantischen Kirchenbau.[620]

Die Aufgaben des Landbauwesens und die Bedeutung einzelner Architektenpersönlichkeiten

Das gesamte öffentliche Bauwesen, zu dem auch die sogenannten „geistlichen Gebäude“, also Baumaßnahmen an Kirchen, Pfarr- und Schulhäusern, gerechnet wurden, unterstand den herrschaftlichen Verwaltungsbehörden. Inwieweit das Landbauwesen als eigene Behördenstruktur organisiert wurde, hing nicht zuletzt von der Größe des Territoriums ab. Die hessischen Landgrafschaften verfügten über mehrere fest angestellte ausgebildete Architekten[621] mit einem Stab von Mitarbeitern. Dagegen konnten die kleinen Fürstentümer und Reichsgrafschaften sich allenfalls einen Baumeister leisten, der unter Umständen zusätzlich noch andere Verwaltungsaufgaben mit übernehmen mußte, wenn sie nicht, wie Isenburg-Birstein, sogar ganz darauf verzichteten und im Bedarfsfall einen Architekten von einem der benachbarten Höfe holten.

An der Spitze des Landbauwesens in der Grafschaft Hanau stand Christian Ludwig Hermann mit dem Titel eines Baudirektors. Als sein Mitarbeiter trat Johann Heinrich Petter auf, der anfangs als Hofzimmermann bezeichnet, aber 1730 zum „Werckmeister“ ernannt wurde.[622] Hermann hat die Kirchenbauten der Grafschaft Hanau bis in die hessische Zeit hinein durch seine persönliche Formensprache sehr stark geprägt.

In der Grafschaft Solms-Braunfels, die nur fünf Ämter umfaßte, scheint der Verwaltungsapparat insgesamt kleiner zu sein als in Hanau. Der Architekt Meyer, der Entwerfer der Wölfersheimer Kirchenfassade, erhielt das Prädikat „Baumeister“.[623] Ein Architekt mit dem Titel „Baudirektor“ trat dort erst in den späten 1730er Jahren auf, nämlich Johann Ludwig Knoch, welcher sich aber in erster Linie als Jurist und Archivar einen Namen gemacht hat. In seiner späteren Tätigkeit in Lippe-Detmold beschäftigte er sich offenbar nur noch mit der Rechtswissenschaft und dem Archivwesen.

Die Baumaßnahmen in den nassauischen Grafschaften und Fürstentümern standen wie Hanau im Zeichen der jeweiligen Landbaumeister. In Nassau-Usingen und Nassau-Saarbrücken hatten den Posten des Landbaumeisters erst verschiedene Mitglieder der Familie Bager inne, dann folgte Friedrich Joachim Stengel, später dessen Sohn Wilhelm Balthasar. Die herausragende Architektenpersönlichkeit in Nassau-Weilburg war der Landbaumeister Julius Ludwig Rothweil.

Größere Territorien wie die hessischen Landgrafschaften leisteten sich eine personalreichere und stärker differenzierte Bauverwaltung. In der Landgrafschaft Hessen-Kassel ist ein regelrechtes Landbauwesen spätestens ab 1698 zu greifen. In jenem Jahr übertrug der Landgraf dem Hofjunker Karl von Hattenbach „das Directorium und die ober inspection über Unser Civil und militair Bauwesen in Unserer hiesigen Residenz und Vestung sowohl, als auch sonst in denen Städten und auffm Lande."[624] Hattenbach war ein illegitimer Verwandter des hessischen Hauses: Sein Vater war ein unehelicher Sohn des Landgrafen Otto, eines Sohnes von Landgraf Moritz. Denkbar wäre, daß dieses Amt extra für ihn geschaffen worden ist. Dem Bauwesen des Hofes und der Regierung eine einheitliche Organisationsstruktur mit einem verantwortlichen Direktor an der Spitze zu verordnen, war gewiß eine sinnvolle Maßnahme. In Diensten des Landgrafen arbeiteten vier oder fünf Architekten, die ständig miteinander wetteiferten. Die Aufgabe des neuen Baudirektors bestand im wesentlichen darin, in Zusammenarbeit mit diesen Baumeistern die vielfältigen Bauprojekte zu koordinieren. Landgraf Karl entfaltete in und um Kassel eine rege Bautätigkeit. In der Residenz selbst wurden neben Umbauten am Residenzschloß u. a. die Karlsaue mit dem Orangeriebau und die Anlage der Oberneustadt für hugenottische Flüchtlinge sowie das Schloß Weißenstein und Teile des Parks im heutigen Wilhelmshöhe ausgeführt, hinzu kamen Bauten verschiedener Land- und Jagdschlösser wie Heydau und Wabern, Behördengebäude und Wohnhäuser für die Angehörigen des Hofes, ferner viele kleinere Bauaufgaben in Stadt und Land. Das ehrgeizige Projekt, in Kassel ein ganz neues Residenzschloß zu errichten, kam allerdings aus Geldmangel nie zur Ausführung. Der Personalstab der Baubehörde, der im Laufe von Karls Regierungszeit stetig anwuchs, bestand aus mehreren Baumeistern, Bauschreibern, Modellschreinern, Bildhauern, Stuckateuren und Bauhandwerkern verschiedener Fachrichtungen. Diese Handwerker wurden hauptsächlich am Hofe selbst eingesetzt, während man für Bauvorhaben draußen im Land gewöhnlich ortsansässige Kräfte heranzog.[625]

Für die Verwaltung der Baugelder beim Bau der Kirche in Wabern waren elf Bevollmächtigte der Gemeinde zuständig. Die eigentliche Bauleitung lag aber nicht in den Händen des Pfarrers oder der Gemeindevertreter, sondern in denen eines in Wabern ansässigen herrschaftlichen Beamten. Der Burggraf Stauch, der Verwalter des landgräflichen Jagdschlosses, hatte die Baurechnung zu führen und gemeinsam mit Pfarrer Knöpfel gegenüber dem Konsistorium über den ordnungsgemäßen Umgang mit diesem Geld Rechenschaft abzulegen. Stauch führte den Titel „Bauschreiber". Demzufolge hatte er eine Ausbildung im Bauwesen durchlaufen, besaß also das nötige Fachwissen, um ein Bauprojekt zu leiten, und war in die Organisation des Landbauwesens eingebunden. Der Titel „Bauschreiber" war außerdem in den Grafschaften Erbach-Erbach (Andreas Jörg) und Solms-Laubach (Johann Wüstenfeld) gebräuchlich. In diesen beiden Kleinterritorien war der Bauschreiber der einzige Architekt am Hof. Auch wenn es gewiß keine allgemein verbindlichen Regelungen für den Gebrauch der Titel wie Bauschreiber, Bauinspektor, Baumeister (Landbaumeister / Hofbaumeister), Oberbaumeister, Baudirektor etc. gegeben hat und diese von Hof zu Hof unterschiedlich gehandhabt wurden, so läßt sich doch beobachten, daß es eine Rangfolge der Titel gab und daß die Verleihung eines höheren Titels durch den Landesherrn für den betreffenden Architekten außer einer Gehaltserhöhung auch einen begehrten Rangzuwachs bedeutete.

Das Landbauwesen war in der Regel der Finanzbehörde unterstellt. Bezüglich der geistlichen Gebäude war zudem das Konsistorium weisungsbefugt. Detaillierte verwaltungsgeschichtliche Forschungen über den Aufbau der Baubehörden in den Territorien des hessisch-nassauischen Raumes liegen bislang nicht vor. Klaus Raschzok erörtert ausführlich die Aufgaben und die Organisationsstruktur der Landbauwesens im Markgraftum Brandenburg-Ansbach sowie den Verwaltungsweg bei der Erteilung einer Baugenehmigung.[626] Die spärlichen Hinweise in den Akten zu den hier untersuchten Kirchenbauprojekten lassen vermuten, daß Raschzoks Ergebnisse zumindest in Grundzügen auch auf die Verhältnisse in den Territorien des hessisch-nassauischen Raumes übertragbar sind. In Brandenburg-Ansbach existierte in der ersten Hälfte des 18. Jahrhunderts eine Baudeputation, der eine Baudirektion mit einem Baudirektor und mehreren Baubedienten unterstellt war. Daneben wurde eine gesonderte Baubehörde eingerichtet und gleichzeitig das Bauwesen in der Residenz von dem Bauwesen auf dem Lande getrennt. Baumaßnahmen an Kirchen, Pfarr- und Schulhäusern machten einen erheblichen Teil der Arbeit der Baubehörde aus.[627]

Leonhard Christoph Sturm präsentiert in seinem 1714 erschienenen „Prodromus Architecturae Goldmanniae" den „Entwurff einer Bau-Constitution", worin er die hierarchische Struktur der Baubehörde eines fiktiven Fürstentums mittlerer Größe und die Aufgaben der verschiedenen Mitarbeiter erläutert.[628] Aller Wahrscheinlichkeit nach handelt es sich hierbei um Vorschläge, die er unmittelbar nach seinem Dienstantritt als Baudirektor für das Herzogtum Mecklenburg-Schwerin ausgearbeitet hat. Diese erhebt er nun zu allgemeingültigen Richtlinien.[629] Nach Sturms Entwurf wird die Baubehörde der Kammer zugeordnet. Die Leitung hat ein Bau-Direktor, welcher den Rang eines Kammerrates erhält und Mitglied der Kammer ist. Diesem unterstehen zwei Baumeister. Einer von ihnen soll als Hofbaumeister für die herrschaftlichen und öffentlichen Gebäude in der Residenz zuständig sein, der andere als Landbaumeister für die außerhalb gelegenen Lust- und Jagdschlösser, Witwensitze und Apanagen. Darüber hinaus wird den beiden Baumeistern jeweils eine Hälfte des Territoriums zugewiesen, in welcher sie für das übrige herrschaftliche Bauwesen verantwortlich sind. Zur Unterstützung erhalten sie je einen Aufseher als Mitarbeiter. Die Kontrolle über die Finanzen des Bauwesens obliegt dem „Cammer- und Kriegs-Secretarius". Die Beamten und Verwalter im Land haben alle vorfallenden Schäden an ihren Gebäuden dem zuständigen Baumeister zu melden, der die nötigen Reparaturen anzuordnen oder, falls er sich dazu nicht allein in der Lage sieht, den Baudirektor um Rat zu fragen hat. Neubauten fallen in die Zuständigkeit des Baudirektors selbst: „Neue Gebäude sollen niemahl ohne Unserer Cammer Wissen und Consens, und in specie des Bau-Direktoris Concurs geführet / sondern die Risse dazu von ihm selbst gemachet / oder doch in den geringern Bauwesen von ihm censiret / und unterschrieben werden." Die Baumeister übernehmen die Organisation und die Bauleitung, entwerfen aber nicht selbst. Der Baudirektor ist nach Sturms Vorstellungen derjenige, welcher das gesamte Landbauwesen beaufsichtigt und allein die Entwürfe für sämtliche Bauten des Hofes und der Regierung anzufertigen hat.[630] Sturm bietet hier letzten Endes seine eigenen Wunschvorstellungen dar, denn genau dieses Amt hatte er selbst am Schweriner Hof inne.

Die ältere künstlerzentrische Forschung in der Kunstgeschichte neigt meistens dazu, allein den Architekten in den Mittelpunkt ihrer Betrachtung zu stellen und seinen persönlichen Stil überzubewerten. Die Rolle des Auftraggebers, der die Entscheidungen letztlich fällte, wird dabei nicht selten an den Rand gedrängt oder ganz übersehen. In der Auffassung der frühen Neuzeit galt jedoch das genaue Gegenteil, wie die zahlreichen Einweihungsschriften für herrschaftliche Kirchen- und Schloßbauten zeigen. Darin wird der Architekt vielleicht einmal kurz erwähnt, die ausführenden Künstler kommen in der Regel nicht vor. Ihre Arbeit wurde als Umsetzung des fürstlichen Willens verstanden. Dementsprechend wurde der Bauherr als der eigentliche Schöpfer des Bauwerkes gerühmt. In der Festschrift zur Einweihung der Stadtkirche in Erbach von 1750 wird Bauschreiber Andreas Jörg an einer Stelle erwähnt, doch der größte Teil der Predigten und Lobgedichte kreist um die Person des Bauherrn, des Grafen Georg Wilhelm von Erbach-Erbach.[631] Pfarrer Johann Georg Wittich nennt in seinem 1731 verfaßten Gedicht zur Einweihung der lutherischen Pfarrkirche in Ober-Eschbach den Namen des Architekten überhaupt nicht, dagegen rühmt er umso mehr die Wohltaten seines Landesherrn, des Grafen Johann Reinhard von Hanau-Lichtenberg, dem die Gemeinde ihr neues Gotteshaus zu verdanken habe.[632] Von daher ist es notwendig, die Bedeutung des Bauherrn vorrangig in den Blick zu nehmen, um dem Verständnis der Zeit gerecht zu werden.

Die Organisation des Bauwesens, beteiligte Personen und Institutionen

„Es lebe unser Haupt, der Vater unsers Landes,
Das Hochgräfliche Hauß, das jetzt in Hanau blüht!
Das Consistorium, der Grund des Heilgen Bandes,
Das man in diesem Land bey Christi Gliedern sieht.
Die Pfarr-Herrn, und die Zahl, die dieser Kirch vorstehen,
Den Zimmermeister, der den Bau zu Ende bracht,
Laß der Allmächtge Herr in stetem Wohlseyn gehen.
Gott gebe, daß der Wunsch heut werde wahrgemacht."[633]

Der Zimmermannsspruch, der 1734 beim Richtfest der Rodheimer Kirche vorgetragen worden ist, nennt die Repräsentanten der jeweils wichtigsten am Bau beteiligten Gruppen: den Landesherrn selbst, das Konsistorium als zentrale Behörde der Kirchenverwaltung, den Pfarrer, die Kirchenvorsteher als Vertreter der örtlichen Gemeinde und, stellvertretend für die Handwerker, den Zimmermeister. Interessanterweise fehlt auch hier wieder der Architekt.

Die Querkirche ist eine relativ seltene Bauform, deren Wahl nicht nur mit dem Aufgreifen einer lokalen Tradition begründet werden kann. Übergeordnete Argumente müssen diese Entscheidung bestimmt haben. Bevor es jedoch um die Inhalte dieser Argumente gehen kann, muß die Organisation des Bauwesens betrachtet werden. Der praktische Ablauf eines Planungsprozesses liefert Aufschluß darüber, welche Personen und Institutionen daran beteiligt waren, wo und durch wen überhaupt Entscheidungen über das Aussehen des zu errichtenden Gebäudes gefällt wurden. Die Rolle des planenden Architekten oder Baumeisters wird meistens zu hoch eingeschätzt. Ebenso ist zu hinterfragen, inwieweit die Gemeinde vor Ort Möglichkeiten hatte, ihre Wünsche zur Geltung zu bringen. Das Bauwesen war in die landesherrliche Verwaltungshierarchie eingebunden, so daß jedes Bauvorhaben ein Genehmigungsverfahren zu durchlaufen hatte.[634]

Aufgrund der überdurchschnittlich aussagekräftigen Quellenlage in mehreren Pfarrarchiven steht in diesem Zusammenhang die Grafschaft Hanau-Münzenberg exemplarisch im Vordergrund. Die Ober-Eschbacher Bauakten gewähren einen besonders tiefen Einblick in den praktischen Ablauf eines hanauischen Kirchenneubaus. Die Initiative ging dort von Pfarrer und Kirchengemeinde aus. Dem Einsatz von Pfarrer Wittich war es zu verdanken, daß der Kirchenbau überhaupt zustandekam. Dem damaligen Hofzimmermann und späteren Werkmeister Johann Heinrich Petter war die technische Leitung des Baues übertragen worden, doch Petter war in Hanau ansässig und hatte noch weitere Projekte zu betreuen, so daß er nur selten und nur auf besondere Anforderung nach Ober-Eschbach kam. Die Organisation des Bauwesens vor Ort, die Verhandlungen mit den Handwerkern, die Verwaltung sämtlicher Gelder, die Kollekten, die Beschaffung von Baumaterial und schließlich auch, da der Schultheiß sich nicht darum kümmerte, die Organisation der Materialfuhren blieben dem Pfarrer überlassen. Dabei hatte er so gut wie keine Entscheidungsbefugnisse, sondern mußte bei jeder Kleinigkeit die Genehmigung des Konsistoriums in Hanau einholen. Er durfte keinen Handwerker unter Vertrag nehmen, kein Baumaterial einkaufen, keine Löhne auszahlen und nirgendwo im Ausland um eine Kollekte nachsuchen, ohne zuvor Rücksprache mit dem Konsistorium zu nehmen. Die Genehmigung zu bauen, der Bauplan und alle Änderungen, Termine für Grundsteinlegung oder Einweihung bedurften darüber hinaus der Zustimmung des regierenden Grafen als oberstem Kirchenherrn selbst. Nur mit Sondererlaubnis und bei außergewöhnlichen Anlässen durfte der unvollendete Kirchenbau schon vor der Einweihung benutzt werden. Die Termine für Grundsteinlegung und Einweihung wurden von oben festgesetzt, ohne Rücksicht darauf, wie weit die Baumaßnahmen gediehen waren.[635]

Herrschaftliche Behörden und Beamte

Dem protestantischen Landesherrn als Inhaber der weltlichen Obrigkeit stand zugleich das Kirchenregiment zu. Ausgeübt wurde dieses durch das Konsistorium, welches grundsätzlich in Stellvertretung des Landesherrn agierte. Das Konsistorium war in den meisten Territorien paritätisch mit geistlichen und weltlichen Mitgliedern besetzt. In der Grafschaft Hanau-Münzenberg gab es sogar zwei voneinander unabhängige landeskirchliche Verwaltungsstrukturen mit je einem Konsistorium an der Spitze, denn die beiden Konfessionen, Lutheraner und Reformierte, standen zumindest theoretisch gleichberechtigt nebeneinander. Der Hanauische Religionsreceß von 1670 beinhaltet ausdrücklich die Verfügung, das noch aus hanaumünzenbergischer Zeit bestehende reformierte Konsistorium solle auch nach dem Anfall an die lutherische Linie Hanau-Lichtenberg mit allen bisherigen Kompetenzen erhalten bleiben.[636]

Das Konsistorium war Ansprechpartner der Pfarrer in allen Sachfragen, die mit dem Bau zusammenhingen. Das beweisen unter anderem die umfangreichen Korrespondenzen in den Pfarrarchiven von Rodheim, Ober-Eschbach und Marköbel. Für alles wurde die Genehmigung des Konsistoriums benötigt, sei es, daß Baumaterialien eingekauft und herangeschafft, Kollekten im Ausland beantragt, Handwerkern ihre Löhne ausbezahlt oder die Einwohner von Nachbardörfern um Hilfe bei den Fuhrdiensten gebeten werden sollten. Verträge mit Handwerkern waren erst gültig, wenn das Konsistorium sie ratifiziert hatte. Es erteilte auch Anweisungen an die Baubeamten, zum Teil sogar an den Baudirektor selbst.[637] Zu besonderen Feierlichkeiten wie der Grundsteinlegung, die als eigentlicher Baubeginn galt, und der Einweihung entsandte das Konsistorium in der Regel einen Vertreter. Gesuche an den Grafen, z. B. um die Genehmigung zur Einweihung, wurden gewöhnlich nicht direkt von der Gemeinde, sondern vom Konsistorium verfaßt und eingereicht.[638] Die landeskirchliche Kasse (aerarium ecclesiasticum), aus der unter Umständen Zuschüsse zu den Baukosten gewährt wurden, führte der Kirchenverwalter.

Die Planungen liefen in der Regel über das Landbauwesen. In der herrschaftlichen Baubehörde, die in den verschiedenen Territorien unterschiedlich organisiert war, wurden die Pläne für die öffentlichen Bauaufgaben erstellt, oder sie bedurften zumindest der Genehmigung durch den Landbaumeister, wenn ein auswärtiger Architekt beauftragt worden war oder ein Maurer oder Zimmermann einen Plan erstellt hatte. Über Kirchenbausachen hatte gleichwohl wiederum das Konsistorium zu befinden, auch über die Entwürfe des Landbaumeisters. In allerhöchster Instanz entschied der Landesherr, ohne dessen Genehmigung nicht gebaut wurde.

Landesherrliche Beamte vor Ort, etwa der örtliche Schultheiß als Kopf der politischen Gemeinde oder bei Amtsorten der Amtmann, wurden nach Möglichkeit für die Bauleitung herangezogen, beispielsweise für die Organisation der Materialfuhren. An der Grundsteinlegung zur lutherischen Kirche des Amtssitzes Rodheim

nahm der dortige Oberschultheiß Petri als Vertreter des Landesherrn teil.[639] In Ober-Eschbach übernahm der Jäger Jacobi gelegentlich Kontroll- und Schlichtungsfunktionen. In Wabern führte der Burggraf und Bauschreiber Stauch vom Jagdschloß Karlshof die Kirchenbaurechnung. Im solmsischen Amtssitz Wölfersheim lief die Korrespondenz mit der Regierung in Braunfels gerade in der ersten Bauphase zu wesentlichen Teilen über den Amtmann und den Amtsschreiber. Von der untersten Stufe der staatlichen Verwaltungshierarchie erwartete die Landesherrschaft offensichtlich besondere Loyalität, denn seitens der dortigen Gemeinde regten sich bisweilen Widerstände gegen obrigkeitliche Baumaßnahmen und die damit verbundenen Hand- und Spanndienste.
Sämtliche Behörden agierten im Namen der Landesherrschaft. Die Struktur des verzweigten Behördenapparates reichte bis hinunter auf die lokale Ebene. Amtmann, Schultheiß oder Förster waren die Träger der Amtsgewalt vor Ort, mit denen die Untertanen regelmäßig in Berührung kamen. Durch sie war die Landesherrschaft in jedem Ort vertreten. Sie waren den vorgesetzten Regierungsbehörden verantwortlich, von denen sie ihre Befehle empfingen. Gerade in größeren Territorien konnte dieser Behördenapparat bisweilen zum Selbstläufer werden. Alle Stränge liefen aber, zumindest in den Augen der Untertanen, an der Spitze beim Regenten selbst zusammen.

Pfarrer

Das Zustandekommen zahlreicher Kirchenbauten ist dem rastlosen Einsatz ihrer Gemeindepfarrer zu verdanken. Diese setzten oft mit den Kirchenältesten bei der Landesherrschaft die Erlaubnis zur Durchführung eines notwendigen Neubaus mit viel Mühe und Überzeugungskraft durch. Das Beispiel Ober-Eschbach ist schon genannt worden. Auch in Wölfersheim konnte die seit Jahren unterbrochene Bautätigkeit erst auf Initiative von Pfarrer Schmitthenner fortgesetzt werden, als der beim Reichskammergericht anhängige Prozeß der Gemeinde gegen den Grafen von Neuwied wieder aufgenommen wurde, welcher der Kirchengemeinde die nötigen finanziellen Mittel zur Vollendung ihres im Rohbau steckengebliebenen Gotteshauses bescherte.[640]
Die Aufgaben des Pfarrers beim Kirchenbau waren vielfältig. Im Prinzip oblag ihm die gesamte Organisation der Bauarbeiten vor Ort. Er mußte im Namen der Gemeinde bei der Landesherrschaft, d. h. zuerst beim Konsistorium, versuchen, die Genehmigung zum Kirchenbau zu erlangen. Dann hatte er die nötigen finanziellen Mittel und das Baumaterial zu beschaffen, hierzu auch hochgestellte Persönlichkeiten um Spenden zu bitten. Mitunter mußte er sogar selbst auf Kollektenreise gehen.[641] Für die Organisation der Baumaterialfuhren war allerdings meist der Schultheiß zuständig. Zusammen mit den Kirchenältesten, oft auch mit Schultheiß und/oder Gerichtsleuten schloß der Pfarrer die Verträge mit den Handwerkern ab. Er verwaltete, allerdings unter ständiger Kontrolle seiner vorgesetzten Behörde, die Baugelder, bezahlte Handwerkslöhne und Material, zum Teil unterstützt durch die Kirchenbaumeister. Dazu kam die Führung der gesamten Korrespondenz. Von ihm forderte das Konsistorium Rechenschaft über den Stand des Bauwesens und die finanzielle Situation. Besondere Feiern wie Grundsteinlegung und Einweihung hatte er zu organisieren und dabei auch für die Bewirtung der auswärtigen Gäste zu sorgen. Wenn herrschaftliche Beamte in Sachen Kirchenbau vor Ort waren, wurden sie oft im Pfarrhaus verköstigt und bisweilen auch dort einquartiert.
Der Ortsgeistliche besaß innerhalb seiner Dorf- oder Stadtgemeinde eine nicht zu unterschätzende soziale Position.[642] Pfarrer und weltliche Beamte arbeiteten Hand in Hand, wenn es um die Durchführung und Überwachung landesherrlicher Verordnungen ging: „Der markgräfliche Pfarrer wurde zum Beamten, weil die Staatsidee des Absolutismus die Kirche zu einer Einrichtung des Staates hatte werden lassen."[643] Raschzoks auf das Markgraftum Brandenburg-Ansbach bezogene Feststellung ist ohne weiteres übertragbar, wie die beschriebenen Verhältnisse in den hanauischen Dörfern Ober-Eschbach und Rodheim zeigen.
Der Pfarrer einer Gemeinde stand gewissermaßen an der Nahtstelle zwischen Obrigkeit und Untertanen. Er war landesherrlicher Beamter auf der untersten Ebene des Kirchenregiments. Als solcher hatte er landesherrliche Verordnungen von der Kanzel abzulesen. In Disziplinarsachen arbeitete er nicht nur mit den Kirchenältesten, sondern auch mit den weltlichen Amtsträgern wie Schultheiß und Gerichtsleuten zusammen. Zugleich war er Seelsorger seiner Gemeinde, die er der Landesherrschaft gegenüber vertrat. Folglich stand er oft genug zwischen den Parteien, weil beide Seiten ihn für Fehlentscheidungen der jeweils anderen Seite verantwortlich machten.
Die umfangreich erhaltenen Korrespondenzen in Ober-Eschbach wie auch in Rodheim legen davon ein beredtes Zeugnis ab. Pfarrer Wittich in Ober-Eschbach hatte mit Widrigkeiten zu kämpfen, die er wahrlich nicht verschuldet hatte. Dennoch wurde er für alle Verzögerungen und Versäumnisse zur Rechenschaft gezogen. Am 2. Juni 1729 besuchte Graf Johann Reinhard auf der Durchreise die Baustelle. Er kam zu einem ungünstigen Zeitpunkt, denn aufgrund von Materialmangel waren dort die Arbeiten zum wiederholten Male ins Stocken geraten – deswegen, weil der Schultheiß die Organisation der Fuhrdienste äußerst nachlässig

handhabte und weil die meisten reformierten Einwohner des Dorfes sich weigerten, ihren lutherischen „Mitnachbarn“ bei deren Kirchenbau zu helfen. Der Graf reagierte dem Pfarrer gegenüber äußerst ungehalten. Wittich rechtfertigte sich daraufhin gegenüber dem Konsistorium:

> „Ich soll denenselb[en] aber nicht bergen daß ... so sehr seye betrübet word[en], wan[n] Hochgedachter unser gnädigste Herrschafft so wohl üb[er] Eines und d[as] andere an dem Bau selbst, als auch, daß derselbe noch nicht zu seiner perfection gekom[men] und gar keine steine vorräthig wären ihr hohes mißfall[en] bezeuget, auch mir benebenst dem hiesigen Schultheiß die Schuld beygemessen daß wir in der bestellung säumig gewesen. Nun hätte zwar meine Unschuld gnügsam darzu thu[n] können, allein ich wolte lieber den verdruß erleit[en] u[nd] nur mit etl[ichen] wort[en] gedenck[en] daß ich mit meiner ganzen gemeind zu bezeug[en] gedächte, d[as] meine gethan zu hab[en]; Als den bereits geschöpfften verdruß meines gn[ä]d[i]gst[en] Herrn mit langwierigem erzählen noch größer machen u[nd] dad[urc]h dero hohen u[nd] gnädigste gegen wart zu mißbrauch[en]. In der Hoffnung lebende Gott und Ein Hochlöbl[iches] Consistorium würden zu seiner zeit meine Unschuld retten.“[644]

Sein Amtsbruder Schwalbe in Rodheim wurde ein Jahr nach Baubeginn der Kirche mehr oder weniger strafversetzt. Die Kirchenältesten der lutherischen Gemeinde reichten beim Konsistorium eine Liste von insgesamt 76 „Gravamina“ ein, worin dem Pfarrer vor allem unkorrekter Umgang mit dem Geld vorgeworfen wurde. Der Rodheimer Oberschultheiß, den das Konsistorium daraufhin befragte, äußerte die Meinung, die Kirchenvorsteher fühlten sich übergangen, weil Pfarrer Schwalbe alles allein entschieden hätte.[645] Dessen Nachfolger Ganz sah sich vor ähnliche Konflikte gestellt. Nicht nur mit dem Maurer hatte er Schwierigkeiten, sondern es wurde durch die Gemeinde nicht ausreichend Baumaterial herangeschafft, und mit den Kirchenältesten gab es anscheinend auch weiterhin Auseinandersetzungen:

> „So überlaße es einem hochlöbl[ichen] Consistorio zu selbst kluger Überlegung, wie schwer es seyn, 9 dergleichen Leuthe, unter einen hut zu bringen, zumalen sie nicht um den Kirchbau zu befördern, sondern um die Narrenkappen zanken. Ein ieder weiß zu rühmen was er an der Kirche gethan, und noch thue, und in re sind es lauter Luft und Windstreiche.“[646]

Pfarrer Ganz kämpfte zwei Jahre lang um die offizielle Einweihung seiner längst fertiggestellten und in Gebrauch befindlichen Kirche. Bedingt durch den Erbfall der Grafschaft Hanau-Münzenberg an das reformierte Hessen-Kassel und eine längere Erkrankung des Superintendenten, aber vor allem weil das Konsistorium nicht bereit war, die Kosten für die Einweihungsfeier zu tragen, hatte sich die Zeremonie so lange hinausgezögert. Nachdem Ganz den Kirchenbau endlich zum Abschluß bringen konnte, hatte er noch einigen Verdruß, bis das Konsistorium seine Abschlußrechnung akzeptierte. Immer wieder kamen aus Hanau Einwände wegen fehlender Quittungen oder einzelner zu hoch erscheinender Ausgabeposten, größtenteils Bagatellen.[647] Dadurch kam der Pfarrer auch in seiner Gemeinde ins Gerede. Dem Konsistorium gegenüber machte er keinen Hehl aus seiner Empörung:

> „Ich kan nicht bergen, da ich nun in die 5 Jahr mit bauen, Collectiren, Rechnung zuführen, und sonst[en] ab und zu zu reisen belegt gewesen, es mir nicht soviel Unruhe und graue Haare verursacht, als izo, da ich soll aufgehalten werd[en] meine Rechnung ablegen zu können zu mal[en] von bößen Mäulern ich mich noch muß laßen herumtrag[en], ich hätte falsche Rechnung[en] gemacht, welches wie leicht zu erachten, einem ehrl[ichen] Man[n], der seine gesundheit, zeit und vermögen bey einer gemeinde, Sie in guten Stand zu sezen, sacrificiret, sehr wehe thun muß.“[648]

Die Pfarrer bemühten sich gegenüber dem Konsistorium in der Regel um einen höchst ehrerbietigen Tonfall ihrer „unterthänig-gehorsambsten“ Berichte und Anfragen. Wenn ein Pfarrer es wagte, sich dermaßen zu beklagen, so müssen die Schwierigkeiten, die ihm bereitet worden sind, ausgesprochen gravierend gewesen sein.

Der Pfarrer hatte nach Abschluß des Baues eine Rechnung über Einnahmen und Ausgaben vorzulegen, die von einem landesherrlichen Beamten, in Hanau durch den „Rechnungs-Justificator“ Theobald, überprüft wurde.[649] Für Fehlbeträge wurde der Pfarrer unter Umständen persönlich haftbar gemacht. So erging es beispielsweise Pfarrer Ganz, der noch 1744, als er längst in einer anderen Gemeinde tätig war, seine Restschuld bezahlte.[650]

Pfarrer Theobald von der reformierten Gemeinde in Nauheim beschrieb ebenfalls ausführlich seine zahlreichen Aufgaben beim Neubau der Wilhelmskirche, die seine Zeit und Arbeitskraft enorm belastet hätten, „in Summa, es ist in der Bauzeit fast kein tag vergangen, wo ich nicht meine Last und dabey offt eigene Kosten gehabt habe.“ Der Geistliche wünschte sich deshalb eine finanzielle Entschädigung für seine Mühen, so wie sie auch beim Kirchenbau in Marköbel dem Leutnant Siegmund als Bauleiter gewährt worden wäre.[651] Das Konsistorium verweigerte ihm eine solche jedoch mit der Begründung, „daß ... keinem Prediger an anderen Orten für dergleichen Bemühung jemahl etwas vergütet worden und dannenhero Ihm für solche einem

Pfarrer ohnehin obliegende Mühewaltung (nicht) zu willfahren seye". Während der pensionierte, nicht mehr im Sold stehende Leutnant in Marköbel als Bauleiter quasi angestellt worden wäre und daher ein Recht auf Bezahlung hätte, könnte ein Pfarrer darauf keinen Anspruch erheben, denn die Betreuung von Baumaßnahmen gehörte zu seinen normalen beruflichen Pflichten.[652]

Aus alledem folgt, daß Pfarrer und Gemeinde kaum Möglichkeiten hatten, Einfluß auf die architektonische Gestalt ihres Kirchengebäudes zu nehmen. Der Pfarrer konnte seine Vorstellungen oder die der Gemeindevertreter, der Kirchenältesten bzw. Presbyter, dem Konsistorium mitteilen und hoffen, dort auf Verständnis zu stoßen. Da Sonderwünsche aber im Regelfall zusätzliche Kosten verursachten, wurden sie selten genehmigt. Ohnehin wurden baukünstlerische Ambitionen der Pfarrer nicht gerade gern gesehen.[653] So konnte sich Pfarrer Wittich in Ober-Eschbach mit seinem Wunsch, zur besseren Belichtung neben der Kanzel ein zusätzliches Fenster einzubrechen, nicht durchsetzen.[654] Den Wölfersheimer Pfarrer Schmitthenner hätte seine eigenmächtige Entscheidung über die Form des Turmhelmes sogar beinahe seine Stellung gekostet, wie Baudirektor Knoch notierte:

> „Der damalige Pastor ware so übereilend, daß er nach dem Gusto eines einfältigen Zimmermanns den Thurn ohne meine Einwilligung aufschlagen und verfertigen ließe, welcher doch nach der übrigen schönen Faciata ein schlechtes Ansehen macht. – Wan den ehrlichen Mann damahlen nicht gerettet hätte, würde er deswegen gantz ausser allem Zweiffel die Dimission erhalten haben; allein er durfte sich deswegen hernachmahlen nicht mehr in etwas meliren, weilen er ein ausnehmender, fürwitziger und übereilender Mann ware."[655]

Andererseits avancierte der hessen-darmstädtische Superintendent Johann Konrad Lichtenberg selbst zum gesuchten Architekten, der eine ganze Reihe von Landkirchen entwarf.[656]

Gemeinde

Repräsentanten der Gemeinde in Sachen Kirchenbau waren neben Pfarrer und Schultheiß die Kirchenältesten, Kirchenbaumeister, Schöffen und Gerichtsleute – also die geistlichen und weltlichen Amtsträger gemeinsam. Erst die Ernennung zu einem solchen Amt gab einem Gemeindeglied überhaupt die rechtliche Möglichkeit, für die Belange der Gemeinde aktiv zu werden.[657]

In Brandenburg-Ansbach wurden im 16.–18. Jahrhundert nur äußerst wenige landesherrliche Verordnungen erlassen, welche die Stellung der Gemeinde überhaupt betrafen, und diese beschränkten sich auf die Verwaltung des Kirchenvermögens. Mangels landesgeschichtlicher Forschungen zu dieser Thematik läßt sich für die Territorien im hessischen Raum Vergleichbares nur vermuten, aber es darf wohl davon ausgegangen werden, daß die Verhältnisse in den meisten Ländern des Reiches ähnlich lagen. Demzufolge hatte die Gemeinde[658] auch beim Kirchenbau nur geringen Einfluß. Zu beobachten ist hin und wieder, daß die Gerichtsleute oder Kirchenältesten sich in strittigen Fragen durch eine Versammlung und Befragung aller Männer aus der Gemeinde rückversicherten.

Politische und kirchliche Gemeinde waren im allgemeinen nicht streng voneinander zu unterscheiden. Wenn so gut wie alle Einwohner des Ortes derselben Konfession angehörten und in dieselbe Kirche gingen, war beides ohnehin gleichzusetzen. Von Bedeutung war der Unterschied insbesondere dann, wenn zwei verschiedene Konfessionen vertreten waren, wie in zahlreichen hanauischen Dörfern (Rodheim, Ober-Eschbach, Nauheim, Steinau). Das Amt des Schultheißen wurde hier alternierend mit einem Angehörigen erst der einen, dann der anderen Konfession besetzt. Unter den Gerichtsleuten waren in Rodheim vier Reformierte und zwei Lutheraner. Im reformierten Marköbel arbeiteten Presbyterium und Gericht anscheinend recht eng zusammen.[659]

Die Gemeindeglieder waren verpflichtet, beim Kirchenbau mitzuhelfen. Am wichtigsten waren die Fuhrdienste zur Beschaffung von Baumaterial. Ein Kirchenneubau in ihrem Dorf bedeutete für die Untertanen, gerade für die kleinen lutherischen Gemeinden in der Grafschaft Hanau-Münzenberg, eine enorme Belastung. Folglich ließ deren Arbeitseifer mit zunehmender Bauzeit merklich nach. Daß Bauarbeiten aufgrund von mangelndem Materialnachschub ins Stocken gerieten, kam nicht selten vor. Pfarrer Ganz in Rodheim berichtet an das Konsistorium:

> „... daß als d[en] 26 [septem]br[is] vormittags keine Steine mehr auf den Platz, und der Maurer mir von der Arbeit gehen wollte, ich mich genöthiget sahe, bey H[errn] Oberschultheißen mich des halben zu beklagen, welcher sogleich dem Amtsdiener anbefohl[en] unsere Leuthe zu bestellen, bey Strafe des Thurms, Stein herbey zu schaffen, welches dann auch geschehen, iedoch nicht ohne großen Wiederwillen. Sonntags darauf nach völlig verrichtetem gottes dienst, gienge ich nebst 5 Kirchen ältesten, Lorenz Justheimer, und 2 Kirchenbaumeistern zu H[errn] Oberschultheißen, um solche anstalten zu verfaßen, daß hinführo kein Mangel an bau materialien sich ereignen mögte, die Würckung davon zeigte sich auch sogleich Mittwochs darauf, daß kein Sand vorhanden, folglich der Maurer mit der arbeit nicht fortfahren können, und H[err] Oberschultheiß sich gezwungen sahe, 4. der Saumseligen in den Thurm werfen zu laßen."[660]

Nicht besser sah es beim Bau der Steinauer Reinhardskirche aus, wo sich der Maurermeister vorsichtshalber selbst an das Konsistorium wandte, um zu verhindern, daß ihm die Verzögerungen beim Kirchenbau angelastet würden.[661]

Nachbargemeinden und in gemischtkonfessionellen Dörfern die Angehörigen der jeweils anderen Konfession wurden um Hilfe ersucht, meist um Fuhrdienste, die gegen Verköstigung (Brot, Bier und Branntwein) und das Versprechen, im umgekehrten Fall ebenfalls Beistand zu leisten, gewährt wurde. Das Prinzip der gegenseitigen Hilfeleistung, auf dem das ganze Kollektenwesen beruht, wird auch hier deutlich – ein Prinzip, das von den Regierungen ganz bewußt nicht zuletzt deswegen gefördert wurde, weil es die herrschaftlichen Kassen kräftig entlastete.

Die Gemeinde konnte die Befreiung von Frondiensten beantragen und erhalten, so daß anstelle der normalen Fronden Fuhr- und Handlangerdienste zum Kirchenbau geleistet werden konnten. Dabei achteten die Gemeindeglieder sehr darauf, daß die Belastungen nicht ungleichmäßig verteilt wurden. Höhergestellte Persönlichkeiten waren nicht immer so diensteifrig, wie der Rest des Dorfes es gern gesehen hätte. So kam es 1738 in Wölfersheim zu Streitigkeiten, weil die im Ort wohnhaften Herren von Pappenheim sich nicht an den Fuhrdiensten beteiligten.[662]

Die Gemeinde Marköbel mußte sich 1739 sogar schriftlich verpflichten, bestimmte Leistungen zum Kirchenbau zu erbringen[663]. Anscheinend wollte das Hanauer Konsistorium die von anderen Kirchbauprojekten wie Rodheim und Ober-Eschbach hinlänglich bekannten Schwierigkeiten vermeiden. Außerdem war zu jenem Zeitpunkt die Finanzierung des Projekts noch keineswegs gesichert, folglich war das Konsistorium bestrebt, so viele Lasten wie möglich auf die Untertanen abzuwälzen.

Die Kirchenältesten bzw. das Presbyterium standen dem Pfarrer als beratendes Gremium zur Seite und beschlossen gemeinsam mit diesem verschiedene organisatorische Dinge bezüglich des Baues. In Presbyterialprotokollen finden sich immer wieder Einträge, die beispielsweise die konkrete Abwicklung der Fuhrdienste oder die namens der Gemeinde an das Konsistorium oder die Landesherrschaft zu richtenden Schreiben betreffen. Das Einsammeln von Kollekten besorgten, wenn es der Pfarrer dies nicht selbst übernahm, oft einzelne Kirchenälteste oder auch der Schulmeister der Gemeinde. Die Aufgabe der „Kirchenbaumeister“, in Hessen-Kassel hießen sie „Kirchenkastenmeister“, war die Verwaltung des „Kirchenbaus“ respektive des „Kirchenkastens“, also des Kirchenvermögens. Sie hatten darüber jährlich eine Rechnung über Einnahmen und Ausgaben vorzulegen.

Der Ablauf von Entscheidungsprozessen

Verallgemeinerungen sind schwierig, was den Ablauf von Entscheidungsprozessen bezüglich der Gestalt von Kirchengebäuden anbelangt, da jedes Territorium seine eigene Kirchenverfassung hatte. Dennoch zeichnen sich einige grundsätzliche Tendenzen ab. Ein durchschnittliches Planungsverfahren für ein Kirchenbauprojekt nahm etwa den folgenden, summarisch geschilderten Verlauf.

Pfarrer und Kirchenälteste, eventuell gemeinsam mit dem Ortsschultheißen und den Gerichtsmännern, erwirkten namens der Gemeinde beim Konsistorium bzw. durch dieses beim Landesherrn die Genehmigung zum Neubau einer Kirche. Ein solches Bittschreiben wurde in der Regel auch dann der Form halber aufgesetzt, wenn offenkundig die Landesherrschaft die treibende Kraft bei der Planung darstellte. Ein Bauplatz war von der Gemeinde mit Genehmigung der Herrschaft gewöhnlich schon vorher angekauft worden, wenn er nicht von einer Privatperson (Rodheim, erste lutherische Kirche) oder vom Landesherrn selbst (Wölfersheim) gestiftet worden war. Wenn die Kirche auf dem Standort des Vorgängerbaus errichtet werden sollte, stellte sich naturgemäß das Problem des Bauplatzes nicht. Die Finanzierung des Neubaus mußte zu diesem Zeitpunkt zumindest teilweise gesichert sein; die Beschaffung der nötigen Mittel war im wesentlichen Sache der Gemeinde, also in erster Linie des Pfarrers. Dann wurde der Riß erstellt. Der entwerfende Architekt war entweder ein in landesherrlichen Diensten stehender Beamter (Baudirektor bzw. Landbaumeister oder einer seiner Mitarbeiter) oder ein Architekt aus dem Ausland, der speziell für dieses Projekt herangezogen wurde. In beiden Fällen erteilte ihm das Konsistorium im Namen des Landesherrn den Auftrag. Für kleinere Bauten konnte aber auch ein Maurer oder Zimmermann auf Veranlassung der Gemeinde einen Plan anfertigen. Der Entwurf mußte zusammen mit einem Kostenvoranschlag eingereicht und genehmigt werden. Die endgültige Approbation erfolgte durch den Landesherrn selbst oder zumindest in dessen Namen. Jede Planänderung bedurfte wiederum der Zustimmung der Landesherrschaft. Pfarrer und Gemeinde hatten folglich nur sehr geringe Aussicht, ihre eigenen Vorstellungen einzubringen.[664]

So erhielt im solms-braunfelsischen Wölfersheim nach Wiederaufnahme der Bauarbeiten 1737 der Laubacher Bauschreiber Johann Wüstenfeld den Auftrag, die Innenausstattung der Kirche zu planen. Seine Entwürfe stießen aber allseits auf Mißfallen. Anfang 1739 forderte Graf Friedrich Wilhelm die Vorlage aller Risse zur Wölfersheimer Kirche. Der Regent behielt sich die Kontrolle über den Bauverlauf vor. Offenbar konnte Wüstenfelds Innenraumentwurf nicht zufriedenstellen, weder die Repräsentanten der Gemeinde noch die Landesherrschaft. Daraufhin wurde ihm das Projekt entzogen. Der braunfelsische Baudirektor Johann Ludwig Knoch erhielt nun die Anweisung, die Fertigstellung der Kirche zu leiten. Seine Arbeit wurde von Friedrich Wilhelm genauestens überwacht, wie Knoch selbst notierte: „Nicht ein einziges Stück hieran hat ohne approbation des Fürsten gemacht werden dörffen, sogar daß über die einrichtung der Cantzel und Orgel wohl mehr 6 entwürfe vorlegen müssen."[665] Ein weiteres Vorkommnis aus Wölfersheim aus dem Jahre 1740 zeigt, wie streng die Landesherrschaft in die Gestaltung dieses reformierten Kirchenraumes eingriff. An das Deckengewölbe waren, anscheinend ohne Genehmigung aus Braunfels, eine Sonne und eine Wolke gemalt worden. Auf „g[nä]d[i]gsten Herrschaftl[ichen] befehl" mußte der Weißbinder noch einmal ein Gerüst aufbauen und die Malerei wieder übertünchen.[666]

Über das Genehmigungsverfahren bei der Planung der Heftricher Kirche gibt ein Schreiben der Kanzlei in Usingen an den Idsteiner Convent Auskunft. Die Risse und der Kostenüberschlag, die der Baumeister Stengel erstellt hatte, wurden nach Idstein geschickt und sollten dort einigen Vertretern der Heftricher Gemeinde vogelegt werden. Die Gemeinde, die sich während der zehn Jahre dauernden Planungsphase als zähe Verhandlungspartnerin erwiesen hatte, wurde um ihre Meinung gefragt, noch ehe die Pläne dem Landesherrn vorgelegt wurden – ein bemerkenswertes Mitspracherecht, das andernorts keineswegs selbstverständlich war.[667]

Burgbracht verdankte seinen Kirchenneubau dem Fürsten Wolfgang Ernst von Isenburg-Birstein, der sich über das übliche Maß hinaus für die Finanzierung des Projektes einsetzte und persönlich Anteil am Voranschreiten des Baues nahm.[668] Über den Verlauf des Planungsprozesses selbst ist dort allerdings wenig bekannt.

Der prägnanteste, weil im einzelnen archivalisch nachweisbare Fall landesherrlichen Eingreifens in einen Planungsprozeß ist die lutherische Kirche im hanauischen Ober-Eschbach. Dort wurde mit den Fundamentarbeiten nach einem Riß des Hanauer Werkmeisters Johann Heinrich Petter begonnen, doch unmittelbar nach der Grundsteinlegung wurde die Bautätigkeit abrupt gestoppt. Pfarrer Wittich wurde mit dem Maurermeister zusammen überraschend nach Hanau bestellt. Kirchenverwalter Pfaff teilte ihm vertraulich mit:

> „Auf eines Hochlöbl[ichen] Consistory Befehl soll denenselben ich durch diesen Expressen bekantmachen, daß mit Fort Führung des angefangenen Kirch Baues ein gehalten und der maurer auf künfftigen Mittwochen anhero beschieden werden soll; Es wollen Dieselbe keine Ombrage deswegen schöpffen, als ob etwa das zur Ehre Gottes angefangene werck gar distiret und auffgehoben seye ... Im vertrauen melde schließl[ich] daß Ill[ustrissi]mi Nostri Gr[äfliche] H[oheit] mit gestriger Post eine[n] andere[n] Riß anhero gesendet, nach welchem die Kirche gebauet werden soll (: Sed hec tibi solum:)."[669]

Graf Johann Reinhard hatte inzwischen den Baudirektor Christian Ludwig Hermann beauftragt, Petters Risse zu begutachten und zu überarbeiten. Dieses Gutachten belegt, daß der Zimmermeister Petter nicht als alleiniger Urheber des realisierten Entwurfs betrachtet werden kann,[670] sondern daß Hermanns Änderungsvorschläge in die Tat umgesetzt worden sind. Hermann schreibt, er habe

> „... eine andere Eintheilung des Grundrisses gemacht, dabey aber die vorgeschriebene Länge und Breite behalten, so auch keine 20 fl. mehr als der anhero gesante Riß kommen muß, die Kirche über dehme auch mehreres Licht durch der nehmlichen Anzahl Fenster bekomt, und 74 Personen, mit unten und oben gerechnet, mehr darin sitzen können, auch wenig in dieser Kirche sich befinden werden, welche nicht alle den Geistlichen ins Gesicht haben, außer waß die darin stehende Pfeiler, so aber nicht viel ausmacht, verhindern mögten. Die zwey Emporbühnen ... komen viel zu nahe gegen einander zu stehen, worauff die vorne stehende Leuth den Geistlichen, doch aber zimlich von der Seit, wohl sehen können, aber die andern darhinter stehende, durch die vorderen, weiln alles seitwertz gehet, oder geschehen muß, völlig verhindert werden, den Geistlichen gar wenig ins Gesicht zu haben, so doch, wan es anderst möglich zu machen ist, eins der besten und bequemesten Sachen in einer Kirche mit ist."[671]

Offensichtlich hatte Petter einen längsgerichteten Saalraum geplant, mit Emporen an beiden Längsseiten und an der dem Altar gegenüberliegenden Schmalseite. Hermann kritisierte die schlechten Sichtverhältnisse von den Emporen und den zu schmalen Freiraum in der Mitte zwischen denselben, außerdem die unzureichende Belichtung, da die Emporenanlage die Fenster beider Längsseiten verstellt hätte. Ferner rechnete er vor, daß er bei seiner Einrichtungsvariante etliche Sitzplätze gewänne. Das sind weitgehend dieselben Argumente, die Leonhard Christoph Sturm zum Lob der Quersaalkirche vorzubringen wußte (vgl. S. 122 ff.).

Dafür, daß Petter in der Tat einen Längsbau entworfen hat, spricht außerdem ein Bericht des Pfarrers über den Stand der Vorbereitungen vom 27. April 1728, worin es heißt: „Weswegen morg[en] ... der Maurer M[ei]st[e]r Dettler mit Heraußgrabung des fundaments einen anfang mach[en] will, Und zwar wie dieselb[en] mit Ihm die Sache verabredet, neml[ich] in die breite 40 Schu u[nd] d[en] giebel gleich an die gaß."[672] Unmittelbar nach dem Eingang von Hermanns Bauplan wurde jedoch das Fundament geändert. Maurermeister Johann Conrad Dettler wurde unter anderem dafür entlohnt, „das Fundament zum zweyten mahl zu änder[n] und anders zu graben, dieweilen ein anderer Riß von gnädigster Herrschafft geschickt worden, nach welchem der bau ganz anderst als der erste riß war hat müse[n] gemacht werd[en] ..."[673] Nach dem neuen Entwurf sollte die Kirche (Abb. 163) nun mit der Längsseite an der Straße stehen:

> „Wann nun von einem Hochlöbl[ichen] Consistorio uns ein anderer erst d[en] 8t[en] May von Buchsweiler, von unsers Hochgebohrenen Grafen Hochgräfl[icher] gnad[en] überschickter Riß vorgelegt, nach welchem die Kirch solte gemacht und der lang[e] weg an die Strase gesetzet werd[en], jedoch so daß Sie auf beyden seit[en] tag und hellung behalte. So war nöthig daß d[as] fundament anders gegraben und mit dem Jost Berger Einem nachbahr allhier der Accord gemacht würde, daß Er sein hauß auf der Kirchen ihre[n] Kost[en] rück[en] lasse..."[674]

Die Ober-Eschbacher Kirche ist demnach nicht von Petter, sondern von Hermann entworfen worden. Den endgültigen Plan hat der oberste Baubeamte der Grafschaft Hanau in Rücksprache mit „Illustrissimi Hochgräffliche Gnaden, denen ich beyde Riß gezeigt"[675], erstellt. Obwohl das Konsistorium die Pläne bereits genehmigt hatte, die Fundamente gegraben waren und die Grundsteinlegung schon vollzogen war, mußte auf Befehl des Grafen der gesamte Plan geändert werden. Johann Reinhard war mit dem vom Konsistorium eingereichten Riß des Werkmeisters Petter, der einen längsgerichteten Saal zeigte, nicht einverstanden und hatte Baudirektor Hermann angewiesen, einen neuen Entwurf anzufertigen, der daraufhin von Buchsweiler nach Hanau übersandt wurde mit der Anordnung, in Ober-Eschbach wäre nach diesem neuen Plan eine Querkirche zu bauen.

Beim 1756 begonnenen Umbau der lutherischen Kirche in Bieber sah der Entwurf des Architekten Jakob Sigismund Waitz vor, daß ein seitlicher Flügel nach Süden an den bestehenden Bau angefügt werden sollte (Abb. 195 u 196). Das Konsistorium bevorzugte hingegen einen Alternativentwurf, welcher den Anbau von zwei Flügeln nach beiden Seiten zu einer symmetrischen, kreuzförmigen Anlage vorsah (Abb. 197). Landgraf Wilhelm VIII. ordnete schließlich an, daß der Entwurf von Waitz auszuführen wäre.[676]

Für die Kirchenbauten in Ober-Eschbach und Bieber ist archivalisch explizit nachzuweisen, daß der Landesherr persönlich die endgültige Entscheidung über das Aussehen des Kirchenneubaus fällte. In Bieber gaben Kostengründe den Ausschlag. Der Fall Ober-Eschbach ist hier jedoch von besonderem Interesse, da die Anweisung, einen Quersaal anstelle des bisher geplanten und vom Konsistorium bereits genehmigten Längsbaus zu errichten, von allerhöchster Stelle kam.

163 Ober-Eschbach, ev. Pfarrkirche. Der nach dem Plan des Baudirektors Hermann ausgeführte Bau steht mit der Breitseite an der Straße.

Landesherrliche Kirchenbauprogramme

Landesherrliche Kirchenbauprogramme werden zwar in zeitgenössischen Quellen nirgendwo erwähnt, doch das ist kein Argument gegen ihre Existenz. Die Kirchenneubauten in manchen Ländern lassen sowohl von ihrer bloßen Quantität in bestimmten Epochen als auch von ihrer architektonischen Gestalt her den Schluß zu, daß dort der Kirchenbau mit gezielten Vorgaben gefördert worden ist.

Die Grafschaft Hanau: Buchsweiler und die Reinhardskirchen in Hanau-Münzenberg

Die lutherische Residenzkirche der Grafschaft Hanau-Lichtenberg im elsässischen Buchsweiler (Abb. 164, 93 u. 94), errichtet 1613–1614, muß als programmatischer Bau für die Konfessionspolitik der Hanauer Grafen verstanden werden, der nicht ohne Wirkung auf die spätere Bautätigkeit in anderen Teilen der Grafschaft geblieben ist. Am Außenbau und in der Raumschale des Inneren kamen traditionelle Formen der Spät- und Nachgotik zum Einsatz, ähnlich wie bei der kurz darauf begonnenen, allerdings wesentlich größeren und aufwendigeren Jesuitenkirche in Molsheim (1614–1618), einem baulichen Dokument der Gegenreformation.[677] Lutheraner wie Jesuiten verwendeten somit für einen richtungweisenden Bau eine ähnliche Architektursprache, mit der sie an die jahrhundertealte Tradition mittelalterlichen Kirchenbauens anknüpften. Neuzeitliche Bauformen sind in Buchsweiler lediglich in Gestalt der Rundfenster im Obergaden zu finden. Die Einrichtung des Innenraumes zeigt sich hingegen umso progressiver. In Buchsweiler entstand eine der ersten neu gebauten evangelischen Predigtkirchen im Elsaß – ein früher Versuch, einen dem evangelischen Gottesdienst angemessenen Kirchenraum zu schaffen. Auch wenn sich der Raum nicht eindeutig als quergerichtet klassifizieren läßt, wird er im Rahmen dieser Arbeit behandelt, weil in ihm ein wichtiger Schritt hin zur Loslösung von der althergebrachten Längsrichtung vollzogen wurde und weil er für den Kirchenbau des 18. Jahrhunderts in der Grafschaft Hanau-Münzenberg eine entscheidende Rolle spielt.

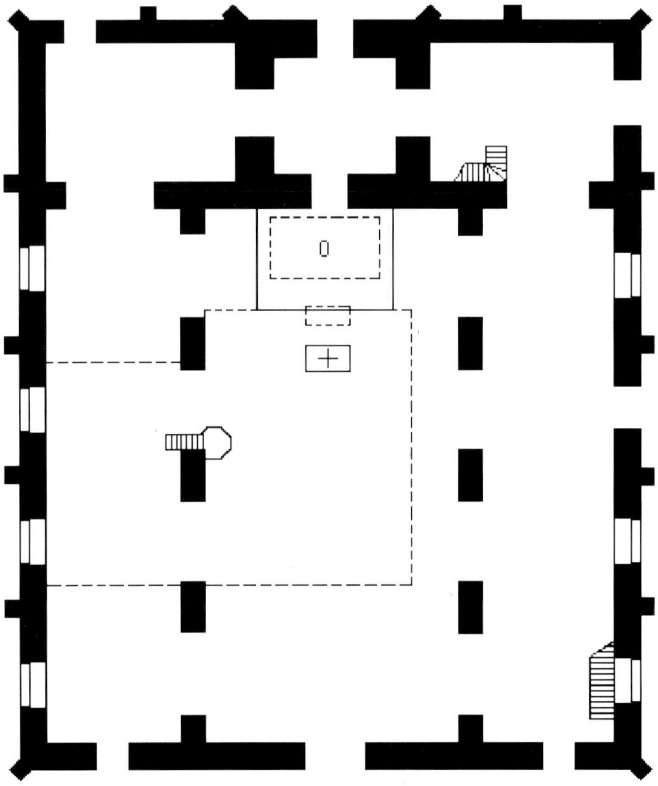

164 Buchsweiler, ev. Niederkirche, Grundriß

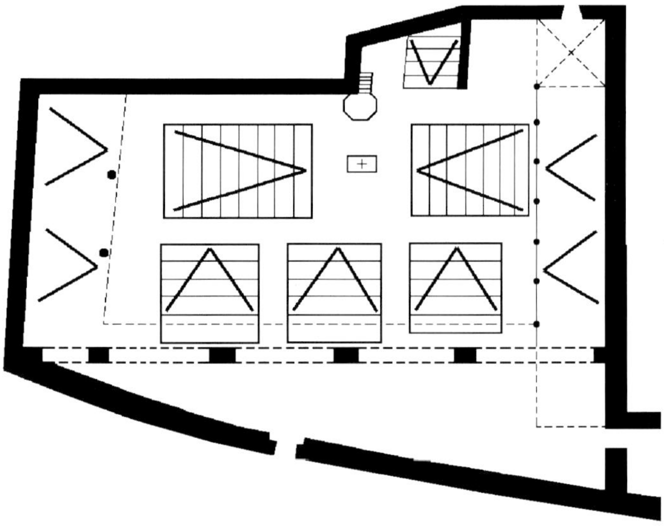

165 Straßburg, Alt-St. Peter (St. Pierre-le Vieux), Grundriß mit der Ausstattung nach der Reformation. Umzeichnung nach MORLOCK 1965, S. 811. Die Pfeile in den Bankblöcken geben die Blickrichtung an.

Nach näherer Betrachtung des zentralisierten Raumes in Buchsweiler zeichnet sich eine interessante Entwicklungslinie ab. Die Kirche von Buchsweiler stellt ein wichtiges Bindeglied dar zwischen den Raumexperimenten in den Straßburger Kirchen der Reformationszeit, die nachgewiesenermaßen bereits zu Zeiten Martin Bucers um 1525 als Querräume eingerichtet wurden, indem man Abendmahlstische vor die Kanzeln stellte und die alten Ostchöre aufgab (Alt St. Peter, Abb. 165)[678], und dem Kirchenbau in der Grafschaft Hanau-Münzenberg unter Johann Reinhard III. für die dortige lutherische Minderheit. Der Regent und sein Baumeister Christian Ludwig Hermann waren von Buchsweiler her bestens mit der Vorstellung vertraut, daß ein Kirchenbau, dessen architektonische Schale eigentlich eine Längsrichtung vorgab, im Inneren durchaus als Zentral- oder Querraum eingerichtet werden konnte. Genau unter dieser Prämisse ließ Johann Reinhard ab 1727 die lutherische Kirche in seiner anderen Residenzstadt Hanau erweitern und umgestalten. Zuvor hatte Hermann bereits diesen Gedanken in die Architektur eines Neubaus umgesetzt, nämlich für die Reinhardskirche in Steinau, Nebenresidenz und Witwensitz des Grafenhauses. Damit waren die drei wichtigsten, vom Hof genutzten Gotteshäuser in Johann Reinhards Territorien Querbauten. Die Querkirche kam demzufolge aus dem Elsaß über Buchsweiler nach Hanau-Münzenberg. Auch Johann Reinhards Enkel und Nachfolger in Hanau-Lichtenberg, Ludwig IX. von Hessen-Darmstadt, griff diese Tradition beim Neu-

bau der lutherischen Residenzkirche in Pirmasens wieder auf.
Die lutherischen Hanau-Lichtenberger Grafen förderten nach dem Erbanfall Hanau-Münzenbergs von 1642 dort überall die Gründung und Entwicklung lutherischer Gemeinden. Lutherische Beamte wurden bevorzugt, lutherische Bürger in verstärktem Maße aufgenommen. Der Erbvertrag verbot dem lutherischen Regenten, die Reformierten in Hanau-Münzenberg in ihren Rechten einzuschränken, doch das Ziel der Grafen Friedrich Kasimir, Philipp Reinhard II. und Johann Reinhard III. war die Gleichberechtigung beider Konfessionen. Der Hanauische Hauptreceß von 1670 regelte deren rechtliches Verhältnis. Johann Reinhard, der keine männlichen Erben hatte und absehen konnte, daß nach seinem Tode der münzenbergische Landesteil an den calvinistischen Landgrafen von Hessen-Kassel fallen würde, bemühte sich besonders, den Bestand der stetig anwachsenden lutherischen Gemeinden zu sichern. Ein umfangreiches Kirchenbauprogramm zugunsten der Lutheraner wurde durchgeführt. Insgesamt fünfzehn lutherische Kirchenneubauten sind zwischen 1712 und 1736 in Hanau-Münzenberg ausgeführt worden.[679] Hinzu kommt der Umbau der Residenzkirche in Hanau. Einige dieser Kirchen, nämlich Windecken, Altenhaßlau, Steinau, Kesselstadt und Bad Nauheim, tragen daher noch heute den Namen „Reinhardskirche“: In derselben Zeit ist jedoch kein einziger reformierter Neubau im Land zu verzeichnen. Zudem ließ der Graf die lutherischen Gotteshäuser erheblich größer bauen, als es von der Größe der Gemeinden her nötig gewesen wäre. Alle Lutheraner des oberen Kinzigtales mußten trotz der weiten Wege nach Steinau eingepfarrt werden, damit die große Reinhardskirche einigermaßen gefüllt wurde. Die Rodheimer Kirche sollte nach den Plänen des Baudirektors 900–1000 Personen Platz bieten, obwohl die Gemeinde nur etwa 300 Mitglieder hatte.[680] Johann Reinhard betrieb eine unübersehbare Religionspolitik zugunsten seiner eigenen Glaubensgenossen, die durch die große Zahl der Kirchenbauten im Land manifestiert wurde, denen die Handschrift seines Baudirektors Christian Ludwig Hermann noch dazu ein relativ einheitliches Erscheinungsbild verliehen hat.[681]
Nach 1736 kehrten sich die Verhältnisse jedoch wieder um. Wilhelm VIII. von Hessen-Kassel, der in der Grafschaft Hanau selbständig regierte, war persönlich ein überzeugter Calvinist. Nun wurden in Hanau-Münzenberg vornehmlich reformierte Kirchen gebaut, teilweise nach Entwürfen von Hermann und wieder unter Verwendung derselben Bauformen. Das beste Beispiel hierfür stellen die Reinhardskirche und die Wilhelmskirche in Bad Nauheim dar (Abb. 147 u. 148), die sich trotz unterschiedlicher Grundrisse aufgrund des verwendeten Bauschmuckes und der nahezu identischen Turmabschlüsse fast zum Verwechseln ähnlich sehen.

Die Kirchenbauten in Isenburg-Birstein unter Wolfgang Ernst III.

Auch in der Grafschaft Isenburg-Birstein sind unter der Regentschaft des Grafen und späteren Fürsten Wolfgang Ernst Ansätze zu einem Kirchenbauprogramm zu beobachten, dessen Höhepunkt die Kirche in Langenselbold darstellt.[682] In der ersten Jahrhunderthälfte entstanden in der Grafschaft insgesamt 14 Kirchenneu- und -umbauten. Einen Land- oder Hofbaumeister an der Spitze einer zentralen Baubehörde, wie sie in Hanau unter Leitung von Christian Ludwig Hermann existierte, hat es in Isenburg-Birstein in jener Zeit nicht gegeben. Erst in der zweiten Hälfte des 18. Jahrhunderts amtierte ein „Fürstliches Bau-Commissions-Direktorium“ in Offenbach. Davor wurden für alle größeren Bauvorhaben Architekten aus den benachbarten Ländern geholt. So wurde Christian Ludwig Hermann aus Hanau mit den Planungen zu dem Schloß und der Kirche in Langenselbold und Johann Wiesenfeld aus Laubach mit der Projektierung der Unterreichenbacher Kirche beauftragt.
Die vier Querkirchen in der Grafschaft Isenburg-Birstein sind von ihrem architektonischen Erscheinungsbild sehr unterschiedlich, denn sie repräsentieren drei unterschiedliche Bauaufgaben und damit unterschiedliche Anforderungen. Langenselbold war eine Nebenresidenzkirche, die gleichzeitig als Pfarrkirche eines aus mehreren Dörfern bestehenden Kirchspiels diente; angemessene Plätze für den Hof mußten eingeplant werden. Unterreichenbach als Pfarrkirche eines sehr großen Kirchspiels mußte ebenfalls eine ausreichende Zahl an Sitzplätzen bieten, doch höfische Repräsentation fand hier, es sei denn in Ausnahmefällen, nur durch die örtlichen Beamten statt, für die ein besonderer Stand vorgesehen war. Lichenroth und Burgbracht hingegen sind Filialkirchen in kleinen Dörfern. Ein Herrschaftsstand war jedoch auch hier vorhanden. In dreien von diesen vier Gotteshäusern erhielt der ranghöchste anwesende Repräsentant der Landesherrschaft seinen Platz in der Mittelachse gegenüber dem liturgischen Zentrum, und zwar im Erdgeschoß, nicht auf der Empore. Nur in Lichenroth steht der Herrschaftsstand seitlich, dafür aber in unmittelbarer Nähe zum Haupteingang.
Grundriß- und Raumtyp der drei in der näheren Umgebung der Residenz Birstein errichteten Querkirchen lassen eine Entwicklung von traditionellen Außenformen hin zum auch von außen klar erkennbaren Querraum erkennen. Die beiden Filialkirchen Lichenroth und Burgbracht sind im Außenbau den traditionellen Typen ländlicher Sakralarchitektur verhaftet. Lichenroth (1732–1733) bietet von außen dasselbe Erscheinungsbild wie jede längsgerichtete Saalkirche mit Polygonalschluß, Dachreiter über der Giebelfront und

asymmetrisch angeordneten Seitenportalen. In Burgbracht (1738–1741, Abb. 166) wurde bereits auf den dreiseitigen Schluß verzichtet, Portale gibt es nur in der Mitte der Schmalseiten. Einzig der seitliche Dachreiter verleiht dem ansonsten symmetrischen Baukörper von außen gesehen eine Betonung der Längsachse. Unterreichenbach (1748–1754) hingegen stellt eine nach außen klar erkennbare Querkirche dar mit symmetrischen Fassaden und einem Frontturm vor der Mitte der Längsseite; auch der Bauschmuck dieser Pfarrkirche eines großen Kirchspiels ist bei weitem aufwendiger.

Der Typus der Querkirche hat über Christian Ludwig Hermann und den Neubau in Langenselbold (1727–1735) seinen Einzug in die Grafschaft Isenburg-Birstein gehalten. Die zeitlich darauffolgenden beiden Kirchenneubauten des Landes, Lichenroth und Burgbracht, wurden ebenfalls quergerichtet, Lichenroth noch in einer recht improvisierten und geradezu experimentell anmutenden Weise, Burgbracht nach einem durchdachten Konzept. Als die Kirche in Lichenroth gebaut wurde, war Langenselbold noch längst nicht vollendet. In Ravolzhausen (fertiggestellt 1739) und Kefenrod (1740–1742) kehrte man zur Längsrichtung zurück. In Unterreichenbach hingegen, wofür wieder ein auswärtiger Baumeister, nämlich Johann Wiesenfeld, herangezogen wurde, entstand schließlich eine Quersaalkirche in konsequenter Durchbildung des Typus.

166 Burgbracht, ev. Kirche

Der Gebrauch der Querkirche als Herrschaftszeichen in den nassau-walramischen Grafschaften

Nassau-Weilburg: Ein neuer Hofkirchentyp und seine Wiederholung beim Umzug der Residenz

Im Unterschied zu den übrigen walramischen Linien war Nassau-Weilburg zwischen dem Dreißigjährigen Krieg und dem Wiener Kongreß nicht von Landesteilungen betroffen. Staatsbildung und Landesausbau konnnten stetig voranschreiten. Graf Johann Ernst ließ im Zuge des Ausbaus von Schloß und Residenzstadt in Weilburg in den Jahren 1707–1713 eine neue Hof- und Stadtkirche errichten (Abb. 42 u. 43), die von ihren Dimensionen und ihrem architektonischen Anspruch her die Erfordernisse des dortigen Hofes erheblich überstieg. Während für die Bürgerinnen und Bürger die Sitzplätze im Erdgeschoß von Anfang an nicht ausreichten, stand der größte Teil der Logen jahrelang leer, weil die wenigen Höflinge bei weitem nicht so viele Plätze benötigten. Erst mit dem Erlaß einer neuen Stuhlordnung im Jahr 1736 mußten die nichtadeligen Hofbedienten, die bis dahin unten zu sitzen hatten, gegen ihren Willen in die Logen umziehen.[683] Der Anspruch, der mit diesem großangelegten Bauprojekt formuliert wurde, ist nur vor dem Hintergrund der von Nassau-Weilburg angestrebten Reichsfürstenwürde zu verstehen. Johann Ernst hätte diese zwar schon 1688 gemeinsam mit Nassau-Usingen und Nassau-Idstein erlangen können, hatte jedoch abgelehnt, weil ihm Aufwand und Kosten zu hoch erschienen. Erst sein Sohn und Nachfolger Carl August führte ab 1737 den Fürstentitel.[684] Dennoch deutet alles darauf hin, daß auch Johann Ernst selbst das Ziel dieser Rangerhöhung zeitlebens nicht aus den Augen verloren hat.

Die Vorrede in der von Graf Carl August im Jahre 1735 erlassenen neuen Kirchenstuhlordnung nennt zwei Gründe, die dessen Vater und Vorgänger Johann Ernst veranlaßt haben, das neue Gotteshaus errichten zu lassen:

> „... was maßen Unßer in Gott ruhender Herr Vatter, Weyl[and] Herr Graf Johann Ernst zu Naßau Christmildesten Andenkens ... bewogen worden, in Anno 1706. die hiesige Alte Kirche, ein Theyls wegen ihres Alters und Baufälligkeit, anderen Theils wegen ihres allzu engen und unzulänglichen Raums, vor

> die damahlen schon sehr stark angewachsene Gemeinde, völlig niederreißen zu laßen, und dagegen diesen gegenwärtigen Tempel ... von Grund aus wieder neu aufzubauen ...“[685]

Den für den evangelischen Gottesdienst „unzulänglichen“ mittelalterlichen Kirchenraum durch einen angemessenen protestantischen Predigtraum zu ersetzen, war dem Grafen gewiß ein Anliegen. Was die Verordnung dagegen nicht erwähnt, ist der laufende Ausbau der Residenz Weilburg, zu der selbstverständlich auch eine zeitgemäße Hofkirche gehörte. In einem mittelalterlichen Raum wäre eine differenzierte Sitzordnung mit den verschiedenen Logen nicht so einfach realisierbar gewesen wie in einem kompletten Neubau. Inwieweit die alte Kirche für Stadt- und Hofgemeinde zusammen tatsächlich zu eng war, läßt sich rückblickend nicht mehr beurteilen. Superintendent Weinrich, der die alte Kirche vor ihrem Abbruch noch gekannt haben muß, warnte immerhin davor, das Argument der Baufälligkeit überzustrapazieren:

> „So wäre 1.) mein ohnmaßgebl[icher] rath, daß man ... von denen gleich anfangs gemeldeten 2. motiven und Veranlassunge[n] des neuen Kirchen=Baues welche sich auff die Baufälligkeit und engen raum der ehemaligen Kirche beziehen sollen lieber abstrahiren, als daß durch derselbigen anführung, denen welche jenen Bau wohl gekant haben, eine widrige impression von d[er] ganz[en] Verordnung ... gegeben werde, massen einem jeden der nur einige idé von solchem Kirchen=Bau noch hat, genugsam bekant ist, daß demselbigen weder an dauerhaftigkeit noch an erforderl[ichem] raum das mindeste abgegangen seye, daß vielmehr zu wünsche[n] wäre, unßer jetziges in einigen absichten sehr mißliches, und alleweil ratione des Orgel=Bogens zu stützendes gebäude möchte in beyde stükken und eigenschaften jene[m] gleich kom[m]en.“[686]

Nach Weinrichs Äußerung zu schließen, war der angeblich schlechte Bauzustand der alten Kirche nur ein Vorwand, um den aufwendigen Neubau zu rechtfertigen. Folglich war der Repräsentationsgedanke zusammen mit dem Wunsch, einen eindeutig evangelisch-lutherischen Predigtraum zu schaffen, der ausschlaggebende Grund für die Baumaßnahme.

Als Johann Ernsts Sohn Carl August sich eine neue Residenz im linksrheinischen Kirchheimbolanden aufbaute, gehörte dazu eine Hof- und Stadtkirche, welche das Weilburger Vorbild in leicht veränderter Fassung wiederholt (Abb. 48 u. 49). Die Kirche der alten Residenz, zugleich Grablege des Herrscherhauses, wurde quasi als Symbol für die Kontinuität der Herrschaft des Hauses Nassau-Weilburg in die neue Residenz versetzt. Carl August betonte damit sein Selbstverständnis als Nachfolger seines Vaters und die Tradition der Dynastie. Zwar wechselte der Hof seinen Hauptwohnsitz, aber die Hofgesellschaft bewegte sich nach wie vor in (fast) derselben Architektur, zumindest im kirchlichen Rahmen.

Nassau-Usingen und Nassau-Idstein: Die Suche nach dem idealen Kirchentyp

Saltenberger geht bei seiner Interpretation der Kirchenbauten von Grävenwiesbach und Heftrich (Abb. 56, 57, 119, 136–138) davon aus, daß der Fürst „im wesentlichen den Empfehlungen seiner Beamten“ gefolgt sei und auf die Gestaltung der Gotteshäuser in seinem Land keinen Einfluß genommen habe.[687] Landbaumeister Stengel konnte aber seine zweifellos vorhandenen künstlerischen Ansprüche nicht ohne weiteres verwirklichen, denn der Fürst und das Konsistorium mußten den Riß zunächst genehmigen, bevor an eine Realisierung zu denken war. Daß die Gemeinden selbst den Bau finanzierten, besagt in diesem Zusammenhang wenig. Die Mitglieder des Konsistoriums hatten gewiß klare Vorstellungen, wie das Kirchenwesen in ihrem Land auszusehen hatte, und diese Vorstellungen konnten von denen des Landesherrn nicht gar zu sehr abweichen, sonst wären sie nicht durchsetzbar gewesen.

Die Kirchenbautätigkeit in Nassau-Usingen und Nassau-Idstein schon seit der Zeit des Werkmeisters Johann Georg Bager läßt im Gegenteil eine ganz andere Tendenz erkennen: die Suche nach dem idealen protestantischen Kirchengebäude – eine Zielsetzung, die sicherlich von der Regierungsseite vorgegeben war. Eine nähere Untersuchung dieser These steht noch aus, kann aber an dieser Stelle nicht erschöpfend geleistet werden.

In den kleinen Grafschaften Nassau-Usingen und Nassau-Idstein sind in der ersten Hälfte des 18. Jahrhunderts nur wenige Kirchenbauten entstanden, was bei der geringen Größe des Territoriums verständlich ist, aber unter diesen wenigen finden sich bemerkenswerte Einzelbauten, welche grundverschiedene Bautypen verkörpern. Es sei an dieser Stelle auf die kreuzförmige Kirche in Westerfeld (1715) und den achteckigen Zentralbau in Naurod (1727–1730; Abb. 167) hingewiesen.[688] Der Umbau und die damit einhergehende Neuausstattung der seit 1817 „Unionskirche“ genannten Pfarrkirche in der Residenz Idstein in den Jahren 1665–1677 und 1724–1726 schufen einen betont lutherischen Kirchenraum mit einem umfangreichen Bildprogramm.[689] Zugleich diente das Gotteshaus den Idsteiner Grafen als Hofkirche und Grablege, bis Nassau-Idstein, zu dessen Gebiet auch Heftrich gehörte, 1728 an Nassau-Usingen fiel.

Insgesamt gesehen war auch die Heftricher Kirche mit ihren 400 Sitzplätzen für die rund 250 Gemeindeglie-

der deutlich überdimensioniert. Auch das spricht dafür, daß es bei diesem Projekt nicht nur darum ging, der absoluten Notwendigkeit gerecht zu werden, sondern daß es einen planerischen Anspruch zu realisieren galt.
Grävenwiesbach war also nicht der einzige Kirchenneubau, bei dem eine außergewöhnliche Grundrißform zur Anwendung kam. Mit verschiedenen Grundriß- und Raumformen wurde experimentiert. Eine von ihnen, nämlich die Querkirche des Grävenwiesbacher Typs, wurde schließlich für gut befunden und bei späteren Bauprojekten mehrfach wieder eingesetzt.

Nassau-Saarbrücken und -Saarwerden: Zeichen gegen die französische Vorherrschaft

Die bei seiner ersten Quersaalkirche Grävenwiesbach gefundene Lösung, die Weiterentwicklung des Sturm'schen Idealentwurfs, griffen Stengel und seine Auftraggeber wiederholt auf (Abb. 168).
Kurz nach seiner Übersiedlung plante Stengel ein Gotteshaus für die reformierte Gemeinde in Saarbrücken,

167 Naurod, ev. Pfarrkirche

mit dessen Bau 1743 begonnen wurde. In Neusaarwerden wurde 1750–1751 eine Querkirche errichtet, zwei weitere Bauten 1768–1775 im rheinhessischen Jugenheim und 1770–1773 im elsässischen Berg. Alle diese entsprechen in wesentlichen Zügen dem Grävenwiesbacher Typus. Als Höhepunkt in Stengels Werk auf dem Gebiet der evangelischen Sakralarchitektur entstand in den Jahren 1762–1775 die Ludwigskirche in Saarbrücken.[690] Auch die Ludwigskirche in ihrer reichen Ausgestaltung als Hof- und Residenzkirche steht von ihrem ganzen Grundriß- und Dispositionsprinzip her Grävenwiesbach immer noch sehr nahe:

> „Die Betrachtung der Ludwigskirche zeigt, daß die protestantischen Kirchen Stengels ... die Weiterführung eines Grundtypus darstellen, der in all seinen wesentlichen Bestimmungselementen in Grävenwiesbach gefunden wurde. Der Schritt von seinem ersten protestantischen Kirchenbau bis zum Höhepunkt seines sakralen Oeuvres ist bei allem Unterschied der Größenordnung im Prinzip ein kleiner Schritt!“[691]

Zwei weitere späte Querkirchen im Fürstentum Nassau-Saarbrücken entwarf Stengel nicht mehr selbst. Der Plan zu der Kirche in Niederlinxweiler, erbaut 1774–1775, wird seinem Sohn Wilhelm Balthasar zugeschrieben. 1784 wurde dann nahe bei Saarbrücken eine weitere Querkirche in Gersweiler nach einem Entwurf von Johann Jacob Lautemann ausgeführt.[692]
Alle diese Kirchen entstanden im Gebiet der Grafschaft Nassau-Usingen bzw. Nassau-Saarbrücken. Stengels Querkirchengruppe des „Grävenwiesbacher Typus“ [693] muß daher in engem Zusammenhang mit landesgeschichtlichen Ereignissen betrachtet werden.
Die Saarlande als unmittelbare Nachbarn zu Frankreich waren von der französischen Reunionspolitik schwer betroffen. Von 1679/1680 bis zum Frieden von Rijswijk 1697 standen Saarbrücken, Ottweiler, Saarwerden und andere unter französischer Herrschaft, die vielfach gewaltsame Rekatholisierungsmaßnahmen durchführte. Gemäß der ‚Rijswijker Klausel' hatte auf Verlangen des französischen Königs in den ehemaligen Reunionsgebieten die katholische Religion in den an ihre ursprünglichen Herren zurückgegebenen Orten in dem Stand von 1697 zu verbleiben. Frankreichs Anspruch auf eine Vorherrschaft blieb, auch nachdem Fürst Wilhelm Heinrich von Nassau-Saarbrücken 1766 die letzten strittigen Grenzfragen mit Frankreich durch einen Gebietstausch geregelt hatte, bis zum Ende des Jahrhunderts spürbar.[694] Zwar bemühte sich Wilhelm Heinrich ebenso wie sein Sohn und Nachfolger Ludwig stets um ein gutes Verhältnis zur französischen Krone, aber an ihrer evangelisch-lutherischen Konfession hielten beide fest, wenn auch gegenüber den Reformierten und den Katholiken eine tolerante Religionspolitik ausgeübt wurde. Beiden Minderheiten gestattete Wilhelm Heinrich die freie Religionsausübung und

den Bau eigener Kirchen. Trotz aller Toleranz galt ihm jedoch die lutherische Konfession als unabdingbarer Bestandteil seiner dynastischen Identität.[695]
Dies war genug der Veranlassung für den Saarbrücker Fürsten, in seinem Land so offenkundig evangelische Kirchengebäude errichten zu lassen, die von seinem Bekenntnisstand und von seiner Herrschaft Zeugnis ablegten. Hier wurde eine bestimmte Architektur zum Merkmal der Landesherrschaft und zugleich des religiösen Bekenntnisses, dessen Erhalt mit Mühe gegen einen übermächtigen Nachbarn durchgesetzt werden konnte. Der Bautypus, der in zwei Taunusdörfern ausprobiert und in der Residenzstadt zu höchster Vollendung gebracht worden war, wurde auf dem Land zeichenhaft wiederholt, um die Nassau-Saarbrücken'schen Kirchen von weitem erkennbar zu machen. Sobald es politisch möglich war, setzte die nassauische Herrschaft ihre Zeichen ins Land, gerade an Orten mit unklaren Machtverhältnissen oder in politischen wie konfessionellen Grenzgebieten. Die Wiederholung des Grävenwiesbacher Typus allein mit dem ‚persönlichen Stil' des Landbaumeisters Friedrich Joachim Stengel zu erklären, führt am Kern der Sache vorbei, zumal bei den späteren Bauten keineswegs gesichert ist, ob die Pläne tatsächlich von Stengel selbst stammten. Anzunehmen ist eher, daß das Saarbrücker Baubüro Anweisung hatte, den einmal gefundenen Musterentwurf, angepaßt an örtliche Gegebenheiten, für größere Kirchenbauten so oft wie möglich anzuwenden, während für kleine Landkirchen in der Regel der längsgerichtete Saal verwendet wurde.[696]
Mit Stengels Entwurf für Grävenwiesbach hatte man nach Meinung des obersten Kirchenregiments in Nassau-Usingen und -Saarbrücken den ‚idealen' Bautyp gefunden, das beweist seine häufige Wiederholung. Er wurde in der Folgezeit bewußt und zeichenhaft in der Residenz Saarbrücken und in der Nachbarschaft zu anderskonfessionellen Territorien eingesetzt.
Ein ganz ähnlicher Prozeß ist in Nassau-Weilburg zu beobachten. Die beiden Landbaumeister Stengel und Rothweil hinterließen ein ähnlich vielfältiges Oeuvre durch alle Bauaufgaben hindurch. Jeder von beiden erarbeitete einen vorbildhaften Bautypus für evangelisch-lutherische Kirchen, in beiden Fällen quergerichtet. Dieser wurde bei späteren Bauten innerhalb beider Länder in Abwandlungen wiederholt, auch von anderen Architekten, und wurde zum Markenzeichen des Kirchenbaus in dem betreffenden Territorium. Die Entwicklungen in Nassau-Weilburg und Nassau-Saarbrücken verliefen zeitlich etwas versetzt, aber zunächst weitgehend unabhängig voneinander.
Mit dem Bau der Weilburger Schloß- und Stadtkirche wurde der Querkirchentypus in Nassau erstmals verwirklicht, erfuhr aber nicht sofort weitere Verbreitung. Erst ab dem Ende der 1730er Jahre entstanden weitere Querkirchen: Grävenwiesbach, Heftrich und

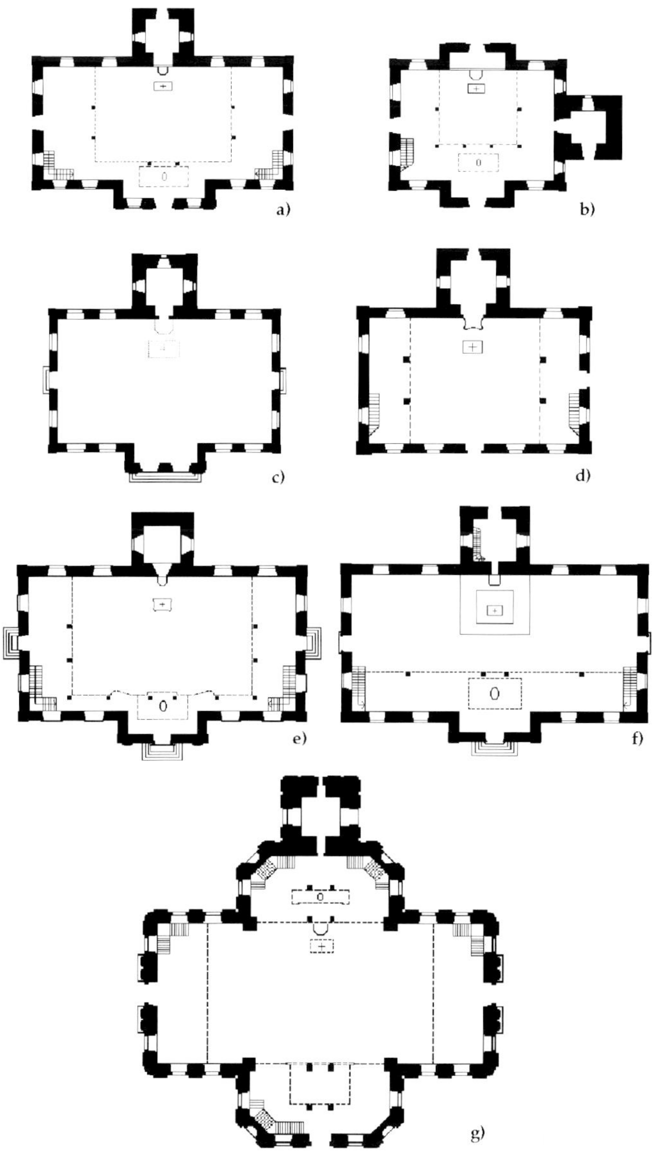

168 Grundrisse der Friedrich Joachim Stengel zugeschriebenen Querkirchen, schematisch und unmaßstäblich
a) Grävenwiesbach
b) Heftrich
c) Saaarbrücken, Friedenskirche (ehem. ref. Kirche)
d) Neusaarwerden (Sarre-Union)
e) Jugenheim
f) Berg
g) Saarbrücken, Ludwigskirche

die reformierte Kirche in Saarbrücken einerseits, Kirchheimbolanden und Neunkirchen andererseits. Julius Ludwig Rothweil hatte in Weilburg eine sehr spezielle Grundriß- und Raumform konzipiert, die nur für die Residenzkirche in Kirchheimbolanden wieder aufgegriffen wurde. Gleichzeitig, wenn nicht sogar etwas früher, entwickelte Stengel seine Idealform anhand der Entwürfe von Leonhard Christoph Sturm. Das oft postulierte Abhängigkeitsverhältnis Stengels von den Bauten Julius Ludwig Rothweils in der Grafschaft Nassau-Weilburg, vor allem von den

Residenzkirchen in Weilburg und Kirchheimbolanden, greift also nicht.
Dennoch ist auffallend, daß sich in den nassau-walramischen Grafschaften im weiteren Verlauf des 18. Jahrhunderts ein relativ einheitlicher Querkirchentypus herauskristallisierte, da auch in Nassau-Weilburg in der zweiten Jahrhunderthälfte Bauten entstanden, die dem späten Stengel-Typ immer ähnlicher sehen. Ab etwa 1740 bis zum Ende des 18. Jahrhunderts wurden in Nassau-Weilburg einige Landkirchen als Querkirchen errichtet, sowohl um Weilburg in Neunkirchen im Westerwald (1739–1741; Abb. 51 u. 52), Kubach (1763) und Atzbach (1766–1767) als auch bei Kirchheimbolanden in Göllheim (1765; Abb. 169). Dabei wurden Bauformen gewählt, die sich immer mehr an Stengels Typus angeglichen. Bis in das unmittelbare Vorfeld der Französischen Revolution und der Revolutionskriege wurden Kirchen dieses Typs sowohl in Nassau-Saarbrücken (Berg 1770–1773, Niederlinxweiler 1774–1775, Gersweiler 1784) als auch in den linksrheinischen Besitzungen Nassau-Weilburgs (Albisheim 1792) realisiert.
Der Entwurf zu der 1750–1751 errichteten reformierten Kirche in Neusaarwerden (Abb. 103 u. 104)[697], das erst 1745 an Nassau-Weilburg gekommen war, wird mit Friedrich Joachim Stengel und dem Saarbrücker Baubüro in Verbindung gebracht. Es sind jedoch bisher keinerlei archivalische Belege bekannt, weder für eine Zuschreibung an Stengel oder einen seiner Mitarbeiter noch an einen Architekten aus dem nassau-weilburgischen Landbauwesen, so daß die Urheberschaft ungeklärt bleiben muß. In jedem Fall trafen in Neusaarwerden beide Entwicklungsstränge zusammen, so daß ein Gebäude entstand, das in beide Reihen hineinpaßt.
Vor allem die Ludwigskirche in Saarbrücken (Abb. 98) mitsamt der Randbebauung des Ludwigsplatzes ist ein Architektur gewordenes Herrschaftssymbol und zugleich ein steinernes Glaubensbekenntnis des Fürsten. Politische Souveränität und religiöses Bekenntnis wurden gleichgesetzt, da sie beide gleichermaßen gegen den mächtigen Nachbarn Frankreich zu verteidigen waren. In diesem Sinne müssen auch die Kirchenneubauten im Land in dem Bestreben des Bauherren und des Architekten, eine idealtypisch protestantische Kirchenform zu verwenden, als ebensolche Zeichen verstanden werden. Im reformierten Nassau-Dillenburg kam die Querrichtung nur vereinzelt bei einigen wenigen Dorfkirchen zur Anwendung, bei denen keine besondere Veranlassung zu einer hervorstechenden, zeichenhaften Architektur gegeben scheint. Gemeinsam ist dagegen den nassauischen Grafschaften der walramischen Linie, daß sie die Querkirche als Kennzeichen ihrer Herrschaft und ihres lutherischen Bekenntnisses in ihren Residenzen und in Orten in Grenzlage zu Gebieten anderer Konfession einsetzten. So ist eine Bauform zum Herrschaftszeichen geworden.

169 Göllheim, ev. Pfarrkirche, Kanzelaltar und Orgel

Einzelprojekte und persönliche Ambitionen

In den unterschiedlichen Territorien galten nicht nur verschiedenartige Verwaltungsstrukturen, sondern es hing immer wieder von der Persönlichkeit des einzelnen Regenten ab, wie stark er sich für den Kirchenbau insgesamt oder für ein spezielles Projekt interessierte. Daher sollen einige Einzelbauten und ihre Bauherren genauer betrachtet werden.

Rotenburg/Fulda: Neue Formen für ein neues Bekenntnis

Die Rotenburger Schloßkapelle wird gemeinhin von Stuttgart abgeleitet. Erklärt wird dies mit den familiären Bindungen Landgraf Wilhelms, dessen Ehefrau Sabine eine Tochter des Herzogs von Württemberg war.[698] Hinzu kommt, daß sich Hessen auch in liturgischer Hinsicht eher an Südwestdeutschland als am sächsischen Luthertum orientierte. Beim Zustandekommen der hessischen Kirchenordnung von 1574 hat die wenige Jahre vorher erlassene württembergische Kirchenordnung eine nicht unbedeutende Rolle gespielt.[699]

Rotenburg (Abb. 13–15) vertrat jedoch ein deutlich anderes Raumkonzept als Stuttgart. Während in Stuttgart (Abb. 6) der Typus der Chorkirche fortlebte, liefen in Rotenburg die Emporen um den ganzen Raum herum und bildeten quasi einen von zweigeschossigen Arkaden umgebenen Binnenraum, ähnlich wie in den Schloßkapellen von Torgau und Dresden. Kanzel und Altar wurden vor dem mittigen Emporenpfeiler plaziert. Der für den evangelischen Predigtgottesdienst unnötige Chorraum entfiel. Insofern ist Rotenburg als die konsequentere Lösung auf der Suche nach einem evangelischen Predigtraum zu bezeichnen. Wenn es zutrifft, daß Landgraf Wilhelm IV. selbst den Entwurf für die Kapelle erstellt hat[700], handelt es sich um ein Bauprojekt, an welchem der Landesherr persönlich sehr großen Anteil nahm. Die Schloßkapelle entstand demzufolge als architektonisches Dokument seiner Auseinandersetzung mit Fragen des evangelischen Glaubens.

Im Vorfeld des geplanten Abbruchs der Schloßkapelle wurde ab 1789 eine intensive Diskussion um deren rechtlichen Status geführt. Konsistorialrat Appelius sprach sich besonders entschieden gegen den Abbruch der Schloßkapelle aus: Die Angelegenheit müßte auch mit den Augen der Rotenburger Bürger reformierten Glaubens betrachtet werden. Er war der Ansicht, daß „die Erhaltung eben ersagter Schloßkirche für die reformirten Einwohner der Stadt als ein stehendes Monument der Landesherrlichen Hoheit und Rechte angesehen werden und dieser ihrer Unverletzbarkeit halber immerhin heilig seyn muß."[701] Das Kirchengebäude galt demnach noch immer als Symbol für die landesherrliche Macht in Kassel, welche nach wie vor die oberste Regierungsgewalt auch über die Rotenburger Quart und die Nebenlinie Hessen-Rotenburg ausübte.

Wölfersheim: Ein Kirchenbau als Zeugnis landesherrlicher Präsenz

Treibende Kraft beim Neubau der Wölfersheimer Kirche war nicht die Gemeinde und auch nicht der am Ort ansässige Adel, sondern kein anderer als Graf Wilhelm Moritz von Solms-Braunfels, der Landesherr und Patron. Dafür spricht schon das äußere Erscheinungsbild der Kirche (Abb. 61 u. 125), und das Quellenmaterial liefert weitere Argumente für diese These. Es sind keine Anträge der Gemeinde auf einen Neubau greifbar, obwohl die alte Kirche definitiv zu klein und in schlechtem Zustand war. In Wölfersheim war eher Widerstand gegen den Bau zu spüren. Die Untertanen protestierten gegen die Sondersteuer, die ihnen für den Kirchenbau auferlegt worden war. Auch die hohe Belastung durch Fuhrdienste für den Kirchenbau stieß in Wölfersheim auf Gegenwehr.[702]

Die Rolle des Grafen bzw. Fürsten als Landesherr und Patron manifestiert sich nicht nur durch die Inschrift über dem Hauptportal und das Wappen an der Brüstung des Herrschaftsstandes, sondern vor allem in Architektur und Ausstattung des Kirchengebäudes. Die an der Wölfersheimer Fassade verwendete ionische Kolossalordnung mit Dreiviertelsäulen ist in ihrer Wertigkeit so hoch angesiedelt, daß sie im frühen 18. Jahrhundert außerhalb eines herrschaftlichen Kontextes nicht möglich wäre. Graf Wilhelm Moritz selbst muß an dem Bau ein besonderes Interesse gehabt haben. Daraus folgt, daß der Wölfersheimer Kirchenbau nicht allein als Initiative lokaler Größen gedeutet werden kann.

Dieser aufwendig gestaltete Kirchenbau steht in einem Flecken an der Peripherie des Territoriums und nicht in der Haupt- und Residenzstadt Braunfels. Die Nebenresidenz Hungen hatte ein Jahrhundert vorher einen großen Neubau bekommen, Greifenstein mit der Schloßkapelle ebenfalls. In Braunfels selbst fehlt jedoch ein repräsentativer Kirchenbau. Worin sich die Bedeutung, die Wilhelm Moritz dem Flecken Wölfersheim offensichtlich beimaß, im einzelnen begründete, darüber sind mangels eindeutiger Quellen nur Spekulationen möglich. Das Amt Wölfersheim war infolge der Erbteilung von 1602 die einzige solms-greifensteinische Besitzung in der Wetterau. Es wäre denkbar, daß der Graf von Solms-Greifenstein nach einem neuen Residenzort anstelle der Höhenburg Greifenstein Ausschau gehalten hatte, an welchem schon von der Topographie her ein zeitgemäßer Schloßbau eher möglich gewesen wäre. Vage Hinweise lassen die Vermutung zu, daß man im 17. Jahrhundert mit dem Gedanken spielte, Wölfersheim verstärkt auszubauen.[703] Konkrete Planungen sind hingegen nicht nachweisbar. Mehr als zwei Jahrzehnte nach der Verlegung der Residenz nach Braunfels dürfte dies Argument allerdings keine Rolle mehr gespielt haben. Johann Ludwig Knoch sah allein in dem reichen Grundbesitz des Grafen den Anlaß für den Ausbau Wölfersheims.[704] Im 17. Jahrhundert gab es zudem jahrzehntelange Streitigkeiten zwischen der Gemeinde und der Landesherrschaft um die Erneuerung der alten Stadtrechte, für deren Existenz Wölfersheim keine schriftlichen Beweise bringen konnte und die dementsprechend von Solms-Greifenstein nicht anerkannt wurden. Wölfersheim erlangte den Freiheitsbrief von 1682 erst durch die Zahlung von 10.000 Gulden. Dieser enthält die Befreiung von allen Frondiensten, wobei der Graf sich allerdings

unter anderem Burgbaudienste für den Fall vorbehielt, daß die Wölfersheimer Burg ausgebaut würde.[705] Dieser Kirchenneubau erweist sich als Symbol landesherrlicher Macht. Anscheinend wollte Wilhelm Moritz, wenn auch erst erheblich später, der widerspenstigen Gemeinde klar vor Augen stellen, wer ihr Herr war.
Die Konkurrenz gegenüber den Nachbarn in der territorial so zersplitterten Wetterau fällt zusätzlich ins Gewicht. Durch den Ausbau Wölfersheims entstand nicht zuletzt ein Gegenpol zu dem Solms-Licher Schloß im benachbarten Södel. Das Repräsentationsstreben ging aber weit über die Wetterau hinaus. Zwar erlangte erst Friedrich Wilhelm 1742 die Reichsfürstenwürde für die Linie Solms-Braunfels, aber daß bereits sein Vater sich schon während seines mehrmonatigen Aufenthaltes in Wien 1716[706] beim Kaiser darum bemüht hatte, ist durchaus vorstellbar. Die Wölfersheimer Pfarrkirche ist von ihrer architektonischen Gestaltung her sowohl innerhalb der Grafschaft Solms-Braunfels als auch in der ganzen weiteren Umgebung einzigartig. Sie wurde in der Regierungszeit eines Landesherrn begonnen, der in großem Stil bemüht war, sein Land auszubauen, obwohl viele seiner Bauvorhaben, so wie auch der vorgesehene Umbau seines Residenzschlosses in Braunfels[707], im Planungsstadium steckenblieben. Nur ein einziges Projekt in den Formen zeitgemäßer Prachtbaukunst wurde realisiert: die Kirche in Wölfersheim.

Langenselbold: Residenzkirche nach Hanauer Vorbild

Im Jahr 1718 kamen Offenbach und der Isenburger Teil des Dreieicher Forstes an Graf Wolfgang Ernst von Isenburg-Birstein, und damit auch das Kirchspiel Langenselbold. Bereits 1722 begann der Graf mit dem Bau einer Schloßanlage in Langenselbold, nicht etwa in Birstein, dem Stammsitz der Linie. Dieses Schloßareal besteht aus zwei nebeneinanderstehenden, äußerlich identischen Einflügelbauten mit Mansarddächern, dem eigentlichen Schloß und dem Fruchtbau (heute Rathaus), und sechs Wirtschaftsgebäuden, die einen weiten rechteckigen Hof einfassen. In der ersten Bauphase von 1722–1726 entstanden der Fruchtbau und die übrigen Wirtschaftsgebäude. 1727 begann der Bau der neuen Kirche (Abb. 170). Erst 1749 wurden die Arbeiten mit der Errichtung des eigentlichen Schloßflügels fortgesetzt, der bis spätestens 1752 vollendet war. Der Architekt der Gesamtanlage war der Hanauer Baudirektor Christian Ludwig Hermann.[708] Der Kirchenbau ist daher in direktem Zusammenhang mit dem Schloßbau zu betrachten. Zwar steht die Kirche nicht in der Achse des Schlosses, sondern ihm schräg zugewandt, doch in direkter Beziehung zum Portal des Hauptgebäudes, das die Verlängerung der Hauptachse des Kirchengrundrisses ziemlich genau schneidet. Die Planung der Kirche nahm folglich Bezug auf das bereits begonnene Schloßareal.
Graf Wolfgang Ernst III. wurde 1744 in den Reichsfürstenstand erhoben und nannte sich daraufhin Wolfgang Ernst I. Die Vermutung, daß die Errichtung eines neuen Schloßkomplexes in Langenselbold mit Bemühungen um eine Standeserhöhung zusammenhängen könnte, liegt nahe. Andererseits muß hinterfragt werden, inwieweit die Anlage in Langenselbold überhaupt als gräfliche Residenz intendiert war. Zuerst entstanden die Wirtschaftsgebäude, erst Jahrzehnte später der eigentliche Wohnflügel. Dieser Wohnflügel erhält zudem im Gesamtplan keine dominierende Stellung in der Symmetrieachse, sondern steht in einer Flucht mit dem Fruchtbau, der noch dazu äußerlich gleich gestaltet ist. Die Mittelachse der Gesamtanlage ist leer. Die Annahme Wolfs, daß hier „in erster Linie ein Wirtschaftsgut"[709] entstehen sollte, ist grundsätzlich plausibel, zumal der Wohnflügel erst 1749 begonnen wurde. Dennoch hat die Isenburger Herrschaft von Anfang an gelegentliche Aufenthalte in Langenselbold ins Kalkül gezogen. Das belegt nicht nur die Planung eines Wohnflügels, sondern auch der Einbau der Grafenloge in die Kirche bereits während der Bauzeit. Da diese Loge (Abb. 67) einen eigenen Eingang, nämlich das Turmportal, und eine erhebliche Größe besaß, war sie sicherlich nicht nur für einen herrschaftlichen Beamten als Stellvertreter des Regenten bestimmt, sondern für den Hof selbst. Sie wurde nicht erst um die Jahrhundertmitte, als Christian Ludwig, der zweite Sohn Wolfgang Ernsts, seinen Wohnsitz in Langenselbold nahm, eingebaut, sondern bereits 1735.[710]
Wolfgang Ernst unterhielt Kontakte in die benachbarte Grafschaft Hanau-Münzenberg. Das belegt schon seine Anwesenheit bei der Grundsteinlegung der lutherischen Reinhardskirche in Steinau im August 1725. Als er selbst zwei Jahre danach einen großen Kirchenbau plante, holte er sich den Architekten der Steinauer Kirche, der ihm für Langenselbold einen Plan in veränderten Formen, aber von vergleichbarer Qualität und ähnlichem Bauvolumen lieferte. Der Graf von Isenburg-Birstein versuchte offenbar, mit Hanau mitzuhalten und in Langenselbold eine Steinau gleichwertige Nebenresidenz aufzubauen.

Erbach: Das Vermächtnis eines alternden Regenten

Für die Erbacher Stadt- und Residenzkirche (Abb. 171) wurde die Querform gewählt, die in Südhessen sonst vor dem Siebenjährigen Krieg nicht vorkommt. Der landesgeschichtliche Kontext zeigt, daß der Bau der Stadtkirche im Zusammenhang des Ausbaus der Stadt

170 Langenselbold, ev. Pfarrkirche

zu einer reichsgräflichen Residenz zu betrachten ist. Die Teilung der erbachischen Lande von 1747 brachte dem Grafen Georg Wilhelm den alleinigen Besitz des Amtes Erbach. Georg Wilhelm residierte schon seit 1731 in Erbach und ließ den Residenzort dementsprechend umgestalten. Zunächst entstand 1736 der Neubau des Schloßhauptgebäudes, dessen Fassade eine Front des Marktplatzes bildet.[711] In diesem Zusammenhang ist auch der in den Jahren 1747–1750 ausgeführte Bau der neuen Stadtkirche zu sehen.

Noch in demselben Jahr, als ihm der alleinige Besitz des Amtes Erbach zugesprochen wurde, faßte Georg Wilhelm den Entschluß, in Erbach eine neue Pfarrkirche errichten zu lassen, die zugleich als Hofkirche dienen sollte.[712] Die gotische Vorgängerkirche war nicht nur für die gewachsene Gemeinde zu klein, sondern auch für einen aufstrebenden Grafen als Residenzkirche nicht prachtvoll genug.

Der Graf setzte dem städtischen Gemeinwesen seinen Stempel auf. Das neue Schloß beherrscht den Marktplatz, der Kirchturm überragt das städtische Rathaus. Da die Kirche nicht direkt am Marktplatz liegt, sondern in der zweiten Reihe der Bebauung, zurückgesetzt in den engen Gassen des alten Ortskerns, mußte der Turm so hoch sein, um die gewünschte Wirkung zu erzielen. Gleiches gilt für den Schloßturm hinter dem neuen Schloßflügel. Beide erreichen annähernd die gleiche Höhe und bilden die Gipfelpunkte der Stadtsilhouette. Den auf dem anderen Ufer der Mümling gelegenen Lustgarten mit eingerechnet, wird der Marktplatz von herrschaftlichen Gebäuden geradezu umringt. Die Residenz beherrscht das gesamte Stadtbild.

Die Einweihungsfeier der neuen Kirche am 12. Juli 1750 war ein Fest für Hof und Stadt und bestand aus zwei Festgottesdiensten, die, abgesehen von einer Mittagspause, den ganzen Tag dauerten. Der Ablauf der Feierlichkeiten ist durch eine gedruckte Einweihungsschrift überliefert, die der Hofprediger herausgab. Diese enthält unter anderem die vollständigen Texte der beiden Predigten und der im Gottesdienst aufgeführten Festkantate, Stiche mit Grund- und Aufrissen der Kirche sowie eine Reihe von Lob- und Dankgedichten, in deren Mittelpunkt die Person Georg Wilhelms steht. Der Bauverlauf wird so dargestellt, als sei es ganz allein sein Verdienst, daß überhaupt mit einem Kirchenbau begonnen, geschweige denn dieser vollendet werden konnte. Am Anfang steht der Beschluß des Grafen, für seine Landeskinder eine Kirche zu bauen:

> „Unser gnädigster Herr, und theurester Landesvatter ... sahen bey dem Anwachß hiesiger Gemeine bald ein, daß Sie Ihrem Volke ein Hauß bauen mußten, worinn sie GOtt mit einander anbethen und verherrlichen könten; Sie faßten daher den Schluß, die alte, ohnehin baufällige und enge Kirche dieser Stadt abzubrechen, und dem HErrn bey Ihrem herannahenden Alter von etlich und sechszig Jahren noch ein grosses und schönes Hauß zubauen, worinn Sie Ihren Glauben an den Erlöser der Welt vollenden, und Sich mit Ihrem Volke zu den Häusern des Friedens rüsten wolten, die keine Nacht mehr finster macht.“[713]

Der Graf selbst verspricht anläßlich der Einweihungsfeier vor dem noch verschlossenen Portal der neuen Kirche, als ihm symbolisch der Schlüssel überreicht wird: „Ich nehme den Schlüssel mit Freuden an, und werde für die Ewige Wohlfarth meiner Unterthanen, und das Beste der Kirche nach Vermögen sorgen.“[714]

Für den vormittäglichen Festgottesdienst hat Hofprediger Kern ein „Singgedicht“ mit verschiedenen Rollen verfaßt. Darin preist der „Schutz=Engel Erbachs“, indem er sich an die Untertanen wendet, die christliche Tugend des Grafen, der aufgrund seines hohen Alters schon dem Tode nahe sei:

> „Erbach weiht einen Tempel ein,
> Und opfert ohne Schein.
> Sein vier und sechszig jähriger Regente,
> Bald müde jener Zeit,
> Und seufzend schon nach unsrer Seeligkeit,
> Um, daß Er dort den Glauben wohl vollende,
> Der Sieger ewig hier erfreut,

171 Erbach, Marktplatz mit Neuem Schloß, Rathaus und Stadtkirche

Erbaute GOtt noch einen Tempel,
Zu Seiner Tugend ewigem Exempel...“[715]

Auferstehung und ewige Seligkeit sind das Ziel des Glaubens, ein Ziel, das der Vorbereitung schon auf Erden in Gestalt von Frömmigkeit, gottgefälligem Leben und Gebet bedarf. Georg Wilhelm benötigt daher seine neue Kirche zum einen für sich selbst, zum anderen stellt er mit dieser Stiftung auch seinen Untertanen die Rahmenbedingungen zur Verfügung, daß auch jene nach ihrem Seelenheil streben können. Für das geistliche Wohl seines Volkes zu sorgen, ist die höchste Pflicht und zugleich der größte Verdienst eines christlichen Landesvaters:

„Könnet Ihr Euch also um eure Unterthanen verdienter machen, Regenten der Welt! als wann Ihr für die Wahrheit der Religion, für den Unterricht der Jugend, für die Erbauung des Volkes, und für die schönen Gottes=Dienste des HErrn sorget, und lieber Land und Felder, als Seelen, die unsterblich erschaffen worden, Seelen, die JEsus Christus erlößet, Seelen, die mit an Eurer Seele hangen, wüste liegen lasset? (...) Theurester Herr und Landesvatter! Dieser Tempel, den der Höchste beschirmen wolle, wird deinen Nahmen in viele Jahrhunderte tragen, und vielleicht am Ende der Tage noch von deinem löblichen Eifer um das Beste der Kirche zeugen; was wir und unsere Nachkommen hier gutes lernen, wird man deiner Sorgfalt mit verdanken, und die letzten Streiter JEsu Christi, die aus diesem Hauße zum Vatter gehen, werden dein Andenken noch heilig halten, und den lange veraschten Gebeinen Georg Wilhelms, des Stifters dieser schönen Kirche Friede in Ihrer Gruft, und eine seelige Verklärung wünschen...“[716]

Der Hofprediger schließt in seine Predigt eine Ermahnung an die künftigen Regenten der Grafschaft ein, die Verantwortung für die Religion im allgemeinen und für die neue Erbacher Stadtkirche im besonderen ernstzunehmen, denn Gott werde sie dereinst dafür belohnen.[717]

Hofprediger Kern vergleicht den Entschluß des Grafen, in Erbach eine neue Kirche zu bauen, mit dem Wunsch Davids, in Jerusalem einen Tempel zu errichten; er legt dem Grafen geradezu die Worte Davids aus Psalm 102,13.25 in den Mund.[718] In der Ode wird der Graf angeredet als „Erlauchter Landes Salomo / An Weisheit und im Tempelbauen.“[719] Gelobt wird außerdem die Schönheit und künstlerische Gestaltung des neuen Gotteshauses, welche wiederum allein dem Landesherrn zugeschrieben wird. Die Namen der ausführenden Künstler und Handwerker bleiben dagegen ungenannt, bis auf Bauschreiber Andreas Jörg, dessen Name als Signatur unter den Stichen zu finden ist.

Pirmasens: Landgräfliche Garnisonkirche

Die lutherische Kirche in Pirmasens (Abb. 172) zeigte sich in ihrer Ausstattung genauso soldatisch, spartanisch und sparsam wie die ganze Residenz, die noch nicht einmal Stadtrechte besaß und eher einem Militärlager glich. Die finanzielle Lage der Landgrafschaft Hessen-Darmstadt zwang zu größter Mäßigung, doch darin liegt nicht der einzige Grund. Landgraf Ludwig IX. legte nur hinsichtlich des militärischen Zeremoniells Wert auf Repräsentation. Für die höfische Kultur seiner Zeit mit ihrem Repräsentationsdruck, der die Fürsten zwang, dem Vergleich mit den Hofhaltungen anderer Souveräne standzuhalten, fehlte ihm offenbar das Verständnis.

Der Entwurf der Lutherkirche zeugt ebensowenig wie die Planung der ganzen Residenzstadt von einem großangelegten Gesamtplan mit herrschaftlich-repräsentativem Anspruch. Der Herrschaftsstand ist eher provisorisch wie ein Möbel in die Architektur hineingestellt, nicht als integraler Bestandteil der Raumgestaltung. Der prominenteste Ort in der Gemeindekirche, der Pol der Hauptachse gegenüber von Altar und Kanzel, erfährt keine Beachtung. Hierin unterscheidet sich Pirmasens von den hanau-münzenbergischen Querkirchen, zum Beispiel der Hanauer Johanneskirche, wo die Loge sich wie in Pirmasens zu ebener Erde befand, oder der Nebenresidenzkirche in Steinau. Dagegen sind Baukörper und Struktur der letzteren durchaus vergleichbar, denn auch diese wirkt nach außen wie längsgerichtet durch den Turm an der Schmalseite, hat ebenfalls das liturgische Zentrum an der emporenfreien Längsseite und die teilweise zweigeschossige Emporenanlage an drei Seiten. Die Orgel erhielt in Pirmasens ihren Platz in bester Übereinstimmung mit den hanauischen Reinhardskirchen auf einer Schmalseitenempore, also in der Symmetrieachse des Baukörpers, nicht aber der des Raumes.

Um die Kirche überhaupt ein wenig auszuschmücken, mußte 1762 auf ein Vermächtnis der längst verstorbenen Fürstin Dorothea Friederike von Brandenburg-Ansbach, der Gemahlin des letzten Hanauer Grafen, zurückgegriffen werden, die zwar Ludwigs Großmutter war, aber dennoch Repräsentantin eines anderen Herrscherhauses. Von diesem Legat sollten „Ornamente“ angeschafft werden[720]; welcher Art, geht aus den Quellen nicht hervor. Der Raum war, so folgt daraus, bis dahin völlig schmucklos, was dem Rang einer Residenz- und Hofkirche keinesfalls entsprach.

Wie die Akten bezüglich des ab 1767 geplanten Umbaus zeigen, galt das Gotteshaus zunächst und vor allem als Garnisonkirche, auch wenn die Pfarrgemeinde noch so sehr um ihren Einfluß rang. Daß Ludwig IX., der ein großer Bewunderer des preußischen Königshauses war und sieben Jahre lang zuerst in Prenzlau, dann in Berlin als Offizier in dessen Diensten stand, die dortigen Garnisonkirchen kannte, darf als selbstverständlich angenommen werden. Ludwig kehrte an Weihnachten 1757 nach Pirmasens zurück[721], hielt sich also gerade während der entscheidenden Phase der Planung vor Baubeginn in Preußen auf. In Berlin entstand 1720–1722 die lutherische Garnisonkirche als rechteckiger Quersaal mit umlaufender Empore, nachdem ihre 1701–1703 erbaute Vorgängerin durch eine Explosion zerstört worden war. Auch für die Potsdamer Hof- und Garnisonkirche von 1730–1732 wählte man einen querrechteckigen Grundriß.[722] Die beiden wichtigsten Kirchen des preußischen Militärs waren somit Quersaalkirchen. Denkbar ist, daß Ludwig sich nicht nur beim Aufbau seiner Armee, sondern auch beim Entwurf der dazugehörigen Garnisonkirche am preußischen Vorbild orientierte, vor allem an Potsdam. Die Ähnlichkeit der Pirmasenser lutherischen Kirche mit den beiden preußischen Bauten beschränkt sich hingegen in sehr allgemeiner Weise auf die grundsätzliche Querrichtung des Raumes. Während es sich in Berlin und Potsdam um Rechtecksäle handelt, war für Pirmasens vermutlich ein gestrecktes Achteck vorgesehen, das dann, um Kosten zu sparen, zu einem Rechteck mit dreiseitigem Schluß auf einer Seite abgeändert wurde. Das gestreckte Achteck als Grundrißform war zu jener Zeit sowohl in der Grafschaft Hanau als auch, allerdings seltener, in der Landgrafschaft Hessen-Darmstadt verbreitet und üblich. Desgleichen ist es in der näheren Umgebung zu finden, beispielsweise an der Zweibrücker Karlskirche, 1708–1711 unter Leitung von Haquinus Schlang für die lutherische Gemeinde errichtet, die auch das Motiv des in den dreiseitigen Schluß eingestellten Turmes zeigt.

Die Querrichtung kam in der Landgrafschaft Hessen-Darmstadt nur in Ausnahmefällen zur Anwendung, in den Ländern der Grafschaft Hanau dagegen häufiger, vornehmlich in Hanau-Münzenberg unter Johann Reinhard III., und zwar gerade für lutherische Kirchen. Frank Schmidt kommt in seiner detailreichen Untersuchung über den Kirchenbau der Landgrafschaft Hessen-Darmstadt, worin die hanau-lichtenbergischen Gebiete allerdings nicht behandelt werden, zu der Beobachtung, daß „im 18. Jahrhundert vom Hofe keine direkten Impulse mehr für den Kirchenbau aus(gingen). (...) So verwundert es nicht, daß sich in einem orthodoxen lutherischen Land wie Hessen-Darmstadt, in dem der Hof keine Anstöße gab, weder der Quersaal noch die in der Raumachse aufgestellte Kanzel verbreiten konnten."[723] In dem Zusammenhang darf umso mehr hervorgehoben werden, daß beides in der Pirmasenser Lutherkirche zur Anwendung kam, sei es aufgrund einer direkten Einflußnahme Ludwigs, sei es aufgrund der Traditionen in der Grafschaft Hanau-Lichtenberg. Die Residenzkirche in Buchsweiler war quergerichtet, ihr Gegenstück in Hanau nach dem Umbau von 1727–1729 ebenfalls.

Wie bewußt sich Ludwig, auch in den Augen seiner Untertanen, in die hanau-lichtenbergische Tradition stellte, zeigen weithin sichtbar der hessische Löwe und der lichtenbergische Schwan auf der Turmspitze der Lutherkirche. Baumeister Schild entwarf 1760 den Turmaufsatz mit Kreuz und Kugel sowie den beiden Wappenbildern auf Wunsch des Kirchspiels. Die Behörden erhoben Einspruch wegen der hohen Kosten, doch der Landgraf entschied persönlich, daß Löwe und Schwan auf den Turm kommen sollten.[724] Das Wappen des Bauherrn steht seitdem über der Stadt. Die Kontinuität der Herrschaft trotz Regierungswechsel und Verlegung der Residenz erfuhr dadurch eine besondere Betonung.

Die Verwendung des gestreckten Achtecks, entworfen im Spannungsfeld von Hanau, Hessen-Darmstadt und Pfalz-Zweibrücken, bedarf keiner weiteren Erklärung, wohl aber die in Hessen-Darmstadt völlig unübliche Querrichtung. Drei Faktoren können eine Rolle gespielt haben: Der Kirchenbau in Preußen einerseits, besonders die Garnisonkirchen in Berlin und Potsdam, zum zweiten die aus dem Kirchenbauprogramm Johann Reinhards III. hervorgegangenen Traditionen der Grafschaft Hanau, oder zum dritten das sehr einfache Argument des Platzmangels in einem aus Kostengründen so knapp wie möglich zu bemessenden Raumvolumen. Für den Erbprinzen und späteren Landgrafen hatte das Gotteshaus eine besondere Bedeutung nicht nur als Residenz- und Garnisonkirche, sondern darüber hinaus noch als seine persönliche Grablege. Am 9. April 1790, drei Tage nach seinem Tod, wurde er „unter militärischen Ehren und unter großer Anteilnahme der gesamten Einwohnerschaft"[725] in der Kirche beigesetzt. Der für den Regenten wichtigste Kirchenbau in seinem Herrschaftsbereich erhielt die Form der Querkirche. Nachfolge fand die Form im Land zu Ludwigs Lebzeiten einzig im nahegelegenen Thaleischweiler, wo 1778 die Pfarrkirche erweitert und als Querkirche eingerichtet wurde.[726]

Patronatskirchen: Altenburg und Stammheim

Besondere Voraussetzungen gelten für diejenigen Kirchenbauten, deren Patronat nicht bei der Landesherrschaft lag. Der Kirchenpatron mußte nicht unbedingt mit dem Ortsherrn identisch sein; die jeweiligen Rechtsverhältnisse waren mancherorts ziemlich kompliziert. Er spielte eine wichtige Rolle innerhalb der Gemeinde. Mit dem Patronat war nicht nur die Prä-

172 Pirmasens, Lutherkirche, Innenraum vor der Zerstörung

sentation und Einsetzung (Kollatur) des Pfarrers verbunden, sondern auch oft nicht unerhebliche Einnahmen aus dem Zehnten. Daß auf der Gegenseite auch Zahlungsverpflichtungen bei Bau und Reparaturmaßnahmen an Kirche oder Pfarrhaus dazugehörten, wurde von den Inhabern gern ignoriert und mußte dann von den Gemeinden „unterthänigst" angemahnt werden.[727]

Patronate waren begehrt. Auch katholische Institutionen wie Klöster pochten lange nach der Reformation noch energisch auf die Ausübung ihrer alten Patronatsrechte, gerade in Gemeinden, die längst evangelisch waren. Die Landesherren strebten in jener Zeit in der Regel danach, die Patronatsrechte an sich zu ziehen. Die Landgrafschaft Hessen-Darmstadt betrieb eine sehr intensive Kirchenpolitik und war bemüht, so viele Patronate wie möglich in die Hand zu bekommen. Letztendlich gab es in den darmstädtischen Landen nur noch sehr wenige Kirchen, deren Patronat nicht der Landgraf selbst innehatte. Und gerade für lokale Grundherren, deren politischer Einfluß über die Grenzen ihres Dorfes hinaus gering war, bot das Kirchenpatronat ein ausgezeichnetes Mittel, sich zu profilieren und dem eigenen Geltungsbedürfnis Rechnung zu tragen.

Aus den besonderen Anforderungen heraus als Gotteshaus am Wohnort des Patrons, als dessen Stiftung und Grablege und noch dazu in dessen Schloßhof gelegen, ist die Altenburger Kirche der Gruppe der Residenzkirchen zuzuordnen, sie ist „Gestalt gewordener höfischer Zentralraum"[728]. Die Architektur übersteigt bei weitem das im dörflichen Rahmen übliche Niveau und auch die Bauformen des Schlosses selbst sowie seiner Wirtschaftsgebäude (Abb. 173). Der Stifter hinterließ hier kurz vor seinem Tod ein architektonisches Denkmal. Allein aus dem Anspruch des Patrons, der sich in seinem Schloßhof sein persönliches Grabmonument errichten ließ, ist diese Architektur zu erklären.

Die Klärung der tatsächlichen staatsrechtlichen Stellung des Freiherrn Riedesel und des Dorfes Altenburg im Verhältnis zu Hessen-Darmstadt muß lokalhistorischer Detailforschung vorbehalten bleiben, ist an dieser Stelle aber nicht von Belang, da ohnehin eindeutig ist, wer die Gestalt des Bauwerks bestimmt hat: der Patron und Stifter Hermann XX. Folglich ist die Kirche als Hofkirche des hessischen Erbmarschalls anzusehen. Zugleich dient sie als Gemeindekirche des zur Burg gehörigen Dorfes. In der Landgrafschaft war eine Querkirche wie diese, zumal mit so aufwendigem Bauschmuck, vollkommen untypisch. Der Stifter stand als Bauherr im Vordergrund und hat die Entscheidung über die Raumgestalt seiner Schloßkirche getroffen, auch wenn diese offiziell zugleich die Funktion einer hessen-darmstädtischen Landpfarrkirche zu erfüllen hatte.[729]

Das Dorf Stammheim, Teil der Ganerbschaft Staden, unterstand drei verschiedenen Ortsherren, deren Interessen sicher nicht immer deckungsgleich waren. Dazu kam ein auswärtiger Patronatsherr, Christian Ernst von Weitolshausen gen. von Schrautenbach, der ein hohes Amt in der hessen-darmstädtischen Regierung innehatte und daher die Verhältnisse an einem landgräflichen Hof gut kannte. Es ist nicht ausgeschlossen, daß er einen entsprechenden Anspruch im verkleinerten Maßstab auf seinen eigenen Machtbereich zu übertragen versuchte. Die Reichsritter Weitolshausen gen. Schrautenbach zählten im 16. und 17. Jahrhundert zum Kanton Odenwald des Ritterkreises Franken.[730] Im Besitz der Familie Schrautenbach befand sich von 1723–1785 die Ortschaft Lindheim, wo zugunsten des Stammheimer Kirchenbaus eine Kollekte abgehalten wurde. Lindheim liegt am Rand der Wetterau, nicht allzu weit von der Herrnhuter Ansiedlung Herrnhaag entfernt. Die Lindheimer Kirche stammt aus dem Mittelalter; sie wurde lediglich in ihrer äußeren Erscheinung verändert, als sie in den Jahren 1764–1766 ein neues Mansarddach nebst Haubendachreiter erhielt. Die Innenausstattung wird auf die zweite Hälfte des 17. Jahrhunderts datiert.[731] Die Reichsritter von Schrautenbach haben folglich in dem von ihnen beherrschten Ort im 18. Jahrhundert keinen vollständigen Kirchenneubau durchgeführt. Das Patronatsrecht über die Stammheimer Kirche bot dem Inhaber dagegen die Möglichkeit, in die Raumgestaltung eines evangelischen Gotteshauses einzugreifen, eventuell sogar seine persönlichen Vorstellungen vom idealen evangelischen Gottesdienstraum zu verwirklichen.

173 Altenburg, Schloßhof mit Schloßkirche

174 Salzgitter-Salder, ev. Pfarrkirche

Die Schloßkirche in Salder: Ein architektonisches Glaubensbekenntnis des Erbprinzen von Braunschweig-Wolfenbüttel

An einem bemerkenswerten Kirchenneubau im Herzogtum Braunschweig-Wolfenbüttel, der Schloßkirche in Salder, die zugleich als dörfliche Pfarrkirche diente, zeigt sich der Zusammenhang von herrschaftlicher Religionspolitik und den gewählten Bauformen in besonders außergewöhnlicher Weise. Daher wird die Kirche hier in einem Exkurs vorgestellt.

Schloß und Dorf Salder einschließlich des Kirchenpatronates[732] befanden sich jahrhundertelang im Besitz der adeligen Familie von Salder (Saldern), von welcher Erbprinz August Wilhelm von Braunschweig und Lüneburg (1662–1731), der Sohn und designierte Nachfolger des regierenden Herzogs Anton Ulrich, 1695/1696 Schloß und Dorf Salder mit allen Rechten erwarb.[733] August Wilhelm ließ sich das um 1600 erbaute Schloß in den folgenden Jahren als Sommersitz umgestalten. 1698 oder 1709 erwarb August Wilhelm zusätzlich das Patronat über die Pfarrkirche des Dorfes.[734] Unmittelbar darauf wurden Reparaturversuche an dem baufälligen Gotteshaus in Angriff genommen. Man mußte jedoch bald feststellen, daß ein Neubau unabdingbar war, der dann in den Jahren 1713–1717 nach einem Entwurf des Festungsbaudirektors Johann Caspar von Völcker ausgeführt wurde.[735]

Der Grundriß der Kirche besitzt die Form eines Kreuzes mit zwei verkürzten Armen. Der zentralisierende Charakter der zweifach achsensymmetrischen Großform wird zusätzlich durch die achtseitige Kuppel über der Vierung betont (Abb. 174). Von außen ist die innere Disposition des Raumes nicht ablesbar. Die äußere Hülle der verschieferten Kuppel mit ihrer geschweiften Haube und der bekrönenden Laterne wirkt wie ein Vierungsturm oder überdimensionierter Dachreiter mit der typischen Welschen Haube, die in der Zimmermannskunst des frühen 18. Jahrhunderts weit verbreitet war. Ihre Position auf dem Kreuzungspunkt der Dächer und ihr Durchmesser deuten nur an, daß sich darunter eine Vierungskuppel verbirgt. Die von Völcker ursprünglich konzipierte, auch nach außen sichtbare halbrunde Kuppel (Abb. 175) wurde vermutlich aufgrund bautechnischer Schwierigkeiten und zu hoher Kosten verworfen.

Erst die Inneneinrichtung macht den Bau in Salder zur Quersaalkirche. Der nordöstliche kurze Kreuzarm wird durch eine zweigeschossige hölzerne Wand vom Hauptraum abgetrennt (Abb. 176 u. 177). An ihrem mit Logenfenstern versehenen oberen Geschoß ist die Kanzel angebracht. Auf der Empore darüber hat die Or-

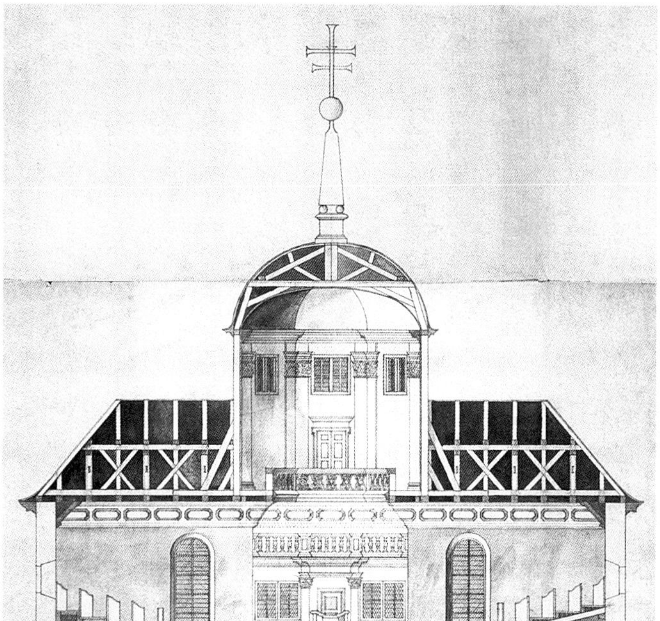

175 Salder, ev. Pfarrkirche, zweiter Entwurf von Johann Caspar v. Völcker, Längsschnitt, 1713; HAB WF Top. 15 b, Blatt 10

gel ihren Platz, deren Prospekt über die Brüstung hinausragt, da er unter dem Bogen nur äußerst wenig Platz hat. Der blockförmige hölzerne Altar steht vor der Kanzelwand. In den gegenüberliegenden kurzen Kreuzarm wurde die Herzogsprieche eingezogen, die sich heute als offene Empore präsentiert, aber ursprünglich durch eine verglaste Fensterfront abgeschlossen wurde.[736] In die beiden längeren Kreuzarme sind Gemeindeemporen mit ansteigenden Bankreihen eingepaßt. Die geringe Spannweite der Emporen ermöglichte eine stützenfreie Konstruktion. Eine Flachdecke mit hoher Voute bildet den oberen Raumabschluß. Korbbögen auf stuckierten ionischen Kolossalpilastern tragen die Vierungskuppel. Über dem Vierungsquadrat wird ein regelmäßiges Achteck aus der Deckenfläche ausgeschnitten, das ein Umgang mit Balustrade umgibt. Dadurch wird der Einblick in das Kuppelgeschoß gewährt, welches sein Licht durch vier Rundbogenfenster in den schräggestellten Wänden erhält. Unter den Fenstern wurden, abweichend von Völckers Entwurf, Balkons angebracht. Der Kuppelraum schließt ebenfalls in einer flachen Decke mit Voute ab, so daß die Bezeichnung „Vierungsturm" für diese Bauform wahrscheinlich angemessener wäre.

Der Bau der Quersaalkirche in Salder unter Erbprinz August Wilhelm muß im Kontext der Religionspolitik im Herzogtum Braunschweig-Wolfenbüttel betrachtet werden, er ist zu verstehen als Reaktion und deutliches Zeichen August Wilhelms auf den Übertritt seines Vaters zum katholischen Glauben.

Die welfischen Territorien hielten seit der Einführung der Reformation im Jahre 1568 durchweg am Luthertum fest und wurden damit auch in der internationalen Politik der protestantischen Reichsstände zu einer zuverlässigen Größe. Herzog Rudolf August (1627–1704), der als ältester Sohn Herzog Augusts des Jüngeren 1666 die Regierung übernommen hatte, ernannte 1685 seinen jüngeren Bruder Anton Ulrich (1633–1714) zum Mitregenten und zog sich in der Folgezeit mehr und mehr aus den Regierungsgeschäften zurück.

176 Salzgitter-Salder, ev. Pfarrkirche, der Kanzel gegenüber die ehemalige Herrschaftsloge

177 Salzgitter-Salder, ev. Pfarrkirche, Kanzelwand

Nach Rudolf Augusts Tod 1704 war Anton Ulrich dann auch de jure Alleinherrscher. Anton Ulrich erwarb sich größten Ruhm durch seine Aktivitäten in allen Gebieten der Kultur und der Künste, doch politisch konnte er wenig Erfolge verbuchen. 1692 hatte die jüngere Linie des welfischen Hauses, Braunschweig-Lüneburg in Hannover, die neunte Kurwürde erhalten. Die jüngere Linie hatte somit die ältere Linie überflügelt. Für den amtierenden Regenten der Linie Braunschweig-Wolfenbüttel, den Senior des Welfenhauses, muß das einen schweren Schlag bedeutet haben. Anton Ulrich strebte in seinen letzen Regierungsjahren verstärkt nach einer Annäherung an den Kaiserhof in Wien. Welche konkreten Ziele er damit verfolgte, läßt sich nicht mit letzter Sicherheit bestimmen – sei es, daß er für sich selbst und sein Haus ebenfalls auf die Kurwürde hoffte, sei es, daß er sich um den Erwerb des Hochstiftes Hildesheim bemühte, was einen erheblichen territorialen Zugewinn bedeutet hätte. Jedenfalls trieb er seine kaiserfreundliche Politik mit allen Mitteln voran. Ab 1703 verhandelte er mit Wien über eine Vermählung seiner Enkelin Elisabeth Christine, der Tochter seines in Blankenburg residierenden jüngeren Sohnes Ludwig Rudolf, mit dem Bruder des regierenden Kaisers, dem späteren Karl VI. Um in das Kaiserhaus einheiraten zu können, mußte die Braut 1707 zum katholischen Glauben konvertieren. In der Geistlichkeit des Herzogtums Braunschweig-Wolfenbüttel regte sich lautstarker Protest, deren Wortführer daraufhin aus ihren Stellungen entlassen wurden.[737]

Zwei Jahre nach der Konversion seiner Enkelin trat Anton Ulrich selbst im hohen Alter von 77 Jahren zum katholischen Glauben über. Anton Ulrich vollzog seine Konversion zunächst Ende 1709 im geheimen, denn ihm dürfte bewußt gewesen sein, wieviel Unruhe sein Glaubenswechsel im Lande selbst und über dessen Grenzen hinaus auslösen würde. Am Karfreitag, dem 18. April 1710 bekannte er sich dann öffentlich im Dom zu Bamberg, wo auch seine Enkelin ihre Konversion vollzogen hatte, zur katholischen Kirche.

Nachdem bereits die im September 1708 erteilte Religionsfreiheit für die Katholiken in der Stadt Braunschweig Anlaß zur Unruhe geboten hatte, regte sich nun erst recht erheblicher Protest, sowohl in der Geistlichkeit als auch in Kreisen der Regierungsbeamten.[738] Die Landstände verlangten die Garantie, daß der Bekenntnisstand der Bevölkerung im Land unverändert bleiben und auf keinen Fall beeinträchtigt werden würde. Auch wenn seit dem Westfälischen Frieden von 1648 der Grundsatz „Cuius regio, eius religio“ des Augsburger Religionsfriedens von 1555 außer Kraft gesetzt war, so befürchteten die evangelischen Untertanen doch eine verstärkte Einflußnahme von katholischer Seite auf die Regierungsgeschäfte, die den Evangelischen womöglich zum Nachteil gereichen würde. Was Anton Ulrich letzten Endes konkret zu seinem Glaubenswechsel bewogen hat, bleibt ungewiß. Zwar hat er selbst sich von machtpolitischen Überlegungen distanziert, doch das klingt wenig glaubwürdig. Daß er dabei seinem Gewissen gefolgt ist, sollte man ernst nehmen, doch um theologische Bekenntnisfragen kann es sich nur am Rande gehandelt haben, denn der Herzog stellte fest, „daß ich anitzo eben so wenig ein großer katholischer Orthodoxe bin, als ich vorhin ein lutherischer gewesen bin.“[739] Dreimal suchte er in Rom um die Ausnahmegenehmigung nach, das Altarsakrament unter beiderlei Gestalt empfangen zu dürfen, was vom Papst jedesmal abgelehnt wurde.[740]

Seine damit verbundenen politischen Ziele, wie auch immer sie im einzelnen ausgesehen haben mögen, hat er jedenfalls nicht erreicht. Zudem geriet Anton Ulrich in seinen letzten Lebensjahren am Hof und innerhalb seiner Familie in eine zunehmende Isolation. Der Erbprinz betrachtete die Konversion seines Vaters mit schärfster Ablehnung. Oft genug mag August Wilhelm von allen Seiten auf das künftige Bekenntnis im Land und auf seine eigene Haltung in Fragen der Religionspolitik angesprochen worden sein. Für ihn als überzeugten Lutheraner stand außer Zweifel, daß er persönlich am evangelisch-lutherischen Bekenntnis festhalten und gegenüber den Katholiken im Land keine weiteren Zugeständnisse machen würde.

Nach dem Tode Anton Ulrichs übernahm August Wilhelm am 23. März 1714 die Regierung. Damit begann für das Herzogtum eine Zeit der „lutherischen Erneuerung“.[741] Zwar konnte August Wilhelm der katholischen Gemeinde in Braunschweig ihre Rechte nicht einfach wieder entziehen, sie blieb ebenso wie die Reformierten in der Stadt toleriert, aber die Katholiken wurden systematisch in Abseits gedrängt.

Friedrich Wagnitz bewertet den Wiederaufbau der 1705 niedergebrannten Wolfenbütteler Trinitatiskirche, den Anton Ulrich zugunsten der Braunschweiger Nikolaikirche vernachlässigt und den August Wilhelm schleunigst durchgeführt hatte, sobald die Neugestaltung der Fassaden des Wolfenbütteler Schlosses fertiggestellt und die Handwerker somit verfügbar waren, als „sichtbares Zeugnis“ für „das treue Festhalten am lutherischen Bekenntnis.“[742] Dies muß erst recht für den noch zu Lebzeiten Anton Ulrichs begonnenen Kirchenneubau in Salder gelten, der in einer Phase entworfen worden war, als die Kontroversen um die Frage des richtigen Bekenntnisses auf ihrem Höhepunkt waren.

Auch wenn Bittschreiben der Gemeinde Salder um eine Reparatur oder einen Neubau ihrer baufälligen Kirche vorliegen – veranlaßt und auch großenteils finanziert hat den Kirchenbau der Patron, Erbprinz August Wil-

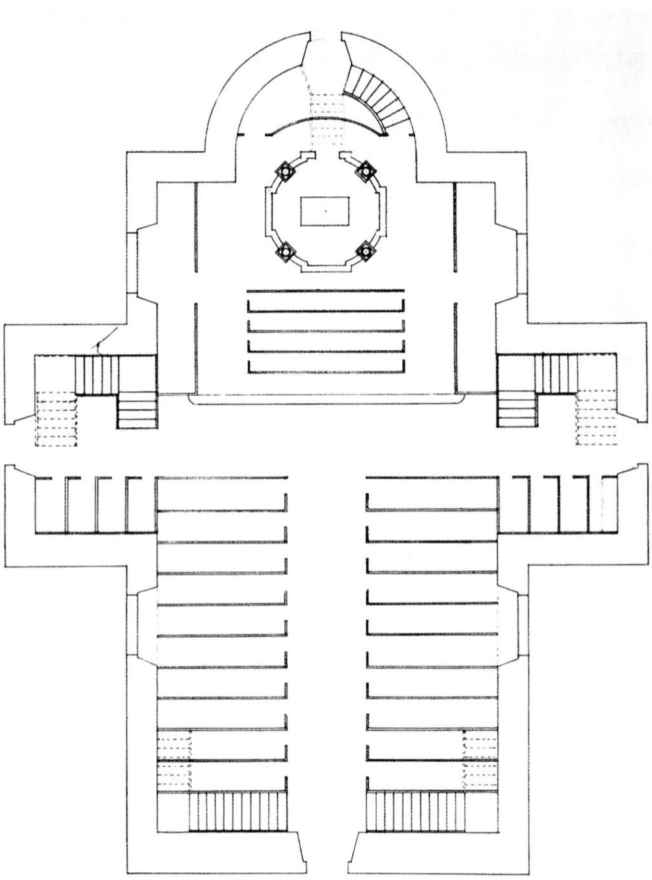

178 Salder, ev. Pfarrkirche, erster Entwurf von Johann Caspar v. Völcker nach dem Vorbild der Andreaskirche in Seesen, um 1709; HAB WF Top. 15 b, Blatt 2

helm. Das Bauprojekt findet zweimal Erwähnung in den Briefen seines Sekretärs Pape aus dem Frühjahr 1714. Pape hatte sich offenbar um den Fortgang des Bauwesens zu kümmern und darüber Bericht zu erstatten. Daß August Wilhelm seinen Sekretär und Vertrauten dafür einsetzte, zeigt, welche Wichtigkeit das Projekt für ihn besaß. Da seine eigenen Einkünfte nicht besonders reichhaltig waren, wurde es für ihn zu einer gewaltigen Belastung, das Projekt zu finanzieren. Pape sah jedenfalls keine andere Möglichkeit, als einen weiteren Kredit aufzunehmen, um den Bau fertigstellen zu können; denn das angefangene Bauprojekt fallen zu lassen – anscheinend war dieser Vorschlag geäußert worden –, wäre unklug und dem Ansehen des Erbprinzen höchst abträglich gewesen.[743] Unter dem Druck der öffentlichen Meinung sah sich August Wilhelm gezwungen, den Kirchenbau, der allgemein mit seiner Person in Verbindung gebracht wurde, unter allen Umständen zu Ende zu führen.

In seiner Zeit als Erbprinz hatte August Wilhelm das Schloß Salder als Sommerresidenz genutzt. Seine neue Schloßkirche wurde also von Angehörigen des Hofes und auswärtigen Gästen wahrgenommen. Bauherr und Architekt verwarfen den anfänglichen Entwurf einer Kreuzkirche nach dem Vorbild von Seesen (Abb. 178) und wählten die seinerzeit im evangelischen Kirchenbau modernste Form, nämlich die Quersaalkirche (Abb. 179), die Leonhard Christoph Sturm in seinem gerade erst 1712, also ein Jahr vor dem Baubeginn in Salder, erschienenen Traktat als die für protestantische Gotteshäuser am besten geeignete Raumform propagiert hatte (vgl oben S. 122 ff.). Sie wählten eine Raumform, die für den evangelischen Gottesdienst als optimal galt, in der es aber nach der Auffassung der frühen Neuzeit nicht ohne größere Umbauten möglich gewesen wäre, eine katholische Messe zu feiern. Solange sein Vater lebte, konnte August Wilhelm keinen großen Einfluß auf die Religionspolitik im Lande nehmen und erst recht keine Entscheidungen treffen. Er konnte folglich auch keine Kirchenbauten veranlassen oder deren Gestaltung bestimmen. Lediglich

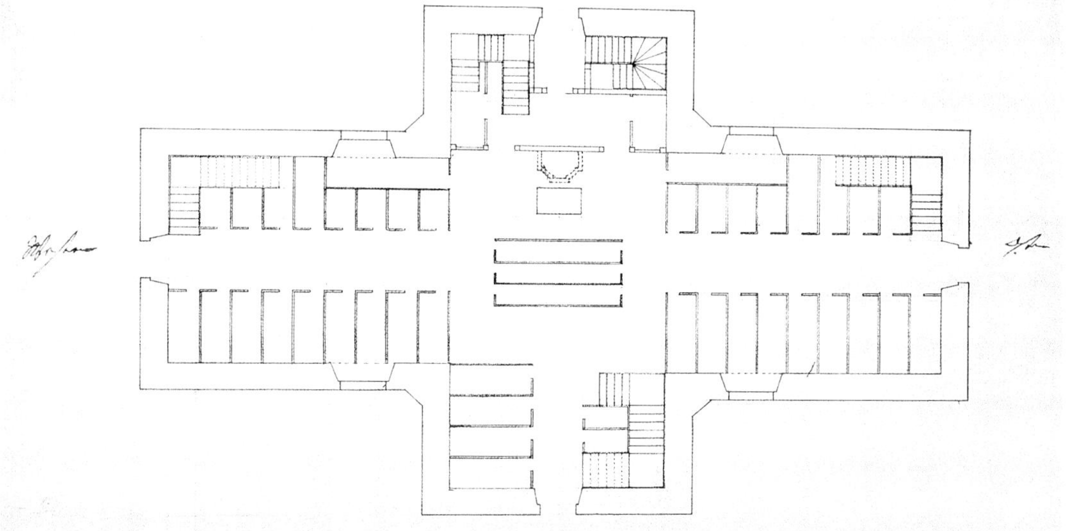

179 Salder, ev. Pfarrkirche, zweiter Entwurf von Johann Caspar v. Völcker, 1713; HAB WF Top. 15 b, Blatt 9

in dem einen Dorf, dessen Kirchenpatronat er innehatte, weil er es aus eigenem Recht käuflich erworben hatte, konnte er frei schalten und walten. Mit dem Bau dieser unübersehbar evangelischen Quersaalkirche dokumentierte der Erbprinz, daß er keinesfalls gesonnen war, dem Beispiel seines Vaters zu folgen, sondern daß er am lutherischen Glauben festhalten würde. Der Kirchenbau in Salder ist somit als August Wilhelms architektonisches Glaubensbekenntnis zu verstehen.

AUSBLICK

Frühneuzeitliche Querkirchen in den Territorien des Reiches

Um die Ergebnisse dieser exemplarischen Studie in einen übergeordneten Zusammenhang einzuordnen, werden die Bestände an Querkirchen in den übrigen evangelischen Teilen des Reiches nachfolgend in einem kurzen Überblick zusammengefaßt.

Diejenigen Gebiete, in welchen sich Schwerpunkte der Verbreitung quergerichteter Kirchenbauten abzeichnen, sind neben dem hessischen Raum das Kurfürstentum Brandenburg-Preußen mit der Hauptstadt Berlin sowie der Niederrhein und, mit zeitlicher Verzögerung, Franken, vor allem die Markgrafschaft Brandenburg-Ansbach.

Im Grenzgebiet zu den Niederlanden wurden in den reformierten Gebieten am Niederrhein und im Emsland bis in den Bremer Raum bereits ab dem späten 17. Jahrhundert zahlreiche quergerichtete Kirchenbauten ausgeführt. Eine systematische Untersuchung der Sakralarchitektur in diesen historisch nicht einheitlichen Landschaften liegt bislang nicht vor. In jenen Gebieten entwickelte sich das calvinistische Glaubensleben insgesamt in enger Anlehnung an die Niederlande, so daß auch die Kirchenbauten mit den dort entwickelten Bautypen in Zusammenhang zu bringen sind. Der Bau von Querkirchen nach dem Dreißigjährigen Krieg begann hier bereits ein halbes Jahrhundert früher als im hessischen Raum. Der T-förmige Bau der Neuen Kirche in Emden (1643–1648) steht in unmittelbarer Folge der niederländischen Kreuzkirchen, besonders der Amsterdamer Noorderkerk (1620–1623). Weitere Querkirchen entstanden 1648–1649 in Xanten, 1669–1681 in Süchteln, 1680–1684 im ostfriesischen Bargebur, 1683–1684 in Düsseldorf, 1684–86 in Neuenhaus, einer Nebenresidenz der Grafschaft Bentheim, und 1688–1693 in Urdenbach.[744] Die reformierte Kirche in der Bolkerstraße in Düsseldorf wurde als Pfarrkirche der reformierten Minderheit errichtet, welcher das katholische Herrscherhaus Pfalz-Neuburg erst 1672 die freie Religionsausübung zugesichert hatte.[745] Im 18. Jahrhundert setzte sich die Reihe sowohl im Rheinland als auch im Weser-Ems-Gebiet mit weiteren Bauten fort.

Die Gruppe der preußischen Querkirchen besitzt einen ersten Höhepunkt in Königsberg mit der lutherischen Schloßkirche (1585–1586/1600–1607, umgebaut 1706; Abb. 9) und der reformierten Burgkirche (1687–1699; Abb. 10).[746] Erstere ist ein Nachfolgebau der Stuttgarter Schloßkapelle, die zweite hat ihre Vorläufer in den Niederlanden. In den Residenzstädten Berlin und Potsdam wurden zwischen 1695 und 1780 Querkirchen errichtet, in der Mark Brandenburg zwischen 1721 und 1812, dort überwiegend in mittleren Städten und auf einigen Gütern. In Brandenburg-Preußen ist, anders als im hessischen Raum, zu konstatieren, daß Gotteshäuser dieses Typs zuerst von den Reformierten gebaut wurden. Die Lutheraner übernahmen die Bauform erst später und wandelten sie für ihre kultischen Bedürfnisse ab. Da die brandenburgischen Lutheraner einen Gottesdienst des Messetyps feierten, hatte für sie der Altar eine wesentlich größere Bedeutung. Folglich kam es bei den lutherischen Kirchen zu einer stärkeren Ausprägung von Chören oder zumindest gesonderten Altarräumen. Eine Entwicklung von reformierten Stadtkirchen zu lutherischen Landkirchen ist zu konstatieren; der ursprünglich reformierte Querkirchentyp wurde zu einem „evangelischen Kirchenbautyp überhaupt". Ohnehin waren ab 1700 im gemischtkonfessionellen Brandenburg-Preußen unter dem Einfluß pietistischen und aufklärerischen Gedankengutes schon frühzeitig Bestrebungen spürbar, die auf eine Union der beiden evangelischen Bekenntnisse abzielten.[747] Bezüge zu den Niederlanden sind bei vielen brandenburgischen Kirchenbauten vorhanden, zum einen aufgrund einzelner niederländischer Baumeister, die in Brandenburg tätig waren, ferner durch die dynastischen Verbindungen des Herrscherhauses sowie dessen reformierte Konfession, durch Einwanderer und ein allgemeines Interesse an Kultur, Wirtschaft und Technik der Holländer. An der Vermittlung niederländischer Kunst und Kultur nach Brandenburg und Anhalt waren nicht unwesentlich zwei Prinzessinnen aus dem Hause Oranien beteiligt, nämlich Louise Henriette, die erste Gemahlin Kurfürst Friedrich Wilhelms, und Henriette Catharina, die Gemahlin des Fürsten Johann Georg II. von Anhalt-Dessau.[748] Schönfeld, dessen Interesse vorwiegend auf die Herleitung der Bauformen aus der niederländischen Sakralarchitektur und weniger auf landes- und kirchengeschichtliche Zusammenhänge gerichtet ist, kommt zu dem Schluß, die Querkirchen in Berlin und Brandenburg könnten „in ihrer Grundrißform nicht mehr als unter holländischem Einfluß entstanden angesehen werden. Wohl aber verdanken sie ihre Entstehung der Auseinandersetzung mit der aus Holland kommenden Kreuzform."[749] In bezug auf die hessischen Querkirchen mit höfischer Nutzung wird dagegen die Beobachtung wichtig, daß die ersten preußischen Bauten dieses Typs in den Residenzstädten errichtet wurden, als Berlin und Potsdam entsprechend der neu erworbenen Königswürde des Herrscherhauses ausgestaltet wurden.

In Brandenburg-Ansbach begann der Bau von Querkirchen vergleichsweise spät mit der Patronatskirche in Wald von 1722. Den Entwurf erstellte der Hofbaumeister Karl Friedrich von Zocha, dessen Familie das Patronat innehatte. Dessen besonderes Interesse an dem Bau liegt auf der Hand, obwohl dem Landesherrn die Episkopalgewalt und die Baupflicht oblagen.[750] Auch bei anderen Patronatskirchen wie Stammheim und Altenburg hat sich erwiesen, daß die Patrone stark in die Planungen eingriffen. Insofern haben die Repräsentationsansprüche der Familie von Zocha bei der Planung der Kirche zweifellos eine wichtige Rolle gespielt.
Ebenfalls nach Plänen von Zochas entstand 1726–1731 die Stadtkirche in Uffenheim. Größere Verbreitung erfuhr der Quersaal hingegen erst unter seinem Nachfolger Johann David Steingruber, der mehrere standardisierte Grundrißtypen, darunter zwei quergerichtete, erarbeitete, welche ab den 1730er Jahren bis zu seinem Tod 1787 in Varianten immer wieder für ländliche Kirchenbauten angewendet wurden. Steingruber legte in der Regel mehrere Entwürfe für jedes Projekt vor, darunter eine Querkirche. Die Bautypen waren folglich beliebig einsetzbar, ohne daß eine besondere Aussage oder Wertung damit verbunden wurde.[751] Die drei von Leopoldo Retti entworfenen Hofkirchen des Markgraftums in Weidenbach (1735–1737), Ansbach (1736–1738) und Unterschwaningen (1738–1741) wurden längsorientiert.[752] Der Quersaal war im lutherischen Brandenburg-Ansbach ein verbreiteter Bautypus für ländliche Gemeindekirchen. Das Markgraftum ist als eines der Gebiete des Reiches mit dem dichtesten Bestand an Querkirchen einzustufen. Das benachbarte Brandenburg-Bayreuth hingegen besitzt trotz noch engerer politischer Verbindungen nach Berlin keine Querkirchenbauten außer der kreuzförmigen Sophienkirche in Bayreuth-St. Georgen (1705–1711) und der französisch-reformierten Kirche in Erlangen (1686–1691; Abb. 141 u. 142).
Die linksrheinische Pfalz war in ähnlicher Weise territorial zersplittert wie Mittelhessen. Ähnlich vielfältig und unübersichtlich zeigte sich auch dort die Durchmischung von Landesherrschaften und Konfessionen. Außer der nassau-weilburgischen Residenzkirche in Kirchheimbolanden entstanden in jener Region mehrere Querkirchen in verschiedenen Territorien. Bemerkenswert ist die schon erwähnte Häufung von Bauten dieses Typs rings um den Donnersberg in der zweiten Hälfte des 18. Jahrhunderts. In den kurpfälzischen Gebieten wurden beispielsweise in Grünstadt (1739), Edenkoben (1739–1740) und Meckenheim (1748) quergerichtete Kirchen gebaut.[753]
Zum Kirchenbau im Herzogtum Württemberg fehlt bisher eine Überblicksdarstellung. Es ist jedoch anzunehmen, daß die Schloßkapelle der Residenz Stuttgart (Abb. 6) über die bekannten Schloßkapellen von Hellenstein und Liebenstein hinaus Nachfolge im Land gefunden hat.[754] Walther-Gerd Fleck vermutet, daß die Kapelle des 1560–1567 entstandenen Schloßneubaus in Pfullingen ebenfalls ein Querraum gewesen sei. Der Bautypus wäre dort demnach als Zeichen für das evangelische Bekenntnis des Herzogs eingesetzt worden.[755] Württembergische Querkirchen aus späterer Zeit finden sich in Biberach (1649), Gerabronn (1740) und Aalen (1765).
In Sachsen und Thüringen sind Querkirchen vergleichsweise selten. Das Mutterland der lutherischen Reformation hielt an der von Luther geforderten Dreiteilung in Vorhalle, Gemeinderaum und Chor und damit an der Längsorientierung fest. Der lutherische Messegottesdienst mit seiner Altarliturgie bewirkte, daß dem Altar und der Gestaltung des Altarraums erhöhte Bedeutung beigemessen wurde. Charakteristisch für den sächsischen und thüringischen Kirchenbau sind aufwendige Kanzelaltäre.[756] Auch für die Schloßkapellen und Residenzkirchen der zahlreichen sächsischen Linien wurden längsgerichtete Grundrisse gewählt. Eine Ausnahme bildet lediglich die 1680–1692 errichtete Schloßkapelle Herzog Christians von Sachsen-Eisenberg. Der Quersaal mit angefügtem Chorturm in Eisenberg (Abb. 46 u. 47) wird von der Zweipoligkeit des Raumes geprägt, der sich um die Achse zwischen dem liturgischen Zentrum, welches Altar, Kanzel und Orgel vereinigt, und der gegenüberliegenden Herzogsloge spannt und somit einer ähnlichen Raumdisposition entspricht wie Weilburg, Kirchheimbolanden oder Erbach. Die Schloßkapelle in Eisenberg stellt ein auffallend frühes Beispiel dieses Typs einer Hofkirche in konsequent achsensymmetrischer Durchbildung dar.
Eine quergerichtete Stadtkirche entstand beim Wiederaufbau eines Vorgängerbaus in erweiterter Gestalt 1744–1748 in Großenhain (Abb. 131). Weitere Querkirchen wurden in Sachsen erst in der zweiten Hälfte des 18. Jahrhunderts ausgeführt.
In den drei welfischen Herzogtümern erfreute sich der Bautypus etwas größerer Beliebtheit. Das herausragendste Beispiel, die Schloßkapelle des Erbprinzen von Braunschweig-Wolfenbüttel in Salder (1713–1717), ist samt der damit verbundenen konfessionspolitischen Aussage im vorangegangen Exkurs ausführlich erörtert worden. Eine frühe Querkirche entstand jedoch schon 1657 als Friedhofskapelle für die Residenzstadt Celle. Dort wurde zudem für die nach 1685 gegründete französisch-reformierte Gemeinde ein weiterer Quersaal in Fachwerkbauweise errichtet, welcher 1700 eingeweiht werden konnte. Das ranghöchste Mitglied dieser Gemeinde war die Gemahlin des Herzogs Georg Wilhelm, Eleonore d'Olbreuse, die einen Fürstenstuhl im Parterre gegenüber von Kanzel und Abendmahlstisch besaß. Daher ist auch dieser Bau nicht allein aus der Tradition

hugenottischer Tempel zu erklären, sondern hatte den Ansprüchen höfischer Repräsentation zu genügen.[757] Eine große querrechteckige Stadtpfarrkirche wurde 1675–1683 in Zellerfeld errichtet. In Imbshausen bei Northeim ließ der Patronatsherr Friedrich von Steinberg 1725–1730 eine Querkirche mit Kanzelaltar und Herrschaftsstand erbauen. Die Querkirche von Oberscheden (1740–1742) wird Johann Friedrich Jussow zugeschrieben, könnte also durchaus in Zusammenhang mit hessen-kasselischen Bauten stehen.[758] Weitere quergerichtete Pfarrkirchen wurden in der Umgebung Hannovers 1727 in Linden und 1737 in Sehnde ausgeführt.

In Schleswig-Holstein entstand die früheste Querkirche erst 1787–1791 mit dem Bau der Ratzeburger Stadtkirche. In Schlesien fehlen derartige Bauten ganz. Dieser Überblick muß zwangsläufig lückenhaft bleiben, da der Forschungsstand zu den einzelnen Territorien stark divergiert. Es lassen sich jedoch in den evangelischen Gebieten des Reiches sehr unterschiedliche Präferenzen für bestimmte Kirchenbautypen erkennen. Als genereller Trend zeichnet sich ab, daß Querkirchen bis in das erste Viertel des 18. Jahrhunderts bevorzugt von den Reformierten und in denjenigen lutherischen Gebieten, deren Hauptgottesdienst dem Predigtgottesdiensttyp entsprach, gewählt wurden. Im weiteren Verlauf des 18. Jahrhunderts wurde die Form auch zunehmend von Lutheranern mit Messegottesdienst, beispielsweise in Brandenburg, eingesetzt, als sich ein eher ‚gesamtevangelischer' Kirchenbaustil entwickelte. Dies gilt jedoch längst nicht überall, wie die Situation in Sachsen zeigt. Hinzu kommen Projekte in höfischem Kontext, bei welchen auf eine angemessene Plazierung des Herrschaftsstandes Wert gelegt wurde. Unter diesen finden sich auffallend häufig Querkirchen, die allerdings schwer miteinander in Beziehung zu setzen, sondern zumeist als Einzelfälle zu werten sind. Die für den Bestand des hessischen Raumes gefundenen Thesen sind nicht ohne weiteres auf andere Regionen zu übertragen, solange sie nicht anhand detaillierter Untersuchungen zu den dortigen landes- und kirchengeschichtlichen Verhältnissen überprüft worden sind.

Die Bewertung der Querkirche in den letzten drei Jahrhunderten

Das 18. Jahrhundert: Funktionalität und Typenbildung

Nach den ersten Raumexperimenten des Reformationsjahrhunderts und nach Ablauf der Regenerationsphase, die aufgrund des Dreißigjährigen Krieges notwendig wurde, bildete sich im späten 17. und frühen 18. Jahrhundert eine eigenständige protestantische Sakralarchitektur mit spezifisch evangelischen Raum- und Bautypen heraus. Nachdem die evangelische Sakralarchitektur sich bis ins 17. Jahrhundert hinein traditioneller Bauformen und Grundrißtypen bedient hatte, übernahm ab 1700 die Innovation die Dominanz über die Tradition.[759] Abgesehen von den bereits referierten Abhandlungen Leonhard Christoph Sturms zu den evangelischen Grundrißtypen sind aus der ersten Hälfte des 18. Jahrhunderts jedoch nur wenige konkrete Äußerungen zur Bewertung von Querkirchen greifbar.

Der Rotenburger Pfarrer Friedrich Lucae rühmte in seiner 1700–1701 verfaßten Chronik die Rotenburger Schloßkapelle (Abb. 13–15) als „eine von den vortrefflichsten Zierden des Hessenlandes." Durch das helle Licht, das durch die klaren Fenster an beiden Längsseiten einfiele, würde die „nach der Baukunst wohl aufgeführte Kirche ... desto angenehmer."[760] Der Autor lobte die architektonische Gestalt des Gotteshauses, worin gewiß nicht nur eine ehrerbietige Reminiszenz an des Herrscherhaus zu sehen ist, denn gerade in der Zeit um 1700 fand die quergerichtete Kirchenform wieder Eingang in die hessen-kasselische Kirchenarchitektur. Lucae hatte jedenfalls keine Einwände gegen diese Raumform, sondern empfand sie als gut gestaltete Baukunst.

Im Konflikt zwischen Tradition und Innovation sah sich Leonhard Christoph Sturm, als er einer lutherischen Gemeinde einen Vorschlag unterbreitete, wie im vorhandenen Kirchenraum zusätzliche Sitzplätze unterzubringen wären. Da die Gemeinde und die Patrone darauf beharrten, die traditionelle Ostung ihrer Kirche beizubehalten, fand Sturms Gedanke, den Raum zu drehen und seinem Idealentwurf entsprechend quer einzurichten, keinen Anklang:

> „Ich sollte einmahl einen Rath geben / wie man eine gewisse Kirche auf dem Lande / da man die Gestühle / Kantzel und Altar alles wollte neu machen / so anlegen könnte / daß mehr Leuthe hinein kommen könten / weil die Gemeinde sich zimlich vergrössert. Da zeigete ich / wie man über hundert Sitze gewinnen könnte / wenn man Altar und Kanzel in das Schiff an eine der langen Wände setzete / wie auch sonst alles recht regulier heraus kommen würde / (denn es wäre eine Dessein daraus worden / wie das / so ich hier in der zehenden Tabelle vorgestellet habe.) Ich kann aber nicht sagen / wie hönisch die von Adel / als Patroni / und der Pastor loci darüber gewesen / daß ich also auch in diesem Casu erfahren / wie tieff dieses thörigte Praejudiz noch in vielen Hertzen stecke."[761]

Genau entgegengesetzt war die Reaktion beim Neubau der Stadtkirche im brandenburg-ansbachischen Uffenheim. Der dortige Dekan Johann Friedrich Dürr formulierte seine Vorstellungen von einem Kirchenbau

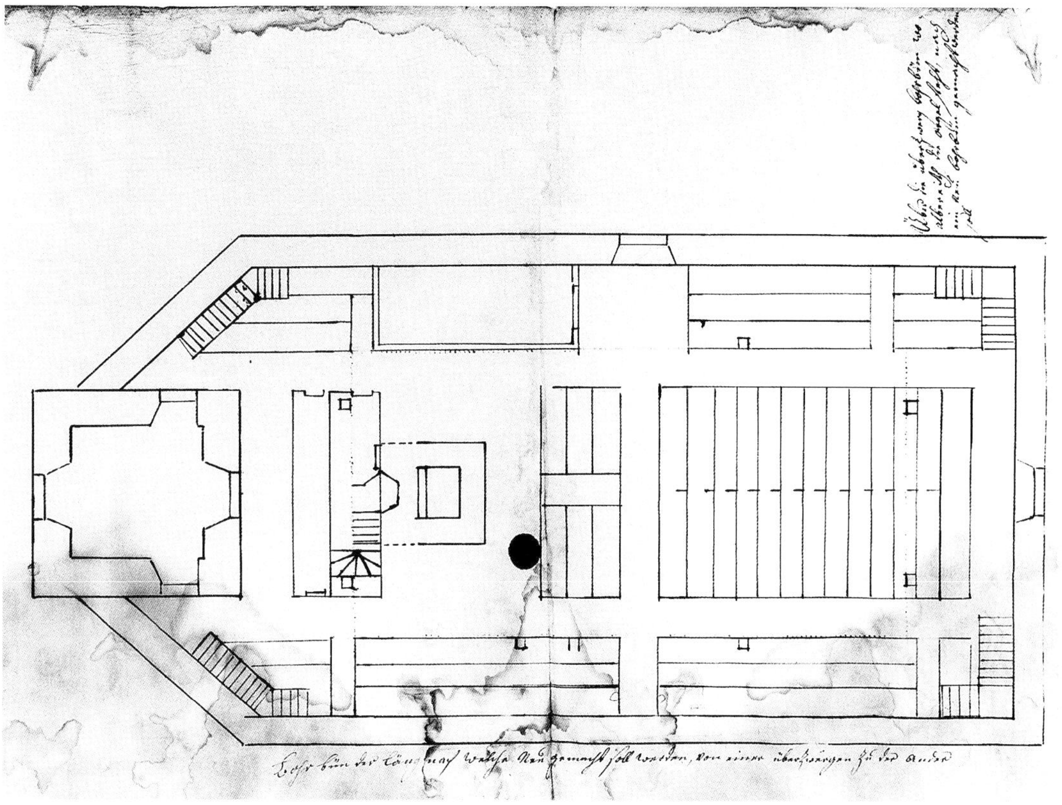

180 Pirmasens, Lutherkirche, Umbauentwurf, 1767 LA SP C 20 Nr. 325/2

sehr konkret und übte deutliche Kritik an den Entwürfen des Landbaumeisters von Zocha:

„Im Jahr 1724 kritisierte er an dem von Karl Friedrich von Zocha gefertigten ovalen Grundriß, daß die Kanzel im spitzen Teil plaziert sei, so daß die ihr gegenüber Sitzenden allzu weit vom Prediger entfernt seien. Er legte seinem Schreiben an Zocha einen anderen Grundriß bei, der die Kanzel an der breiten Südseite vorsah, und bemerkte dazu, daß er in der Schloßkirche in Weimar Altar, Kanzel und Orgel übereinander gesehen habe. Es schiene ihm, man könne bei dieser Anlage viel Platz gewinnen und ein gutes Teil an Kosten für die innere Ausgestaltung einsparen. Auch sei der Ort der Kanzel für die Katechisationen sehr günstig, da man von ihr aus die Kinder besser hören könne. Zugleich sei nicht nur die Sakristei hinter der Kanzel unterzubringen, sondern böte Raum auf beiden Seiten zu Stühlen für die Geistlichen und die Präzeptoren, um die Jugendlichen besser zu überwachen."[762]

Was der Dekan hier vorschlug, wäre auf eine Querrichtung des Raumes hinausgelaufen. Manche der damaligen Prediger waren sich also der Vorteile, die ein Quersaal bot, bewußt. Dürr befürwortete diese Raumform vorbehaltlos. Die in den Jahren 1726–1731 errichtete Uffenheimer Stadtkirche ist in der Tat als Querkirche ausgeführt worden.[763]

Auch Christian Ludwig Hermann griff 1728 in seinem schon mehrfach erwähnten Gutachten zu Ober-Eschbach Sturms Argumente zugunsten der Querkirche auf. Friedrich Joachim Stengel entwickelte 1737 seinen Grävenwiesbacher Kirchentypus eindeutig anhand von Sturms Idealentwürfen. Unter Architekten, Bauherren und Geistlichen waren die Inhalte von Sturms Theorien in den 1720er und 1730er Jahren offensichtlich weithin bekannt und akzeptiert.

Im Gegensatz dazu zeigen die Auseinandersetzungen um eine Umgestaltung der erst 1761 vollendeten lutherischen Kirche in Pirmasens, daß dort schon nach wenigen Jahren Unzufriedenheit mit der querorientierten Raumgestaltung aufkam. Da sowohl die Garnison als auch die Gesamtbevölkerung sich im Laufe eines Jahrzehntes fast verdoppelten, herrschte in dem neuen Gotteshaus sehr bald Platzmangel.[764] Daher wurde geplant, eine zweite Empore einzuziehen. Nach Umbauplänen, die 1767 erstellt wurden (Abb. 180)[765], sollte die ganze Ausstattung verändert und der Innenraum längsgerichtet werden, damit die Emporenanlage an beiden Längsseiten und der südlichen Schmalseite verlaufen könnte. Kanzel und Altar wollte man an die Turminnenwand versetzen, die Orgel über die Kanzel stellen. Die herrschaftliche Loge behielt ebenso wie die Bänke in der südöstlichen Hälfte der Kirche ihren Standort. Doch nicht für die Stadtgemeinde, sondern für die Garnison war die neue Kirche zu klein, so daß erstere sich weigerte, die Umbauten zu finanzieren. Daher ruhte das Projekt bis 1774. Ein Memoriale faßte die Argumente zusammen, die gegen die Richtungsänderung sprechen, und bot eine Lösung an, die vom Fürsten gebilligt wurde:

„Weilen der Plaz in dahiesiger Evangelischen Kirche anfänget nicht mehr reichend zu seyn, so hat man seit einigen Jahren gesuchet, durch Aufführung einer neuen Empor Kirche auf der Seite, wo die Canzel befindlich ist, wie auch durch Versezung derselben und des Altars, den nöthigen Plaz zu gewinnen, nach mehrmaliger Einsicht und Überlegung aber hat man gefunden, daß dieser Versuch in verschiedenem Betracht weder rathsam noch thunlich seye und zwar besonders wegen folgender Haupt Anstände

1) würde durch Aufführung einer Empor Kirche auf dieser Seite, wo die Fenster keine Gebäude vor sich haben und dem Gaßen Staub nicht ausgesezet sind, das Licht dieser sonst ziemlich hellen Kirche benommen und solche alsdann sehr dunkel werden, welches einer der grösten Mängel ist, auch verliehret man
2) den nehmlichen Plaz in denen untern oder Weiber Stühlen, welchen man durch die Empor Kirche zu gewinnen suchet, anbey würden
3) alle Personen, welche seit vielen Jahren ihre angewiesenen Pläze gehabt, solche verliehren, dieses aber solches Vornehmen schwehr und verdrüslich machen nicht weniger können
4) diese Veränderungen, welche in vielen Articuln bestehen, nicht anderst als kostspielig ausfallen und am ende wird doch nicht viel Plaz dadurch gewonnen.

Will man aber nur lezteres und keine Veränderung der Canzel nebst zugehörde zum Augenmerck haben? so kan ... mehr als der 4te Theil Plaz, wie dermahlen vorhanden ist, gewonnen und nur mit den halben Kosten gegen jener Veränderung bestritten werden, Wann auf der Seiten der Straß und des Thurns über die bereits vorhandene Empor Kirche, eine zweyte aufgeführet wird.
Dieses ist nach Erkenntnus derer Handwercksleuthe leichte und vollkommen thunlich, es wird der Kirche, welche von diesen zwey Seiten wenig Licht empfänget, das Helle nicht benommen, es bleibet die ganze Einrichtung der untern Stühle ohnverändert und wird endlich der gesuchte mehrere Plaz gefunden ...“[766]

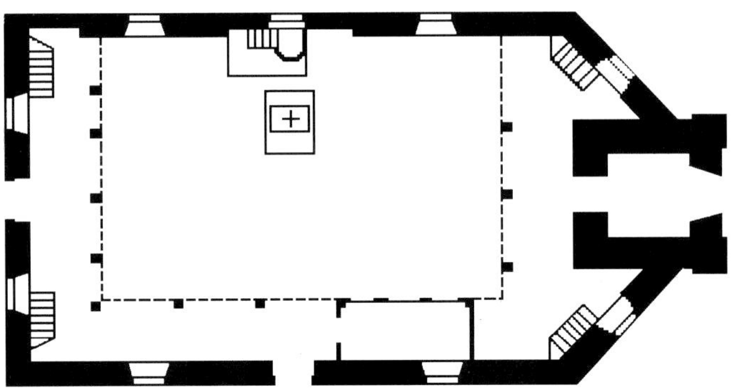

181 Pirmasens, Lutherkirche, Grundriß

Die quergerichtete Innenausstattung (Abb. 181) hatte Baumeister Schild vermutlich deswegen gewählt, um in dem Bau, dessen Raumvolumen aus Sparsamkeitsgründen so klein wie möglich zu halten war, die größtmögliche Zahl an Sitzplätzen unterzubringen. Die Planer hatten ein so schnelles Wachstum der Garnison offenbar nicht einkalkuliert. Die Quersaalform wurde nicht aus architektonisch-gestalterischen Gründen gewählt, sonst wäre sie nicht schon sechs Jahre nach ihrer Fertigstellung auf solche Ablehnung gestoßen. Auch die Funktion als Hofkirche und die Positionierung der herrschaftlichen Loge kann keine große Rolle gespielt haben. Der Herrschaftsstand befand sich nicht in der Mittelachse, sondern rechts neben dem nördlichen Hauptportal zu ebener Erde. Dies paßt zu dem provisorischen Charakter der ganzen Residenz des Erbprinzen und späteren Landgrafen Ludwig IX., dessen Lebensstil von militärischen Idealen geprägt und der durch die hohe Staatsverschuldung zu äußerster Zurückhaltung bei den Ausgaben gezwungen war.
Innovative Gedanken und Bauformen setzten sich nach und nach durch, wenn es auch immer wieder geteilte Meinungen gab, wie der Fall Pirmasens belegt. Nicht zuletzt funktionale Gesichtspunkte sprachen für die Querrichtung von Kirchenräumen. Architekten und Theologen des 19. Jahrhunderts warfen den Kirchenbauern der frühen Neuzeit daher vor, sie hätten allein die Erfordernisse der praktischen Nutzung dieser Räume in ihre Überlegungen einbezogen und keinen Wert auf künstlerische Gestaltung gelegt.

Das 19. und frühe 20. Jahrhundert: Zurück zur Sakralität

Das 19. und frühe 20. Jahrhundert reagierte auf die Querkirchen zumeist mit völligem Unverständnis. Das geht schon aus den Beschreibungen in den älteren Kunstdenkmälerinventaren hervor, soweit diese die Bauten des 18. Jahrhunderts überhaupt für erwähnenswert erachtet haben. So konstatierte Rudolf Adamy im Inventar von 1895 bezüglich der Wölfersheimer Pfarrkirche (Abb. 254):

„Den mit schlichter Spiegeldecke versehenen weiten und hohen Raum vermögen auch die eingebauten Holzemporen nicht zu beleben; die viereckigen Fenster, die theils für die ganze Höhe, theils bloss für die Emporenhöhe berechnet sind, lassen dazu fast allzu reichliches Licht einströmen, so dass der Eindruck des Innenraumes der einer unerquicklichen Oede ist.“[767]

Die Erbacher Stadtkirche (Abb. 76) wurde 1891 wie folgt beschrieben:

„Der Innenraum der Pfarrkirche verzichtet auf die Ziele eines dem Idealen zustrebenden Heiligthums und geht über die Utilitätsgrenze einer grossräumigen homiletischen Sprechhalle nicht hinaus, ganz in Uebereinstimmung mit zahlreichen anderen in jener Zeit entstandenen, dem sogen. architektonischen Rationalismus huldigenden Predigtsälen, denen jede kirchliche Stimmung fehlt."[768]

Eine der seltenen positiven Bewertungen aus der Zeit um 1900 findet sich in der Langenselbolder Pfarrchronik:

„Was die Kirche selbst angeht, so kann dieselbe geradezu als Muster einer Predigtkirche angesehen werden. Trotz des großen Raumes ist die Akustik vorzüglich. Der Geistliche kann von der Kanzel aus das ganze Innere des Gotteshauses überblicken und von allen Kirchenbesuchern gesehen werden."[769]

Bis in die 1840er Jahre waren Querkirchen errichtet worden; das letzte quergerichtete Gotteshaus des hessischen Raumes entstand 1844 in Wittelsberg (Abb. 115). In der zweiten Hälfte des 19. Jahrhunderts führte die Rückbesinnung auf die Architekturformen des Mittelalters jedoch dazu, daß längsgerichtete Kirchen mit Ostchor und Westturm auch für evangelische Gotteshäuser als ideal angesehen wurden.

Die Vorschriften des 1861 veröffentlichten Eisenacher Regulativs forderten die Übernahme mittelalterlicher Baugewohnheiten, unter anderem die Ostung, einen Grundriß in Kreuzform mit Apsis, entweder den frühchristlichen, romanischen oder gotischen Stil, ein Westportal, einen Westturm oder eine Doppelturmanlage im Westen oder im Osten, eine Erhöhung des Altarbereichs durch Stufen, die Anbringung der Kanzel am Chorbogenpfeiler und eine Orgelempore im Westen.[770] Die Architekten konnten bei der Planung evangelischer Kirchen zwischen 1861 bis zur Jahrhundertwende die Stilformen nicht frei wählen, sondern hatten die Bestimmungen dieser Bauordnung einzuhalten.[771] Die Regeln wurden erst 1898 „unter dem Eindruck des konkurrierenden und als revolutionär empfundenen ‚Wiesbadener Programms' (1891), etwas gemildert."[772] Die wichtigsten, für die Raumgestalt entscheidenden Bestimmungen lauten wie folgt:

1. „Jede Kirche soll nach alter Sitte orientiert, d. h. so angelegt werden, daß ihr Altarraum gegen den Sonnenaufgang liegt.
2. Die dem evangelischen Gottesdienst angemessenste Grundform der Kirche ist ein längliches Viereck. (...) Eine Ausladung im Osten für den Altarraum (Apsis, Tribüne, Chor) und in den östlichen Teile der Langseiten für einen nördlichen und südlichen Querarm giebt dem Gebäude die bedeutsame Anlage von Kreuzgestalt. (...)
3. Die Würde des christlichen Kirchenbaus fordert Anschluß an einen der geschichtlich entwickelten christlichen Baustile und empfiehlt in der Grundform des länglichen Vierecks neben der altchristlichen Basilika und der sogenannten romanischen (vorgothischen) Bauart vorzugsweise den sogenannten germanischen (gothischen) Stil. (...)
5. Der Haupteingang der Kirche steht an angemessensten in der Mitte der westlichen Schmalseite, so daß von ihm bis nach dem Altar sich die Längsachse der Kirche erstreckt. (...)
10. Die Kanzel darf weder vor noch hinter oder über dem Altar, noch überhaupt im Chore stehen. Ihre richtige Stellung ist da, wo Chor und Schiff zusammenstoßen, an einem Pfeiler des Chorbogens nach außen (dem Schiffe zu); in mehrschiffigen großen Kirchen an einem der östlicheren Pfeiler des Mittelschiffs. (...)
11. Die Orgel ... findet ihren natürlichen Ort dem Altar gegenüber am Westende der Kirche auf einer Empore über dem Haupteingang ...
13. Emporen, außer der westlichen (11), müssen, wo sie unvermeidlich sind, an den beiden Langseiten der Kirche so angebracht werden, daß sie den freien Überblick der Kirche nicht stören. Auf keinen Fall dürfen sie sich in den Chor hineinziehen. (...) Von mehreren Emporen übereinander sollte ohnehin nicht die Rede sein."[773]

Die Prinzipien des Eisenacher Regulativs wurden nicht nur zur Grundlage für die zahlreichen im deutschen Kaiserreich ausgeführten neoromanischen und neogotischen Neubauten. Auch diverse bestehende Bauten wurden dementsprechend umgestaltet. So ist die Salvatorkirche in Zellerfeld, eine der frühesten quergerichtete Pfarrkirchen auf dem Boden des Reiches, 1863–1864 zu einer längsgerichteten dreischiffigen Halle umgestaltet worden.[774]

Auch für einige der hier behandelten hessischen Quersaalkirchen gab es Absichten, sie in Längsräume zu verwandeln. Heinrich Walbe, dem damaligen Großherzoglichen Denkmalpfleger für Oberhessen, ist zu verdanken, daß sein Veto die Zerstörung der Inneneinrichtung beispielsweise von Stammheim und Ostheim verhindert hat.

In Stammheim (Abb. 182) ging es 1906 zunächst nur um die Stellung der beiden neu zu installierenden Öfen. Pfarrer und Kirchenvorstand sprachen sich dafür aus, diese Öfen, weil es so am praktischsten wäre, zu beiden Seiten der Kanzel aufzustellen. Der Einspruch des Denkmalpflegers und dessen Vorschlag, die Öfen stattdessen unter der Empore an der gegenüberliegende Längsseite zu plazieren, veranlaßte den Kirchenvorstand zu der Reaktion: „Ist denn wirklich unsere Kirche ein Kunstdenkmal? Das kann man doch wohl nicht behaupten."[775] Walbe erläuterte darauf:

„Ich hoffe, dass mit dieser negativen Ansicht der Herr Pfarrer selbst unter seinen Amtsbrüdern ziemlich allein stehen wird. Man hat zwar früher in der Hauptsache nur mittelalterliche Kirchen als Kunstdenkmäler betrachtet, ist aber doch schon längst anderer Ansicht geworden und weiss vor allem den künstlerischen Wert auch der kleineren Kirchen des 17ten und 18ten Jahrhunderts zu würdigen. Für die Stammheimer Kirche insbesondere gilt, dass sie für die Geschichte des protestantischen Kirchenbaues einen interessanten Typus vertritt (der in Oberhessen noch öfter vorkommt), der an drei Seiten Emporen aufweist, an der vierten (Längsseite!) in der Mitte Altar und Kanzel."[776]

Kurz nach 1900 begannen also Vertreter der Denkmalpflege, den historischen und kunstgeschichtlichen Wert des frühneuzeitlichen protestantischen Kirchenbaues und die Bedeutung der Querkirche als charakteristischer evangelischer Bautypus anzuerkennen.

Die Stammheimer gingen immerhin nicht so weit, eine Umorientierung ihres Kirchenraumes zu fordern. Das mag damit zusammenhängen, daß die Kirche nur von der südlichen Breitseite her betreten werden kann und daß die Inneneinrichtung, abgesehen von der Stellung der Orgel, einer konsequenten Symmetrie gehorcht. In größerer Gefahr befand sich hingegen der Ostheimer Kirchenraum (Abb. 183). Pfarrer Möbus und der Kirchenvorstand wollten 1912 den Raum wie folgt verändern:

„(Wir) ... bemerken ..., daß wir bei unserer von Anfang an geäußerten Ansicht, daß die Kirche axial einzurichten sei, beharren; daß also ... die Orgel auf die nördliche Empore gestellt, die Süd=Empore ausgebaut, der Altar mit der Front nach Süden in den nördlichen Teil der Kirche verlegt und die Kanzel um etwa vier bis fünf Meter nach Norden zurückgerückt wird. Bei dieser Einrichtung, die entschieden praktischer ist, als die seitherige, würden keine Sitzplätze verloren gehen ..."[777]

Denkmalpfleger Walbe war strikt dagegen:

„Gegen die ‚achsiale' Einrichtung der Kirche muß ich mich als Denkmalpfleger ganz entschieden aussprechen. (...) Die Querkirche ist eine charakteristische Erscheinung des protestantischen Kirchenbaues, sie tritt vereinzelt schon sehr früh auf. (...) Es ist doch undenkbar, daß man jetzt alle diese Kirchen in Längskirchen verwandeln soll, gerade *die* Kirchen, welche der Protestantismus absichtlich im Gegensatz zur mittelalterlichen Längskirche als Querkirchen gebaut hat!"[778]

Pfarrer und Kirchenvorstand gaben sich damit allerdings nicht zufrieden. Sie argumentierten mit der unpraktischen und eben nicht wie bei den von Walbe genannten Beispielen achsensymmetrischen Innenraumdisposition ihrer Kirche und lieferten eine ausführliche Begründung ihres Standpunktes:

„Unsere Kirche ist in ihrer Anlage durchaus nicht mit den Kirchen etwa in Friedberg oder Assenheim ... zu vergleichen; denn diese Kirchen sind wohl Querkirchen, aber sie haben gerade das, was wir wollen, in einem so ausgeprägten und vollkommenen Maße, wie wir es gar nicht einmal schaffen können. Diese Kirchen sind durchaus ‚axial' eingerichtet, ... d. h. Eingangstüre, Altar,

182 Stammheim, ev. Kirche, Innenraum, Zustand 1906

183 Ostheim, ev. Pfarrkirche, Innenraum

Kanzel u. Orgel liegen in einer Linie und der übrige Kirchenraum ist nach rechts und links gleichmäßig verteilt und angeordnet. Unsere Kirche ist in ihrer jetzigen Anlage keine solche Querkirche; denn Orgel und Kanzel stehen an derselben Wand nebeneinander und zwar so unschön und unpraktisch, daß die Orgel die Kanzel zum Teil verdeckt. Die Orgel ‚steht' auch nicht, sondern sie ‚hängt' wie ein Käfig vor einer Wandöffnung (vielleicht um diese zu verdecken?) Der Haupteingang befindet sich nicht gegenüber dem Altar und der Orgel, sondern links seitlich davon, so daß man beim Eintritt in die Kirche dieselbe gewissermaßen von der Seite sieht, und dieser Anblick bleibt mehr oder weniger für Alle, mit Ausnahme der Schulkinder die links vom Altar sitzen. Der Altar steht nämlich auch nicht etwa in der Mitte der Kirche, sondern im Nord-Ostwinkel und die Gemeinde sitzt, wie schon gesagt, soweit der untere Kirchenraum in Frage kommt, nur auf der linken Seite desselben. Die Kanzel steht im Süd-Ost-Winkel, aber den Bänken so nahe, bezw. derart über den Bänken, daß das Aufblicken zu derselben sehr mühsam, anstrengend und schmerzverursachend ist. Das sind aber Alles praktische und liturgische Übelstände so schwerwiegender Art, daß sie weder durch die malerische Schönheit noch durch den künstlerischen Wert der Anlage, – worüber man übrigens verschiedener Meinung sein kann, – ausgeglichen werden."[779]

Die beschriebenen Nachteile dieser Gestaltung sind einsichtig. Der Ostheimer Kirchenvorstand konnte sich jedoch mit seiner Ansicht nicht durchsetzen – beide Parteien hatten das Oberkonsistorium als Entscheidungsinstanz angerufen –, denn das Resultat war, daß die bestehende Anordnung beibehalten wurde.[780]

Gerade das letztere, willkürlich herausgegriffene Beispiel beweist, daß sich im Laufe von 150 Jahren die Vorstellung von einem idealen evangelischen Kirchenraum vollständig gewandelt hatte. Die Gemeinde Ostheim wünschte sich, ganz in Einklang mit den Bestimmungen des Eisenacher Regulativs, einen längsgerichteten Kirchenraum, dessen Haupteingang dem Altar gegenüberliegen sollte. Ihren Kirchenraum mit seiner geschlossenen Ausstattung aus der Bauzeit als bewahrenswertes Kunstwerk anzusehen, waren die Ostheimer Kirchenvorsteher damals nicht bereit.

Eine noch weitaus schärfere Ablehnung des Querkirchentypus formulierte Alfred Wiesenhütter in seiner 1936 erschienenen Schrift über den Kirchenbau des deutschen Ostens:

„Es ist als Zeichen guten Instinktes zu buchen, daß der Querhausgedanke, mit Ausnahme von Berlin und Potsdam, so geringen Anklang gefunden hat. Schon die akustischen Gesetze sind gegen ihn. Das Gestühl unmittelbar rechts und links vom Kanzelaltar fällt aus dem Schallwinkel heraus. Aber auch tiefere seelische Mächte wehren sich gegen das Querhaus. Wird die Querachse zur Hauptachse, prallt der Eintretende unmittelbar auf die gegenüberliegende Altarwand auf. Durch die Enge des Raumes wird der Gottesdienstteilnehmer eingeschnürt. Auf die Seele, die aus der Enge des Irdischen in die Weite des Ewigen sich streckt, legt sich die Enge der Mauern als neuer Druck. (...) Das Obenstehende auch gegen L. Chr. Sturm, der die nach der Querachse entwickelte Saalkirche als die für den protestantischen Kirchenbau geeignetste Form empfiehlt. Die Geschichte hat deutlich genug ihr Urteil gesprochen."[781]

Wiesenhütters sehr pathetisch vorgetragene Negativeinschätzung sollte jedoch keinen dauerhaften Bestand haben. Die Kirchenarchitektur der Nachkriegsjahrzehnte zeigt, daß das „Urteil der Geschichte" gegen den quergerichteten Gottesdienstraum keineswegs endgültig war.

Die Nachkriegszeit

Auch in der zweiten Hälfte des 20. Jahrhunderts sind verschiedentlich Auffassungen zu spüren, mit denen sich die Ideale des 18. Jahrhunderts nicht mehr in Einklang bringen lassen. Statt theologischer Programmschriften soll an dieser Stelle wiederum ein willkürlich ausgewähltes Beispiel herangezogen werden. Die Kirche in Eisemroth mit ihrer aus der ersten Hälfte des 19. Jahrhunderts stammenden Raumgestaltung (Abb. 184)[782] sollte um 1950 renoviert werden. Der damalige Ortspfarrer Maue äußerte in einem Schreiben an den Landeskonservator die Auffassung, „dass die jetzt zur Durchführung kommende Renovierung nicht allein und in erster Linie ein architektonischer Akt sein darf, sondern dass die heutigen theologischen und geistlichen Gesichtspunkte massgebend sein müssen." Er sah den Eisemrother Kirchenraum als Produkt der Geisteshaltung seiner Entstehungszeit:

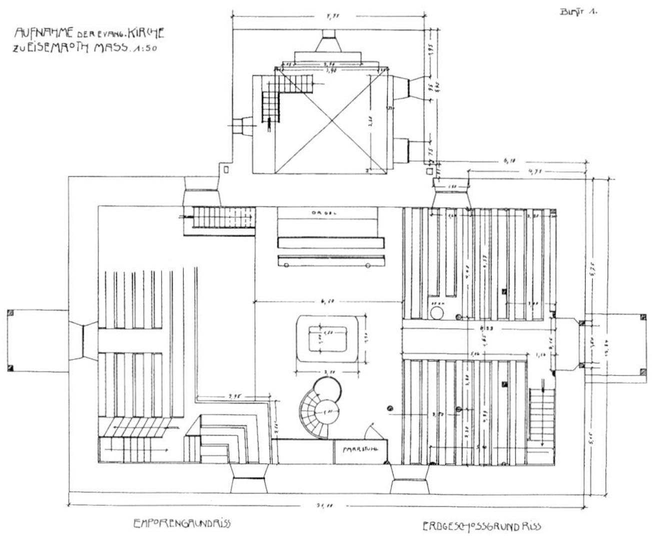

184 Eisemroth, ev. Pfarrkirche, Grundriß, Zustand vor 1950; Planarchiv der EKHN, Nr. 2908 0011 0103

„Die natürliche Reaktion auf die geistige Entwicklung des 18. und 19. Jahrhunderts, die über die sogenannte Aufklärung und den Rationalismus hindurchgegangen und von welcher die Kirche und ihre Verkündigung nicht verschont geblieben sind, findet bestimmt auch im Kirchenbau ihren starken Ausdruck. In dieser Zeit ist der zentrale Mittelpunkt der Verkündigung, im Kirchenbauwesen durch die Betonung des Altars ausgedrückt, nicht mehr eindeutig klar. Das drückt sich auch in unserer Kirche aus. Der Altar steht wohl im Schnittpunkt der Diagonalen, aber er ist nicht auf den Blickpunkt der Gemeinde ausgerichtet. Unsere Kirche bietet im Innern eine glänzende architektonische Leistung, die bis ins Kleinste hinein streng berechnet ist. Aber unserer Kirche fehlt ganz ausschliesslich der zentrale Mittelpunkt, der uns aus der ‚Volkskirche' herausführt und den Verkündigungsmittelpunkt vor Augen führt. Und dieser ist nach dem 2. und 3. Artikel unseres Glaubensbekenntnisses: Christus und die von ihm berufene Gemeinde, die sich um Christus sammelt. Nicht ‚Volkskirche' sondern Gemeinde ist die Grundlage unserer heutigen kirchlichen Entwicklung, nicht die Masse sondern die Gemeinde des Glaubens an diesen in die Welt gesandten Gottessohn. Das wird auch dem Kirchenbau einen neuen Mittelpunkt schaffen müssen. (...) Dies kann nur dadurch geschehen, dass wir der Kirche den Altar als den zentralen Punkt zurückgeben. Auf diesen muss die Gemeinde ausgerichtet sein. Zu ihm hin muss das ganze kirchliche Handeln gehen, z. B. Trauung, Konfirmation, Heiliges Abendmahl usw."[783]

In der frühen Neuzeit stand im protestantischen Kultus das Hören im Vordergrund. Der Protestantismus konnte damals als eine ‚Religion des Ohres' bezeichnet werden, im Gegensatz zum katholischen Gotteshaus und zum katholischen Messegottesdienst, die sich zunächst und vor allem an die Wahrnehmung durch das Auge richteten. Um 1950 legte nun ein evangelischer

Pfarrer ganz entschieden Wert darauf, wohin sich die Blicke der Gemeindeglieder zu richten hatten: auf den Altar, welcher für ihn bei weitem wichtiger war als die Kanzel, da er ihn das Zentrum der Verkündigung nannte. Ein Theologe der frühen Neuzeit hätte diese Bezeichnung wahrscheinlich für die Kanzel gewählt. Ob der Prediger auf der Kanzel gesehen werden konnte, war für Maue dagegen vergleichsweise unwesentlich. Gerade letzteres hatten jedoch Architekten wie Joseph Furttenbach und Leonhard Christoph Sturm[784] oder auch Christian Ludwig Hermann[785] zu einer grundsätzlichen Forderungen erhoben. Gut zweieinhalb Jahrhunderte später hat sich diese Forderung in das Gegenteil verkehrt:

> „Man kann zwar einwenden, dass der evangelische Glaube nicht an Äusserlichkeiten hängt. Sind es etwa Äusserlichkeiten, wenn die Gemeinde den Altar als ihren Blickpunkt bekommt? Oder ist es etwa ganz gleichgültig, worauf die Blicke der Menschen gerichtet werden? So gesehen könnten wir dann den kirchlichen Raum überall hinlegen und bräuchten uns um eine Renovierung überhaupt nicht zu kümmern. Aber die innere Konzentration des Gott suchenden und aufsuchenden Menschen ist weithin bestimmt von dem Punkt, auf welchen das Auge sich richten kann. Dabei braucht keine Gefühlsüberbetonung stattfinden. Dieser Punkt, auf welchen auch unser Auge gerichtet wird, fehlt in unserer Kirche ganz. Schliesslich ist es ja ganz gleichgültig, ob der Prediger von allen Kirchenbesuchern ins Auge gefasst werden kann, sondern dass das Auge auf dem Symbol jeglicher Christusverkündigung ruhen kann, Altar, Bibel, Kreuz und Licht. (...) Ich bin der Auffassung, dass es von dieser Betrachtung aus gleichgültig ist, ob das Kirchenschiff quer oder längs zum Turme gebaut worden ist. Weiterhin bin ich der Auffassung, dass unsere Kirche, wenn sie auch den jetzigen Charakter verliert, sich ohne weiteres in eine Längs-Kirche mit Blickpunkt auf den Altar umgestalten lässt."[786]

Die Pfarrkirche in Eisemroth ist dennoch auch nach der Umgestaltung eine Querkirche geblieben (Abb. 185). Aus dem Brief des Pfarrers spricht eine Haltung, welche für die Nachkriegszeit typisch war. Die Theologie der 50er und 60er Jahre war von einer starken Aufbruchsstimmung geprägt. Die Abkehr vom Althergebrachten war bewußtes Programm der Moderne. Die Kirche sollte ihre Wandlungsfähigkeit beweisen, in den Gottesdiensten wurden neue Formen erprobt: Dynamik und Flexibilität waren gefragt. Aus zahlreichen Kirchenräumen wurde die alte Ausstattung entfernt. Emporen wurden abgebrochen, die hohen Kanzeln durch nur leicht erhöhte Lesepulte ersetzt. An die Stelle der festen Kirchenbänke sind vielerorts bewegliche

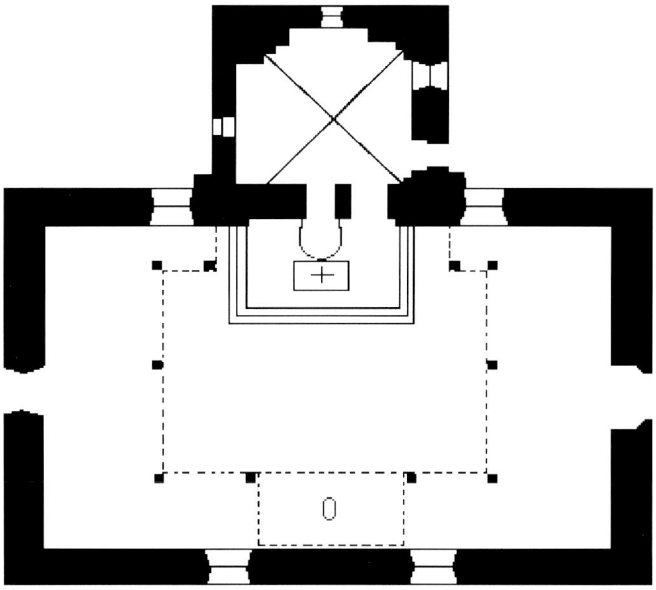

185 Eisemroth, Grundriß, Zustand seit der Umgestaltung von 1950

Einzelstühle getreten, die eine flexible Aufstellung erlauben.

Die tiefgreifendste Umgestaltung unter den hier behandelten Querkirchen widerfuhr der Pfarrkirche von Langenselbold (Abb. 65). Dort wurde 1959–1960 zwar die Querrichtung des ovalen Raumes belassen, doch bis auf die Kanzel die gesamte Innenausstattung erneuert. Dieser Umbau ist gleichwohl als durchaus gelungen zu bezeichnen, da die Raumwirkung der Ellipse durch die schwingende Emporenlinie und die konzentrischen Ringe der Bestuhlung spürbar gesteigert worden ist.

Die Kleine Kirche in Rodheim mußte ab 1901 nach einem Brand komplett neu ausgestattet werden; dies geschah in zeitgenössischen historistischen Formen, doch der alten Disposition folgend.[787] Die Wilhelmskirche in Bad Nauheim und die Alte Johanneskirche in Hanau wurden zu Gemeindezentren umgebaut. Vollständig abgegangen sind die lutherische Kirche am Graben in Kassel und die Fachwerkkirche in Helpershain. Ansonsten sind die hessischen Querkirchen von den Umgestaltungen sowohl des Historismus als auch der Moderne und auch von Kriegszerstörungen weitaus weniger betroffen als etwa diejenigen in Berlin und Brandenburg.[788]

In jüngster Zeit besinnen sich Liturgen und Kirchenplaner wieder auf die Vorzüge des exzentrischen Zentralraumes. Seit dem 2. Weltkrieg sind vermehrt Kirchen auf freien Grundrißformen entstanden, bei denen die Gemeinde sich im Halbkreis oder hufeisenförmig um das liturgische Zentrum herum gruppiert. Die freien Grundrisse werden von Katholiken wie Protestanten gleichermaßen verwendet. Seit das

2. Vatikanische Konzil die freistehenden Zelebrationsaltäre eingeführt hat, werden auch und gerade im katholischen Kirchenbau zentralisierende Räume gestaltet; als Beispiel sei die katholische Pfarrkirche in Frankfurt-Nieder-Eschbach angeführt, ein Bau aus den Sechziger Jahren (Abb. 186). Für beide Konfessionen stehen mittlerweile alle denkbaren Grundriß- und Raumformen zur Verfügung. Auch einige ältere, ursprünglich längsgerichtete Bauten sind in diesem Sinne zu Querräumen umgestaltet worden, zum Beispiel Grifte (Abb. 187) und Neunkirchen im Odenwald. Die Sakralarchitektur der Nachkriegszeit angemessen zu erörtern, ist jedoch hier nicht möglich.[789]

186 Nieder-Eschbach, kath. Pfarrkirche: quergerichteter katholischer Kirchenraum der Moderne

187 Grifte, ev. Pfarrkirche: moderne Querrichtung eines älteren Kirchenraumes

Ergebnisse

Entscheidungsträger und Entscheidungsprozesse

Die vorgestellten Einzelprojekte zeigen zum Teil sehr prägnante Ergebnisse, was den Verlauf der Planungsprozesse anbelangt. Dennoch bleiben sie Einzelfälle, die nur unter Vorbehalt verallgemeinerbar sind. Die Quellenlage hat sich bei den untersuchten Kirchenbauten als sehr ungleich erwiesen. Nur selten sind die Bauakten tatsächlich so aussagekräftig, daß sie eindeutige Auskünfte über die Entscheidungsträger und Entscheidungsprozesse sowie über die Gründe, die zur Wahl des Querkirchentypus geführt haben, liefern.

Die verfügbaren Belege deuten jedoch darauf hin, daß in der Regel weder die Gemeinden noch die entwerfenden Architekten die bauliche Gestalt des zu errichtenden Gotteshauses frei bestimmen durften. Die landesherrlichen Behörden, vor allem die Konsistorien, aber auch die Finanzbehörden und das Landbauwesen, behielten sich die Kontrolle über die laufenden Projekte vor. Nicht nur die Baupläne, sondern auch alle Maßnahmen, die mit der praktischen Organisation und Bauleitung zusammenhingen, mußten zuvor vom Konsistorium genehmigt werden. Sakralarchitektur, sei es in der Stadt oder auf dem Land, galt als herrschaftliche Bauaufgabe. Kirchenbauten fielen daher in die Zuständigkeit des Landbauwesens. In letzter Instanz war es der Landesherr selbst, dem die Entwürfe vorgelegt werden mußten und der die Baugenehmigung erteilte. Wie tief ein Herrscher mitunter in ein Kirchenbauprojekt eingriff, zeigen die Geschehnisse in Ober-Eschbach. Gegen einen derartigen Befehl war kein weiterer Widerspruch möglich.

Die einzelnen Projekte aus dem Untersuchungsgebiet werden, um einen Überblick zu erhalten, in chronologischer Abfolge noch einmal zusammenfassend daraufhin befragt, wer jeweils die Entscheidung gefällt hat, eine Querkirche zu bauen, und aus welchen Gründen dieser Typus gewählt worden ist.

Die Schloßkapelle in Rotenburg/Fulda (um 1580) diente als Hofkapelle einer Nebenresidenz der Landgrafschaft Hessen-Kassel. Sie ist daher als herrschaftliches Bauprojekt anzusehen, zumal angenommen wird, daß Landgraf Wilhelm IV. selbst den Entwurf angefertigt hat. Zweifellos hat die Stuttgarter Schloßkapelle als Vorbild fungiert; der Rotenburger Raum wird allerdings noch stärker zum Einheitsraum zusammengefaßt, indem zugunsten einer umlaufenden Emporenanlage auf den Chor verzichtet wird. Bei der Anlehnung an Stuttgart mögen dynastische Gründe eine Rolle gespielt haben, da die Gemahlin des Landgrafen aus dem Württemberger Herzogshaus stammte. Wichtiger erscheint hingegen, daß Württemberg gerade in jener Zeit auf theologischem Gebiet die Führung unter den evangelisch-lutherischen Ländern übernommen hatte. Bei der Ausarbeitung der hessischen Kirchenordnung von 1574 und in der Ausformung des kirchlichen Lebens in der zweiten Hälfte des 16. Jahrhunderts überhaupt orientierte Hessen sich vorwiegend an Württemberg und Straßburg. Somit liegt nahe, daß auch die dort entwickelten Charakteristika evangelischer Predigträume aufgegriffen worden sind.

Die Sandkirche in Schlitz (1612) wurde als Friedhofskapelle von der Schlitzer Stadtbürgerschaft errichtet. Ungeklärt ist, welche Rolle die Landesherren, die Herren von Schlitz gen. von Görtz, dabei gespielt haben könnten. Die Querkirche entstand in der Zeit der Gegenreformation in einem kleinen, gerade kurz vorher erst evangelisch gewordenen Territorium in unmittelbarer Nachbarschaft des Hochstifts Fulda, das sich vor allem in den 1620er Jahren mit Gewalt um die Rekatholisierung der evangelischen Gebiete bemühte. Der Kirchenbau fällt genau mit dem Zeitpunkt zusammen, als die Herrschaft Schlitz sich aus dem fuldischen Lehnsverhältnis zu lösen suchte. Gegenüber einem Fürstabt, der bereit war, die Rekatholisierung mit allen Mitteln durchzusetzen, formulierte man in Schlitz ein deutliches Bekenntnis zur Reichsunmittelbarkeit und zur evangelischen Lehre. Die nächstgelegene größere protestantische Macht, bei der man Unterstützung suchen konnte, war die Landgrafschaft Hessen-Kassel. Die nicht weit entfernt errichtete Schloßkapelle in Rotenburg wies eine typisch evangelische Bauform auf, an welcher sich die Schlitzer offenbar orientierten. Das Aufgreifen eines neuen protestantischen Kirchentypus darf als bewußter Affront gegen Fulda eingeschätzt werden. So ist die kleine Totenkirche auf dem Schlitzer Friedhof vielleicht ein Symbol der Kämpfe um Glaubens- und politische Freiheit eines bis dahin landständischen Adelsgeschlechts und der Bürgerschaft einer Landstadt. Als ganz praktischer Anlaß für die Querrichtung der Kirche kommt außerdem die Anordnung der Außenkanzel hinzu, die ihren Platz an der Breitseite des Baukörpers erhalten hat und zugleich mit der Innenkanzel verbunden ist.

Die lutherische Kirche in Buchsweiler (1613–1614) ist als früher Versuch, eine evangelische Predigtkirche zu schaffen, in der Nachfolge der Reformation Martin Bucers zu werten. Die Reformation im Elsaß hatte ihr Zentrum in Straßburg. In den dortigen Kirchen waren bereits zu Bucers Zeiten bewegliche Altartische vor den

Kanzeln aufgestellt und dadurch quergerichtete Raumausstattungen geschaffen worden. In Buchsweiler entstand einer der ersten nachreformatorischen Kirchenneubauten jener Region. Über den Verlauf der Planungen ist nichts bekannt, doch offenkundig war man bemüht, einen Kirchenraum zu schaffen, der den Erfordernissen des Predigtgottesdienstes entsprach. Da es sich um eine Residenzkirche handelte, ist eine direkte Einflußnahme des Grafen von Hanau-Lichtenberg wahrscheinlich. Der ursprüngliche Standort der herrschaftlichen Loge ist bedauerlicherweise nicht überliefert.

Die Waldenserkirche in Carlsdorf (1699–1704) wurde in der ältesten Flüchtlingskolonie der Landgrafschaft Hessen-Kassel ausgeführt. Die Planung der Kolonie entstand im Rahmen des Kasseler Landbauwesens. Die Zuwanderer selbst hatten darauf nur äußerst geringen Einfluß. In den Bauformen spiegeln sich deshalb eher die Gepflogenheiten des Aufnahmelandes als hugenottisch-waldensische Traditionen wider. Unter den Hugenottenkirchen in Hessen-Kassel blieb der Carlsdorfer Tempel mit seiner Querrichtung einzigartig. Das Genehmigungsverfahren verlief auf üblichem Wege über die landesherrlichen Behörden. Welche Gründe zur Wahl des Querkirchentypus geführt haben, ist nicht zu klären.

Die reformierte Kirche in Usingen (1700–ca. 1705) bleibt in ihrer Herleitung ebenso unklar. Die Kirche entstand im Zuge des Ausbaus der Usinger Neustadt für eine zweisprachige Gemeinde, die sich aus französischen, deutschen und schweizerischen Neusiedlern zusammensetzte. Sie ist Teil einer Platzanlage, deren Symmetrieachse zugleich die Hauptachse des Kirchenraumes bildet.

Erst recht ungewiß sind die Hintergründe für die Filialkirche in Helpershain. Der nach einer Inschrift auf 1659 datierte Fachwerkbau soll 1717 erweitert und quergerichtet worden sein, aber diese Daten sind nicht gesichert. Möglicherweise könnte die Querrichtung des Raumes nachträglich erfolgt sein, um in dem kleinen Raum mehr Plätze zu gewinnen, doch auch dafür gibt es keine Belege.

In Weilburg wurde mit der Schloß- und Stadtkirche (1707–1713) der bedeutendste Querkirchenbau der Region ausgeführt. Sie steht in Zusammenhang mit dem großangelegten Ausbau der Residenz nach Plänen von Julius Ludwig Rothweil, der vor dem Hintergrund der Bemühungen des Grafenhauses Nassau-Weilburg um die Reichsfürstenwürde und der Konkurrenz zu den übrigen, bereits gefürsteten nassau-walramischen Linien zu sehen ist. Das Gotteshaus diente als Hofkirche der Residenz und zugleich als Pfarrkirche der Stadtgemeinde. Die Prinzipalwand und die herrschaftliche Loge bilden die beiden Pole der Hauptachse des Raumes. Der Graf als oberster Kirchenherr errichtete seine Residenzkirche als Programmbau mit betont lutherischer Ausstattung in der Formensprache höfischer Prachtarchitektur. Darüber hinaus wurde diese Kirche ganz auf die Bedürfnisse eines fürstlichen Hofes ausgelegt. Auf die bürgerliche Gemeinde wurde nur wenig Rücksicht genommen.

An der Pfarrkirche in Wölfersheim (1717–1720/1737–1741) manifestiert sich ebenfalls ein repräsentativer Anspruch des Landesherrn, des Grafen von Solms-Braunfels, möglicherweise in Verbindung mit der angestrebten Fürstung. Darauf weist die mit den Mitteln der Prachtbaukunst gestaltete Schaufassade an der südöstlichen Breitseite hin. Die ursprünglich geplante Innenausstattung ist nicht bekannt. Es darf jedoch vermutet werden, daß schon in der ersten Phase die Querrichtung des Raumes vorgesehen war, da Grundriß und Baukörper kaum eine andere Deutung zulassen. Die Wahl des Quersaales begründet sich einerseits in der gewünschten Fernwirkung der breiten Fassade, welche das Ortsbild weithin dominiert, andererseits in der Suche nach einer optimalen Raumform für eine reformierte Predigtkirche. Ein Quellenbeleg aus der Zeit des Innenausbaus dokumentiert, daß der Landesherr jedenfalls in der zweiten Bauphase die Planung bis ins Detail unter Kontrolle behielt.

Ein weiteres Projekt in höfischem Kontext war Wabern. Der Neubau der dortigen Pfarrkirche (1722–ca. 1726) stand in Verbindung mit dem Ausbau des Jagdschlosses Karlshof, welches Landgraf Karl des öfteren aufsuchte. Die Kirche wurde vom Hof bei dessen Aufenthalten genutzt. Der Raum wurde offenkundig von der Loge ausgehend entworfen, so daß ein Quersaal die optimale Lösung bot.

Bei der Pfarrkirche in Eisemroth (1721–1723/24) sind hingegen keinerlei mit dem Bau verbundene Ansprüche zu greifen. Die Wahl des Bautypus erklärt sich aus der topographischen Situation. Da der Chor des Vorgängerbaus und die Ostung beibehalten wurden, bot die schmale Hangterrasse nicht ausreichend Platz, den Gemeinderaum in der Länge zu vergrößern, so daß keine andere Möglichkeit blieb als die Querstellung.

Die Reinhardskirchen in Hanau-Münzenberg haben ihren Ursprung in einem landesherrlichen Kirchenbauprogramm zur Förderung der lutherischen Minderheit. Als erste Querkirche der Grafschaft entstand die Reinhardskirche in Steinau a. d. Straße (1724–1731), die vom Hof, denn das Steinauer Schloß war Nebenresidenz und Witwensitz, sowie von der lutherischen Gemeinde der Stadt und des Umlandes genutzt wurde. Kurz darauf wurde die aus dem 17. Jahrhundert stammende lutherische Hof- und Stadtpfarrkirche in der Residenz Hanau selbst, heute „Alte Johanneskirche“ genannt, erweitert und im Inneren neu ausgestattet (1727–1729), wobei der Kirchenraum um 90° gedreht wurde. Diese Drehung des Raumes ging nachweislich von dem Wunsch des Grafen aus, an der Langseite eine neue Herrschaftsloge einzubauen. Das liturgische Zentrum wurde aus dem Chor in den Anbau verlegt, so daß es nun dem herrschaftlichen Stand axial gegenüberlag. Damit waren die drei wichtigsten mit dem Hof verbundenen Kirchen der Grafschaft Hanau, nämlich diejenigen in den beiden Residenzen in Buchsweiler und Hanau sowie in der Nebenresidenz Steinau, quergerichtet. In der Grafschaft Hanau war die Querkirche die Bauform der vom Hof unterstützten und geprägten lutherischen Gemeinden. Für zwei weitere in den letzen Lebensjahren Johann Reinhards III. erbaute lutherische Pfarrkirchen wurde außerdem der Quersaal gewählt, nämlich Ober-Eschbach (1728–1731) und Rodheim (1732–1738). Daß sämtliche Entscheidungen über Fragen des Bauwesens in der Grafschaft Hanau Sache der Landesherrschaft waren, läßt sich anhand der Ober-Eschbacher Bauakten explizit nachweisen. Dort wurde ein von Gemeinde und Baumeister vorgelegter Entwurf zu einer Längskirche durch den Grafen und den Baudirektor verworfen und der Bau nach einem neuen Entwurf des letzteren in Gestalt einer Querkirche befohlen.

In Langenselbold ließ Wolfgang Ernst von Isenburg-Birstein ein Schloß, das aber zunächst keine echte Residenzfunktion hatte, sondern im wesentlichen ein Wirtschaftsgut war, sowie die Pfarrkirche (1727–1735) errichten. Mit den Planungen beauftragte er den hanauischen Baudirektor Hermann. Bezüglich der Kirche orientierte man sich an Steinau. Die querovale Kirche wurde mit einem Herrschaftsstand ausgestattet und zeigt alle Elemente höfischer Repräsentation. Sie besitzt die bedeutendste Architektur innerhalb des Kirchenbauprogramms, das Wolfgang Ernst offensichtlich umzusetzen suchte, auch wenn dieses Programm wahrscheinlich nie konkret ausformuliert wurde. In der Umgebung seiner Hauptresidenz Birstein ließ er zudem in drei Dörfern quergerichtete Gotteshäuser errichten, und zwar in Lichenroth (1732–1733), Burgbracht (1738–1741) und Unterreichenbach (1748–1754). Vor allem bezüglich der beiden ersteren sind die Gründe, die zur Querrichtung geführt haben, vollkommen ungewiß. Unterreichenbach als reformierte Kirche unterstand einem katholischen Patron. Die Wahl des eindeutig protestantischen Bautypus ist daher hier als deutliches Zeichen des evangelischen Ortsherrn (Isenburg-Birstein) gegen den katholischen Patron (Fulda) einzustufen.

Die lutherische Kirche am Graben in Kassel (1734–1738) war in eine Straßenfront eingebaut. Die Enge des Grundstückes sowie die Auflage, daß das Gotteshaus dieser konfessionellen Minderheit nicht nach außen hin als Sakralbau kenntlich gemacht werden durfte, führte dazu, daß der Kirchenraum, der von der Breitseite her erschlossen wurde, als Quersaal organisiert wurde. Repräsentationsgründe lassen sich nicht ermitteln.

In Anlehnung an die Traktate von Leonhard Christoph Sturm entwarf Friedrich Joachim Stengel einen quergerichteten Typ einer Landkirche, der zuerst in Grävenwiesbach (1737–1738) ausgeführt worden ist. Der Platzbedarf des dortigen großen Kirchspiels mag eine Rolle gespielt haben, doch es hat den Anschein, als hätte es im Fürstentum Nassau-Usingen Bestrebungen gegeben, eine ideale evangelische Kirchenform zu entwickeln. Eine Abwandlung des Grävenwiesbacher Entwurfs wurde fast zeitgleich in Heftrich (1737–1739) realisiert. Stengel griff seinen Grävenwiesbacher Typus während seiner späteren Tätigkeit in Diensten des Fürsten von Nassau-Saarbrücken mehrmals wieder auf, unter anderem für die reformierte Kirche in Saarbrükken (1743–1746) sowie weitere, erst nach dem Siebenjährigen Krieg errichtete Bauten. Anscheinend wurde dieser Entwurf als optimal empfunden, sonst hätte das Landbauwesen in Nassau-Saarbrücken ihn nicht über Jahrzehnte hinweg sowohl in der Residenzstadt als auch im Grenzgebiet zu anderskonfessionellen Territorien zeichenhaft eingesetzt.

Ähnlich zeichenhafte Bedeutung erhielt die von Julius Ludwig Rothweil an der Weilburger Schloßkirche gefundene Grundriß- und Raumlösung. Als Fürst Carl August das linksrheinische Kirchheimbolanden zur zweiten Landesresidenz wählte, ließ er dort 1739–1744 eine lutherische Hof- und Stadtkirche errichten, welche den Weilburger Kirchenraum mit leichten Modifikationen wiederholte. Dadurch wurde die Kontinuität der Herrschaft trotz des veränderten Hauptwohnsitzes des Hofes betont. Da die Zuschreibung von Kirchheimbolanden an Julius Ludwig Rothweil unsicher ist, kann die Wiederholung des Kirchenraumes nicht allein mit dem persönlichen Stil eines Architekten begründet werden.

Die Pfarrkirche des Kirchspiels Neunkirchen im Westerwald, das eine nassau-weilburgische, lutherische Exklave zwischen katholischem Trierer und reformiertem Nassau-Dillenburger Gebiet darstellte, erhielt 1739– 1741 einen neuen Gemeinderaum. Dieser mußte zwischen dem alten Turm und dem alten Chor eingepaßt werden, so daß eine Expansion in Längsrichtung unmöglich war. Die gewachsene Gemeinde benötigte jedoch einen größeren Raum. Daher wurde das Schiff in die Breite zum quergelagerten Saal erweitert. Eine Drehung des Gesamtraumes um 180° schuf einerseits zusätzliche Sitzplätze im bisherigen Chor, andererseits die Möglichkeit, einen Kanzelaltar nach Weilburger Vorbild vor die gerade Turmwand zu stellen. Praktische und repräsentative Gründe fielen hier zusammen.

Nach dem 1736 erfolgten Erbanfall der Grafschaft Hanau-Münzenberg an Hessen-Kassel wurden zwei reformierte Querkirchen nach Entwürfen von Christian

Ludwig Hermann errichtet, die von ihren Architekturformen her ganz in der Tradition der lutherischen Reinhardskirchen stehen: die Wilhelmskirche in Bad Nauheim (1740–1742) und die Pfarrkirche in Marköbel (1741–1742). Landgraf Wilhelm VIII. hatte die Behördenstruktur in Hessen-Hanau zunächst unverändert übernommen, so daß das von Hermann geleitete Hanauer Landbauwesen für diese Bauten verantwortlich zeichnete. Hintergründe der Planungen sind nicht bekannt.

Die einzige in Südhessen vor dem Siebenjährigen Krieg erbaute Querkirche ist die Stadtkirche in Erbach (1747–1750). Das beengte Grundstück am Flußufer und der Wunsch, die Ostung der Vorgängerkirche beizubehalten, bedingten die Querrichtung, die es zudem ermöglichte, Prinzipalwand und herrschaftliche Loge in der kurzen Hauptachse einander gegenüberzustellen und einen Gottesdienstraum zu schaffen, der einer Residenzkirche würdig war. Der Bau wurde vom Grafen finanziert, das Aufstecken des Turmhahns und die Einweihung als höfische Festlichkeiten inszeniert.

Eine der äußerst seltenen Querkirchen in der Landgrafschaft Hessen-Darmstadt entstand 1749–1750 in Ostheim bei Butzbach. Wahrscheinlich gaben die beengte Lage des Baugrundstücks und der mittelalterliche Chorturm sowie die Absicht, den neuen Gemeinderaum wiederum nach Osten auszurichten, den Ausschlag für die Queroreintierung.

Auch die Schloßkirche in Altenburg (1748–1750) wurde in hessen-darmstädtischem Territorium errichtet, doch als Bauherr trat hier der Patron, Freiherr von Riedesel zu Eisenbach in Altenburg, auf. Es handelt sich um die Schloßkapelle eines Landadeligen, die zugleich als Pfarrkirche des angrenzenden Dorfes diente. Die Kirche zeugt von dem repräsentativ-höfischen Anspruch des aus einer Nebenlinie stammenden Schloßherrn. Möglicherweise orientierte dieser sich an Residenzkirchen evangelischer Landesherren. Genauere Informationen über den Planungsprozeß fehlen jedoch.

Beim Bau der Filialkirche in Stammheim (1750–1751) griff ebenfalls der Patronatsherr in die Planungen ein. Nach langwierigen Kontroversen zwischen den Ortsherren und dem Patron über zwei unterschiedliche Entwürfe wurde auf Entscheidung ersterer eine Querkirche erbaut. Ob die Kontakte des Patrons von Schrautenbach und seiner Familie zur Herrnhuter Brüdergemeine die Präferenz dieses Raumtyps beeinflußt haben könnten, bleibt ein unbewiesener, aber nicht unbegründeter Verdacht.

Bezüglich der reformierten Kirche in Neusaarwerden (1750–1751) bleiben die Hintergründe ebenso ungeklärt wie die Architektenzuschreibung und die Frage, ob dieses Bauwerk dem Weilburger oder dem Saarbrücker Bauwesen zuzuordnen ist. Städtebauliche Erwägungen bestimmten die Gestalt des Außenbaus, denn ein quergelagerter Baukörper ließ sich gut in das Raster der Planstadt einfügen. Die Hauptfassade an der Breitseite bildet den Abschluß einer Straßenachse. Diese Achse setzt sich im Innenraum fort.

Die Pfarrkirche in Ruppertsburg (1750–1757), die einzige Querkirche der Grafschaft Solms-Laubach, wurde wie Altenburg und Unterreichenbach von dem Laubacher Hofarchitekten Johann Wiesenfeld entworfen. Ein Zusammenhang dieser Bauten, die in drei verschiedenen Territorien ausgeführt wurden, ist anzunehmen.

Vollständig ungeklärt ist nach wie vor, weshalb in Bicken (1756) von der Orientierung des Vorgängerbaus abgewichen und der neue Gemeinderaum quergerichtet wurde. Das Genehmigungsverfahren verlief jedenfalls auf dem üblichen Weg über die Landesbehörden. Aufgrund der engen Beziehungen von Nassau-Dillenburg zu Nassau-Oranien ist jedoch für Eisemroth wie auch für Bicken eine Orientierung an holländischen Predigtkirchen nicht auszuschließen.

Bei der Erweiterung der lutherischen Kirche in Bieber (1756–1758) gab die Topographie des Geländes und vor allem die Kostenfrage den Ausschlag, nur einen Seitenflügel anzubauen. Gemeinde und Architekt gewannen die Unterstützung des Landgrafen für ihren Entwurf gegen den symmetrischen, gestalterisch eigentlich besseren Alternativplan, den das Konsistorium vorlegte. Wie in Ober-Eschbach fällte auch hier der Landesherr in höchster Instanz die Entscheidung.

Die Lutherkirche in Pirmasens (1757–1760) ist zwar als Residenzkirche einzustufen, doch für den Bauherrn stand die Funktion der Garnisonkirche im Vordergrund. Landgraf Ludwig IX. nahm dafür möglicherweise die preußischen Garnisonkirchen in Berlin und Potsdam zum Vorbild, da er in Fragen des Militärwesens allgemein Preußen nacheiferte.

Die genannten Bauten zeigen, aus welch unterschiedlichen Ursachen heraus Kirchenräume desselben Typus zustande gekommen sind. Bei einigen von ihnen bedingten unabänderliche Sachzwänge, zum Beispiel die Topographie des Baugrundstücks oder der beengte Platz vor oder zwischen älteren Bauteilen, die Querstellung des Gemeinderaums. Es ist jedoch anzunehmen, daß jedem dieser Bauten eine bewußte Entscheidung zugrunde liegt, auch wenn diese nur in den seltensten Fällen anhand von Quellen explizit nachweisbar ist. Analogieschlüsse erlauben darüber hinaus weiterführende Aussagen. Oft hat das Zusammentreffen mehrerer Argumente zu dieser Raumlösung geführt.

Diese Faktoren lassen sich im wesentlichen unter zwei Gesichtspunkten subsummieren: die liturgischen Erfordernisse lutherischer und reformierter Gottesdienste und die Ideale der evangelischen Theologie beider

Bekenntnisse einerseits, die Repräsentationsansprüche der Landesherrschaft und die Interessen der Hofgemeinde andererseits.

Querkirchen im Zeichen evangelischer Ideale

Die Querkirche war in der frühneuzeitlichen Sakralarchitektur der einzige Bautypus, der ausschließlich für evangelische Kirchen eingesetzt wurde, sieht man von der sehr seltenen Winkelhakenkirche ab. Somit lassen sich an ihm die Eigenheiten des protestantischen Kirchenbaus am besten festmachen. Darüber hinaus konnte mit derartigen Bauten ein eindeutiges und allgemein verständliches Bekenntnis zum Protestantismus abgelegt werden.

Der Vergleich der Innenausstattungen in den Querkirchen des hessischen Raumes hat ergeben, daß sich die Kirchenräume von Lutheranern und Reformierten lediglich dadurch unterscheiden, daß die reformierten Abendmahlstische weiter vorgezogen werden und gelegentlich von einem Paradiesgitter umgeben sind. Darüber hinaus wurde das Bilderverbot von den Reformierten durchgängig befolgt; es finden sich jedoch auch lutherische Kirchen, die auf Bilder verzichten oder mit Tischaltären ausgestattet sind. Bezüglich der Raumdisposition lassen sich hingegen keine gravierenden Unterschiede ermitteln. Dies hat seine Begründung in den sehr ähnlichen Gottesdienstagenden der beiden Konfessionen, denn die Lutheraner im hessisch-nassauischen Bereich feierten in der frühen Neuzeit einen Predigtgottesdienst württembergisch-straßburgischer Prägung, welcher dem der Reformierten sehr ähnlich war. Gleiche Anforderungen an die Nutzung führten somit zu weitgehend identischen Einrichtungen der Gottesdiensträume.

Quergerichtete Kirchenräume korrespondieren mit den Bedürfnissen der beiden evangelischen Konfessionen in besonderem Maße, vor allem dann, wenn ihr Hauptgottesdienst dem Predigtgottesdiensttypus entspricht. Die Lutheraner in Nord-, Mittel- und Ostdeutschland feiern hingegen einen Gottesdienst mit wesentlich umfangreicherer Altarliturgie, der sich an Luthers Deutscher Messe orientiert. Dort hat der Altar größere Bedeutung, und gemäß der traditionellen Dreiteilung des Kirchengebäudes in Vorhalle, Schiff und Chor wird der Chorraum stärker ausgestaltet. Als Konsequenz hat sich gerade dort der Kanzelaltar entwickelt.

Die Predigt steht im Mittelpunkt des Gottesdienstes, folglich ist die Kanzel dem Altar nicht mehr untergeordnet, sondern mindestens gleichwertig. Aus akustischen wie optischen Gründen werden Kanzel und Altar bzw. Abendmahlstisch so an der Peripherie des Raumes plaziert, daß das Gestühl und die Emporen darauf ausgerichtet sind und eine möglichst große Zahl von Sitzplätzen mit guten Sichtbedingungen in nicht allzu großer Entfernung vom liturgischen Zentrum untergebracht werden kann. Evangelische Kirchenräume sind zumeist von einer zentralisierenden Tendenz geprägt. Der Begriff des exzentrischen Zentralraums beschreibt das Prinzip der Raumdisposition am treffendsten. Ein querrechteckiger Raum eignet sich dafür besser als ein längsgerichteter Saal. Reine Zentralbauten bieten zumeist nicht genügend Platz; werden sie jedoch für eine Stadtgemeinde ausreichend groß dimensioniert, wird entweder eine aufwendige Dachkonstruktion von hoher Spannweite notwendig, oder es müssen Stützen eingefügt werden, welche wiederum eine Sichtbehinderung darstellen. Der Widerspruch zwischen zentraler Raumform und der Anordnung des liturgischen Zentrums an der Peripherie des Raumes wirkt leicht gestalterisch unbefriedigend. Der Mittelpunkt des Raumes eignet sich andererseits wenig als liturgisches Zentrum, weil dann Teile der Gemeinde im Rücken des Predigers zu sitzen kommen. Der reine Kastenraum bietet gegenüber zusammengesetzten Grundrißformen wie Kreuz oder Winkelhaken und gegenüber kreisförmigen oder ovalen Grundrissen ferner den Vorteil, daß er vergleichsweise kostengünstig auszuführen ist.

In einer Querkirche sind die Bänke nicht in parallelen Reihen hintereinander aufgestellt, sondern gruppieren sich in der Regel von drei Seiten um das liturgische Zentrum herum, so daß die Kirchenbesucher nicht alle in dieselbe Richtung blicken. Die Gemeinde nimmt sich dadurch selbst als gottesdienstliche Gemeinschaft stärker wahr als in einem längsgerichteten Raum, in dem es ein frontales Gegenüber von liturgischem Geschehen und Gemeinde gibt. Der evangelische Grundsatz vom Priestertum aller Gläubigen impliziert das Verständnis von der Gemeinde als Gemeinschaft, die sich um Altar und Kanzel herum versammelt. Die Herrnhuter entwickelten aus einem noch weiter reichenden pietistischen Verständnis heraus den bis ins 19. Jahrhundert hinein verbindlichen, ebenfalls quergerichteten Grundtypus ihrer Kirchensäle. Die Hugenotten hingegen bauten in ihrer Heimat nur vereinzelt, in den Aufnahmeländern des Reiches etwas häufiger quergerichtete Tempel, doch als typische Hugenottenform ist die Querkirche keineswegs anzusehen.

Querkirchen im Zeichen absolutistischer Herrschaft

Durch alle untersuchten Territorien hindurch läßt sich an den erhaltenen Bauakten ablesen, daß Kirchenbauten grundsätzlich als Angelegenheit der Landesherrschaft galten. Zwar können nicht überall sämtliche Details des jeweiligen Genehmigungsverfahrens nachgewiesen werden, doch sofern überhaupt Einzelheiten des Planungsverlaufs greifbar sind, bestätigt sich durchgängig, daß die landesherrlichen Behörden, vor allem das Konsistorium, die Kontrolle über die laufenden Baumaßnahmen ausübten. Die Baupläne wurden dem Landesherrn zur Genehmigung vorgelegt. Dieser hatte in letzter Instanz die Entscheidungsgewalt in allen planerischen und organisatorischen Fragen. Etwas Gegenteiliges läßt sich bei keinem der betrachteten Projekte nachweisen. Nur in dem Fall, daß das Patronat nicht bei der Landesherrschaft lag, wie in Unterreichenbach, Stammheim oder Altenburg, ist ein Eingreifen des Patronatsherrn zu beobachten, der bemüht war, seine eigenen Ambitionen am Bau zu realisieren. Pfarrer und Gemeinde hatten jedoch so gut wie keine Einflußmöglichkeiten auf die Gestaltung ihrer Gotteshäuser. Ein straff organisiertes Landbauwesen war für die Durchführung aller herrschaftlichen Baumaßnahmen im Land verantwortlich, zu welchen auch die „geistlichen Gebäude" wie Kirchen, Pfarr- und Schulhäuser gerechnet wurden. Lediglich mit dem baukünstlerischen Stil einzelner Architektenpersönlichkeiten zu argumentieren, geht daher an den Realitäten der frühen Neuzeit vorbei, denn die entwerfenden Architekten galten als Ausführende des fürstlichen Willens. Da der Erwerb grundlegender Kenntnisse im Militär- wie Zivilbauwesen ein fester Bestandteil in der Ausbildung von Adeligen war, kann vorausgesetzt werden, daß die meisten Landesherren ausreichend kompetent waren, um eigene Vorstellungen zu entwickeln und die Entwürfe ihrer Architekten fachgerecht zu beurteilen.

Die entscheidende Rolle bei der Realisierung eines Projektes fiel nach Auffassung der Zeitgenossen dem Landesherrn und Patron als Bauherrn zu. In Dokumenten und Einweihungsschriften wurde der Architekt einer Kirche oft überhaupt nicht genannt oder höchstens kurz erwähnt, während die Gnade des Bauherrn, der allein die Gemeinde ihren neuen Kirchenbau zu verdanken meinte, überschwenglich gepriesen wurde. Dabei spielte es keine Rolle, auf welche Weise die Baumaßnahme tatsächlich finanziert worden war.

Die Querkirche als einer der damals modernsten Bautypen in der protestantischen Sakralarchitektur konnte zeichenhaft gebraucht werden, zum einen im Sinne eines Bekenntnisses zum evangelischen Glauben, wie in Nassau-Saarbrücken oder beim Neubau der Schloßkirche in Salder unter Erbprinz August Wilhelm von Braunschweig-Wolfenbüttel. Darüber hinaus ließ sie sich aber auch im Sinne herrschaftlicher Repräsentationsarchitektur einsetzen. Quergelagerte Baukörper ermöglichen, wenn die Gestaltung des Außenbaus der Querrichtung des Inneren entspricht, die Anbringung einer Schaufassade an der Breitseite mit entsprechender Fernwirkung im Ortsbild (Wölfersheim, Grävenwiesbach); schon Leonhard Christoph Sturm stellte diesen Vorteil heraus. Vor allem eigneten sich quergerichtete Kirchenräume jedoch für Hof- und Residenzgemeinden.

Verglichen mit der Gesamtzahl der in der ersten Hälfte des 18. Jahrhunderts ausgeführten Kirchenneubauten im Gebiet des heutigen Bundeslandes Hessen stellt sich heraus, daß unter den Kirchen mit höfischer Nutzung an Haupt- oder Nebenresidenzorten der Anteil der Querkirchen überproportional hoch ist. Hinzu kommen einige Projekte, deren hochrangige Patrone mit dem Kirchenbau bestimmte Intentionen verknüpften, beispielsweise Wölfersheim, Altenburg und Stammheim.

Für eine Residenzkirche bot ein quergerichteter Kirchenraum optimale Voraussetzungen, da der Herrschaftsstand auf der Empore in der Hauptachse und zugleich in relativer Nähe zum liturgischen Zentrum plaziert werden konnte, so daß der Landesherr den besten Platz im ganzen Kirchenraum erhielt (Weilburg, Erbach, Steinau, Wölfersheim, Wabern). In quergerichteten Hof- und Residenzkirchen wurde nur in Ausnahmefällen (Altenburg) von dieser Lösung abgewichen. Beim Umbau der lutherischen Kirche in Hanau bildete sogar nachweislich die Positionierung des Herrschaftsstandes den Ausgangspunkt für die Umgestaltung und Drehung der Raumdisposition. Entsprechendes ist für die Planung der Pfarrkirche in Wabern anzunehmen.

Johann Reinhard III. ließ in Hanau-Münzenberg ein Kirchenbauprogramm zugunsten seiner lutherischen Glaubensgenossen, welche in der Bevölkerung dieses Landesteils eine Minderheit bildeten, durchführen. Unter den lutherischen Kirchenbauten aus seiner Regierungszeit finden sich vier Querkirchen. Die drei für den Hof wichtigsten Gotteshäuser der Grafschaft Hanau in Buchsweiler, Hanau und Steinau waren quergerichtet. Auch in Isenburg-Birstein ist unter Wolfgang Ernst III. ein Kirchenbauprogramm zu vermuten; auch er ließ vier Querkirchen errichten, darunter die Pfarrkirche von Langenselbold, die in Verbindung mit dem dortigen Schloßbau entstand. Auch in Rotenburg, Erbach, Wabern, Weilburg und Kirchheimbolanden entstanden die Kirchenbauten in Zusammenhang mit größer angelegten Planungen zum Ausbau eines Schlosses bzw. einer Residenzstadt. Die Schloß- und Stadtkirche in Weilburg, ein lutherischer Programmbau mit entsprechender Ausstattung, wurde offenbar so sehr zum Inbegriff nassauweilburgischer Hofarchitektur, daß der Sohn des Bauherrn in seiner neuen Residenz Kirchheimbolanden eine nur geringfügig veränderte Kopie des Weilburger Kirchenraumes bauen ließ. In Nassau-Usingen und Nassau-Saarbrücken wurde der von Friedrich Joachim Stengel für Grävenwiesbach entworfene Quersaal offenbar als idealer evangelischer Bautyp eingeschätzt, da er noch Jahrzehnte später wiederholt worden ist.

Zwar sind gegenteilige Beispiele ebenso festzustellen, an denen keinerlei herrschaftlicher Anspruch festzumachen ist und die Topographie des Geländes sowie der Platzbedarf der Gemeinde zur Querrichtung des Raumes geführt haben (Eisemroth, Helpershain). Die genannten Einzelfälle herrschaftlicher Querkirchen deuten in ihrer Gesamtheit dennoch darauf hin, daß es mit diesem Bautyp zumindest möglich war, repräsentative Ambitionen umzusetzen.

Fazit

35 Beispiele eines Kirchenbautypus, der ausschließlich von Protestanten gebaut wurde, in einer bestimmten Region des Reiches sind nach den Hintergründen ihrer Entstehung und den damit verbundenen Ansprüchen ihrer Bauherren befragt worden. Das Ziel war weniger eine flächendeckende Erfassung als vielmehr eine problemorientierte Analyse anhand einer typisch evangelischen Kirchenbauform, an welcher sich die Eigenheiten protestantischer Sakralbauten in besonderem Maße aufzeigen lassen. Dabei konnten einige charakteristische Muster herausgearbeitet werden. Angesichts der großen Zahl von Kirchenbauten, die in derselben Zeit errichtet wurden, bleibt jedoch zu hinterfragen, inwieweit die Ergebnisse einer derart exemplarischen Studie übertragbar und verallgemeinerbar sind. Insgesamt gesehen darf davon ausgegangen werden, daß die Strukturen des herrschaftlichen Bauwesens in den meisten Territorien in vergleichbarer Weise organisiert waren, wobei sich die Landesherren die oberste Entscheidungsgewalt vorbehielten. An der Planung und Überwachung von Kirchenbauten waren weitgehend überall die jeweilige Kirchenbehörde (Konsistorium) und gegebenenfalls die zuständige Finanzbehörde beteiligt. Details zum Planungs- und Genehmigungsverfahren wären jedoch für jedes einzelne Territorium gesondert zu betrachten, um fundierte und aussagekräftige Ergebnisse zu bekommen.

Das Charakteristikum des hessisch-nassauischen Raumes liegt darin, daß nicht eine größere Macht mit einem geschlossenen Herrschaftsgebiet die Vorherrschaft innehatte. Diverse Fürsten- und Grafenhäuser waren mit unterschiedlichen Linien hier begütert. Auch die beiden wichtigsten Reichsstände der Region, die Landgrafschaften Hessen-Kassel und Hessen-Darmstadt, waren nach ihrer Größe und Bevölkerungszahl auf Reichsebene nur zu den mittleren Fürstentümern zu zählen. Im Gegensatz zu einem großen geschlossenen Herrschaftsgebiet wie Brandenburg-Preußen existierte im Gebiet des heutigen Bundeslandes Hessen in der frühen Neuzeit eine Vielfalt von territorialen Zugehörigkeiten, Herrschaftsformen, politischen und kulturellen Beziehungen, Konfessionen und religionspolitischen Haltungen. Die Toleranz gegenüber Angehörigen anderer Bekenntnisse war ebenso unterschiedlich ausgeprägt wie die Hinwendung der Regenten und der Geistlichkeit zu Orthodoxie oder Pietismus. Gerade diese Vielfalt ermöglicht es, geographisch benachbarte Landesherrschaften bezüglich ihrer Religions- und Kirchenbaupolitik zu vergleichen, Gemeinsamkeiten zu erkennen, die mit großer Wahrscheinlichkeit auf andere Länder übertragbar sind, und Unterschiede herauszuarbeiten.

Im Blickpunkt der Untersuchung stand die zentrale Fragestellung, weshalb sich der Typus der Querkirche im hessisch-nassauischen Bereich ab dem frühen 18. Jahrhundert sprunghaft verbreitete, und zwar im Auftrag verschiedenster lutherischer wie reformierter Landesherrschaften, aber schwerpunktmäßig in einem relativ eng begrenzten Gebiet. Die enge Nachbarschaft annähernd gleichrangiger und eventuell auch gleichermaßen nach Rangerhöhung strebender Herrscherhäuser mit nicht allzu ausgedehnten Territorien führte dazu, daß Aktivitäten sofort über die Grenzen hinaus wahrgenommen wurden, und schuf einen erheblichen Konkurrenzdruck. Der Bereich zwischen Main und Lahn gehörte zu den territorial am stärksten zersplitterten Gegenden des Heiligen Römischen Reiches Deutscher Nation. Gerade hier wurden in der ersten Hälfte des 18. Jahrhunderts gehäuft Querkirchen errichtet.

Typologische Herleitungsversuche liefern ebensowenig eine befriedigende Erklärung wie die Suche nach der spezifischen Formensprache einzelner Architekten. Letztere läßt sich in der Gestaltung von Details beobachten, zum Beispiel an den Lisenengliederungen Johann Wiesenfelds in Unterreichenbach und Altenburg, an den charakteristischen Turmabschlüssen Christian Ludwig Hermanns oder an den Fassadenaufrissen Friedrich Joachim Stengels. Die Wahl der Großform an sich und der Raumdisposition kann jedoch nicht allein dem Architekten zugeschrieben werden. Die Rolle des Auftraggebers wurde von Zeitgenossen weitaus höher eingeschätzt als die des entwerfenden Baumeisters. Der Landesherr bzw. der Patron war die entscheidende Persönlichkeit beim Bau einer evangelischen Kirche. Seine Ansprüche manifestierten sich vor allem in der Architektur derjenigen Gotteshäuser, die vom Hof selbst oder von Repräsentanten der Landesherrschaft regelmäßig oder gelegentlich besucht wurden.

In der Theologie des späten 17. und frühen 18. Jahrhunderts sorgte genau in derselben Zeit, als eigene evangelische Bau- und Raumtypen entwickelt wurden, das neue Gedankengut des Pietismus für belebende

Impulse. Mit der Bauform der Querkirche, die im Unterschied zu längsgerichteten Grundrissen, kreuzförmigen oder polygonalen Zentralbauten von den Katholiken nicht verwendet wurde, ließ sich das evangelische Bekenntnis einer Gemeinde und eines Landes in architektonischer Form darstellen. Im hier untersuchten Gebiet führten Lutheraner wie Reformierte gleichermaßen quergerichtete Kirchenräume aus, die sich in ihrer Architektur und Raumdisposition so wenig unterscheiden, daß sich keine lutherischen und reformierten Grundriß- und Raumtypen ausdifferenzieren lassen. Dies begründet sich darin, daß die Lutheraner im hessischen Raum einen Predigtgottesdienst württembergisch-straßburgischer Prägung feierten, der große Ähnlichkeit mit der Gottesdienstform der Reformierten besaß. Annähernd identische Anforderungen der liturgischen Nutzung führten zur Herausbildung gleicher Raumtypen.

Die Querkirchen des hessisch-nassauischen Raumes stehen somit im Spannungsfeld zwischen den Idealen der evangelischen Theologie beider Bekenntnisse und den Repräsentationsansprüchen der absolutistischen Herrschaft. Der Bestand dieser Region deutet auf die Schlußfolgerung hin, daß Querkirchen bevorzugt von Reformierten sowie von Lutheranern, deren Agende dem südwestdeutschen Predigtgottesdienst entsprach, ausgeführt wurden, und außerdem als Hof- und Residenzkirchen, in welchen ein Herrschaftsstand in bevorzugter Lage auf der Empore gegenüber der Kanzel eingerichtet werden sollte.

Dokumentation

In alphabetischer Reihenfolge enthält der Dokumentationsanhang zu den 35 Querkirchen des Untersuchungsgebietes alle wesentlichen Angaben und Nachweise betreffend die Baugeschichte, Architektenzuschreibung sowie gegebenenfalls die Rekonstruktion des ursprünglichen Zustandes von Architektur und Ausstattung.
Im Kopf jedes Artikels wird die heutige Zugehörigkeit zu Großgemeinde, Landkreis und Bundesland benannt, ferner die Baudaten, die Konfession der Kirche, die jeweilige Ortsherrschaft, Patron und Architekt sowie die Funktion bzw. Bauaufgabe. Sämtliche Angaben zur Konfession, zu Herrschafts- und Patronatsverhältnissen und zur Funktion beziehen sich auf die Bauzeit der Kirche.
Die Grundrisse zeigen, soweit bekannt, die ursprüngliche Ausstattung der Kirchen. Der Verlauf der Emporen und der Standort der Orgel werden durch gestrichelte Linien angegeben. Alle Grundrisse sind unmaßstäblich.

Altenburg, Schlosskirche

Stadt Alsfeld, Vogelsbergkreis, Hessen
Baudaten: 1748–1750
Konfession: lutherisch
Landesherrschaft: Landgrafschaft Hessen-Darmstadt
Patron: Freiherr Riedesel zu Eisenbach-Altenburg
Architekt: Johann Wiesenfeld
Bauaufgabe: Hofkirche eines landsässigen Adeligen und ländliche Pfarrkirche

Abbildungen 38, 75, 173, 188–192

Baugeschichte:

Mangels Quellen läßt sich nur wenig über den tatsächlichen Bauverlauf aussagen. Die Planungen zum Bau der Kirche begannen wahrscheinlich 1747 nach der Heimkehr des Freiherrn Hermann XX. Riedesel zu Eisenbach-Altenburg, der nach einer langjährigen Militärkarriere das dortige Schloss zu seinem Alterssitz erwählte. Im darauffolgenden Jahr wurden die Bauarbeiten aufgenommen; die Inschrift über dem Turmportal enthält die Jahreszahl 1748. Im Frühjahr 1749 entstanden Entwurfszeichnungen zur Innenausstattung. Ein Eintrag im Trauregister überliefert als Datum der Einweihung den 22. Oktober 1750.[790]

Architekt:

Die Bearbeiter des ‚Dehio' und Frank Schmidt folgen der Meinung Otto Doerbeckers und nennen als Archi-

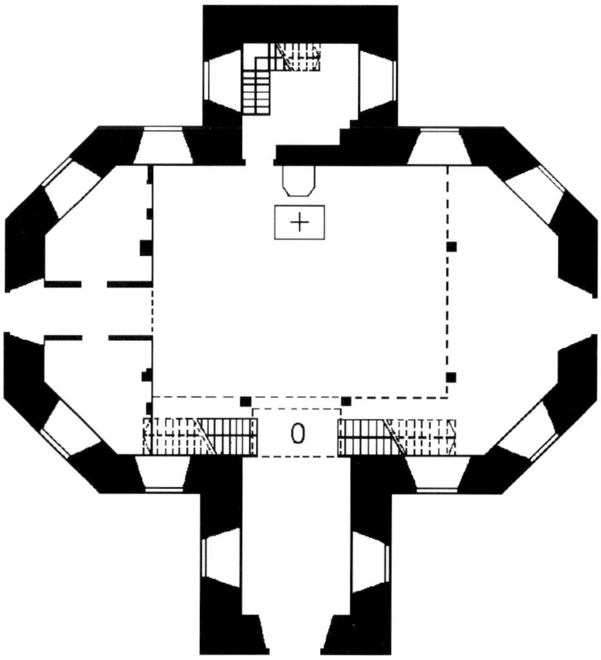

188 Altenburg, ev. Pfarrkirche, Grundriß

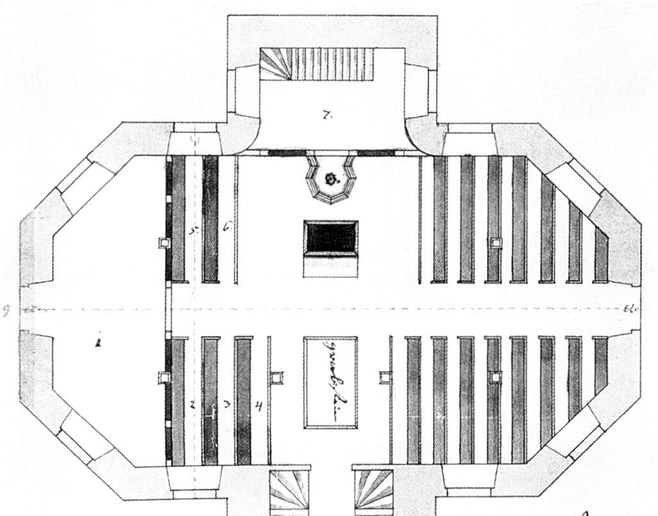

189 Altenburg, ev. Pfarrkirche, Entwurf für den Innenausbau von Johann Wiesenfeld, 1749
StA DA P 27 Nr. 1/1

tekten, ohne Angabe einer Begründung, den riedeselischen Baumeister Georg Koch, der zusammen mit seinem Sohn Georg Veit den Neubau der Lauterbacher Stadtkirche leitete.[791] Dagegen spricht jedoch eine Serie von sechs Originalplänen von der Hand des Laubacher Hofarchitekten Johann Wiesenfeld (Abb. 189–192) nebst einem erläuternden Begleitschreiben.[792] Anhand dieser Pläne schreibt Karl-August Mengel den Kirchenbau Wiesenfeld zu. Wiesenfeld hatte kurz zuvor den Auftrag erhalten, einen Entwurf zum Neubau der Stadtkirche im riedeselischen Lauterbach zu liefern, wofür er 1746 sogar mit großem Aufwand ein hölzernes Modell anfertigte. Finanzschwierigkeiten verhinderten das Zustandekommen des Projektes. Mengel nimmt an, daß „die Familie Riedesel das Bauvorhaben ‚Altenburger Kirche' dem Architekten Wiesenfeld als Ersatzauftrag übertragen hat für den nicht zustandegekommenen Auftrag ‚Stadtkirche Lauterbach'."[793]

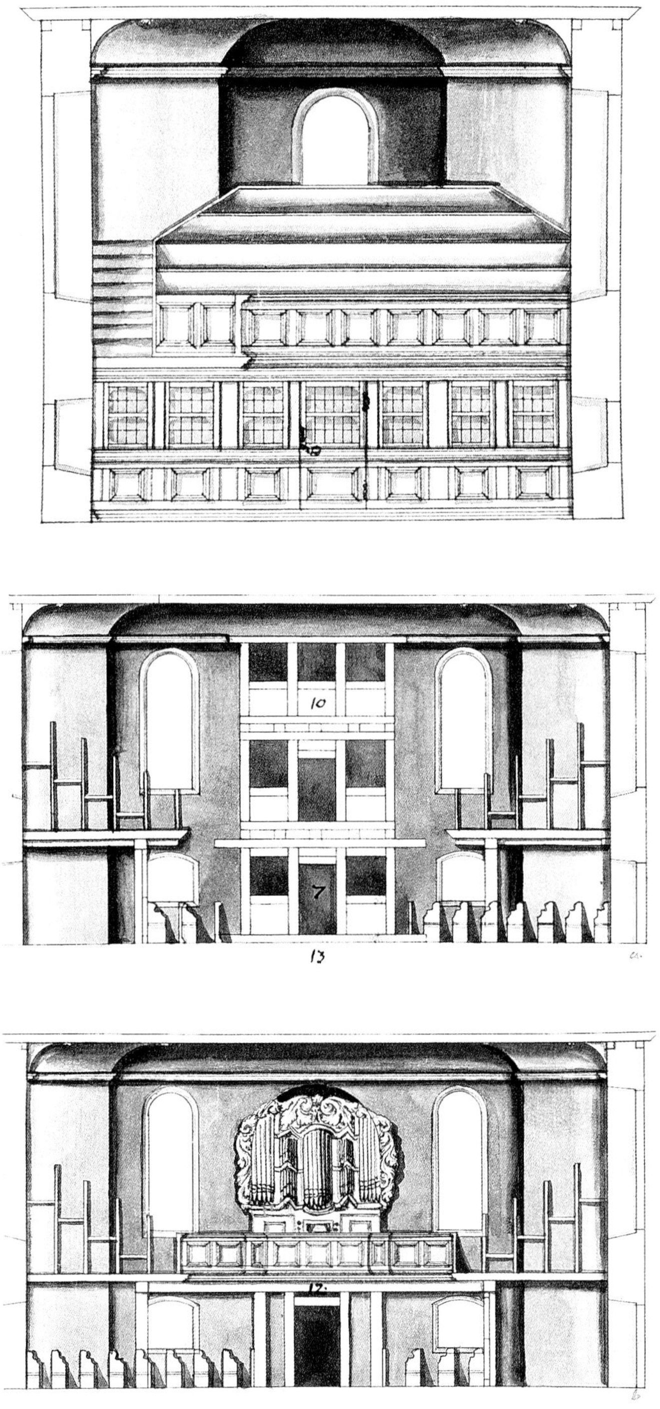

190–192 Altenburg, ev. Pfarrkirche, Entwurf für den Innenausbau von Johann Wiesenfeld, 1749
StA DA P 27 Nr. 1/3, 1/4, 1/5

Ein kleiner Vorbehalt sei hingegen angemerkt. Diese Pläne entstanden erst im April 1749, also einige Zeit nach Baubeginn, und zeigen einen Entwurf für die Innenausstattung, der im wesentlichen, aber nicht in allen Details dem ausgeführten Bau entspricht. Daß Wiesenfeld, der sich ständig um neue Aufträge bemühte, auch hier nur einen Alternativvorschlag zu einem bereits laufenden Projekt eingereicht hat, für das ein anderer Architekt verantwortlich zeichnete, kann nicht mit letzter Sicherheit ausgeschlossen werden. Für eine Zuschreibung an Wiesenfeld spricht hingegen die Tatsache, daß die Einzelformen der architektonischen Gliederung am Außenbau (Abb. 75) nahezu identisch mit denen an der Pfarrkirche in Unterreichenbach (Abb. 74) sind, an deren Planung Johann Wiesenfeld nachweislich ebenfalls beteiligt war. Auch ein Vergleich mit der von Wiesenfeld entworfenen Pfarrkirche in Ruppertsburg (Abb. 64 u. 117) zeigt Übereinstimmungen, so daß für Altenburg eine Urheberschaft Johann Wiesenfelds durchaus plausibel ist.

Der Vergleich von Wiesenfelds Rissen mit dem heutigen baulichen Zustand offenbart, daß in verschiedenen Punkten von seinem Entwurf abgewichen wurde. Während der Turmraum heute zum Kirchenraum hin offen und de facto ungenutzt ist, sah Wiesenfeld vor, die Öffnung durch zwei Mauerzungen auf Türbreite zu verengen und die Emporentreppen im Turmraum anzuordnen, so daß vom Rauminneren aus die Treppen nicht sichtbar gewesen wären. Im Gegensatz dazu trägt jetzt die symmetrische Treppenanlage unter der Orgelempore wesentlich zur Raumgestaltung bei. Die Orgelempore selbst sollte nach Wiesenfelds Entwurf im Winkel von 270° mit geradlinigen Brüstungsverläufen vorkragen anstatt in einem flachen Bogen. Die Tür zur Sakristei wollte er mittig unter der Kanzel anordnen; sie befindet sich jedoch seitlich versetzt unter der linken Fensterachse der Kanzelwand. Das Frauengestühl im Parterre teilte er in vier einander gegenüberstehende Blöcke ein. Der dreiseitige Schluß im Nordosten sollte unter der Empore durch eine mit Fenstern versehene Wand abgetrennt und als herrschaftliche Loge eingerichtet werden, was auch geschehen ist. Das nordöstliche Seitenportal war somit der Herrschaft vorbehalten. Im Mittelgang gegenüber des Altars und der Kanzel sah Wiesenfeld eine Grabstätte vor.

BICKEN, EV. PFARRKIRCHE

Gemeinde Mittenaar, Lahn-Dill-Kreis, Hessen
Baudaten: Turm mittelalterlich, Gemeinderaum 1756
Konfession: reformiert
Landesherrschaft: Fürstentum Nassau-Dillenburg
Patron: Landesherr
Architekt: F. M. Ter Linden
Bauaufgabe: ländliche Pfarrkirche

Abbildungen 11, 60, 193

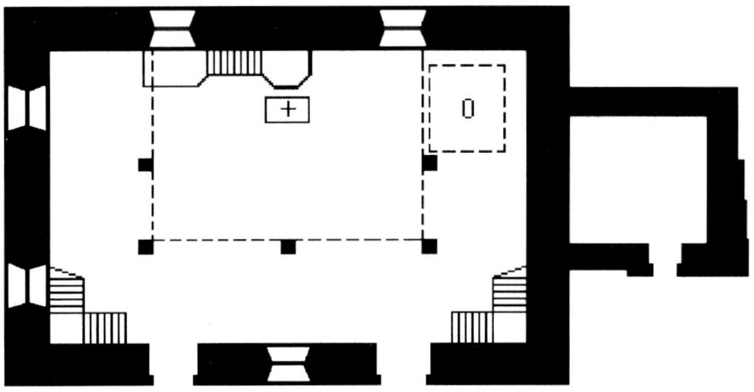

193 Bicken, ev. Pfarrkirche, Grundriß

Baugeschichte und Architekt:

Anfang des Jahres 1755 ersuchte die nassau-dillenburgische Gemeinde Bicken die vormundschaftliche Landesregierung um die Genehmigung zum Bau einer neuen Kirche und um die Anweisung des nötigen Bauholzes, da sie „die höchste noth zu diesem bau treibet."[794] Dazu wurde ein Kostenüberschlag eingereicht, aus dem hervorgeht, daß die baufälligen Längsmauern abgebrochen und das Kirchenschiff nach beiden Seiten um je 4 Schuh verbreitert werden sollten, während man die Westseite nur ausbessern wollte. Der Turm, dessen Schaft mittelalterliche Substanz enthält, blieb bestehen; wahrscheinlich handelt es sich um einen ehemaligen Chorturm.[795] Der Gemeinderaum ist nicht ganz symmetrisch an den Turm angefügt, sondern etwas nach Süden verschoben worden. Da aber beide Längsmauern abgebrochen und nach außen gesetzt werden sollten, folgt daraus, daß der Baukörper entweder schon vorher asymmetrisch gewesen ist oder daß man sich anders besonnen und Teile der alten Nordwand doch für den Neubau stehengelassen hat. Aufschluß könnte nur eine bauarchäologische Untersuchung geben.
Der Bauverlauf läßt sich anhand der im Pfarrarchiv erhaltenen Kirchenbaurechnung detailliert nachvollziehen. Die Planungen müssen spätestens im Frühjahr 1754 begonnen haben, denn der Kostenvoranschlag des Architekten datiert vom Mai jenes Jahres.[796] Den ersten Kalk ließ die Gemeinde im September brennen, auch wurde Eichenholz gekauft. Im Oktober 1755 wurde ein Kollektenpatent ausgefertigt. Mitte März 1756 brach der Steindecker das Dach der alten Kirche ab. Als eigentlicher Baubeginn ist der 9. April 1756 anzusehen, als das Fundament abgesteckt wurde. Am 21. desselben Monats legte man den Grundstein. Ende Juni waren die Maurerarbeiten bereits abgeschlossen. Der Dachstuhl wurde unmittelbar darauf aufgeschlagen, so daß um den 2. Juli der Kranz gesteckt werden konnte. Am 13. Juli setzte der Steindecker den ersten Schieferstein auf das Dach. Der Innenausbau ging weiter zügig voran. Bis Ende August hatten die Zimmerleute die Emporen aufgeschlagen. Die Schreiner erhielten am 31. August ein Trinkgeld, „als sie die Erste Tafel an schlugen", gemeint ist vermutlich die Verkleidung der Emporenbrüstung. In den letzten Novembertagen feierte Bicken die Einweihung seiner neuen Kirche, obwohl die Arbeiten im Inneren noch nicht abgeschlossen waren. Im Laufe des folgenden Winters wurde der Fußboden gepflastert; das Gestühl im Erdgeschoß kann erst danach aufgestellt worden sein. Verschiedene Handwerker bekamen noch die ganze erste Hälfte des Jahres 1757 hindurch Lohnzahlungen. Ende April wurde in Herborn Haar gekauft, welches zum Tünchen gebraucht wurde.[797]
Wer den Entwurf zu dem neuen Bicker Gemeinderaum erstellt hat, darauf liefert die Kirchenbaurechnung einen eindeutigen Hinweis. Unter der Rubrik „Aus Gab Allerhand" verbucht diese eine am 21. April 1757 ausgezahlte Summe von 7 fl. 15 alb. „dem H[errn] Bau M[ei]st[e]r Terlinte vor den Abriß etc."[798] Gemeint ist damit der Baumeister F. M. Ter Linden, der seit 1748 in Diensten der fürstlichen Landesregierung in Dillenburg stand.[799] Dieser hat auch den Kostenvoranschlag über Material und Handwerkslöhne angefertigt und unterschrieben, den die Gemeinde Bicken als Anlage zu ihrem Bauholzgesuch im Februar 1755 einreichte.[800]
Die Geschichte der Pfarrkirche in Bicken[801], begonnen 1756, also unmittelbar vor dem Ausbruch des Siebenjährigen Krieges, zeigt, welch tiefen Einschnitt dieser Krieg für den hessischen Raum bedeutet hat. Zwar konnte die Kirche im Laufe eines halben Jahres unter Dach gebracht werden, der Anstrich des Holzwerkes mußte aber bis in die 1780er Jahre warten, weil die Gemeinde durch die Ereignisse des Siebenjährigen Krieges in Schulden und tiefste Not gestürzt war.[802] Bicken beantragte 1786 eine neue Kollekte, um die Fertigstellung des Innenraumes finanzieren zu können, denn die 1756 bewilligte Kollekte in den vier nassauischen Fürstentümern hatte wegen der Kriegsereignisse nicht mehr durchgeführt werden können. Damals mußte der Pfarrer mehrfach bei der Regierung um Preisnachlaß für Baumaterialien nachsuchen, weil die finanziellen Ressourcen der Gemeinde erschöpft waren.[803] Am 21. November 1786 wurde ein Kostenvoranschlag eingereicht. Im folgenden Frühjahr war man sich immer

noch nicht einig, welcher Maler den Auftrag erhalten sollte, so daß Pfarrer Cunz das Konsistorium bat zu entscheiden. Der Regierung ging es im wesentlichen darum, Kosten zu sparen. Die Gemeinde sollte die Kollektengelder „zweckmäsig" verwenden und auf unnötigen Aufwand verzichten, „wohin vorzüglich das vorhabende zwecklose Bemalen der Kirchenstühle gehöret, gestallten die Hauptabsicht, die Erhaltung des Holzwerks, durch einen ganz einfachen, einfarbigen Überzug von Öhlfarbe, völlig erreicht wird." Die Gemeinde verakkordierte die Malerarbeiten am 22. Mai 1787 dem Kastellan Brücher zu Dillenburg. Der Akkord fiel jedoch um einiges anspruchsvoller aus, als es die Regierung angeordnet hatte.[804] Die Malerarbeiten sind zwischen Mai 1787 und Juli 1788 ausgeführt worden. Die Schwelle der Südempore trägt in der Mitte gegenüber vom Altar eine Inschrift mit der Jahreszahl 1787, dem Datum des ersten Anstrichs. Direkt unterhalb derselben ist bei schrägem Lichteinfall die nachträglich überstrichene Zahl 1929 unter der Farbschicht zu erkennen, die auf eine Renovierung hinweist.

Architektur und Ausstattung:

Der Raum hat im Laufe seiner Geschichte einige tiefgreifende Veränderungen hinnehmen müssen. Erst 1837 hat die Kirche eine Orgel erhalten. Den Anstoß dafür gab die nahegelegene Gemeinde Eisemroth, wo im Jahre 1835 eine Orgel eingeweiht wurde. Das „hat von neuem die größte Sehnsucht der Gemeinde Bicken erregt, auch eine Orgel zu besitzen."[805] Angefertigt hat das Instrument der Orgelbauer derselbe Orgelbauer, Daniel Raßmann aus Möttau, der auch die Orgel in Eisemroth erstellt hat.[806] Die Orgel steht mittlerweile rechts vom Altar auf der Ostempore, soll aber früher auf der Südempore gegenüber der Kanzel ihren Platz gehabt haben.[807]
Die nächste Veränderung erfuhr die Kirche im Jahre 1887, als ein neuer Altar angeschafft, der Altarbereich mit Sandsteinplatten gepflastert, der Pfarrstuhl erneuert und die Kanzeltreppe auf die entgegengesetzte Seite verlegt wurde.[808] Vermutlich war bis dahin ein hölzerner Tischaltar, wie in reformierten Kirchen üblich, vorhanden. Außer im Altarbereich besitzt die Kirche noch den aus der Bauzeit stammenden „gegrädeten" Fußboden aus kleinen, aufrecht in Sand (heute Mörtel) gesetzten Steinen in dekorativen Fischgrätmustern. Die Bankreihen stehen auf Holzböden. Ihre Anordnung in fünf Blöcken entspricht noch weitgehend der ursprünglichen, auch wenn das ganze Gestühl 1955 erneuert worden ist.
Eine weitere Renovierung führte man 1929 durch, als die Sakristei vor der Mitte der Nordseite angebaut wurde. Die Kanzeltreppe wurde entfernt und eine Tür in die Mauer gebrochen, so daß die Kanzel seitdem von der Sakristei her betreten wird.
Ihr derzeitiges Gesicht verdankt die Kirche der Renovierung von 1955. Das Gestühl im Schiff und auf den Emporen wurde komplett erneuert, desgleichen die Emporentreppen. Die vergitterten Stände für die Familien von Pfarrer und Lehrer unter der Südempore wurden entfernt, ebenso die Bank für den Kirchenvorstand, die sich bis dahin links neben der Kanzel befunden hatte. Der Altar von 1887 wurde durch einen steinernen Tischaltar ersetzt, welcher auf einen Sockel gestellt wurde.[809] Bei jener Renovierung ist der ganze Altarbereich um eine Stufe angehoben und der Altar zusätzlich auf ein zweistufiges Podest gesetzt worden. Der Altarraum hat durch die Anhebung, vor allem durch das zu große Stufenpodest, seine Weiträumigkeit verloren, die er sicher besaß, als hier noch ein schlichter hölzerner Abendmahlstisch zu ebener Erde oder allenfalls auf einer kleinen Stufe stand.

BIEBER, OBERE KIRCHE

Gemeinde Biebergemünd, Main-Kinzig-Kreis, Hessen
Baudaten: Chorturm hochmittelalterlich, Langhaus 1660 erneuert, 1756–1758 um den südlichen Seitenflügel erweitert
Konfession: lutherisch
Landesherrschaft: Landgrafschaft Hessen-Kassel (Hessen-Hanau)
Patron: Landesherr
Architekt: Jakob Sigismund Waitz
Bauaufgabe: ländliche Pfarrkirche

Abbildungen 34, 35, 127, 128, 194–197

Baugeschichte und Architekt:

Die lutherische Pfarrkirche, die aus einem hochmittelalterlichen Chorturm und dem 1660 erneuerten Langhaus bestand, wurde in den Jahren 1756–1758 nach Süden zu einer quergerichteten Anlage erweitert. Die Topographie des Geländes hätte eine Vergrößerung in der Längsachse zugelassen, jedenfalls nach dem gegenwärtigen Zustand zu schließen. Ausschlaggebend waren vor allem Kostengründe. Indem man seitlich einen Flügel anfügte, konnten zwei Mauern des Gemeinderaumes, die gerade erst ein knappes Jahrhundert alt und folglich einigermaßen solide waren, stehengelassen werden.
Die Erweiterung der Kirche wurde vor allem notwendig, weil das Kirchspiel sich durch den Zustrom von Bergleuten enorm vergrößert hatte.[810] Einen wirklichen Aufschwung nahm das Bieberer Bergbauwesen ab 1737 bzw. 1741, als die Bergbaufachleute Jakob Sigismund Waitz und Johann Heinrich Cancrin(us) die Leitung übernahmen.[811] Jene beiden Persönlichkeiten und auch der Sohn des Letzteren, Franz Ludwig Can-

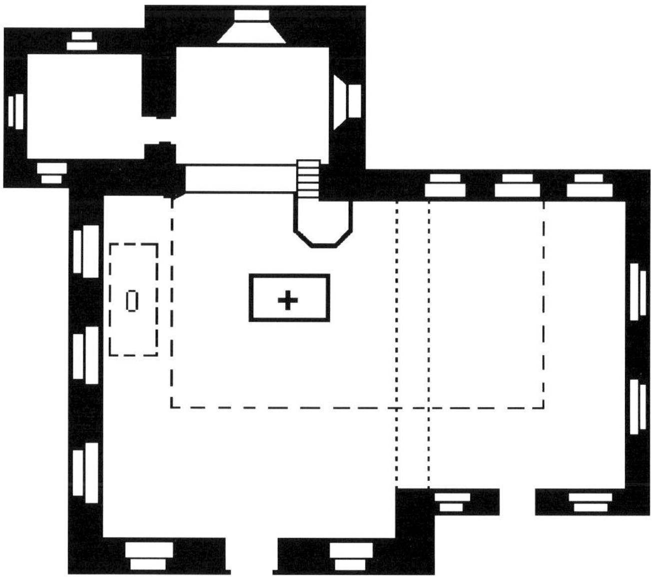

194 Bieber, Obere Kirche, Grundriß

crin, waren an der Erweiterung der lutherischen Kirche maßgeblich beteiligt: Waitz als entwerfender Architekt, der ältere und vor allem der jüngere Cancrin als Bauleiter und Finanzverwalter vor Ort.
Franz Ludwig Cancrin (1738–1816) bekam schon als Sechzehnjähriger von seinem Vater, dem Leiter der Bieberer Bergwerke, eine Ausbildung im Bergbauwesen. Er war technisch außerordentlich versiert und befaßte sich auch bald mit der Architektur. Als die Erweiterung der Bieberer lutherischen Kirche begann, führte er im Auftrag seines Vaters einen großem Teil des damit verbundenen Schriftwechsels mit den Regierungsbehörden selbständig. In den Diensten der Hanauer Regierung stand er später nicht nur als Bergbaufachmann, sondern ab 1767 leitete er zusätzlich das gesamte Bauwesen in der Grafschaft Hanau. Seine bedeutendste Arbeit als Baumeister ist die Schloßanlage in Wilhelmsbad bei Hanau (1777–1781).[812]
Jakob Sigismund Waitz (1698–1776, 1760 als Freiherr Waitz von Eschen in den Adelsstand erhoben) hat sich als Finanz- und Wirtschaftspolitiker am Kasseler Hof einen Namen gemacht, ist jedoch als Architekt nur wenig bekannt.[813] Der Geheime Kammerrat Waitz aus Kassel, der sich im Winter 1753/54 in Zusammenhang mit einer Tätigkeit am Bergwerk in Bieber aufhielt, wurde als erfahrener Baumeister von der Gemeinde gebeten, den vorhandenen Kirchenbau in Augenschein zu nehmen und einen Vorschlag zu machen, wie man denselben mit möglichst geringen Kosten erweitern könnte. Pfarrer Geneff berichtete darüber zwei Jahre später an den Landgrafen, als die Erweiterung der Kirche immer dringlicher wurde:

„So ist es unmöglich das wir Länger anstandt nehmen dörffen unsere ohnhin kleine Kirche durch einen Creütz=Bau zu vergrößern; Wie solches Ew[er] Hochfürstl[ichen] Durchl[auch]t fürtrefflicher Herr Geheimde Cammer Rath Waitz vor Zwey Jahren weil derselbe die erweiterung der Kirche schon damahlen vor Höchst nöthig erachtet eigenhändig ab zu meßen und an zu weißen beliebt hat…“[814]

Unter diesem „Creütz-Bau“ ist ein Erweiterungsflügel zu verstehen, der rechtwinklig zum Hauptraum an dessen Längsseite angefügt werden sollte. Im Januar 1756 reichte die Gemeinde den „nach deß Herrn Geheimde Cammer=Rath Waitz Wohlgeb[oren] gegebenen Anleitung“ angefertigten Riß (Abb. 195 u. 196) nebst Kostenüberschlag beim Konsistorium ein. Mit einer solchen asymmetrischen Lösung war das Konsistorium allerdings nicht einverstanden, weil „durch den vorgeschlagenen Seiten Bau, die Kirche kein gutes ansehen bekommen wird.“ Die Kirchenbehörde legte ihrerseits einen Entwurf vor (Abb. 197): Demnach sollte die Kirche symmetrisch nach beiden Seiten durch Anbauten

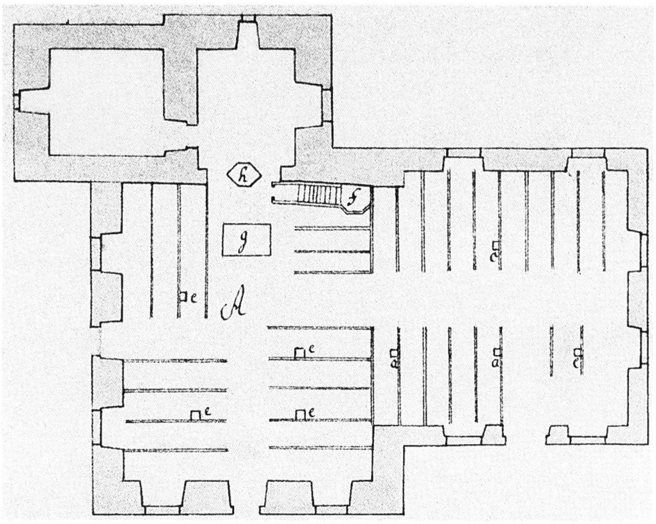

195-196 Bieber, Plan von Jakob Sigismund Waitz für die Erweiterung der lutherischen Pfarrkirche, 1756
StA MR P II Nr. 9668, Blatt 1 u. 2

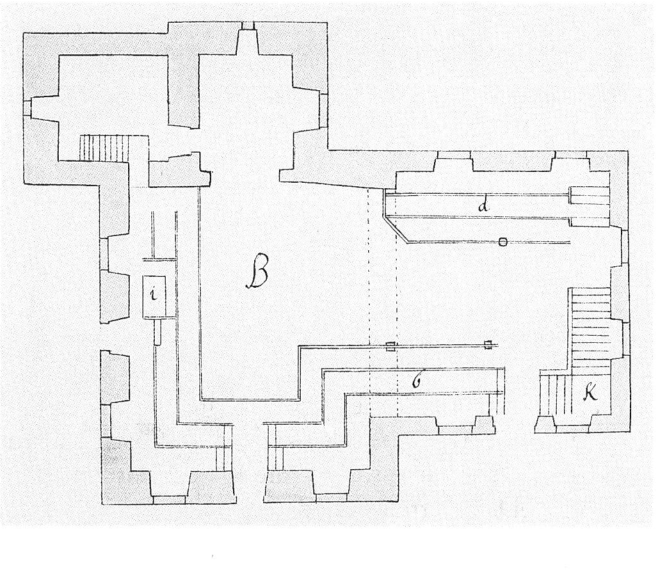

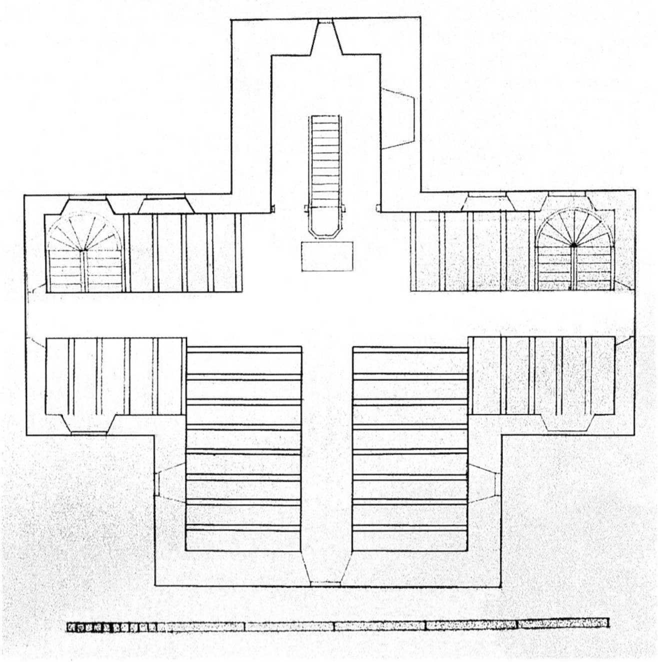

197 Bieber, Alternativentwurf des Konsistoriums, 1756
StA MR 315 g Bieber III,1

vergrößert werden. Bemängelt wurde zudem das viel zu „kostbare" Hängewerk, welches der stützenfreie Innenraum in Waitz' Entwurf erforderte. Von der Gemeinde, die dagegen energisch Einspruch erhob, verlangte das Konsistorium einen Kostenvergleich, um wieviel teurer dieser zweite Entwurf kommen würde. Die Gemeinde berief sich zunächst einmal auf Erfahrung und Renommee des Baumeisters, der alles wohl durchdacht und gewiß die für die örtlichen Gegebenheiten beste und günstigste Lösung gefunden hätte. Gegen den Wunsch des Konsistoriums, architektonisch-ästhetische Gesichtspunkte stärker zu berücksichtigen, wehrte sich der Pfarrer unter Hinweis auf die Kostenfrage und den fehlenden Platz für einen Anbau an der Nordseite. Das Hängewerk im Dach wäre notwendig, um störende Stützen im Kirchenraum zu vermeiden. Den Entwurf von Waitz bezeichnete der Pfarrer als „gleichförmig" und äußerte seine Überzeugung, der Landgraf würde ihn auf jeden Fall genehmigen. Das geschah auch. Landgraf Wilhelm verfügte, Kammerrat Waitz hätte die oberste Bauleitung zu übernehmen. Das Konsistorium wandte sich daraufhin mit seinen Verbesserungsvorschlägen an Waitz selbst. Waitz aber ließ sich nicht überreden, das Kirchengebäude nach beiden Seiten zu erweitern. Allein bezüglich des aufwendigen Hängewerkes gab er nach und entschied, die Emporenstützen bis unter den Dachstuhl hochzuführen.[815]

Von der Bieberer Kirche sind im Staatsarchiv Marburg zwei Blätter mit Rissen erhalten, die in je zwei Grundrissen, Ansichten und Längsschnitten den Entwurf von Waitz zeigen und, nach der Handschrift der Legende zu schließen, durchaus von seiner Hand stammen könnten (Abb. 195 u. 196).[816] Die Zeichnungen sind nicht signiert, wohl aber datiert, nämlich auf den 16. Juni 1756. Die Planzeichnungen entsprechen nicht hundertprozentig dem ausgeführten Bau. Augenfällige Abweichungen vom Entwurf erscheinen beim Innenausbau. Die Emporenanlage hatte Waitz recht verwinkelt geplant mit einem Rücksprung im Westen des alten Langhauses, der Außenmauer folgend. In der Ausführung wurde die Westempore in gerader Linie durchgezogen, und die alten Emporenstützen gegenüber vom Chorbogen stehen nicht in der Flucht der Brüstung, sondern ein ganzes Stück zurückgesetzt. Den Altar stellte Waitz in die Achse vor den Chorbogen, den Taufstein genau unter den Triumphbogen. Im Chor sah er keine Bestuhlung vor. Demnach sollte der Chor im Turmerdgeschoß entweder überhaupt nicht mehr oder nur als Taufkapelle genutzt werden. Die Kanzel sollte etwas weiter rechts als heute angebracht werden und eine gerade verlaufende Treppe erhalten. Die Ansicht der Westwand zeigt noch die alte Außentreppe, die bis dahin den Aufgang zur Männerempore bildete. Im Sommer 1757 bestimmte das Konsistorium jedoch nach einer entsprechenden Anfrage Cancrins, diese Treppe sollte abgebrochen und stattdessen im Innern der Kirche gleich neben der Eingangstür ein neuer Treppenaufgang gemacht werden.[817]

Eine Inschrift im Schlußstein eines Fensters an der Westwand des neuen Flügels nennt die Zahl 1756, die das Jahr des Baubeginns bezeichnet. 1756 nahm man als erstes die Erweiterung des Kirchhofs und das Graben der Fundamente in Angriff. Die Arbeit am aufgehenden Mauerwerk wurde schon innerhalb jenes Jahres abgeschlossen: Am 9. November konnte Pfarrer Geneff dem Konsistorium vermelden, die Mauer wäre schon seit einer Woche bis unters Dach fertig und das Holzwerk ebenfalls bereits vorhanden; das Dach hätte seiner Meinung nach schon in jenem Herbst aufgeschlagen werden können, doch eine entsprechende Anweisung von Waitz wäre ausgeblieben.[818] Über den Winter ruhte der Bau. Im folgenden Jahr wurde der Dachstuhl aufgeschlagen und das Dach gedeckt, während das etappenweise Einsetzen der Fenster sich bis 1758 hinzog.[819] Auch in den alten Teil wurden neue, größere Fenster eingebrochen, wodurch der Außenbau eine einheitlichere Gestalt erhalten hat. Bis Anfang Mai 1757 war die alte Kirche anscheinend noch benutzbar, zumindest besaß sie noch ihre geschlossenen Außenmauern. Anfang Mai konnte Franz Ludwig Cancrin dem Konsistorium mitteilen, mit dem Ausbrechen der alten Mauer wäre begonnen worden, und am 17. Mai meldete er nach Hanau: „Das stück mauer an der alten Kirche ist fast ganz ausgebrochen, und wird diese woche die neue mit der alten zusam[m]en geschloßen, und als dann künftige woche können aufgeschlagen werden."[820] Im Sommer 1757 begann der Innenausbau. Am 18. Dezember 1758 lieferte der Weißbinder seine Abschlußrechnung, die sämtliche Ausstattungsstücke und auch die Apostelbilder an der Empore mit einschließt. Es fehlte nur noch die Kanzel, die erst 1759 endgültig fertiggestellt wurde.[821]

Die Baumaßnahmen begannen unmittelbar vor dem Ausbruch des Siebenjährigen Krieges. Damit verzögerte sich der Fortgang der Arbeiten. Zwei Jahre nach Baubeginn wechselte der Pfarrer; in die lutherische Gemeinde Bieber kam Johann Philipp Koch, vormals Pfarrer an der Reinhardskirche in Nauheim. Koch hinterließ im Kirchenbuch seinen ausführlichen Lebenslauf, worin er sich allerdings nur sehr knapp über den Kirchenbau äußerte. Daraus geht hervor, daß der Kirchenumbau innerhalb der ersten zwölf Monate von Kochs Amtszeit, also 1758 oder Anfang 1759, vollendet worden ist:

> „Und der Kirchenbau, der wegen der beschwerl[ich]en Kriegs Unruhen, nicht von statten gehen wolte, dabey auch nach dem angenom[m]enen Projecte ins Gar zu schlechte gefallen wäre, kostete mich viele Sorgen u[nd] Mühe. Wie aber das Sprichwort: omnia conando docilis sol tertia vincit; seine unwied[er]sprechl[ich]e Richtigkeit hat; so setzte ich auch durch meinen unermüdl[ichen] eifer alle Schwierigkeiten durch. Ich brachte bald meine oeconomie in ordnung, und im Erste[n] Jahre kahme auch der angefangene Kirchenbau glückl[ich] zu stande."[822]

Architektur und Ausstattung:

Die Innenausstattung hat seit 1758 mehrfach Veränderungen erfahren. In der zweiten Hälfte des 19. Jahrhunderts, nach der Prospektform zu schließen, hat die Kirche eine neue Orgel erhalten. Damit für diese ausreichend lichte Höhe zur Verfügung stand, wurde die Westempore um einen halben Meter tiefer gesetzt. Eine Orgel muß aber schon vorher bestanden haben. Im Januar 1797 schloß die Gemeinde einen Akkord mit dem Homburger Orgelbauer Bürgy über den Bau eines neuen Instruments.[823] 1797 fand eine größere Innenrenovierung statt. Die Kirche wurde im Inneren ausgeweißt und von außen die Giebelseite neu verputzt und gestrichen.[824] An der Brüstung der Westempore befindet sich eine Tafel mit dem hessischen Wappen, welche ebenfalls die Jahreszahl 1797 trägt.

Die Kanzel befand sich früher in der Raumdiagonalen, zur Hälfte in die Chorbogenöffnung hineinragend. Der Altar hat seit einigen Jahrzehnten seinen Platz an der Rückwand des Chores, stand jedoch früher frei in der Raummitte vor der Kanzel (Abb. 128), während im Chor, also im Rücken von Altar und Kanzel, ebenfalls Gestühl aufgestellt war. Als der Turmraum wieder Altarraum wurde, ist die Kanzel leicht nach rechts verschoben worden, so daß die Kanzeltreppe sich seither im Bogen um den Chorbogenpfeiler windet, während sie bis dahin in gerader Linie vom Chor aus auf die Kanzel hinaufführte. Die Datierung dieser Kanzel war bisher umstritten. Bickell beschreibt sie als „ein handwerklich tüchtiges, nicht unschönes Werk aus dem Schluss des 18. Jahrhunderts (1797?)." Backes hingegen datiert sie auf den Anfang des 18. Jahrhunderts.[825] Tatsächlich ist die Kanzel, wie schon erläutert, mitsamt ihrem Schalldeckel 1758/1759 im Zuge des Umbaus entstanden.

BUCHSWEILER/BOUXWILLER, NIEDERKIRCHE

Stadt Bouxwiller, Département Bas-Rhin, Frankreich
Baudaten: 1613–1614; 1728 Turm erhöht,
1732 zweites Emporengeschoß,
1778 Orgel und Herrschaftsloge
Konfession: lutherisch
Landesherrschaft: Grafschaft Hanau-Lichtenberg
Patron: Landesherr
Architekt: unbekannt
Bauaufgabe: Residenzkirche

Abbildungen 32, 93, 94, 164, 198

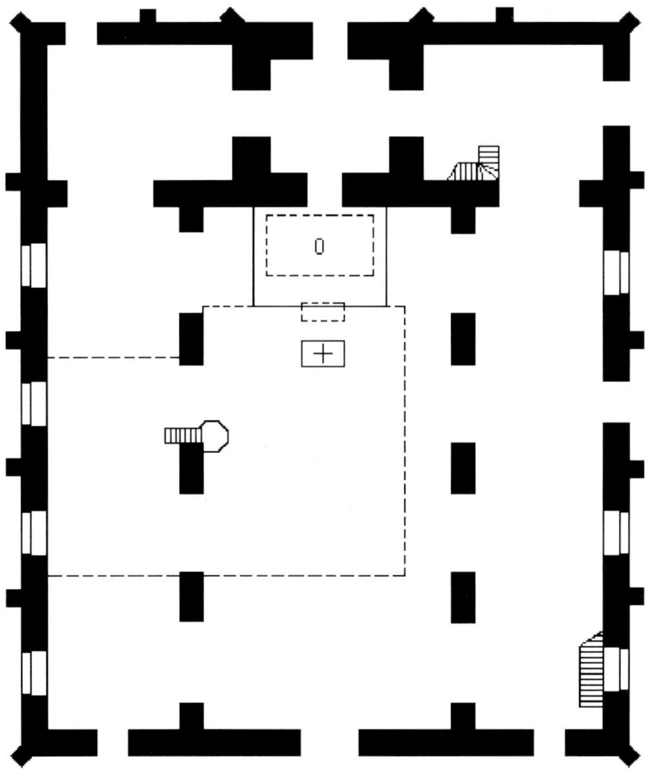

198 Buchsweiler, Niederkirche, Grundriß

Baugeschichte:

Die mittelalterliche Kirche der Heiligen Jungfrau, genannt Niederkirche, wurde dem protestantischen Kultus im Jahr 1542 übergeben, als Philipp IV. von Hanau-Lichtenberg die Reformation in Buchsweiler einführte. 1546 erfolgte eine Wiederherstellung der Kirche, die jedoch 1613 zerstört wurde. Bei dem sofortigen Wiederaufbau in den Jahren 1613–1614 wurde der untere Teil des quadratischen Turmes vom Vorgängerbau beibehalten und in den Neubau integriert. Nach Westen fügte man ein Langhaus mit basilikalem Querschnitt an, bestehend aus einem hohen, durch Oculi im Obergaden belichteten Mittelschiff mit flacher Decke und niedrigen Seitenschiffen, die früher eingewölbt waren. Das spitzbogige Portal am südlichen Seitenschiff wurde zum Haupteingang. Ihr endgültiges Aussehen erhielt die Kirche im 18. Jahrhundert. Der Turm, dessen Schaft noch die romanischen gekuppelten Schalluken aufweist, bekam 1728 ein zusätzliches Stockwerk mit abgeschrägten Ecken und eine verschieferte Haube, möglicherweise nach einem Entwurf von Christian Ludwig Hermann. Der aus der Nähe überdimensional hoch erscheinende Turm erhielt erst dadurch die einer Stadtpfarrkirche angemessene Fernwirkung, denn während die von den Katholiken genutzte frühere Friedhofskirche sich außerhalb der dichten Bebauung auf einem Hügel erhebt, steht die Niederkirche inmitten des Gassengewirrs der Altstadt in einer Talsenke. Das Maßwerk der Fenster wurde 1732 ausgebrochen, um mehr Licht zu gewinnen; gleichzeitig wurde ein zweites Emporengeschoß eingezogen, welches 1965 wieder entfernt worden ist.[826] 1758 und 1762 entfernte man die Gewölbe der Seitenschiffe. Der basilikale Raum ist zentral um die Kanzel herum organisiert, welche am Mittelpfeiler der Arkade zum nördlichen Seitenschiff, also in der Querachse, ihren Platz hat. Der Kanzelkorb trägt die Daten 1579 und 1614. Der heutige Altar, der aber erst 1914 in die Kirche gekommen ist, steht in östlicher Richtung in der Längsachse. Die Fürstenloge vor dem ehemaligen, vermauerten Triumphbogen und die große Orgel von Johann Andreas Silbermann besetzen seit 1778 die Ostwand vor dem Turm.[827] Es wird allerdings vermutet, daß der Altar früher in der Querachse vor der Kanzel gestanden hat,[828] wodurch eine stärkere Betonung der Querrichtung zum Tragen käme.

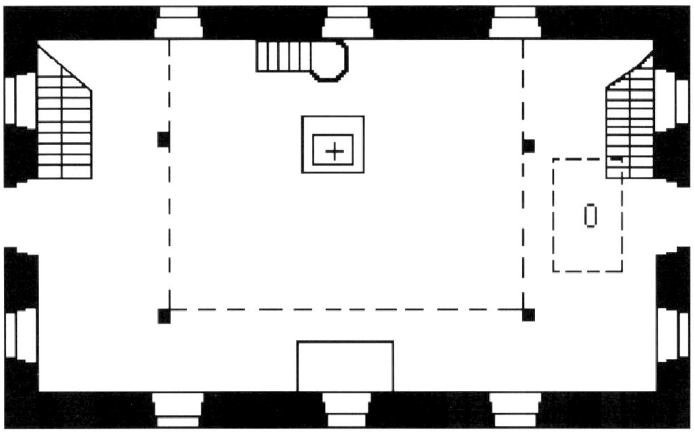

199 Burgbracht, ev. Kirche, Grundriß

Burgbracht, ev. Kirche

Gemeinde Kefenrod, Wetteraukreis, Hessen
Baudaten: 1738–1741
Konfession: reformiert
Landesherrschaft: Grafschaft Isenburg-Birstein
Patron: Landesherr
Architekt: unbekannt
Bauaufgabe: ländliche Filialkirche

Abbildungen 71, 166, 199

Baugeschichte:

Die Baugeschichte der Burgbrachter Kirche hat Klaus Peter Decker ausführlich aufgearbeitet und dargestellt[829], so daß an dieser Stelle eine knappe Zusammenfassung der Eckdaten genügt. Die arme Gemeinde bemühte sich schon seit dem Ende des Dreißigjährigen Krieges immer wieder um eine effektive Reparatur ihres schadhaften Kirchengebäudes, bis endlich mit Unterstützung des Grafen Wolfgang Ernst, der zugleich das Patronatsrecht innehatte, ein Neubau möglich wurde. Im späten Frühjahr 1738 wurden die wichtigsten Handwerker unter Vertrag genommen, und am 11. Juni fand in Anwesenheit des Grafen die feierliche Grundsteinlegung statt. Bis zum April 1739 stand das Gebäude im Rohbau. Die weiteren Arbeiten waren im Herbst 1740 abgeschlossen; Knopf und Kreuz wurden am 3. September 1740 auf die Spitze des Dachreiters gesteckt. Die schwere Notzeit jener Jahre mit Teuerung und Hunger in der rauhen Vogelsberglandschaft machte den Kirchenbau zu einer schweren Belastung für die kleine Gemeinde, in der nur 16 Hausgesäße wohnten. Daraus erklärt sich, daß es bis zum 11. Oktober 1741 dauerte, bis das neue Gotteshaus offiziell eingeweiht werden konnte.
Daß der Kirchenneubau in Burgbracht überhaupt zustandekam, hatte die Gemeinde ganz entscheidend der Unterstützung durch Wolfgang Ernst zu verdanken.[830] Der Graf wandte sich zunächst an seinen Verwandten, Graf Ferdinand Maximilian zu Isenburg-Wächtersbach, mit der Bitte, daß die Burgbrachter Untertanen Kalksteine im Wächtersbacher Gebiet brechen dürften, um zwecks Kostenersparnis den zum Bau nötigen Kalk selbst zu brennen.[831] Ein Kollektenpatent für zwei rei-

sende Kollektanten wurde ausgestellt. In allen Gemeinden der Grafschaften Birstein und Offenbach, die seit 1718 unter der Regierung Wolfgang Ernsts vereinigt waren, fand am ersten Weihnachtstag 1738 eine Kollekte statt. Die Herrschaft stiftete abgesehen von fünf Stämmen, die die Stadt Wenings gegeben hatte, das gesamte Bauholz und ließ Holz und Steine durch „herrschaftliches Geschirr" zur Baustelle transportieren.[832] Außerdem spendete der Graf einen vergoldeten Abendmahlskelch.[833] Bei der Grundsteinlegung erschien der Regent mit seiner ganzen Familie und einer großen Zahl von Angehörigen des Hofes.[834] Die Einweihungsfeier im Oktober 1741 fiel wesentlich bescheidener aus, was auch mit der politischen und wirtschaftlichen Situation jener Zeit zusammenhängt.

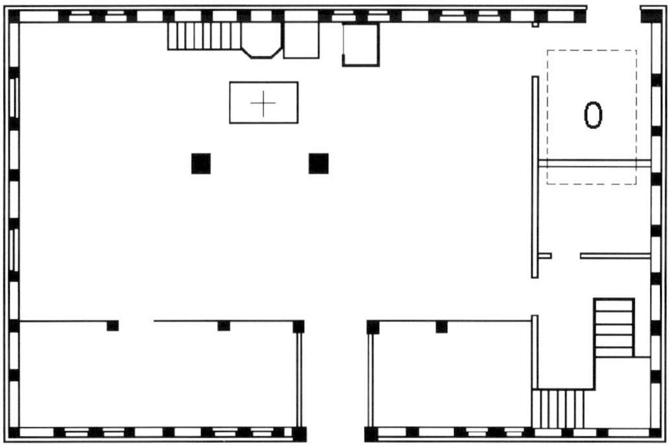

200 Carlsdorf, ev. Kirche, Grundriß

CARLSDORF, WALDENSERKIRCHE

Stadt Hofgeismar, Kreis Kassel, Hessen
Baudaten: 1699–1704
Konfession: reformiert
Landesherrschaft: Landgrafschaft Hessen-Kassel
Patron: Landesherr
Architekt: Paul du Ry
Bauaufgabe: ländliche Pfarrkirche

Abbildungen 16, 144, 200

Baugeschichte:

Auf dem Gebiet eines wüstgefallenen Dorfes entstand unweit von Hofgeismar die erste der Landkolonien in Hessen-Kassel, die nach dem regierenden Landgrafen Karl den Namen Carlsdorf erhielt. Die Erstsiedler waren mehrheitlich Waldenser aus den Alpentälern im Grenzgebiet zwischen Frankreich und Savoyen, zumeist arme Bauern, außerdem einige Réfugiés aus dem Elsaß und aus Lothringen, die man ab Februar 1686 vorübergehend in Hofgeismar untergebracht hatte. Noch in demselben Jahr entstanden die ersten Wohnhäuser in der Kolonie Carlsdorf, deren kreuzförmigen Plan Paul du Ry entworfen hatte. Der Ausbau des Dorfes zog sich bis ins erste Viertel des 18. Jahrhunderts hin. Erst nachdem der vordringlich benötigte Wohnraum zur Verfügung stand, ging man an den Bau einer eigenen Kirche.[835] Im Jahr 1699 bat die Gemeinde Carlsdorf unter Führung ihres Greben Blaise Martin um die Genehmigung, einen eigenen Tempel bauen zu dürfen.[836] Ende August erging ein landesherrliches Dekret mit dem Befehl an das Forstamt, den Carlsdorfern die zum Kirchenbau nötigen Stämme Holz anzuweisen. Aus einem in französischer Sprache verfaßten Memoriale der Gemeinde vom 6. Oktober 1699 geht hervor, daß der Landesherr 50 Stämme Holz gestiftet hat. Die Einwohner boten an, trotz ihrer Armut eine Summe von 100 Talern beizusteuern. Die Rentkammer erhielt Anweisung, der Gemeinde einen Betrag von 100 Reichstalern auszuzahlen; die übrigen Kosten hätte Carlsdorf selbst zu tragen. Die armen Siedler waren zu letzterem verständlicherweise nicht in der Lage. Durch mehrere Kollekten kam wieder etwas Geld zusammen. Anfang 1701 bewilligte der Landgraf noch einmal 52 Stämme Bauholz. Bis August 1702 muß der Rohbau fertiggestellt gewesen sein, denn die Untertanen aus dem Ämtern Grebenstein, Trendelburg und Sababurg wurden verpflichtet, beim Transport der Schiefersteine für die Dachdeckung Fuhrdienste zu leisten.[837]
Die Jahreszahl 1702 wird auch in der Inschrift über dem Portal genannt; Jochen Desel deutet sie als Datum des Richtfestes.[838] Ende des Jahres erhielt Carlsdorf noch einmal einen Zuschuß aus der Kollektenkasse. Eine Glocke stiftete der Landesherr im August 1704, eine zweite, kleinere im Februar 1705.[839] Mit den Einnahmen aus einer dritten Landeskollekte konnte das Gebäude vollendet und am 19. Oktober 1704 eingeweiht werden. Der Schalldeckel der Kanzel zeigt diese Jahreszahl.[840]
Die geschnitzte und farbig gefaßte Rahmung des Portals (Abb. 155) trägt oben links das Monogramm des Landgrafen, rechts den hessischen Löwen. Die Inschrift über dem Portal rühmt die großherzige Unterstützung, die der Landesherr den Glaubensflüchtlingen gewährt hat:

> „LES FRANCOIS REFUGIES POUR LA PROFESSION DE L'EVANGILE ONT ELEVE CE/ TEMPLE A L'HONNEUR DE DIEU PAR LE CHARITABLE SECOURS DE S.A.S./ CHARLES PRINCE ET LANDGRAVE DE HESSE-CASSEL QUI LES AIANT MISERICOR/DIEUSEMENT RECUEILLIS SOUS SON OMBRE ET N'AIANT PAS EU MOINS DE SOIN/ DU SALUT DE LEURS AMES QUE DE L'ENTRETIEN DE LEURS/ CORPS MERITE QU'ILS FACENT DANS CETTE MAI-/SON DE PRIERE ET EN TOUS LIEUX DE VOEUX ARDENS AU CIEL POUR SA PROPERITE ET POUR SA GLOIRE./ ANNO 1702 C+L+Z+H"[841]

Eisemroth, ev. Pfarrkirche

Gemeinde Siegbach, Lahn-Dill-Kreis, Hessen
Baudaten: Chor spätromanisch, Gemeinderaum 1721–1723
Konfession: reformiert
Landesherrschaft: Fürstentum Nassau-Dillenburg
Patron: Landesherr
Architekt: unbekannt
Bauaufgabe: ländliche Pfarrkirche

Abbildungen 58, 59, 184, 185, 201

Baugeschichte:

Die Datierungen des Gemeinderaums in der Literatur sind uneinheitlich. Dehio setzt den Kirchenbau in die Jahre 1721–1727, ebenso die Denkmaltopographie des Lahn-Dill-Kreises.[842] Pfarrer Brückner nennt in der 1964 begonnenen Pfarrchronik das Jahr 1723[843], Ernst Hermann Schmidt in seiner nur als Manuskript vorliegenden Geschichte des Dorfes die Jahre 1723–1724 als Bauzeit des Gemeinderaumes.[844] Der älteste Teil der Kirche ist das Erdgeschoß eines mittelalterlichen Chorturms, der einheitlich als spätromanisch bezeichnet wird. Der Dachreiter darüber ist nicht datiert, könnte aber seiner Form nach aus dem 17. Jahrhundert stammen. Eine Datierung in das frühe 19. Jahrhundert[845] ist mit Sicherheit falsch, denn die verschiedenen Chroniken erwähnen nichts von einer Erneuerung des Turmaufbaues.
Außer den beiden Kollektenbüchern und der Kirchenbaurechnung des Jahres 1723 haben sich keine Akten aus der Erbauungszeit der Kirche erhalten, so daß nur wenige Informationen zum Bauverlauf zur Verfügung stehen. Im März 1722 schickte die Gemeinde des Kirchspiels zwei Kollektanten auf die Reise.[846] Das Bestätigungsschreiben auf den ersten Seiten der beiden Kollektenbücher liefert keine Hinweise, ob das Projekt sich zu diesem Zeitpunkt noch im Planungsstadium befand oder ob die Arbeiten schon begonnen hatten. Auf einen früheren Baubeginn deutet hingegen ein Eintrag im Presbyterialprotokollbuch, datiert auf den 25. Oktober 1721: Eine fällige Kirchenbuße mußte in der Schloßkapelle zu Tringenstein abgeleistet werden, „weil eine Neue Kirche in Eisemroth erbauet wurde."[847]
Bei der Kollekte des Jahres 1722 waren „die zu diesem Kirchen=Bau erforderl[ichen] ohnkosten ... nicht weit über die Helffte beygebracht worden ...", so daß im folgenden Jahr eine weitere Kollektenreise stattfand. Als Kirchenrat Schramm im April 1723 ein neues Bestätigungsschreiben aufsetzte, waren die Maurerarbeiten in vollem Gang.[848] Die Einweihung konnte offensichtlich noch im Jahre 1723 gefeiert werden. Die Kirchenbaurechnung für 1723 verbuchte neben verschiedenen Ausgaben für Baumaterial Zehrungskosten, die bei der Einweihungsfeier entstanden waren.[849] Rudolf Hildebrandt nennt, allerdings ohne Quellenangabe, als Einweihungsdatum den 28. November 1723, den ersten Adventssonntag.[850] Ob die Inneneinrichtung bis dahin schon endgültig fertiggestellt war, muß offen bleiben.
Im Laufe ihrer weiteren Geschichte hat die Kirche im Inneren zwei Umgestaltungen erfahren, die den ursprünglichen Raumeindruck völlig unkenntlich gemacht haben. Zunächst kamen in den 1830er Jahren die heute noch vorhandenen Prinzipalstücke in die Kirche: 1835 Kanzel und Orgel einschließlich einer neuen Orgelbühne, zwei Jahre später der Altartisch.[851] Die derzeitige Disposition ist das Resultat der Kirchenrenovierung von 1951/1952.
Der Zustand des Kirchenraumes vor dieser letzten Umgestaltung, der sicherlich nicht dem des 18. Jahrhunderts entspricht, ist anhand von Fotografien und einem Satz Aufmaßpläne vom Anfang des 20. Jahrhunderts[852] dokumentiert (vgl. den Grundriß Abb. 184). Die Orgel stand demnach auf einer separaten Empore vor dem Turm, von zwei Konsolen optisch getragen (1848 mußten zwei gußeiserne Säulen zur Unterstützung eingefügt werden[853]); die Kanzel befand sich gegenüber an einer freistehenden Säule und war über eine Wendeltreppe zugänglich. Die Anordnung läßt sich also vergleichen mit derjenigen der Kirche in Wißmar (Kreis Gießen, erbaut 1828–1830), wo die Kanzel gegenüber von Altar und Orgel, allerdings an einer Empore, angebracht ist. Zur Anbringung der Kanzel war, vermutlich bei deren Anschaffung 1835, vor der Westseite der Kirche eine freiste-

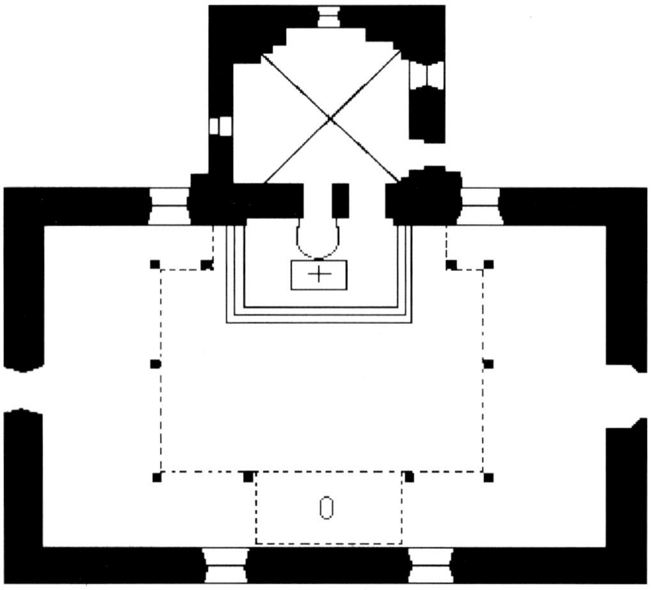

201 Eisemroth, ev. Pfarrkirche, Grundriß

hende Säule aufgemauert worden, welche in den 50er Jahren das große Mißfallen des damals amtierenden Pfarrers Herbert Maue erregt hat – er bezeichnete sie in verschiedenen Schreiben und sogar in der Pfarrchronik als den sogenannten „Spargel". Zugegebenermaßen ist diese Beschreibung durchaus treffend. Der Altartisch stand frei in der Mitte des Raumes, wie Pfarrer Maue betonte, „in Schnittpunkt der Diagonalen", jedoch nicht im Blickpunkt der Gemeinde. Emporen gab es auf den beiden Schmalseiten, sie griffen zudem noch etwas auf die Westseite über, sparten aber den Platz für die Kanzel vor der Mitte der Westwand aus. Bemängelt wurde vor allem der Mangel an Sitzplätzen, da die große Orgel gegenüber der Kanzel zuviel Platz beanspruchte.[854] Der Wunsch der Kirchengemeinde, die Kanzel zu versetzen, stieß bei der Denkmalpflege zunächst auf Zögern, doch letztendlich fand sich eine zufriedenstellende Lösung, bei der der Charakter der Querkirche nicht aufgegeben worden ist. Der Turmraum wurde nicht, wie zeitweise vorgeschlagen, wieder zum Chor gemacht, sondern durch eine dünne Backsteinwand so verschlossen, daß eine Nische unter dem Triumphbogen blieb, in die man nun die alte Kanzel nach einigen Umbauten – sie ist jetzt von hinten, nicht mehr von der Seite zugänglich – einfügte, wobei auf den Schalldeckel verzichtet wurde. Dessen Verbleib ist nicht bekannt. Die Kanzel kam somit von der West- an die Ostseite des Kirchenraumes. Der Altartisch fand direkt darunter Aufstellung. Daraufhin konnte die Empore an der Westseite vervollständigt und die Orgel dort, der Kanzel gegenüber, aufgestellt werden.

ERBACH/ODENWALD, STADTKIRCHE

Stadt Erbach, Odenwaldkreis, Hessen
Baudaten: 1747–1750
Konfession: lutherisch
Landesherrschaft: Grafschaft Erbach-Erbach
Patron: Landesherr
Architekt: Andreas Jörg
Bauaufgabe: Residenzkirche

Abbildungen 76–79, 153, 202, 203

Baugeschichte:

Bei der Darstellung der Baugeschichte der Erbacher Stadt- und Residenzkirche muß im wesentlichen auf die bereits vorhandene Literatur zurückgegriffen werden. Neue Quellenrecherchen konnten nicht vorgenommen werden, da so gut wie keine Dokumente aus der Bauzeit erhalten sind. Im Gräflich-Erbachischen Archiv lagerte umfangreiches Aktenmaterial zum Kir-

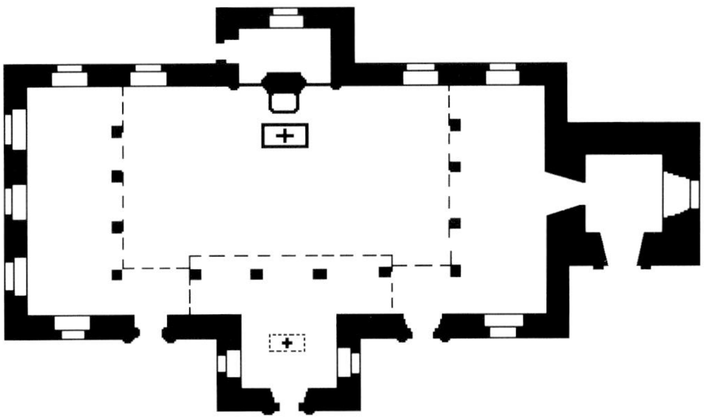

202 Erbach, ev. Stadtkirche, Grundriß

chenbau.[855] Das Archiv der Grafen zu Erbach-Erbach befand sich im Hessischen Staatsarchiv Darmstadt und wurde bei dem Luftangriff vom 11./12. September 1944 vollständig vernichtet.[856] Weiterführende Forschungen über alle Bereiche der Erbacher Landesgeschichte sind damit kaum noch erfolgversprechend.
Die Bauinschrift über dem Turmportal der Kirche nennt die Eckdaten der Baugeschichte.[857] Genauer sind jedoch die Angaben in der gedruckten Einweihungsschrift von 1750, die Hofprediger Kern anläßlich der Einweihung der Kirche zusammengestellt hat. Am 17. August 1747 begann man mit dem Ausheben der Fundamente, und am 19. Dezember desselben Jahres fand die Grundsteinlegung statt. Im folgenden April „wurde mit dem Abbrechen der alten Kirche der Anfang gemacht, und mit dem Bau der neuen immer fortgefahren." Der Turm wurde 1747 vollendet. Am 14. November 1748 konnte auf dem Langhaus, am 12. September 1749 auf der Spitze des Turmhelmes das Richtfest gefeiert werden.[858] Weitere Daten und die Namen der beteiligten Handwerker enthält der Aufsatz von Diefenbach aus dem Jahre 1924, dem noch sämtliche Archivalien zur Verfügung standen. Seine Angaben sind heute nicht mehr nachprüfbar.[859] Am 12. Juli 1750 wurde die Kirche feierlich eingeweiht. Graf Georg Wilhelm hatte als Termin für die Einweihung den 25. Geburtstag seiner Tochter Sophia Christina, der Fürstin zu Nassau-Saarbrücken, festgesetzt. Die gesamte Festordnung einschließlich des Einweihungsgottesdienstes und der Predigten ist in der Festschrift überliefert.

Architekt:

Den Entwurf für die Erbacher Kirche lieferte nicht, wie oft angenommen wurde, der Nassau-Saarbrücken'sche Landbaumeister Friedrich Joachim Stengel.[860] Der entwerfende Architekt war mit größter Wahrscheinlichkeit der Erbacher Bauschreiber Andreas Jörg.[861]

203 Erbach/Odenwald, ev. Stadtkirche, Turm

204 Saarbrücken, kath. Pfarrkirche St. Johann, Turm von Friedrich Joachim Stengel

Nicht nur, daß die drei in Kupfer gestochenen Risse in der Einweihungsfestschrift von 1750 links unten die Signatur „A. Jörg inv. et del." tragen – auch das Schriftstück aus dem Turmknopf nennt den Bauschreiber Andreas Jörg unmittelbar nach dem Bauherrn, dem Grafen Georg Wilhelm.[862] Stengels Name wird in den erhaltenen Quellen nicht erwähnt.
Der Turmhelm der Erbacher Kirche (Abb. 203) weist, vor allem in der von Andreas Jörg abgebildeten Fassung, die in der Ausführung leicht verändert wurde, eine gewisse Ähnlichkeit mit dem der katholischen Kirche im Saarbrücker Stadtteil St. Johann auf (Abb. 204). Diese gilt als gesichertes Werk des Nassau-Saarbrücken'schen Baudirektors Friedrich Joachim Stengel.[863] Ein Zusammenhang ist dadurch denkbar, daß Sophia Christina, die einzige Tochter des Grafen, mit Fürst Wilhelm Heinrich von Nassau-Saarbrücken verheiratet war. Den Plan für den Turmhelm soll Kanzleidirektor Bock von einer Reise nach Saarbrücken mitgebracht haben. Daraus resultiert die mangels Quellen nicht mehr nachprüfbare These, der Entwurf zu dem Turmhelm stamme von Friedrich Joachim Stengel.[864] Die verschiedenen Autoren berufen sich diesbezüglich alle auf Mitteilungen bzw. Aufzeichnungen des Gräflich-Erbachischen Archivrates Karl Morneweg vom Anfang des 20. Jahrhunderts. Leider hat Morneweg selbst die entsprechende Quelle nie im Wortlaut publiziert. Höreth zitiert eine Notiz Mornewegs:

> „Die Annahme, daß Stengel der Baumeister der Erbacher Kirche war, findet ihre Bestätigung in einer Aufzeichnung von Archivrat Morneweg, die bei den Akten der Pfarrei Erbach erhalten ist und folgenden Wortlaut trägt: ‚Am 14. April 1749 teilt Kanzleidirektor Bock in Erbach mit, daß Graf Georg Wilhelm von Erbach beschlossen hat, daß statt des vorigen Planes des Kirchturms der von Saarbrücken mitgebrachte zugrunde gelegt werden soll. Das Achteck soll nicht von Stein, sondern von Holz gemacht werden, auch kommt eine Kuppel dazu.'"[865]

Höreth erörtert die Baumeisterfrage ausführlich, ohne jedoch den Namen des Bauschreibers Jörg auch nur zu erwähnen. Er sieht Stengel als den entwerfenden Architekten an und begründet das mit der starken stilistischen Ähnlichkeit mit der Kirche von St. Johann.[866] Dieser Vergleich hält allerdings einem zweiten Blick auf die Außenarchitektur der katholischen Pfarrkirche von Saarbrücken-St. Johann nicht mehr stand. Beide Türme besitzen einen Altan mit darüberliegendem Achteckgeschoß sowie die geschweifte Haube mit Laterne. Die Ähnlichkeit läßt sich anhand dieser allgemeinen Kriterien festmachen, verliert sich im Detail aber recht schnell. Meines Erachtens reicht sie für eine plausible Architektenzuschreibung keineswegs aus. Ganz davon abgesehen kann St. Johann schon deswegen nicht das direkte „Vorbild" für Erbach gewesen sein, weil die Kirche erst in den Jahren 1754–1758 erbaut, also vier Jahre nach der Einweihung der Erbacher Stadtkirche begonnen worden ist.[867] Auch der Turm der von Stengel entworfenen reformierten Kirche in Saarbrücken, der ebenfalls mit Erbach verglichen wird, da er ein ähnliches Schema mit umlaufender Balustrade, zurückgesetztem Achteckgeschoß und Haube, allerdings ohne Laterne, aufweist, ist erst 1760–1761 ausgeführt worden.

GRÄVENWIESBACH, EV. PFARRKIRCHE

Gemeinde Grävenwiesbach, Hochtaunuskreis, Hessen
Baudaten: 1737–1738
Konfession: lutherisch
Landesherrschaft: Gefürstete Grafschaft Nassau-Usingen
Patron: Landesherr
Architekt: Friedrich Joachim Stengel
Bauaufgabe: ländliche Pfarrkirche

Abbildungen 56, 136, 137, 168, 205

Baugeschichte:[868]

Bereits in den 1720er Jahren bemühte sich die Gemeinde Grävenwiesbach, vor allem der Landhauptmann und Kirchenschaffner Greifenberg, um einen Neubau ihres baufälligen Gotteshauses, den Benedikt Burtscher leiten sollte, der Entwerfer der reformierten Kirche in der Usinger Neustadt. Nach Burtschers Tod 1730 wandte man sich an den Werkmeister Bager, dessen Riß aber als zu klein abgelehnt wurde. Ende 1736 erging dann der Auftrag an Stengel. Dieser fertigte einen Plan an, nach welchem bereits im folgenden Frühjahr mit dem Bau begonnen wurde. Mitte März 1737 wurde die alte Kirche abgebrochen, gleichzeitig wurden Maurer und Zimmermann unter Vertrag genommen. Die feierliche Grundsteinlegung, deren Verlauf exakt dokumentiert ist, fand in Anwesenheit des Fürsten Karl von

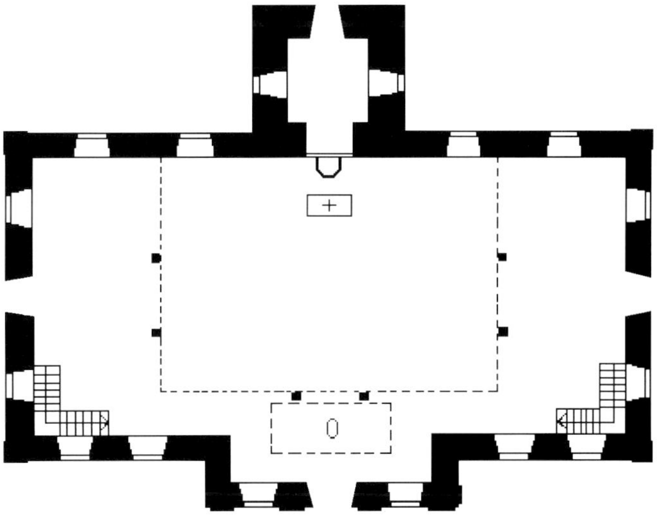

205 Grävenwiesbach, ev. Pfarrkirche, Grundriß

Nassau-Usingen am 26. April statt. Bis zum Frühherbst waren die Maurerarbeiten am Gemeinderaum abgeschlossen, so daß im Oktober mit dem Aufschlagen des Dachstuhls begonnen wurde. Wegen des frühen Frostes in jenem Jahr konnte der Maurer den Turm nicht mehr vor dem Winter vollenden. Den Winter über arbeiteten die Handwerker im Inneren der Kirche, und im Frühjahr 1738 setzte man die Arbeiten am Turm fort. Im weiteren Verlauf des Jahres wurde das Gebäude innen und außen fertig, so daß es am 14. Dezember eingeweiht werden konnte. Auf eine Teilnahme des Hofes an der Einweihungsfeier gibt es im Gegensatz zur Grundsteinlegung keine Hinweise. Die Orgel wurde erst um die Mitte des 18. Jahrhunderts aufgestellt[869] und stand von Anfang an auf der Empore gegenüber der Kanzel, auf dem Platz, der schon in der Planungs- und Bauzeit für sie vorgesehen war. Die alte Orgel hatte die Gemeinde im Mai 1737 für 25 fl. verkauft,[870] so daß sie in den ersten Jahren nach der Fertigstellung des neuen Gotteshauses ohne Instrument auskommen mußte.

Spätere Umbauten und Renovierungen hatten keinen gravierenden Einfluß auf die Gestalt von Baukörper und Raum, abgesehen von dem Austausch der bis dahin hölzernen Fensterrahmen durch steinerne Einfassungen und Eisenbänder im Jahre 1769; diese Jahreszahl wird in einer Inschrift genannt.

Der Innenraum entspricht wie der Außenbau noch im wesentlichen dem ursprünglichen Zustand, sieht man einmal davon ab, daß das gesamte Gestühl im Zuge einer größeren Renovierung Ende der Sechziger Jahre ausgetauscht worden ist.[871] Die Bankreihen konnten früher durch Türen verschlossen werden; vergitterte Stände für die Honoratioren des Ortes gab es an den Stirnseiten und im Risalit.[872]

HANAU, ALTE JOHANNESKIRCHE

Stadt Hanau, Main-Kinzig-Kreis, Hessen
Baudaten: Langhaus 1658–1662, Erneuerung des Turmes 1679–1691, Erweiterung zur Querkirche 1727–1729, 1945 zerstört, Wiederaufbau 1956–1957, Umbau zum Gemeindezentrum 1996
Konfession: lutherisch
Landesherrschaft: Grafschaft Hanau-Münzenberg
Patron: Landesherr
Architekt des Umbaus 1727–1729: unbekannt (Christian Ludwig Hermann?)
Bauaufgabe: Residenzkirche

Abbildungen 21, 22, 157, 206, 207

Baugeschichte:

Nachdem der lutherische Graf Friedrich Kasimir von Hanau-Lichtenberg im Jahre 1642 die Regierung in der Grafschaft Hanau-Münzenberg angetreten hatte, wurde in der reformierten Residenzstadt Hanau der Bau einer lutherischen Pfarrkirche erforderlich, die zugleich als Hofkirche dienen konnte, denn die Schloßkapelle, in der ab 1642 lutherischer Gottesdienst gehalten wurde, war bald zu klein für die wachsende lutherische Gemeinde. Friedrich Kasimir setzte den Kirchenneubau gegen den Widerstand der reformierten Stadtbürgerschaft durch. Die feierliche Grundsteinlegung am 25. Mai 1658 führte Kurfürst Johann Georg II. von Sachsen durch, der zu dieser Zeit aus Anlaß der Kaiserwahl Leopolds I. in Frankfurt weilte. Als Erinnerung an diesen Festakt wird die Kirche seit dem Unionsjahr 1818, als die Bezeichnung „lutherische Stadtkirche" überflüssig wurde, „Johanneskirche" genannt.[873] Eingeweiht wurde sie am 17. Januar 1664.[874] Diese erste Kirche war ein genordeter längsgerichteter Saalbau mit dreiseitigem Schluß und einem Dachreiter über der südlichen Giebelfront. Mehrere Kupferstiche überliefern die geplante Gestalt des Gotteshauses.[875] Der Innenraum sollte an der östlichen Längsseite eine doppelgeschossige und entlang der drei Chorwände eine eingeschossige Empore erhalten. Im Chor sollte ein Retabelaltar stehen, auf der Empore darüber die Orgel, und die Kanzel vor dem mittleren Fenster der westlichen Längsseite.

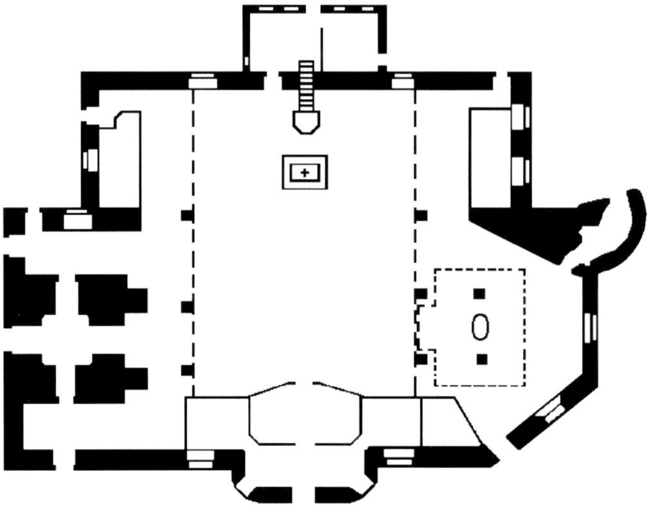

206 Hanau, Johanneskirche, Grundriß

Schon nach wenigen Jahren machten sich an der Giebelseite Bauschäden bemerkbar, verursacht durch schlechte Fundamentierung. Der Dachreiter drohte auf die Kirche zu stürzen. Daraufhin beschloß man, einen massiven Turm mit eigenen Fundamenten von Grund auf neu aufzuführen. Der heute noch stehende Turm ist in den Jahren 1679–1691 entstanden.
Unter der Regierung Johann Reinhards III. erlebte der Gemeinderaum in den Jahren 1727–1729 eine gravierende Umgestaltung. Die Quellenlage zu diesem Umbau ist mehr als dürftig.[876] Im Presbyterialprotokoll findet sich ein Eintrag, datiert 5. März 1727, worin auf den Beschluß des Grafen, „bei Gott Lob! sich täglich mehrender Gemeinde die hiesige Kirche erweitern zu lassen", Bezug genommen und der 24. Februar als Baubeginn genannt wird.[877]
Den Ausgangspunkt der Umbaumaßnahmen bildete jedoch nicht der Mangel an Plätzen, sondern der unbequeme Zugang zum herrschaftlichen Stand, der dem alternden Grafenpaar zu beschwerlich fiel. Dieser Stand befand sich bis dahin auf der ersten Empore an der östlichen Langseite und war durch einen Treppenturm mit enger und steiler Wendeltreppe erschlossen. Johann Reinhard ließ den Herrschaftsstand ins Parterre verlegen.[878] Der Treppenturm wurde abgebrochen und vor der Ostwand der Kirche ein Vorbau als Zugang zu der neuen Herrschaftsloge angefügt. Um die dadurch wegfallenden Sitzplätze zu ersetzen und weitere für die angewachsene Gemeinde zu schaffen, wurde das Kirchenschiff fast auf der ganzen Länge nach Westen erweitert.
Ein Jahr nach Baubeginn wurde eine Kollekte zugunsten der Johanneskirche erhoben.[879] Die Prinzipalstücke wurden als Stiftungen des Grafen erneuert, wie die am Rückpositiv der Orgel angebrachte Inschriftentafel besagt: „Herr Johann Reinhard Graf zu Hanau hat zu Gottes heiligen Ehren diese Kirch vergroesert anbey noch eine Orgel Cantzel Altar geschencket 1729."[880] Die alte Kanzel von 1663 und den steinernen Altar, die nun in Hanau nicht mehr benötigt wurden, überließ der Graf der lutherischen Gemeinde zu Ober-Eschbach für deren in Bau befindliche Kirche.[881] Die neue Kanzel und der Altar erhielten ihren Platz in der Mitte der westlichen Längsseite, so daß die Richtung des Kirchenraumes um 90° gedreht wurde. Der Chorraum

wurde im Erdgeschoß mit Gestühl gefüllt und später vermauert, auf der Empore kam hier die neue große Orgel zu stehen. Die Vorgängerorgel hatte, anders als in dem Kupferstich aus der Bauzeit angegeben, „über dem südlichen Eingange unter dem Thurme“ gestanden.[882]

Die Residenzkirche war zusätzlich die Grablege der Grafenfamilie, denn unter dem ehemaligen Chor befand sich die Gruft, worin die drei in Hanau residierenden Lichtenberger Grafen Friedrich Kasimir, Philipp Reinhard II. und Johann Reinhard III. mit ihren Ehefrauen und einer Reihe von Familienangehörigen beigesetzt worden sind.[883]

Der Architekt, der den Umbau zur Querkirche 1727–1729 plante und leitete, ist aus den Quellen nicht zu ermitteln. Der Verdacht liegt jedoch nahe, daß Graf Johann Reinhard ein Projekt von solcher Bedeutung seinem Baudirektor Christian Ludwig Hermann übertragen hat.[884]

Bei dem schweren Bombenangriff auf Hanau am 19. März 1945 brannte die Kirche völlig aus. Lediglich die Außenmauern blieben erhalten. Nach dem Krieg wurde das Gebäude in den Jahren 1956–1957 nach einem Entwurf des Hanauer Architekten Karl Heinz Doll als übergemeindliches Zentrum aufgebaut. Die Erweiterungen von 1727–1729 sind abgebrochen und dadurch „der Baukörper der ursprünglichen Kirche mit der Turmfassade von 1691 wieder zurückgewonnen“ worden.[885] Die Portale wurden an die neuen Zugänge versetzt. In der Mitte der Ostwand wurde ein zusätzliches Maßwerkfenster eingebrochen. Die Maueröffnung im Westen, wo ehemals der Erweiterungsflügel anschloß, ist durch eine Stahlbetonfachwerkwand, deren Fenster der Geschoßteilung im Inneren entsprechen, verschlossen und zugleich als Narbe kenntlich gemacht worden. Auf die dreistufige hölzerne Turmhaube wurde verzichtet; die Dachneigung wählte man erheblich flacher als vorher. Das Innere wurde zweigeschossig ausgebaut. Der Saal im Obergeschoß diente der Gemeinde als Gottesdienststätte, bis im Januar 1960 die neue Johanneskirche in der Rosenau eingeweiht werden konnte.[886] Als das Kirchliche Rentamt in den Bau einzog, wurden in zwei Etappen im Westen die eingeschossigen Backsteinanbauten errichtet (Abb. 207). Im Spätherbst 1996 ist die Alte Johanneskirche nach einem erneuten Umbau von der Marienkirchengemeinde als Gemeindehaus in Gebrauch genommen worden. In den letzten Jahren wurden Pläne diskutiert, die Turmhaube doch in ihrer Vorkriegsform zu rekonstruieren.

Architektur und Ausstattung:

Die folgende Rekonstruktion bezieht sich auf den Zustand der Kirche nach den Umbaumaßnahmen von

207 Hanau, Alte Johanneskirche, Zustand 1995

1727–1729, der weitgehend bis zum 2. Weltkrieg erhalten blieb (Abb. 21 u. 22).

Die unterschiedlichen Bauphasen der Kirche lassen sich bereits an ihrem Grundriß ablesen. Den Kern bildet ein rechteckiger Saal mit dreiseitigem Schluß. Vor dessen südlicher Schmalseite ist über die ganze Breite der Turm vorgesetzt, bestehend aus dem eigentlichen quadratischen Turmkörper mit auffallend dicken Mauern und zwei seitlichen Treppenhäusern. Nach Westen schloß ein rechteckiger Anbau an, der gut halb so tief war wie die Breite des alten Langhauses, an der Turmseite ansetzte und bis an die schräggestellte Nordwestseite des Chorpolygons reichte. Durch eingezogene Zwischenwände, die den früheren Chor und Nebenräume im Anbau abteilten, erhielt der eigentliche Kirchenraum im Erdgeschoß annähernd die Form eines Quadrates. Vor der Westseite gab es einen kleinen Anbau, der die Sakristei und das Sitzungszimmer des Presbyteriums beherbergte. Von dort war die Kanzel, welche vor dem Mittelfenster aufgestellt war, über eine Treppe zugänglich. Frei davor stand der von einem Gitter umgebene Altar. Drei Seiten des Raumes umzog eine doppelgeschossige Empore, wobei das obere Geschoß vor dem Chorpolygon abbrach, um dem großen Orgelwerk ausreichend Platz zu bieten. Diese Orgel, die

zusätzlich zu dem neunachsigen Prospekt noch ein fünfachsiges Rückpositiv besaß, dominierte die Längsachse, also die ehemalige Hauptachse des Raumes. Den Gemeinderaum überspannte eine Flachdecke mit Voute. Zwei deckenhohe Stützen auf der Grenze vom alten zum neuen Raumteil, auf denen das hölzerne Deckengewölbe aufsaß, sowie auf jeder Seite zwei kurze Stützen trugen die Emporen.
Auf der Ostseite befand sich unter der Empore, gegenüber dem Gemeinderaum um drei Stufen erhöht, der herrschaftliche Stuhl. Vor die Ostwand war außen ein Vorbau mit abgerundeten Ecken gesetzt, der als herrschaftlicher Eingang diente. Von dort gelangte man in den Grafenstuhl und in die seitlich anschließenden Logen. Die Fensterfront des Herrschaftsstuhles (Abb. 157) wölbte sich konvex in den Kirchenraum vor. Sie bestand aus fünf korbbogigen Öffnungen mit Sprossenfenstern, getrennt durch Lisenen. Über dem Mittelfenster war in einer Rollwerkkartusche das Allianzwappen von Johann Reinhard und seiner Gemahlin Dorothea Friederike von Brandenburg-Ansbach mit Grafenkrone sowie Löwe und Adler als Schildhaltern angebracht. Auch die seitlich anschließenden Hoflogen besaßen Fensterfronten. Linker Hand der Grafenloge lag der Ratsstuhl, rechts der Cavaliersstuhl.[887] Die Kirche faßte nach dem Umbau zweitausend Sitzplätze.[888] Links neben der Kanzel stand der Pfarrstuhl, entlang der Seitenwände gab es verschiedene Stände. Als Aufgang zur Orgelbühne diente der viertelkreisförmige Treppenturm am Chor, der zusammen mit dem angrenzenden keilförmigen Mauerstück wahrscheinlich noch von der Stadtbefestigung stammte.
Der Außenbau präsentierte sich als Konglomerat der verschiedenen Bauphasen. Fassadenturm und dreiseitiger Schluß sowie das über dem Chor abgewalmte Satteldach betonen in traditioneller Weise die Längsrichtung des Kirchenbaus aus dem 17. Jahrhundert. Den Erweiterungsflügel deckte ein hohes Walmdach. Das Dach war ebenso wie die Turmhaube verschiefert, die Wände waren hell verputzt und bis auf die Eckquaderung an der Südfassade und am Turm ohne Bauschmuck, abgesehen von dem profilierten Kranzgesims und den Sandsteinrahmungen der Türen und Fenster. Die hohen Spitzbogenfenster am Langhaus wie am Erweiterungsflügel besaßen ein einfaches Maßwerk, bestehend aus einem Rundpaß über zwei rundbogigen Lanzetten, ähnlich dem an der niederländisch-wallonischen Kirche in der Hanauer Neustadt. Die Westfassade von 1679–1691 mit dem Mittelturm ist immer die Schauseite des Gebäudes geblieben. Der quadratische Turmschaft endet oben mit einem vorkragenden Umgang nebst Balustrade. Darüber setzte eine dreigeschossige geschweifte Haube an, die nach der Kriegszerstörung nicht wiederhergestellt worden ist, so daß der Turm seither einen geraden Abschluß besitzt. Das Portal des kleinen Vorbaus am Eingang zur Grafenloge ist bei der Wiederherstellung an die Turmseite versetzt worden.

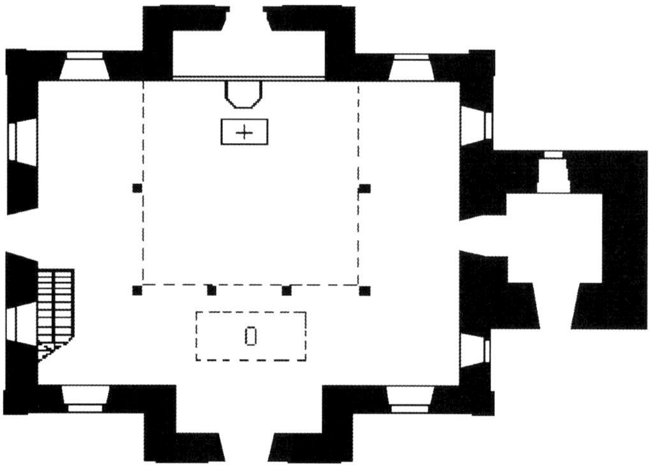

208 Heftrich, ev. Pfarrkirche, Grundriß

HEFTRICH, EV. PFARRKIRCHE

Stadt Idstein, Rheingau-Taunus-Kreis, Hessen
Baudaten: 1737–1739
Konfession: lutherisch
Landesherrschaft: Gefürstete Grafschaft Nassau-Usingen
Patron: Landesherr
Architekt: Friedrich Joachim Stengel
Bauaufgabe: ländliche Pfarrkirche

Abbildungen 57, 119, 138, 168, 208

Baugeschichte:[889]

Nachdem die Gemeinde Heftrich sich schon ab 1727 erfolglos um einen Neubau ihres Gotteshauses bemüht hatte, das als extrem baufällig beschrieben wurde, setzten 1737 konkrete Planungen ein, als endlich die Finanzierung geklärt war. Nach anfänglichen Verhandlungen mit Bager bekam letztlich Friedrich Joachim Stengel den Auftrag. Im Februar 1737 legte er Riß und Kostenvoranschlag vor und erläuterte in einem Begleitschreiben seine Ziele:

> „Ich überreiche anbey den verferttigten Riß nebst zugehörigen überschlag von der Heftricher Kirche, welchen ich solchergestalt eingerichtet habe, daß hierbey nicht überfließige Kosten aufgewendet werden, und der Bau auch keinen übelstand sondern einen guthen prospect verursachen möge. An der innern eintheilung deßelben ist verhoffentl[ich] nichts vergeßen daß alle Stände und empor Kirchen wohl rangiret, auch um den altar herum rauhm ge-

nug übrig bleibe, wie nicht weniger ein jeder den Priester sehen und die Predigt deütl[ich] verstehen könne. Solte dieser Riß nun hohe approbation finden und zur erbauung Gnädigst beliebt werden, so wären die noch fehlende profile vor die Handwerksleüthe alßdan von mir noch zu ferttigen..."[890]

Im Frühjahr 1737 wurde in allen Landesteilen eine Kollekte eingesammelt; außerdem wurde der Neubau aus den Kirchenkapitalien, durch Spenden und durch den Verkauf von Holz aus den Gemeindewaldungen an das Hüttenamt finanziert. Im März und April wurden die ersten Akkorde mit Handwerkern vereinbart. Die feierliche Grundsteinlegung wurde am 20. Mai vollzogen. Erst am 19. Mai berichtete die Kanzlei, der Fürst hätte den Riß approbiert. Obwohl es im Laufe des Sommers verschiedentlich Auseinandersetzungen mit der Gemeinde gab, weil diese die Fronarbeiten nicht ihren Verpflichtungen gemäß zu leisten bereit war, konnten im Oktober 1737 bereits die Dachdecker an Kirche und Turm mit ihrer Arbeit beginnen. Der Innenausbau scheint sich dann aber verzögert zu haben. Kirchenschaffner Moll ersuchte im Juni 1738 das Oberkonsistorium, dieses möchte an den Zimmermann den Befehl ergehen lassen, die verakkordierte Arbeit nun auch auszuführen. Es verging noch mehr als ein weiteres Jahr, bis die Kirche für den Gottesdienst gebraucht und am 27. September 1739 eingeweiht werden konnte.

In der Folgezeit hat das Gebäude verschiedene kleinere Veränderungen erfahren. Rechtzeitig vor der Hundertjahrfeier führte man im Frühjahr 1839 diverse Reparaturen im Inneren aus. Der heute in der Kirche befindliche Altar wird auf 1843 datiert.[891] 1866 beantragte der Kirchenvorstand die Anschaffung einer neuen Orgel, welche in den beiden folgenden Jahren von dem Orgelbauer Voigt aus Igstadt angefertigt wurde.[892] Der Platz für die Orgel auf der Empore gegenüber der Kanzel war jedoch von Anfang an vorgesehen, denn ein Plan der Kirchenstühle aus dem Jahr 1739 vermerkt an entsprechender Stelle: „In der Höhe Orgel-Stand".[893] In den 1890er Jahren fand eine weitere Innenrenovierung statt. Die Veränderungen an der Kanzelwand sind aber nicht schon damals, sondern laut Reisebericht des Bezirkskonservators erst 1936 ausgeführt worden.[894] Die Kanzelwand darf in ihrer Konzeption als Stengels Entwurf entsprechend angesehen werden, obwohl sie bei verschiedenen Renovierungen mehrfach umgestaltet worden ist. Im Obergeschoß hat sich eindeutig ältere Substanz erhalten. Die Brüstung entspricht formal derjenigen der Empore, sie könnte daher sogar noch original sein. Die Brüstungsfelder des Erdgeschosses scheinen zeitgleich mit denen des Obergeschosses, die tragenden Teile sind jedoch erheblich jünger. Lediglich die Vergitterung ist 1936 nachträglich eingefügt worden. Davor waren die Öffnungen mit Vorhangdrâperien versehen.[895] Zwischen 1930 und 1935 wurde der Außenputz entfernt, um gegen die Durchfeuchtung des Mauerwerks anzugehen. Seit 1989 ist das Kirchengebäude weiß verputzt, die Architekturglieder sind sandsteinrot gefaßt.

HELPERSHAIN, EHEM. EVANGELISCHE KIRCHE

Gemeinde Ulrichstein, Vogelsbergkreis, Hessen
Baudaten: 17. Jh. (Inschrift 1659), 1717 erweitert, 1910 abgebrochen
Konfession: lutherisch
Landesherrschaft: Landgrafschaft Hessen-Darmstadt
Patron: Landesherr
Architekt: unbekannt
Bauaufgabe: ländliche Filialkirche

Abbildungen 36, 37, 209–213

Baugeschichte:

Über die Baugeschichte der Kirche sind keine gesicherten Angaben möglich. Einziger Anhaltspunkt zur Datierung war die an der Empore eingeschnitzte Jahreszahl 1659. Dieses Detail ist leider vor dem Abbruch nicht fotografisch dokumentiert worden. Heinrich Walbe datiert danach und anhand der Gestalt des Fachwerks die ganze Kirche um die Mitte des 17. Jahrhunderts.[896] In der Chronik des Helpershainer Kirchbauvereins heißt es jedoch, das Kirchengebäude, das im Jahre 1620 erbaut worden sein solle, sei erst 1717 vergrößert und repariert worden.[897] Nach der Fertigstellung des Kirchenneubaus auf dem Gelände des alten Friedhofs wurde die alte Kirche 1910 abgebrochen. Eine Serie von Fotografien, die Walbe als zuständiger Denkmalpfleger 1904 aufgenommen hatte (Abb. 36,

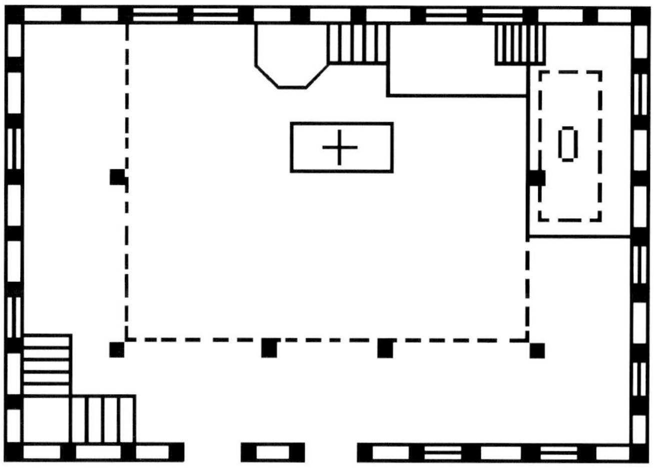

209 Helpershain, ev. Kirche, Grundriß

210-213 Helpershain, ev. Kirche, Zustand vor dem Abbruch. Fotos des Landesdenkmalpflegers Heinrich Walbe, 1904. StA DA G15 Alsfeld K Nr. 966

37, 210–213), überliefern jedoch das Aussehen des Gebäudes, wie in der folgenden Rekonstruktion beschrieben.[898]

Architektur und Ausstattung:

Die Kirche, ein einfacher Rechteckbau, stand parallel zu einem relativ steilen Hang und war von unten her durch zwei Portale an der Längsseite zugänglich, die aus der Mittelachse nach links verschoben waren. Ein Satteldach mit Krüppelwalm überdeckte den Gemeinderaum, welches jedoch von den Längsseiten her wie ein Mansarddach erschien, denn die Trauflinie der Krüppelwalme wurde fortgesetzt und unterteilte die Dachflächen. In der Mitte des Firstes erhob sich ein einfacher achtseitiger Dachreiter mit Pyramidendach und verschindeltem Glockengeschoß. Es handelte sich um einen Fachwerkbau, dessen untere, dem Dorf zugewandte Längsseite und eine Schmalseite verschindelt waren. Rechteckfenster waren unregelmäßig in die Gefache eingefügt. Walbe charakterisierte das Bauwerk folgendermaßen: „Das Äußere ist gewiß nicht imposant, aber in hohem Grade ‚echt', charakteristisch und den bäuerlichen Verhältnissen angemessen bescheiden. Die Kirche ist ein schönes Beispiel der immer mehr verschwindenden Holzkirchen des Vogelsberges."[899]
Der Saalraum war quergerichtet. Die Kanzel war annähernd in der Mitte der hangwärtigen Längsseite angebracht, der Altar stand frei davor. Eine Empore zog sich an den übrigen drei Seiten des Raumes entlang. Ihre Brüstungen waren kassettiert und mit grob gemalten Apostel- und Evangelistendarstellungen versehen, von denen zwei erhalten sind, welche mittlerweile in der neuen Kirche hängen. Die Empore hatte, weil sie „drohte niederzusinken", im Jahre 1840 einen Unterzug und vier zusätzliche hölzerne Stützen erhalten; gleichzeitig wurde die Kirche ausgeweißt und der Fußboden mit gehauenen Lungsteinen belegt.[900] Das Gemeindegestühl stand in drei parallelen Blöcken mit zwei Gängen dazwischen in der dorfseitigen Raumhälfte. Von innen her wurde auch der Gebrauch der beiden nebeneinanderliegenden Portale verständlich. Die übliche Sitzordnung vorausgesetzt, war das neben der Emporentreppe befindliche für die Männer bestimmt, das andere, von dem einer der beiden Gänge im Erdgeschoß ausgeht, für die Frauen. Über die Ecke links von der Kanzel ist keine Aussage möglich, denn dieser Bereich wird von den Fotografien nicht erfaßt.
Die Kanzel besaß keinen Schalldeckel, was wegen der geringen Höhe der flachen Decke ohnehin unnötig ge-

wesen wäre. Der Kanzelkorb war mit Abstand das am feinsten durchgebildete Ausstattungsstück des ganzen Raumes. Rechts der Kanzel befand sich der vergitterte Pfarrerstand, von dem aus eine Treppe auf die Kanzel führte. Eine zweite, steilere Treppe führte vom Pfarrerstand auf die Empore zum Harmonium.[901] In dieser Ecke war der Raum unter der Empore durch Brüstung und Gitter verschlossen; von wem dieser Stand genutzt wurde, ist unbekannt. Die Wände und die flache Dekke waren weiß verputzt. Heinrich Walbe beschrieb des Raumeindruck des Inneren wie folgt:

> „Es ist von großem malerischen Reiz. Die Emporenhölzer mit den Stützen und deren Knaggen sind einfach, z. T. roh, aber stets echt zimmermannsmäßig zusammengefügt und daher gut. Die Malereien mit denen der Dorfmaler die Brüstungen bedeckte (mit Ausnahme der 4 Evangelisten, die späterer Zeit angehören) sind sogar unglaublich roh, aber doch – oder gerade z. T. deshalb – von ernster Wirkung. Das Gestühl entspricht diesem Charakter, überhaupt alles ist einheitlich."[902]

Kassel, ehem. lutherische Kirche am Graben

Stadt Kassel, Hessen
Baudaten: 1734–1738; 1943 zerstört
Konfession: lutherisch
Landesherrschaft: Landgrafschaft Hessen-Kassel
Patron: Landesherr
Architekt: Charles du Ry; Bauleitung: Giovanni Ghezzy
Bauaufgabe: städtische Pfarrkirche einer Minderheit

Abbildungen 18, 145, 214–216

Baugeschichte:

Landgraf Friedrich I. erließ am 16. Januar 1731 das sogenannte „Stockholmer Dekret", das den Kasseler Lutheranern neben der freien Religionsausübung in einem Privathaus das Recht gewährte, einen eigenen Prediger anzustellen und die lutherische Konfirmation zu feiern.[903] In einem Dekret vom 7. September desselben Jahres erteilte Friedrich der stark anwachsenden Gemeinde auf deren Bitten die Erlaubnis, ein Grundstück zu erwerben, darauf eine Kirche zu erbauen und zur Finanzierung des Baues Kollekten zu sammeln.[904] Anfänglich war geplant, in der Oberneustadt zu bauen. Schließlich erwarb die lutherische Gemeinde aber das von Scholleysche Haus in der Altstadt am Graben, worin sie schon seit 1731 ihren Gottesdienst abgehalten hatte.[905] Am 1. August 1732 stellte das Konsistorium ein Kollektenpatent aus. Im folgenden Frühjahr

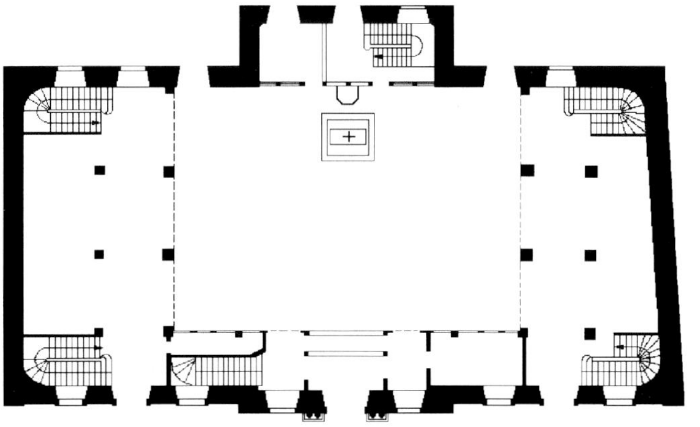

214 Kassel, Lutherische Kirche am Graben, Grundriß

bewilligte der König und Landgraf als Baukostenzuschuß eine Summe von 4000 Reichstalern.[906] Mit dem Bau wurde schließlich im Jahr 1734 begonnen. Am 18. Mai schloß die Gemeinde einen Akkord mit dem Baumeister Giovanni Ghezzy, der hier als Bauunternehmer auftrat. Ghezzy übernahm demnach die Ausführung des gesamten Mauerwerks einschließlich der Beschaffung der Materialien und der Gerüste. Er hatte auch einen Bauplan ausgearbeitet, an dem jedoch „noch ein= und anders in genauere überlegung zu ziehen" war. Auch Baumeister Charles du Ry hatte schon zu Anfang des Jahres 1734 einen Riß vorgelegt, zu dem Ghezzy einen Kostenüberschlag aufstellte.[907] Die Grundsteinlegung feierte man laut einer Inschrift über dem Hauptportal der Kirche am 8. November 1734. Nach vierjähriger Bauzeit fand am Sonntag Jubilate, dem 27. April 1738 die Einweihung statt.[908]

Architekt:

Im allgemeinen wird der Entwurf der Kirche Giovanni Ghezzy zugeschrieben, als Bauleiter wird Johann Friedrich Jussow genannt.[909] Die in größerer Zahl erhaltenen Entwurfszeichnungen und -skizzen[910] werfen allerdings Zweifel daran auf. Die Pläne sind nur teilweise signiert; ein Datum trägt keiner von ihnen. Die Serie beginnt mit einigen unsignierten groben Grundrißskizzen. Zum Zeitpunkt ihrer Entstehung stand offensichtlich der Bauplatz noch nicht fest, denn der Zeichner experimentiert mit unterschiedlich proportionierten Grundrißfiguren, Erschließungen von der Längs- oder Schmalseite und verschiedenen Raumausrichtungen. Vier ins Reine gezeichnete Pläne, nämlich die Ansicht der Fassade, der Grundriß (Abb. 215) sowie Längs- und Querschnitt, signiert „du Ry", entsprechen bis auf Details dem ausgeführten Zustand. Des weiteren liegt eine Skizze des Quersaales noch ohne den rückwärtigen Risalit vor, der Risalit ist in Bleistift als Änderungsvorschlag angefügt. Zwei weitere Blätter mit Grundriß, Fassade und Querschnitt, die sich aufgrund

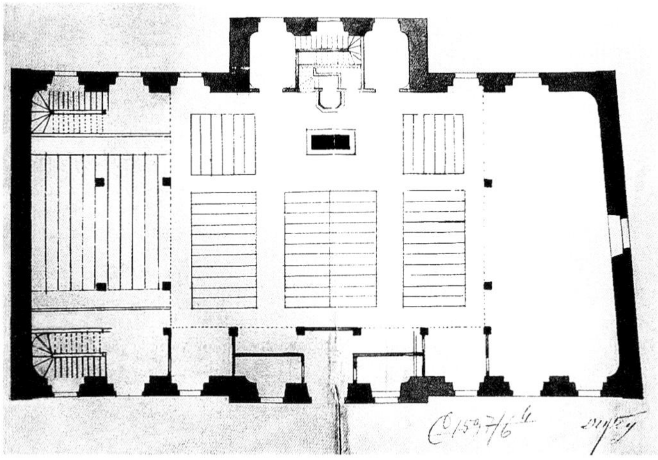

215 Kassel, Lutherische Kirche, Entwurf von Charles du Ry StA MR P II Nr. 3352/3

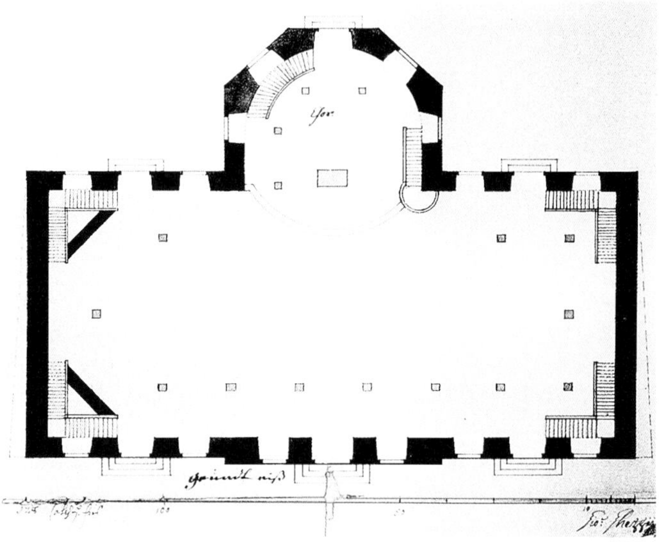

216 Kassel, Lutherische Kirche, Entwurf von Giovanni Ghezzy; StA MR P II Nr. 16.123

von Handschrift und Zeichenstil ebenfalls du Ry zuordnen lassen, zeigen einen längsgerichteten Innenraum mit einer zweigeschossigen Emporenanlage auf deckenhohen Stützen, die in der Mitte einen achteckigen Freiraum ausspart – eine Entwurfsvariante, die schon in den Skizzen auftaucht und deren Verwandtschaft zur Kasseler Karlskirche unverkennbar ist. Ein dritter Entwurf (Abb. 216), der die Signatur Giovanni Ghezzys aufweist, stellt einen Quersaal mit angefügtem Chor auf außen polygonalem, innen rundem Grundriß dar. Ghezzy ordnet den Altar im Chor, die Kanzel am rechten Chorbogenpfeiler an. Ghezzys Entwurf ist folglich nicht der Bauausführung zugrundegelegt worden, sondern der Entwurf von Charles du Ry, dem die Kasseler lutherische Kirche zugeschrieben werden muß.

Kirchheimbolanden, Paulskirche

Stadt Kirchheimbolanden, Donnersbergkreis, Rheinland-Pfalz
Baudaten: 1739–1744
Konfession: lutherisch
Landesherrschaft: Gefürstete Grafschaft Nassau-Weilburg
Patron: Landesherr
Architekt: unbekannt (Julius Ludwig Rothweil?)
Bauaufgabe: Residenzkirche

Abbildungen 48–50, 126, 217

Baugeschichte:

Aufgrund der schlechten Quellenlage sind nur wenige Details zum Bauverlauf nachgewiesen. Die Bauarbeiten begannen im Frühjahr 1739 „unter großer Anteilnahme des Fürsten." Im April 1739 schloß man einen Vertrag mit dem Stuckateur Adamo aus Mainz über die Ausführung der 14 Pilaster mit Kapitellen. Anfang 1744 war die Kirche so weit benutzbar, daß im Februar die erste Taufe und im Mai die erste Trauung stattfinden konnte, obwohl noch bis zum Herbst am Dach gearbeitet wurde. Der Bauplatz war herrschaftlicher Grund und Boden, und auch die Baumaterialien stiftete der Landesherr. Schon kurz nach der Fertigstellung

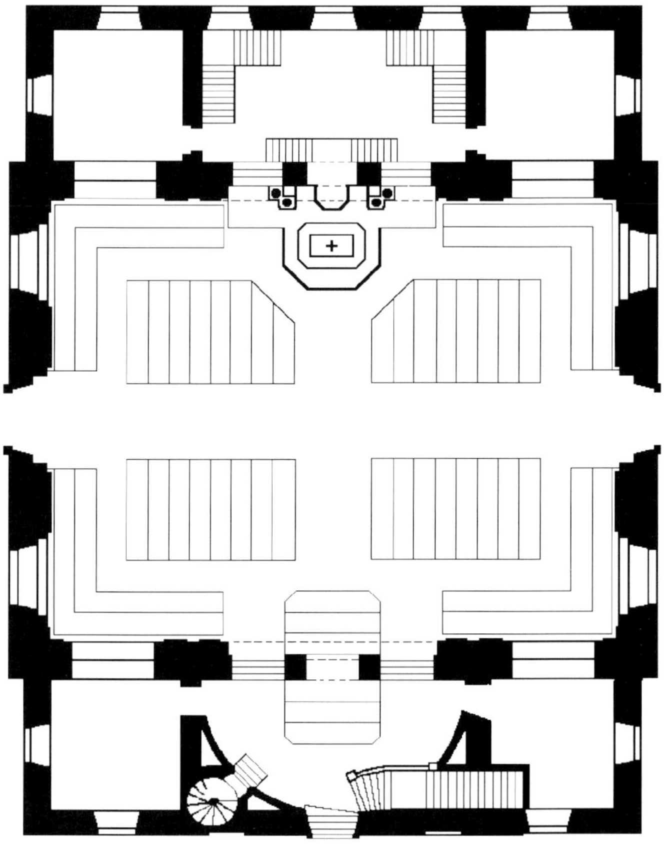

217 Kirchheimbolanden, Paulskirche, Grundriß

der Kirche wurde der Aufgang zur fürstlichen Loge verändert. Da aufgrund der Geländestufe zwischen Kirche und Schloß kein ebener Verbindungsgang ins Logengeschoß geführt werden konnte, mußte auch der Fürst die Kirche durch ein Portal im Parterre betreten. Eine der beiden engen Spindeltreppen wurde herausgebrochen und durch einen breiten steinernen Treppenlauf ersetzt, der erheblich mehr Bequemlichkeit bot.[911]
Unter dem Altar ließ Fürst Carl August eine Gruft anlegen, in der mehrere Mitglieder der fürstlichen Familie beigesetzt sind, darunter auch sein Sohn und Nachfolger Carl Christian.[912] Der Eingang befindet sich im Fußboden vor dem Altarpodest.

Architekt:

Der Kirchenbau wird aufgrund seiner Ähnlichkeit mit der Weilburger Schloßkirche im allgemeinen Julius Ludwig Rothweil zugeschrieben.[913] Archivalische Nachweise gibt es dafür hingegen nicht. Die Zuschreibung muß als ungeklärt betrachtet werden.

Langenselbold, ev. Pfarrkirche

Gemeinde Langenselbold, Main-Kinzig-Kreis, Hessen
Baudaten: 1727–1735
Konfession: reformiert
Landesherrschaft: Grafschaft Isenburg-Birstein
Patron: Landesherr
Architekt: Christian Ludwig Hermann
Bauaufgabe: ländliche Pfarrkirche mit höfischer Nutzung

Abbildungen 65–67, 170, 218

Baugeschichte:

Die Quellenbestände zum Bau der Kirche in Langenselbold sind nicht besonders umfangreich, aber doch ergiebiger, als sich nach den Ergebnissen der bisherigen Forschung erwarten ließ. Der Annahme Margarete Prinzessin von Isenburgs, der sich auch Inge Wolf anschließt, daß nämlich die Langenselbolder Bauakten sämtlich im Archiv des Landeskirchenamtes in Kassel gelegen hätten und dort im letzten Krieg verbrannt wären,[914] kann wenigstens in Teilen widersprochen werden, denn im Staatsarchiv Marburg lagert neben den Kirchenbaurechnungen eine Akte, die vor allem über die schwierige Finanzierung, aber auch Einzelheiten zum Bauverlauf berichtet.[915] Die von Margarete von Isenburg zitierten Rechnungen aus dem Pfarrarchiv Langenselbold waren dort trotz intensiver Suche nicht aufzufinden. Das Pfarrarchiv verfügt lediglich über die Kirchenbaurechnungen der Jahre 1688–1712.[916] Die Selbolder Kellereirechnungen, die im Birsteiner Archiv

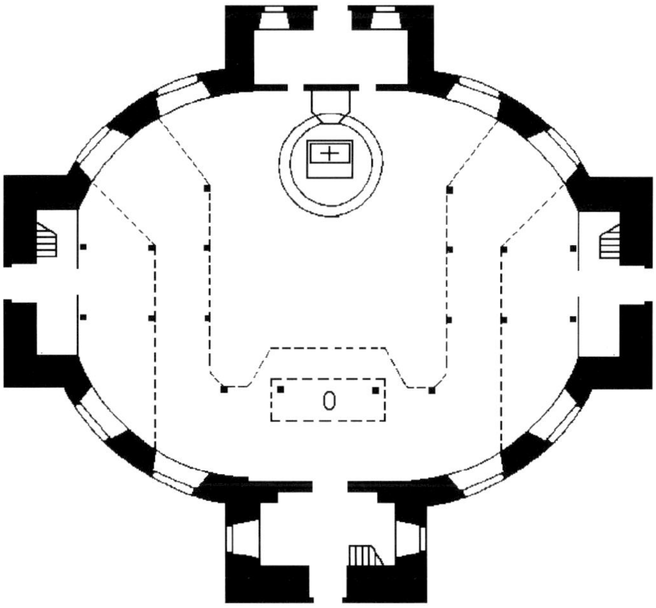

218 Langenselbold, ev. Pfarrkirche, Grundriß

allerdings nur bis 1731 erhalten sind, verzeichnen verschiedentlich Ausgaben, die mit dem Kirchenbau in Zusammenhang stehen. Ein wesentlicher Teil der Baukosten wurde über die Kellerei Selbold, also eine herrschaftliche Kasse, abgewickelt, beispielsweise die gesamten Steinhauerarbeiten mit einem Gesamtlohn von über 1500 fl.[917] Auch sonst verbuchen die Rechnungen diverse Zahlungen für Material und Handwerkerlöhne nicht nur für den Unterhalt der herrschaftlichen Gebäude in Langenselbold, sondern auch für den Kirchenbau. Der Landesherr beteiligte sich folglich zumindest in der Anfangsphase der Bauarbeiten noch erheblich an der Finanzierung. Ab 1729 hörten diese Zahlungen jedoch praktisch auf.
Über den schlechten baulichen Zustand der alten Pfarrkirche, die ihren Standort unten in der Niederung nahe der Brücke zwischen Selbold und Hinserdorf hatte, wurde schon seit längerem geklagt. In den 1720er Jahren muß der Glockenturm (Dachreiter?) so schadhaft gewesen sein, daß die durch das Läuten der drei Glocken verursachten Erschütterungen Einsturzgefahr hervorriefen. 1726 wurden darum die beiden größten Glocken vom Turm abgenommen und in Sicherheit gebracht. Zu jenem Zeitpunkt war der Bau einer neuen Kirche schon beschlossene Sache. Der Neubau sollte „nach Ihro Hoch Gräffl[icher] Gnaden Hoher und gnädigster Entschliessung“ nicht an der alten Stelle, sondern auf dem sogenannten Klosterberg im Ortsteil Selbold entstehen[918], also in unmittelbarer Nähe zum gräflichen Schloß, das sich damals im Bau befand.
Im März 1727 entlohnte der Oberschultheiß Lorey zum ersten Mal Arbeiter auf der Baustelle, die wohl mit dem Graben des Fundamentes beschäftigt waren.[919]
Ein Eintrag im Traubuch der Gemeinde überliefert den

Verlauf der Grundsteinlegung am 23. Mai 1727. Graf Wolfgang Ernst als Bauherr vollzog den feierlichen Akt „mit eigener Hoher Hand, in Beyseyn noch Vieler anderer Hochgräfflichen Herrschafften mehr".[920] Der Landesherr und der Hof nahmen demzufolge regen Anteil an diesem Projekt.

Die rechte Volute des Turmes trägt die Initialen Wolfgang Ernsts und die Jahreszahl 1728. Am 14. Oktober jenes Jahres wurde der Strauß auf dem Turm aufgesteckt. Zu diesem Anlaß engagierte man eigens Musiker („Hautboisten") aus Hanau; daraus folgt, daß eine festliche Zeremonie in höfischem Rahmen stattgefunden hat. Kreuz, Knopf und Hahn wurden ebenfalls 1728 angefertigt und vergoldet.[921] Bis zum Richtfest auf dem Turm dürfte der Rohbau weitgehend abgeschlossen gewesen sein. Nach den in der Kirchenbaurechnung und in den Selbolder Kellereirechnungen verzeichneten Auszahlungen machte der Bau bis 1729 rasche Fortschritte, kam dann aber ins Stocken.

Die ganze Bauzeit der Kirche war durch Finanznöte geprägt. Anfang 1728 wurde eine landesweite Kollekte zugunsten des Langenselbolder Kirchenbaues in der Grafschaft Isenburg-Birstein ausgeschrieben. Zahlreich sind außerdem die Bittschreiben des Birsteiner Konsistoriums an benachbarte Herrschaften, auch in deren Landen eine Kollekte zu bewilligen; teils wurde dem Wunsch stattgegeben, teils auch nicht. Das Geld, welches dabei zusammenkam, mag für den Rohbau gereicht haben, doch nach einem Jahr war es verbraucht und das Gebäude noch längst nicht vollendet. Im Januar 1729 wurde der Gemeinde ein Kollektenpatent ausgestellt, welches ihren Vertretern gestattete, überall im Land Spenden zum Bau zu sammeln. Die ständigen Geldnöte ließen die Bauarbeiten für die Gemeinde, die mit einem so aufwendigen Projekt völlig überfordert war, zu einer enormen Belastung werden. In den Jahren 1731–1733 kamen die Arbeiten anscheinend gänzlich zum Stillstand, denn die Rechnungen verzeichnen so gut wie keine Ausgaben mehr, und auch aus den zahlreichen Bittschriften der Gemeinde ist auf einen Baustop zu schließen. Im Jahre 1733 wurde wieder ein Kapital aufgenommen und neues Material gekauft. Alle gehauenen Steine stiftete Graf Wolfgang Ernst, ebenso auf Bitten der Gemeinde die Steinplatten für den Fußboden. Der Akkord mit den Schreinern wurde Mitte August 1733 geschlossen. Zu jenem Zeitpunkt war der Weißbinder bereits an der Arbeit. Der neue Kirchturm war längst fertig, es fielen sogar schon erste kleine Dachreparaturen an. Die Schreiner erhielten während des Zeitraumes vom 9. August 1733 bis zum 18. September 1735 verschiedene Abschlagszahlungen auf ihren Arbeitslohn. Demzufolge ist die verakkordierte Schreinerarbeit im Spätsommer 1735 fertiggestellt worden. In demselben Jahr konnten die Bauarbeiten weitgehend zum Abschluß gebracht werden. Der herrschaftliche Stuhl wurde fertiggestellt, die Glocken auf den Turm gehängt, die Fußbodenplatten verlegt. Nach der Selbolder Kellereirechnung zu schließen, wurde allerdings schon 1729 am herrschaftlichen Stuhl gearbeitet. Die Orgel aus der alten Kirche wurde durch Orgelmacher Schäfer aus Hanau überarbeitet und mit Hilfe der beiden Schreiner in der neuen Kirche aufgerichtet.[922] Im Traubuch findet sich ein Bericht, der Datum und Ablauf der Einweihungsfeier am 7. September 1735 enthält, außerdem die Information, daß Glocken und Orgel im August 1735 aus der alten in die neue Kirche überführt worden sind.[923]

Der bei der Renovierung 1960 geäußerten Annahme, der Fürstenstand sei erst zu einem späteren Zeitpunkt eingebaut worden,[924] läßt sich anhand mehrerer Einträge in den Kirchenbaurechnungen aus der Bauzeit widersprechen. Demnach entstand die Loge im Jahre 1735, ebenso die kleine Treppe, die vom Turm her in die Loge führte.[925] Die Gestalt der seitlichen Emporen könnte im ersten Geschoß in etwa der heutigen Führung entsprochen haben. Das obere Geschoß ist wesentlich dominanter in seiner räumlichen Wirkung gewesen. Gerade mit der Form der oberen Empore war man in den Fünfziger Jahren sehr unzufrieden, wie ein Gutachten des Landeskirchenamtes aus dem Jahre 1958 beweist: „Die beiden obersten Emporen rechts und links zeigen eine ähnliche Härte in der Gestaltung wie das Gestühl. Die Brüstungen schneiden gleich Sehnen durch die Ellipse des Grundrisses." Das obere Geschoß führte also in gerader Linie durch den Raum und kragte weiter vor als heute. Bei der Renovierung wurde seine Brüstung tiefer gesetzt, so daß der Fußboden seitdem eine spürbare Neigung besitzt. Die Bänke im Parterre standen in einer rechtwinkligen Anordnung. Der Bankblock in der Mittelachse war frontal auf die Kanzelwand ausgerichtet; die seitlichen Bankblöcke parallel zur Längsachse des Raumes. Der Abendmahlstisch besaß eine Abschrankung. Das Fußbodenniveau des Altarbereichs entsprach dem des übrigen Kirchenraumes. Die „küchenartigen Fliesen in dem Altarraum" wurden beim Einbau des Podestes 1959/60 entfernt.[926] An den Wänden verliefen ringsherum insgesamt acht gegitterte Stände, an die inzwischen nur noch eine kassettierte Wandvertäfelung erinnert. Besetzt haben sie herrschaftliche Bediente und Beamte.[927]

Der unmittelbar links von der Kanzel stehende Stuhl war der Platz des Presbyteriums, welches aus dem Schultheißen und den vier ältesten Gerichtsschöffen bestand.[928]

Architekt:

Die Langenselbolder Kirche ist ein Entwurf des hanauischen Baudirektors Christian Ludwig Hermann, der hier in einem Nachbarterritorium tätig wurde. Margarete v. Isenburg zitiert als Beleg zwei Rechnungseinträge aus den Jahren 1734 und 1735; wichtig sei vor allem ein Rechnungseintrag mit dem Datum 28. April 1734: „Herrn Amtmann nebst Baudirektor von Hanau in der Neuen Kirche zu machen was angegeben, über Mittag samt Wein verzehrt 18 Gulden."[929] Stilistische Kriterien, vor allem der Vergleich mit der drei Jahre früher begonnenen und sicher Hermann zugeschriebenen Reinhardskirche in Steinau a. d. Str., sprechen ebenfalls für Hermanns Urheberschaft. Türme in ähnlicher Form besitzen außerdem die lutherische Kirche in Rodheim und die beiden Kirchen in Nauheim, alle drei als Entwürfe Hermanns sicher belegt.

Es existiert jedoch ein eigenhändiges Schreiben Hermanns vom 18. Januar 1727, welches die Zuschreibung an den Baudirektor endgültig klärt:

> „Es haben mich zwahr Ihro Hoch Gräfl[iche] Gnaden dero Gnädigster Herr, bey deren Letzteren Hiersein, Gnädigst anbefohlen, einen Kirchen riß zuverfertigen, ich habe aber wegen einiger Nothigen arbeit bis daher noch nicht können, zu der dazu benötigten Zeit gelangen, ich will aber solchen die zukünftige Woche suchen zu verfertigen, und alldan, selben Meinem hochgeschetzten Herrn Ambt Man, überschicken..."[930]

Dazu passen die bereits erwähnten Einträge in den Selbolder Kellereirechnungen, der Hanauer Kammerbote habe am 1. Februar und am 25. März Kirchenrisse überbracht.[931] Demnach hat Hermann sein Versprechen nicht ganz einhalten können, die Arbeit aber doch relativ bald erledigt. Außerdem liegt ein Brief Hermanns vom August 1733 vor, worin es um den Akkord mit den Glasern und den Kauf der Materialien für die Kirchenfenster geht.[932] Auch den Entwurf für die Kanzel hat der Baudirektor geliefert, wie aus einem Schreiben des Langendiebacher Amtmannes Karsbach vom Sommer 1734 hervorgeht.[933]

Architektur und Ausstattung:

Der Innenraum der Kirche ist in den Jahren 1959–1960 tiefgreifend verändert worden. Anlaß dafür war nicht nur eine allgemeine Unzufriedenheit mit der Raumgestaltung, sondern nicht zuletzt der Zustand der Heizungsanlage, der als „absolut polizeiwidrig" bezeichnet wurde.[934] Die Öffnung zum Nordrisalit verschließt seither eine massive Wand mit einer kassettierten hölzernen Verkleidung, an welcher die Kanzel angebracht ist. Frei davor steht ein moderner Altartisch, erhöht durch ein zweistufiges Podest auf kreisförmigem Grundriß. Die übrigen drei Seiten des Raumes umzieht jetzt eine eingeschossige Emporenanlage mit mehrfach gebrochener und geschwungener Kontur. Die neue Südempore, auf der die Orgel mit ihrem gehäuselosen Prospekt ihren Platz hat, springt dreiseitig in den Raum vor; die Brüstung wird im Bogen mit den Seitenemporen verbunden, die nach Norden hin schräg nach außen abknicken, um bündig mit der Fensterleibung die Außenwand zu erreichen. Ein zweites Emporengeschoß wurde nur an den Schmalseiten angelegt und kommt über eine Andeutung nicht hinaus, denn die oberen Emporen überspannen kaum mehr als die Breite des Risaliten und kragen nur knapp in den Raum vor. Die Einzelstühle sind in konzentrischen Ringen aufgestellt; vom Altar gehen strahlenförmig drei Gänge aus. Runde Formen und Linien bestimmen den Raumeindruck: die Ellipse als Raumschale, dazu die vor- und zurückschwingende erste Empore, die konzentrischen Stuhlreihen um das runde Altarpodest. Rückschlüsse auf das ursprüngliche Aussehen des Raumes sind anhand zweier Fotografien, die vor dieser Umgestaltung aufgenommen worden sind, und einiger Schriftstücke aus dieser Umbauphase möglich.[935] Die Kanzelwand ist bei der jener Renovierung bis zur Unkenntlichkeit verändert worden, lediglich die Kanzel des 18. Jahrhunderts ist erhalten. Die Fotografie (Abb. 66) kommt dem Originalzustand erheblich näher. Der in den nördlichen Risalit eingezogene viergeschossige Aufbau ist in den unteren beiden Etagen geschlossen und mit kassettierten Holztafeln verkleidet. Der Mittelteil springt leicht vor. Drei Türen führen in den Raum dahinter. Beiderseits der Kanzel erkennt man verglaste Logenfenster. Die beiden oberen Geschosse bieten sich als offene Emporen dar. Als in den Jahren 1881–1883 die neue Orgel auf der Decke des Herrschaftsstuhles errichtet wurde, hat die Kanzelwand eine Veränderung erfahren: Die obere Kanzelempore wurde 1882 eingezogen.

Bis 1881/1883 stand die Orgel auf der Empore über der Kanzel. Aufgrund der Reparaturanfälligkeit des alten Instrumentes beschloß die Gemeinde 1881, eine neue Orgel anzuschaffen. Der Orgelbauer Wilhelm Ratzmann aus Gelnhausen hatte sie auszuführen. Im Februar 1883 konnte jenes Instrument, das auf der Fotografie (Abb. 67) noch zu sehen ist, feierlich eingeweiht werden. Sie ist nicht am alten Platz auf der Prinzipalwand, sondern gegenüber auf der Decke des herrschaftlichen Stuhles aufgestellt worden.[936] Rechtzeitig vor dem 225jährigen Jubiläum der Kirche, im Zuge der Kirchenumgestaltung von 1959/60, ein gründlicher Umbau einschließlich Neugestaltung des Prospektes durch die Orgelbaufirma Walcker (Ludwigsburg) ausgeführt worden ist.[937]

Die Loge der Landesherrschaft, der Fürsten von Isenburg-Birstein, stand, nach jener Aufnahme zu schließen, im Süden, nur um wenige Stufen gegenüber dem Fußbodenniveau erhöht, in der Achse von Abendmahlstisch und Kanzel. Zugänglich war sie unmittelbar durch das Südportal, das somit als herrschaftlicher Eingang anzusehen ist, und das Turmerdgeschoß. Die

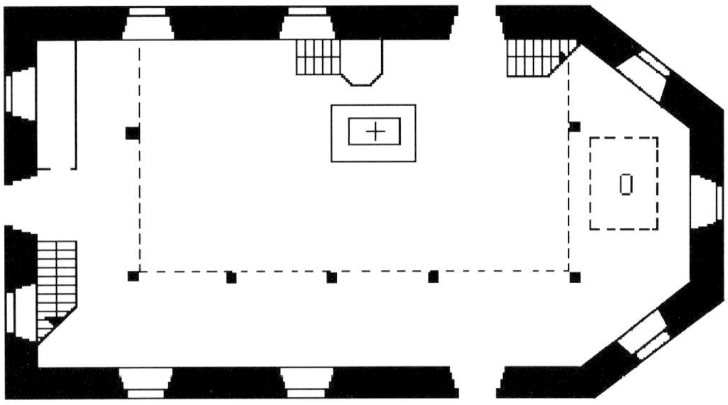

219 Lichenroth, ev. Kirche, Grundriß

breite blockartige Logenfront setzte sich aus sieben Achsen mit Rechteckfenstern zusammen. Sie füllte den Zwischenraum zwischen den beiden seitlichen Gemeindeemporen aus. Die vorschwingende Südempore, die den Raumeindruck heute so entscheidend prägt, ist demzufolge ein Produkt der Umgestaltungen von 1959–1960.

LICHENROTH, EV. KIRCHE

Gemeinde Birstein, Main-Kinzig-Kreis, Hessen
Baudaten: 1732–1733
Konfession: reformiert
Landesherrschaft: Grafschaft Isenburg-Birstein
Patron: Landesherr
Architekt: unbekannt
Bauaufgabe: ländliche Pfarrkirche

Abbildungen 69, 70, 219

Baugeschichte:

Über die Baugeschichte der evangelischen Kirche in Lichenroth ist äußerst wenig bekannt, da bislang keine aussagekräftigen Akten aufgefunden werden konnten. Anhand der Inschrift über dem Hauptportal wird das Gebäude gemeinhin auf 1732 datiert.[938] Der Landesherr, der Graf bzw. Fürst von Isenburg-Birstein, hatte zugleich das Patronat inne.
Die Kanzel, die aus der Vorgängerkirche in den Neubau übernommen worden ist, trägt die Jahreszahlen 1677 und 1733. Die erstere stellt, und dem entspräche die verwendete Ornamentik, gewiß das Jahr ihrer Entstehung dar, die zweite das Datum ihrer Anbringung in der neuen Kirche. Daraus mag gefolgert werden, daß im Jahr 1733 der Innenausbau durchgeführt wurde. Der Neubau des Gotteshauses steht in Zusammenhang mit der Erhebung Lichenroths zur Pfarrei. Von 1732 bis 1744 hatte das Dorf einen eigenen Pfarrer.[939] Seit 1744 gehört es als Filial zu Kirchbracht.

MARKÖBEL, EV. PFARRKIRCHE

Gemeinde Hammersbach, Main-Kinzig-Kreis, Hessen
Baudaten: Gemeinderaum 1741–1742; Westturm 1868, 1883 erhöht
Konfession: reformiert
Landesherrschaft: Landgrafschaft Hessen-Kassel (Hessen-Hanau)
Patron: 1/3 Landesherr, 2/3 Isenburg-Büdingen
Architekt: Christian Ludwig Hermann
Bauaufgabe: ländliche Pfarrkirche

Abbildungen 29–31, 220, 221

Baugeschichte:

Der Neubau der Marköbeler Kirche wird gemeinhin auf das Jahr 1741 datiert.[940] Der Chorturm der Vorgängerkirche wurde beibehalten und nur der Gemeinderaum erneuert. Zwar hatte die alte Kirche die Zerstörung Marköbels im Dreißigjährigen Krieg überstanden, doch spätestens im 18. Jahrhundert traten ernstere Bauschäden auf. Darüber hinaus war die Kirche „bey dem gott seys gedanckt, Zahlreichen anwachs[en] unserer gemeind“ zu eng geworden. Im Jahre 1737 zog man deshalb den Hanauischen Baudirektor Christian Ludwig Hermann als Gutachter hinzu. Zu diesem Zeitpunkt dachte noch niemand an einen Neubau, denn die finanziellen Möglichkeiten reichten nicht einmal dafür aus, das Dach an einem Stück neu zu decken. Hermann gab Empfehlungen ab, wie im Kirchenraum mehr Platz gewonnen werden könnte. Das Presbyterium beriet wiederholt über das weitere Vorgehen. Im Juni 1738 ging es bereits um die Erweiterung der zu engen Kirche, weil die Marköbeler einsahen, daß die Flickerei wenig Erfolg versprach. Im Januar 1739 genehmigte Landgraf Wilhelm VIII. die beantragte Kollekte, jedoch nicht, wie von der Gemeinde Marköbel gewünscht, in sämtlichen hessischen Gebieten, sondern nur bei den reformierten Gemeinden der Grafschaft Hanau. Im Juni schickte Pfarrer Uffelmann ein Memoriale bezüglich des Kirchenbaus nebst Kosten-

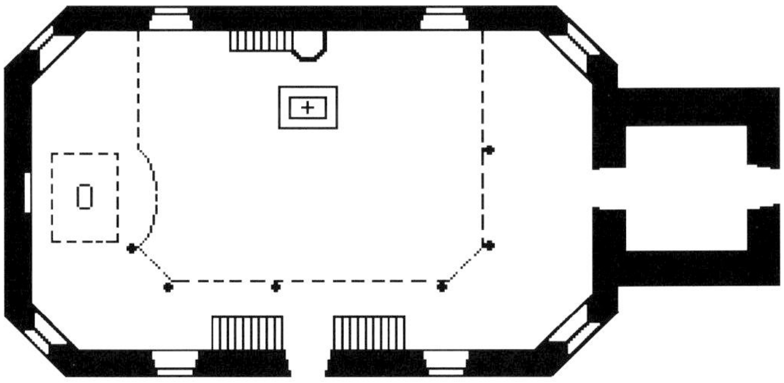

220 Marköbel, ev. Pfarrkirche, Grundriß

221 Marköbel, ev. Pfarrkirche, Ostwand mit dem Triumphbogen des abgebrochenen Chorturms

voranschlag an das Konsistorium in Hanau. Inzwischen wurde ein vollständiger Neubau des Gemeinderaumes beabsichtigt. Die Gemeinde Marköbel mußte sich jedoch erst noch urkundlich verpflichten, alles Bauholz auf Gemeindekosten anzuschaffen sowie die Fuhr- und Handlangerdienste unentgeltlich zu leisten. Gegen Ende des Jahres erklärte das Konsistorium daraufhin seine Bereitschaft, das Projekt zu unterstützen. Damit war der Verwaltungsweg frei. Doch im Jahre 1740 tat sich noch nichts. Der Pfarrer, der Verzweiflung nahe, bat Anfang 1741 das Konsistorium inständig, wenigstens die allernötigsten Reparaturen durchführen zu lassen, wenn an einen Neubau schon nicht zu denken wäre; der Zustand der Decke wäre so schlecht, „daß niemand mehr ohne leib und lebens gefahr in die Kirch zu gehen und dem gottes dienst mit andacht obzuwarthen, zuzumuthen ist." Das Konsistorium war alarmiert. Schon am folgenden Tag erging an die Gemeinde der Befehl, den Abbruch der alten Kirche schleunigst in Angriff zu nehmen und außerdem die günstige Jahreszeit zum Holzfällen auszunutzen; ferner hätte sie sich um tüchtige Handwerker zu kümmern.[941]

Auf einmal ging alles recht schnell. Im Februar 1741 faßte das Presbyterium mehrere Beschlüsse über organisatorische Fragen, die auf einen unmittelbar bevorstehenden Baubeginn hindeuten.[942] In den Kirchenbaurechnungen setzen die Zahlungen an Maurer und Zimmerleute im Februar und März 1741 ein. Ende März konnte Pfarrer Uffelmann bereits an das Konsistorium berichten, die alte Kirche wäre abgebrochen, Maurer und Zimmermann wären im Begriff, ihre Arbeit aufzunehmen. Die Akkorde mit Maurer, Zimmermann und Steinhauer datieren vom 9. März.[943] Im April erfolgte die erste Zahlung für das Graben des Fundamentes.[944] Dabei blieb von der alten Kirche der Turm und mit ihm die alte Ostwand erhalten.[945] Der Grundstein wurde in einer feierlichen Zeremonie unter Mitwirkung mehrerer herrschaftlicher Beamten am 9. Mai 1741 gelegt.[946]

Das Aufschlagen des Dachstuhles scheint im Juli 1741 geschehen zu sein, denn es finden sich zwei diesbezügliche Eintragungen mit den Daten 24. und 28. Juli.[947] Der Innenausbau zog sich bis in das Jahr 1742 hinein. Bis März 1742 war die Kirche bis auf den Anstrich und das Aufstellen der Orgel fertig.[948] Die Orgel wurde am 25. April wieder aufgebaut.[949] Das genaue Datum der Einweihung ist nicht überliefert und auch anhand der Einträge in den Rechnungen kaum zu rekonstruieren. Anzunehmen ist, daß die neue Kirche gegen Ende des Jahres 1742 bereits in Gebrauch war, denn ein gewisser Thomas Schmidt wurde im 4. Quartal bereits für das Treten der Orgelbälge entlohnt.[950]

Im 19. Jahrhundert wurde der mittlerweile doch baufällige Chorturm an der Oststeite durch einen Westturm ersetzt. Im Mauerwerk der unverputzten Ostwand sind der Ansatz und der nachträglich vermauerte Triumphbogen deutlich zu erkennen (Abb. 221).

Architekt:

Baudirektor Hermann war schon 1737 als Gutachter hinzugezogen worden. In den Unterlagen zur Kirchenbaurechnung finden sich Einträge, die belegen, daß der hanauische Baudirektor mehrmals in Marköbel gewesen ist.[951] Die Gemeinde zahlte an Rechnungs-Justificator Theobald in Hanau „vor H[errn] Bau=Directoris Hermanns bemühung bey dem Kirchen bau wesen"

zehn Gulden.[952] Verglichen mit den Handwerkerlöhnen erscheint diese geringe Summe mehr wie eine Verwaltungsgebühr denn wie ein Architektenhonorar. Demgegenüber ist jedoch zu beachten, daß Hermann als der oberste Beamte im Landbauwesen der Grafschaft Hanau bei seinem Landesherrn in Lohn und Brot stand und es zu seinen Aufgaben gehörte, derartige Projekte zu bearbeiten. Die reformierte Gemeinde in Bad Nauheim, für deren Kirchenneubau Hermann nachweislich die Pläne erstellt hat, zahlte in demselben Jahr 1741 ebenfalls eine Summe von zehn Gulden „vor H[errn] Bau Directorem Hermann zu Hanau vor Bemühung u[nd] auslag[en] beym Bauwesen".[953]
Daß Hermann den Kostenüberschlag für den Marköbeler Kirchenneubau erstellt hat, ist erwiesen. Daß auch der Entwurf von seiner Hand stammt, belegt der Kostenvoranschlag des Hanauer Maurers Feltmann, worin als Bedingung genannt ist: „... solle die Kirchen nach vorgezeigten riß des Herrn bautirectors ... gemacht wertten ..." Dem Handwerker war also eine Planzeichnung Hermanns vorgelegt worden. Auch der Schreiner bestätigte, er hätte den Altartisch „nach Befehl des H. Bau Directoris" zu verfertigen. Im Angebot des Weißbinders ist der Passus erhalten, er werde keine Lohnzahlung verlangen, „bies Es fertig ist und der H. Bautreckter Es gesen hat." Der Baudirektor mußte also die Qualität der geleisteten Handwerksarbeit am Schluß begutachten. Alle diese Dokumente belegen Hermann als den entwerfenden und bauleitenden Architekten.[954]

Bad Nauheim, Wilhelmskirche

Stadt Bad Nauheim, Wetteraukreis, Hessen
Baudaten: 1740–1742
Konfession: reformiert
Landesherrschaft: Landgrafschaft Hessen-Kassel (Hessen-Hanau)
Patron: Landesherr
Architekt: Christian Ludwig Hermann
Bauaufgabe: ländliche Pfarrkirche

Abbildungen 26–28, 147, 222, 223

Baugeschichte:

Nachdem bereits kurz nach 1700 der bauliche Zustand der Wilhelmskirche relativ schlecht war, bemühte die Gemeinde sich ab 1738 mit aller Entschlossenheit um einen Neubau.[955] Pfarrer Theobald reichte beim Konsistorium einen Entwurf seines Schwagers, des Salzfaktors Wörrishöfer, ein, der aber als zu kostspielig abgelehnt wurde.[956] Wörrishöfers Entwurf sah vor, den Unterbau des Chorturmes der Vorgängerkirche beizubehalten und an diesen ein längsgerichtetes Schiff mit eingezogenen abgeschrägten Ecken anzufügen; vor dem vermauerten Chorbogen sollte die Kanzel angebracht werden. Die Außengestaltung mit den einfachen zweilanzettigen Maßwerkfenstern und dem hohen gaupenbesetzten Walmdach übernahm Formen der Nauheimer Reinhardskirche und anderer von Christian Ludwig Hermann errichteter Kirchenbauten, verzichtete aber auf die Lisenengliederung zugunsten von Eckquadern.[957]
Um den Kirchenbau finanzieren zu können, ersuchte die reformierte Gemeinde Nauheim den Landesherrn, Landgraf Wilhelm VIII., um die Bewilligung des sogenannten Salzkreuzers, den auch die dortige lutherische Gemeinde von Graf Johann Reinhard III. für ihren Kirchenbau (1732–1733) erhalten hatte. Der Landgraf beurkundete im Frühjahr 1740, daß die Gemeinde einen Kreuzer von jedem auf der Nauheimer Saline verkauften Achtel Salz erhalten sollte.[958]
An der Notwendigkeit eines Kirchenneubaus scheint man in Hanau nicht gezweifelt zu haben, denn Baudirektor Christian Ludwig Hermann erklärte eine nochmalige Reparatur in einem Gutachten des Jahres 1739 für ausgeschlossen. Hermann legte 1740 seinerseits einen Riß und Kostenvoranschlag vor.[959] Dieser Plan (Abb. 26) behält den alten Turm inklusive oberem Abschluß bei und fügt daran einen quergerichteten Rechteckraum mit abgeschrägten Ecken, überdeckt von einem Walmdach, welches durch einen niedrigeren Sattel an den Turm angeschlossen ist. Im Juli 1740 wurde das Kirchenschiff abgebrochen. In der Folge stellte man fest, daß auch der Turm erhebliche Schäden aufwies. Pfarrer Theobald brachte daraufhin im Namen der Gemeinde den Wunsch zur Sprache, der Turm möchte nach dem Vorbild der lutherischen Reinhardskirche vorn an die Kirche gesetzt werden, also vor die dem Ort zugewandte Westseite, damit der Glockenklang im Dorf besser zu hören wäre. Christian Ludwig Hermann erstellte einen zweiten Entwurf mit einem Westturm und mit zwei Portalen an der Nordseite, nach dem die Kirche letztlich ausgeführt worden ist (Abb. 27).[960]
Am 20. Juli 1740 wurde der Grundstein gelegt. Den Verlauf der feierlichen Zeremonie überliefert ein Bericht

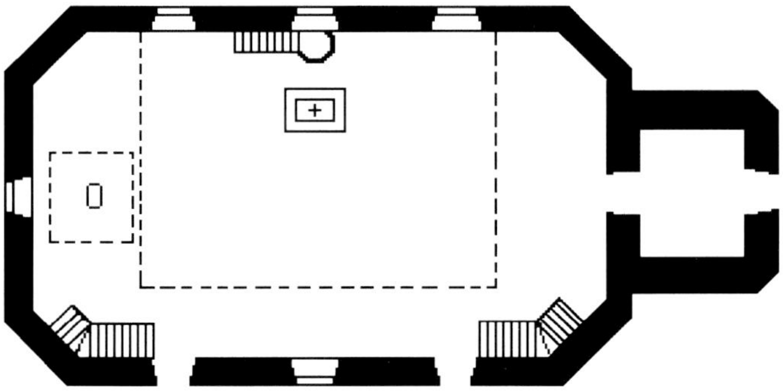

222 Bad Nauheim, Wilhelmskirche, Grundriß

von Pfarrer Theobald. Gut zwei Jahre später, am 19. Oktober 1742, konnte die Kirche eingeweiht werden.[961] Die Innenausstattung war zu diesem Zeitpunkt noch nicht vollständig. Zunächst hatte man die Orgel aus der Vorgängerkirche in den Neubau übernommen, womit die Gemeinde aber nicht zufrieden war. Im folgenden Jahre baute der Frankfurter „Orgelmacher" Philipp Wilhelm Macrander die Orgel für die Wilhelmskirche.[962] Die Kirchenstühle wurden sogar erst 1746 numeriert und „ohnentgeltl[ich] verloset".[963]
Nach der Hanauer Union von 1818 hat die reformierte Pfarrkirche nach dem Bauherrn den Namen Wilhelmskirche erhalten, die lutherische wird seitdem Reinhardskirche genannt. Bis 1825 wurden beide nebeneinander genutzt, dann entschied sich die nunmehr unierte Gemeinde, ihren Gottesdienst nur noch in der größeren Wilhelmskirche zu halten. In den Jahren ab 1837 fand eine gründliche Renovierung statt.
Im Laufe des späten 19. Jahrhunderts entwickelte sich das Dorf Nauheim zum Kurort Bad Nauheim. Entsprechend wuchs die Gemeinde. Die Raumnot erforderte den Bau einer neuen evangelischen Pfarrkirche, der Dankeskirche, welche 1906 eingeweiht worden ist. Die Wilhelmskirche stand zunächst leer, bis sie 1925 zum Gemeindehaus umgebaut wurde. Dabei wurde ein Viertel des Kirchenraumes für Nebenräume abgeteilt: „Im großen Gemeindesaal wurde die obere Empore entfernt, eine neue Orgel eingebaut, die alte Kanzel etwas tiefer gestellt und des Schalldeckels beraubt, so daß sie als Rednerpult wieder Verwendung finden konnte."[964] Der Umbau von 1925/26 bedeutete noch keinen gravierenden Eingriff in die Substanz des Innenraumes. Erst ein erneuter Umbau der Sechziger Jahre (Wiedereinweihung 1964), als eine Zwischendecke eingezogen wurde, hat im Innern alle Spuren des ehemaligen Kirchenraumes getilgt.[965]

Architektur und Ausstattung:

Die Disposition des Innenraumes ist heute am Bau selbst nicht mehr ablesbar. Die Innenausstattung läßt sich jedoch rekonstruieren anhand der Entwürfe von Christian Ludwig Hermann, eines Grundrisses[966], der aus dem späten 19. Jahrhundert stammen dürfte, sowie zweier Fotografien (Abb. 223).
Eine doppelgeschossige Emporenanlage umzog drei Seiten des querorientierten Raumes. An der freien südlichen Längsseite war vor dem mittleren Fenster die Kanzel angebracht. Der Abendmahlstisch stand frei davor, umgeben von einem Gitter. Die Orgel hatte ihren Platz an der östlichen Schmalseite. Die Kirche hatte erst in den 1890er Jahren eine neue Orgel erhalten[967], welche auf der unteren Empore stand und über beide Emporengeschosse reichte. Über Größe, Standort und Aussehen der Orgel von 1743 ist daher keine Aussage möglich. Beim Einbau der neuen Orgel mußte die Empore mit Hilfe eines Stahlträgers verstärkt werden, und darunter wurden zwei dünne gußeiserne Stützen aufgestellt, „welche diesen Teil des Kirchenraumes in höchstem Maße verunzieren."[968] Als das Kirchengebäude zum Gemeindehaus wurde, ließ die Gemeinde die Orgel durch die Firma Förster und Nicolaus in Lich umbauen und verkleinern.[969]

223 Bad Nauheim, Wilhelmskirche, Innenraum, Aufnahme 1917; Pfarrarchiv Bad Nauheim Abt. V Nr. 60, Einlage 2

NEUNKIRCHEN/WESTERWALD, EV. PFARRKIRCHE

Gemeinde Neunkirchen, Westerwaldkreis, Rheinland-Pfalz
Baudaten: Turm und Chor mittelalterlich, Gemeinderaum 1739–1740
Konfession: lutherisch
Landesherrschaft: Gefürstete Grafschaft Nassau-Weilburg
Patron: Landesherr
Architekt: Johann Michael Petri
Bauaufgabe: ländliche Pfarrkirche

Abbildungen 51–53, 224

Baugeschichte:

Ältester Teil der Kirche ist ohne Frage der Turm, dessen romanische Schallöffnungen eine Datierung in das 12. Jahrhundert nahe legen.[970] Über die weitere bauliche Entwicklung ist nichts bekannt bis zur Errichtung des neuen Gemeinderaumes im 18. Jahrhundert. Dabei blieb aber von einer älteren, längsgerichteten Anlage der Chor stehen.

Der querorientierte Gemeinderaum entstand in den Jahren 1739–1741. Die Baudaten 1740–1744, die gelegentlich genannt werden, sind unkorrekt.[971] Ein in den 1830er Jahren von dem damaligen Pfarrer Mencke verfaßter historischer Abriß in der Pfarrchronik[972], welcher eine Abschrift der lateinischen Einweihungsurkunde enthält, datiert den gesamten Bau ein Jahr zu spät. Die tatsächlichen Baudaten gehen jedoch aus der Baurechnung und den dazugehörigen Belegen hervor.[973]

In einem Bericht des Weilburger Superintendenten über den baulichen Zustand der kirchlichen Gebäude in seinem Amtsbereich wird das alte Neunkircher Gotteshaus als „eine Kirche so gantz abgängig und daher neu zu erbauen ist" beschrieben.[974] Die Planungen für den Neubau begannen spätestens im Herbst 1738. Am 25. September wurde der Gemeinde durch den Architekten der Riß präsentiert. Die Grundsteinlegung hat spätestens in der ersten Aprilhälfte 1739 stattgefunden. Bis Anfang August war das Mauerwerk so weit gediehen, daß der Dachstuhl aufgeschlagen werden konnte. In den ersten Oktobertagen rechnete der Gastwirt mit den Kirchenbaumeistern die Kosten für die Bewirtung bei den Feierlichkeiten zur Grundsteinlegung, beim Setzen des Schlußsteines und beim Kranzstecken ab. Der Schiefersteindecker erhielt Mitte November seine Zahlung für das Anschlagen des letzten Steines. Damit war das Gebäude vor dem Wintereinbruch unter Dach. Im folgenden Jahr erfolgte der größte Teil des Innenausbaus, so daß die Kirche am Michaelistag des Jahres 1740 (nicht 1741, wie in der Pfarrchronik überliefert) feierlich eingeweiht werden konnte. Im folgenden Jahr 1741 blieben noch einige kleinere Arbeiten auszuführen.

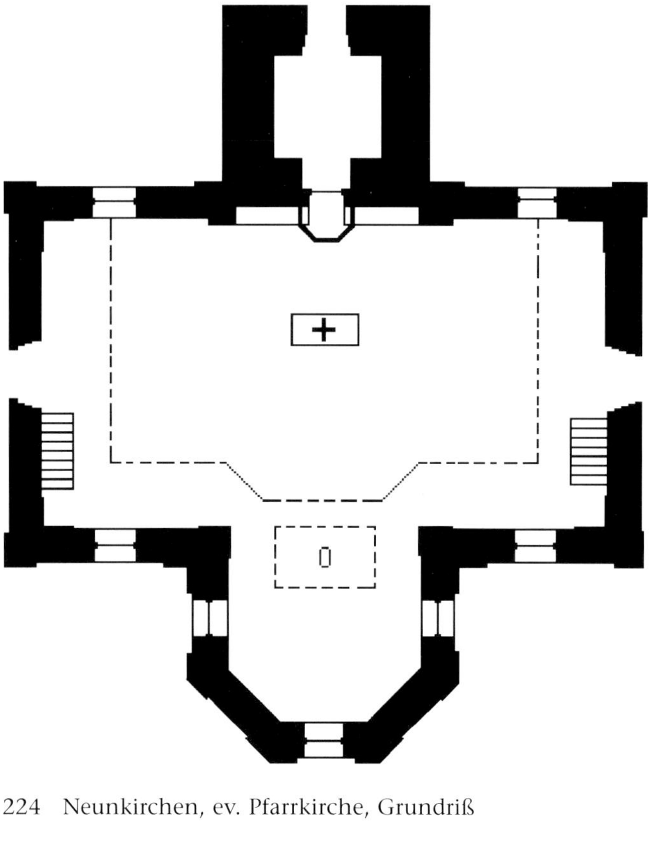

224 Neunkirchen, ev. Pfarrkirche, Grundriß

Eine neue Orgel wurde erst etliche Jahre später angeschafft. Orgelbauer Christian Köhler aus Frankfurt konstruierte 1755 das Instrument.[975] 1774 erhielt der Turm seinen jetzigen Spitzhelm, nachdem die Gemeinde sich bereits seit mindestens acht Jahren um die Reparatur oder Erneuerung desselben bemüht hatte. Der alte Spitzhelm war so schadhaft, daß an ihm „keine Röparator mehr kann Practiciret werden", wie es in einem Handwerkergutachten heißt.[976] Die Planung wurde dem damaligen nassau-weilburgischen Landbaumeister Sckell übertragen, der nach seinem Wechsel nach Dillenburg von dort aus den Bau leitete.[977]

Eine größere Innenrenovierung fand 1912–1913 statt.[978] Tiefgreifendere Folgen hatte jedoch die Renovierung des Jahres 1966, bei der in recht rücksichtsloser Weise mit einigen Ausstattungsstücken umgegangen wurde. Zum Beispiel wurden die marmorne Altarplatte, welche die Gemeinde im Jahre 1790 beschafft hatte[979], sowie der an die Decke gemalte Pelikan aus der Kirche entfernt. Der größte Verlust war aber die Köhler-Orgel, die zur Reparatur gegeben wurde und aus unerklärlichen Gründen nicht mehr zurückkam. Ferner verschwanden die Stände für Pfarrer und Älteste beiderseits der Kanzelwand, deren vergitterte Fronten als Wandverkleidung an die alte Stelle gesetzt wurden. Die heute auf der Nordostempore befindliche kleine Orgel, die die Gemeinde 1975 erwerben konnte, ist das 1972 entstandene Meisterstück des Orgelbauers Günter Hardt aus Weilmünster-Möttau.[980]

Architekt:

Als Architekt der Querkirche in Neunkirchen galt bislang Julius Ludwig Rothweil. Magnus Backes äußert die Annahme, dieser könne „vielleicht" der Urheber des Planes sein.[981] Über eine derart vorsichtige Vermutung geht Backes selbst nicht hinaus. Von späteren Autoren wird sie jedoch als Tatsache übernommen und der Neunkircher Quersaal vorbehaltlos Rothweil zugeschrieben.[982] Rothweils Name oder Titel taucht in den Quellen hingegen nirgendwo auf. Rothweils Hauptwerk auf dem Gebiet der Kirchenarchitektur, die Schloßkirche in Weilburg, ist wie Neunkirchen eine Quersaalkirche. Dies und die für eine Dorfkirche sehr aufwendig gestaltete Kanzelwand in Neunkirchen haben wohl den Schluß nahegelegt, auch der Plan für Neunkirchen müsse von Rothweil stammen. Nach dem Tode des Grafen Johann Ernst im Jahre 1719 gab es in Weilburg für Rothweil aber kaum

noch Arbeit. Spätestens 1722 quittierte dieser sein Amt als Landbaumeister und trat in die Dienste anderer Höfe. Während der Zeit, als die Neunkircher Kirche geplant und ausgeführt wurde, war Rothweil hauptsächlich für den Fürsten von Waldeck in Arolsen und Pyrmont tätig.[983] Als sich 1736 und um 1740 Bauschäden an der Weilburger Schloßkirche zeigten, wurde Rothweil gebeten, als Sachverständiger den Bau in Augenschein zu nehmen. Aus dem diesbezüglichen Briefwechsel geht hervor, daß er jedesmal nur auf der Durchreise in Weilburg Station machte.[984] Es ist zwar grundsätzlich vorstellbar, daß dem erfahrenen Architekten bei solch einer Gelegenheit der Entwurf für Neunkirchen zur Begutachtung vorgelegt worden ist, aber wenig wahrscheinlich, daß er den ganzen Plan eigenhändig entworfen hat.
Daß der Neunkircher Quersaal in Anlehnung an die Weilburger Kirche entworfen worden ist und daß der Plan aus der Baubehörde am Hof stammt, leuchtet dagegen unmittelbar ein. Der Entwerfer war Johann Michael Petri, seines Zeichens Lustgärtner am Weilburger Hof, der sich im Laufe seiner dortigen Tätigkeit als Baumeister qualifiziert hatte. Unter den Belegen zur Baurechnung findet sich die von Petri unterschriebene Originalquittung: „Von dem Herrn Land Commissarius Zecher habe ich unterschriebener wegen Zeuchnung der Neunkircher Kirche, und sonsten gehabten mühe empfangen zwanzig fünff gulden...“[985] Aus weiteren Erwähnungen Petris in den Rechnungsbelegen geht hervor, daß er auch beim Abstecken des Grundrisses mitwirkte und, unterstützt von Landkommissar Zecher, die Bauleitung innehatte. Während der Bauzeit wurde er mit seinem Pferd noch weitere zehn- bis zwölfmal auf Kosten der Gemeinde verköstigt, wie mehrere Quittungen des örtlichen Gastwirtes ausweisen. Ein Bildhauer aus Hadamar verfertigte „Bildarbeit“ für die neue Kanzel „nach H[errn] Petri Zeichnung.“[986]

Neusaarwerden/Sarre-Union, ehem. ref. Temple

Stadt Sarre-Union, Département Bas-Rhin, Frankreich
Baudaten: 1750–1751
Konfession: reformiert
Landesherrschaft: Gefürstete Grafschaft Nassau-Weilburg
Patron: ?
Architekt: unbekannt (Friedrich Joachim Stengel?)
Bauaufgabe: städtische Filialkirche einer Minderheit

Abbildungen 103, 104, 168, 225

Baugeschichte:

Zu den Siedlern in der planmäßig angelegten neuen Stadt Neusaarwerden zählten nicht nur Lutheraner,

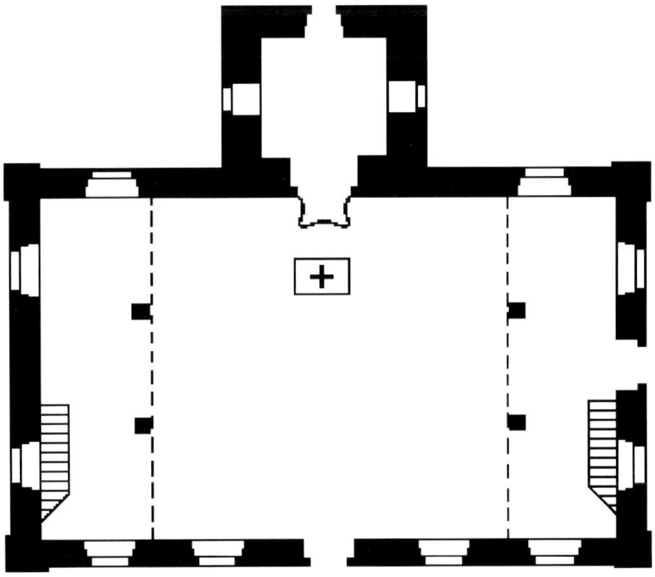

225 Neusaarwerden, ehem. ref. Kirche, Grundriß

sondern auch zahlreiche reformierte Familien französisch-hugenottischer oder Schweizer Herkunft. 1746 erhielten diese das Recht der freien Religionsausübung und die Erlaubnis, Gelder für den Bau einer eigenen Kirche zu sammeln. Kollektenreisen bis in die Schweiz und die Niederlande fanden statt. Überliefert ist der Wortlaut eines Kollektenpatents, das Fürst Carl August von Nassau-Weilburg am 6. Februar 1751 ausgestellt hatte. Trotzdem mußte sich die Gemeinde erheblich verschulden, um die Baukosten aufzubringen. 1750 wurde der Kirchenbau begonnen und im darauffolgenden Jahr fertiggestellt. Mangels ausreichender finanzieller Mittel blieb der Turm unvollendet. Dahingegen legte die Gemeinde großen Wert darauf, ihre Kirche mit einer Orgel auszustatten.
Da die reformierte Gemeinde in Neusaarwerden bzw. Sarre-Union[987] nie einen eigenen Pfarrer besaß, sondern immer von den Geistlichen eines Nachbarortes betreut wurde, hielten sich im Laufe der Zeit immer mehr Einwohner reformierter Konfession zur lutherischen Gemeinde am Ort. Die Zahl der Reformierten verringerte sich zusehends. Wahrscheinlich 1935 wurde der letzte reformierte Gottesdienst in der Kirche gefeiert, danach stand das Gebäude leer und ungenutzt. Im 2. Weltkrieg wurde es erheblich beschädigt; 1946 reparierte man wenigstens das Dach. Den desolaten Zustand des Bauwerks zeigen einige Fotografien aus der Nachkriegszeit, die seit kurzem in einer Ausstellung auf der Nordostempore der Kirche präsentiert werden. Nachdem verschiedene Nutzungsvorschläge (Museum, Gemeindehaus für die lutherische Gemeinde) nicht in die Tat umgesetzt worden waren und das Gebäude im Inneren immer weiter verfiel, ist 1984 die *Association pour la Sauvegarde et l'Utilisation du Temple réformé de Sarre-Union* gegründet worden, die es sich

zum Ziel gesetzt hat, das Gebäude zu erhalten und wiederherzustellen und ein neues Nutzungskonzept zu entwickeln. Mit viel persönlichem Einsatz und mit Hilfe staatlicher Zuschüsse haben es die Mitglieder erreicht, daß das Bauwerk nun in neuem Glanz erstrahlt und als Veranstaltungsraum für Konzerte, Vorträge und Ausstellungen intensiv genutzt wird. In den Turmräumen hat sich die Association ein Forschungszentrum eingerichtet.[988]

Architekt:

Der Entwurf für das Bauwerk wird im allgemeinen Friedrich Joachim Stengel oder einem seiner Mitarbeiter aus der Saarbrücker Baubehörde zugeschrieben, obwohl archivalische Belege dafür fehlen.[989] Eine gewisse Zurückhaltung ist diesbezüglich angebracht: Das Gotteshaus entstand gerade wenige Jahre, nachdem das Amt Neusaarwerden unter die Herrschaft des Fürsten von Nassau-Weilburg gekommen war. Demzufolge kann die reformierte Kirche in Neusaarwerden nicht einfach in die Reihe der usingen-saarbrückischen Stengel-Kirchen eingeordnet, sondern muß auch im Gefolge der weilburgischen Residenzkirchen und ihrer Nachfolgebauten betrachtet werden. Einerseits erscheint durchaus denkbar, daß der Entwurf für Neusaarwerden aus der Saarbrücker Baubehörde stammen kann. Andererseits war um 1750 auch in Nassau-Weilburg der Typus der Querkirche längst nichts Unbekanntes mehr, und die dortige Regierung verfügte ebenfalls über Baubeamte, die als Urheber für einen solchen Entwurf grundsätzlich in Frage kommen. Die Musterentwürfe Leonhard Christoph Sturms dürfen als weithin bekannt vorausgesetzt werden, so daß jeder Mitarbeiter einer der beiden Baubehörden einen entsprechenden Quersaal hätte entwerfen können.

OBER-ESCHBACH, EV. PFARRKIRCHE „ZUR HIMMELSPFORTE"

Stadt Bad Homburg, Hochtaunuskreis, Hessen
Baudaten: 1728–1731
Konfession: lutherisch
Landesherrschaft: Grafschaft Hanau-Münzenberg
Patron: Landesherr
Architekt: Christian Ludwig Hermann
Bauaufgabe: ländliche Pfarrkirche

Abbildungen 23, 156, 163, 226

Baugeschichte und Architekt:

Seit 1720 bestand in Ober-Eschbach neben der reformierten eine selbständige lutherische Pfarrei. Der erste

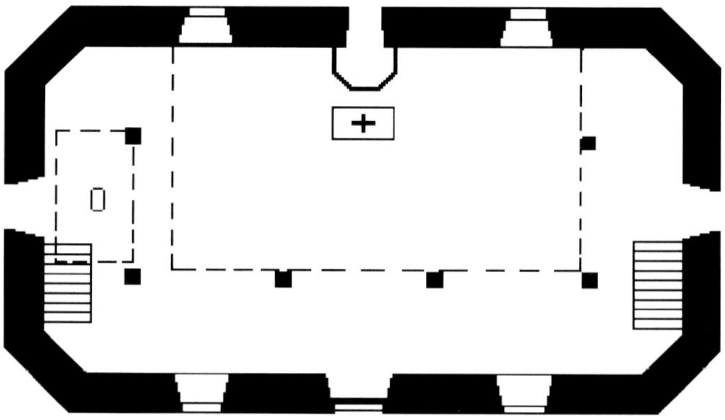

226 Ober-Eschbach, ev. Pfarrkirche, Grundriß

im Ort wohnende Pfarrer war Johann Georg Wittich, in dessen Amtszeit auch der Neubau der Kirche fiel.[990] Erste Bemühungen um einen Kirchenneubau sind im Jahre 1724 greifbar. Das lutherische Konsistorium in Hanau erteilte 1726 die grundsätzliche Genehmigung für das Bauvorhaben. Die Gemeinde bemühte sich daraufhin sofort um die Verakkordierung der Maurer- und Zimmerarbeit an geeignete Handwerker. Wenige Wochen später erging jedoch ein Konsistorialdekret, wodurch der Enthusiasmus erst einmal gebremst wurde. Der Baubeginn wurde mit der Begründung aufgeschoben, die Einwilligung des Grafen wäre erst einzuholen, außerdem müßte zunächst ein „ordentlicher Riß" vorgelegt werden. Die Gemeinde sollte sich unterdessen um die Beschaffung von Baumaterial kümmern. Erst das übernächste Jahr brachte den tatsächlichen Beginn der Arbeiten. Der Hanauer Hofzimmermann Johann Heinrich Petter, der 1730 zum Werkmeister ernannt wurde, hatte den Auftrag erhalten, die Risse für die Ober-Eschbacher Kirche anzufertigen, welche er 1728 auch vorlegte. Daraufhin befahl das Konsistorium am 8. April 1728, die Bauarbeiten in Angriff zu nehmen. Ende April begann Maurermeister Johann Conrad Dettler mit dem Graben des Fundamentes. Ein weiteres Konsistorialdekret legte fest, die Grundsteinlegung würde am Himmelfahrtstag, dem 6. Mai 1728, stattfinden.[991]

Unmittelbar darauf wurde die Bautätigkeit jedoch plötzlich gestoppt und Pfarrer Wittich mit dem Maurermeister nach Hanau bestellt. Kirchenverwalter Pfaff teilte ihm vertraulich mit, daß der Graf, welcher sich gerade im Elsaß aufhielt, einen neuen Riß hätte schicken lassen, nach welchem der Bau auszuführen wäre.[992] Das lutherische Konsistorium in Hanau hatte die Baugenehmigung zu voreilig erteilt, ohne erst die Zustimmung des Landesherrn abzuwarten. Der Graf hatte jedoch Baudirektor Christian Ludwig Hermann beauftragt, Petters Risse zu begutachten und zu überarbeiten. Aus dem Wortlaut von Hermanns Gutachten geht hervor, daß Petter offensichtlich einen längsge-

richteten Saalraum geplant hatte, mit Emporen an beiden Längsseiten und sicher auch an der dem Altar gegenüberliegenden Schmalseite. Hermann kritisierte die schlechten Sichtverhältnisse von den Emporen und den zu schmalen Freiraum in der Mitte zwischen denselben, außerdem die unzureichende Belichtung, da die Emporenanlage die Fenster beider Längsseiten verstellt hätte. Ferner rechnete er vor, daß er bei seiner Einrichtungsvariante etliche Sitzplätze gewönne.[993] Unmittelbar nach dem Eingang von Hermanns Riß wurde außerdem das Fundament geändert. Maurermeister Johann Conrad Dettler wurde dafür entlohnt, „... das Fundament zum zweyten mahl zu ander[n] und anders zu graben, dieweilen ein anderer Riß von gnädigster Herrschafft geschickt worden, nach welchem der bau ganz anderst als der erste riß war hat müse[n] gemacht werd[en] ...“[994]
Dafür, daß Petter in der Tat einen Längsbau entworfen hat, spricht außerdem ein Bericht des Pfarrers über den Stand der Vorbereitungen vom 27. April 1728, worin es heißt: „Weswegen morg[en] ... der Maurer M[ei]st[e]r Dettler mit Heraußgrabung des fundaments einen anfang mach[en] will, Und zwar wie dieselb[en] mit Ihm die Sache verabredet, neml[ich] in die breite 40 Schu u[nd] d[en] giebel gleich an die gaß.“[995] Nach dem neuen Riß sollte die Kirche nun aber mit der Längsseite an der Straße stehen.[996] In Ober-Eschbach ist demzufolge nicht der Entwurf von Petter[997], sondern derjenige von Hermann zur Ausführung gekommen. Die Entscheidung, die Kirche quer zu orientieren, wurde gefällt, als der oberste Baubeamte der Grafschaft Hanau mit „Illustrissimi Hochgräffliche Gnaden, denen ich beyde Riß gezeigt“[998], Rücksprache nahm.
Nachdem das Fundament dem neuen Riß entsprechend geändert worden war, konnten die Maurerarbeiten beginnen. Diese gingen aber eher schleppend voran, denn die kleine lutherische Gemeinde Ober-Eschbach hatte größte Schwierigkeiten, das Baumaterial zusammenzubekommen. Die Reformierten des Dorfes weigerten sich wiederholt, sich an den Materialfuhren zu beteiligen. Geldmangel und fehlendes Baumaterial führten immer wieder dazu, daß die Bauarbeiten ins Stocken gerieten. Das Konsistorium war mit finanzieller Unterstützung zurückhaltend. Dazu kamen Probleme mit arbeitsunwilligen Handwerkern. Pfarrer Wittich als Bauleiter kämpfte gegen all diese Widrigkeiten, für die er vor dem Konsistorium Rechenschaft ablegen mußte, obwohl er sie nicht verschuldet hatte. Im Juni/Juli 1729 wurden schließlich Dachstuhl und Dachreiter aufgeschlagen. Da die finanziellen Mittel erneut knapp waren, konnten die Schreinerarbeiten erst im nächstfolgenden Sommer in Angriff genommen werden. Den ersten Gottesdienst in der noch unvollendeten Kirche feierte man mit Sondergenehmigung des Konsistoriums am 25. Juni 1730 anläßlich des Jubiläums der Augsburgischen Konfession.[999]
Im Jahre 1727 hatte die lutherische Kirche in Hanau eine neue Innenausstattung erhalten (vgl. oben). Die alte Kanzel von 1663 und den Altar schenkte Johann Reinhard der Gemeinde Ober-Eschbach.[1000] Im April 1731 wurde die Kanzel nach Ober-Eschbach geholt und aufgehängt; sie befindet sich noch immer in der Kirche. Der Altar ist heute nicht mehr existent.
Die Einweihung sollte nach dem Wunsch des Konsistoriums bereits am 1. Juli 1731 stattfinden.[1001] Pfarrer Wittich bat jedoch um Aufschub: Es wäre erst die Hälfte der Fenster fertig, die Türen wären noch nicht angeschlagen, in der Kirche befänden sich bislang weder Stühle noch Bänke, die Kanzeltreppe fehlte, die Sakristei wäre ohne Dachdeckung und Fenster, und es wäre unmöglich, in so kurzer Zeit alles fertigzustellen, und überdies hielte er es für besser, bis nach der Ernte zu warten, wenn einerseits die Gemeindeglieder wieder über Geld verfügten und andererseits aus demselben Grunde auch bei den auswärtigen Besuchern des Einweihungsgottesdienstes mit mehr Freigiebigkeit bei der Kollekte zu rechnen wäre.[1002] Das Datum für die Einweihung wurde endgültig auf den 15. Sonntag nach Trinitatis, den 2. September 1731, festgelegt.[1003] Bis dahin war die Kirche weitgehend vollendet.

Ostheim, ev. Pfarrkirche

Stadt Butzbach, Wetteraukreis, Hessen
Baudaten: Chorturm mittelalterlich, Gemeinderaum 1749–1750
Konfession: lutherisch
Landesherrschaft: Landgrafschaft Hessen-Darmstadt
Patron: Landesherr
Architekt: unbekannt (Helfrich Müller?)
Bauaufgabe: ländliche Pfarrkirche

Abbildungen 39, 183, 227, 228

Baugeschichte:

Die Quellenlage zum Neubau des Ostheimer Querraumes ist ausgesprochen dürftig; lediglich ein Bericht des damaligen Ortspfarrers Marschall im Kirchenbuch überliefert die Eckdaten der Baugeschichte, die beteiligten Handwerker und sehr detailliert den Verlauf der Einweihungsfeierlichkeiten.[1004] Die Pfarrkirche erhielt in den Jahren 1749–1750 anstelle des wahrscheinlich mittelalterlichen Langhauses einen neuen, nun quergerichteten Gemeinderaum. Der alte Ostturm (Abb. 228) blieb bestehen, der Triumphbogen zum im Erdgeschoß der Turmes befindlichen Chorraum wurde ver-

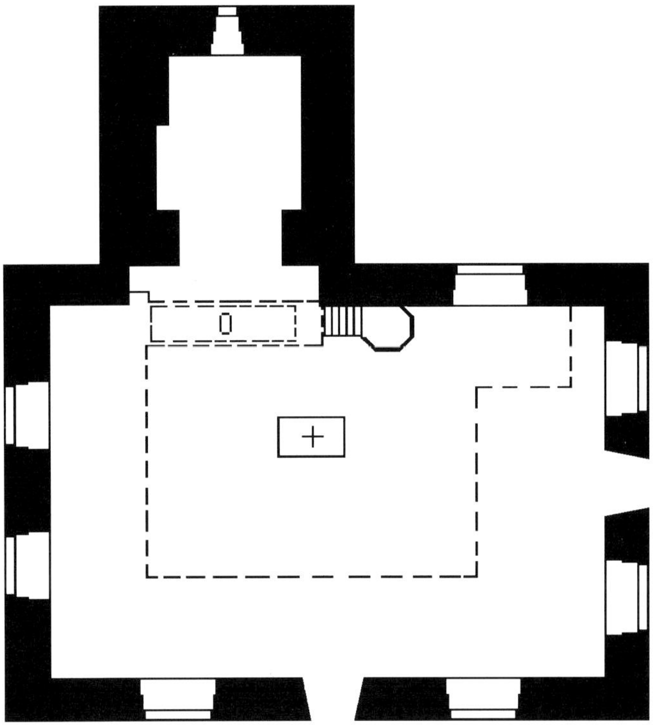

227 Ostheim, ev. Pfarrkirche, Grundriß

228 Ostheim, ev. Pfarrkirche, Ansicht mit dem gotischen Chorturm

mauert. Frank Schmidt schreibt den Entwurf dem Gießener Baumeister Helfrich Müller zu.[1005] Nachdem Pfarrer Marschall im Winter 1748/49 nicht mehr von der Kanzel predigen konnte, weil genau darüber das Regenwasser durch die Kirchendecke drang, fiel die Entscheidung, einen neuen Gemeinderaum zu errichten. Am 5. Mai 1749 begann der Abbruch des alten Langhauses, und am 20. Juni legte man der Grundstein. Die Bauarbeiten gingen zügig voran, denn schon am 1. September steckte der Zimmermann den Kranz auf den Dachstuhl. Der erste Schieferstein konnte am 4. Oktober angenagelt werden. Kaum war der Rohbau unter Dach, wurde der Gottesdienst schon wieder in der Kirche gehalten, obwohl noch keine Fenster und Türen vorhanden waren. Anfang 1750 wandte sich die Gemeinde Ostheim an die Reichsstadt Friedberg mit der Bitte um eine Kollekte, die vom Rat jedoch abgelehnt wurde.[1006] Am Sonntag Estomihi des Jahres 1750 predigte der Pfarrer zum ersten Mal auf der neuen Kanzel. Die Stuckdecke entstand in den Monaten Mai und Juni gleichzeitig mit dem Innenanstrich. Nach einer Gesamtbauzeit von nur vierzehn Monaten weihte Superintendent Dr. Benner das neue Gotteshaus am 8. Juli 1750 in Anwesenheit des Regierungsrates Klotz und anderer fürstlicher Beamter aus Butzbach feierlich ein.

Mehrere Inschriften am und im Kirchengebäude bestätigen die Aussagen der schriftlichen Quellen, daß das Gotteshaus in den Jahren 1749 und 1750 errichtet und, bis auf die Orgel, vollständig ausgestattet worden ist. Der Türsturz des Portals in der Mitte der Südwand trägt die Jahreszahl 1749. An der Unterseite der Nordempore findet sich ein gemaltes Medaillon mit der Jahreszahl 1750 und den Namen der vier Kirchenbaumeister. Gegenüber unter der Südempore existiert ein stuckiertes Monogramm AO (Alpha und Omega) mit der Umschrift: „SUB UMBRA ALARUM JEHOVAE 1750“ und einer Krone.[1007] Auch die Kanzel ist am Schalldeckel auf das Jahr 1750 datiert.

Eine Orgel erhielt die Kirche allerdings erst vier Jahre später; der Orgelbauer Syer aus Florstadt und ein Schweizer, Conrad Birke aus Schaffhausen, waren die Erbauer des Instrumentes. Landgraf Ludwig VIII. stiftete dazu eine Summe von 75 Gulden, was in einer Inschrift am Orgelprospekt ausdrücklich vermerkt ist.[1008] Das Werk wurde bei der Renovierung von 1913 durch die Firma Förster & Nikolaus in Lich neu gebaut, wobei das alte Orgelgehäuse ausdrücklich beibehalten werden sollte.[1009] Der Spieltisch der Orgel ist beim Neubau des Werkes auf die Fensterseite verlegt worden, befand sich demzufolge vorher auf der rechten Seite. Das Gebläse der Orgel wurde 1913 aus der Ecke links neben der Orgel in den oberen Turmraum verlegt.[1010] Ebenfalls 1913 wurde der Triumphbogen zum Turmchor wieder geöffnet.

PIRMASENS, LUTHERKIRCHE

Stadt Pirmasens, Rheinland-Pfalz
Baudaten: 1757–1761
Konfession: lutherisch
Landesherrschaft: Landgrafschaft Hessen-Darmstadt (Hanau-Lichtenberg unter Regierung des hessischen Erbprinzen Ludwig IX.)
Patron: Landesherr
Architekt: Schild
Bauaufgabe: Residenz- und Garnisonkirche

Abbildungen 95, 96, 171, 172, 180, 181, 229

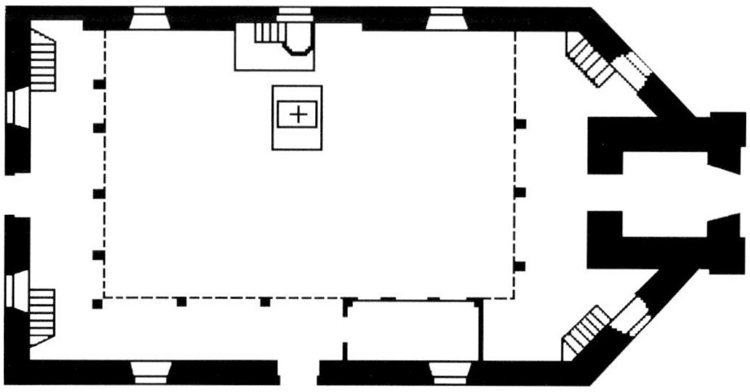

229 Pirmasens, Lutherkirche, Grundriß

Baugeschichte und Architekt:

Nachdem es schon 1741 und 1750 erste Absichten gegeben hatte, ein neues Gotteshaus für die Lutheraner in Stadt und Garnison zu bauen, häuften sich Anfang der 1750er Jahre die Klagen über den schlechten baulichen Zustand der Pfarrkirche von 1624.[1011] Daß die Gemeinde mit ihrem mitten im Dreißigjährigen Krieg und gewiß eher notdürftig errichteten Gotteshaus nicht mehr zufrieden war, mag andererseits auch mit dem Bauprojekt der reformierten Gemeinde zusammenhängen, welche 1750 mit dem Bau ihrer Pfarrkirche begann. Zunächst verzögerten Meinungsverschiedenheiten über Baupflicht und Finanzierung den Baubeginn. Schließlich wurde beschlossen, daß die nötigen Mittel zu je einem Drittel vom Kirchspiel, aus der „Kirchen-Fabrique" und von der Rentkammer, also der Landesherrschaft, bereitgestellt würden.[1012]

Spätestens 1755 lieferte Baumeister Schild den ersten Entwurf zu dem neuen Kirchengebäude nebst den Kostenvoranschlägen der Bauhandwerker; letztere reichte Schild im April jenes Jahres ein. Den Auftrag dazu hatte er bereits 1754 erhalten.[1013] Schilds Riß wurde jedoch als „zu kostbar" kritisiert. Der Kirchenschaffner Reuß erhielt die Anweisung, Schilds Entwurf dem Zweibrücker Werkmeister Schweighofer vorzulegen und dessen Rat einzuholen, wie der Bau billiger ausgeführt werden könnte. Reuß, der den Auftrag offensichtlich mißverstanden hatte, ließ Schweighofer im Februar 1756 den Bauplatz besichtigen und einen ganz neuen Entwurf nebst Kostenvoranschlag anfertigen. Selbstverständlich erwartete Schweighofer, daß seine Arbeitsleistung honoriert würde. Reuß fragte nun beim Konsistorium an, ob nach Schilds oder Schweighofers Plan gebaut werden solle. Das verärgerte Konsistorium entzog dem Kirchenschaffner daraufhin die Bauleitung und übertrug sie auf ein Dekret des Erbprinzen dem Obristen Grandfil. Der Sommer 1756 verging mit Diskussionen um die Finanzierung des Projekts und Möglichkeiten, Kosten einzusparen. Baumeister Schild entwarf schließlich einen zweiten Plan, den Reuß im September 1756 bei der Rentkammer einreichte:

> „... und da man zu Verringerung der Cösten dienlich zu seyn erachtet, den thurn gegen vorhero niedriger und biß unter die Kuppel nur 80 schuh hoch, so dann die helffte der Kirche nur mit 2 Eck, die andere helffte aber, wo der thurn zu stehen kom[m]t, mit 4 Eck zu machen; So wurde von H[errn] Baumeister Schilden beyliegender Grundriß entworffen, und darinnen die Cantzel und Altar in die Mitte der Kirche placirt, dargegen das Gebäude um 2. schu breiter, mithin 52 schu breit gerißen, Nach diesem neuesten Grund Riß und der von Ihme H[errn] baum[ei]st[e]r Schilden projectirten beykom[m]enden beschreibung ..."[1014]

Reuß' Beschreibung des Grundrisses paßt zu der ausgeführten Version. Der zweite Entwurf von Schild fand die Billigung von Rentkammer und Konsistorium und wurde bei der Vergabe der Aufträge an die Handwerker zugrundegelegt. Über die Versteigerung der Arbeiten an einen Bauunternehmer, bei der Friedrich Schmidt aus Pirmasens den Zuschlag erhielt, faßten Reuß und Grandfil einen ausführlichen Bericht ab, welchem nicht nur die Gebote der Handwerker, sondern auch zwei Planzeichnungen beiliegen (Abb. 95), die als solche zwar unsigniert sind, aber sowohl zu Reuß' Beschreibung von Schilds zweitem Entwurf passen als auch dem ausgeführten Bau weitgehend entsprechen.[1015] Damit steht zweifelsfrei fest, daß die bislang allgemein anerkannte Zuschreibung an den Zweibrücker Werkmeister Schweighofer[1016] nicht zutrifft. Als Entwerfer der Kirche muß vielmehr der Pirmasenser Baumeister Schild angesehen werden, dessen Pläne bis auf einige Details mit dem Grundriß der Kirche, wie er bis zum zweiten Weltkrieg bestand, übereinstimmen.

Nachdem man im Herbst 1756 mit dem Aufbau einer Stützmauer an der Hangseite begonnen hatte, wurden Anfang 1757 die Vorbereitungen endlich konkreter. Der „Entreprenneur" Schmidt beabsichtigte im Januar 1757, die alte Kirche so schnell wie möglich abzubrechen, um die Steine für den Neubau verwenden zu können und dadurch einige zeit- und arbeitsaufwendige Steinfuhren zu sparen. Der Ge-

meindepfarrer wehrte sich vehement dagegen und schlug vor, nur Turm und Chor abzubrechen, den Triumphbogen mit einer Holzwand zu schließen und das alte Langhaus einstweilen für die Gottesdienste weiter zu benutzen, bis die neue Kirche unter Dach wäre.
Die weitere Korrespondenz aus dem Jahr 1757 handelt im wesentlichen von Geldschwierigkeiten. Dennoch ging der Bau voran. Am 5. April wurde der Grundstein gelegt. Im Oktober beschlossen Konsistorium und Rentkammer, über dem Hauptportal an der Straßenseite das in Stein gehauene fürstliche Wappen anbringen zu lassen. Zähe Verhandlungen wurden mit dem Bauunternehmer Schmidt über die Art der Ausführung des Turmes geführt. Schmidt wollte den Turm außer Akkord mit Quadersteinen statt gewöhnlichen Mauersteinen aufmauern, damit die Mauern das hohe Gewicht besser tragen könnten. Letztlich setzte er sich durch. Die Bauarbeiten dauerten noch weitere drei Jahre. Um die Jahreswende 1758/59 war das Langhaus vollendet, 1760 der Turm. Ebenfalls 1760 entwarf Baumeister Schild eine Wetterfahne mit Schwan und Löwen als den Wappenbildern von Hanau-Lichtenberg und Hessen, die von einem Kupferschmied aus Buchsweiler ausgeführt und im März 1761 auf die Turmspitze aufgesetzt wurde. Am 22. Januar 1761 berichtete Amtsschaffner Schreibeisen an die Rentkammer, der Bau wäre „außer einigen Kleinigkeiten, in völlig ferttigem Stand".[1017] Die festliche Einweihung begingen Hof, Garnison und Bürgerschaft am 14. Oktober 1761. Im Sommer 1762 schloß die Gemeinde einen Akkord mit dem Orgelbauer Johann Conrad Göbel über den Bau einer neuen Orgel, die ihren Platz auf der Empore an der südlichen Schmalseite erhielt.[1018]
Am 9. August 1944 wurde die Innenstadt von Pirmasens und damit auch die Lutherkirche innerhalb von knapp zwei Stunden von Brandbomben in Schutt und Asche gelegt. Die Wiederherstellung unter der Leitung des Architekten Raimund Ostermaier begann 1947; am 6. November 1949 konnte die Lutherkirche wieder eingeweiht werden. Einen Tag vorher sind die Gebeine Landgraf Ludwigs IX. in der neu hergestellten Gruft wieder beigesetzt worden. Die gesamte Innenausstattung wurde beim Wiederaufbau neu gestaltet. Von der originalen Raumdisposition ist heute nichts mehr zu erkennen. Der jetzt längsgerichtete Raum besitzt nur noch eine Orgelempore im Süden. Der Altar steht vor der Turmwand. Damit „verlor die Kirche ihren ausgesprochenen Charakter einer ev.-luth. Predigtkirche."[1019] Mit der Raumkonzeption des 18. Jahrhunderts hat die heutige Kirche nichts mehr gemein.
Die ursprüngliche Einrichtung des Raumes folgte dem schon wiederholt beschriebenen Schema rechteckiger Querkirchen mit dem liturgischen Zentrum in der Mitte einer Längswand und einer Emporenanlage entlang der übrigen drei Seiten, welche hier anfänglich nur aus einem Geschoß bestand. Der gerade Verlauf der Nordwestempore überspielte den dahinter aufragenden eingezogenen Turm und die schräggestellten Wandstücke. Die Orgel stand dem Turm gegenüber auf der Empore an der südöstlichen Schmalseite. Das Gestühl formierte zwei große Bankblöcke in Turmbreite, die sich gegenüberstanden, außerdem stehen parallel dazu kürzere Bänke vor der Südwestwand. Im rechten Winkel dazu verliefen drei Bankreihen unter der Längsempore mit Blick auf die Kanzelseite, die letzte Reihe war vergittert. Auch beiderseits der Kanzel stand parallel zur Längswand eine gesonderte Bank für die Presbyter oder/und den Stadtrat. Die Kanzel erhielt eine Wandnische als Rahmung. Die herrschaftliche Loge stand im Parterre rechts neben dem Hauptportal unter der Längsempore. Sie verfügte nicht über einen eigenen Zugang, so daß auch die Herrschaft das Hauptportal benutzen mußte. Zum Kirchenraum hin besaß die Loge drei vermutlich verglaste Fensteröffnungen.

Rodheim v. d. Höhe, Kleine Kirche

Stadt Rosbach v. d. H., Wetteraukreis, Hessen
Baudaten: 1732–1736, Einweihung 1738,
nach Brand 1901–1903 Innenausstattung erneuert
Konfession: lutherisch
Landesherrschaft: Grafschaft Hanau-Münzenberg, ab 1736 Landgrafschaft Hessen-Kassel
Patron: Landesherr
Architekt: Christian Ludwig Hermann
Bauaufgabe: ländliche Pfarrkirche

Abbildungen 24, 25, 230

Baugeschichte und Architekt:

Wie Ober-Eschbach, so war auch Rodheim ein Dorf mit überwiegend reformierter Bevölkerung. Nach dem Hanauer Religionsreceß von 1670 bildete sich auch hier eine kleine, im Laufe der Zeit aber immer stärker anwachsende lutherische Gemeinde. Sie feierte ihren Gottesdienst zunächst in einem Privathaus, konnte jedoch schon 1676 ihre erste eigene Kirche, einen kleinen Fachwerkbau, in Gebrauch nehmen. Diese wurde für die Gemeinde nach wenigen Jahrzehnten zu klein und außerdem baufällig[1020], so daß man sich schon um 1715 mit dem Gedanken trug, einen Neubau aufzuführen. Bereits 1715 bot ein Privatmann der lutherischen Gemeinde ein Baugrundstück an, das eine Gruppe von lutherischen und reformier-

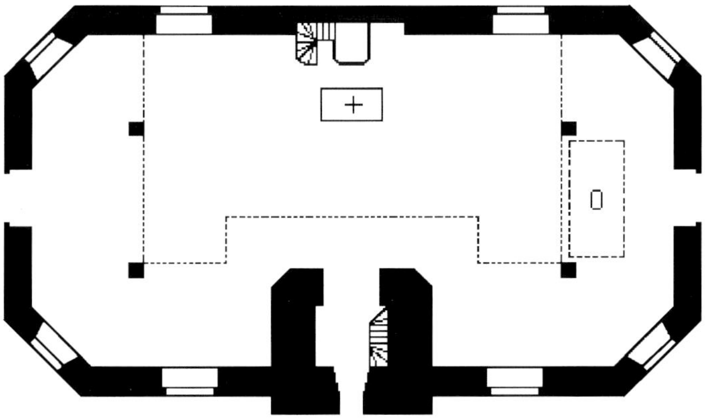

230 Rodheim, Kleine Kirche, Grundriß

ten Einwohnern 1721 schließlich erwarb. Erst 1727 ratifizierte Graf Johann Reinhard III. den Kaufvertrag. Das Grundstück wurde unter den beiden Gemeinden geteilt. Bis 1731 dauerte es, bis die Lutheraner mit den Bauarbeiten beginnen konnten. Aufgrund der leeren Kassen des Konsistoriums verzögerte sich jedoch der Baubeginn noch weiter. Die Gemeinde unter Pfarrer Schwalb bemühte sich nach Kräften, das nötige Startkapital zusammenzubekommen. Im Herbst 1731 beschaffte sie die ersten Baumaterialien. Entwurf und Bauleitung übernahm der Hanauer Baudirektor Christian Ludwig Hermann. Ein Grundriß von seiner Hand ist erhalten (Abb. 25).[1021] Im April 1732 war das Fundament bereits vollständig ausgegraben, so daß am 27. April die Grundsteinlegung stattfinden konnte. Im Oktober 1734 war das Kirchenschiff unter Dach und die Turmhaube soweit fertiggestellt, daß der Kranz gesteckt werden konnte. Im Frühjahr 1735 waren die Rohbauarbeiten abgeschlossen. Der Innenausbau wurde im Laufe des Sommers ausgeführt. Ab Weihnachten 1735 fanden die Gottesdienste in der neuen Kirche statt, offiziell eingeweiht wurde sie aber erst am 2 November 1738.[1022]

In der Nacht vom 13. auf den 14. September 1901 brach in Rodheim ein Großbrand aus, dem eine Reihe von Gehöften, das lutherische Pfarrhaus und auch die „Kleine Kirche", wie die lutherische Kirche seit der Union heißt, zum Opfer fielen.[1023] Das Dekanat Rodheim berichtete wenige Tage später über den Schaden:

> „Die Kirche ist vollständig ausgebrannt, Orgel und Gestühl sind vollständig zerstört, der obere Theil des Thurmes eingestürzt und nur die Umfassungsmauern des Kirchengebäudes sind stehen geblieben. Nur der Kronleuchter und die Altarbekleidung wurden noch von dem Pfarrer aus der brennenden Kirche gerettet und nach erfolgtem Einsturz des Turmes auch das herabgestürzte Thurmkreuz und Hahn, sowie eine stark beschädigte Glocke in der Pfarrhofreithe geborgen."[1024]

In den folgenden Jahren wurde das Gotteshaus wiederhergestellt. Es erhielt eine historistische Ausstattung nach Plänen des Friedberger Architekten Kratz, wobei man die alte Disposition des Raumes beibehielt.[1025] Offensichtlich existieren keine Fotografien von ihrem Aussehen vor dem Brand. Es liegt eine Außenaufnahme von der Brandruine vor,[1026] aus der zu ersehen ist, daß die Kirche früher wie Langenselbold (Abb. 170) und die Nauheimer Reinhardskirche (Abb. 148) das von Hermann gelegentlich verwendete einfache Fenstermaßwerk besaß.

Ausstattung:

Das liturgische Zentrum mit Kanzel und Altar befindet sich vor der dem Turm gegenüberliegenden Längsseite. An den übrigen drei Seiten des Raumes verläuft eine durchgehende Empore. Ein zweites Emporengeschoß umgreift den in den Raum eingestellten Turmschaft. Diese Art der Emporenanlage scheint der ursprünglichen zu entsprechen. Nach der Einweihung der Kirche, als Pfarrer Ganz seine Abrechnung über die Baukosten beim Konsistorium vorlegte, gab es nämlich eine Kontroverse um die Ausführung der Zimmerarbeiten an der Empore. Das Konsistorium warf dem Zimmermann vor, er hätte eine umlaufende zweigeschossige Emporenanlage einziehen sollen, dies jedoch nicht getan, somit wäre seine Entlohnung zu kürzen. Der Pfarrer korrigierte jedoch: So wäre der erste Plan gewesen, den man aber schon vor seinem Amtsantritt geändert hätte; die ausgeführte Zimmerarbeit entspräche also voll und ganz dem Akkord.[1027]

Die heutige Orgel, erbaut 1903 von der Firma Förster und Nicolaus in Lich, hat ihren Platz auf der rechten Seitenempore. Auch ihre Vorgängerin hat mit ziemlicher Sicherheit an der gleichen Stelle gestanden. Die Kirche erhielt ihre Orgel erst 1766, der Orgelbauer war Johann Conrad Bürgy aus Homburg. Auf ihren Standort weist der Akkord mit dem Schreiner hin, welcher die nötigen Änderungen an der Empore vorzunehmen hatte.[1028] Anstelle des heutigen offenen Dachstuhls besaß die Kirche früher eine „Welbung"[1029], wahrscheinlich eine verbretterte Flachdecke mit hoher Voute. Die Anordnung des Gestühls im Parterre zeigt eine Schemazeichnung, die sich als Anlage zu einem Schreiben des Oberschultheißen vom Mai 1736 findet, welches die Vergabe der Gitterstühle behandelt. Demnach stand das Gestühl in vier Blöcken mit je 10 Bankreihen, die alle auf die Mittelachse ausgerichtet waren.[1030]

ROTENBURG/FULDA, EHEM. SCHLOSSKAPELLE

Stadt Rotenburg/Fulda, Kreis Hersfeld-Rotenburg, Hessen
Baudaten: um 1580 (Portal datiert 1581),
1791 abgebrochen
Konfession: lutherisch, ab 1605 reformiert
Landesherrschaft: Landgrafschaft Hessen-Kassel
Patron: Landesherr
Architekt: Landgraf Wilhelm IV. / Wilhelm Vernukken
Bauaufgabe: Hofkirche

Abbildungen 13–15, 231

Baugeschichte:

Die Schloßkapelle wird gemeinhin auf die Zeit um 1580 datiert. Im Giebelfeld des Kapellenportals war die Jahreszahl 1581 zu lesen. Landgraf Wilhelm der Weise soll selbst weitgehend verantwortlich für die Gesamtplanung des Rotenburger Schlosses, also auch der Schloßkapelle, verantwortlich gewesen sein; die künstlerische Ausgestaltung übernahm der Niederländer Wilhelm Vernukken.[1031] Aus der Bauzeit der Kapelle sind weiter keine Dokumente erhalten außer einem Schreiben des Landgrafen Moritz aus dem Jahre 1595 an den Orgelbauer „Meister Daniel" in Göttingen. Darin wird letzterer ernstlich ermahnt, die ihm verdungene Anfertigung des Orgelwerks für die Schloßkapelle endlich zu beginnen.[1032]
Wesentlich besser dokumentiert als der Bau der Kapelle ist die Vorgeschichte ihres Abbruchs. Das Rotenburger Schloß war die Residenz der sogenannten „Rotenburger Quart", der Linie Hessen-Rotenburg bzw. Hessen-Rheinfels. Unmittelbar vor seiner Abdankung im Spätwinter 1627 hatte Landgraf Moritz ein Viertel seines Landes abgeteilt und es den Söhnen aus seiner zweiten Ehe mit Juliane von Nassau überlassen. Jene Nebenlinie unter Führung des Landgrafen Hermann war außenpolitisch ohne Macht und unterstand dem regierenden Landgrafen in Kassel. Der zweite „Quartfürst", Landgraf Ernst I. (1658–1693), trat zum Katholizismus über.[1033] Hessen-Kassel griff sofort ein, um den reformierten Bekenntnisstand der Einwohner der Rotenburger Quart zu sichern. Ernst beabsichtigte, in der Schloßkapelle von nun an katholische Gottesdienste zu feiern. Dem widersetzte sich die Regierung in Kassel mit dem Hinweis auf die reformierte Tradition des Gebäudes und darauf, daß es als Hofkapelle des damaligen regierenden Landgrafen Wilhelm IV. kirchenrechtlich der obersten Kirchenbehörde im Lande unterstand. Die folgenden jahrzehntelangen Auseinandersetzungen zwischen beiden Parteien, von denen sich keine für den Unterhalt des Gebäudes zuständig fühlte, führten dazu, daß der Nordflügel mit der Kapelle immer weiter verfiel. Umfangreiches Aktenmaterial im Staatsarchiv Marburg berichtet von den wiederholten Versuchen des Kasseler Konsistoriums, eine Renovierung der Schloßkapelle in die Wege zu leiten, und von den ergebnislosen Verhandlungen, wer diese zu finanzieren hätte.[1034] Die ganzen Streitigkeiten beruhten darauf, daß nicht eindeutig geklärt war, wem die Verfügungsgewalt über die Schloßkapelle rechtlich zustand. Gehörte sie als integraler Bestandteil des Residenzschlosses zum Eigentum der Hessen-Rotenburger Landgrafen, oder unterstand sie als öffentliche Kirche trotzdem noch dem landgräflichen Kirchenregiment in Kassel?
Zeitweise gestattete der Rotenburger Landgraf bzw. die verwitwete Landgräfin den Stadtbürgern, an den Hofgottesdiensten teilzunehmen und auch dann, wenn die Herrschaft sich nicht im Schloß aufhielt, Gottesdienste dort zu feiern. Die Hofgemeinde war von der Stadtgemeinde jedoch getrennt, der Hofprediger war nicht zugleich Stadtpfarrer. Bis um die Mitte des 18. Jahrhunderts fanden in der Schloßkapelle noch regelmäßig Gottesdienste statt, trotz der offenkundigen Einsturzgefahr. Der späteste Nachweis, daß die Kapelle noch genutzt wurde, datiert von 1745.[1035] Um 1750/51 wurde noch einmal intensiv über die Reparatur des baufälligen Gebäudes verhandelt, aber es blieb bei der Planung. Bald darauf konnte es nicht mehr benutzt werden. In allen späteren Schreiben heißt es, die Kapelle stehe schon seit Jahren leer.
Landgraf Emmanuel zu Hessen-Rotenburg betrachtete die Schloßkapelle als Bestandteil des Schloßgebäudes und damit als sein „wahres Eigenthum". Er beabsichtigte, den baufälligen Nordflügel nächst der Fulda abzubrechen und komplett neu zu bauen. Daß in früheren Zeiten den Bürgern erlaubt worden wäre, dem reformierten Gottesdienst in der Schloßkapelle mit beizuwohnen, war seiner Meinung nach lediglich als be-

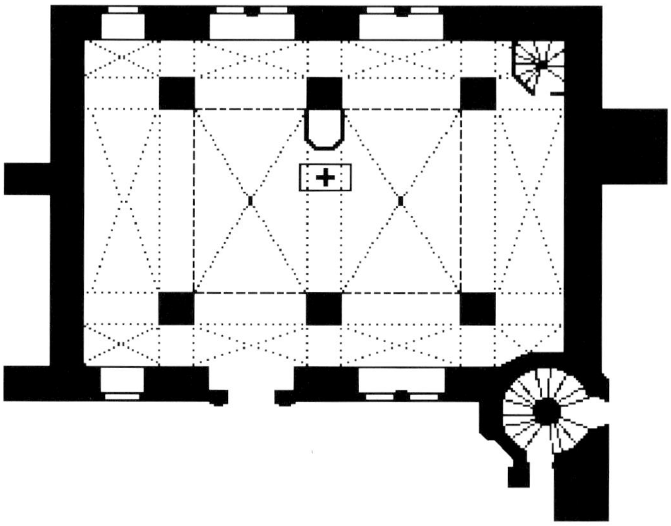

231 Rotenburg, Schloßkapelle, Grundriß

sondere Gnade und Vergünstigung aufzufassen und gäbe der Stadt, die schließlich zwei eigene Kirchen zur Verfügung hätte, keinen Rechtsanspruch.[1036] In Kassel sah man den Sachverhalt mit anderen Augen: Die von Landgraf Wilhelm IV. erbaute Kapelle unterstünde nach wie vor dem landesherrlichen Kirchenregiment, das von den Hausverträgen nicht berührt würde. Der Gebrauch der Kirche müßte so belassen werden, wie er im Normaljahr 1624 gewesen wäre – hier berief sich die Kasseler Regierung auf die Bestimmungen des Westfälischen Friedens bezüglich der Regelung konfessioneller Meinungsverschiedenheiten –, und damals hätten die Stadtbürger die Schloßkapelle auch in Abwesenheit der Herrschaft als Kirche genutzt.[1037]
Das Konsistorium in Kassel verlangte einen Kostenvoranschlag über die notwendigen Reparaturen und bot an, daß Landgraf Emmanuel gegen Zahlung einer Summe von 500 Reichstalern als Abfindung an die schlecht dotierte Stadtkirche alle Rechte an der Schloßkapelle übertragen bekäme.[1038] Jener war grundsätzlich einverstanden, wollte das Kapital aber als Schenkung verstanden wissen. Damit hatte sich für das Konsistorium die Angelegenheit erledigt.[1039] Landgraf Emmanuel hatte nun freie Hand. Das Schicksal der Rotenburger Schloßkapelle war besiegelt. Im Jahre 1791 erfolgte der Abbruch.

Architektur und Ausstattung:

Die Gestalt der Kapelle läßt sich anhand der um 1700 verfaßten Rotenburger Chronik des Pfarrers Lucae und anhand eines Satzes von Planzeichnungen, welche der Architekt J. Ph. Mangin vor dem Abbruch erstellte, rekonstruieren.[1040] Die Schloßkapelle war Bestandteil des Nordflügels und lag in der nordöstlichen Ecke der Vierflügelanlage, welche das Rotenburger Schloß vor dem ersatzlosen Abbruch des Ost- und der Erneuerung des Nordflügels darstellte. Aus dem Längsschnitt ist zu erkennen, daß die eigentliche Kapelle nur das Erdgeschoß und das erste Obergeschoß einnahm. Darüber befand sich der sogenannte Triumphsaal. Im Nordflügel lagen neben der Kapelle verschiedene Gemächer, während die ganze Länge und Breite des anschließenden Ostflügels von dem großen Rittersaal eingenommen wurde:

> „Sie (die Schloßkapelle) steht mit dem Schloß unter einem und dem nehmlichen Dache. Die Mauren vorne und hinten, sind eben diejenige, welche den ganzen Flügel darin sie sich befindet, einschliesen. Auf deren eine Seite war der so genannte grosse Rittersaal, auf der andern sind Gemächer und darüber ist noch der grosse Triumpf=Saal. Von allen Seiten ist sie vom Schloß umfangen."[1041]

Der Grundriß der Schloßkapelle bildete ein Rechteck, das an einer Ecke durch den Treppenturm leicht angeschnitten wurde. In den Raum eingestellt war auf beiden Längsseiten je eine Reihe von drei Stützen, welche die umlaufende Empore und das Deckengewölbe trugen. Dadurch entstand ein freier Mittelraum, bestehend aus zwei Jochen, der ringsherum von zweigeschossigen Arkaden umgeben war. Der Treppenturm in der Hofecke diente zugleich als Glockenturm für die Kirche. Die Hoffassade wurde durch ein Zwerchhaus mit zweigeschossigem Volutengiebel überhöht. Der Kapellentrakt war ein Geschoß höher als der übrige Nord- und der Ostflügel. Ein horizontales Gesims zwischen erstem und zweitem Geschoß vor der Hofseite der Kapelle und des Treppenturmes setzte die Dachtraufe des Ostflügels fort. Ein reich gestaltetes Portal mit Pilastern und Dreiecksgiebel bildete den Eingang in die Kapelle vom Schloßhof her. In der Nordostecke der Kapelle befand sich eine Spindeltreppe, die auf die Empore führte.
Die Chronik des Rotenburger Pfarrers Friedrich Lucae liefert Aufschluß über die innere Disposition. Da dort die einzige existierende Beschreibung des Kirchenraumes zu finden ist, wird an dieser Stelle eine längere Passage in Auszügen wörtlich wiedergegeben:

> „Unten aus dem Schloßhof geschieht der Eingang durch ein ziemlich weites und hohes Portal. Der Boden in der Kirche ist gar sauber von Gips gegossen und figuriert, wie der im großen Saal. Diese schöne ins Quadrat und nach der Baukunst wohl aufgeführte Kirche wird durch das helle Licht desto angenehmer. Hierzu hat sie unten rechts der Tür gegen den Schloßplatz, wie auch gegenüber an der Mitternachtsseite, doppelte klare Fenster.
> Unter der Kanzel steht auf einer steinernen Erhöhung oder Absatz auf sechs wohlausgearbeiteten kleineren Kolumnen des Herrn Tisch, und sind die Kolumnen wie auch das Blatt von weißem Alabaster.
> Morgenwärts ist der von der Fürstin Frau Kunigunda Juliana, des wohlseligen Herrn Landgraf Hermanns Gemahlin, erbaute [und] mit gehöriger [Ver]kleidung, Ofen, Fenster und Stühlen ausgezierte Stand, welchen sie bei dem Gebrauch des hochheiligen Abendmahls als ihr Oratorium gebrauchte. Mitten in der Kirche vor des Herrn Tisch, wie auch auf den anderen drei Seiten, unter den gewölbten Bogen und Fenstermauern, haben die Weiber, Ratsherren und [die] Gemeinde, auch selbst die Geistlichen, ihre teils gegitterten Bänke ...
> Das innere Kirchengewölbe tragen sechs Quadratpfeiler von gleicher Gestalt, Dicke und Höhe. Dieselben sind nach der Art ausgearbeitet und etlichermaßen eingerichtet, welche die in der Baukunst Erfahrenen Composita nennen. (...) Drei solche Pfeiler stehen in einer Reihe mittag- und drei mitternachtwärts. An allen Seiten, da die Pfeiler von oben

her die ersten Schwibbögen schließen, geben die zwischen ihnen und den Seitenwänden einen räumlichen und ziemlich breiten Umgang ringsumher, ausgenommen wo besagter Fürstenstand den Platz einnimmt.

Mitternachtwärts haftet die Kanzel am mittelsten Pfeiler ziemlich hoch. Die Treppe hinauf geht um den Pfeiler herum, ist gleichfalls steinern ... Nach [der] Proportion des Pfeilers hat die Kanzel einen runden und geringen Raum, jedoch weißen Alabaster zu ihrem Wesen. (...) Dieselbe bedeckt gar ein schöner Deckel von künstlichem Schnitzwerk, auf dessen Spitze schwebt von gleicher Arbeit ein übersilberter Pelikan mit seinen Jungen. Im Jahre 1651 hat Herr Landgraf Hermann ruhmseligen Gedächtnisses beides, des Herrn Tisch samt der Kanzel, renovieren, den Deckel aber neu machen lassen."[1042]

Demnach war die Kanzel am mittleren Pfeiler der Nordseite angebracht, schräg gegenüber dem Eingangsportal. Davor stand erhöht der sechssäulige Altar, ein Werk Wilhelm Vernukkens aus der Bauzeit der Kirche. Als einziges Stück der Einrichtung hat sich dieser Altar erhalten, denn er wurde vor dem Abbruch in die Altstadtkirche St. Jakob verbracht. Auf der östlichen Schmalseitenempore befand sich die fürstliche Loge, ihm gegenüber an der westlichen Schmalseite die Orgel. Den sechs Pfeilern waren Pilaster vorgeblendet; Mangin zeichnet sie als kannellierte toskanische Pilaster, während Lucae von einer kompositen Ordnung berichtet. Die Verwendung der Composita als der höchstwertigen Säulenordnung würde auf den Rang des Gebäudes als Hofkapelle hindeuten.

Lucae beschreibt weiterhin ausführlich die von der Landgräfin Kunigunde Juliane, der Gemahlin Landgraf Hermanns, in Auftrag gegebene fürstliche Loge, die sich auf der östlichen Schmalseitenempore befand. Die Loge war von der äußeren Galerie auf der Ostseite des Schlosses wie auch durch ein an die Kirche angrenzendes Vorgemach in gleicher Höhe zugänglich. Sie war heizbar und mit einer Verkleidung ausgestaltet. Durch eine Seitentür gelangte die Herrschaft bei der Austeilung des Abendmahls hinunter in die Kirche. Die zweigeschossige Logenfront reichte bis unter das Gewölbe. Oben besaß sie zwei doppelte Fenster, rechts davon war der hessische Wappenschild mit dem Monogramm des Landgrafen Moritz angebracht, links der nassauische Schild mit demjenigen der Landgräfin Juliane, seiner zweiten Ehefrau. Darunter besaß die Loge sechs doppelte Hauptfenster, ebenso groß wie die beiden oberen, „und geschiehet aus denselbigen in dem fürstlichen Stand in der Kirche die Aussicht."

Die durch paarweise angeordnete Fenster gut belichteten Emporen besaßen Geländer, „daran die Zuhörer männlichen Geschlechts stehen können." Hinten auf den Emporen waren vor den Fenstern „bequem gegitterte Stühle" aufgestellt. Die Empore an der westlichen Schmalseite war der Platz der Kantorei, von der Südempore durch einen hölzernen Zaun abgeteilt. In der Mitte stand die Orgel, deren reich verzierten Prospekt Lucae sehr bewunderte. Hermann hatte die Orgel im Jahre 1651 durch den Orgelbauer Israel Gellinger renovieren und stimmen lassen. Dies ist bereits der zweite Hinweis auf das Jahr 1651, in dem der Landgraf offensichtlich eine größere Renovierung der Kirche hat durchführen lassen. Der Orgelprospekt zeigte wie die Loge die Wappen von Hessen und Nassau. Die beiden reich stuckierten und ausgemalten Gewölbefelder des Mittelraums, deren Bildprogramm Lucae ebenfalls beschreibt, trugen in der Mitte die Wappen von Landgraf Wilhelm IV. und seiner Gemahlin Sabine von Württemberg, jeweils mit Namen und Titeln als Umschrift.[1043]

RUPPERTSBURG, EV. PFARRKIRCHE

Stadt Laubach, Kreis Gießen, Hessen
Baudaten: 1750–1757
Konfession: lutherisch
Landesherrschaft: Grafschaft Solms-Laubach
Patron: Landesherr
Architekt: Johann Wiesenfeld
Bauaufgabe: ländliche Pfarrkirche

Abbildungen 64, 117, 232

Baugeschichte:

Die Forschungen zur Baugeschichte der Ruppertsburger Kirche müssen unvollständig bleiben, weil mir das Gräfliche Archiv in Laubach, in dem einiges Material vermutet werden darf, keine Akteneinsicht gewährt hat. Das Pfarrarchiv in Ruppertsburg enthält keine Dokumente aus der Bauzeit der Kirche mehr. Einige Eckdaten zum Bauverlauf lassen sich lediglich aus dem Anhang des Kirchenbuches entnehmen. Darüber hinaus liegen zur Ruppertsburger Kirche verschiedene Artikel des Ruppertsburger Lehrers Philipp Debus aus den Dreißiger und Fünfziger Jahren vor, welcher die Laubacher Archivalien noch einsehen konnte.

Im Jahre 1702 wurde die Gemeinde Ruppertsburg aus dem Filialverhältnis zu Gonterskirchen herausgelöst und zur selbständigen Pfarrei erhoben.[1044] Veranlassung zum Neubau der Ruppertsburger Kirche bot der allgemein schlechte bauliche Zustand des alten Gotteshauses, das zudem im Sommer 1742 durch Blitzschlag beschädigt worden war. So berichtete es ein

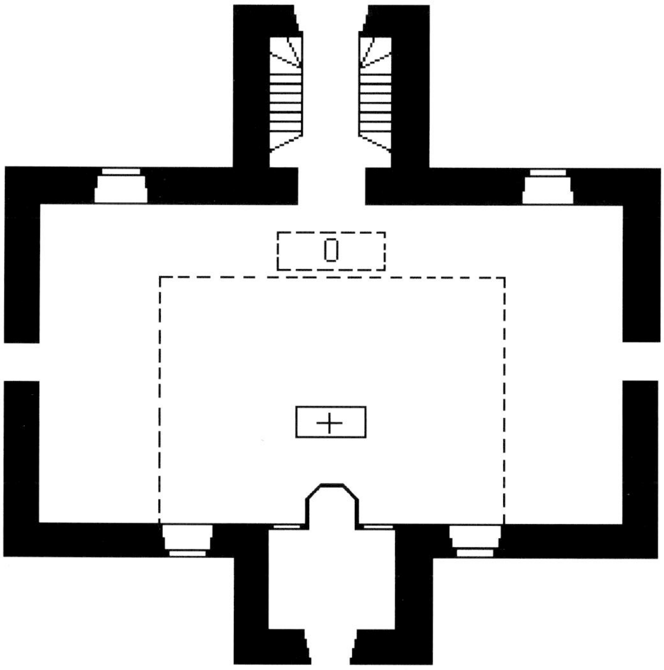

232 Ruppertsburg, ev. Pfarrkirche, Grundriß

Schreiben des Laubacher Grafen an die evangelischen Reichsstädte und verschiedene Regenten, worin um eine Kollekte zugunsten der Kirchenneubauten in Ruppertsburg und dem Nachbardorf Wetterfeld gebeten wurde. Drei Jahre später ging ein Schreiben ähnlichen Inhalts an den englischen König mit dem Ersuchen, im Kurfürstentum Hannover eine Kollekte zu gestatten.[1045] Bis 1750 scheint in der Tat einiges an Geld zusammengekommen zu sein. Neben den Kollekten wurde der Kirchenbau durch den Sondereinschlag von Holz, das an die Friedrichshütte verkauft wurde, sowie durch Darlehen finanziert. Materialfuhren und Hilfsdienste mußten die Gemeindeglieder kostenlos leisten.[1046]

Als erstes wurde der Turm errichtet, der gemeinhin auf die Jahre 1750–1752 datiert wird.[1047] Die einzige verfügbare zeitgenössische Quelle nennt jedoch das Jahr 1753 als Zeitpunkt der Fertigstellung des Turmes; hiernach wurden die Maurerarbeiten am Schiff im Frühjahr des folgenden Jahres begonnen.[1048] Am 19. August 1754 fand die feierliche Grundsteinlegung statt. Über den Verlauf dieser Zeremonie, zu der Graf Christian August als Landesherr und Patron[1049] nebst Gemahlin und fünf Kindern, die komplette Regierung der Grafschaft sowie der gesamte Hofstaat aus der nahen Residenzstadt Laubach anreisten, berichten verschiedene Dokumente.[1050] Diese bestätigen zudem als Architekten der Kirche von Ruppertsburg Johann Wiesenfeld, der laut Grundsteinurkunde den Titel „Architectus et Aedificorum Aulicorum Inspector", Architekt und Hofbauinspektor, führte.[1051] Debus entnimmt aus den heute nicht mehr verfügbaren Gemeinderechnungen der Jahre 1756 und 1757 weitere Belege dafür, daß Wiesenfeld die Bauleitung innehatte.[1052] Daß dieser in der Urkunde als „Architekt" bezeichnet wird – ein Titel, der im 18. Jahrhundert noch nicht selbstverständlich gebraucht wird –, läßt sich dahingehend interpretieren, daß er auch den Entwurf geliefert hat.

Bereits zwei Monate nach der Grundsteinlegung, am 15. Oktober 1754, wurde der Strauß auf die Kirche gesteckt,[1053] d. h. der Dachstuhl war zu diesem Zeitpunkt schon aufgeschlagen. Die extrem kurze Bauzeit des Schiffs läßt sich nur damit erklären, daß der Grundstein nicht im Fundament, sondern in einer höheren Mauerschicht liegt.[1054]

Schon im Jahre 1755 konnten die ersten Amtshandlungen in der Kirche vorgenommen werden, wenn sie auch noch keineswegs fertiggestellt war.[1055] Die letzten Maurerarbeiten, nämlich das Pflastern des Kirchhofes, wurden 1756 abgeschlossen.[1056] Die Fertigstellung der Kirche verzögerte sich, bedingt durch die Notzeit des Siebenjährigen Krieges.[1057] Am ersten Pfingstfeiertag des Jahres 1757 wurde zum ersten Mal von der neuen Kanzel gepredigt; dies kann somit als Datum der offiziellen Ingebrauchnahme gelten. Man machte das Gotteshaus notdürftig gebrauchsfertig, verzichtete aber auf den Außenputz und den Innenanstrich, ganz zu schweigen von einer künstlerischen Ausschmückung. Das Innere wurde erst 1773 auf Veranlassung des Grafen durch einen Laubacher Maler gestaltet; damals erhielt die Kirche auch das Deckengemälde mit dem Trinitätssymbol.[1058] Der Außenbau der Ruppertsburger Kirche war noch bis vor kurzem unverputzt.[1059] Erst 1981 bekam er seinen schon im ursprünglichen Entwurf vorgesehenen Verputz. Daß der Außenputz tatsächlich geplant war, läßt sich aus der Tatsache folgern, daß die Sandsteinbauglieder um etwa 2 cm aus der Oberfläche des Bruchsteinmauerwerks vorstanden.

Eine neue Orgel wurde beim Kirchenbau nicht angeschafft, sondern man behielt das vorhandene Instrument, welches im Jahre 1729 in den Vorgängerbau hineingekommen war. Nach über achtzigjährigem Gebrauch war es im frühen 19. Jahrhundert reparaturbedürftig, außerdem klagte der damalige Pfarrer, es wäre viel zu klein, als daß sein Klang die Kirche füllen könnte. Ein Dreivierteljahr später schloß die Gemeinde mit dem Landorgelbauer Georg Bürgy aus Gießen einen Vertrag über den Bau einer neuen Orgel, die bis Ostern 1818 fertiggestellt sein sollte. Der Orgelbau zog sich letztlich bis 1822 hin. Von dieser Orgel ist nur noch das Gehäuse erhalten, denn das gesamte Werk ist im Jahre 1937 durch die Firma Förster & Nicolaus in Lich unter Beibehaltung des alten Prospekts erneuert worden.[1060]

Saarbrücken, Friedenskirche

Stadt Saarbrücken, Saarland
Baudaten: 1743–1746, Turm 1760–1762; Umbau 1817–1820; im 2. Weltkrieg zerstört, Wiederaufbau 1965–1967
Konfession: reformiert
Landesherrschaft: Gefürstete Grafschaft Nassau-Saarbrücken
Patron: Landesherr
Architekt: Friedrich Joachim Stengel
Bauaufgabe: städtische Pfarrkirche einer Minderheit

Abbildung 97, 168, 233

Baugeschichte:

Am östlichen Rand des späteren Ludwigsplatzes wurde schon ab 1743 auf Veranlassung des Fürsten Wilhelm Heinrich, der den Bauplatz und das nötige Bauholz stiftete, unter der Leitung von Friedrich Joachim Stengel eine Kirche für die reformierte Minderheit in der Residenzstadt Saarbrücken errichtet. Am 12. Juni 1743 legte man den Grundstein. Bis 1745 waren das Mauerwerk des Gemeinderaumes und der untere Teil des Turmes fertig. Der Bau konnte 1746 bis auf den Turm vollendet werden, dessen obere Geschosse nebst Abschluß erst 1760–1762 errichtet wurden. Kanzel und Altar entstanden 1749.[1061]
Die Kirche ist im Inneren so tiefgreifend umgestaltet worden, daß von der ursprünglichen Einrichtung nichts mehr zu erkennen ist. Nach der Union von 1817 baute man das Gebäude zu einer Schule um, wobei eine Zwischendecke eingezogen und rechteckige Fenster in zwei Geschossen eingesetzt wurden. Im Herbst 1820 bezog das Gymnasium sein neues Domizil. Die altkatholische Gemeinde erwarb das Gebäude schließlich und richtete es 1892 wieder als Gotteshaus ein; seitdem trägt es den Namen „Friedenskirche". Nach schweren Zerstörungen im 2. Weltkrieg, die nur der Turm einigermaßen unbeschadet überstand, wurde die Kirche 1965–1967 anhand der Rekonstruktion des Architekten Dieter Heinz wieder aufgebaut. Seither wird die Kirche von der altkatholischen und der orthodoxen Gemeinde simultan genutzt und besitzt daher zwei liturgische Zentren, die sich in der Längsachse gegenüberstehen.[1062]
Die Grundrißgestalt und die Verwandtschaft zu Stengels sonstigen Kirchenbauten legen die Annahme nahe, daß der Innenraum ursprünglich wie Grävenwiesbach, Jugenheim und Berg quergerichtet war. Beim Wiederaufbau wurden Reste vom Ansatz der Kanzel gefunden, die belegen, daß die Kanzel erhöht an der Turmwand angebracht war. Emporen hat es mit Sicherheit gegeben, zumindest für die Orgel. Die für Quersäle allgemein übliche dreiseitige Emporenanlage ist auch hier durchaus wahrscheinlich.[1063]

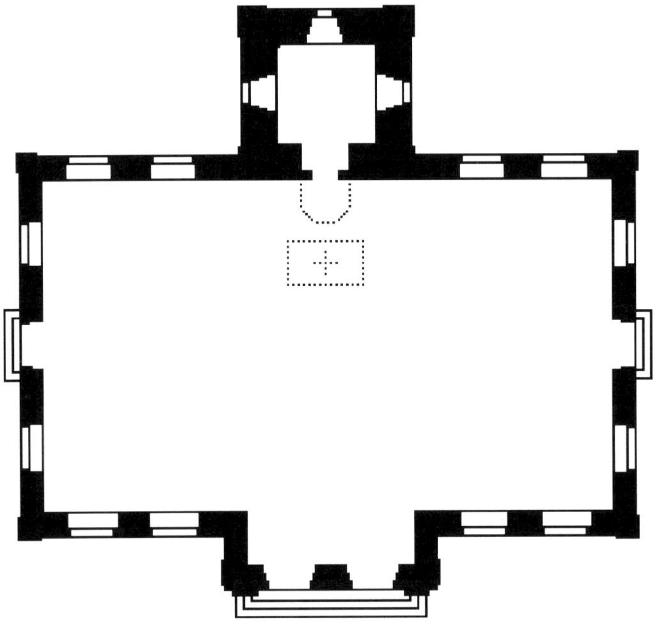

233 Saarbrücken, Friedenskirche, Grundriß

Schlitz, Sandkirche

Stadt Schlitz, Vogelsbergkreis, Hessen
Baudaten: 1612
Konfession: lutherisch
Landesherrschaft: Herren v. Schlitz gen. v. Görtz
Patron: ?
Architekt: unbekannt
Bauaufgabe: Friedhofskapelle

Abbildungen 80, 81, 234

Baugeschichte:

Die Sandkirche entstand im Jahre 1612 außerhalb des Städtchens Schlitz als Friedhofskirche auf dem sogenannten Sandberg. Der Friedhof dort oben war gerade erst 1591 neu angelegt worden.[1064] Von der Entstehung des kleinen Gotteshauses gibt eine steinerne Inschrifttafel über dem linken Eingangsportal Nachricht: „Anno Domini 1612. Deo sacrum. Aedificatum(?) Johanne Rember Praetore Christophoro Schellenberg Pastore Stephano Franko Diacono et Hermanno Hofmanno Johanne Camerario et Nicolau Lintzio aedilibus."[1065] Die dort genannte Jahreszahl 1612 erscheint noch einmal in Malerei an der Kanzel. Über die Baugeschichte der Kirche erteilen, abgesehen von den beiden Bauinschriften, keine schriftlichen Quellen Auskunft. Das

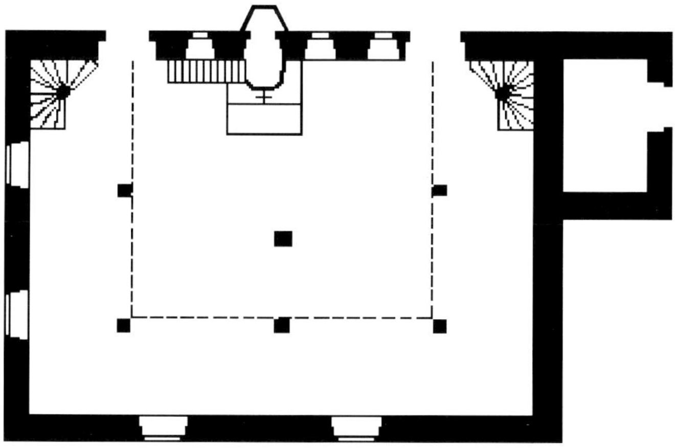

234 Schlitz, Sandkirche, Grundriß

Gebäude diente bis in die Zeit des 1. Weltkrieges als Friedhofskirche. Eine Renovierung erfolgte 1908–1909. Im Jahre 1921 wurde sie auf Anraten des Denkmalpflegers Heinrich Walbe als Gedächtniskapelle für die Gefallenen eingerichtet.[1066] Seit 1960 wird sie wieder für Trauerfeiern genutzt.

STAMMHEIM, EV. KIRCHE

Gemeinde Florstadt, Wetteraukreis, Hessen
Baudaten: 1750–1751
Konfession: lutherisch
Landesherrschaft: Ganerbschaft Staden
Patron: Christian Ernst v. Weitolshausen gen. v. Schrautenbach, hessen-darmstädtischer Geheimer Rat
Architekt: Johann Konrad Lichtenberg?
Bauaufgabe: ländliche Filialkirche

Abbildungen 82, 83, 182, 235–237

Baugeschichte:

Das geringe Vermögen der kleinen Gemeinde Stammheim erlaubte keinen Kirchenbau aus eigenen Mitteln, und auch die Herren der Ganerbschaft Staden konnten das Projekt nicht großartig finanziell unterstützen. Die Ganerben von Staden erließen mit Datum vom 13. Januar 1750 ein Kollektenpatent. Der Patron von Schrautenbach genehmigte eine Kollekte in seinem Ort Lindheim. Auch in der Reichsstadt Frankfurt und im friedbergischen Freigericht Kaichen wurde kollektiert.[1067] Zusammen mit einem Vermächtnis der verstorbenen Ehefrau des Patrons in Höhe von 300 Gulden kam so eine ausreichende finanzielle Basis für den Kirchenbau zusammen.
Die Entscheidungen über das Aussehen des Neubaus fielen offenbar im Februar des Jahres 1750, nachdem der Patron den Ganerben die beiden Entwurfszeichnungen zugeschickt hatte. Am 20. März wurde der Grundstein gelegt. Der Text der Urkunde, welche in den Grundstein hineingelegt wurde, nennt die Namen der Ortsherren, des Patrons und der am Bau beteiligten Amtsträger.[1068] Der Name des Architekten fehlt in dem Dokument. Die Bauleitung lag in den Händen des Stadener Amtmanns, des Pfarrers und der beiden Kirchenbaumeister.
Schon im Januar 1750 war der Akkord mit dem Zimmermeister ausgehandelt worden, ebenso mit dem Maurer. Auch den Steinhauern wurde im Januar der Auftrag erteilt. Glaser und Nagelschmied wurden im April verpflichtet, der Steindecker Anfang August. Der Akkord mit dem Steindecker umfaßte eine Ziegeldeckung mit verschieferten Graten für das Dach und eine Schieferverkleidung für den Dachreiter; die heutige Dachdeckung entspricht demzufolge der ursprünglichen. Im Frühjahr 1750 begannen die Bauarbeiten, so daß der Rohbau vermutlich bis zum Herbst unter Dach war. Alles in allem gingen die Arbeiten recht zügig voran. Größere Bauunterbrechungen, verursacht durch Geld- oder Materialmangel, scheint es nicht gegeben zu haben. Genau ein Jahr und drei Tage nach der Grundsteinlegung nahm die Gemeinde auch den Schreiner unter Vertrag. Der Schreinerakkord umfaßt in der Hauptsache das Gemeindegestühl. Im Jahre 1751 wurde die Kirche weitgehend fertiggestellt; einzelne Arbeiten verzögerten sich aber noch bis ins folgende Jahr. Die Kanzel z. B. wurde erst im Juli 1752 bezahlt. Ebenfalls von 1752 datiert die Quittung über den Lohn des Schlossers, der den Kanzeldeckel aufgehängt hat. Der erst 1702 auf den Vorgängerbau aufgesetzte Dachreiter wurde vor dessen Abbruch heruntergenommen und auf den Neubau wieder aufgesetzt.[1069]

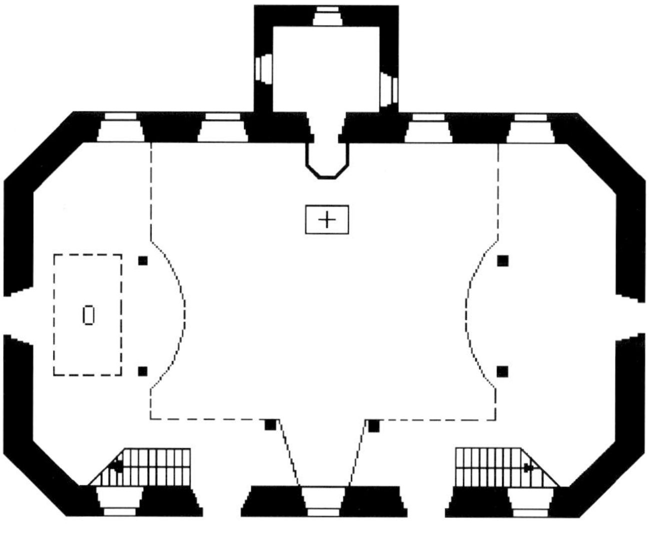

235 Stammheim, ev. Kirche, Grundriß

Architekt:

Die Baugeschichte der Stammheimer Kirche ist bereits durch Frank Schmidt aufgearbeitet worden.[1070] Die Quellenlage, sowohl im Pfarrarchiv als auch im Staatsarchiv Darmstadt, ist recht gut. Dennoch lassen sich die entscheidenden Fragen, wann und durch wen die Entscheidung fiel, eine Querkirche zu bauen, und von wem letztlich der Entwurf für die innere Einrichtung des Kirchenraumes stammt, anhand der Dokumente nicht klären.

Als Architekt der Stammheimer Kirche gilt der Darmstädter Superintendent Johann Konrad Lichtenberg, welcher für eine Reihe von Kirchenbauten in der Landgrafschaft Hessen-Darmstadt die Entwürfe verfertigt hat. Auch für Stammheim hat er Pläne erstellt; erhalten sind zwei Zeichnungen sowie mehrere eigenhändige Schreiben Lichtenbergs. Dennoch gibt es Veranlassung, dieser Zuschreibung mit einer behutsamen Skepsis zu begegnen.

Spätestens Anfang 1749 muß sich die Gemeinde Stammheim mit der Bitte an Lichtenberg gewandt haben, für Stammheim einen Entwurf für einen Kirchenbau nach dem Vorbild der gerade fertiggestellten Kirche in Pfungstadt anzufertigen. Möglicherweise hatte der Patron, der in seiner Eigenschaft als hessen-darmstädtischer Geheimer Rat gewiß mit dem Darmstädter Superintendenten in Kontakt stand, letzteren als Architekten vorgeschlagen. Das Gotteshaus in Pfungstadt (erbaut 1746–1748), an dessen Planung Lichtenberg maßgeblich beteiligt war, ist ein längsgerichteter Saalbau mit dreiseitigem Schluß. Im Inneren besaß es ursprünglich Emporen an allen vier Raumseiten, die im Osten vor den Eingangsachsen unterbrochen waren. Altar, Kanzel und Orgel standen in der Hauptachse.[1071] Lichtenberg erklärte jedoch den Pfungstädter Typus für ungeeignet in Anbetracht der Tatsache, daß in Stammheim eine viel kleinere Kirche gebaut werden sollte. Er erstellte für Stammheim daraufhin einen neuen Entwurf. Allerdings mußte er wegen Krankheit und Arbeitsüberlastung die Gemeinde vorerst noch etwas vertrösten. Der sechzigjährige Superintendent war sich bewußt, daß sein Gesundheitszustand es ihm nicht mehr lange erlauben würde, seine Arbeit fortzusetzen und daß Stammheim daher sein letzter Kirchenbau sein würde. Lichtenberg ist am 17. Juli 1751 verstorben.

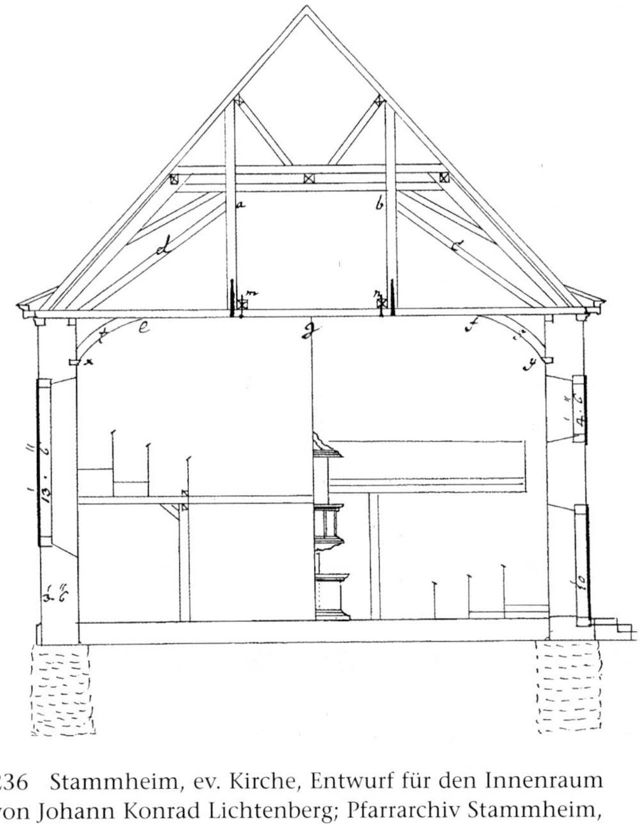

236 Stammheim, ev. Kirche, Entwurf für den Innenraum von Johann Konrad Lichtenberg; Pfarrarchiv Stammheim, Akte 60

Lichtenberg entwarf für Stammheim zunächst einen längsgerichteten Saalbau. Das belegt eine Schnittzeichnung (Abb. 236), auf welcher der Altar und die Kanzel in der Mitte einer Schmalseite zu sehen sind. Dazu gehört ein erläuterndes Schreiben des Architekten, worin unzweifelhaft ein Längsbau beschrieben wird. Lichtenberg betont darin, die Zeichnung sei nur ein grober Entwurf; alle Einzelheiten wie die Zahl der Treppen oder die genaue Höhe der Fenster werde der vor Ort tätige Handwerksmeister zu bestimmen wissen.[1072]

Frank Schmidt, der an der Urheberschaft Lichtenbergs nicht die geringsten Zweifel hat, konstatiert: „Der undatierte ‚Bauüberschlag' Lichtenbergs und der Zimmermannsakkord vom 9.2.1750 (letzterer in gleicher Form unter dem 16.1.1750 im Pfarrarchiv) enthalten aber schon die jetzige Innendisposition der Kirche mit außen angebauter Sakristei. Leicht hingeworfene Skizzen ... auf einem Einzelblatt im Pfarrarchiv zeigen oben die Sakristei und die Kanzel in der später ausgeführten Form."[1073] Dazu ist verschiedenes zu bemerken. Zum ersten trägt der erwähnte ‚Bauüberschlag', ein Kostenvoranschlag über die Baukosten, weder Datum noch Unterschrift und stammt, wie bei einem Schriftenvergleich sofort ins Auge fällt, keinesfalls von Lichtenbergs Hand. Gleiches gilt für die Grundrißskizzen.[1074] Der Kostenvoranschlag und der Akkord mit dem Zimmermann enthalten zwar die außen hinter der Kanzel anzubauende Sakristei, aber ob diese an eine Längs- oder eine Schmalseite des Raumes angefügt werden sollte, geht aus den beiden Dokumenten ebensowenig hervor wie die innere Disposition des Kirchenraumes.

Die Zweifel werden gestützt durch die Korrespondenz zwischen den Stadener Ganerben und dem Patron. Der Geheime Rat von Schrautenbach wurde durch die Ganerben „dienstlichst" aufgefordert, seiner Pflicht als

237 „Aufriß zu einer Landkirche", 1750, Johann Konrad Lichtenberg zugeschrieben; StA DA P 11 Nr. 41/4

Patron nachzukommen und den Kirchenbau mit Bauholz zu unterstützen, außerdem die von seiner verstorbenen Frau zugunsten der Stammheimer Kirche vermachte Summe von 300 Gulden herauszugeben. Als Anlage wurde ihm der projektierte Riß zur Ansicht mit der Bitte um Rückgabe nach Darmstadt übersandt. Der Patron sicherte in seinem Antwortbrief zu, den Wünschen der Ortsherren nachzukommen. Den Riß sandte er zurück; gleichzeitig teilte er mit, „daß der allhiesige Superintendens, Herr Lichtenberger, gleichfalls einen hierbeygehenden Riß, zu schon gedachter neuen Kirche verferttiget, und wird darnach darauf an kommen, welchen Ew[er] Hochwohlgeb[oren] von beyden hierzu zu erwehlen belieben werden."[1075] Ein zweites Schreiben des Patrons von demselben Tag, das an Pfarrer Mettenheimer gerichtet ist, bestätigt das:

> „Nachdeme auß Eüer WohlEhrwürd[en] so wohl, alß auch deme von sämbtl[ichen] Herrn GanErben deß Schlosses- und gerichtes Staaden an Mich abgelassenen Schreiben und beygeschossen Riß, deß mehreren ersehen, daß mit dem neüen Kirch=Bau zu Stamheim in diesem Jahr der anfang g. g. gemacht werden solle, so ohnverhalte denenselben, daß, in meinem Antworts Schreiben, an schon gedachte, Herrn GanErben, gleichfalß, einen, von dem Herrn SuperIntenden Lichtenberger verfertigten riss, beigelegt, und wird es sich bey dißen examina zeigen, welcher, unter beiden, am füglichsten, und mit menagirung derer Kosten, gebraucht werden kann..."[1076]

Demzufolge sind für die Stammheimer Kirche zwei Pläne entworfen worden. Ob sie beide von Johann Konrad Lichtenberg stammten, geht aus der Korrespondenz nicht direkt hervor. Die Ganerben von Staden hatten einen Kirchenentwurf bei einem nicht bekannten Architekten in Auftrag gegeben. Der Patron hatte dasselbe getan, anscheinend ohne Wissen der Ortsherrschaft, so daß er einen zweiten Plan, nämlich

den Lichtenbergs, zusammen mit dem ersten nach Staden schickte. Die Entscheidung, welcher der beiden Entwürfe letztlich gewählt wurde, lag aber nicht beim Patron, sondern bei den Ortsherren. Schrautenbach äußerte in seinem Brief keine konkrete Bewertung der beiden Entwürfe, sondern deutete nur knapp an, das Ziel müßte sein, einen zweckmäßigen Kirchenbau möglichst kostengünstig auszuführen.
Der Entwurf zur Stammheimer Kirche wurde nach Gießen geschickt. Der dortige Oberbaudirektor Helfrich Müller begutachtete die Pläne und machte verschiedene Verbesserungsvorschläge bautechnischer Art, die sein Mitarbeiter P. A. Göbel, ein Neffe des Stadener Pfarrers Mettenheimer, am 19.5.1750 brieflich weitergab.[1077] In der Anlage dieses Briefes ist die Schnittzeichnung Lichtenbergs, die bereits beschrieben wurde, im Staden-Stammheimer Pfarrarchiv erhalten geblieben. Demzufolge war zu jenem Zeitpunkt noch Lichtenbergs längsgerichteter Entwurf die Grundlage der Planungen.
Lichtenbergs erster (und einziger?) Entwurf für Stammheim war, wie dargelegt, eindeutig ein Längsbau. Dieser Entwurf wurde nicht ausgeführt. Johann Konrad Lichtenberg taucht danach in den Bauakten nicht mehr auf. Als logische Schlußfolgerung erscheint mir, daß der andere, von den Ganerben bestellte Plan eines unbekannten Architekten der Ausführung zugrundegelegt worden ist. In dem Akkord mit dem Zimmermann heißt es, dieser habe „alles nach dem Riß und angeben des Baumeisters zu verfertigen."[1078] Wenn Lichtenberg der Entwerfer wäre, hätte man vermutlich eher geschrieben: „nach dem Riß des Herrn Superintendenten." Eine Persönlichkeit mit dem Titel „Baumeister" gab es, nach den Unterschriften mehrerer Briefe zu schließen, in der Verwaltung der Ganerbschaft Staden.
Dagegen spricht wiederum der im Staatsarchiv Darmstadt erhaltene unbeschriftete „Aufriß zu einer Landkirche" (Abb. 237)[1079], der von der Fassade her bis in die Details der Fenster- und Türrahmungen mit dem ausgeführten Bau in Stammheim übereinstimmt. Der Dachreiter zeigt die ursprünglich vorgesehene Form mit dem achtseitigen Unterbau, die aufgrund fehlerhafter Arbeit des Zimmermannes aus statischen Gründen nicht beibehalten werden konnte. Diese unsignierte Zeichnung wird Lichtenberg zugeschrieben.
Zusammenfassend ist festzuhalten, daß die Zuschreibung der Stammheimer Kirche an Johann Konrad Lichtenberg durchaus nicht so eindeutig und gesichert ist, wie die bisherige Forschung glauben macht. Es ist zwar denkbar, daß Lichtenberg noch einen zweiten, nämlich einen quergerichteten Entwurf für Stammheim erstellt hat, aber in den Quellen finden sich dafür keine Belege. Ebenso gut könnte ein anderer Baumeister für den Querkirchenplan verantwortlich zeichnen.

Steinau an der Strasse, Reinhardskirche

Stadt Steinau, Main-Kinzig-Kreis, Hessen
Baudaten: 1724–1731
Konfession: lutherisch
Landesherrschaft: Grafschaft Hanau-Münzenberg
Patron: Landesherr
Architekt: Christian Ludwig Hermann
Bauaufgabe: Residenzkirche

Abbildungen 19, 20, 68, 238, 239

Baugeschichte und Architekt:

Die Forschung nennt als Bauzeit übereinstimmend die Jahre 1724/25–1731.[1080] Ernst Hartmann berichtet von „Vorarbeiten", mit denen bereits 1724 begonnen wurde, wie dem Abbrechen der auf dem vorgesehenen Bauplatz stehenden Gebäude, der Beschaffung von Baumaterial etc. Erste Planungen gab es aber schon 1723, und zwar gingen diese von Graf Johann Reinhard selbst aus, nicht von der lutherischen Gemeinde in Steinau. Der Graf erließ im Oktober jenes Jahres eine Urkunde, worin er festlegte, daß die ausstehenden Kapitalien, die einige Untertanen der Kellerei Steinau schuldeten, mitsamt der Zinsen zum Steinauer Kirchenbau geschenkt würden.[1081]
Die Grundsteinlegung fand im August 1725 statt, Graf Johann Reinhard nahm sie eigenhändig vor.[1082] Anwesend war dabei unter vielen anderen auch Graf Wolfgang Ernst von Isenburg-Birstein.[1083] Wieviel dem Grafen daran lag, das Gebäude möglichst schnell fertigzustellen, geht aus einem Schreiben des Hofverwalters Fischer hervor, der berichtet, es sei „bei hoher anwesenheit gn[ä]d[ig]st[e]r Herrsch[aft] der gnädigste Befehl ergangen, wie das Kirchen-Bauwesen dahin mit gewalt poussiret werden solle, damit Selbiges von der Mauer= als Zimmer-Arbeith aufs künftige Jahr ferttig gemacht ... werden solle ..."[1084] Anders als bei nahezu allen an-

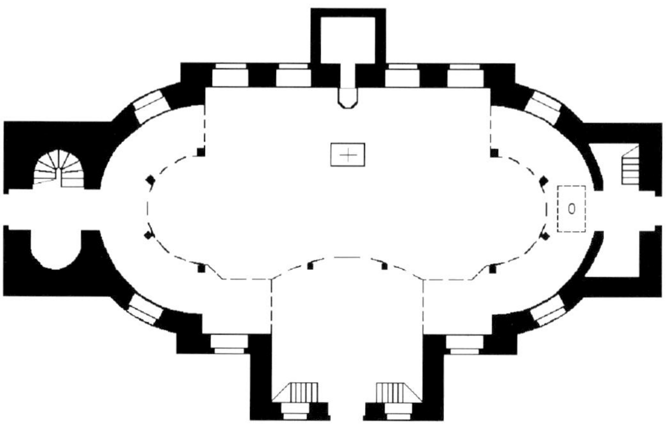

238 Steinau, Reinhardskirche, Grundriß

deren Kirchenbauten wurden die Steinauer nicht zu unbezahlten Hand- und Spanndiensten herangezogen. Alle Hilfsarbeiter wurden im Tagelohn bezahlt.[1085]
Die Risse für die Steinauer Reinhardskirche erstellte der Hanauer Baudirektor Christian Ludwig Hermann im Frühjahr 1725. Das belegen mehrere eigenhändige Schreiben Hermanns aus Buchsweiler an den Archivar Henning, worin der Verfasser sich auf die (nicht erhaltenen) Zeichnungen bezieht. Einem Brief vom 6. April 1725 liegt noch eine Zeichnung für die Fußquader bei. Am 22. Juni wurde in Anwesenheit Hermanns der Akkord mit den Maurern geschlossen.[1086]
Die Bauarbeiten gingen zunächst einigermaßen voran, auch wenn es im Frühjahr und Sommer 1726 wiederholte Verzögerungen gab, weil die Materialien nicht rechtzeitig anlangten, so daß der Maurer seine Arbeit niederlegte.[1087] Die Fundament- und Maurerarbeiten nahmen rund zwei Jahre in Anspruch. Zwar war schon im Herbst 1726 ein erster Vertrag mit dem Steindecker geschlossen worden, aber der Dachstuhl wurde erst im September des folgenden Jahres aufgeschlagen. Vom Juli 1727 datiert der Hauptakkord mit dem Schreiner, dem zwei Jahre später auch die Fertigung des herrschaftlichen Stuhles verdungen wurde. Für den Innenausbau benötigte man noch mehrere Jahre. Erst 1731 konnte die Kirche feierlich eingeweiht werden, und zwar am 9. September. Im März jenes Jahres hatte man schon die neuen Glocken auf den Turm gebracht, und im Laufe des Sommers baute Orgelbauer Johann Nicolaus Schäfer die Orgel ein und stimmte sie.[1088]

Architektur und Ausstattung:

Die Innenausstattung hat im Laufe des 20. Jahrhunderts einige Veränderungen erfahren. Das zeigt eine Innenaufnahme aus dem Jahre 1927 (Abb. 239). Die Orgel wurde von der West- auf die Ostempore verlegt, die bis dahin offenen Durchbrüche zum Turmraum wurden vermauert. Eine weitere Wand wurde vor dem Treppenaufgang zur Südempore im Erdgeschoß eingezogen, während der Risalit oberhalb der Empore nach wie vor Bestandteil des Kirchenraumes ist. Der Altar wurde erneuert und um eine Stufe erhöht, die geraden Kirchenbänke durch Einzelstühle ersetzt, die in konzentrischen Halbkreisen aufgestellt worden sind. Die Kanzel ist heute von der Sakristei, also von hinten, zugänglich. Ein historischer Grundriß zeigt aber einen seitlichen Kanzelaufgang, ebenso die alte Fotografie. Außerdem verschwanden die auf der historischen Aufnahme noch sichtbare Urne auf dem Schalldeckel und der Pfarrerstand neben der Kanzeltreppe.
Die Grafenloge besaß ursprünglich eine Fensterfront und war seitlich durch hölzerne Wände geschlossen. Zu ihren beiden Seiten gab es je eine weitere Loge, vermutlich für den höfischen Adel, die mittels hölzerner

239 Steinau, Reinhardskirche, Aufnahme vor 1940

Trennwände von der Männerempore abgetrennt war. Auch darunter im Erdgeschoß muß es verglaste Stände gegeben haben. Die Logenfronten und -wände sind Ende der 1830er Jahre entfernt worden. Damals plante man „eine durchgreifende Verbesserung und Verschönerung“ des Kirchenraumes; es konnten aber zunächst nur „diejenigen Abänderungen vorgenom[m]en werden, welche theils die ästhetische Einrichtung auffallend verunstalten, theils den Raum für die männlichen Zuhörer zu sehr verengen.“ Dazu gehört vor allem die Kürzung der Logenwände auf Brüstungshöhe. Weiterhin war beabsichtigt, daß am herrschaftlichen Stuhl „die hervorstehende Rundung (der Bauch)“ begradigt werden sollte. Letzteres ist allerdings nicht ausgeführt worden, denn die Brüstung der Südempore schwingt noch immer im Bogen vor. Der ehemalige Herrschaftsstuhl sollte in zwei Abteilungen für die Beamten und die Stadträte unterteilt werden.[1089]

UNTERREICHENBACH, EV. PFARRKIRCHE

Stadt Birstein, Main-Kinzig-Kreis, Hessen
Baudaten: 1748–1754
Konfession: reformiert
Landesherrschaft: Fürstentum Isenburg-Birstein
Patron: Fürstabtei (ab 1752 Fürstbistum) Fulda
Architekten: Johann Wiesenfeld / Gallus Diemar
Bauaufgabe: ländliche Pfarrkirche

Abbildungen 72–74, 240

Baugeschichte:

Die große Quersaalkirche in Unterreichenbach entstand in den Jahren 1748–1754 als Pfarrkirche des aus sieben Dörfern bestehenden Kirchspiels Reichenbach. Dieses gehörte zum Territorium des Fürsten von Isen-

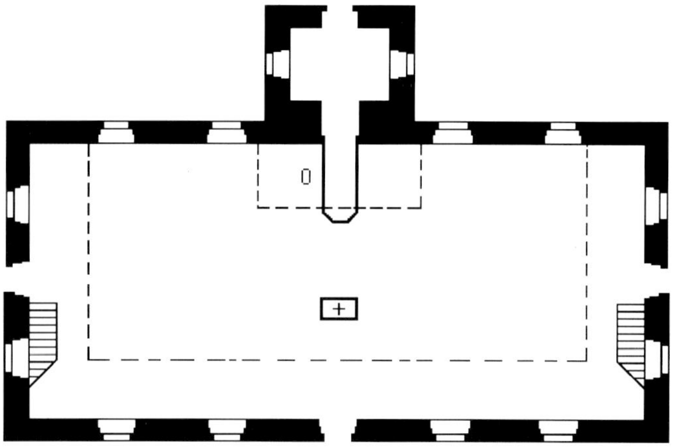

240 Unterreichenbach, ev. Pfarrkirche, Grundriß

burg-Birstein, doch das Patronatsrecht lag bei Fulda. Die in der gängigen Literatur genannten Baudaten 1742–1750[1090] sind zu korrigieren. Auch die Angabe, die Kirche sei bereits 1750 eingeweiht worden, bedarf der Korrektur, denn sie bezieht sich auf das feierliche Aufstecken des Turmhahnes, das von einigen Autoren als Zeitpunkt der Einweihung angesehen wird.[1091] Der Innenausbau erfolgte jedoch, wie die Akten belegen, erst in den frühen 1750er Jahren.

Im Frühjahr 1748 begann der Abbruch der alten Kirche. Der Wirt Wahn in Unterreichenbach quittierte die Bezahlung des Weines, den die Handwerker getrunken hatten, als am 29. April 1748 „der Thurn her undter gethan die Klocken Eben fals."[1092] Im Juni schloß die Gemeinde einen Akkord mit dem Maurermeister Ludwig Knorr über den Abbruch des alten Mauerwerks einschließlich der Fundamente.[1093] Die übrigen Handwerker wurden im Laufe des Sommers unter Vertrag genommen.

Das größte Problem war auch hier die Finanzierung. Vor Baubeginn hatte es durch Vermittlung des Birsteiner Konsistoriums eine Einigung gegeben, wieviel jede einzelne Kirchspielsgemeinde zu dem Kirchenbau beizutragen hatte. Ferner mußten die Einwohner des Kirchspiels sämtliche Fuhren im Frondienst kostenlos übernehmen. Die Landesherrschaft gab einen Zuschuß. Außerdem wurden Kollekten in den isenburgischen Landen, in Holland und in der Schweiz gesammelt. Große Unterstützung erfuhr das Kirchspiel aus Holland. Persönliche Kontakte von Pfarrer Schott, der selbst nach Holland reiste, haben dafür den Ausschlag gegeben Die Kollekte in der Schweiz war weniger erfolgreich.[1094] Die Dorfschaften mußten sich, um die festgesetzten Kapitalien aufzubringen, erheblich verschulden. Die Schulden wurden auf jeden einzelnen Einwohner umgelegt und in monatlichen Raten eingetrieben.[1095] Die drückende Belastung, die ein solches Projekt für eine Gemeinde bedeutete, bekam jeder am eigenen Leib zu spüren, denn Bargeld war in jener Zeit auf dem Land äußerst knapp.

Die Grundsteinlegung fand erst am 21. November 1748 statt, obwohl sie eigentlich für August vorgesehen war. Der Monat August steht daher in der eingravierten Inschrift der Silberplatte des Grundsteins. Fürst Wolfgang Ernst, seine Gemahlin Charlotte Amalie, vier Prinzessinnen und zwei Prinzen sowie der ganze Hofstaat und sämtliche Beamten nahmen an der Zeremonie teil.[1096] Der Rohbau wurde innerhalb eines Jahres hochgezogen. Bereits im Mai 1749 lieferte der Steindecker seinen Kostenvoranschlag. Die gesamte Steinhauerarbeit einschließlich des Bauschmucks wurde Ende Oktober in Rechnung gestellt, war also vollendet.[1097] Bis zum Herbst 1750 waren Dach und Turmhaube fertiggestellt, so daß der Turmhahn am 18. Oktober aufgesteckt werden konnte. Doch die Innenausstattung fehlte noch. Nach den Kirchenbaurechnungen zu schließen, ist 1751 und 1752 am Bau nur wenig gearbeitet worden, möglicherweise aus Geldmangel, weil die Kollekte in der Schweiz ein Fehlschlag gewesen war. Die Fenster wurden verfertigt, der Turmknopf vergoldet und die Säulenfundamente gesetzt. Die Gemeinden befanden sich in extremen finanziellen Nöten, was die wiederholten Kreditaufnahmen beweisen. Einzelne Einwohner wehrten sich gegen die ihnen auferlegten Ratenzahlungen, die sie nicht aufbringen konnten, und baten um Nachlaß. Ein Akkord mit dem Schreiner über Kanzel, Pfarrstuhl und Orgelbühne wurde am 29. Juni 1752 geschlossen und am 6. Juli vom Konsistorium bestätigt, ein weiterer Schreinerakkord bezüglich der Arbeit an den Emporen, vor allem den Brüstungen, datiert vom 3. August 1752, der dritte, welcher den Abendmahlstisch mit Gitter, sämtliche Kirchenstühle inklusive der vergitterten Stände und alle Treppen umfaßte, vom 5. Juli 1753. Ein Vertrag über das Pflastern des Fußbodens wurde im Januar 1754 geschlossen. Das exakte Datum der Einweihung ist nicht überliefert. Ein Schriftstück, das anläßlich einer Reparatur der Turmspitze im Jahr 1792 in den Turmknopf eingelegt wurde, besagt, daß die Kirche 1748 begonnen und „nach 6. Jahren eingeweihet" worden sei.[1098] Damit ist die Einweihung auf 1754 zu datieren.

Architekt:

Nachdem die Gemeinde Unterreichenbach Anfang des Jahres 1748 eine Bittschrift an das Konsistorium in Birstein gerichtet hatte, wie dringend der Neubau ihrer Kirche wäre, wandte man sich von dort unverzüglich an die Regierung in Laubach mit dem Ersuchen, der Laubacher Bauschreiber Wiesenfeld möchte herüberkommen, den Bauplatz in Augenschein nehmen und einen Entwurf für den Neubau erstellen. Wiesenfeld erklärte sich dazu grundsätzlich bereit. Mitte März ging dann ein offizielles Schreiben auf höchster Ebene von Birstein nach Laubach: Fürst Wolfgang Ernst ersuchte

Graf Christian August „gantz Ergebenst, dero Bauschreibern Wiesenfeld zu erlauben daß Er auff einige Tage anhero gehen und mir zu diesem meinem Bauwesen seine gedancken entdecken möge." Christian August erklärte sich einverstanden, so daß Wolfgang Ernst wiederum brieflich ankündigte, er würde den Bauschreiber in der kommenden Woche von Laubach abholen lassen.[1099]

Maurermeister Johann Gallus Diemar aus Fulda tritt in den Quellen erstmals im Juni 1748 in Erscheinung, als er seine Kostenvoranschläge über die Maurer- und Steinhauerarbeiten sowie das Brechen der benötigten Steine einreichte.[1100] Damit beginnen die Unklarheiten. Glaubt man den Bauakten, so hat Diemar einen gänzlich neuen Riß gezeichnet, nach dem die Kirche letztlich gebaut worden ist. Verschiedene Handwerker nahmen Bezug auf „den Riß" Diemars, so zum Beispiel der Steinhauer: „... wie aber der Maurer M[ei]st[e]r Diemar von Fulda den riß fertig hatte, und die Meiste Stein=Hauer arbeit, vorstehendt und vergript (verkröpft) seyn muste ...", mit dieser verlangten Mehrarbeit begründete der Handwerker seine Forderung nach mehr Lohn.[1101] Wiesenfeld ist das Projekt nach und nach aus der Hand genommen worden. In einem Schreiben an ein Mitglied der Birsteiner Regierung führte er bittere Klage darüber, daß seine Meinung so völlig ignoriert wurde:

> „... daß mir gar wohlbekant daß der Seel. Herr Hof Rath Wagner dieses wie auch das Schmider Mühl-Bauwesen Ein seitig besorget, in deme derselbe mir allent halben zu wieder gewesen und in meinen Rißen nach seinem Sinn verschiedenes geändert welches, wo nicht Schädlich doch der Com[m]o[d]itet u[nd] wohlstand entgegen gewesen. Nur Eines zu gedencken, da mir gar wohl bekant was das thurn bauen vor ein kützliche Sache ist, die weilen die Höhe den rechten prospect den augen gar sehr verändert und die Sache anders als Sie ist vorstellet, So gabe mir die Mühe und machte Ein model von Holtz pacte Solches in ein Kästgen und Schickte es ahn H[err]n Hof=Rath durch Einen expressen So ich Bezahlte, aber man estimirete meine Mühe und meine dar bey hegende gute meinung nicht So viel daß man das Kästgen er öffnete, viel weniger Solches Ser[enissi]mi Hochfürstl[icher] Durchl[aucht] wißend machte, u[nd] vor zeigte, sondern man Schickte solches ohn er öffnet mir wieder zurück mit der Mündlichen zurückantword, daß Sie den Thurn doch wohl ohne mein Model bauen könnten, welches zwar auch geschehen wie Er aber im prospect gerathen zeiget der augenschein."[1102]

Der Entwurf des Turmes geht demzufolge auf Diemar oder vielleicht auch den Hofrat Wagner zurück. Wiesenfeld war mit dem in der Zwischenzeit ausgeführten Ergebnis alles andere als zufrieden. Einige Monate später wandte sich Wiesenfeld erneut nach Birstein und ersuchte um Entlohnung für seine verschiedenen Arbeiten für den Unterreichenbacher Kirchenbau sowie seine Kirchenrisse für Wenings und Rückingen.[1103] Dort zögerte man erst einmal und verlangte, Genaueres zu wissen über die tatsächlichen Leistungen des Laubacher Bauschreibers. Im Januar 1753 reichte Wiesenfeld eine Auflistung der von ihm bezüglich der Unterreichenbacher Kirche durchgeführten Arbeiten und Reisen ein und erläuterte seine Geldforderung von 52 fl. Demnach hätte er Anfang April 1748 drei Tage in Unterreichenbach „mit besichtigung der alten= und ein richtung der Neuen Kirche zugebracht", anschließend die Planzeichnungen angefertigt, welche er am 29. Mai abgeliefert hätte. Die beiden nächsten Tage hätte er „mit ab steckung der Neuen Kirche ... zugebracht." Nachdem der Dachstuhl aufgeschlagen und der Steindecker bereits an der Arbeit gewesen wäre, hätte er „auf Speciellen befehl" noch einmal nach Unterreichenbach reisen müssen, um die Zimmer- und Maurerarbeit zu begutachten.[1104] Das Konsistorium hatte keine schriftlichen Belege über die Tätigkeit des Bauschreibers in Unterreichenbach vorliegen und bezweifelte daher, daß Wiesenfelds Forderungen angemessen waren. Die beiden Kirchenbaumeister aus dem Kirchspiel Reichenbach wurden vorgeladen und befragt. Diese sagten aus, „daß der gedachte Bauschreiber in seiner specification angebrachter maßen von Laubach auf Reichenbach gelangt worden und derselbe mit besichtigung der alten und respe[ctiv]e wegen Errichtung der neuen Kirche bemühet gewesen, auch von ihm die Verfertigung verschiedentlicher Riße beschehen seye, wie solches alles wäre ihnen beyden Comparenten bekant. Was hingegen die Besichtigung der Steindecker und Zim[m]er arbeit anbelanget davon kön[n]ten Sie comparenten auf ihre Pflichten sich nichts erin[n]ern und auch nicht aussagen, ob er Bauschreiber die sich selbst in anschlag gebrachte Sum[m]e gelds verdienet habe, am wenigsten aber eröffnen wohin die verfertigte riße gekom[m]en seyen, soviel könten sie jedoch unangeführet nicht laßen, daß die Kirche nach keinem dieser Riße gebauet worden seye, sondern nach der Hand hätte der Maurer Gallus von Fuld einen andern Riß verfertiget, und nach diesem wäre der Reichenbacher Kirchenbau errichtet worden."[1105] Schließlich wurde Wiesenfeld am Ende ein Honorar von 50 fl. zugestanden, denn er hatte die angeführte Arbeit nachweislich geleistet, obwohl sie, so die unausgesprochene Meinung des Konsistoriums, für den Kirchenbau keinen Nutzen gebracht hatte.

Die Briefe Wiesenfelds erscheinen glaubwürdiger als den Aussagen der beiden Kirchenbaumeister, denn letztere können durchaus von Maurermeister Diemar, Hofrat Wagner oder von fuldischer Seite her beeinflußt oder gar unter Druck gesetzt worden sein, und wie gut ihr Erinnerungsvermögen nach mehreren Jahren noch war, sei ebenfalls dahingestellt. Bis zum Abstecken des Grundrisses war Wiesenfeld auf jeden Fall an dem Projekt Unterreichenbach tätig, d. h. die Quersaalform mit dem Fassadenturm geht auf ihn zurück. Daß seine Risse 1753 nicht mehr aufzufinden gewesen sein sollen, ist kein Gegenbeweis. Als mögliche und plausible Deutung des Sachverhalts erscheint hingegen die folgende: Wiesenfeld hat im Auftrag des Fürsten den Entwurf für den Kirchenneubau geliefert. Nach seinem Plan ist auf der Baustelle der Grundriß abgesteckt worden. Sei es in Folge von Arbeitsüberlastung, sei es, weil man ihn absichtlich nicht gerufen hat, ist Wiesenfeld aber insgesamt nur dreimal von Laubach nach Unterreichenbach herübergekommen. Auf den Fortgang der Bauarbeiten im einzelnen hatte er folglich nur geringen Einfluß. Die Ausführungspläne und vermutlich auch Kopien des Wiesenfeld'schen Risses, die an die einzelnen Handwerker gegeben wurden, hatte dagegen Diemar gezeichnet, wobei er Gelegenheit hatte, die Pläne nach seinen Vorstellungen bzw. denen seiner Auftraggeber zu überarbeiten. Wiesenfelds Planzeichnungen – er selbst erwähnt „verschiedene grund= auf und profill= wie auch Cantzel=Riße“[1106] – sind nicht erhalten. Diemar hatte die Bauleitung vor Ort inne und war dementsprechend der Ansprechpartner sowohl der Unterreichenbacher Gemeindevertreter als auch der Birsteiner Beamten. In den Augen der Zeitgenossen wie der Nachwelt blieb somit der Unterreichenbacher Kirchenbau mit seinem Namen verbunden.[1107]

USINGEN, REFORMIERTE KIRCHE

Stadt Usingen, Hochtaunuskreis, Hessen
Baudaten: 1700–nach 1705; nach der Union profaniert
Konfession: reformiert
Landesherrschaft: Gefürstete Nassau-Usingen
Patron: Landesherr
Architekt: Benedikt Burtscher
Bauaufgabe: städtische Pfarrkirche einer Minderheit

Abbildungen 54, 55, 143, 241

Baugeschichte:

Am 8. August 1700 fand der erste reformierte Gottesdienst in Usingen statt, zunächst noch provisorisch im Rathaus, und am folgenden Tag legte man den Grundstein zu der neuen reformierten Kirche.[1108] Im Mai 1701 waren Maurer und Zimmermann an der Arbeit; alles hing an Baumaterialfuhren, um welche die Kanzlei in den umliegenden Gemeinden nachsuchte. Zwischen 1699 und 1708 waren mehrere Kollektanten durch fast das ganze Reich, die Schweiz und die Niederlande unterwegs, die eine erkleckliche Summe zusammenbrachten. Ende Oktober 1701 war der Bau soweit vorangeschritten, daß das Dach aufgeschlagen werden konnte. Am 20. November begannen die Zimmerleute mit dem Aufschlagen des Turmes. Im März 1702 wurde über den Kauf von Schiefersteinen quittiert, in demselben Jahr auch über Nägel „zu der Kirchen gewelb“. Bis 1702 war die Kirche in jedem Fall unter Dach. 1701 und 1702 war auch der Schreiner schon an der Arbeit. Die Innenausstattung nahm jedoch noch einige Zeit in Anspruch, zumal die finanzielle Situation der gerade erst vor kurzem gegründeten Gemeinde, die auf eigene Kosten bauen mußte, trotz der reichen Kollekten nicht gerade rosig zu nennen war. Die Baurechnung wurde am 4. Mai 1705 vorgelegt. Um die Führung jener Baurechnung gab es einige Jahre später allerhand Kontroversen bis hin zu einem Prozeß zwischen der reformierten Gemeinde, dem Oberamtmann sowie dem Kollektanten und rechnungsführenden Kirchenältesten Jakob Oser. Daher existieren für die Bautätigkeit und Finanzierung bis zum Jahre 1705 zahlreiche Belege.[1109] In diesen fehlt jedoch der Innenausbau ebenso wie das genaue Datum der Fertigstellung und Einweihung. Noch 1705 schrieb der Pfarrer, die Kinder müßten auf langen Bänken im Staube sitzen.[1110] Die Kirche hatte also noch keinen Fußbodenbelag. Folglich war das Kirchengebäude im Innern noch nicht endgültig fertiggestellt, als die Baurechnung von 1705 aufgestellt wurde.

Nach der Union wurde das Kirchengebäude von der evangelischen Gemeinde nicht mehr benötigt, da die wesentlich größere lutherische Stadtpfarrkirche zur Verfügung stand. Die reformierte Kirche wurde in der

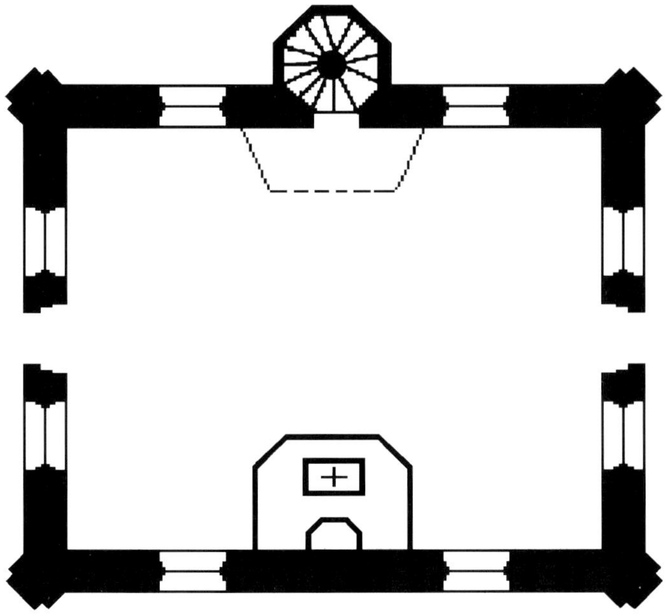

241 Usingen, ehem. ref. Kirche, Grundriß

Folgezeit zu einer Schule umgebaut, eine Zwischendecke wurde eingezogen und das Innere vollständig verändert. Die Kanzel, die Orgel und der hölzerne Abendmahlstisch wurden an Gemeinden in der Umgebung verkauft.[1111] Ein erneuter Umbau erfolgte 1993; seitdem beherbergt das Gebäude die Stadtbücherei.

WABERN, EV.-REF. PFARRKIRCHE

Gemeinde Wabern, Schwalm-Eder-Kreis, Hessen
Baudaten: 1722–ca. 1726
Konfession: reformiert
Landesherrschaft: Landgrafschaft Hessen-Kassel
Patron: Landesherr
Architekt: unbekannt
Bauaufgabe: ländliche Pfarrkirche mit höfischer Nutzung

Abbildungen 17, 117, 162, 242, 243

Baugeschichte:

Im Türsturz über dem Ostportal der Kirche befindet sich eine Inschrift mit der Jahreszahl 1722, wonach der Kirchenbau für gewöhnlich datiert wird.[1112] Wichtige Informationen über den Bauverlauf liefern darüber hinaus zwei Rechnungsbände über die Ausgaben der Jahre 1722 und 1723. Erste Pläne, in Wabern ein neues Gotteshaus zu errichten, hatte es demnach schon lange vor dem tatsächlichen Baubeginn gegeben. Bereits 1716 stiftete der Landgraf eine Summe von 100 Reichstalern für seinen Kirchenstand, und das Konsistorium steuerte seinerseits 150 Reichstaler zum Kirchenbau bei. Zwei Jahre später wurde eine landesweite Kollekte zugunsten des Waberschen Kirchenbaus bewilligt und durchgeführt. Anfang 1722 wurden Baumaterialien gekauft und Verträge mit Handwerkern geschlossen. Der Monat Juni brachte den eigentlichen Baubeginn. Die Grundsteinlegung wurde am 23. Juni 1722 feierlich begangen. Über den Sommer schritten die Bauarbeiten rasch voran, so daß das Ziel, den Rohbau vor Einbruch des Winters unter Dach zu bringen, erreicht wurde. Im zweiten Jahr gingen die Bauarbeiten wesentlich schleppender voran, denn langsam wurde das Geld knapp. Zwar bewilligte das Konsistorium Zuschüsse in Höhe von 150 Reichstalern, aber das Kollektengeld war verbraucht.[1113] Um die Jahreswende 1723/24 sah sich die Gemeinde Wabern vor leeren Kassen und einer leeren Kirche. Der Rohbau war vollendet, wohingegen der gesamte Innenausbau noch fehlte. Ende Januar 1724 ging beim Konsistorium eine Bittschrift ein, worin die Gemeinde noch einmal um Unterstützung nachsuchte. Die dem Schreiben beiliegende Liste der noch ausstehenden Arbeiten beinhaltet neben dem Steinplattenbelag des Fußbodens, den Treppenstufen

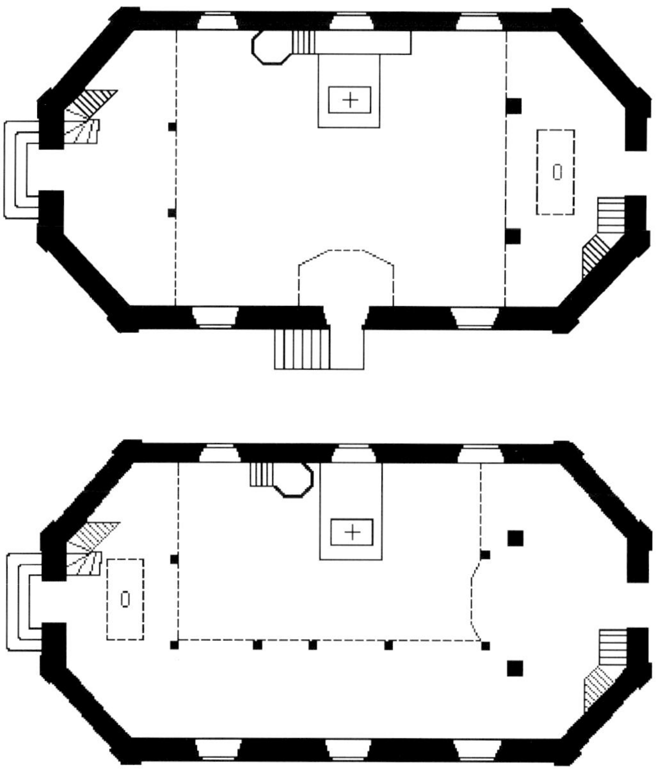

242 Wabern, ev.-ref. Pfarrkirche, Grundriß
oben: Zustand bis 1889
unten: heutiger Zustand

vor den Türen, dem Podest unter dem Altar und den Kirchenbänken für die Gemeinde auch sämtliche Arbeiten an der herrschaftlichen Loge einschließlich der außen verlaufenden Zugangstreppe. Allein die Baukosten für die Loge des Landgrafen wurden auf über 100 Reichstaler geschätzt. Eine Summe in dieser Höhe hatte der Landgraf vor Baubeginn für seinen Kirchenstand gestiftet. Das Geld war aber längst in den allgemeinen Ausgaben versickert.[1114]
Der Antrag geschah zu einem denkbar ungünstigen Zeitpunkt. Landgraf Karl erkrankte im Jahre 1724 schwer und war aufgrund seiner „Indisposition“ zeitweise außerstande, die Regierungsgeschäfte zu führen.[1115] Das Gesuch der Gemeinde Wabern blieb bei den Behörden liegen. Die Gemeinde wandte sich letztendlich mit einer Bittschrift an den Landgrafen selbst.[1116] Es dauerte bis Mai 1725, bis der mittlerweile genesene Regent selbst eine finanzielle Unterstützung für die Fertigstellung des Gotteshauses in Wabern beschloß.[1117] Somit stand wieder Bargeld zur Verfügung, um das Gotteshaus endgültig fertigzustellen. Über diese zweite Bauphase, die im Sommer 1725 begann, existieren weiter keine Dokumente. Die Namen der beteiligten Handwerker sind ebenso unbekannt wie der zeitliche Verlauf der Arbeiten, das Jahr der Vollendung der Kirche oder gar das Datum der Einweihung. Einem Eintrag aus der Gotteskastenrechnung von 1726 zu-

folge ließ die Gemeinde in jenem Jahr ein neues Altartuch anfertigen – möglicherweise ein Hinweis auf die kurz bevorstehende Einweihung.[1118] Damit ergibt sich also eine Gesamtbauzeit von 1722 bis ca. 1726.
Besser dokumentiert als der Kirchenbau selbst sind die Umgestaltungen des späten 19. Jahrhunderts. Die Kirchengemeinde stellte 1882 zum wiederholten Male einen Antrag auf Überlassung der herrschaftlichen Loge. Die Männersitze auf den Emporen reichten nicht mehr aus, während die Loge seit langem leerstand. Rechtliche Fragen standen dem erwünschten Umbau der Kirche im Wege: Die Verfügungsgewalt sowohl über den herrschaftlichen Stand oben als auch über die Stände für die niederen Hofbediensteten unten lag nach wie vor bei der Landesherrschaft und hing an dem ungeklärten Schicksal des damals ungenutzten Schlosses Karlshof. Pfarrer Suavedissen kündigte bereits 1882 an, daß die Gemeinde beabsichtigte, die Emporenanlage zu verändern. Die Fürstenloge sollte verlängert und mit den Emporen an den Schmalseiten verbunden werden.[1119] Im Jahr 1889 wurde dieses Projekt in Zusammenhang mit einer Kirchenrenovierung in Angriff genommen.[1120] Die Herrschaftsloge wurde durch die heute noch vorhandene durchgehende Nordempore ersetzt. Die Außentreppe existiert nicht mehr, und anstelle des Eingangs ist ein Fenster eingesetzt worden.
Die Orgel stand ursprünglich auf der Westempore hinter der mittleren Arkade, später (vermutlich gleichzeitig mit der Entfernung der Loge und dem Einbau der neuen Nordempore) ist die Westempore, die wohl anfangs zwi-

243 Wabern, ev.-ref. Pfarrkirche, Innenraum, Aufnahme vor 1909

schen den Arkadenpfeilern eingespannt war, nach vorn verlängert und die Orgel vor den Mittelbogen gestellt und durch ein Schwellwerk erhöht worden. Jenen Zustand zeigt die historische Aufnahme (Abb. 243). Seit den 1970er Jahren steht die Orgel auf der Ostempore. Das Werk ist damals erneuert worden, doch der Prospekt, dessen Rocaille-Ornamentik eine Datierung um die Mitte des 18. Jahrhunderts nahelegt[1121], hat sich erhalten.

Architekt:

Als Entwerfer der Kirche in Wabern sind in der bisherigen Forschung drei Namen im Gespräch: Maurermeister Lorenz Gruber, Landbaumeister Giovanni Ghezzy und Baudirektor von Hattenbach.[1122] Lorenz Gruber scheidet dabei mit Sicherheit aus. Der wahrscheinlich aus Tirol stammende Gruber führte als Maurermeister den Kirchenbau aus. Daß er auch den Entwurf erstellt haben soll, ist dagegen äußerst unwahrscheinlich. In einem Staat mit einer organisierten Baubehörde, zu der mehrere voll ausgebildete Baumeister gehörten, ist der Entwurf für ein solches Projekt, das die landesherrliche Regierungsgewalt repräsentieren sollte, garantiert nicht einem dörflichen Maurermeister übertragen worden. Grundsätzlich kommt jeder Baumeister, der in Diensten des Kasseler Hofes stand, und jeder Mitarbeiter der Baubehörde in Frage. Auch der in Wabern am Jagdschloß Karlshof tätige Burggraf und Bauschreiber Stauch, der während der Bauzeit die Bauleitung innehatte und die Baurechnung führte, könnte theoretisch den Plan erstellt haben. Der Name des Architekten, der tatsächlich den Entwurf für das neue Gotteshaus in Wabern geliefert hat, bleibt daher mangels Quellen unbekannt.

WEILBURG, SCHLOSS- UND STADTKIRCHE

Stadt Weilburg, Kreis Limburg-Weilburg, Hessen
Baudaten: 1707–1713
Konfession: lutherisch
Landesherrschaft: Grafschaft Nassau-Weilburg
Patron: Landesherr
Architekt: Julius Ludwig Rothweil
Bauaufgabe: Residenzkirche

Abbildungen 40–45, 50, 154, 159, 168, 244

Baugeschichte:

An Dokumenten aus der Bauzeit der Kirche selbst scheint insgesamt nur sehr wenig erhalten zu sein. Schon im Jahre 1781 klagte der Regierungsrat Medicus, als er alle vorhandenen Schriftstücke über die umstrittene Bau- und Unterhaltspflicht an dem Kirchengebäude zusammenzustellen hatte, daß aus der Bauzeit

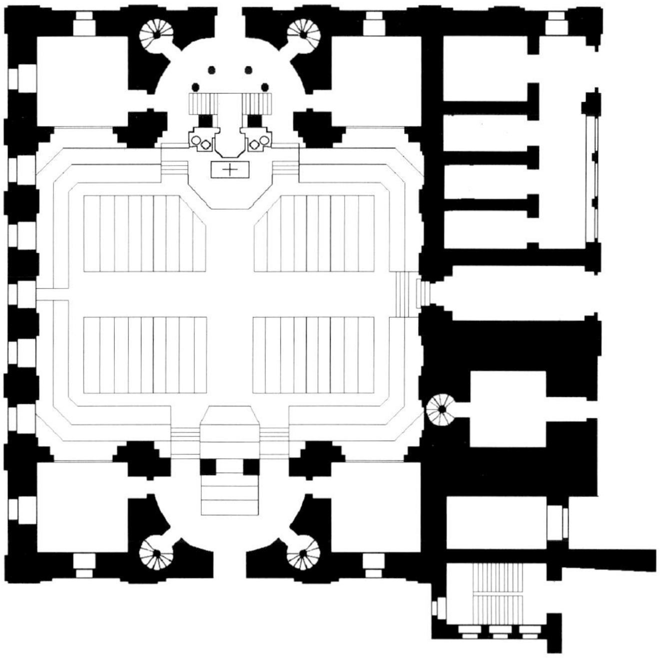

244 Weilburg, Schloßkirche, Grundriß

der neuen Schloß- und Stadtkirche kaum Unterlagen erhalten wären.[1123] Die Aktenstücke, auf die Medicus Bezug nahm, fanden sich sämtlich im Hauptstaatsarchiv Wiesbaden. Schon vor über 200 Jahren suchte man also vergeblich nach darüber hinausgehenden Aktenbeständen über den Kirchenbau.
Der erste Kostenvoranschlag datiert von Oktober 1706.[1124] Anfang des Jahres 1707 begann man in Weilburg mit dem Abriß der mittelalterlichen Kirche, nachdem am 22. Januar die letzte Taufe in ihr stattgefunden hatte.[1125] Die Kirchenbaurechnung verbucht für den 7. Februar eine Ausgabe für Schnur, die gebraucht wurde, als die in der Kirche befindlichen Schränke mit den „Pfarr und Kirchen Documenta" ausgeräumt wurden.[1126] Ende des Jahres entstand ein neuer Kostenüberschlag, der vor allem darüber Aufschluß liefert, wieviel von der Substanz des Turmes von der Vorgängerkirche stammt: „It[em] von oben biß der Mauer an der Kirchen gleich das Mauerwerk abzubrechen ... Ferner den Thurn wiederumb auffzumauern mit bessern Steinen wohlverbunden und versehen und geanckert ..."[1127] Das Mauerwerk des Turmes wurde demnach bis zur Traufhöhe des Gemeinderaumes (wobei aus dem Text nicht hervorgeht, ob der alte oder der neue Gemeinderaum gemeint war) abgebrochen. Bis zu dieser Höhe steckt im Turm also noch mittelalterliche Substanz. Die darüberliegenden Geschosse wurden 1708–09 aufgemauert. 1708 war auch der Dachstuhl fertiggestellt, 1709 der Glockenstuhl in dem aufgestockten Kirchturm. Der Graf ließ 1708 drei neue Glocken für die Kirche gießen, deren größte, die sogenannte Mittagsglocke, in einer Inschrift den Namen des landesherrlichen Stifters nannte.[1128]

Eine weitere Aufstellung der noch zum Kirchenbau benötigten Materialien, Fuhren und Lohnkosten, die Anfang des Jahres 1710 erstellt wurde, umfaßt im wesentlichen den Innenausbau. Das Bauwerk muß zu diesem Zeitpunkt im Rohbau bereits fertiggestellt gewesen sein. Es fehlten neben der gesamten Innenausstattung noch die Fensterverglasungen und das Deckengewölbe. Für die Einrichtung des Kirchenraumes wurden insgesamt knapp 10.000 Gulden veranschlagt, davon je 2.000 für die Orgel und den Arbeitslohn des Stuckateurs.[1129] Der Akkord mit Andrea Gallasini, worin die auszufuhrenden Stuckarbeiten im Kirchenraum und in der Loge beschrieben sind, datiert vom 25. Januar 1710.[1130] Im Mai 1711 war die Orgel bereits im Bau.[1131] Nach fünfjähriger Bauzeit konnte am 12. Januar 1712 das erste Kind in der neuen Kirche getauft werden. Der Innenausbau zog sich aber noch bis 1713 hin.[1132]

Architekt:

Der Architekt des Kirchengebäudes war Julius Ludwig Rothweil, der nassau-weilburgische Landbaumeister, in dessen Händen die Leitung des gesamten Residenzausbaus lag. Rothweil stand ab 1702 in Diensten des Grafen von Nassau-Weilburg und war verantwortlich für das gesamte Schloß-, Stadt- und Landesbauwesen. Belege für Rothweils Tätigkeit an der Schloßkirche selbst finden sich in den spärlichen Quellen aus der Bauzeit allerdings nicht.[1133] Einige Schreiben aus späterer Zeit nehmen aber auf Rothweils Tätigkeit Bezug. Als beispielsweise in den 1740er Jahren Reparaturen an der Kirche anstanden, ordnete Fürst Carl August an, daß „darüber auch der H[err] Major Rhodweil, als gewesener Baumeister, zu Rath zu ziehen seye."[1134]

WÖLFERSHEIM, EV.-REF. PFARRKIRCHE

Gemeinde Wölfersheim, Wetteraukreis, Hessen
Baudaten: 1717–1720 und 1737–1741
Konfession: reformiert
Landesherrschaft: Grafschaft Solms-Braunfels
Patron: Landesherr
Architekten: Meyer (1717–1720); Johann Wüstenfeld (Wiesenfeld) (1737–1739); Johann Ludwig Knoch (1739–1741)
Bauaufgabe: ländliche Pfarrkirche in Amtsort

Abbildungen 61–63, 125, 152, 161, 245–257

Baugeschichte und Architekten:

Die Datierungen des Wölfersheimer Kirchenbaues in der Literatur sind uneinheitlich und, wie die Durchsicht der Bauakten ergeben hat, sämtlich nicht korrekt. Die Ortschronik datiert den Bau „etwa vom Jahre 1733" bis 1740.[1135] Ilse-Käthe Dött nennt nach Adamy ebenfalls die Daten 1733–40.[1136] Diehl datiert den Rohbau auf 1717–31, den Innenausbau auf 1731–40.[1137] Dehio gibt zwei Bauphasen von 1717–31 und von 1733–41 an.[1138] Die Denkmaltopographie erwähnt nur die Eckdaten 1717 und 1740.[1139] Eugen Rieß benennt die genauen Daten von Grundsteinlegung (29. Juni 1717) und Einweihung (22. Mai 1741), weist die Beteiligung Johann Ludwig Knochs als Architekt nach und referiert eine Reihe von Quellen, die den tatsächlichen Bauverlauf bereits ahnen lassen, ohne daß er jedoch die entscheidenden Schlüsse zieht.[1140]
Vermutlich war es nicht die Wölfersheimer Gemeinde, die den Anstoß zum Kirchenneubau gegeben hat, sondern die Initiative ging im wesentlichen vom Landesherrn und Patron aus. Vom 15.–17. Juli 1716 hielt sich Wilhelm Moritz nachweislich in Wölfersheim auf.[1141] Dieser Besuch könnte mit dem Planungsbeginn in Zusammenhang stehen. Die Bauarbeiten begannen am 14. April 1717, als Maurermeister Thomas Sendker und seine Gehilfen anfingen, die Steine zu brechen und die Fundamente auszuheben.[1142] Am 29. Juni fand die Grundsteinlegung statt.[1143] Zunächst ging der Bau zügig voran, wie die Abrechnungen mit den Steinhauern und Maurern beweisen. Doch schon 1718/1719 zeichneten sich Finanzierungsschwierigkeiten ab.[1144] Nach 1720 sind in den Kirchenbaurechnungen vorerst keine Baumaßnahmen mehr nachweisbar. Daraus folgt, daß die Arbeiten ab 1720/1721 zum Stillstand kamen. Bis zu diesem Zeitpunkt waren die Außenmauern fertiggestellt, ebenfalls die Aufmauerung des Turmschaftes bis

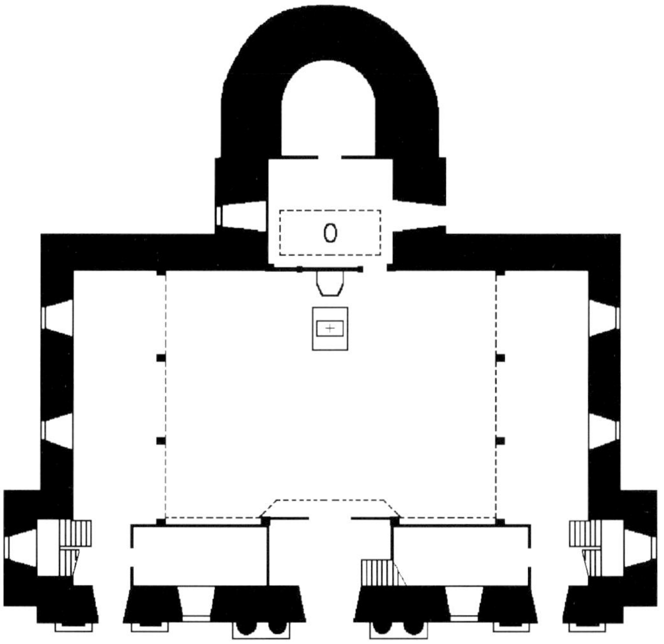

245 Wölfersheim, ev.-ref. Pfarrkirche, Grundriß

246 Wölfersheim, Bauinschrift über dem Hauptportal

zu seiner heutigen Höhe, da sich in der zweiten Bauphase keine größeren Maurerarbeiten mehr nachweisen lassen. Ein Dach und einen Turmabschluß besaß die neue Kirche hingegen noch nicht, bestenfalls eine Notverdachung. Die Hauptfassade der Kirche ist hingegen bereits in dieser ersten Phase entworfen und ausgeführt worden. Das belegt insbesondere ein Bericht über die von den Ortenberger Steinhauern angefertigten Probestücke zum „Haubt Gesimbs“ (Gebälk) vom 21. Mai 1718.[1145] Das Schriftstück ist nicht unterschrieben, doch sein Verfasser war wohl jener Baumeister, dessen Zehrgeld einige Tage später in der Kirchenbaurechnung vermerkt wurde.[1146] Aus den Abrechnungen mit den Maurern geht hervor, daß Säulen und Gebälk vor September 1719 eingesetzt wurden.[1147]

Der Name des Baumeisters, der den ersten Entwurf für die Wölfersheimer Kirche und damit für die Fassade erstellt hat, war bisher unbekannt. Die Kirchenbaurechnungen von 1718 und 1719 nennen jedoch einen Baumeister Meyer,[1148] der identisch sein dürfte mit jenem Baumeister Meyer aus Wetzlar, der um 1720 die Pläne für den Ausbau des Braunfelser Schlosses entwarf.[1149] Dieser ist im Jahre 1711 als Stuckateur und Baumeister in braunfelsische Dienste getreten.[1150] 1716 war er in Wölfersheim tätig, und zwar am Herrschaftlichen Haus. Ein Vergleich eines diesbezüglichen Schreibens[1151] an den Grafen, das Meyers Unterschrift trägt, mit dem Bericht über die Arbeit der Steinmetzen ergab, daß beide Schriftstücke mit großer Wahrscheinlichkeit von derselben Hand stammen. Folglich wäre der Entwurf der neuen Wölfersheimer Kirche Meyer zuzuschreiben, der als solms-braunfelsischer Hofbaumeister angesehen werden kann.

Für rund 17 Jahre lassen sich keinerlei Baumaßnahmen an der neuen Kirche mehr nachweisen. Offenbar rechnete man in den 1720er Jahren nicht damit, daß die Bautätigkeit bald wieder aufgenommen würde. Der Grund waren Finanznöte: Die Kirche war für die Gemeinde zu groß und zu aufwendig begonnen. Dennoch hatten sich die Wölfersheimer nicht damit abgefunden, auf ewig in ihrer kleinen verfallenden Kapelle zu beten, mit der Bauruine der neuen Kirche vor Augen. Der neue Pfarrer Schmitthenner, seit Juni 1731 im Amt, richtete schon knapp drei Monate später ein Schreiben an die Landesherrschaft, worin er an einen schwebenden Reichskammergerichtsprozeß erinnerte und anfragte, wann die Gemeinde damit rechnen könnte, zu ihrem Vermögen zu kommen.[1152] Dieses Vermögen hatte eine komplizierte Vorgeschichte.[1153] Es handelte sich um eine Forderung des ehemaligen neuwiedischen Hofmeisters Wilhelm von Keller in Höhe von 2000 fl. an seinen Dienstherrn, den Grafen von Wied, die auf das Jahr 1663 zurückging. Kellers Neffe und Erbe, der in Wölfersheim ansässige Johann Wilhelm von Pappenheim, übertrug diese Forderung an die Kirchengemeinde. Da Neuwied nicht zahlte, kam es zu einem Prozeß vor dem Reichskammergericht, welcher alles in allem 34 Jahre gedauert haben soll.[1154] Offenbar kam durch das Eingreifen Pfarrer Schmitthenners der Prozeß in Wetzlar wieder in Gang. Der Graf von Neuwied wurde verurteilt, der Gemeinde Wölfersheim eine Summe von 6000 fl. auszuzahlen, was nach mehrjährigen Verhandlungen im Frühjahr 1737 geschah.[1155] Nach Abzug von Verwaltungs- und Prozeßkosten wurde die verbleibende Summe von 5640 fl. dem Pfarrer Schmitthenner in insgesamt zehn Raten ausgehändigt.[1156] Sämtliche Quellen verzeichnen diese Geldsumme als Donation des Herrn Johann Wilhelm v. Pappenheim, so auch die Inschrift über dem Mittelportal (Abb. 246), wo es heißt, die Kirche sei „durch donation des H[errn] J[ohann] W[ilhelm] v[on] Pappenheims a 6000 [Gulden] ... ausgebauet worden“. Als am 20. März 1737 die erste Teilzahlung aus Neuwied eingegangen war, stand einer Wiederaufnahme der Bauarbeiten nichts mehr im Wege. Die Leitung übernahm diesmal der Pfarrer, der sämtliche Handwerkerverträge selbst schloß und ständig in Sachen Kirchenbau unterwegs war. Am 14. Juni wurde mit dem Hanauer Holzhändler Häusser der Kaufvertrag für das Bauholz vereinbart. In dem Vertrag sind die Maße der benötigten Hölzer genau beschrieben; eindeutig zu identifizieren sind die beiden Deckenträger und die Dachsparren. Demnach umfaßte dieser Kaufvertrag das gesamte Holz für die tragenden Konstruktionen in Dachstuhl und Turmhaube ebenso wie im Innenausbau. Am 3. Juli unterzeichnete der Zimmermann den Akkord über die Zimmerarbeit an Dachstuhl, Turm und Innenausbau.[1157] Diese beiden Quellen belegen, daß Dachstuhl und Turmhaube erst ab 1737 errichtet worden sind. Die bisher übliche Datierung der Turmhaube in die 1720er Jahre[1158] ist damit nicht mehr zu halten. Der Zimmermann hat vermutlich noch in demselben Jahr die Gebinde für den Dachstuhl vorgefertigt. Am 17. März 1738 wurde der Vertrag mit den Steindeckern geschlossen.[1159] Im Juli 1738 wurden die Mauern von Gemeinderaum und Turm oben begradigt, damit die Dachkonstruktion aufgesetzt werden konnte; Ende des Monats fand das „auffschlagen und Crantzstecken" statt.[1160]

Der Auftrag, den Innenausbau zu entwerfen, ging zunächst an den Bauschreiber Johann Wüstenfeld in Laubach. Wüstenfelds Pläne[1161] (Abb. 247–253) zeigen noch eine etwas andere Disposition der Hauptstücke, als sie letztlich realisiert worden ist, nämlich einen zum Gemeinderaum offenen Chor, an dessen rechtem Pfeiler die Kanzel angebracht ist. Der Altar steht, in die Choröffnung hineingezogen, in einer Flucht mit der Nordwand des Gemeinderaumes. Entlang der seitlichen Chorwände ziehen sich die Pfarrstühle, in den rechten ist der Kanzelaufgang integriert. In den Chor ist die Orgelempore eingezogen, die zusätzlich auf vier Stützen ruht. Die vorderen Stützen rahmen einen Triumphbogen. Wüstenfeld sah an den Schmalseiten zweigeschossige Emporen mit Flachdecken vor, an der südlichen Längswand dagegen nur ein Emporengeschoß. Den Mittelraum einschließlich der Südempore sollte ein Kuppelgewölbe überspannen. Entlang der Wände plante er verglaste Stände, die sich bis in den Chor hineinziehen.

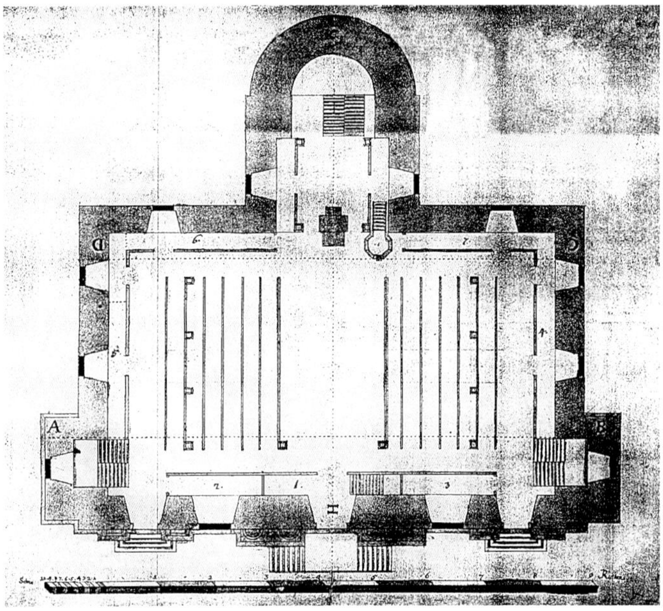

247 Wölfersheim, ev.-ref. Pfarrkirche, Entwurf von Johann Wüstenfeld für die Innenausstattung, Erdgeschoß,1738 FSBA A.69.2, Sign. III.835

248 Wölfersheim, ev.-ref. Pfarrkirche, Entwurf von Johann Wüstenfeld für die Innenausstattung, Emporengeschoß,1738 FSBA A.69.2, Sign. III.835

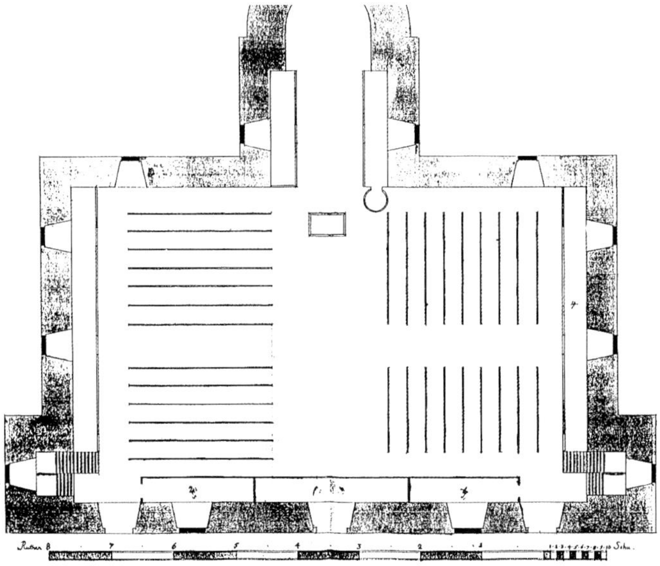

249 Wölfersheim, ev.-ref. Pfarrkirche, zweiter Entwurf von Johann Wüstenfeld mit zwei Varianten zur Aufstellung des Gestühls; FSBA A.69.2, Sign. III.835

250 Wölfersheim, ev.-ref. Pfarrkirche, Entwurf von Johann Wüstenfeld für Fassadenabschluß und Turmhaube, 1738 GhK 2° Ms. Hass. 707

251 Wölfersheim, ev.-ref. Pfarrkirche, Entwurf von Johann Wüstenfeld für die Innenausstattung, Längsschnitt mit Chor und Orgel, 1738; GhK 2° Ms. Hass. 707

252 Wölfersheim, ev.-ref. Pfarrkirche, Entwurf von Johann Wüstenfeld für die Innenausstattung, Längsschnitt mit Logen auf der Südempore, 1738; GhK 2° Ms. Hass. 707

253 Wölfersheim, ev.-ref. Pfarrkirche, Entwurf von Johann Wüstenfeld für die Innenausstattung, Schnitt durch Turm, Chor und Gemeinderaum, 1738; GhK 2° Ms. Hass. 707

254 Wölfersheim, ev.-ref. Pfarrkirche, Kanzelwand, Zustand 1905. Die ehemalige Orgelempore ist mit einem Teil der Logenfront verschlossen worden.

Wüstenfelds Chorlösung mit der Kanzel am rechten Pfeiler des Triumphbogens griff letztendlich eine schon seit langem übliche Anordnung wieder auf, wie sie bereits um die Mitte des 16. Jahrhunderts bei der Stuttgarter Schloßkapelle (Abb. 6) vorkam. Die dreiseitige Emporenanlage des Gemeinderaums in den Plänen entspricht dem ausgeführten Zustand, abgesehen davon, daß hier die Stützen bis zur Decke hochgeführt werden und jede Schmalseite vier statt drei Interkolumnien besitzt. Auf den Seitenemporen sind nur zwei Bankreihen vorgesehen. Die Südempore trägt in der Mitte die fürstliche Loge, welche einen eigenen Treppenaufgang erhält, und beiderseits Logen mit je zwei Bankreihen. Über die ganze Breite der Südempore zieht sich die Fensterfront der Logen (Abb. 252). Auch im Erdgeschoß sollte der mittlere Teil unter der Südempore verglast werden. Im Erdgeschoß stehen zwei Gestühlsblöcke mit durchgehenden Bankreihen einander gegenüber. Ringsherum verlaufen besondere Stände an den Außenwänden entlang.

Auf diesen Entwurf bezieht sich eine Bittschrift des Wölfersheimer Pfarrers Schmitthenner. Die Gemeinde hätte „sonderlich die weiberstühl gerne reguliret". Der Pfarrer begründete dieses Ansinnen damit, daß im Chor um den Altar zuwenig Platz wäre. In Wölfersheim wünschte man sich eine Anordnung der Bänke in vier Blöcken, zwischen denen kreuzförmige Gänge („Creutzgang") frei bleiben sollen.[1162] Wüstenfeld zeichnete daraufhin einen neuen Grundriß der Kirche (Abb. 249), in dem er zwei mögliche Varianten vorstellte: Die Bänke sollten entweder, wie bisher, in Querrichtung oder aber mit Blick zur Altarseite aufgestellt werden. Die Gänge setzte er in die Achse des mittleren Fensters der Seitenwand, obwohl dadurch die Symmetrie verletzt wird.

Der endgültige Entwurf des Innenraumes (Abb. 257) ist ein Werk des braunfelsischen Baudirektors Johann Ludwig Knoch.[1163] Das Projekt wurde ihm in der ersten Hälfte des Jahres 1739 übertragen, wahrscheinlich deshalb, weil Wüstenfelds Entwürfe nicht zufriedenstel-

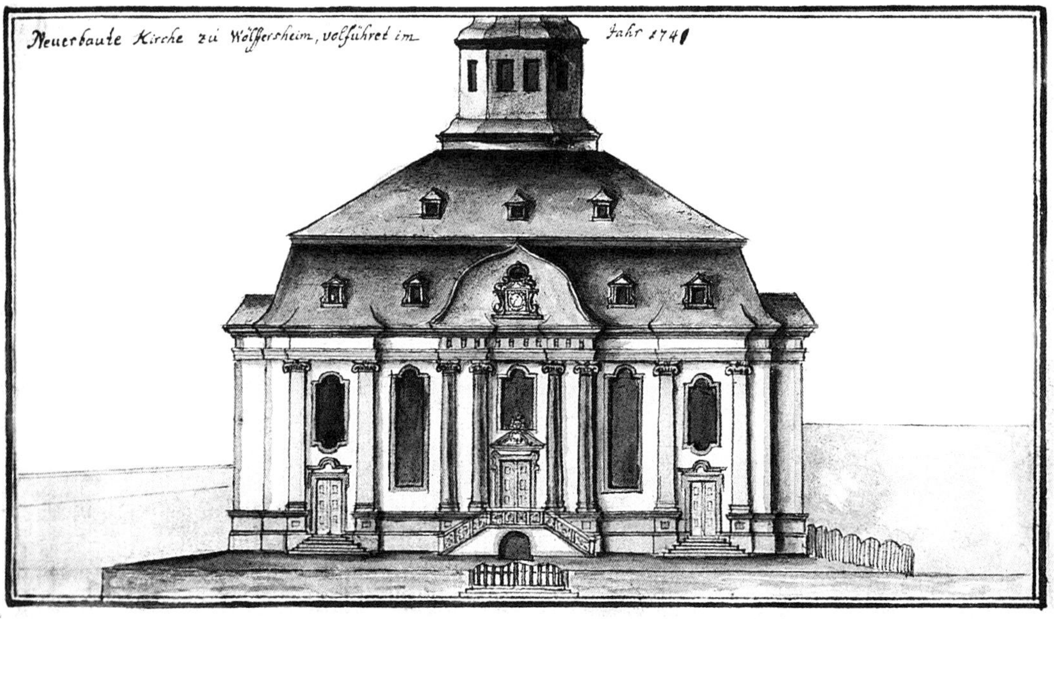

255 Wölfersheim, ev.-ref. Pfarrkirche, Ansicht der Hauptfassade, Zeichnung von Johann Ludwig Knoch, 1741. Die Uhr im Frontispiz wurde nicht ausgeführt. GhK 2° Ms. Hass. 707

len konnten. Der Grundriß zwingt eine derart konsequente Achsensymmetrie, wie sie am Ende realisiert worden ist, geradezu auf. Die wesentlichste Abweichung von Wüstenfelds Entwurf stellt die Kanzelwand dar: Der gesonderte Chorraum verschwand, es blieb der rechteckige Saal übrig. Der Abendmahlstisch wurde nach vorn gezogen, die Kanzel in die vertikale Achse der Hauptstücke eingefügt. Der Nebenraum erhielt zwei Zwischendecken. Knoch verzichtete auf das zweite Emporengeschoß an den Schmalseiten und verringerte die Tiefe der Empore. Das Gewölbe ersetzte er durch die wesentlich einfachere Konstruktion einer Flachdecke mit Voute, die ohne sichtbehindernde Stützen auskommt. Die Logenfront (Abb. 161) sollte bei Knoch als Betonung der Mittelachse ein Rundbogenfenster und an der Brüstung das Wappen des Bauherrn nebst einer Inschrift erhalten.

Die Form der Turmhaube hatte schon Wüstenfeld bei weitem eleganter geplant. Daß die heute noch sichtbare Form mit ihren drei gedrungenen Geschossen realisiert worden ist, ging auf eine eigenmächtige Entscheidung des Pfarrers zurück, worüber Knoch mit unmißverständlicher Verärgerung berichtete.[1164]

Am 22. Mai 1741, rund 24 Jahre nach Baubeginn, wurde die Kirche feierlich in Gebrauch genommen.[1165] Da kein Bericht vom Ablauf der Zeremonie überliefert ist, ist auch nicht bekannt, ob der Graf persönlich daran teilgenommen hat.

Im 18. und frühen 19. Jahrhundert hat das Kirchengebäude keine großen Veränderungen erfahren, es wurden nur geringfügige Ausbesserungen fällig. Schwerwiegende Folgen hatte hingegen der 10. November 1875: Bei einem Gewitter schlug der Blitz in den Kirchturm. Neben Schäden an Balkenwerk und Uhr wurde die Orgel irreparabel zerstört, Treppen und Kanzelwand beschädigt. Die heute noch vorhandene Orgel, erbaut von den Gebrüdern Bernhard aus Gambach, wurde im Herbst 1877 eingeweiht.[1166] Anstelle des alten Standortes auf der Kanzelempore hat man sich entschieden, die neue Orgel an den Platz der Fürstenloge zu bauen. Dies ist der einzige wirklich gravierende Eingriff, den der Innenraum im Laufe seiner Geschichte hinnehmen mußte. Ihr heutiges Erscheinungsbild verdankt die Kirche der Innen- und Außenrenovierung von 1979–1981.[1167]

Die erste, 1737–1741 errichtete und 1875 zerstörte Orgel hat über der Kanzelwand gestanden. Wie der Prospekt ausgesehen haben könnte, zeigt ein Schnitt Knochs (Abb. 257). Ursprünglich war die Orgelempore offen; ein Orgelprospekt aus der ersten Hälfte des 18. Jahrhunderts ließe sich ohne weiteres in den Bogen einpassen.

256 Wölfersheim, ev.-ref. Pfarrkirche, Alternativentwurf für den oberen Abschluß der Fassade von Johann Ludwig Knoch, 1741; GhK 2° Ms. Hass. 707

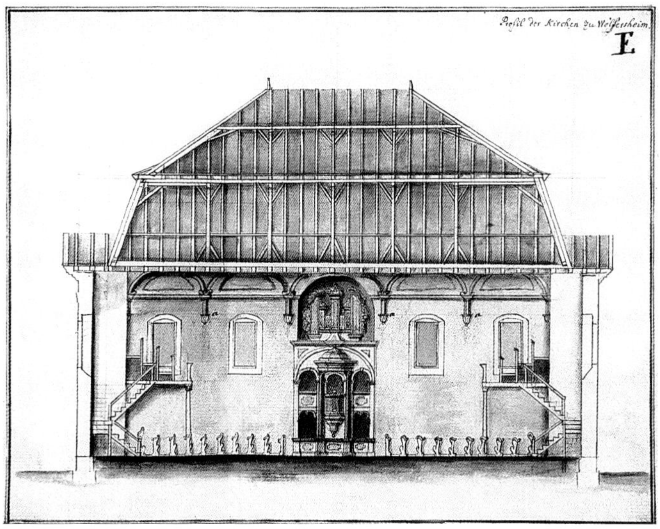

257 Wölfersheim, ev.-ref. Pfarrkirche, ausgeführter Entwurf von Johann Ludwig Knoch, Längsschnitt durch den Gemeinderaum, 1739; GhK 2° Ms. Hass. 707

Eine Fotografie von 1905 (Abb. 254) läßt erkennen, daß die Öffnung oberhalb der Kanzel mit einer Bretterwand zugesetzt worden ist. In die Wandfläche ist ein dreiachsiges Feld mit Pilastern eingefügt, dessen Aufbau eine beachtenswerte Ähnlichkeit mit dem der seitlichen Logen auf der Südempore hat. Die Folgerung drängt sich auf, daß es sich um die Front der Herrschaftsloge handelt, die 1875/77 hierher versetzt worden ist, um die klaffende Lücke zu schließen, die durch den Wegfall des Orgelprospekts entstanden war.

NACHWORT

„Dies Haus soll nun ein Beth-Haus seyn
Da Gott die Bether will erfreun
Kein Plauder- Schlaf- und Zeitungs-Haus
Weg! weg! mit solchen Greuln heraus!
Dadurchs zur Mord-Grub werden kann:
Das Werck des Herren fang hier an
Das dort im Himmel wird vollendt
Wenn alles Irdsche hat ein End."

Der Spruch, den der Zimmermann beim Richtfest der lutherischen Kirche in Rodheim im Oktober 1738 vortrug, enthält fromme Wünsche für das neue Gotteshaus und die Gemeinde, zeigt aber auch, daß es in der Kirche zu allen Zeiten auch sehr menschlich zugegangen ist, trotz aller Kirchenzucht. Bei meinen Forschungen stieß ich in den Archivalien immer wieder auf die Menschen der damaligen Zeit und ihre ganz persönlichen Anliegen und Eigenheiten, wodurch die Beschäftigung mit den alten Akten eine besondere Lebendigkeit erhielt.

Begegnungen mit Menschen haben jedoch auch in der praktischen Durchführung meines Vorhabens eine wichtige Rolle gespielt. Eine wissenschaftliche Arbeit dieses Umfanges ist nicht im Alleingang zu bewältigen. Viele Personen haben mir auf sehr unterschiedliche Weise zur Seite gestanden.

Zu Dank verpflichtet bin ich vor allem meinem Doktorvater, Herrn Prof. Dr. Ulrich Schütte, außerdem Herrn Prof. Dr. Michael Neumann für die Übernahme des Zweitgutachtens.

Mein Dank gilt weiterhin den Mitarbeiterinnen und Mitarbeitern des Hessischen Hauptstaatsarchivs Wiesbaden, des Hessischen Staatsarchivs Darmstadt, des Hessischen Staatsarchivs Marburg, des Landesarchivs Speyer, des Landesarchivs Saarbrücken, der Landes- und Hochschulbibliothek Darmstadt, des Zentralarchivs der Evangelischen Kirche in Hessen und Nassau in Darmstadt, des Landeskirchlichen Archivs der Evangelischen Kirche von Kurhessen-Waldeck in Kassel, des Zentralarchivs der Evangelischen Kirche der Pfalz in Speyer, des Landeskirchlichen Archivs in Braunschweig, des Generallandesarchivs Karlsruhe, des Niedersächsischen Staatsarchivs Wolfenbüttel und der Herzog August-Bibliothek Wolfenbüttel sowie der Murhardschen Bibliothek und des Stadtarchivs in Kassel. Darüber hinaus danke ich Herrn Petri, Bauabteilung der EKHN, Darmstadt; Frau Martha Kaethner, Stadtarchiv Usingen; Frau Ingeborg Diersch, Stadtarchiv Erbach im Odenwald; Herrn Dr. Klaus Peter Dekker, Fürstlich Ysenburg- und Büdingen'sches Archiv, Büdingen sowie Fürst von Isenburgisches Archiv, Birstein und Herrn Peter Schlagetter-Bayertz, Fürst zu Solms-Braunfelsisches Archiv, Braunfels.

Eine derartige Forschungsarbeit, die sich mit Objekten beschäftigt, zu denen zum Teil keine oder kaum Sekundärliteratur vorliegt, muß sich notgedrungen oft genug auf eigene Beobachtungen und Schlußfolgerungen stützen. Mehr noch ist sie angewiesen auf die Unterstützung kundiger Personen vor Ort, bei denen ich immer wieder auf Interesse und große Hilfsbereitschaft gestoßen bin: Pfarrerinnen und Pfarrer, Küsterinnen und Küster, Pfarramtssekretärinnen, Kirchenvorstandsmitglieder und nicht zuletzt an der Geschichte ihres Heimatortes Interessierte, deren Detailwissen mir ein ums andere Mal großen Respekt einflößte. Ihnen allen sei an dieser Stelle herzlich für ihre Unterstützung gedankt (in alphabetischer Reihenfolge der Orte):

Herrn Pfr. Dieter Ruhland, Bad Nauheim
Herrn Pfr. Bieber, Berg/Elsaß
Herrn Friedrich Theis M.A., Bicken
Frau Pfrin. Sabine Ruf, Bieber
Herrn Pfarrer M. Deutsch, Buchsweiler/Elsaß
Frau Minkel, Dissen
Herrn Pfr. Hans Huthmann, Eifa
Herrn Pfr. Uwe Handschuch, Eisemroth
Herrn Pfr. Dr. Ulrich Bock, Fritzlar
Herrn Pfr. Peter Rummer, Göllheim
Herrn Pfr. Klaus-Friedrich Rüb, Grävenwiesbach
Frau Pfrin. Doris Krause, Grifte
Frau Pfrin. Helga Göbel, Haldorf
Herrn Pfr. Konrad Well, Hanau-Kesselstadt
Frau Pfrin. Cornelia Wesseling und Herrn Pfr. Klaus-Gunther Wesseling, Heftrich
dem Kirchenvorstand der Kirchengemeinde Helpershain
Herrn Pfr. Christian Wachter, Hofgeismar-Gesundbrunnen
Herrn Pfr. Reinhard Runzheimer, Immenhausen
Herrn Pfr. Paul-Reinhard Geiß, Jugenheim/Rheinhessen
Herrn Pfr. Funk, Kirchheimbolanden
Herrn Dekan Peter Gbiorczyk und Herrn Pfr. Dr. Peter Henke, Frau Elsässer und Frau Emilie Steinhauser, Langenselbold
Herrn Pfr. i. R. Walter Mönner, vormals Kirchbracht
Herrn Pfr. i. R. Ernst Siegmund-Schultze, vormals Marköbel
Herrn Pfr. Andreas Weik, Meiches
Herrn Pfr. i. R. Gerold Grune, vormals Neunkirchen/Westerwald, sowie dem dortigen Kirchenvorstand

Frau Marianne Beckert und Herrn Pfr. Dr. Axel Erdmann, Ober-Eschbach
Herrn Pfr. William Thum, Ostheim b. Butzbach
Frau Müller, Küsterin der Lutherkirche Pirmasens
Herrn Pfr. Fritz Dahmen, Rodheim v. d. Höhe
Frau Pfrin. Lieselotte Hentschel und Herrn Paul Diehl, Ruppertsburg
Herrn Pastor Günter Bassen, Salzgitter-Salder
M. Pierre Martin, Association pour la Sauvegarde du Temple Réformé, Sarre-Union
Herrn Pfr. i. R. Joachim Schulze, Schlitz
Frau Pfrin. Dr. Karin Weisswange, Staden
Frau Pfrin. Birgit Paul und Herrn Pfr. Joachim Meier, Steinau a. d. Straße
Herrn Werner Cornelius, Tiefenbach
Herrn Pfr. Hans-Dieter Schindelmann, Treysa
Frau Pfrin. Brunhild Stephan, Unterreichenbach
Herrn Pfr. i. R. Karl Bernd Groß, Frau Pfrin. Dr. Regina Sommer und Herrn Pfr. Dr. Jochen Gerlach sowie Herrn Horst Schattner, Wabern
Herrn Pfr. Wilhelm Schmidt, Weilburg
Herrn Pfr. Wilhelm Brandt und Herrn Eugen Rieß, Wölfersheim
Herrn Günther Döring, Zennern

Für ihr Interesse, ihre Diskussionsbereitschaft und manchen wertvollen Hinweis danke ich Gerald Bamberger M. A., Dr. phil. Erika Dittrich, Uta Rhode M. A. und vor allem Michael Sprenger M. A, der freundlicherweise das Korrekturlesen des Manuskripts übernommen hat. Mein Dank geht auch an Mathias Engelbrecht für seine vielfache Unterstützung.

Weiterhin danke ich dem Team vom „Haus der Stille" Waldhof Elgershausen für Versorgung und Beistand während einer entscheidenden konzentrierten Arbeitsphase „in Klausur". Ein persönliches Dankeswort gilt Herrn Propst i. R. Hans Wilhelm Stein, Greifenstein-Rodenroth, der mir in einer schwierigen Zeit geholfen hat, die nötige Kraft zu finden, um diese Arbeit zum Abschluß zu bringen.

Ganz besonders danke ich meinen Eltern, die mich mein Studium hindurch begleitet und unterstützt haben. Dem Andenken meiner verstorbenen Mutter sei diese Arbeit gewidmet.

Karlsruhe, im Januar 2004
Kathrin Ellwardt

Anmerkungen

1 DÖTT 1955.
2 DÖTT 1955, S. 59–63.
3 KUNZENDORF 1992, S. 4 f.
4 SALTENBERGER 1984/85 zu Grävenwiesbach und Heftrich, ELSÄSSER 1987 zur französisch-reformierten Kirche in Erlangen, ELLWARDT 1993 zu Wölfersheim, RHODE 1994 zur Schloßkapelle in Eisenberg.
5 MORLOCK 1965.
6 SCHÖNFELD 1999, S. 17–19.
7 RASCHZOK 1988, Bd. I, S. 557.
8 KUNZENDORF 1992, S. 4.
9 Abgesehen von Berninis querovaler Kirche S. Andrea al Quirinale in Rom und anderen vereinzelten Ausnahmen, die jedoch zumeist Kapellenanbauten und keine freistehenden Kirchen sind, wie z. B. Florenz, Cappella Pazzi (Brunelleschi); Pescia, Madonna di Piazza (Cavalcanti): rechteckiger Quersaal ohne Kuppel. Querovale Wallfahrtskapellen finden sich zu Varallo, Orta, Varese. Querräume sind ferner Würzburg, Schönbornkapelle; Furth (Österreich), St. Magdalena; Zell am See (Österreich), Kalvarienkirche; Salzburg, Kajetanerkirche; Olmütz (Mähren), Wallfahrtskapelle; Clemenswerth, Schloßkapelle. DÖTT 1955, S. 3; KUNZENDORF 1992, S. 11.
10 Gerald Bamberger stellt einen unbezeichneten und undatierten Entwurf für eine Winkelhakenkirche vor, der aus dem Nachlaß des Kasseler Oberbaudirektors Heinrich Christoph Jussow stammt, also im Umfeld des Kasseler Landbauwesens gegen Ende des 18. Jahrhunderts entstanden sein dürfte. BAMBERGER 1999, S. 23–27.
11 GERMANN 1963, S. 107.
12 GROSZMANN, Dieter 1990, S. 143.
13 POSCHARSKY 1963, S. 65 f., Anm. 6.
14 KUNZE 1960, S. 217.
15 DÖTT 1955, S. 4.
16 So z. B. in TOURSEL-HARSTER / BECK / BRONNER 1995, S. 48 (Berg) u. 386 (Sarre-Union); Le Temple réformé de Sarre-Union 1992.
17 OZINGA 1929, S. 92.
18 GRASHOFF 1938, S. 16. Auch BIÉLER 1961 beschreibt nur die „disposition centrée typiquement réformée".
19 DÖTT 1955, S. 2.
20 SALTENBERGER 1984/85, S. 60.
21 „Die Entwicklung des Querraumes aufgefaßt als Umorientierung des Innenraumes von Longitudinalbauten macht das grundsätzlich disjunktive Verhältnis von innen und außen deutlich, das dem Architekten die Freiheit läßt, durch unterschiedliche Betonung der Achsen Innenraum und Außenbau entgegengesetzt zu gestalten. Die Überbewertung des Grundrißmusters wird der Erfassung des Typus' Querkirche im ganzen nicht gerecht; die ‚Ordnung der Kirchen nach Grundrißtypen' birgt somit methodisch bedingt die Gefahr der Fehlklassifizierung." SALTENBERGER 1984/85, S. 61 bezieht sich auf DÖTT 1955, S. 12.
22 GERMANN 1963, S. 107. - KUNZENDORF 1992, S. 8 bevorzugt die Definition Dötts, da diejenige Germanns „zu viele Grauzonen" biete.
23 KUNZENDORF 1992, S. 180. Ähnlich SALTENBERGER 1984/85, S. 60 f. Das Verhältnis von Außenbau und Innenraum in der evangelischen Sakralarchitektur kann in dieser Arbeit nur angedeutet werden, es wäre eine größer angelegte, eigenständige systematische Untersuchung wert. Vgl. dazu SCHÜTTE 1994, S. 201–208.
24 STURM 1712, o. S.
25 STURM 1718, S. 32.
26 Gutachten des Baudirektors Christian Ludwig Hermann, 1728 Mai 6. Abgedruckt bei DIEHL 1935, S. 768 f.
27 KUNZENDORF 1992, S. 13.
28 DEHIO 1982.
29 Gemeinde Bicken an Landesregierung in Dillenburg, 1786 Feb 3. HStA WI 173 Nr. 93. – Einen dramatischen Einzelfallbericht über die Kriegsereignisse den Dörfern Ettingshausen und Queckborn am Nordrand der Wetterau, der grundsätzlich auf die ganze Region übertragbar ist, liefert BETZ 1994.
30 „In Deutschland ist die sog. ‚Aufklärung' später als in England und den Niederlanden, später auch als in Frankreich zur Geltung gekommen. (...) Die Aufklärung setzte ihre Gedanken in eine allgemeine Denkweise um, in ein Programm des Handelns, das alle Bereiche des sozialen und kulturellen Lebens umfassen sollte. Beherrschende oder doch treibende Kraft ist sie in Deutschland allenfalls nach 1763 geworden..." VIERHAUS 2. Aufl. 1984, S. 107. Ebenso KLUETING 1989, S. 370.
31 WEX 1984, S. 238–240.
32 POSCHARSKY 1963, S. 18–21; FISCHER 1989, S. 261 f. Eigenständige Predigtgottesdienste in vorreformatorischer Zeit sind beispielsweise für Frankfurt nachgewiesen. BENAD (Hrsg.) 1987, S. 44.
33 POSCHARSKY 1963, S. 56 f.
34 Die Verhältnisse in der Augsburger Heilig-Kreuz-Kirche schildert anschaulich WEX 1984, S. 26–73, bes. 65 f.
35 DÖTT 1955, S. 10–13; POSCHARSKY 1963, S. 72–100; GROSZMANN, Dieter 1990 zusammenfassend zur Entwicklung in den Schloßkapellen des 16. Jahrhunderts.
36 KUNZENDORF 1992, S. 170–177.
37 MORLOCK 1965, S. 697 (Pforzheim), 708 (Stuttgart), 759 (Heidelberg), 811 (Straßburg), 491 (Beeskow und Emden).
38 GLA KA 171 / 1322 u. 1328.
39 MORLOCK 1965, S. 493–495, 790–793.
40 KUNZENDORF 1992, S. 181.
41 FRITSCH, K. E. O. 1893, S. 36–38: „Als eine in ihrem Grundgedanken von den mittelalterlichen Ueberlieferungen völlig losgelöste, den Bedürfnissen trefflich angepaßte Kirchenanlage kann dagegen die ... Stuttgarter Schloßkapelle angesehen werden. (...) Der bedeutsame neue Gedanke, der in dieser Kirche zum ersten Mal Gestalt gewonnen hat, ist derjenige: die beiden Mittelpunkte des Gottesdienstes, nach denen die Blicke der Kirchgänger sich richten müssen, Altar und Kanzel, einander so zu nähern, daß sie von allen Sitzen gleichmäßig gesehen werden können. Es ist eine solche Anordnung nichts anderes als die nothwendige Folge der Einführung fester Kirchensitze und sie lag, nachdem jene Neuerung sich vollzogen hatte, eigentlich auf der Hand. (...) Die Stuttgarter Schloßkapelle aber ist zufolge dieser Anordnung in architektonischem Sinne die Mutterkirche des Protestantismus, d. h. der wichtigste Ausgangspunkt einer selbständigen evangelischen Kirchenbaukunst geworden. Und zwar ebenso für die Lutheraner, die jene enge Beziehung zwischen Altar und Kanzel, wie für die Reformierten, welche aus ihr das Vorbild für die Aufstellung der Sitzbänke übernommen haben." – Dehio konstatiert, die Stuttgarter Schloßkapelle sei „der früheste kirchliche Bau auf deutschem Boden, der mit Überlegung den besonderen Bedürfnissen des protestantischen Gottesdienstes gerecht zu werden sucht." DEHIO 1908, Art. Stuttgart. DÖTT 1955, S. 8 läßt ebenfalls die Geschichte der evangelischen Querkirche und überhaupt des protestantischen Kirchenbaues erst mit den Schloßkapellen des 16. Jahrhunderts beginnen. – Gegen FRITSCH äußert sich POSCHARSKY 1963, S. 91 f.: „Dieses Urteil scheint uns revisionsbedürftig; denn diese Kapelle ist nicht das Vorbild des unterschiedlichen reformierten und lutherischen Kirchenbaues geworden oder als solches anzusehen, sondern ist im Gegenteil ein aus den Wurzeln der getrennten Kirchbauweise entstandenes Endprodukt, das nur in Württemberg Nachahmung hätte finden können. Die Stuttgarter Schloßkapelle scheint uns die bauliche Ausprägung des besonderen Charakters der württembergischen Landeskirche zu sein, das heißt ihrer konfessionellen Richtung und ihrer gottesdienstlichen Praxis."
42 FLECK 1995, S. 138–140.
43 KUNZENDORF 1992, S. 16 f.
44 FLECK 1995, S. 138–143; KUNZENDORF 1992, S. 15 f.
45 MEISSNER 1994, S. 233–242. Meißner weist nach, daß die wie Stuttgart und Königsberg von Blasius Berwart errichtete Kapelle der Plassenburg quergerichtet war.
46 Die übersichtlichste Zusammenfassung in der umfangreichen Forschung zu diesem Thema findet sich bei GROSZMANN, Dieter 1990, eine klare und knappe Systematisierung bei JÖCKLE 1994, S. 36–43, beide mit weiterführenden Literaturangaben.
47 POSCHARSKY 1963, S. 75.

48 „De ruimte rond den preekstool wordt n.l. bij oude Hervormde kerken steeds omgeven door een dikwijls fraai gesneden houten hek, tegen welks binnenkant voor den kansel de plaats van den voorlezer (oudtijds gewoonlijk tevens voorzanger) en tezijde de banken voor den kerkeraad (ook wel voor anderen, b.v. de kerkmeesters en de predikantsfamilie) zich bevinden. Naarde aan den voet van den preekstoel plaatsvindende doop ontving het den naam van doophek, welke overging op de omsloten ruimte. Toch will het mij toeschinen, dat deze lage afsluitingen, welke men reeds zeer kort na de Hervorming aantreft, oorspronklijk niet zoozeer ter wille der doopsbediening werden aangebracht, doch eer om den predikstoel als het eerbiedwaardigste kerkmeubel von de toehoordersruimte te scheiden." OZINGA 1929, S. 2. Vgl. SCHÖNFELD 1999, S. 46.
49 ISRAEL 1998, S. 111–122.
50 FRITSCH, K. E. O. 1893, S. 455–465; OZINGA 1929; FRITSCH, Georg 1930, S. 26–40; DÖTT 1959, S. 20–25; POSCHARSKY 1963, S. 79 f.; KUNZENDORF 1992, S. 19 f.; SCHÖNFELD 1999.
51 DÖTT 1955, S. 21 f.
52 SCHÖNFELD 1999, S. 45 u. 55.
53 OZINGA 1929; SCHÖNFELD 1999.
54 Eglise de Chêne-Pâquier 1988.
55 GERMANN 1963, S. 108–111.
56 „Während die wenigen reformierten Stadtkirchen Einzelleistungen sind, bilden die im 17. Jahrhundert unter französischem oder niederländischem Einfluß erscheinenden, im 18. Jahrhundert mit den Betsälen der Herrnhuter und den Meeting-houses der Puritaner sich berührenden, später Sturms Überlegungen verarbeitenden Querkirchen ganze Ketten. Das Formelhafte dieser Werke tritt besonders in der Nordostschweiz stark hervor. Die etwas weniger zahlreichen Querkirchen der Westschweiz sind eigenständiger; unter ihnen befindet sich als einzige Stadtkirche der Temple von Yverdon." GERMANN 1963, S. 80–85, 111–144 (Zitat S. 144). Zu Horgen: Horgner Jahrheft 1977 (enthält verschiedene Aufsätze zur Geschichte der Kirche und zur Renovierung von 1975–1976); GUBLER 1981.
57 GERMANN 1963, S. 121, vgl. dazu auch S. 161 f.
58 Die Geschichte der Reformierten in Frankreich und Savoyen, die Religionspolitik Ludwigs XIV., die Edikte von Nantes (1598) und Fontainebleau (1685) und die Emigration können an dieser Stelle nicht näher erörtert werden; dazu sei auf die reichhaltige Spezialliteratur verwiesen, die insbesondere anläßlich des Jubiläumsjahres 1985 erschienen ist: 300 Jahre Hugenotten in Hessen 1985; THADDEN / MAGDELAINE (Hrsg.) 1985; LABROUSSE 1985; DUCHHARDT (Hrsg.) 1985; WOLLENBERG 1989. Zur Außenpolitik Ludwigs XIV.: MALETTKE 1994.
59 FRITSCH, K. E. O. 1893, S. 471 f.; POSCHARSKY 1963, S. 72–74; GERMANN 1963, S. 39; GUICHARNAUD 1999, S. 133–161. POSCHARSKY 1963 bemerkt (zu Unrecht), daß die Hugenotten Queranlagen nicht kannten, und behauptet, sie hätten „in der Emigration immer an ihren Kirchentypen festgehalten" (S. 282). Die von ihnen entwickelten Kirchentypen seien erstens das längsgerichtete gestreckte Acht- oder Zwölfeck (Paradis in Lyon) und zweitens das Längsrechteck (Charenton), beide mit umlaufenden Emporen. (Ebd. S. 72 f.)
60 GERMANN 1963, S. 35 f.; ebenso ELSÄSSER 1987, S. 152.
61 GERMANN 1963, S. 30. ELSÄSSER 1987 kann bei fast allen von ihr genannten Beispielen nicht entscheiden, ob die Innenausstattung längs- oder quergerichtet gewesen sein könnte.
62 Abb. bei ELSÄSSER 1987, S. 104; vgl. die Beschreibung bei GUICHARNAUD 1999, S. 145–147.
63 Abb. bei GUICHARNAUD 1999, S. 150.
64 MAGDELAINE 1980, S. 327–346; TOURSEL-HARSTER / BECK / BRONNER 1995, S. 381 f.
65 FRITSCH, Georg 1930; DÖTT 1955, S. 20 f.; KUNZENDORF 1992, S. 19, 42 u. 187.
66 Die neueste und ausführlichste Untersuchung zu den Berliner Querkirchen liefert KUNZENDORF 1992, bes. S. 51–105, mit weiterführenden Literaturangaben.
67 BRASELMANN 1912; DÖTT 1955, S. 13 und Katalog; MACHAT 1988; BÖGGEMANN / EBERHARDT 2. Aufl. 1991.
68 Zum Kirchenbau in Franken SCHELTER 1981, RASCHZOK 1988.
69 STURM 1712 und 1718.
70 „Die Zusammenhänge sind um so schwieriger nachzuweisen, als die reformierten Gemeinden durch ganz Europa zerstreut liegen. Was verbindet die englischen Presbyterianer und Kongretionalisten, die deutschen Herrnhuter und die welschschweizerischen Gemeinden, deren Gotteshäuser einander so ähnlich sehen? Die Bauakten sind in solchen Dingen schweigsam. Da es sich oft um Landkirchen handelt, die abseits der Heerstraße liegen, sind wir auch um Erklärungen durch Reiseeindrücke verlegen." GERMANN 1963, S. 108.
71 DÖTT 1955, S. 99.
72 Inventar Fritzlar 1909, Textbd. S. 155 u. Tafelbd. Tafel 183.
73 DÖTT 1955, S. 87; Inventar Fritzlar 1909, Textbd. S. 147 u. Tafelbd. Tafel 174 u. 176.
74 BAAS 1972, S. 40; BAAS 1987, S. 19; DESEL 1992, S. 94.
75 DESEL 1992, S. 64. Die fragliche Renovierung fand nicht, wie Desel angibt, 1951 statt, sondern erst 1971.
76 Freundliche Mitteilung von Herrn Pfarrer Hans-Dieter Schindelmann, Schwalmstadt-Treysa.
77 SCHMIDT, Frank 1989, S. 24–33; ders. 1990, S. 93 f.; ders. 1993, S. 148 u. 301.
78 Dazu zusammenfassend DEMANDT 1980, S. 247 f.; MENK 1986, S. 154–183.
79 DEMANDT 1980, S. 262.
80 GROSZMANN, G. Ulrich 1979, S. 98.
81 Festschrift Rotenburg 1948, S. 44–46.
82 GROSZMANN, Dieter 1983, S. 81.
83 Metropolitan Johann Anton Kayser in Rotenburg an das Konsistorium, 1745 Mai 15. StA MR 315 e Rotenburg III, 8.
84 Die Quellen, die über das Aussehen der Kapelle Auskunft geben, sind erstmals in den 1930er Jahren von Walter Kramm eingehend ausgewertet worden. KRAMM 1934, S. 178–188.
85 StA MR 17 e Rotenburg Nr. 192.
86 GROSZMANN, Dieter 1990, S. 134 f.
87 LUCAE 1701, S. 49 f.; KRAMM 1934, S. 180 f.
88 „Diese ländlichen Kirchlein entbehren jeglicher repräsentativer Allüre, ganz im Gegenteil: durch die allen Gebäuden der Kolonie gemeinsame Bauart ordnet sich der protestantische Versammlungsraum der Gläubigen absichtsvoll in das Ortsbild ein. (...) Wer die ängstlich versteckten Dörfer in den piemontesischen Alpentälern kennt ..., der wird kaum auf den Gedanken kommen, die Réfugiés hätten hier, in der Diaspora, sichtbare heimatliche Reminiszenzen verewigt." VOGT 1990, S. 118.
89 Ein undatierter Plan von Schloß und Dorf Wabern aus dem 18. Jahrhundert, gezeichnet von Johann Helfrich Kleinschmidt, zeigt skizzenhaft den Grundriß der Kirche, worin die beiden Portale an den Schmalseiten und der Verlauf der Außentreppe angedeutet sind. StA MR P II Nr. 12774.
90 DAHMEN 1996.
91 Hanauischer Hauptreceß 1670.
92 DEMANDT 1980, S. 288–299; DIETRICH 1996, S. 18–19, 143–152.
93 Zu den Reinhardskirchen GROTTKER 1984, zum Gesamtwerk Christian Ludwig Hermanns WOLF 1988; zusammenfassend zum Bauprogramm ELLWARDT 2001c.
94 HARTMANN 1975, S. 208; DEHIO 1982, S. 828; GROTTKER 1984, S. 36–38; WOLF 1988, S. 477 f.
95 Inventar Hanau 1897, S. 153–170, Festschrift Hanau 1908, S. 36–45.
96 Ausführliche Dokumentation der Baugeschichte: Festschrift Hanau 1908, S. 25–36; ELLWARDT 2001b.
97 Ausführlich zur Baugeschichte: ELLWARDT 1999a.
98 DEMANDT 1980, S. 298–299; RAUCH, Günter 1987, S. 57–70; DIETRICH 1996, S. 194–211.
99 KRAFT 1919, S. 29–35. – Inge WOLF 1988, S. 494 f. folgt in ihrer Darstellung der Baugeschichte den Angaben von Kraft. Allerdings hat weder Leonhard Kraft noch Inge Wolf die Bestände des Bad Nauheimer Pfarrarchivs berücksichtigt. Eine Reihe von dort befindlichen Dokumenten aus dem 19. und frühen 20. Jahrhundert gibt Aufschluß über das Aussehen der Kirche vor ihrem Umbau zum Gemeindehaus. Unterlagen über diesen Umbau selbst waren nicht aufzufinden.
100 Pfarrarchiv Marköbel, Stuhl-Buch ueber alle Stände der Weibspersohnen in der Evangelische Kirche zu Marköbel.
101 StA MR P II 9663.
102 StA MR P II 9680, im Verzeichnis der Kartensammlung unter dem Stichwort „Hanau".

103 Zu Hermanns Gesamtwerk WOLF 1988.
104 Pfarrer Wittich an Meister Petter, undatiert (1730, Konzept): Gratulation zur Ernennung zum Werkmeister. Pfarrarchiv Ober-Eschbach, Fasz. 126.
105 GROTTKER 1984, S. 84 f.
106 Zum Vergleich der den beiden Autorinnen bekannten Kirchen Hermanns: GROTTKER 1984, S. 82–88; WOLF 1988, S. 499–501.
107 Inventar Gelnhausen 1901, S. 123; KÖBLER 4. Aufl. 1992, S. 61; Kirchen und Kapellen 1980, S. 24 f., DEHIO 1982, S. 84.
108 Pfarrarchiv Bieber, Presbyterialprotokoll der reformierten Gemeinde 1749–1784, S. 69: Protokoll der Sitzung vom 5. Aug 1755.
109 „... daß bey dem seit verschiedenen Jahren von Gott herrlich gesteigerten Wachß=thum HochDero allhiesigen Silber= Kobold und Eißen Berg Wercken, zugleich die anzahl der zur Evangel[isch] Luth[erischen] Kirch sich Bekennenden durch fremde berg= und hütten Leüte Sonderlich vom Hartz und den Sächßischen Berg Städten hier sehr vermehret worden; Indem Sie durch Verheürathen und Erbauung eigener Wohn Häuser sich seßhafft gemacht." Memoriale des Pfarrers Geneff namens der Gemeinde an Landgraf Wilhelm VIII. v. Hessen, Abschrift, undatiert (Anlage zu einem Schreiben an das luth. Konsistorium, 1755 Nov 15). StA MR 315 g Bieber III, 1.
110 StA MR 315 g Bieber III, 1.
111 SCHMIDT, Frank 1993.
112 Zur Vorgeschichte des Abbruchs: ELLWARDT 1998. Akten dazu und zum Kirchenneubau, der 1908–1909 auf dem Gelände des alten Friedhofs ausgeführt wurde: StA DA G 15 Alsfeld K 966.
113 Frank SCHMIDT 1993 verwendet nur die beiden bereits vorher veröffentlichten Aufnahmen Abb. 37 u. 210.
114 Gutachten des Denkmalpflegers Walbe, 1904 Mai 14. StA DA G 15 Alsfeld K 966.
115 „Die Kirche soll im Jahre 1620 erbaut worden sein. Im Jahr 1717 ist dieselbe aus Gemeindemitteln vergrößert und repariert worden, was urkundlich feststeht." Chronik des ev. Kirchenbauvereins Helpershain 1901–1920, S. 46; SCHMIDT, Frank 1993, S. 171.
116 SCHMIDT, Frank 1993, S. 171 äußert den Verdacht, der seit 1712 in der Landgrafschaft amtierende Baumeister Helfrich Müller könne den Quersaal vermittelt haben.
117 KÖBLER 4. Aufl. 1992, S. 507.
118 MENGEL 1996, S. 115.
119 DIEHL 1935, S. 575 f.; GALÉRA 1961, S. 178–181; MENGEL 1996, S. 111–116.
120 SCHMIDT, Frank 1993, S. 126 f.
121 SCHMIDT, Frank 1993, S. 127.
122 DEMANDT 1980, S. 428–435; KÖBLER 4. Aufl. 1992, S. 401–408 mit weiterführender Literatur.
123 BACKES 1959, S. 52 u. 70–74; KUHNIGK o. J., S. 83.
124 WEHRUM o. J., S. 11–14; ELLWARDT 1999b, S. 2–4.
125 „Soll auch niemand von hiesigen Bürgers Leuten und andere, ausgenommen der hiesige Dienerschafft und deren Gesind den Ausgang aus der Kirche durch den Lust=Garten und das Schloß fernerweit bey Straff eines Orths=Guldens nehmen." Policey=Ordnung, 1750 April 3. Abschrift in: Weilburg-Chronik 1508–1860. Pfarrarchiv Weilburg.
126 GROSZMANN, Dieter 1983, S. 75.
127 BACKES 1959, S. 50 f.
128 WEX 1984, S. 122.
129 BACKES 1959, S. 49.
130 MORLOCK 1965, S. 386.
131 WEX 1984, S. 238, Anm. 499.
132 Zu lutherischen Bildprogrammen im allgemeinen vgl. POSCHARSKY 1998, S. 21–29.
133 Nach der 1712 erlassenen Kirchenstuhlordnung waren die Logen den adeligen Angehörigen des Hofes vorbehalten. Erst 1737 wurden auch nichtadeligen Hofbedienten Plätze in den Logen angewiesen, um dem Platzmangel im Erdgeschoß abzuhelfen. Ausführlich zur Kirchenstuhlordnung in Weilburg vgl. ELLWARDT 1997a.
134 Gutachten des Lustgärtners J. M. Petri, undatiert (präs. 1736 Feb 5). HStA WI 153 Nr. 18, Bd. 2.
135 Dazu ELLWARDT 1997a.
136 Maurer- und Schreinerakkord, 1737 April 6. HStA WI 160, Nr. 5177.
137 Kirchenbaurechnung 1737. HStA WI 160 Nr. 5153. Carl Wehrums Annahme, diese beiden Darstellungen der ehernen Schlange und der Kreuzigungsgruppe seien „zu einem späteren Zeitpunkte" angebracht worden, läßt sich damit bestätigen und präzisieren. WEHRUM o. J., S. 32.
138 Schreiben an Rothweil in Arolsen, 1736 Feb 8 (Konzept). HStA WI 153 Nr. 18, Bd. 2.
139 DÖTT 1955, S. 30 f.; BACKES 1959, S. 47; GROSZMANN, Dieter 1983, S. 82 f..
140 „... außen erweckt die Kirche den Eindruck eines chorlosen Langbaues, im Innern jedoch ist sie eine Querkirche. Dies erreichte Rothweil dadurch, daß er den Scheitel und nicht die Basis des Apsidengrundrisses in die Außenwand legte. Deshalb mußte er im Innern Querwände einziehen, die den ursprünglichen Längsraum zu einem Querraum stauchten, dessen jetzige Längswände durch eben diese Apsiden erweitert wurden. Damit erhielt er zwischen Apsiden und Außenmauern Zwickelräume, die er mit Wendeltreppen und nahezu quadratischen Logen ausfüllte. Anders gesagt: es ließe sich die Weilburger Kirche auch als eine Querkirche beschreiben, deren Längswände in der Mittelachse durch halbrunde Apsiden erweitert werden. Diese kleinteilige Grundrißform wurde aber von Rothweil durch eine alles umfassende längsrechteckige Außenschale umhüllt, so daß am Außenbau keine Apsiden mehr in Erscheinung treten, sondern bloß noch durch Pilaster gegliederte gerade Wände." WEX 1984, S. 120 f.
141 Ausführlich z. B. BACKES 1959, S. 47 f., der aber auch kein konkretes holländisches Bauwerk als unmittelbares ‚Vorbild' benennen kann: „Rothweil übernahm aus Holland die klare einfache Raumweite, die in Deutschland ganz ungewöhnliche Emporenlosigkeit und die gemischte Form von Zentral- und Querbau bei ungefähr quadratischem Grundriß. Die französischen Formen gaben dem Weilburger Bau Proportionen, Mansarddach und Detailgliederung. (...) Nach holländischem Vorbild stellte Rothweil die Kanzel in die ‚Vierung', wodurch zugunsten des engen Kontaktes zwischen Geistlichem und Gemeinde ein Kreuzarm ausschied." Außerdem ähnlich MORLOCK 1965, S. 385 u. 387c mit Bezug auf Backes.
142 GROSZMANN, Dieter 1983, S. 76 f. Zu Bayreuth außerdem FRITSCH, K. E. O. 1893, S. 116 f.; SCHELTER 1981, S. 270.
143 BAIER-SCHRÖCKE o. J.; RHODE 1994.
144 MORLOCK 1965, S. 367–372; DEHIO 1984, S. 451 f. Ausführlich zur Geschichte der Residenz Kirchheimbolanden und ihrer Bauwerke: DÖHN 1968, bes. S. 175–311.
145 Urkunde des Fürsten Carl August von Nassau-Weilburg, 1738 Jan 13. Zit. nach: DÖHN 1968, S. 180 und Festschrift Kirchheimbolanden 1966, S. 13 f.
146 BACKES 1959, S. 22. Die Zuschreibung an Rothweil wird erstmals formuliert bei LOHMEYER 1911, S. 38, und wird übernommen von Inventar Kirchheimbolanden 1938, S. 145; MORLOCK 1965, S. 369; DEHIO 1984, S. 452; KLISCHAT 1966, S. 46–48 (mit Berufung auf Backes). DÖTT 1955, S. 110 nennt als Baumeister Julius Ludwig Rothweil und seinen Sohn. Nach DÖHN 1968, S. 188 soll Rothweil die Pläne im Jahre 1738 ausgearbeitet haben.
147 DÖHN 1968, S. 188. Stengel soll laut BACKES 1959, S. 63 Rothweil in Kirchheimbolanden verdrängt haben. Über einen Zusammenhang mit Stengel spekuliert schon LOHMEYER 1911, S. 39 aufgrund „freundschaftlicher Beziehungen" der beiden Baukünstler.
148 DEHIO 1984, S. 452, ähnlich Inventar Kirchheimbolanden 1938, S. 152, DÖTT 1955, S. 110 f.
149 BACKES 1959, S. 47 u. 105.
150 MORLOCK 1965, S. 359.
151 MORLOCK 1965, S. 375 f.
152 Speziell zum Kanzelaltar MAI 1969, S. 35.
153 Vgl. Abbildungen im Inventar Kirchheimbolanden 1938, S. 147–151.
154 Nicolaus Goldmann legt den Gebrauch der Ordnungen bei Kirchenbauten wie folgt fest: „Man kan zwar die Kirchen auß allerhand Ordnungen bauen / jedoch mit dem Unterschiede / auff den Dörffern kan man aussen die Tuscanische Art gebrauchen / in den Flecken die Dorische / in den kleinen Städten die Ionische / in den Fürstlichen Hoff-Städten die Römische / aber in den Haupt-Städten die Corinthische." GOLDMANN 1696, S. 129. In den Rangfolge der Säulenordnungen sind sich die Theoretiker nicht einig, ob nun die korinthische oder die komposite (römische) Ordnung an der Spitze steht. Vgl. FORSSMAN 1961, S. 91; SCHÜTTE 1979, S. 76.

155 GENSICKE 1982, S. 21 f.; Festschrift Neunkirchen 1990, S. 2 f.
156 DEHIO/GALL 1950, S. 210; DÖTT 1955, S. 119; DEHIO 1984, S. 724 f.; GENSICKE 1982, S. 22.
157 „Als Rückershausen hierher eingepfarrt wurde, die Erhöhung der hinteren Stühle im Chore auf ihre Kosten zu bewerkstelligen..." Pfarrarchiv Neunkirchen: Chronik der Kirchengemeinde Neunkirchen 1830–1975, S. 10.
158 „Neunkirchen – die neu=erbauung so wohl als die unterhaltung d[er] Kirche, kom[m]et beyde[n] gemeinden Neunkirchen und Hüblingen zu. Dem Pastori zu Lahr, komet nach aussage der alten, welche solches von ihren Vorfahren gehört, die bauung des Chors zu, wegen eines ansehnlichen frucht-Zehendes, so Er allhier hat." Relatio ad Consistorium worinnen einige, die Kirchen= und Pfarrgebäude betreffende anfragen auß eingehenden berichten beantwortet werden, zusammengestellt von Superintendent Weinrich, 1737 Sept 11. HStA WI 153 Nr. 67.
159 „... da gedachter Pastor auf beschehene Anfrage hiesigen Gemeinden sagen lassen, was Er darzu schuldig, wolle Er beytragen, wodurch Er so viel sagen will, daß wir Ihm zuvorderst schriftl[iche]n Beweiß beybringen müßen, Wir dagegen viele Zeugen und betagte Gemeinds Leute produciren wollen, die darauf schwören können, daß Sie von Ihren auch ausländischen und unter die pastorey Lahr gehörigen Alten pro certio gehöret, daß gedachter Pastor in der Neunkircher Kirch das Chor zu bauen schuldig ..." Gemeinden Neunkirchen und Hüblingen an Konsistorium, undatiert (präs. 1738 Aug 1). HStA WI 153 Nr. 381.
160 Ähnlich gelagerte Fälle beschreibt MORLOCK 1965, z. B. S. 713 ff. zu Mimbach.
161 KAETHNER 1981, S. 64 f.
162 HStA WI 135 Usingen 16.
163 KAETHNER 1981, S. 81; VOGT 1990, S. 26 f.
164 Von verschiedenen Zeitgenossen und späteren Autoren wird er „Brutscher" genannt, er selbst unterschrieb jedoch stets als „Burtscher". Verschiedene Dokumente in HStA WI 135 Usingen 17 und Usingen 30. Zu seiner Herkunft VOGT 1990, S. 268.
165 HStA WI 135 Usingen 17. Zur Zuschreibung VOGT 1990, S. 268 f.
166 DÖLEMEYER 1993, S. 50–52. – „Wir sprechen immer gern von den Hugenotten, den französischen Glaubensflüchtlingen, doch war ihre Zahl nie sehr groß in unserer Stadt." KAETHNER 1981, S. 89.
167 HStA WI 135 Usingen 16.
168 Zur allgemeinen Geschichte Usingens als Residenzstadt KLOFT 1971, S. 168–174; KAETHNER 1981, S. 63–97; DEMANDT 1980, S. 428–431; SALTENBERGER 1984/85, S. 7–11 und 32 f.; VOGT 1990, S. 258–270.
169 SALTENBERGER 1984/85 unter Verwendung der älteren Literatur. Ergebnisse bzgl. Grävenwiesbachs zusammengefaßt: Ders. 1985, Sp. 229–240. Zur Baugeschichte der Heftricher Kirche außerdem ders. 1989, S. 1–19.
170 SCHMIDT, Georg 1986; GLAWISCHNIG 1973.
171 DEMANDT 1980, S. 410–425; KÖBLER 4. Aufl. 1992, S. 405 mit weiterführender Literatur.
172 Pfarrarchiv Eisemroth, Chronik 1821–1969, S. 71 a; HStA WI 211 Nr. 4545.
173 DEMANDT 1980, S. 505–513; RUPP 1984; SCHELLENBERG, 1990. „Auf diese Weise kam es zu den zahlreichen solmsischen Kleinresidenzen in Braunfels, Greifenstein, Assenheim, Hungen, Lich, Laubach und Rödelheim, die zwar einen charakteristischen Beitrag zum Bild der politischen Zersplitterung der Solmser Grafschaft und der Wetterau im 18. Jahrhundert liefern, aber ihrerseits Mittelpunkte von hoher kultureller Bedeutung gebildet haben." DEMANDT 1980, S. 508 f.
174 RUDNIG 1982, S. 56 f. und 72 ff.
175 SOLMS-LAUBACH 1856, S. 74f. und 95–99, RUPP 1984, S. 6–8. Fürstendiplom im Familienmuseum auf Schloß Braunfels.
176 FSBA A.96.5, Sign. I.197 a; RIESS 1991, S. 10–12.
177 DEMANDT 1980, S. 508–511.
178 DEMANDT 1980, S. 501–505; REIMERS 1963, S. 55–64. – Die Schreibweise „Ysenburg" oder „Isenburg" wird unterschiedlich gehandhabt; sie wechselt von Generation zu Generation und von Linie zu Linie. Die meisten modernen Historiker verwenden der Einheitlichkeit halber die Schreibweise „Isenburg".
179 Zum Schloßbau in Langenselbold WOLF 1988, S. 467–473.
180 Der Begriff, der bei der Betrachtung des protestantischen Raumideals eingehender zu erörtern sein wird, wird eingeführt bei GERMANN 1963, S. 163 und GROSZMANN, Dieter 1983, S. 78.
181 Die Kirchenbaurechnung verbucht dafür die Reise- und Zehrungskosten: „den 5 t[en] Julii ahn Michael faust und beyde Schreyner, wegen besichtigung der Steinauer Kirch, zahlt l[aut] beylag – 2 fl. 8 alb." StA MR Rechnungen II Langenselbold 12: Kirchenbaurechnung 1733, p. 10.
182 ISENBURG 1985, S. 8.
183 DÖTT 1955, S. 132; Kirchen und Kapellen 1980, S. 33; DEHIO 1982, S. 860; BEZZENBERGER/FISCHER 1987, S. 263; ORTMANN 2000, S. 91.
184 StA MR 315 g Unterreichenbach III, 1 und 2.
185 Wiesenfeld an den Hofverwalter in Birstein, 1751 Nov 14. StA MR 315 g Unterreichenbach III, 2.
186 Akkord mit Diemar, 1748 Juli 9. StA MR 315 g Unterreichenbach III, 1.
187 DEHIO 1982, S. 15.
188 „Directore et Moderatore Johanne Wiesenfeld Architecto et Aedificiorum Aulicorum Inspectore". Urkunde aus dem Grundstein der Ruppertsburger Kirche, 1754 Aug 19. Abschrift in: Pfarrarchiv Ruppertsburg, Kirchenbuch 3: 1739–1807.
189 Wiesenfeld hat 1745/46 die ersten Planungen mitsamt einem Modell für die Stadtkirche Lauterbach angefertigt, die aber nicht zur Ausführung kamen. Außerdem ist er als Architekt der Filialkirche in Wetterfeld und einiger Wirtschaftsgebäude am Laubacher Schloß im Gespräch. Weitere Bauten sind nicht nachgewiesen. Zusätzliche Aufschlüsse könnten jedoch die Bestände des Gräflichen Archivs Laubach liefern.
190 Zwei Blätter mit Grundrissen als Anlagen zu einem Schreiben von Johann Wüstenfeld aus Laubach an Graf Wilhelm Moritz von Solms-Braunfels, 1738 Aug 24. FSBA A.69.2, Sign. III.835. Aufrisse bei KNOCH 1763. GhK 2° Ms. Hass. 707, Planzeichnungen I–IV. Zeichenstil und Handschrift beweisen, daß Johann Wüstenfeld und Johann Wiesenfeld identisch sind.
191 DEBUS 1954; ders. 1955.
192 StA DA P 27 Nr. 1 / 1–6; MENGEL 1996, S. 112–114.
193 DEMANDT 1980, S. 494 f.
194 DEMANDT 1980, S. 474.
195 SCHMIDT, Fritz 1912, S. 33–41; HOTZ 1990.
196 DEMANDT 1980, S. 474; KÖBLER 4. Aufl. 1992, S. 559.
197 KNOTT 1912, S. 49; HOTZ 1990, S. 8 u. 12.
198 WAGNER, Walter 1938; DEMANDT 1980, S. 471; KÖBLER 4. Aufl. 1992, S. 598.
199 Pfarrarchiv Stammheim, Akte 60.
200 SCHMIDT, Frank 1990, S. 120.
201 Soweit nicht anders angemerkt, beruht der Inhalt dieses Kapitels auf VOGLER, Bernard 1994a, S. 59–174, und ders. 1994b, S. 106–126.
202 HOPPSTÄDTER / HERMANN 1977, S. 444–459 u. 506–520.
203 „... surtout le comté de Hanau-Lichtenberg en 1545, qui, avec ses cinquante-cinq paroisses, devient le véritable bastion du luthéranisme rural alsacien." VOGLER, Bernard 1994a, S. 66.
204 DUCHHARDT 1985, S. 41.
205 PFISTER 1929, S. 234.
206 MORLOCK 1965, S. 6.
207 Zit. nach: VAST 1898, S. 232.
208 Anna Sinkoli interpretiert Ludwigs Haltung überzeugend: „Mit dieser Klausel werden also die Katholisierungsmaßnahmen, die während der französischen Besatzung durchgeführt wurden, legalisiert und völkerrechtlich garantiert. Auf diese Weise sichert sich Ludwig XIV. eine Möglichkeit der Einflußnahme in diesen Gebieten, obwohl sie an die betroffenen Reichsstände restituiert werden, und dies ist um so wichtiger für ihn, als er ja die Souveränität in diesen Territorien beansprucht und die Reunionen gerade mit der Begründung durchgeführt hat, sie hingen lehensrechtlich vom nun französischen Elsaß ab. (...) Ludwig XIV. läßt ... keine Gelegenheit verstreichen, um unter dem Deckmantel des Friedensexekutors in die von der Religionsklausel betroffenen Gebiete zu intervenieren und damit deren enge Bindung an Frankreich zu demonstrieren." SINKOLI 1995, S. 71.
209 Eine dramatische Schilderung der Ereignisse in den Ämtern Lichtenau und Willstätt liefert BEINERT 2. Aufl. 1990, S. 231–273.

210 MATT 1988, S. 82–86 enthält eine vollständige Liste aller im Jahr 1789 zur Grafschaft gehörigen Ämter mit ihren Ortschaften; auf dieser Liste beruht die folgende Untersuchung der Kirchenbautätigkeit.
211 DEMANDT 1980, S. 295 u. 308 f., MORLOCK 1965, S. 531 u. 536.
212 MOHRHARDT 1984, S. 68.
213 LEHMANN, J. G. o. J., Bd. 2, S. 511.
214 Superintendent Müller aus Buchsweiler an Pfarrer Wittich in Ober-Eschbach, 1730 Aug 29. Pfarrarchiv Ober-Eschbach Fasz. 129/I.
215 BEINERT 2. Aufl. 1990, S. 275–279.
216 THIELING 1939, S. 212; KNODT 3. Aufl. 1989, S. 46–48; DEMANDT 1980, S. 308 f.
217 GROTTKER 1984; WOLF 1988; SCHMIDT, Frank 1993. MORLOCK 1965 S. 529–543b behandelt nur den in Rheinland-Pfalz gelegenen Landesteil, das Amt Lemberg. – Im Amt Babenhausen-Schafheim entstand unter Johann Reinhard III. kein Kirchenneubau, unter Ludwig IX. waren es lediglich zwei in großem zeitlichem Abstand: Dietzenbach 1753–1754 unter Beibehaltung eines mittelalterlichen Turmes und Harreshausen 1784–1785. DEHIO 1982, S. 160 und 391; SCHMIDT, Frank 1993, S. 137 und 278.
218 LEHMANN, J. G. o. J., Bd. 2, S. 512.
219 StA MR 83 Nr. 1080/17.
220 DIEHL 1935, S. 768 f.
221 Pfarrarchiv Ober-Eschbach, Fasz. 129/I.
222 Patrimoine Bas-Rhin 1999 , ein den deutschen Denkmaltopographien vergleichbares Werk, liefert für die meisten Kirchen in knapper Form einige Eckdaten.
223 Patrimone Bas-Rhin 1999, Bd. 1, S. 258 datiert das Schiff summarisch ins 18. Jahrhundert.
224 Patrimone Bas-Rhin 1999, Bd. 2, S. 1656, erwähnt dieses Datum nicht, sondern benennt nur die letzte Vergrößerung von 1788, als der Chor angefügt wurde.
225 Patrimone Bas-Rhin 1999, Bd. 1, S. 629.
226 Patrimone Bas-Rhin 1999, Bd. 2, S. 1583.
227 Patrimone Bas-Rhin 1999, Bd. 2, S. 1115.
228 Patrimone Bas-Rhin 1999, Bd. 2, S. 1275.
229 Patrimone Bas-Rhin 1999, Bd. 1, S. 234.
230 Patrimone Bas-Rhin 1999, Bd. 2, S. 1114.
231 Patrimone Bas-Rhin 1999, Bd. 1, S. 523.
232 Patrimone Bas-Rhin 1999, Bd. 1, S. 530.
233 Patrimone Bas-Rhin 1999, Bd. 2, S. 1288.
234 LA SP C 20 Nr. 3172.
235 THIELING 1939, S. 212, Patrimoine Bas-Rhin 1999, S. 179 f.
236 Hanau-Lichtenberg blieb im Gegensatz zu Hanau-Münzenberg lutherisch. Die Interpretation von Budde und Merten, die die Kirche in Buchsweiler als „streng den Bedürfnissen der reformierten Liturgie entsprechend angelegt" beschreiben und französisch-hugenottischen Einfluß verantwortlich machen, geht folglich an den Tatsachen vorbei. BUDDE / MERTEN 1986, S. 121.
237 Freundliche Auskunft von Herrn Pfarrer M. Deutsch, Bouxwiller.
238 Evangelisch-Lutherische Kirche Buchsweiler 1614. Faltblatt, o. O., o. J.; TOURSEL-HARSTER / BECK / BRONNER 1995, S. 65.
239 DEMANDT 1980, S. 308 f.; DEHIO 1984, S. 826; KNODT 3. Aufl. 1989, S. 46–48.
240 Kirchenstuhlordnung für die Weilburger Schloßkirche, 1736 Juni 14. HStA WI 151 Nr. 1086.
241 Zur gemeinsamen Hauspolitik von Nassau-Saarbrücken OLSCHEWSKI 2001, S. 15–30.
242 Inventar Saarbrücken 1932, S. 91–93; HEINZ 1967, S. 51–119; DITTSCHEID 1975, S. 185 f.
243 DITTSCHEID 1998, S. 157–162 deutet die beiden sich durchkreuzenden Baukörper mit Hilfe ihres ikonographischen Programms als Abbilder von alttestamentlichem und neutestamentlichen Gotteshaus. Der Quersaal repräsentiert demnach die jüdische Synagoge, der Längssaal die christliche Kirche, welche die Synagoge durchkreuzt und damit überwindet.
244 DITTSCHEID / GLATZ 2. Aufl. Köln 1992, S. 12–18.
245 VOGLER, Bernard 1994a, S. 112.
246 TOURSEL-HARSTER / BECK / BRONNER 1995, S. 134 f.
247 Bericht von dem Statu religionis in der Grafschaft Saarwerden ... von Herrn Rath Creutzer zu Neusaarwerden ... an das Ober Consistorium zu Usingen, auf Begehren abgestattet, 1731. LA SB ArchSlg. HV B 050. Zur Beantwortung der Directorial-Fragen die Local-Kirchen-Geschichte von Neusaarwerden betreffend, 1795. LA SB ArchSlg. HV LII 065. Nachricht von den Reformirten Einwohnern in der Grafschaft Saarwerden und von ihren Kirchen überhaupt, besonders aber von der Kirche in Altweiler, 1555–1794. LA SB ArchSlg. HV B 080.
248 MORLOCK 1965, S. 423 f.; DEMANDT 1980, S. 432.
249 DIMMIG 1987; TOURSEL-HARSTER / BECK / BRONNER 1995, S. 115 (Diemeringen), S. 163 f. (Harskirchen) und S. 215 (Lorentzen); WILBERT 1995, S. 166–169; SKALECKI 1995, S. 89.
250 DITTSCHEID 1975, S. 188; DIMMIG 1987, S. 154–162; TOURSEL-HARSTER / BECK / BRONNER 1995, S. 47 f., Patrimoine Bas-Rhin 1999, Bd. 1, S. 312.
251 BACHSCHMIDT 1960; MORLOCK 1965, S. 424. Zu den Kirchenbauten in Sarre-Union vgl. Patrimoine Bas-Rhin 1999, Bd. 2, S. 1089.
252 SALTENBERGER 1984/85, S. 106 f. und WINSTEIN 1992, S. 16 f. mit Bezug auf HAUCK 1964, S. 318. Wesentlich vorsichtiger MORLOCK 1965, S. 425–427 sowie TOURSEL-HARSTER / BECK / BRONNER 1995, S. 386. SKALECKI 1995 nimmt Neusaarwerden nicht in das Verzeichnis der Werke Stengels auf.
253 StA MR 315 f Oberweimar III, 1. Entwurf von Marin: Pläne 6 u. 7, Längssaal mit Chor: Pläne 3–5, Quersaal: Pläne 1 u. 2. Für den Hinweis sei Gerald Bamberger M. A. an dieser Stelle gedankt. – Eine der beiden Varianten Marins abgebildet bei GROSZMANN, Dieter 1996, S. 67. Zur Baugeschichte und Ausstattung der Kirche außerdem LEMBERG 1989, S. 33 f. und 78–80.
254 LHB DA, Plansammlung, Mappe 28/9/1.
255 LHB DA, Plansammlung, Mappe 28/1/7.
256 SCHMIDT, Frank 1993, S. 136. – „Eine landesfremde Orientierung an architekturtheoretischen Werken, unter denen besonders Leonhard Christoph Sturm den Quersaal als geradezu idealtypisch propagierte, mag Karge wie de la Fosse zum Verhängnis geworden sein." Ebd. S. 106.
257 LHB DA, Plansammlung, Mappe 28/10.
258 DEHIO 1982, S. 418. SCHMIDT, Frank 1993 behandelt keinen der beiden Kirchenbauten.
259 Vgl. unten S. 130.
260 StA MR 5 Nr. 11426; FOWLER 1982, S. 120–123; Fachwerkkirchen 3. Aufl. 1983, S. 22 (Abbildung der beiden Entwürfe in Fachwerk) u. 74.
261 WEBER 1992, S. 78 f. und 102 (Abb. 147). Der Plan befindet sich nach Weber im Vonderau Museum der Stadt Fulda.
262 StA MR P II 3354.
263 Zur Ludwigskirche zuletzt HEYDT 1991; SKALECKI 1995, S. 84–86, beide mit weiterführenden Literaturhinweisen.
264 DÜTGE 1974, S. 141–146; DEHIO 1982, S. 32, 346 u. 523; Denkmaltopographie Limburg-Weilburg II 1994, S. 837 u. 932.
265 Inventar Gelnhausen 1901, S. 158 und Tafel 250–252; LOTZ 1957, S. 47; IMHOF o. J.; Kirchen und Kapellen 1980, S. 56; DEHIO 1982, S. 571.
266 Inventar Offenbach 1885, S. 29 f.; Denkmaltopographie Offenbach 11987, S. 249; DEHIO 1982, S. 173; BEZZENBERGER/FISCHER 1987, S. 287.
267 DEHIO 1982, S. 727.
268 Zu Zennern ELLWARDT 1999c; Überblick zu Engelhardts Kirchenbauten bei ELLWARDT 2000.
269 DEHIO 1982, S. 766; GORENFLO 1991; SCHMIDT, Frank 1993, S. 168–170 und 310. Pläne: StA DA P 11 Nr. 2379.
270 DEHIO 1982, S. 794.
271 Inventar Gießen 1933, Bd. III, S. 193–197; DIEHL 1935, S. 157–159; WEYRAUCH 1979, S. 106 f.; DEHIO 1982, S. 533.
272 DEHIO 1982, S. 290; Denkmaltopographie Lahn-Dill-Kreis I 1986, S. 118.
273 DEHIO 1982, S. 216.
274 Jahresbericht der Denkmalpflege 1913–1928, S. 290–292; DIEHL 1935, S. 460–463; DEHIO 1982, S. 668.
275 KRAFT 1919, S. 17–24; LUMMITSCH 1977, S. 329–336; DEHIO 1982, S. 30 f.; BEZZENBERGER / FISCHER 1987, S. 235; Denkmaltopographie Wetteraukreis II 1999, Bd. 2, S. 830 f.
276 DREHER 1925, S. 65; DIEHL 1985, S. 306–310; ROTH 1974, S. 20 f.; DEHIO 1982, S. 176; BEZZENBERGER / FISCHER 1987, S. 241; BOUVAIN 1987; Denkmaltopographie Wetteraukreis II 1999, Bd. 2, S. 620 f..

277 DEHIO 1982, S. 332 f.; UFHOLZ 1985, S. 53–82.
278 DEHIO 1982, S. 253; Denkmaltopographie Frankfurt 1986, S. 63, dort auch eine Innenaufnahme des Kirchenraumes um 1900. Eine weitere Innenaufnahme nach der Renovierung von 1892 in BENAD (Hrsg.) 1987, S. 111.
279 Inventar Pirmasens 1957, S. 508–517; DEHIO 1984, S. 1010.
280 Inventar Kirchheimbolanden 1938; MORLOCK 1965; DEHIO 1984; KUNTZ 1985, S. 28 f.; HUMMEL / JÖCKLE 2. Aufl. 1989; HOFFMANN 1997; Denkmaltopographie Donnersbergkreis 1998.
281 GROSZMANN, Dieter 1996, S. 70–76; SCHUBERT 1988.
282 DEHIO 1982, S. 73.
283 EISENBACH 1993.
284 HANDSCHUCH / VOLK 1993, S. 28 f.
285 Vgl. KIESSLING 1998, S. 83. – Julius Bernhard v. Rohr differenziert in seiner 1733 erschienenen „Ceremoniel-Wissenschaft der großen Herren“: „An einigen Orten sind die Schloß-Kirchen zugleich mit öffentliche Kirchen, welche nicht allein von der Hof-Gemeinde, sondern auch von der Stadt-Gemeinde mit besucht werden; an andern findet man nur kleine Schloß-Capellen, die bloß vor den Gottesdienst der Durchlauchtigsten Herrschafft und der Hofstatt gewidmet sind.“ ROHR 1733, S. 45 f.
286 DEHIO 1982.
287 GROSZMANN, Dieter 1996, S. 49–59 u. 110–112.
288 DEHIO 1982, S. 332.
289 Inventar Celle 1937, S. 73 f.
290 Zur Sakralarchitektur in Waldeck NEUMANN, Michael 1992 und ders. 1996.
291 DEMANDT 1980, S. 530 f.; MENK 1992, S. 16 f.
292 DÖTT 1955, S. 20–42. Eine Genealogie dieser Grundrißformen zu erstellen, zum einen aus dem holländisch-reformierten Kirchenbau, zum anderen aus den Schloßkapellen des 16. Jahrhunderts im Reich, ist ein Hauptanliegen ihrer Arbeit. – KUNZENDORF 1992, S. 20 verwendet dieselbe Typologie. Er sieht die Entwicklung in Berlin-Brandenburg als Reduktion vom griechischen Kreuz über den zweifach und den einfach erweiterten Quersaal zum einfachen Quersaal. Ebd. S. 184.
Beispiele zu den Haupttypen: (1) Schlitz, Burgbracht, Helpershain, Carlsdorf; (2) Wölfersheim, Eisemroth; (3) Grävenwiesbach, Großenhain; (4) Heftrich, Erbach, Ludwigskirche Saarbrücken; (5) Rodheim, Wabern; (6) Chêne-Pâquier, Paulskirche Frankfurt, laut SCHÖNFELD 1999, S. 124 auch die reformierte Stadtkirche in Oranienbaum.
293 KOCH, Traugott 1981, S. 120.
294 „Der Begriff des architektonischen ‚Typus‘ ist in den letzten Jahren mehrfach untersucht worden. Dabei hat sich herausgestellt, daß er ein taugliches Mittel der Entwurfslehre ist oder war, jedoch zum historischen Verständnis nur wenig beiträgt. Vor allem muß man sich von dem Gedanken lösen, einer bestimmten Bauaufgabe, einem ‚Programm‘, entspreche eine einzige ‚Lösung‘, wie es das zuerst akademische, später öffentliche Wettbewerbswesen suggeriert. Nicht nur die mehrfache Nutzungsüberlagerung, sondern auch die Langlebigkeit der Bauten vereitelt eine vollkommene Entsprechung. Nicht zuletzt entsteht ein Bauwerk in einem Beziehungsgeflecht, das von der unmittelbaren Umgebung bis zu zeitlich und örtlich weit entfernten Vorbildern und Gegenbildern reicht.“ GERMANN 1994, S. 194.
295 SALTENBERGER 1984/85, S. 60 f.
296 STURM 1712, o. S. (LANGMAACK 1971, S. 236).
297 Zu Salder vgl. unten S. 198. Ausführlich zum Kirchenneubau und seinen Hintergründen ELLWARDT 2001a.
298 „Durch die traditionelle Stellung des Turmes an der Schmalseite behält der Bau eine dominierende Längsachse, neben der die stark ausgebildete Querachse ein Eigenleben führt.“ SALTENBERGER 1984/85, S. 40. „Die Nonkonformität von innen und außen als Resultat der Turmverlegung widerspricht der typologischen Klarheit, wie sie dem Grävenwiesbacher Bau eigen ist. Die Heftricher Lösung ist deshalb sicherlich nicht als eine völlig freie künstlerische Variante zu interpretieren, sondern wahrscheinlicher die Folge örtlicher Voraussetzungen. ... im Bestreben um die Ausnutzung der Fundamente des Vorgängerbaues (könnte) eine mögliche Begründung liegen.“ Ebd. S. 64.
299 DEHIO 1982, S. 880; SALTENBERGER 1984/85, S. 26.
300 DESEL 1992, S. 104–107.
301 Inventar Fritzlar 1909, S. 149 f.; DEHIO 1982, S. 164; freundliche Auskünfte von Frau Minkel, Kirchenvorstand Dissen. Eine stark verwitterte Inschrift über dem ehemaligen Hauptportal enthält die Ziffern 1 7 4 ?.
302 Schon Alhard von Drach formuliert 1909 ein bezeichnendes Urteil: „Die Anlage des Schiffs blieb nur ein Versuch, von dem landesüblichen Grundriß abzugehen, ohne die Sache konsequent durchzuführen, sonst hätten Kanzel und Emporen andere Stellungen erhalten.“ Inventar Fritzlar 1909, S. 149 f.
303 Pfarrarchiv Grifte, Schatulle 21 / III / 2,1.
304 WEBER 1992, S. 78 f. und 102.
305 WAGNER, Hans W. 1967, S. 10–19; BAAS 1978, S. 178–188 (mit ausführlichen Quellen- und Literaturhinweisen); BAAS 1987, S. 12–27; DESEL 1985, S. 44; VOGT 1990, S. 119–123; DESEL 1992, S. 90–95; DESEL 1995, S. 30–33.
306 Abgebildet in: Gemeinde-Nachrichten für die evangelisch-reformierten Kirchengemeinden Immenhausen und Mariendorf 1/1985, S. 9.
307 „Die ursprüngliche Konzeption des Andachtsraumes sah eine West-Ost-Ausrichtung mit dem Rundfenster hinter dem Altar vor. Durch die Beseitigung der Orgelempore aus dem vergangenen Jahrhundert konnte man den Altar an die Nordwand verlegen. Er kommt jetzt dem Kirchenbesucher gleich beim Betreten des Gotteshauses in den Blick. (...) Die Orgel steht seit der Renovierung ebenerdig an der Westwand. (...) Die alte Kanzel erhielt ihren Platz – ebenfalls zu ebener Erde – rechts vom Altar.“ BAAS 1972, S. 40.
308 Ulrich Schütte hat im wesentlichen die wirtschaftlich schwachen Mittelgebirgsgebiete im Blick, wenn er zu der Feststellung kommt: „Hinsichtlich ihrer Außenwirkung unterscheiden sich die protestantischen Dorfkirchen im 18. Jahrhundert qualitativ von den gleichzeitigen Residenz- und Stadtkirchen, sowie von den katholischen Dorfkirchen. Sie erreichen damit als Landkirchen einen spezifischen architektonischen Ausdruck. Zur Unterscheidung sind bei den protestantischen Dorfkirchen in Hessen vier Kriterien wichtig: 1. der weitgehende Verzicht auf Türme, 2. die Vorliebe für eine Bauweise in Fachwerk oder für eine Ausführung als einfache Steinbauten, 3. der Verzicht auf Säulenordnungen bei der äußeren Fassadengestaltung, sowie 4. der Verzicht auf eine exponierte Lage im Dorf.“ SCHÜTTE 1994, S. 204. Bezüglich der hier betrachteten Querkirchen erweist sich diese Kriterienliste jedoch als zu sehr vereinfacht.
309 DITTRICH 1997, S. 150.
310 DEHIO 1982, S. 940; Sehenswerte Kirchen 1987, S. 254; DÖTT 1955, S. 138; KELLER 1982, S. 94.
311 DIEFFENBACH 1847, S. 135 f.
312 Pfarrarchiv Wölfersheim: Des Kirchbaws zu Wilffersheim Stiftungen, Pensiones... CLOTZ 1927, S. 17 f. hat diese Quelle bereits erstmals publiziert. In FSBA A.69.2, Sign. III.835 weitere Dokumente aus der ersten Bauphase ab 1717, aus denen klar hervorgeht, daß es sich um einen Kirchen-, nicht um einen Schloßbau handelt.
313 RIESS 1991, S. 23.
314 KELLER 1982, S. 94 bemerkt: „Deutlich wird ..., wie sich die Grenzen von Weltlichem und Geistlichem im Barock verwischten. In Wölfersheim in der Wetterau entstand im ersten Drittel des 18. Jahrhunderts eine Kirche, deren reiche Prunkfassade auf ihren ursprünglichen Verwendungszweck als Schloßbau hinweist.“
315 DÖHN 1968, S. 190. – Ulrich Klischat hat sich an einer theologischen Deutung dieses Phänomens versucht: „Abgesehen von zeitgeschichtlichen Erscheinungen, ist die äußere Schlichtheit unserer Kirche auch theologisch motiviert. Ab 1700 bringt die Zeit des Barock die eigentlich großen schöpferischen Leistungen des Protestantismus hervor. Was die Reformatoren einst beim Studium der heiligen Schrift erkannten, schlägt sich nun hin und wieder auch im kirchlichen Bauen nieder. Martin Luther sagte bei der Einweihung der Torgauer Schloßkapelle, daß die Stätte des Gottesdienstes nicht aus sich heraus heilig sei, sondern dies erst durch die versammelte Gemeinde und das ihr verkündigte Wort werde. So kommt es, daß sich manche Kirche jener Zeit äußerlich nicht viel von einem anderen profanen Bau unterscheidet. Sie ist Versammlungshaus – und damit zunächst nicht mehr. Die Verschmelzung von Rathaus und Kirche in Weilburg, aber auch das Mansardendach unserer Paulskirche weisen beide Bauten äußerlich als

profane Gebäude aus. Auch städtebaulich muß man der Kirche unter diesem reformatorischen Gesichtspunkt keinen besonderen Ort mehr zugestehen." KLISCHAT 1966, S. 58.
316 MORLOCK 1965, S. 374.
317 STURM 1712 und 1718. Zum Grundrißtyp der Winkelhakenkirche und zu weiteren Beispielen vgl. BAMBERGER 1999, S. 24 f.
318 Hartmut Mai sieht in den „divergierenden Achsen" ein bewußtes Dispositionsprinzip, das im 17. Jahrhundert weit verbreitet war. Als bekannteste Beispiele nennt er die Katharinenkirche in Frankfurt und die Dreifaltigkeitskirchen in Speyer und Worms, wo die Kanzel sich im Unterschied zu Hanau auf der rechten Seite befindet. Auch in Hanau soll das Gestühl zwischen Altar und Kanzel Klappsitze besessen haben. In dem Umbau von 1727–1729 sieht Mai einen Beleg für einen generellen Wandel der Prinzipien im 18. Jahrhundert. MAI 1963, S. 25.
319 Bei dem 1713 begonnenen Umbau wurde bis 1716 die gesamte Innenausstattung erneuert. ELLWARDT 1996, S. 248–256; CORNELIUS 1996, S. 257–268.
320 Kunst-Topographie Schleswig-Holstein 1969.
321 GRASHOFF 1938, S. 18 f.; DÖTT 1955, S. 20–42; vgl. dazu KUNZENDORF 1992, S. 184.
322 Inventar Gelnhausen 1901, S. 105 u. Tafel 329 (Grundriß).
323 Denkmaltopographie Offenbach 1987, S. 145.
324 „Es bedurfte barocker Phantasie und evangelischer Freiheit, um den neuen Turm in den ehemaligen Chor zu setzen und den nunmehr dreigliedrigen Raum nach der Mitte der Nordwand auszurichten." MAI 1963, S. 19. Mai behandelt darin ausführlich die Baugeschichte und Ausstattung der Kirche.
325 FURTTENBACH 1649.
326 Zur Entwicklung der Architekturtheorie und den Gründen für ein Fehlen theoretischer Abhandlungen zu diesem Thema SCHÜTTE 1984, S. 173–189.
327 STURM 1712 (Faksimile in LANGMAACK 1971, S. 219–258).
328 STURM 1718.
329 STURM 1712, o. S. (in LANGMAACK 1971, S. 235 f.) und Tab. VI.
330 Signierte Pläne Völckers: HAB Top. 15 b, Blätter 5–11 (vgl. Abb. 199–200); ELLWARDT 2001a. Die bisher übliche Zuschreibung der Schloßkirche Salder an Hermann Korb (Inventar Wolfenbüttel 1906, S. 368; BERNDT / POSCHARSKY 1968, S. 140 f.; Salder, Schloßkirche o. J; HUGE 1987, S. 3; DEHIO 1992, S. 1153) ist damit hinfällig. Zu Salder vgl. S. 198.
331 KÜSTER 1942, S. 12–17.
332 HAB Top. 15 b, Blätter 1–3 mit Grundrissen zu Seesen und dem ersten Entwurf für Salder.
333 STURM 1718, S. 32.
334 STURM 1718, S. 26 f.
335 STURM 1718, S. 35.
336 STURM 1714.
337 LORENZ 1995, S. 143 f.
338 LORENZ 1995, S. 143.
339 MAI 1994, S. 19 u. 23.
340 „Die Tradition des Querhausbaues (Quersaalbaues, K.E.) hat sich unabhängig von Sturm entwickelt; die so überzeugende Befürwortung mußte ihr aber notwendig neue Impulse geben." KÜSTER 1942, S. 176.
341 DITTSCHEID 1975, S. 192 f.; SALTENBERGER 1984/85, S. 91–93; GÜTHLEIN 1994, S. 21.
342 GOLDMANN 1696, S. 129.
343 Bericht Stengels, 1737 Nov 18. HStA WI 133 Nr. 30.
344 Friedrich Joachim Stengel an Konsistorium in Usingen, 1737 Feb 23. HStA WI 133 Nr. 30.
345 SALTENBERGER 1984/85, S. 108.
346 Saltenberger kommt zu dem Fazit: „Mit der schlichten Landkirche Grävenwiesbach wurde ein Idealentwurf realisiert, der eine rationale Aufarbeitung der protestantischen Kirchenarchitektur um 1700 darstellt. In seiner vereinfachten Ausführung strahlt er dennoch die innere Logik einer Idealkonzeption aus, die die architektonisch-baukünstlerische, theologisch-symbolische und liturgisch-pragmatische Ebene völlig zur Deckung bringt." SALTENBERGER 1984/85, S. 115.
347 Bericht Stengels, 1734 März 6. HStA WI 133 Nr. 30. Darin umfangreiche Akten zum Kirchenbau in Heftrich.
348 „Wir communiciren hier bey den von dahießigem Herrschaftlichen Baumeister über den neuen Kirchenbau zu Heftrich erstatteten Bericht, samt dem gefertigten abris und Überschlag, mitt dem Ansinnen, die Gemeinde Heftrich durch genugsame Deputirte vor zubescheiden, und Ihnen dießes also vorzulegen, mithin sie zu vernehmen, ob und was sie etwa mit Bestand darbey zu erinnern haben möchten, damit hiernechst gnädigster Herrschaft das Werck vorgeleget= und zu einem endlichen Beschluß befördert werden könne." Kanzlei in Usingen an Idsteiner Convent, 1737 März 1 (Konzept). HStA WI 133 Nr. 30.
349 SKALECKI 1995, S. 65 f.
350 Bericht Stengels, 1734 März 6. HStA WI 133 Nr. 30.
351 SKALECKI 1995, S. 64.
352 SKALECKI 1995, S. 70.
353 So z. B. DÖTT 1955, S. 32; SKALECKI 1995, S. 65.
354 FÄSCH 1722; SCHELTER 1981, S. 31 f (Abb. des Entwurfs ebd. S. 32).
355 NEUMANN, Hartwig 1984, S. 301.
356 Georg Haupt interpretiert den Sachverhalt dahingehend, daß Hills Zeichnung sehr wohl in Zusammenhang mit Lichtenbergs endgültigem Entwurf stehen: „Hill war damals nach Beendigung seiner ersten Lehrzeit dem fürstlichen Bauamt zur weiteren Ausbildung überwiesen, und zu dem üblichen Lehrgang gehörte das Kopieren vorhandener Pläne. Allem Anschein nach kopierte er Pläne (der Oberbaudirektion?), die auch die Grundlage für Lichtenbergs Entwurf gebildet hatten. Daß Hill den Namen des Architekten nicht angibt, beruht auf einer bei solchen Schularbeiten häufigen Gewohnheit." Inventar Darmstadt 1952, Bd. 1, S. 118, eine Abbildung des Originalplans ebd. S. 286.
357 Frank Schmidt nimmt an, daß es sich bei Hills Zeichnungen um Kopien des Entwurfs von de la Fosse von 1722/23 handelt. Ein Vorbild für eine solche Anlage sieht er in dem genannten Traktat von Johann Rudolf Fäsch: „Die Quersaalkirche ohne Quer- und Längsgang, die Einbindung des Kirchenpavillons in die anschließenden Flügel und die seitlichen Treppen außerhalb des Kirchenraumes entsprechen fast wörtlich dem Entwurf zu einem vierflügeligen Invalidenhaus, der in Rudolf Fäschs 1723 in Nürnberg erschienenem Werk 'Anderer Versuch' abgebildet ist. Auch mit der Waisenhauskirche, die bei der schwierigen Finanzierung des Projektes zu viel Raum und Kosten beansprucht hätte, scheiterte de la Fosse an der traditionellen Haltung des Landes im Kirchenbau. ... Quersaalbauten (konnten sich) ... in Hessen-Darmstadt nicht durchsetzen." SCHMIDT, Frank 1993, S. 101; Bezug auf FÄSCH 1722.
358 KUNZENDORF 1992, S. 114–120.
359 GERMANN 1963, S. 55–73 beschreibt den international verbreiteten „Charentontypus" anhand des Temple de la Fusterie in Genf (1713–1715), der Heiliggeistkirche in Bern (1726–1729) und der französisch-reformierten Kirche in Königsberg (1733–1736). KUNZENDORF 1992, S. 74 f. stuft die französische Kirche in Berlin auf dem Gendarmenmarkt ebenfalls als ursprünglich längsgerichtet ein.
360 ELSÄSSER 1987, S. 179. Zur Entwicklung der Querkirche ebd. S. 172 f.
361 Zu Montauban als möglichem Vorbild für Erlangen SCHELTER 1981, S. 253 und ELSÄSSER 1987, S. 73–92.
362 ELSÄSSER 1987, S. 173.
363 Inventar Celle 1937, S. 65–67; FLICK 2000a; ders. 2000b.
364 Privilegien für die Einwanderer in der Neustadt Usingen, 1700 März 6 (Abschrift). HStA WI 135 Usingen 16.
365 „Bei der Darlegung der städtebaulichen Ambitionen, der Anlage von Dorfschaften, ja gar einer gründlichen zeitgemäßen Neugestaltung der Usinger Residenzstadt durch den Grafen Walrad von Nassau-Saarbrücken-Usingen wird einmal mehr deutlich, daß sich auch dieser Landesherr ganz im Fahrwasser der wirtschaftlichen und kulturellen Initiativen und Investitionen seiner Zeit bewegt. Freilich zeigen diese baulichen Unternehmungen gleichermaßen, daß sie keinesfalls in einem unmittelbaren Zusammenhang mit der Massenemigration der französischen Calvinisten zu sehen sind." VOGT 1990, S. 258.
366 Zur Geschichte der Hugenotten in der Landgrafschaft: 300 Jahre Hugenotten in Hessen 1985; DESEL 1992; grundlegend nach wie vor: DESEL / MOGK (Hrsg.) 1978 (mit Quellen- und Literaturhinweisen zu den einzelnen Kolonien).
367 BIRNSTIEL 1992, S. 87.

368 KADELL 1980, S. 58; VOGT 1990, S. 99–103; MOGK 1978, S. 22–25, Text der „Freiheitskonzession und Begnadigung für die fremden Manufakturiers etc." vom 18. April 1685 ebd. S. 43–46; YON 1985, S. 128.
369 WEITZEL 1985, S. 123. „Die Landgrafschaft Hessen-Kassel hat sich ... allgemein mit einer überwiegend von merkantilistischen Motiven getragenen Ansiedlungspolitik übernommen. Es gilt dies insbesondere in finanzieller Hinsicht, hat aber auch für die allgemeine Leistungsfähigkeit der Administration seine Richtigkeit." Ebd. S. 139 f. – „... zu einer ländlichen Kolonisation fehlte jedes Konzept und wurde erst stückweise mit dem Eintreffen der Brigaden entwikkelt." KADELL 1980, S. 58.
370 Für die Kolonie Carlsdorf war in der Anfangszeit auch die Bezeichnung „Dorf Carls" gebräuchlich. WICKE 1986, S. 12.
371 LOTZE 2. Aufl. 1985, S. 68.
372 Der Begriff „Hugenottenbarock", der seit Cornelius Gurlitt in der kunstgeschichtlichen Forschung gebräuchlich ist, ist bei näherer Betrachtung wenig sinnvoll. Monika Vogts Äußerungen zu diesem Konstrukt des 19. Jahrhunderts bleibt nichts mehr hinzuzufügen. Sie kommt zu dem Schluß: „Nichts liegt dem nebulösen ‚Hugenottenstil' ferner als die Kolonien im hessischen Bergland..." VOGT 1990, S. 112 u. 362–274; ebenso JAKOB 1990, S. 182 f.
373 „Wie ungeliebt dieses Kolonisationsprogramm auf dem Lande war, zeigt auch, daß der kunstliebende Ehrgeiz und Elan des Landesherrn sich wenig stimulieren ließ. Das Unternehmen war keiner Repräsentationspflicht unterworfen. Gebaut wird ... in üblicher Fachwerkbauweise, es sind sozusagen Routinebauten, die sich dann auch nicht als genuine architektonische Produkte der Zeit zu erkennen geben." VOGT 1990, S. 106 f.
374 „Bei der ungeteilten Energie, die die Idee des Merkantilismus in den Potentaten freisetzte, überließen sie nichts der Zufälligkeit, gar im Belieben der Flüchtlinge, nichts blieb ungeplant, kaum eine Entscheidung gaben die Regenten aus der Hand ... Die Fürsten betrachteten die Hugenotten bei ihren merkantilistischen Ansiedlungsintentionen als Objekte, als eine bewegliche Masse, die sie allein nach ihrem Willen und ihren Maßgaben in den Territorien einordneten und etablierten. Somit müssen wir konstatieren, daß bei der äußeren Gestaltung der städtischen und ländlichen Hugenottenkolonien ein aktives Mitwirken durch die Exulanten nur schwerlich erkennbar werden kann, haben wir es doch zweifelsfrei mit einem Phänomen des monarchischen Absolutismus zu tun." VOGT 1990, S. 360.
375 StA MR 315 e Cassel, luth. IV/2.
376 StA MR 5 Nr. 18570, 315 e Cassel, luth. IV/2; LKA KS Gen. Konsist. Kassel Spezialia Nr. 1558.
377 LKA KS, Gen. Konsist. Kassel Spezialia Nr. 1558.
378 „Seit dem Jahre 1731, in welchem die Einwohner der Stadt Cassel von der lutherischen Confession die Erlaubniß zu der Ausübung eines eigenen Gottesdienstes erhielten, durften sie diese Erlaubniß nur unter sehr grossen Einschränkungen, welche sogar in die politischen Verbindungen einen wirksamen und bedeutenden Einfluß hatten, geniessen, bis endlich unter der gegenwärtigen Regierung diese Einschränkungen aufgehoben, und die lutherischen Einwohner der Stadt Cassel mit ihren übrigen Mitbürgern gleiche Rechte in Ansehung und Ausübung der Religion, und was damit in Verbindung steht, erhielten. Unter jenen Einschränkungen war auch diese mitbegriffen, daß ihr sogenanntes Gotteshauß keinen Thurm und keine Glocken haben dürfte. Auch diese Einschränkung wird jetzt nicht mehr statt finden." Schreiben der Vorsteher der ev. luth. Kirche in Kassel an ein Ministerium, 1809 Dez 30 (Abschrift). StA MR 315 e Cassel/luth. III, 1.
379 MERKEL 1990, S. 253.
380 FLICK 2000a, S. 108 f; Ders. 2000b, S. 64 f u. 82.
381 ELLWARDT 2001c.
382 Ausführliche Dokumentation der Baugeschichte: Festschrift Hanau 1908, S. 25–36.
383 Hanauischer Hauptreceß 1670.
384 „Wie dann auch Achtens, mehrbemeldtes Coexercitium lutherischer Religion ... auch nicht in der Stadt Steinau, sondern nur in einer oder andern Vorstadt zu bemeldtem Steinau, als auff dem Steinweg, oder vor dem Oberthor ... eingeführt werden möge..." Hanauischer Hauptreceß 1670, § 8, S. 10.
385 StA DA E 5 c Nr. 7/5. Zu den Verhältnissen in Ober-Eschbach ausführlich ELLWARDT 1999a, S. 7–71.
386 DAHMEN 1982a, S. 13–28.
387 Kaufvertrag, 1721 Jan 10. Pfarrarchiv Rodheim, Nr. 98.
388 Konsistorialdekret, 1732 Feb 16, und Schreiben der lutherischen Gemeinde Rodheim, 1732 Mai 30. Pfarrarchiv Rodheim, Nr. 91.
389 1 Schuh = 28,69 cm nach dem in der Grafschaft Hanau gebräuchlichen Maß.
390 Bericht der reformierten Gerichtsleute, 1732 Aug 18. Pfarrarchiv Rodheim, Nr. 87.
391 Bericht der reformierten Gerichtsleute, 1732 Aug 18. Pfarrarchiv Rodheim, Nr. 87.
392 Pfarrer Schwalb an luth. Konsistorium, 1732 Okt 20. Pfarrarchiv Rodheim, Nr. 91.
393 Oberschultheiß Petri an luth. Konsistorium, 1732 Okt 27. Pfarrarchiv Rodheim, Nr. 87.
394 Pfarrarchiv Bieber, Presbyterialprotokoll der reformierten Gemeinde 1749–1784, S. 88: Protokoll der Sitzung am 8. April 1757; StA MR 83 Rep. XIII 1034, Nr. 16.
395 REIMERS 1963, S. 56–58; DEMANDT 1980, S. 503 f.
396 „Wie sind nun die Kirchensäle der Brüdergemeine im Vergleich mit den landeskirchlichen Gotteshäusern einzuschätzen? Nach allem Bisherigen kann die Antwort nur lauten: die Kirchensäle der Brüdergemeine stellen einen neuen Typ der evangelischen Kirche dar, einen Typ, bei dem der Gedanke der Versammlungsstätte der Gemeine der in erster Linie bestimmende ist. Und welche Bezeichnung man ihnen auch geben möge, so stehen sie den anderen Kirchen an Rang gewiß nicht nach." GELLER 1929, S. 81.
397 Zinzendorf war in seiner Jugend Schüler in dem von August Hermann Francke aufgebauten und geleiteten Waisenhaus in Halle. SCHMIDT, Martin 1972, S. 93 f. – „Die wesentlichen Züge seiner Theologie hat er jedoch aus persönlicher Frömmigkeit selbst gestaltet; und auf dem Gebiete der Theologie liegt seine Eigenart." STEITZ 1977, S. 226.
398 „Ein anderes noch mag die Herrnhuter abgehalten haben, ihren Betsaal zu einer Kirche zu machen. Ihre Ordnungen verknüpften das bürgerliche Leben der Mitglieder aufs engste mit dem religiösen, wie ähnlich schon Calvin die Verbindung von bürgerlicher Gemeinde und Kirche durchgeführt hatte. (...) Die Brüder gingen sogar noch weiter. Sie verschmolzen nicht nur Gemeinde und Kirche, sondern auch Kirche und Gott, dadurch daß Leonhard Dober 1741 auf der Konferenz zu London sein General-Ältestenamt niederlegte und dem Heiland als dem Souverän der Brüderkirche übertrug ... Für eine derartige Auffassung vom Einssein von Gemeinde, Kirche und Gott mußte der Profansaal, in dem die religiösen Versammlungen abgehalten wurden, an sich schon zugleich Kultraum und Gotteshaus sein und seine besondere Herrichtung zum Gottesdienst unnötig und unangebracht erscheinen. Das Reich Gottes, glaubten die Brüder, war eben mitten unter ihnen und bedurfte keiner äußeren Aufmachung mehr." MARX 1931, S. 41 f.
399 BEYREUTHER 1975, S. 112 f.
400 MODROW 1994, S. 145.
401 RENKEWITZ 2. Aufl. 1939, S. 74.
402 SCHLOSSER, 1956, S. 138–210; RENKEWITZ 2. Aufl. 1939; MERIAN 1974/75; BEYREUTHER 1975; ERBE 1988; MODROW 1994; MEYER 1995; ZIMMERLING 1999; MEYER 2000; SCHICKETANZ 2001, S. 114–139.
403 MODROW 1988, S. 163 f., MERIAN 1974/75, S. 45, BEYREUTHER 1975, S. 123. Die Siedlung blieb lange Jahre unbewohnt. Im 19. Jahrhundert ließ sich zeitweise eine Gruppe von Inspirierten dort nieder. Danach schritt der Verfall weiter fort. Seit der Gründung eines Fördervereins 1995 wird nun versucht, die wenigen noch erhaltenen, sehr schadhaften Gebäude auf dem Herrnhaag zu sanieren. Das ehemalige Schwesternhaus wird seit 1989 von der „Sozietät Herrnhaag", einer ökumenischen Lebensgemeinschaft, bewohnt. Das Grafenhaus mit dem Saal soll in seiner historischen Form wiederhergestellt werden; es dient bereits seit mehreren Jahren als Tagungsstätte sowie für kirchliche und kulturelle Veranstaltungen. Neues Leben auf dem Herrnhaag. In den Überresten einer barocken Siedlung wollen jung und alt ökumenische Offenheit „üben". Hanauer Anzeiger, 31.8.1996, S. 13.
404 MERIAN 1974/75, S. 39; vgl. auch MEYER 1995, S. 46 f. u. ders. 2000, S. 51.

405 MERIAN 1974/75, S. 40 f.
406 Zit. nach GELLER 1929, S. 32.
407 1987 hat ein Architekturbüro eine detaillierte Bauuntersuchung durchgeführt, über deren Ergebnisse Frank-Michael Saltenberger in einem Aufsatz berichtet. SALTENBERGER 1988, S. 15–29.
408 ZIMMERLING 1999, S. 61 f.
409 MARX 1931, S. 2–5; MEYER 2000, S. 51.
410 MARX 1931, S. 9–12; GELLER 1929, S. 69–72.
411 SALTENBERGER 1988, S. 15.
412 MARX 1931, S. 16–21.
413 MARX 1931, S. 27.
414 MARX 1931, S. 28–39.
415 GELLER 1929, S. 82.
416 OBST / RAABE 2000, S. 77; MEYER 2000, S. 9 f.
417 OBST / RAABE 2000, S. 75.
418 STEITZ 1977, S. 182.
419 Zu Orthodoxie und Pietismus allgemein vgl. VIERHAUS 2. Aufl. 1984, S. 83–89; VOGLER, Günter 1996, S. 102–107; ROHLS 1997, S. 106–115 u. 137–148.
420 „Spener verlangte, daß die Bibel eindeutig in den Vordergrund des kirchlichen Lebens treten sollte, sowohl durch privates Lesen als auch durch gemeinsame Besprechungen in kleinen Kreisen, wobei die praktische Anwendung und das innere Wachstum im Glauben die maßgebenden Ziele sein müßten. Sodann sollte das geistliche Priestertum aller Gläubigen, also besonders das Laientum mit seinen Rechten und Aufgaben zur Geltung gebracht werden. Da das Christentum nicht Wissen, sondern Tat sei, müßte die umfassende Liebe das Leben der Gläubigen bestimmen und gestalten." SCHMIDT, Martin 1972, S. 10. – Zu Speners Theologie als Reaktion auf die politischen Verhältnisse seiner Zeit SCHRUPP 2000, zu seinem theologischen Programm und dessen Auswirkungen BRECHT 1993b.
421 SCHMIDT, Martin 1972, S. 9.
422 ROTERMUND 1959, S. 12.
423 Im weiteren Verlauf wurde der Pietismus zu einer ökumenischen, weltweiten Erscheinung. Pietisten begannen als erste mit der neuzeitlichen Heidenmission. SCHMIDT, Martin 1972, S. 11.
424 GOETERS 1993.
425 ROTERMUND 1959, S. 8.
426 ROTERMUND 1959, S. 7.
427 BRECHT 1993a, S. 167 fordert, man müsse „zur Kenntnis nehmen, inwieweit sich lutherisches Kirchentum sowie orthodoxe Theologie und die neue Frömmigkeit samt ihren Reformbestrebungen gegenseitig durchdrungen haben. Die Institution und die Lehre verlieren dadurch etwas von ihrer angeblichen starren Lebensferne und die Frömmigkeitsbewegung etwas von ihrer Außenseiterrolle. Weil es sich um Entwicklungen innerhalb des Systems handelte, bewirkten sie keine totale Veränderung. Zum Teil fügte man das Neue dem Alten, die Frömmigkeit der orthodoxen Theologie, eher additiv hinzu, als daß es zu echten Verschmelzungen kam."
428 BRECHT 1993a, S. 187; SCHICKETANZ 2001, S. 15.
429 „Für das gesamte Gebiet, über das sich heute die Evangelische Kirche in Hessen und Nassau sowie in Kurhessen-Waldeck erstreckt, läßt sich zusammenfassend urteilen, daß es im 18. Jahrhundert keinen ‚flächendeckenden' Pietismus gab. Vielmehr bildeten sich um wenige herausragende Persönlichkeiten pietistische Bewegungen, die jeweils von der Gunst des Herrscherhauses abhängig waren. Dieser kirchliche Pietismus hatte aufgrund der Auseinandersetzungen mit dem Rationalismus einerseits, andererseits jedoch aufgrund seiner Überlagerung durch Separatismus und Herrnhutertum über die Mitte des 18. Jahrhunderts hinaus keinen Bestand." ACKVA 1995, S. 210.
430 Zu Hessen-Darmstadt ausführlich MACK 1984 u. BRECHT 1993b, S. 340–344, zur Entwicklung in den übrigen Territorien des hessischen Raumes MACK 1987 u. ACKVA 1995.
431 BRAUN 1997, S. 1–6.
432 Die Blüte der protestantischen Kirchenbaukunst im frühen 18. Jahrhundert steht nach Hartmut Mai „im Zeichen der Spätorthodoxie und unter dem belebenden Einfluß des Pietismus." MAI 1994, S. 19.
433 „Zu überlegen ist, ob der Pietismus, der sowohl in Herrnhut als auch in seiner reformierten Ausprägung im Preußen Friedrich Wilhelms I. wirkte, nicht doch gemeinsame Bauideale hervorgebracht hat. Der im Pietismus stark ausgeprägte Gemeinschaftsgedanke, die Betonung der Gemeinschaft der Glaubenden, dürfte sicherlich auf die Bauideen beider konfessionellen Gruppen gewirkt haben." KUNZENDORF 1992, S. 25.
434 „Die Liturgie ist also Bauherr bei Errichtung eines Gotteshauses. Und wie der Bauherr eines Wohnhauses das gute Recht hat, an den Architekten bestimmte Wünsche und Forderungen zu stellen; wie es Zeichen eines guten Architekten ist, wenn es ihm gelingt, diesen Forderungen und Bedürfnissen künstlerischen Ausdruck zu geben; so hat der Baumeister eines Gotteshauses die Aufgabe, die Forderungen der Liturgie in künstlerische Form zu bringen." GURLITT 1906, S. 42. Vgl. MACHAT 1988, S. 82.
435 GOLDAMMER 1960, S: 22 f.; RASCHZOK 1988, Bd. I, S. 124.
436 STEITZ 1977, S. 161–154; SCHMIDT, Georg 1986, S. 189–202. Allgemein zu Nassau-Dillenburg unter Johann VI.: GLAWISCHNIG 1973.
437 Die Kirchenordnung von 1582 ist abgedruckt bei RUDNIG 1982, S. 77–82. Eine Sammlung der verschiedenen solmsbraunfelsischen Kirchenordnungen aus dem 16.–18. Jahrhundert befindet sich im FSBA A.61.1, Sign. III.543/2. Die Durchsicht ergab, daß diese inhaltlich mit der Ordnung von 1582 im wesentlichen übereinstimmen und nur sprachlich modernisiert sind.
438 RUDNIG 1982, S. 76. – „In dem Solms-Braunfelsischen sind die Nassauischen [d. h. Nassau-Dillenburgischen, K. E.] Kirchen=agenda introduciret, welche mit den Pfälzischen einerl[ei] Innhalts seyn mögen." FSBA: KNOCH 1753, Bd. 2, S. 893.
439 Gemäß dem Prinzip „Ecclesia, quia reformata, semper reformanda" kann den Gemeinden keine uniformierte Gottesdienstagende aufoktroyiert werden. HAAS 1970, S. 11. – Zwingli spricht jeder einzelnen Gemeinde das Recht der selbständigen Lehrentscheidung und Kultusordnung zu, frei von bischöflicher Gewalt. KREUTZER 1909, S. 51 f.
440 JUNG, Wolfgang 1959, S. 55 f.; STEITZ 1977, S. 169 f.
441 DAHMEN 1992, S. 132–134.
442 WAGNER, Hans W. 1985, S. 12.
443 Confessio Helvetica Posterior 1566, S. 223. – Ein besonderes Kennzeichen der reformierten Sakramentslehre besteht darin, daß sie „die Realpräsenz [Christi] in der Wortverkündigung betont. (...) Von daher haben in der reformierten Kirche der Predigtgottesdienst und die aufgeschlagene Heilige Schrift in der Mitte der Kirche, in der versammelten Gemeinde, ihre Bedeutung gewonnen." JACOBS 1977, S. 133.
444 POSCHARSKY 1963, S. 74 f. BIÉLER 1961, S. 64. – Das Abendmahl fand bei Zwingli und in Holland viermal jährlich statt. Nach den Kommunikantenverzeichnissen in den Kirchenbüchern und den Abrechnungen über den Kauf von Brot und Wein zu schließen, feierten es zahlreiche Gemeinden im hessischen Raum ebenfalls viermal im Jahr, nämlich zu Weihnachten, Ostern, Pfingsten und Michaelis. Belegt ist dies u. a. für das solms-braunfelsische Kirchspiel Wölfersheim und Weckesheim sowie die hessen-kasselische Gemeinde Wabern. In manchen Gemeinden im Hanauischen, z. B. in Mittelbuchen, hat sich diese Praxis bis heute gehalten.
445 CALVIN 1559, S. 999; JUNG, Karl Heinrich 1982, S. 27 f. MICHALSKI 1994, S. 44 interpretiert Calvins Äußerungen über den alttestamentlichen Tempel und dessen Schönheit dahingehend, daß Gott sich damals „an die damalige Ungebildetheit der Menschen angepaßt" habe; mit dem Opfertod Christi auf Golgatha sei jedoch „die Berechtigung der reichen kultischen Form erloschen."
446 PEZELIUS 1578, S. 101. – Das Nassauische Bekenntnis, verfaßt 1578 auf Anordnung des Grafen Johann VI. von Nassau-Dillenburg, dürfte auch für die Entwicklung in Solms-Braunfels eine Rolle gespielt haben, wo vier Jahre später in enger Abstimmung mit Nassau-Dillenburg die reformierte Konfession offiziell eingeführt wurde.
447 PEZELIUS 1578, S. 101. – Unter Zwingli wurde der Kirchengesang sogar ganz beseitigt, die Orgeln wurden als „papistische Instrumente" aus den Kirchen entfernt. NAGEL 1962, S. 128.
448 STÄHLIN 1954, S. 54–62 beschreibt beispielsweise in seiner Überblicksdarstellung zur Geschichte des christlichen Gottesdienstes einzig den lutherischen Messegottesdienst; lutherische Predigtgottesdienste finden keine Erwähnung.

449 WA Bd. 19, S. 72 f.
450 FISCHER 1989, S. 273 f. Bereits STEITZ 1977, S. 130 stellt fest, die Hessische Kirchenordnung von 1574 gehöre „zur großen Gruppe der lutherischen Ordnungen, die im Südwesten Deutschlands im Reformationsjahrhundert entstanden und auf dem mittelalterlichen Predigtgottesdienst aufbauten."
451 Zur Entwicklung des Prädikantengottesdienstes: NAGEL 1962, S. 122 f.; POSCHARSKY 1963, S. 21–26; FISCHER 1989, S. 261 f.
452 DIENST 1987, S. 44 f.; FISCHER 1989, S. 267–269.
453 FISCHER 1989, S. 263 f. – „Die Entwicklungen des lutherischen Gottesdienstes in Hessen und in Frankfurt haben trotz unterschiedlicher Vorgaben vieles gemeinsam: Die sonntäglichen Hauptgottesdienste werden in beiden Traditionen aus dem mittelalterlichen Prädikantengottesdienst entwickelt, in Hessen vermittelt über Straßburg und Württemberg, in Frankfurt aus der eigenen Tradition. Beide Kirchen definieren sich als lutherische Kirchen ... Der Prädikantengottesdienst wird also bewußt als lutherischer Gottesdienst verstanden." Ebd. S. 269. Zum Einfluß Straßburgs auch MORLOCK 1965, S. 812–816; STEITZ 1977, S. 131–133.
454 Kirchenordnung der Burg Friedberg 1704.
455 STEITZ 1977, S. 132; FISCHER 1989, S. 270.
456 Diese Aussagen stützen sich neben eigenen Beobachtungen im wesentlichen auf die Auswertung des Forschungsprojekts „Ländliche Sakralarchitektur in der Wetterau" am Kunstgeschichtlichen Institut der Philipps-Universität Marburg.
457 KUNZENDORF 1992, S. 181 f.; vgl. SCHÖNFELD 1999, S. 137.
458 DÖTT 1955, S. 26–28. Dieser Zuordnung folgt SCHÖNFELD 1999, S. 70–73.
459 DÖTT 1955, S. 28 und 138.
460 DÖTT 1955, S. 28.
461 Um jene These aufrechterhalten zu können, behauptet sie: „Entstehen Kirchen dieses Grundrisstypus für lutherische Gemeinden, so sind ihnen meist reformierte Anlagen benachbart. Daher sind diese lutherischen Kirchen nicht als eigene Raumschöpfungen zu bezeichnen, vielmehr den reformierten Anlagen zuzuzählen." DÖTT 1955, S. 39.
462 „Obwohl die Kirche von einer lutherischen Gemeinde erbaut wurde, gehört der Grundrisstypus in den Bereich der reformierten Kirchenbaukunst." DÖTT 1955, S. 73.
463 DÖTT 1955, S. 28.
464 WA 19, S. 76.
465 Darin folge ich der Definition von POSCHARSKY 1963, S. 214. Im Gegensatz dazu steht die Definition von MAI 1969, S. 10 f., der jede „senkrechte Stellung der Kanzel über dem Altar ohne Einschränkung" als Kanzelaltar bezeichnet.
466 Ein reformierter „Kanzelaltar" aus dem 18. Jahrhundert befindet sich in der reformierten Kirche in Göttingen (1752–1753). Nach den Ausführungsplänen des Architekten Johann Michael Müller zu schließen, sollte der Abendmahlstisch so aufgestellt werden, daß er zur Hälfte unter dem Kanzelkorb stand. Reuther bezeichnet ihn als „Kanzeltisch", und es ist anzunehmen, daß es sich doch um einen Tischaltar handelte, der nicht fest montiert war. Der Tisch wurde 1969 erneuert. Zur Baugeschichte und Architektur der Kirche REUTHER 1978; dort S. 164 f. Abbildungen der Baupläne.
467 Zu Kanzelaltären in Waldeck vgl. NEUMANN, Michael 1996.
468 Zum Verhältnis des Calvinismus zu den bildenden Künsten vgl. HARDY 1999 u. BENEDICT 1999.
469 Ex. 20,4–5. Dazu CALVIN 1559, S. 228 f.; PEZELIUS 1578, S. 129–139.
470 ZWINGLI 1523, S. 814. – Zu Zwinglis Gottesdienst- und Symbolverständnis vgl. GOLDAMMER 1960, S. 17 f.
471 CALVIN 1559, S. 40.
472 „Pourquoy est-ce qu'il n'est point licite de representer Dieu visiblement? – Pource qu'il n'y a nulle convenance entre luy, qui est Esprit Eternel, incomprehensible: et une matiere corporelle, morte, corruptible et visible." CALVIN 1542, S. 17.
473 CALVIN 1559, S. 45 f. Damit will er jedoch nicht die bildende Kunst insgesamt verdammen, schränkt jedoch ein: „Es soll also nur das gemalt und gebildet werden, was unsere Augen fassen können." Ebd. S. 48.
474 CALVIN 1559, S. 43–45. Entsprechend die meisten reformierten Bekenntnisschriften, vgl. Confessio Helvetica Posterior 1566, S. 226 f.
475 Kirchenordnung der Kurpfalz 1763, S. 96.
476 BRATHE 1906, S. 6 f.; KOCH, Traugott 1981, S. 111–113; MACHAT 1988, S. 83; HARASIMOWICZ 1996, S. 44–64; KOCH, Traugott 1998, S. 11–13.
477 „Luther nahm dem Bild jede kultische Bedeutung. Er integrierte es in die Verkündigung. Bilder, die Luther sich in Kirchen vorstellen kann, setzen Predigt und Bibelwort voraus. Eine Lehre vom Bild schuf Luther nicht. (...) Für Luther ist die Kunst weder sakral noch profan. Sie ist Sprache und daher allein menschliche Gegebenheit. Ein magisches und sakrales Verständnis des Bildes verschwindet. Das Heilige begegnet den Menschen in der Form der Predigt und des Wortes. (...) Zwei Antworten im Block auf den spätmittelalterlichen Kultus erfolgen: Bildersturm und eine differenzierte Umbewertung. Gerade das Bemühen, den Bildern ihre Sakralität zu nehmen, erwies sich als folgenreich." WARTENBERG 1997, S. 28 f.
478 POSCHARSKY 1998, S. 21.
479 Zu lutherischen Bildprogrammen im allgemeinen und zu einzelnen herausragenden Beispielen vgl. die entsprechenden Beiträge in RASCHZOK / SÖRRIES (Hrsg.) 1994, HARASIMOWICZ 1996 und POSCHARSKY (Hrsg.) 1998, zur Bewahrung mittelalterlicher Bildwerke in luth. Kirchen die Aufsätze in FRITZ (Hrsg.) 1997.
480 „Das Wort ist also der alleinige sinnliche Mittler, und sein Ausgangspunkt ist der Predigtstuhl, so daß sich die räumlichen Bedürfnisse des reformierten Gottesdienstes auf einen Versammlungsraum mit zentralem Predigtstuhl zurückführen lassen, was in der räumlichen Umsetzung den Zentralraum als ideale Raumform erscheinen läßt." MACHAT 1988, S. 86.
481 „The churches erected were one-room churches with a strong focus on the central space. The result was that of combining the liturgical space occupied by the congregation as closely as possible with that used by the clergy. Emphasis was placed on the whole people of God, hearing, seeing, and doing the liturgy." WHITE 1964, S. 117. Speziell aus reformierter Sicht dazu BIÉLER 1961, S. 65, aus lutherischer Sicht KOCH, Traugott 1981, S. 119.
482 Protestantische Kirchen besitzen „stets ... zentralisierende Tendenz, und zwar durch die Gruppierung der Gemeinde um die für die Funktionen des Geistlichen errichtete Vertikalachse. (...) Der protestantische Kirchenbau ist in jeder Form ein zentralisierender Bau, ganz unbeschadet seiner Grundrißform. Und damit können wir auch die bisher übliche Form der Einteilung in Langhaus-, Saal-, Zentral- und Querkirchen aufgeben, ja wir müssen sie fallen lassen." GRASHOFF 1938, S. 15 f. Seiner Schlußfolgerung ist jedoch zu widersprechen.
483 MORLOCK 1965, S. 619.
484 BIÉLER 1961, S. 80. In ähnlicher Weise argumentiert GUICHARNAUD 1999.
485 GERMANN 1963, S. 163.
486 GERMANN 1963, S. 163; GROSZMANN, Dieter 1983, S. 78.
487 Die ansteigenden, amphitheatralisch angeordneten Bankreihen in der reformierten Kirche in Göttingen (1752–1753) schließen den Kreis sogar ganz. REUTHER 1978, S. 178–180 sieht Vorbilder für diese Anordnung der Bänke, die in der 2. Hälfte des 18. Jahrhunderts und im frühen 19. Jahrhundert bei einer Anzahl von Kirchen vorkommt, in den anatomischen Theatern aus dem 16. und 17. Jahrhundert.
488 KOCH, Traugott 1981, S. 119.
489 SCHÖNFELD 1999, S. 22.
490 WESSEL 1960, S. 86.
491 BRATHE 1906, S. 100 f.
492 WESSEL 1960, S. 86–89; KOCH, Traugott 1981, S. 114. Vgl. dazu Luthers Schrift „In Genesim Declamationes" von 1527. WA Bd. 24, S. 498 f.
493 „Der Gottesdienst ist nach gemeinevangelischer Ueberzeugung nicht an eine Stätte gebunden, die durch eine mystisch wirksame Weihehandlung hierzu befähigt worden ist. (...) Wo immer Gottes Wort verkündigt und gebetet wird, da ist eine Kirche; durch diese Handlungen nimmt jeder Ort für die Dauer dieser Handlungen den Charakter einer solchen an. Wir nennen aber Kirchen nur solche Gebäude, welche ständig von einer Gemeinde zu diesem

Zwecke benutzt werden, dementsprechend eingerichtet sind und in ihrer Erscheinung den Charakter dieser ihrer Bestimmung tragen. (...) Die Notwendigkeit besonderer gottesdienstlicher Gebäude ist also nicht prinzipiell begründet, sondern rein praktisch, durch das Bedürfnis, für die regelmäßigen gottesdienstlichen Zusammenkünfte und Handlungen der Gemeinde einen jederzeit verfügbaren zweckmäßigen Raum zu haben, wo sie ungestört ihren Gottesdienst feiern kann." BRATHE 1906, S. 101.

494 KOCH, Traugott 1981, S. 115.

495 CALVIN 1559, S. 593.

496 CALVIN 1559, S. 594. Dazu BIÉLER 1961, S. 58.

497 Der LXV. Psalm durch D. Mart. Luther zu Dessaw fur den Fürsten zu Anhalt gepredigt, 5. Juni 1534. WA Bd. 37, S. 439.

498 Festschrift Erbach 1750, S. 41 f.

499 LÖSCHER 1726.

500 Text der Predigt bei STOLZE 1997, S. 148–163.

501 Das Kirchenvermögen gehört letztendlich den Armen und soll zu deren Versorgung verwendet werden. Den Kirchendienern steht von den Einkünften nur soviel zu, wie sie zu ihrem Unterhalt und dem der Kirchengebäude unbedingt benötigen. CALVIN 1559, S. 728–730.

502 „Que les tables soyent pres de la chaire, afin que le Ministre se puisse plus commodement et mieux exposer pres des tables." Ordonnances Ecclésiastiques 1561, S. 51.

503 Confessio Helvetica Posterior 1566, S. 267. Vgl. dazu GERMANN 1963, S. 13–16; MICHALSKI 1994, S. 45. In ähnlichem Sinne äußert sich der Zürcher Theologe Hospinian in seiner zuerst 1587 erschienenen Gegenschrift zu dem katholischen Theologen Bellarmin: „Nam Templa non minus vere sunt, quam dicuntur, Dominus [Domus?] Dei, ubi habitat suo verbo, suis sacramentis, praesentia sui spiritus, suisque donis, et gratiae communicatione. Sunt item domus, totius Ecclesiae communes, cum reliquae sint cuiusque privatae et propriae. Decet igitur, honestumque est, ut externa etiam Templa, Domusque Dei praeferantur privatis cuiusque aedibus sintque cum honestate decentia et magnifica, ne ex honestis Templis insana fiant Ethnicorum Palatia." HOSPINIAN 2. Aufl. 1672, S. 41. Zu Hospinian BRATHE 1906, S. 10 f.

504 „Der reine Zweckgedanke, daß die Kirchen Versammlungsräume seien, verblaßte nach und nach. Als ‚loca sacra', als Sakralräume, standen die Gotteshäuser der Schweizer Reformierten zwischen den geweihten, heiligen (sanctus) Kirchen der Katholischen und den ‚temples' der Hugenotten, die am profanen Versammlungsraum festhielten. Im übrigen ließen Wendungen wie ‚loca honesta' und ‚omnia decenter fiant' der Auslegung den weitesten Spielraum und brachen eine erste Bresche in die puritanische Prunkscheu der ersten Reformationsjahre." GERMANN 1963, S. 13. Dazu auch VOGT 1990, S. 364 f.

505 Inventar Kassel 1923, Text, 1. Teil, S. 206.

506 BRATHE 1906, S. 2. – „Dem Kirchenraum kommt außerhalb der gottesdienstlichen Gemeindeversammlung keine religiöse Bedeutung zu. Als Raum an sich, ohne die Anwesenheit der Gemeinde, stellt er nichts dar; er ist als solcher kein sakraler, ‚heiliger' Raum." KOCH, Traugott 1981, S. 117.

507 BACKES 1959, S. 50 f. äußert bezüglich der Weilburger Schloßkirche, welche mit dem städtischen Rathaus zu einem Baukörper zusammengefaßt ist, die Ansicht: „Nach protestantischer Auffassung ist das Kirchengebäude an sich profan. Seine Architektur kann daher profane Formen haben (z. B. Mansarddach). Erst die versammelte Gemeinde und das in ihr verkündete Wort heiligen die Stätte. In seiner Funktion als Versammlungsort ist daher die Kirche einem Rathaus, in dem sich der Gemeinderat versammelt, oder einem Kaufhaus, in dem sich die Bürger vor den Waren versammeln, grundsätzlich gleichwertig." Sowohl die zitierten Textstellen als auch der praktische Umgang mit den Kirchengebäuden in der frühen Neuzeit zeigen jedoch, daß Backes den Sachverhalt zu plakativ und vereinfacht darstellt.

508 WESSEL 1960, S. 86.

509 „Nehmen wir zu diesen grundsätzlichen Äußerungen, in denen wohl die Notwendigkeit besonderer, in ihrem Charakter sogar aus der übrigen Architektur als sakral herausgehobener gottesdienstlicher Stätten zugegeben, aber deren völlige Schlichtheit gefordert wird, noch die besonders in den erste Zeiten reformierten Kirchenwesens allgemein geübte Praxis hinzu, die Bilder und Altäre, alles was der ‚papistischen Abgötterei' zugehört, radikal aus den Kirchen entfernt hat, so bleibt auch hier kein Raum für irgendeine Art des Fortlebens der mittelalterlichen Symbolik des Gotteshauses. Das Schwergewicht liegt voll und ganz auf den Gläubigen, die selbst das Templum Dei sind; die Kirchengebäude sind notwendig, sind auch aus dem profanen Bereich ganz ausgesondert, sind aber nur um des Zweckes willen da, der sie heiligt, aber ohne eigenen Wert oder in ihnen ruhende Aussage." WESSEL 1960, S. 88. Entsprechend WHITE 1964, S. 32. – Zu berücksichtigen ist dabei, daß sämtliche reformierten Bekenntnis- und Lehrschriften nur aus der spezifischen historischen Situation ihrer Entstehung gewertet werden können. Keine von ihnen besitzt absolute Gültigkeit für alle Zeiten. Im Unterschied zum Luthertum gibt es in der reformierten Konfession keinen festgelegten Kanon von Bekenntnisschriften: „Die reformierten Bekenntnisschriften sind nach ihrem Selbstverständnis ... nicht zu einem Bekenntniskanon zusammengeschlossen; sie sind in ihrer Zahl nicht begrenzt und in ihrem Gehalt nicht kanonisiert worden." JACOBS 1959, S. 17.

510 Luther, Sermon von dreierlei gutem Leben, das Gewissen zu unterrichten, 1521. WA Bd. 7, S. 795–802. Dazu BRATHE 1906, S. 4 f.; WESSEL 1960, S. 890 f.; MICHALSKI 1994, S. 44.

511 MAI 1994, S. 13 mit Bezug auf die 1616 erschienene Schrift „Ceremoniae Lutheranae" von Philipp Arnoldi.

512 GOLDMANN 1696, S. 128 f.

513 STURM 1718, S. 27.

514 STURM 1712.

515 RASCHZOK 1988, Bd. I, S. 117 u. 462–465.

516 Pfarrarchiv Rodheim, Nr. 93.

517 WITTICH 1731, o. S.

518 Festschrift Erbach 1750, S. 47 f. – Der Ursprung ist in der biblischen Geschichte über Jakobs Traum von der Himmelsleiter zu finden: „Wie ehrfurchtgebietend ist doch dieser Ort! Hier ist nichts anderes als das Haus Gottes und das Tor des Himmels." (Gen. 28,17).

519 Festschrift Erbach 1750, S. 55.

520 Festschrift Erbach 1750, S. 16–18.

521 Festschrift Erbach 1750, S. 44.

522 Festschrift Erbach 1750, S. 28.

523 Festschrift Erbach 1750, S. 45.

524 Festschrift Erbach 1750, S. 53.

525 „Wißt ihr nicht, daß ihr Gottes Tempel seid und der Geist Gottes in euch wohnt? Wer den Tempel Gottes verdirbt, den wird Gott verderben. Denn Gottes Tempel ist heilig, und der seid ihr" (1. Kor. 3,16–17). „Oder wißt ihr nicht, daß euer Leib ein Tempel des Heiligen Geistes ist, der in euch wohnt und den ihr von Gott habt?" (1. Kor. 6,19). Ähnlich 2. Kor. 6,16 und Eph. 2,21–22.

526 In diese Richtung argumentierte bereits Germann: „... ein reformierter Versammlungsraum (bedarf) eigentlich keiner Fassade ..., indessen der zunehmend sich vordrängende weltliche – in der Schweiz kommunale – Repräsentationswille eine solche fordert und nach seinen Bedürfnissen anbringt." GERMANN 1963, S. 156.

527 Z. B. SCHELTER 1981, S. 14 u. 38.

528 HUBATSCH 1962, S. 1.

529 HENSHALL 1996, S. 29.

530 KUNISCH 2. Aufl. 1999, S. 20. Zum Verhältnis von absolutistischer Herrschaft und ständischer Gesellschaft allgemein vgl. VOGLER, Günter 1996.

531 Zweifellos kam es vor, daß Herrscher ihre Macht mißbrauchten und der Aufwand für ihre Hofhaltung in Verschwendung ausartete, die das Land in den Ruin trieb. Solches wurde schon von Zeitgenossen kritisiert und soll hier keineswegs beschönigt werden.

532 KUNISCH 2. Aufl. 1999, S. 37–41.

533 KUNISCH 2. Aufl. 1999, S. 22 f.

534 Abgaben und Steuern einzuziehen, ist ihr Recht: „Diese sollen sie zwar vor allem dazu verwenden, um die öffentlichen Lasten ihres Amtes zu bestreiten, sie können sie aber gleichfalls für den Glanz ihres Hofes brauchen, wie er mit der Würde der Herrschaft, die sie führen, einigermaßen verbunden ist." Dies darf allerdings nicht in Verschwendung zu Lasten des Volkes ausarten. CALVIN 1559, S. 1044.

535 SCHÜTTE 1992 problematisiert die herrschaftliche Repräsentation anhand des Neubaus von Schloß und Stadt Arol-

sen (begonnen 1710) als Residenz Friedrich Anton Ulrichs von Waldeck, welcher 1719 endgültig die Aufnahme in den Reichsfürstenstand erreichte.

536 HENSHALL 1992, vgl. dazu die Rezension bei DUCHHARDT 1994. Zusammenfassend HENSHALL 1996. Vgl. auch HINRICHS 2000, bes. S. 19–35.

537 DREITZEL 1992, S. 130.

538 DUCHHARDT 1994, S. 120 f.

539 ASCH / DUCHHARDT 1996, S. 24.

540 HENSHALL 1996, S. 45.

541 „Nach Johann Sigmund Strebels ‚Anleitung zur nötigen Kenntnuß von der wahren und archivmäßigen Beschaffenheit des ... Fürstentums Brandenburg-Onolzbach' von 1751 gehörten zum jus episcopale das ‚jus examinandi und die Probepredigt halten zu lassen, das jus confirmandi, ordinandi, investiendi et destituendi, ferner das jus visitandi, Kirchenordnung vorzuschreiben, das Kirchengebet anzuordnen, Ferias extraordinaria anzusetzen, das Trauer-Geläut zu veranstalten, Kirchen-Musici abzustellen, die Heiligen-Rechnung abzuhören, den Schuldienst zu bestellen und zu entsezen, mandata an die Kirchthüren zu affigieren oder von den Canzeln ablesen zu lassen, Collecten aufzustellen, das jus Synodi et Capituli, die Inparochiation der zu jedwedem Kirchspiel gehörigen Orte in aufrechtem Stand zu erhalten, das jus dispensandi in gradibus prohibitis, die Cognitio in causis matrimonialibus p.'" RASCHZOK 1988, Bd. I, S. 54 f.

542 LOHSE 2. Aufl. 1983, S. 89.

543 GOETERS 1986, S. 44–59.

544 Osnabrücker Friedensvertrag 1648, Art. V, Abschn. 1, § 2, S. 26 und Abschn. 12, § 34, S. 37.

545 Osnabrücker Friedensvertrag 1648, Art. VII, § 1, S. 46 f. Der Friedensvertrag von 1648 „bestätigte ... das Recht der Konfessionsbestimmung durch den Landesherrn; die Untertanen wurden jedoch nicht verpflichtet, ihm bei einer Konversion zu folgen. Das bedeutete kirchenrechtlich den Übergang vom Episkopal- zum Territorialsystem. Nach dem Episkopalsystem war der evangelische Landesherr oberster Bischof seines Landes. Alle Gewalt, die weltliche und die geistliche, liegt in seinen Händen. Der Fürst repräsentiert zwei Rechtspersonen, den Landesherrn und den evangelischen Bischof der Landeskirche. Voraussetzung für dieses Rechtsmodell ist es, daß der Fürst die gleiche Konfession wie seine Untertanen hat. Das Episkopalsystem wird abgelöst durch das Territorialsystem, das sich faktisch schon im 16. Jahrhundert durchzusetzen begann, rechtlich aber erst durch den Westfälischen Frieden anerkannt wurde (ius territoriale in ecclesiasticis). Der Fürst hat hiernach die Rechtshoheit über die Kirche seines Territoriums, ohne ihr selbst angehören zu müssen. Die Dominanz liegt beim frühneuzeitlichen Staat, der es nun – im Gegensatz zur Reformationsepoche – erträgt, daß seine Bürger verschiedenen Bekenntnissen angehören." KRUMWIEDE 1995, S. 191 f.

546 FARNER 1930, S. 30 f.

547 LOHSE 2. Aufl. 1983, S. 86. Vgl. dazu GÄNSSLER 1983, S: 25 f. In der Landgrafschaft Hessen ist beispielsweise bereits für die zweite Hälfte des 15. Jahrhunderts nachgewiesen, daß die Landgrafen in ihrem Bemühen um eine Reform der Klöster tief in kirchliche Belange eingriffen: „So erstrekkte sich die Landeshoheit der Landgrafen bereits am Vorabend der Reformation über weite Bereiche des kirchlichen Lebens, ohne daß aber von einer hessischen Landeskirche gesprochen werden könnte. Zugleich werden starke Brücken sichtbar, die von der spätmittelalterlichen Kirchenpolitik zu dem landeskirchlichen Regiment der lutherischen Landeskirchen hinüberführten." HEINEMEYER 1997, S. 40.

548 FARNER 1930, S. 39–45.

549 Röm. 13,1ff. Kirchenordnung der Kurpfalz 1563, S. 181 f. Ebenso das Augsburger Bekenntnis 1530, Art. 16, S. 71 f. mit dem Vorbehalt: „Wenn aber der Obrigkeit Gebot ohne Sünde nicht befolgt werden kann, soll man Gott mehr gehorchen als den Menschen."

550 JACOBS 1959, S. 129.

551 CALVIN 1559, S. 1035.

552 CALVIN 1559, S. 1037. – Die geistliche Rechtsprechung hat Vorrang vor der weltlichen. Ebd. S. 831.

553 CALVIN 1559, S. 1039–1044.

554 „Die erste Pflicht der Untertanen gegenüber ihrer Obrigkeit besteht darin, daß sie von ihrem Amt eine höchst ehrerbietige Meinung haben... und sie daraufhin als Gottes Dienerin und Abgesandte aufnehmen und ehren. (...) Daraus ergibt sich dann weiter auch das zweite, nämlich, daß die Untertanen... ihr auch den schuldigen Gehorsam zu beweisen haben, ob es nun gilt, ihren Erlassen zu gehorchen oder die Abgaben zu entrichten oder die öffentlichen Dienste und Lasten zu übernehmen, die zur gemeinsamen Verteidigung dienen, oder irgendwelche sonstigen Anordnungen auszuführen." CALVIN 1559, S. 1050 f.

555 CALVIN 1559, S. 1051 f.

556 CALVIN 1559, S. 1056. Zwingli lehrt, der Christ habe sogar die Pflicht des Widerstandes, wenn die Anordnungen der Obrigkeit dem Glauben entgegenständen. FARNER 1930, S. 63–66. Ähnlich das Augsburger Bekenntnis 1530, Art. 16, S. 71 f.

557 FARNER 1930, S. 58.

558 FARNER 1930, S. 85 f.

559 MOGK 1978, S. 22–28; WEITZEL 1985, S. 121–140. – „Landgraf Karl und der Große Kurfürst waren nicht bereit, ihr Kirchenregiment zugunsten reformierter Selbstverwaltungskörperschaften einzuschränken." ENDRES 1985, S. 172.

560 ROHLS 1987, S. 301.

561 Predigt bei der Einweihung der Schloßkirche zu Torgau am 5. Oktober 1544. WA Bd. 49, S. 608. Zur ständischen Gesellschaft im Zeitalter des Absolutismus vgl. VOGLER, Günter 1996, S. 88–96.

562 WA Bd. 49, S. 606. Dazu WEX 1983.

563 WA Bd. 49, S. 609.

564 Von weltlicher Obrigkeit, wie weit man ihr Gehorsam schuldig sei, 1523. WA Bd. 11, S. 245–281. Ausführlich zu Luthers Zwei-Reiche-Lehre GÄNSSLER 1983.

565 WA Bd. 11, S. 247.

566 LOHSE 2. Aufl. 1983, S. 64 f.; LANDAU 1983, S. 92 f.; ROHLS 1997, S. 41.

567 LANDAU 1983, S. 93 f.

568 „Luthers neue Fassung der Lehre vom geistlichen und weltlichen Reich entzog der Kirche das weltliche Regiment und jeden weltlichen Herrschaftsanspruch. Ihr geistliches Regiment ließ der Reformator durch Wort und Sakrament für den Menschen an dem ihm von Natur und Geschichte zugewiesenen Ort wirksam werden. Damit entfiel nicht nur die Grundlage für eine politische Herrschaft der Kirche, sondern auch für eine ohne Zusammenhang mit den Territorien stehende Kirchenorganisation. Da für die Kirchenleitung nach Luthers Meinung keine geeigneten geistlichen Personen bereitstanden, sollten die Fürsten nicht als Obrigkeit, sondern in brüderlicher Hilfeleistung stellvertretend der ihrer geistlichen Oberhäupter beraubten Kirche ... dienend voranstehen. Die Einrichtung der evangelischen Kirche durch die weltliche Obrigkeit jedoch gab der ursprünglichen reformatorischen Intention keinen Raum mehr, und aus dem Not- und Liebesdienst wurde das von der Theologie auch theoretisch gerechtfertigte Summepiskopat der evangelischen Landesherren. Die Reformation bedeutet also in ihren Konsequenzen den Verzicht auf eine vom weltlichen Regiment unabhängige kirchliche Organisation. Die evangelische Kirche gliedert sich somit in Landeskirchen, staatliche und kirchliche Entwicklung entsprechen einander." KRUMWIEDE 1983, S. 113. Vgl. dazu Augsburger Bekenntnis 1530, Art. 28, S. 111, sowie LOHSE 2. Aufl. 1983, S: 90 und ASCH 1996, S. 84 -110.

569 ROHLS 1997, S. 45, .

570 GOLDAMMER 1960, S. 22 f.; RASCHZOK 1988, Bd. I, S. 124.

571 THOMASIUS 1723, S. 80 f.

572 ROHLS 1997, S. 131, ähnlich ASCH 1996, S. 119.

573 RASCHZOK 1988, Bd. I, S. 54–59; VOGLER, Günter 1996, S. 102; HINRICHS 2000, S. 222 f.

574 JACOBS 1959, S. 138.

575 Zur Sitzordnung WEX 1984, speziell zu Weilburg vgl. ELLWARDT 1997a.

576 Die Kurpfälzische Kirchenordnung in der Ausgabe von 1763 beinhaltet im „Gebät am Sonntag nach der Morgenpredigt" die Fürbitte: „Dieweil du uns auch in diesem Leben durch die Hand unserer Obrigkeit, deiner Diener, willst regieren, so bitten wir dich, der du ihre Herzen in deiner Hand hast, für die Römische Kayserliche Majestät, alle christliche Könige, Chur=Fürsten und Stände des Reichs, insonderheit aber für" – anschließend wurde eine

halbe Druckseite freigelassen, wo der Name und Titel des eigenen Landesfürsten eingetragen werden konnten. Kirchenordnung der Kurpfalz 1763, o. S.

577 RASCHZOK 1988, Bd. I, S. 139–143.

578 BRAUN 1997 zum Beichtstuhl, BRAUN / ELLWARDT o. J. zur Grafenloge. Zwei Wandembleme in der Grafenloge zeigen die Monogramme des Bauherrn und seiner Gemahlin eingeschrieben im Buch des Lebens und deren Wappen am Heck eines Schiffes, das in den sicheren Hafen einläuft; sie verkünden das zuversichtliche Vertrauen auf Gottes Erlösung.

579 „Gleichwie gottselige Regenten mit dem König David die Stätte des Hauses Gottes, und den Ort, wo seine Ehre wohnet, lieb haben; also finden sie auch ihr besonder Vergnügen, wenn sie zu dem Bau oder zu der Auszierung der Schloß= und anderer Kirchen, ingleichen zu besserer Regulirung des Gottesdienstes etwas anordnen sollen. Sie lassen neue Kirchen bauen, und die andern in bessern Stand setzen ... Insonderheit aber lassen sie ihre vornehmste Sorge dahin gerichtet seyn, damit das Kirchen= und Schul=Wesen in guter Obsicht erhalten, und darauf gesehen werde, daß durch die aufgestellten Lehrer und Prediger nicht mit leeren Predigten Kirchen und Tempel allein gefüllet, vielmehr durch unermüdete Wachsamkeit, Christlichen Wandel und eifrige Seelen=Arbeit, die Gemeinden und Unterthanen zu wahrhaffter Gotesfurcht angeleitet, und bey Alten und Jungen die tägliche Besserung und Erbauung getrieben werde." ROHR 1733, S. 48. Vgl. dazu z. B. das Politische Testament des Großen Kurfürsten, 1667 Mai 19. In: Politische Testamente 1986, S. 179–204, bes. S. 180 f.; ferner die Instruktion König Friedrich Wilhelms I. für seinen Nachfolger, 1722 Feb 17. Ebd. S. 221–243, bes. S. 234.

580 Festschrift Erbach 1750, S. 45 f.

581 Das extremste Beispiel ist der französische Königshof unter Ludwig XIV. Dazu ELIAS 6. Aufl. 1992.

582 „Beide Seiten erhofften sich dabei eine Steigerung ihrer jeweiligen Macht. Während die Fürsten durch kirchliche Unterstützung ihre auf das Gottesgnadentum gestützte Herrschaft mit zusätzlicher theologischer Legitimation versehen und ihre Untertanen mit kirchlicher Hilfe besser disziplinieren wollten, sahen die kirchlichen Oberen in dieser Kooperation die Chance, direkt auf die staatliche Politik Einfluß zu nehmen und die unter dem Absolutismus gesteigerte staatliche Macht dazu zu verwenden, den, wie sie glaubten, schwindenden kirchlichen Einfluß zu stärken." LEHMANN 1980, S. 96 f.

583 Pfarrer Schmitthenner an Graf Friedrich Wilhelm von Solms-Braunfels, 1738 Aug 23. FSBA A.69.2, Sign. III.835.

584 „Es ist deutlich geworden, daß die Zivilbaukunst zwar einen festen Platz im Lehrprogramm der adeligen Ausbildung besaß, ohne dabei aber Architekturspezialisten schulen zu wollen, sondern Personen, die in die Lage versetzt wurden, ‚gute' und ‚schlechte' Architektur zu erkennen und ihre Meinung dazu kritisch äußern zu können." BERGMEYER 1999, S. 55. Allgemein zur Ausbildung der Adeligen in der Architektur ebd. S. 42–66.

585 Vgl. RASCHZOK 1988, Bd. I, S. 90.

586 Zimmermannsspruch beim Richtfest, 1734 Okt . Zit. nach: DAHMEN 1982a, S. 51 f.

587 Klaus Raschzok konstatiert für das Markgraftum Brandenburg-Ansbach: „In den Augen der Gemeindeglieder und ihrer Pfarrer stellte die Befürwortung und Genehmigung des Baus einer neuen Kirche durch die Ansbacher Regierung bzw. den Markgrafen ein bedeutendes Ereignis dar. (...) Selbst wenn der Heilige (= die Kirchenstiftung) einen Großteil der Baukosten getragen hatte, spielte die Genehmigung des Kirchenbaus im Bewußtsein von Bevölkerung und Pfarrerschaft eine entscheidende Rolle. Ausschlaggebend dafür war, daß nach der Auffassung der Zeit der Landesherr persönlich die Risse und Überschläge approbierte, selbst wenn er sich dabei durch sein Ministerium oder auch nur durch den Kammer- und Landschaftsrat vertreten ließ. Die Behörden handelten jedoch in seinem Namen." RASCHZOK 1988, Bd. I, S. 90.

588 Festschrift Erbach 1750, S. 3 f.

589 Festschrift Erbach 1750, S. 71.

590 Festschrift Erbach 1750, S. 6.

591 Monika Vogts These, Landgraf Karl habe „ganz offensichtlich die Kosten für den Bau des Gotteshauses allein getragen", ist insofern nicht korrekt. VOGT 1990, S. 116.

592 Pfarrer Ganz an Konsistorium, 1736 Juli 30. Pfarrarchiv Rodheim, Nr. 92.

593 Pfarrer Wittich an Konsistorium, 1730 Juni 6 (Konzept). Pfarrarchiv Ober-Eschbach, Fasz. 126.

594 Das geht aus der Antwort des Konsistoriums auf die Anfrage des Rodheimer Pfarrers, was für eine Kanzel in die neue Kirche kommen sollte, hervor: „Weilen Ill[ustrissim]i Nostri H[och]gr[ä]fl[iche] Gn[a]d[en], als auf Deren hohen gn[ä]d[i]ge[n] Befehl dieser Kirchen Bau hat vorgenommen werden müßen, in alle neu erbaute Kirchen die Cantzel gn[ä]d[i]gst verehrt, wie solches H[errn] Bau=Director Hermann attestiren wird; Als wäre Wohllöbl[iche] Renth=Cammer zu ersuchen, die Cantzel beliebig verfertigen zu lassen, und dem H[errn] Bau Director das nöthige aufzugeben." Konsistorialprotokoll, 1735 Juli 6. Pfarrarchiv Rodheim, Nr. 92, T. 2.

595 Bewilligungsbescheid Wilhelms VIII. über den Salzkreuzer zum Besten der reformierten Kirche zu Nauheim, 1740 Mai 28. Abschrift. Pfarrarchiv Bad Nauheim, Abt. II, Fasz. a–e, 2; KRAFT 1919, S. 31–34; BRÜCHER / RUHLAND 1992, S. 7.

596 HStA WI 130 II, Nr. 4095.

597 Kirchenstuhlordnung, 1736 Juni 14. HStA WI 151 Nr. 1086.

598 RASCHZOK 1988, Bd. I, S. 97 f.

599 Allgemein zum Herrschaftsstand KIESSLING 1995 u. ders. 1998.

600 RASCHZOK 1988, Bd. I, S. 144 f. und 363.

601 „Der Kanzel gegenüber befindet sich ein herrschaftlicher, für die ehemaligen Fürstlich=Solms=Braunfelsischen Diener bestimmter Stuhl, neben demselben rechts und links hatten die ehemaligen Herren von Pappenheim, sowie auch noch andere dahier ansäßig gewesene Adlige ihren eigenen Stuhl." Pfarrarchiv Wölfersheim, Ortschronik, S. 4 f.

602 Oberschultheiß Petri an Konsistorium, 1736 Mai 14. Pfarrarchiv Rodheim Nr. 92.

603 „Nicht das Verlangen, im Kirchenraum ‚private Wohnräume' zu errichten, war der Beweggrund zur formalen Gestaltung der Herrschaftsstände. Deren wesentlichstes Charakteristikum ist vielmehr die Absonderung, die sich in einer Dialektik von ‚Außen' und ‚Innen' darstellt. Das ‚Außen' steht für die Funktion des Herrschaftsstandes, seinen Besitzer durch eben den Einbau nach außen – das heißt in diesem Fall zum Kircheninnenraum hin – zu vertreten. Wichtig wird dabei vor allem die Ausbildung einer Art Fassade. Die Außenfassade und der gesamte Einbau selbst dienen der Repräsentation der Öffentlichkeit, die dem Benutzer durch seine territoriale Macht oder sein Amt gegeben ist." KIESSLING 1995, S. 101.

604 STURM 1712 und 1718. Ebenso die als Residenzkirchen einzustufenden Stadtkirchen in Wächtersbach und Lauterbach mit zweigeschossigen Logen auf beiden Seiten.

605 „Diese Art des hinter dem Altar liegenden Herrenstandes, des über dem Geistlichen stehenden Adels, findet man fast nur in den freien Ritterschaften, die so ihre hervorgehobene Stellung dem Volk gegenüber verstärkt zum Ausdruck brachten." SCHELTER 1981, S. 198 zeigt als Beispiel die Loge der Herren von Würtzburg in der Kirche zu Mitwitz (1730/1731).

606 Evangelische Stadtkirche Laubach 1990.

607 SCHMIDT, Frank 1993, S. 76–79.

608 KIESSLING 1995, S. 160, 167, 236.

609 Zur Sitzordnung in der Weilburger Schloß- und Stadtkirche werden die Quellenbestände ausführlich ausgewertet in ELLWARDT 1997a. Die Interpretation von WEX 1984, S. 120–127 muß aufgrund neuer Quellenfunde mit Vorsicht betrachtet werden.

610 „... die Predigt (nahm) die Form privater Anrede an, und der im Betsessel sitzende Herrscher sah nur den Pfarrer, nicht die Gemeinde. Es ist das Prinzip der mittelalterlichen zweigeschossigen Burgkapellen in barocker protestantischer Form." BACKES 1959, S. 49.

611 ELLWARDT 1997a.

612 H. Rauch und Dr. Vömel vom Steinauer Presbyterium an den Stadtrat zu Steinau, 1838 Okt 10. StA MR 190 Kreisbauamt Schlüchtern XIII, Nr. 2.

613 Freundliche Auskunft von Frau Ingeborg Diersch, Stadtarchiv Erbach.

614 Vertrag über die Fenster in den Herrschafts- und Adelsständen, 1740 Sept 16. FSBA A.69.2, Sign. III.835.

615 GROSS 1992, S. 34. Die heutige Nordempore datiert aus dem Jahre 1889.

616 Pfarrer Suavedissen, Wabern, an das Königliche Konsistorium, 1882 Sept 21. Pfarrarchiv Wabern, Schatulle 19. Fasz. VI,E,4.
617 In diese Richtung geht bereits die Interpretation von Pfarrer Suavedissen: „Landgraf Carl und dessen Gemahlin, Prinzessin Maria Amalia von Curland, waren die Erbauer des hiesigen Schlosses. Es wird nach dem Obigen, da sonst die innere Einrichtung der Kirche an Bühnen, Kanzel und Gestühl ganz gewiß eine andere sein würde, mit Sicherheit angenommen werden können, daß diese Herrschaften gleich bei Erbauung der Kirche im Jahr 1722 den fürstlichen Stand haben erbauen lassen." Pfarrer Suavedissen, Wabern, an das Königliche Konsistorium, 1882 Sept 21. Pfarrarchiv Wabern, Schatulle 19, Fasz. VI,E,4.
618 Kanzler Crantz an Amtmann Bassy, Amtmann Adam sowie Oberschultheiß Zerner, 1727 März 4 (Konzept). StA MR 315 g Hanau, Johanneskirche IV, Nr. 7; dazu ELLWARDT 2001b, S. 17–21.
619 POSCHARSKY 1963, S. 65 f. Dem schließt sich WEX 1984, S. 238 f. an.
620 KIESSLING S. 42 f. hebt hervor, daß STURM 1712 die Querkirche nicht zuletzt wegen der „günstigen Einbausituation des Herrschaftsstandes" bevorzugt: „Der Fürsten-Chor ist über seitlich des Risalits angefügte Treppen gut erreichbar. Auch weitere Anforderungen, wie sie Sturm bei den anderen Entwürfen an den fürstlichen Aufenthaltsort in der Kirche stellt, scheinen hier ideal erfüllt zu sein: So verfügt der Raum über eine ausreichende Größe und Helligkeit, ist abgesondert und liegt nahe und mit gutem Sichtkontakt zum Kanzelaltar. Bei der Wichtigkeit, die der Herrschaftsstand im gesamten Traktat einnimmt, erstaunt es, daß hier auf dessen mustergültige Ausführung und die untadelige Erfüllung aller *Reqvisita* nicht ausdrücklich hingewiesen wird." Vgl. dazu ebd. S. 49, 160, 167, 236.
621 Zur Ausbildung und zum Berufsbild von „Architekten" und „Ingenieuren" in der frühen Neuzeit: SCHÜTTE 1984, S. 18–24.
622 Pfarrer Wittich, Ober-Eschbach, an Meister Petter, undatiert (1730) (Konzept): Gratulation zur Ernennung zum Werkmeister. Pfarrarchiv Ober-Eschbach, Fasz. 126.
623 „... Summa 230 fl jährliche besoldung vor den Stucator Meyer vor verpflichtete treue dienste gehorsamsten respect uns zu leisten in seiner profession und baurißzu machen. Dahero wir Ihme auch das Prädicat baumeister nebst einer Instruction geben..." Bestallungsbrief für Meyer, 1711 Mai 1. FSBA A.60.9, Sign. III 436 a.
624 Bestallungsurkunde für Karl von Hattenbach, 1698 Juli 1. StA MR 5 Nr. 255.
625 PHILIPPI 1976, 586–595.
626 RASCHZOK 1988, Bd. I, S. 66–89.
627 RASCHZOK 1988, Bd. I, S. 89.
628 STURM 1714, o. S.
629 LORENZ 1995, S. 126.
630 STURM 1714, o. S.
631 Festschrift Erbach 1750.
632 WITTICH 1731.
633 Zimmermannsspruch beim Richtfest, 1734 Okt. Zit. nach: DAHMEN 1982a, S. 51 f.
634 Verordnungen für Nassau-Saarbrücken von 1746 und 1750 bezüglich Ablauf des Genehmigungsverfahrens: HStA WI 153, Nr. 66. Welche Formalitäten in Nassau-Dillenburg nötig waren, zeigt ein Schreiben der Gemeinde Bicken an die Rentkammer: „Ew[er] Excellenzien etc. wird noch in gnädigem gedenken seyn, daß wir unterm 2 ten Jan. a[nni] c[urrentis] um die anweissung des zu hiesigem Kirchbau höchst nöthigen bauholtzes per Memoriale unterthänig nachgesuchet haben; da wir nun bis dato gar keine resolution erhalten, gegentheilig aber vernehmen müssen, daß wir erstl. gnädigste erlaubnis zu diesem bau von Hochfürstl. v. Landes Regierung proclamiren [?] müssen, als komt dieselbe hier bey sub Lit: A., und von Hochfürstl. v.c. Consistorio sub Lit:B., benebst dem Kosten überschlag und nothdürfftigem bauholtz von HEr. Baumeister sub Lit:C., mit wiederholter unterthäniger bitte Ew: Excellenzien pp wollen in hohen gnaden bald die anweisung mehr gedachten bauholtzes beförderen, ansonsten unser Kirchenbau dieses Jahr wieder möchte anstehen bleiben." Gemeinde Bicken an Rentkammer, 1755 Feb 4. HStA WI 175 Nr. 3704. Abschrift mitgeteilt von Friedrich Theis, Bicken.
635 Pfarrarchiv Ober-Eschbach, Fasz. 126 u. 129/I. Ausführliche Darstellung des Bauverlaufes in ELLWARDT 1999a, S. 7–71.
636 Hanauischer Hauptreceß 1670, § 4, S. 7.
637 Pfarrarchiv Rodheim, Nr. 91.
638 So in Rodheim im Oktober 1738. Pfarrarchiv Rodheim, Nr. 93.
639 „Derweilen den 27. hujus der Grundstein zu der Evangel[isch] Lutherischen Kirche zu Rodheim geleget werden soll, Als wolle der herrschafftl[iche] Oberschultheiß Petri im nahmen Unsers Gn[ä]d[i]gst[en] Graffen und Herrns diessem Actui mit beywohnen ..." Konsistorialdekret an Oberschultheiß Petri, 1732 April 26. Pfarrarchiv Rodheim, Nr. 91.
640 FSBA A.37.1, Sign. XVII.305 b; RIESS 1991, S. 24–26; ELLWARDT 1993, S. 17 f.
641 „Nur das bitte gehorsambst daß m[an] consideriret was vor eine Saure Bemühung ich im vorigen Jahr anwend[en] müss[en], so wohl die Collecte in f[rank]fort zu erlang[en], als auch einzusaml[en] womit in d[en] heiß[en] Som[m]er tagen 8 tag lang zu gebracht, und tägl[ich] auf dem Pflaster alle gass[en] u[nd] häuser auff Eines Hochlöbl[ichen] Befehl mitgegang[en] zu mahlen da dieses nicht ohne sonderbahr[en] nuz[en] abgang[en] und nun über 600 fl. diese Collecte außmachet, ich auch noch verschiedene dinge bey ein und ander[en] Patronen zum Nuz[en] des kirchbaues zu erhalt[en] hoffe." Aufstellung Pfarrer Wittichs über seine bisherigen Ausgaben, 1729 Sept 2 (Konzept). Pfarrarchiv Ober-Eschbach, Fasz. 126. Vgl. ELLWARDT 1999a, S. 9–14.
642 „Aufgrund seiner akademischen Ausbildung, seines beamtenähnlichen Status, seiner zentralen Rolle im Gottesdienst und seiner Eigenschaft als Sittenpolizei und Schulaufsichtsbehörde nahm der Pfarrer eine hohe soziale Stellung ein. Seine Predigt besaß für das soziale Gefüge eines Dorfes oder einer Stadt eine hohe Bedeutung. (...) Da der Gottesdienst in hohem Maße auf die Person des Geistlichen konzentriert war und der Pfarrer zudem durch seine Aufsichtsfunktionen im sozialen Leben einer Dorf- oder Stadtgemeinschaft auch herrschaftliche Funktionen wahrzunehmen hatte, erhoben die Pfarrer nicht nur im innerkirchlichen Bereich, sondern auch in öffentlichen Angelegenheiten ihres Dorfes oder ihrer Stadt einen Führungsanspruch, der unabhängig von ihrer oft dürftigen materiellen Stellung war." RASCHZOK 1988, Bd. I, S. 58 f.
643 RASCHZOK 1988, Bd. I, S. 59.
644 Pfarrer Wittich an Konsistorium, 1729 Juni 14 (Konzept). Pfarrarchiv Ober-Eschbach, Fasz. 126.
645 Pfarrarchiv Rodheim, Nr. 91.
646 Pfarrer Ganz an luth. Konsistorium, 1733 Okt 12. Pfarrarchiv Rodheim, Nr. 91.
647 Diverse Schreiben aus den Jahren 1737 und 1738. Pfarrarchiv Rodheim Nr. 93.
648 Pfarrer Ganz an luth. Konsistorium, 1737 Dez 23. Pfarrarchiv Rodheim Nr. 93.
649 Vgl. z. B. Pfarrer Uffelmann, Marköbel, an das ref. Konsistorium in Hanau bzgl. der noch ausstehenden Baukosten und Bitte um Überprüfung der Rechnung, 1743 Jan 29. Pfarrarchiv Marköbel: Hauptbaurechnung 1741–1742.
650 DAHMEN 1982a, S. 61.
651 Pfr. Theobald zu Nauheim an ref. Konsistorium in Hanau, 1756 März 18. StA MR 83, 585–I, Nr. 4.
652 Konsistorialdekret, 1756 Juli 14 (Konzept). StA MR 83, 585–I, Nr. 4.
653 Der brandenburg-ansbachische Baudirektor Leopoldo Retti beklagte sich „über ein zu starkes und vor allem fachlich unqualifiziertes Engagement der markgräflichen Pfarrer in Bausachen ..., als er in einer anstehenden Bauangelegenheit empfahl, der Markgraf solle nur nach Steingrubers Riß beschließen, ‚dass eben nicht nach derer geistlichen Einbildung als wie der Pfarrer eingereimt vorgestellt gebauet werden kann, weillen dergleiche Gebäude nicht allein öfters sehr costbar ausfielen, sondern auch mehrmahlen unförmlich herauskämen.'" RASCHZOK 1988, Bd. I, S. 90 f.
654 „Sonst[en] muß demselb[en] im vertrauen meld[en], daß durch das an unserer Kirche wegen dem allzu hohen Sacristey bau abgegangenen mittleren fenster der Canzel sehr vieler tag benommen wird, welches zu seiner zeit von vielen dörffte getadelt werd[en]. Weilen um meinem gering[en] bedünck[en] nach dießer abgang könte ersetzet

werd[en], wenn entwed[er], das tach an der Sacristey erniedriget u[nd] ein fenster über dem Eingang der Canzel noch gesetzet od[er] auff beyde[n] seit[en] d[er] Canzel ein Oval in die mauer gemacht werde." Pfarrer Wittich an Meister Petter, undatiert (1730) (Konzept). Pfarrarchiv Ober-Eschbach, Fasz. 126.

655 KNOCH 1763, fol. 8. GhK 2° Ms. Hass. 707.

656 Zum Wirken von Johann Konrad Lichtenberg vgl. SCHMIDT, Frank 1990, S. 89–129.

657 „Außer der Teilnahme an den Gottesdiensten, der Möglichkeit von Stiftungen für das Kirchengebäude, dem Besuch der Christenlehren und dem Vollzug der Amtshandlungen gab es für die Eingepfarrten keine weitere Möglichkeit der Mitwirkung am kirchlichen Leben. Auf dem Gebiet der Religionsausübung besaß so die Gemeinde nur minimale Rechte, da ihr vom Landesherrn keine Teilnahme am Kirchenregiment zugestanden wurde." RASCHZOK 1988, Bd. I, S. 60.

658 D. h. die erwachsenen Männer der Gemeinde; denn höchstens als Witwe erlangte eine Frau einen unabhängigen Rechtsstatus.

659 Protokoll der Presbyterialsitzung vom 1738 Juni 4. Pfarrarchiv Marköbel: Presbyterialprotokoll 1727–1742.

660 Pfarrer Ganz an luth. Konsistorium Hanau, 1733 Okt 12. Pfarrarchiv Rodheim, Nr. 91.

661 Maurermeister Hahner an luth. Konsistorium Hanau, 1726 März 4. StA MR 83 Nr. 1080/17.

662 FSBA A.69.2, Sign. III.835.

663 „Alß erklären wir hierdurch und in Kraft dießes, daß Wir zu Wieder aufferbauung Unßerer Evang[elisch] Reform[ierten] Kirche nach folgende stücke ohnweigerlich hergeben und verschaffen wollen: 1.) Alles zum Kirchenbau erforderl[iche] Gehölz, es mag nahmen haben wie es wolle, aus Unßeren gemeinen Mitteln darzu anschaffen. 2.) Das Nöthige Fuhrwerck auf Unßere gemeine Kosten zu bestreiten, und zu sorg[en], daß alle und jede Bau Materialien zu Rechter Zeit herbei gebracht werden. 3.) Und Endlich bei Abbrechen, Fundament Graben, und auff schlagen, alle hülfflich Hand zu leisten, und in der gemeind verrichten zu laßen." Urkunde der Gemeinde Marköbel, 1739 Mai 29. StA MR 83 Rep. X, 977 Nr. 1.

664 „Insgesamt zeigt sich, daß neben den Pfarrern die Gemeindeglieder mit Ausnahme der Heiligen- oder Gotteshauspfleger [entsprechen den hessischen Kirchenbaumeistern, also Verwalter des Kirchenvermögens, K.E.] bei der Planung von Kirchenbauten eine untergeordnete Rolle spielten." RASCHZOK 1988, Bd. I, S. 91.

665 KNOCH 1763, fol. 8 v. GhK 2° Ms. Hass. 707.

666 „D[en] 23. [Septem]bris [1740] dem M[ei]st[e]r Hieronymo die wolcke und die sonne an der decke auf g[nä]d[i]gsten Herrschaftl[ichen] befehl wieder auszuweißen und wegen neugemachter rüstung deshalben und ausgestandenen gefahr mit Consens des Herrn Bau Directoris Knochen 30 xr." Kirchenbaurechnung Wölfersheim 1737–1740. FSBA A.69.2, Sign. III. 846 f.

667 Kanzlei an Idsteiner Convent, 1737 März 1 (Konzept). HStA WI 133 Nr. 30.

668 FIA Nr. 4866; DECKER 1988, S. 117.

669 Kirchenverwalter Pfaff, Hanau, an Pfarrer Wittich, 1728 Mai 10. Pfarrarchiv Ober-Eschbach, Fasz. 129/I.

670 Zuschreibung an Petter bei GROTTKER 1984, S. 62; DEHIO 1982, S. 686.

671 Gutachten Hermanns, 1728 Mai 6. Verbleib unbekannt. Zit. nach: DIEHL 1935, S. 768 f. In den umfangreichen Bauakten im Pfarrarchiv Ober-Eschbach – der Briefwechsel Pfarrer Wittichs ist weitgehend komplett erhalten – war das Stück nicht aufzufinden. Offenbar ist das Schreiben beim Konsistorium verblieben und dem Pfarrer nie ausgehändigt worden.

672 Pfarrer Wittich an Kirchenverwalter Pfaff, 1728 April 27 (Konzept). Pfarrarchiv Ober-Eschbach, Fasz. 129/I.

673 Kirchenbaurechnung. Pfarrarchiv Ober-Eschbach, Fasz. 128, p. 32.

674 Bericht von Pfarrer Wittich, 1728 Mai 14. Pfarrarchiv Ober-Eschbach, Fasz. 129/I.

675 Gutachten Hermanns, 1728 Mai 6. Zit. nach: DIEHL 1935, S. 768 f.

676 StA MR 315 g Bieber III, 1.

677 TOURSEL-HARSTER / BECK / BRONNER 1995, S. 233–235.

678 MORLOCK 1965, S. 790–793.

679 GROTTKER 1984.

680 „... eine Kirche von Neun Hundert, bis dausent personen geben kan..." Baudirektor Hermann an Registrator (Theobald?), 1732 Jan 17. Pfarrarchiv Rodheim, Nr. 91. – Zur tatsächlichen Größe der Gemeinde vgl. DAHMEN 1993, S. 7 f.

681 ELLWARDT 2001c.

682 DECKER, Klaus-Peter: Die Situation der Grafschaft Isenburg zur Erbauungszeit der evangelischen Kirche in Langenselbold. Vortrag anläßlich der Jubiläumswoche „250 Jahre Evangelische Kirche Langenselbold 1735–1985" am 13. Sept 1985, bes. S. 14–16. Der Verfasser gewährte mir freundlicherweise Einsicht in das ungedruckte Manuskript.

683 ELLWARDT 1997a.

684 Die Weilburger Pfarrchronik enthält eine ausführliche Abhandlung über die Argumente für und wider die Standeserhöhung, welche Johann Ernst 1688 zu seiner Entscheidung bewogen haben, dazu die Abschriften mehrerer kai serlicher Urkunden sowie den Fortgang der Verhandlungen bis hin zur Fürstung seines Sohnes Carl August im Jahre 1737. Niedergeschrieben von Carl Rudolph Weinrich, 1737 Juni. – In: Weilburg-Chronik 1508–1860, o. S. Pfarrarchiv Weilburg. Zur Fürstenwürde als Faktor der Hauspolitik der nassau-walramischen Linien vgl. OLSCHEWSKI 2001, S. 24–30.

685 Kirchenstuhlordnung, 1735. HStA WI 151 Nr. 1086. Abschrift: Pfarrarchiv Weilburg, Abt. V, Nr. 132.

686 Superintendent Weinrich an Konsistorium, undatiert (zwischen Herbst 1735 und Frühjahr 1736). HStA WI 153 Nr. 421.

687 SALTENBERGER 1984/85, S. 113.

688 DEHIO 1982, S. 642 und 900.

689 EINSINGBACH 1989.

690 Zur Ludwigskirche vgl. SCHMOLL gen. EISENWERTH 1963; HEYDT 1991; SKALECKI 1995, S. 84–86, DITTSCHEID 1998.

691 SALTENBERGER 1984/85, S. 111.

692 DITTSCHEID 1975, S. 190; DEHIO 1984, S. 311 f. (Gersweiler) u. 745 (Niederlinxweiler).

693 SALTENBERGER 1984/85, S. 108 und 114.

694 HOPPSTÄDTER / HERRMANN (Hrsg.) 1977, S. 444–459 u. 506–520; DEMANDT 1980, S. 429–435; VOGLER, Bernard 1994a, S. 59–174; THOMES 1999, S. 299–352; JUNG, Michael 1999, S. 352–453 OLSCHEWSKI 2001, S. 19–24.

695 JUNG, Michael 1999, S. 422.

696 Zum Baubestand in Nassau-Saarbrücken vgl. SCHUBART 1967, S. 54; DITTSCHEID 1975, S. 193.

697 DITTSCHEID 1975, S. 193; Le Temple réformé de Sarre-Union 1992; TOURSEL-HARSTER / BECK / BRONNER 1995, S. 385 f.

698 GROSZMANN, Dieter 1990, S. 135 f.

699 FISCHER, Helmut 1989, S. 264.

700 GROSZMANN, Dieter 1983, S. 81.

701 Gutachten des Konsistorialrats Appelius, 1789 Nov 7. StA MR 315 e Rotenburg III, 8.

702 FSBA A.69.2, Sign. III.835.

703 Im frühen 17. Jahrhundert wurde in Wölfersheim ein Lustgarten angelegt. Dies weist darauf hin, daß der Hof den Ort gelegentlich zu besuchen beabsichtigte. RIESS 1991, S. 12.

704 KNOCH 1792/93, S. 109. GhK, 2° Ms. Hass. 283.

705 Kopie der Befreiung von allen Fron-, Hand-, fahrenden und Feldbaudiensten durch Graf Wilhelm Moritz zu Solms, 1682 April 1. Beglaubigte Abschrift, 1766 Jan 28. Nähere Erklärung dazu durch Graf Wilhelm Moritz, 1682 April 10. Pfarrarchiv Wölfersheim, Urkunden, Nr. 11 u. 12.

706 Leybmeisters Kalender 1716. FSBA A.23.1, Sign. III.15/19.

707 Um 1720 wird ein großangelegter Entwurf des Baumeisters Meyer datiert, der aber nie zur Ausführung kam. Die mittelalterliche Burg sollte zu einer Schloßanlage mit langen Fassadenfronten und einer Kuppel als Bekrönung umgestaltet werden. SCHELLENBERG 1990, S. 69–71.

708 WOLF 1988, S. 468–470.

709 WOLF 1988, S. 473.

710 StA MR Rechnungen II Langenselbold 12: Kirchenbaurechnung 1735.

711 Inschrift mit Chronogramm (1736) an der Schloßfassade; Inventar Erbach 1891, S. 54.

712 SCHMIDT, Frank 1994, S. 2 f. – In der Einweihungsfestschrift wird sie als die neue „Stadt= und Schloß=Kirche" bezeichnet. Festschrift Erbach 1750, S. 14.

713 Festschrift Erbach 1750, S. 5.

714 Festschrift Erbach 1750, S. 17.
715 Festschrift Erbach 1750, S. 20. – Ähnlich das Lobgedicht des geistlichen Ministeriums, ebd. S. 74 f.
716 Festschrift Erbach 1750, S. 42 f. Vgl. RASCHZOK 1988, Bd. I, S. 85.
717 Festschrift Erbach 1750, S. 46.
718 Festschrift Erbach 1750, S. 27.
719 Festschrift Erbach 1750, S. 78.
720 LA SP C 20 Nr. 326.
721 LEHNUNG 1978, S. 90.
722 SCHWIPPS 1964; KUNZENDORF 1992, S. 66–68 u. 81–84 (Berlin), 111–114 (Potsdam) mit weiterführenden Literaturangaben. Kunzendorf bezeichnet die Hof- und Garnisonkirche in Potsdam als den „in kirchengeschichtlicher, kunstgeschichtlicher und territorialgeschichtlicher Hinsicht bedeutendsten sakralen Barockbau der Mark Brandenburg." Ebd. S. 111. Beide Kirchen wurden von demselben Architekten, nämlich Philipp Gerlach, entworfen. SCHÖNFELD 1999, S. 37.
723 SCHMIDT, Frank 1993, S. 252 f.
724 LA SP C 20 Nr. 3172, darin die originale farbige Entwurfszeichnung Schilds.
725 LEHNUNG 1978, S. 228.
726 Inventar Pirmasens 1938, S. 508–516.
727 Die Kontroverse um die Baupflicht des katholischen Pastors zu Lahr als Zehntempfänger an der Kirche zu Neunkirchen, welche dazu führte, daß der mittelalterliche Chor nicht abgebrochen und erneuert wurde, sei als Beispiel angeführt. HStA WI 153, Nr. 67 u. 381.
728 SCHMIDT, Frank 1993, S. 173.
729 Frank Schmidt betrachtet Altenburg als lehnsrechtlich zur Landgrafschaft Hessen-Darmstadt gehörige Residenz eines landsässigen Adeligen. Daher bewertet er die Kirche innerhalb des hessen-darmstädtischen Kirchenbaus. SCHMIDT, Frank 1993, S. 172 f.; vgl. auch DOERBECKER 1920, S. 10 f.; DEHIO 1982, S. 12.
730 KÖBLER 4. Aufl. 1992, S. 565.
731 DEHIO 1982, S. 565 f.
732 StA WF 4 Alt 2 Salder Nr. 2732.
733 StA WF 1 Alt 22 Nr. 427.
734 KLEINAU 1986, S. 524 (1698); HUGE 1987, S. 3 (30. Nov 1709).
735 Signierte Pläne in HAB Top. 15 b, Blätter 5–11 (vgl. Abb. 199–200). Die bisherige Zuschreibung der Kirche zu Salder an Hermann Korb, die in Inventar Wolfenbüttel 1906, S. 368; BERNDT / POSCHARSKY 1968, S. 140 f.; Salder, Schloßkirche o. J; HUGE 1987, S. 3; DEHIO 1992, S. 1153 sowie SCHÖNFELD 1999, S. 66 formuliert wurde, ist damit widerlegt. Zum Planungs- und Bauverlauf: ELLWARDT 2001a; Quellen: StA WF 4 Alt 6, Nr. 1652; LKA BS, OA Salder 21, Varia 2; Pfarrarchiv Salder: Mappe 23 (Abschrift der Turmknopfurkunde, 1714 Sept 20) und Saldersche Kirchenrechnungen 1701–1754; Inschriften am Bau mit der Jahreszahl 1713.
736 „Barriere mit Fenstern nach der Kanzel zu." Skizze der Amtsprieche in der Kirche zu Salder, 1884. LKA BS, OA Salder 13.
737 JÜRGENS 1996, S. 12–14.
738 Landschafftliches Schreiben an den Hertzog Anton Ulrich Dhl. wegen der zu besorgende Religions-Verenderung (Abschrift). HAB Cod. Guelf. 117,4 Extrav., fol. 136–141.
739 WAGNITZ 1994, S. 19.
740 WAGNITZ 1994, S. 19.
741 JÜRGENS 1996; vgl. Personalia Herzog August Wilhelms von Braunschweig. Abgedruckt in Georg Hagemanns Leichenpredigt. HAB Cod. Guelf. 30.2 Extrav., fol. 39–41.
742 WAGNITZ 1994, S. 130.
743 Briefe des Sekretärs Julius Basilius Pape an August Wilhelm, 1714 März 16 u. 17. StA WF 1 Alt 22 Nr.433.
744 BRASELMANN 1912, DÖTT 1955, DEHIO 1992.
745 BÖGGEMANN / EBERHARDT 2. Aufl. 1991, S. 3 f.
746 Außer in Königsberg selbst wurden in Ostpreußen keine Querkirchen errichtet. Einen umfassenden Überblick zum ostpreußischen Kirchenbau liefert HUBATSCH 1968.
747 KUNZENDORF 1992, S. 180–183.
748 SCHÖNFELD 1999, S. 25–30.
749 SCHÖNFELD 1999, S. 135.
750 SCHELTER 1981, S. 133 wertet das Gotteshaus als Hofkirche, während RASCHZOK 1988, Bd. I, S. 258–260 sich gegen diese Interpretation ausspricht: Da Episkopalgewalt und Baupflicht nicht beim Patron, sondern bei der Landesherrschaft lägen, könne der Architekt nicht als Bauherr bezeichnet werden.
751 RASCHZOK 1988, Bd. I, S. 222 f.
752 RASCHZOK 1988, Bd. I, S. 224–238.
753 MORLOCK 1965.
754 „Wenn die Annahme richtig ist, Herzog Christoph von Württemberg und sein Reformator Johannes Brenz hätten die Stuttgarter Schloßkapelle als programmatischen Bau konzipiert, so war dies zweifellos nicht nur für Schloßkapellen gedacht, sondern auch für Gemeindekirchen. Obwohl über letztere noch keine Untersuchungen vorliegen, kann für Württemberg gesagt werden, daß es im späteren 16. und frühen 17. Jahrhundert bei Um- und Neubauten – dem geringen Bedarf entsprechend – einige Nachfolgebauten gibt. Wesentlich zahlreicher erscheinen diese seit dem Ende des 17. Jahrhunderts und das ganze 18. Jahrhundert hindurch." FLECK 1995, S. 143.
755 „Da die nahegelegene Reichsstadt Reutlingen viel früher der Reformation beitrat als das württembergische Pfullingen und gegenseitiger Streit dadurch entstand, daß reformationsunwillige Reutlinger in Pfullingen die Messe besuchten, mag es sein, daß Herzog Christoph mit dem für ein Landschloß etwas ungewöhnlichen Aufwand eines reformatorisch-theologischen Bildprogrammes hier ein deutlich sichtbares Zeichen setzen wollte." FLECK 1995, S. 141; ähnlich BUDDE / MERTEN 1986, S. 116.
756 Vgl. MAI 1969.
757 Inventar Celle 1937, S. 66 f; FLICK 2000a, ders. 2000b.
758 DEHIO 1992, S. 776 f. u. 1165.
759 MAI 1994, S. 19–21.
760 LUCAE 1701, S. 49.
761 STURM 1718, S. 27 f.
762 RASCHZOK 1988, Bd. I, S. 91.
763 Beschreibung der Kirche bei RASCHZOK 1988, Bd. I, S. 262–264. Grund- und Aufrisse der Kirche abgebildet ebd., Bd. II, Pläne Nr. 57–59.
764 1757 hatte Pirmasens ca. 2700 Einwohner, 1767 bereits rund 4600. LEHNUNG 1978, S. 224–226.
765 Dazu haben sich drei Originalzeichnungen erhalten. LA SP C 20 Nr. 325/2.
766 Memoriale des Beamten Schreibeisen, 1773 Dez 29. LA SP C 20 Nr. 3173.
767 Inventar Friedberg 1895, S. 293.
768 Inventar Erbach 1891, S. 47 f.
769 Kirchenarchiv Langenselbold: Chronik Langenselbold, Evangel. Kirchengemeinde, S. 17.
770 BÖCHER 1995, S. 179.
771 BÖCHER 1995, S. 176. Paul Kaiser hingegen legt dar, daß das Eisenacher Regulativ lediglich den Charakter eines Thesenpapiers hätte und keine Verbindlichkeit besäße; er bezeichnet es als „kirchenrechtliches Phantom." KAISER 1994, S. 114–118.
772 BÖCHER 1995, S. 176.
773 Eisenacher Regulativ. Erstmals publiziert in: Allgemeines Kirchenblatt für das evangelische Deutschland 1861. Zit. nach BÖCHER 1995, S. 176–179. Vgl. dazu BRATHE 1906, S. 28–31.
774 DEHIO 1992, S. 360.
775 StA DA G 15 Friedberg K Nr. 1006.
776 Gutachten des Großherzoglichen Denkmalpflegers für Oberhessen, Heinrich Walbe, an Kreisamt Friedberg, 1906 Juni 12. StA DA G 15 Friedberg K Nr. 1006.
777 Bericht des Kirchenvorstandes zu Ostheim an Kreisamt Friedberg, 1912 April 16. StA DA G 15 Friedberg K Nr. 987.
778 Gutachten des Denkmalpflegers, 1912 Mai 24. StA DA G 15 Friedberg K Nr. 987.
779 Bericht des Kirchenvorstandes zu Ostheim an Kreisamt Friedberg, 1912 Juli 1. StA DA G 15 Friedberg K Nr. 987.
780 Gemeinsamer Beschluß von Gemeindevertretung und Kirchenvorstand Ostheim, 1913 Feb 7 (Abschrift des Protokolls): „Die Anordnung von Kanzel, Altar, Orgel, Emporen und Gestühl sollen bleiben wie bisher..." StA DA G 15 Friedberg K Nr. 987.
781 WIESENHÜTTER 1936, S. 59 f.
782 „Der Altar steht im Schnittpunkt der Diagonalen. Die Kanzel ist unmittelbar dahinter an einer spargelähnlichen Säule, die nicht bis zur Decke durchgeht, angebracht. Die Orgel befindet sich auf einer der Kanzel gegenüber angebrachten Empore. Auf beiden Schmalseiten befinden sich

die Emporen. Unter den Emporen die Sitzbänke im Kirchenschiff." Pfarrer Maue an Landeskonservator Bleibaum, 1950 Nov 29. Kirchenarchiv Eisemroth, Baupläne und Berichte.
783 Ebd.
784 „... daß man alles Gestuel also richte / damit zuvorderst die Zuhörer / den Herren Seelsorger / wann er vor dem ersten und vordern Altar stehet / daselbsten die Einsatzung deß heiligen und hochwürdigen Abendmahls verliset / oder aber auff der Cantzel / die Predig Göttlichen Wortts verkündiget / recht und wol in Fazia sehen / damit sie es desto besser fassen und vernemmen können." FURTTENBACH 1649, S. 197. Vgl. STURM 1712, S. 223; STURM 1718, S. 27.
785 Gutachten des Baudirektors Christian Ludwig Hermann zum Kirchenbau in Ober-Eschbach, 1728 Mai 6. In: DIEHL 1935, S. 768 f.
786 Pfarrer Maue an Landeskonservator Bleibaum, 1950 Nov 29. Kirchenarchiv Eisemroth, Baupläne und Berichte.
787 ELLWARDT 2003.
788 KUNZENDORF 1992, S. 189 f. stellt fest, daß von den etwa 40 in seiner Arbeit behandelten Querkirchen nur noch acht „in einer quergerichteten Baufassung" erhalten seien.
789 Vgl. dazu LANGMAACK 1971, KAHLE 1990 (mit weiterführenden Literaturhinweisen).
790 MENGEL 196, S. 111–117.
791 DEHIO 1982, S. 12; SCHMIDT, Frank 1993, S. 173 u. 267.
792 StA DA P 27 Nr. 1 / 1–6.
793 MENGEL 1996, S. 112–114.
794 Gemeinde Bicken an Rentkammer, 1755 Feb 4. HStA WI 175 Nr. 3704.
795 DEHIO 1982, S. 83 datiert Glockengeschoß und Helm auf das Jahr 1559, ebenso THEIS 1953, S. 19 und die Denkmaltopographie Lahn-Dill-Kreis I 1986, S. 322, wo der Turm als „mittelalterlicher Chorturm" beschrieben wird. Im Inneren des Turmerdgeschosses sind noch geringe Reste von Wandmalereien sichtbar, jedoch zu wenig, um daran einen Datierungsversuch festmachen zu können.
796 HStA WI 173 Nr. 3704.
797 Pfarrarchiv Bicken: Rechnung über den Neuen Kirchen-Bau, Welcher zu Bicken, Im Jahr 1756 Unter Gottes besondern beystant, Glücklich ist auf gerichtet worden. Geführet durch Johann Friedrich Tilemann Zeidigen Prediger daselbst. Abschrift mitgeteilt von Friedrich Theis M.A., Bikken.
798 Pfarrarchiv Bicken, Kirchenbaurechnung S. 33.
799 Instruction vor den hießigen Baumeister Ter Linden, 1748 Mai 22. HStA WI 172 Nr. 3254. Das Faszikel ist eine umfangreiche Personalakte, die auch Unterlagen über die Tätigkeit Ter Lindens am Dillenburger Schloß enthält. Auf seine Kirchenentwürfe finden sich darin keine Hinweise.
800 HStA WI 173 Nr. 3704.
801 Allgemein zur Geschichte von Ort und Kirche: THEIS 1953.
802 Gemeinde Bicken an Landesregierung, 1786 Feb 3. HStA WI 173 Nr. 93.
803 Verschiedene Schreiben von 1756/57. HStA WI 172 Nr. 191.
804 HStA WI 175 Nr. 93.
805 Bericht des Ortsvorstandes Bicken an Amt Herborn, 1835 Juli 2. HStA WI 211 Nr. 4541.
806 „Diese Orgel ward neu gefertigt vom Orgelbauer Daniel Raßmann aus Möttau Herz. Nass. Amtes Weilburg in den Jahren 1836–1837." Aufgeklebter Zettel auf einem (mittlerweile ausgebauten) Ventil der Orgel.
807 THEIS o. J., S. 1.
808 Urkunde, eingemauert unter dem Altar der ev. Pfarrkirche Bicken. Veröffentlicht in: Unser Weg 4 (1955) Nr. 22: 30. Okt. 1955, S. 176. Abschrift mitgeteilt von Friedrich Theis M.A., Bicken.
809 Freundliche Auskunft von Herrn Friedrich Theis M.A., Bicken.
810 „... daß bey dem seit verschiedenen Jahren von Gott herrlich gesteigerten Wachß=thum HochDero allhiesigen Silber= Kobald und Eißen Berg Wercken, zugleich die anzahl der zur Evangel[isch] Luth[erischen] Kirch sich Bekennenden durch fremde berg= und hütten Leüte Sonderlich vom Hartz und den Sächßischen Berg Städten hier sehr vermehret worden; Indem Sie durch Verheürathen und Erbauung eigener Wohn Häuser sich seßhafft gemacht." Memoriale des Pfarrers Geneff namens der Gemeinde an Landgraf Wilhelm v. Hessen, Abschrift, undatiert (1755). StA MR 315 g Bieber III, 1.
811 CANCRIN 1787, S. 1–16.
812 CANCRIN 1787, S. 1–16. Im Anhang des Nachdruckes: HOFMANN, Ernst: Biographie des Franz Ludwig Cancrin(us).
813 BOTH / VOGEL 1964, S. 120 f.
814 Memoriale des Pfarrers Geneff namens der Gemeinde an Landgraf Wilhelm, Abschrift, undatiert (Anlage zu einem Schreiben an das luth. Konsistorium, 1755 Nov 15). StA MR 315 g Bieber III, 1.
815 StA MR 315 g Bieber III, 1.
816 StA MR P II 9668.
817 Konsistorialprotokoll, 1757 Juli 6. StA MR 315 g Bieber III, 1.
818 Pfarrer Geneff an luth. Konsistorium in Hanau, 1756 Nov 9. StA MR 315 g Bieber III, 1.
819 Specification der Tage welche ich der bau M[]ei]st[e]r an der Kirche gearbeitet und mitgangen in den walt beim Holz fellen im uff nehmen deß selben und sonsten zugebracht, 1758 Nov 15. StA MR 83, Rep. XIII 1034, Nr. 16.
820 Cancrin an luth. Konsistorium in Hanau, 1757 Mai 7 und Mai 17. StA MR 315 g Bieber III, 1.
821 StA MR 83, Rep. XIII 1034, Nr. 16.
822 Aus dem Lebenslauf des Bieberer Pfarrers Johann Philipp Koch (1758–1760). Pfarrarchiv Bieber: Lutherisches Kirchenbuch 1745–1820, S. 15.
823 Pfarrarchiv Bieber, Presbyterial Protocoll der Evangelisch Lutherischen Gemeinde zu Bieber vom 30. März 1768 – 18. Dez[ember] 1910, S. 53: Protokoll der Sitzung vom 22. Januar 1797.
824 Pfarrarchiv Bieber, Presbyterial Protocoll der Evangelisch Lutherischen Gemeinde zu Bieber vom 30. März 1768 – 18. Dez. 1910, S. 54: Protokoll der Sitzung von Mai 1797.
825 Inventar Gelnhausen 1901, S. 124; DEHIO 1982, S. 84.
826 Ev.-luth. Kirche Buchsweiler o. J.; TOURSEL-HARSTER / BECK / BRONNER 1995, S. 65; Patrimoine Bas Rhin, Bd. 1, S. 180–182.
827 THIELING 1939, S. 212; Ev.-luth. Kirche Buchsweiler o. J.; TOURSEL-HARSTER / BECK / BRONNER 1995, S. 65.
828 Freundliche Auskunft von Pfarrer M. Deutsch, Bouxwiller.
829 DECKER 1988, S. 110–121.
830 „Der entscheidende Anstoß zur endlichen Realisierung des Neubaus in Burgbracht kam anscheinend von Graf Wolfgang Ernst selbst, der sich persönlich dafür einsetzte, um seinen Untertanen ‚sothanes Bauwesen facilitiren (erleichtern) zu helfen'." DECKER 1988, S. 117.
831 Wolfgang Ernst von Isenburg-Birstein an Ferdinand Maximilian zu Isenburg-Wächtersbach, 1738 Mai 3. FIA Nr. 4866.
832 Urkunde aus dem Turmknopf, 1740 Sept 3. FIA Nr. 4866.
833 Festschrift Burgbracht 1988, S. 133.
834 Bericht des Botenmeisters Floret über die Grundsteinlegung, 1738 Juni 11. FIA Nr. 4866.
835 Zur historischen und siedlungsgeographischen Entwicklung KADELL 1980, S. 97–112. Zur Geschichte der Kolonie und ihres Kirchengebäudes: BAAS 1978, S. 162–175 (mit ausführlichen Quellen- und Literaturhinweisen); DESEL 2. Aufl. 1985, S. 18–23 u. 35 f.; VOGT 1990, S. 113–119; DESEL 1992, S. 42–47; DESEL 1995, S. 34–37; WICKE 1986, S. 9–25.
836 StA MR 40 a XXV, Paket „Grebenstein bis Lichtenau", Fasz. 7.
837 StA MR 5 Nr. 10097.
838 DESEL 1992, S. 45. Wohl nicht des Baubeginns, wie VOGT 1990, S. 117 annimmt.
839 StA MR 5 Nr. 10097.
840 BAAS 1978, S. 166 f. vermutet, der Landgraf sei bei der Einweihung persönlich anwesend gewesen, was sich aber aus den Quellen nicht überzeugend belegen läßt.
841 „Die Franzosen, die wegen des Bekenntnisses zum Evangelium geflohen sind, haben diese Kirche zur Ehre Gottes errichtet durch die mildtätige Unterstützung seiner Hoheit, des Fürsten und Landgrafen Carl von Hessen-Kassel, der, nachdem er sie barmherzig unter seinen Schutz gesammelt hatte und nicht weniger Sorgen um das Heil ihrer Seelen als um die Erhaltung ihres Leibes trug, verdient, daß sie in diesem Hause beten und an allen Orten inbrünstige Wünsche zum Himmel senden für sein Wohlergehen und für seinen Ruhm." Übersetzung nach WICKE 1986, S. 20.
842 DEHIO 1982, S. 194; Denkmaltopographie Lahn-Dill-Kreis I 1986, S. 334.

843 Pfarrarchiv Eisemroth, Chronik der Ev. Kirchengemeinde Eisemroth, begonnen 1964 durch Pfarrer Reinhard Brückner, S. 5.
844 SCHMIDT, Ernst Hermann 1923, S. 15 f.
845 DEHIO 1982, S. 194; Denkmaltopographie Lahn-Dill-Kreis I 1986, S. 334.
846 Bestätigungsschreiben des Kirchenrats Hamel, gleichlautend in beiden Kollektenbüchern, 1722 März 22. Pfarrarchiv Eisemroth, Kollektenbücher, pp. 1–4.
847 Pfarrarchiv Eisemroth, Presbyterialprotokollbuch, beg. 1712 (unpaginiert). – Ein eventueller Beschluß des Presbyteriums zum Kirchenneubau ist darin nicht verzeichnet.
848 Bestätigungsschreiben des Kirchenrats Schramm, in einem der beiden Kollektenbücher, 1723 April 13. Pfarrarchiv Eisemroth, Kollektenbuch, pp. 19–21.
849 „Bey Einweihung der Neuen Kirch im wirhtshaus von knechten und vier pferden der H[erren] deputirten verzehrt 3 fl 20 alb 4 d". Pfarrarchiv Eisemroth, Rechnung für die Kirche zu Eysemroth vom Jahr 1723, p. 29.
850 HILDEBRANDT 1995, S. 14.
851 Pfarrarchiv Eisemroth, Chronik 1821–1969, S. 71 a. Die neue Orgel, die der Orgelbauer Raßmann aus Möttau angefertigt hatte, wurde am 21. Juni 1835 eingeweiht. Bericht des Dekans Prof. Otto in Herborn, 1835 Juni 25. HStA WI 211 Nr. 4545. Laut Denkmaltopographie Lahn-Dill-Kreis I 1986, S. 334 soll die Kanzel durch eine Inschrift auf 1784 datiert sein – eine solche konnte trotz genauer Besichtigung nicht aufgefunden werden.
852 Planarchiv der Bauabteilung der EKHN, Nr. 2908 0011 01 01–2908 0011 01 16.
853 Pfarrarchiv Eisemroth, Chronik 1821–1969, S. 72.
854 Pfr. Maue, Eisemroth, an Landeskonservator Bleibaum, Marburg, 1950 Nov 29; Landeskonservator Bleibaum an Pfarrer Maue, 1950 Jun 17; Bericht von Pfarrer Maue über den Verlauf der Renovierung, 1951–1952. Pfarrarchiv Eisemroth, Baupläne und Berichte. Chronik 1821–1969, p. 87 a. Fotografie in Festschrift Siegbach 1995, S. 80.
855 HÖRETH 1950, S. 1: „Ueber die Geschichte der Kirche und über die Einweihungsfeierlichkeiten lag in dem Gräflich-Erbachischen Gesamtarchiv ein umfangreicher Aktenband, von dem nur noch einige Auszüge vorhanden sind."
856 Freundliche Mitteilung von Frau I. Diersch, Stadtarchiv Erbach und Herrn J. R. Wolf, Staatsarchiv Darmstadt.
857 Text der Inschrift über dem Turmportal: (...) „Der Grund wurde den XVII Aug. 1747 gegraben: Den XIIII Nov. 1748 wurde auf der Spize des Lang=hauses: den XII Sept. 1749 auf der Spize des Thurns: den IIII Octob dieses Jahrs auf dem Knopfe dem Herrn der Herrscharen gedanket das er den Bau gnaedig gefoerdert und die Bauleute maechtig beschuezet: Denn XII Jul. 1750 weihete man dieses Haus froelich ein; das der Name Gottes daselbst seyn soll ewiglich."
858 Festschrift Erbach 1750. Zur Baugeschichte bes. S. 5–7.
859 DIEFENBACH 1924.
860 Vgl. SALTENBERGER 1984/85, S. 106, LOHMEYER 1982, S. 106 f., die beide Stengel als Entwerfer der Erbacher Kirche annehmen. DIEHL 1935, S. 12 sieht Stengel als Urheber des Turmhelmes an, während er für den Gesamtplan richtigerweise Andreas Jörg als Baumeister angibt. Das Inventar Erbach 1891, S. 47 f. nennt keinen Baumeister. HÖRETH 1950 hält Stengel für den Entwerfer. Die Bemerkung in BEZZENBERGER / FISCHER 1987, S. 345, die Kirche sei „nach Plänen des Saarbrücker Kanzleidirektors Bock ... unter Mitwirkung von Friedrich Joachim Stengel" entstanden, ist wohl kaum zutreffend.
861 Stadtkirche Erbach o. J., S. 4, SCHMIDT 1994, S. 3.
862 „Der Bauherr und Regierer des ganzen Werks war unser gnädigster Graf und Herr Georg Wilhelm. Der Bauschreiber aber Andreas Jörg..." Schriftstück aus dem Turmknopf von Centgraf Schönhardt, 1749 Okt 4. Pfarrarchiv Erbach. Abschrift mitgeteilt von Frau Ingeborg Diersch, Stadtarchiv Erbach.
863 PRINZ 1980, S. 2 u. S. 4; SKALECKI 1995, S. 75–77.
864 SCHMIDT, Frank 1994, S. 3. – „Die Ausführung desselben [des Turmhelmes] war 1749 bei Erbauung des Gotteshauses schon vergeben, als der Erbauer, Graf Georg Wilhelm zu Erbach, den Stengelschen Entwurf, der schon ähnlich in St. Johann a. S. zur Ausführung gekommen war, von Saarbrükken mitbrachte und anordnete, daß der neue Plan verwirklicht wurde." Jahresbericht Denkmalpflege 1910–13, S. 108.
865 HÖRETH 1950, S. 2.
866 „Schon ein Blick auf die Gesamtanlage dieser Kirche beweist, daß nur sie das Vorbild für den Erbacher Bau geliefert hat. Die Aehnlichkeit ist so überzeugend, daß sie selbst dem Laien sofort auffallen muß. Es ist vor allem die bei beiden Kirche gleiche Turmkonstruktion mit dem Altan, dem Turmknopf und dem hohen Kreuz, die starke Aehnlichkeit der Fenster, die fast gleichen kleinen Seitenschiffe über der Mitte der Seitenfronten und vor allem das Gesamtbild der beiden Kirchen, die auf den gleichen Baumeister schließen lassen. Ein Vergleich der beiden Kirchen zeigt soviel Gemeinsames, daß sie als Schöpfungen ein und desselben Meisters erkannt werden." HÖRETH 1950, S. 3.
867 PRINZ 1980, S. 2 u. S. 4.
868 SALTENBERGER 1984/85, S. 48–52 liefert eine sorgfältige Aufarbeitung der Baugeschichte unter Verwendung der verfügbaren Archivalien und eine umfassende Analyse der Architektur wie auch ihrer historischen Entstehungsbedingungen. Ergebnisse zusammengefaßt in: Ders. 1985, Sp. 229–240. Umfangreiche Bauakten: HStA WI 135 Nr. 25, Bd. 1 und 2.
869 DEHIO 1982, S. 347 datiert die Orgel auf 1750. – „... wie daß wir in Unserm Kirchspiel Grävenwisbach eine gantz neuerbaute grose und Schöne Kirche haben, in welcher bis hierher nichts weiter gefehlet hat, als eine wohlklingende Schöne Orgell, ohneerachtet in der Kirche ein Schöner platz dazu aptiret ist." Bittschrift der Gemeinde Grävenwiesbach, undatiert (1749). HStA WI 135, Nr. 25 Bd. 2.
870 Landhauptmann Greifenberg an Oberkonsistorium, 1738 Juni 13. HStA WI Abt. 135, Nr. 25 Bd. 1.
871 Zu späteren Renovierungen WILFERT 1988, S. 4–16.
872 SALTENBERGER 1984/85, S. 57 f.
873 StA MR 315 g Hanau, Johanneskirche IV, 3.
874 LÜBBECKE 1951, S. 223–227.
875 Abgebildet u. a. in: Festschrift Hanau 1908, S. 30 u. 32 und ELLWARDT 2001b, S. 12–15.
876 Die Bauakte in den Hanauer Konsistorialakten (1727) im Staatsarchiv Marburg trägt schon im alten Repertorium den Vermerk „Fehlt". StA MR, Findbuch zum Bestand 83.
877 Zit. nach: Festschrift Hanau 1908, S. 34.
878 Schreiben des hanauischen Kanzlers Crantz, 1727 März 4. StA MR 315 g Hanau, Johanneskirche IV, Nr. 7.
879 Undatiertes Konzept (1728). StA MR 81 Reg. Hanau A Rubr. 81 Nr. 28.
880 Zit. nach Inventar Hanau 1897, S. 165. Hervorgehobene Buchstaben in der Inschrift ergeben als Chronogramm die Jahreszahl 1731.
881 Pfarrarchiv Ober-Eschbach, Fasz. 126. Somit ist die Kanzel das einzige noch existierende Ausstattungsstück aus der alten Johanneskirche, abgesehen von einem Opferstock, der sich jetzt in der neuen Johanneskirche befindet.
882 CALAMINUS 1858, S. 17.
883 Eine Auflistung der dort beigesetzten Personen und Beschreibung der erhaltenen Särge in Inventar Hanau 1897, S. 168–170 und Festschrift Hanau 1908, S. 42–45.
884 LÜBBECKE 1951, S. 230.
885 Denkmalpflege – Sanierung – Modernisierung o. J., S. 230.
886 BUSCHBECK o. J., S. 16 f.; HERRMANN 1995, S. 5–8.
887 StA MR 7B / 3 Nr. 22 u. P II 2189.
888 LÜBBECKE 1951, S. 232.
889 Die Baugeschichte wurde erschöpfend geklärt durch SALTENBERGER 1984/85, ebenso ders. 1989. Bauakten: HStA WI 133 Nr. 30; ZA EKHN, Kirchenbausachen Heftrich, unsigniert.
890 HStA WI 133 Nr. 30.
891 Festbuch Heftrich 1984, S. 46 f.
892 HStA WI 211 Nr. 4722.
893 Bestuhlungsplan des Zimmermeisters Metz, 1739 Aug 29. ZA EKHN, Kirchenbausachen Heftrich, ohne Signatur.
894 „An den Einbauten der Kanzel ist die Abschlusstür zum Aufgang nebst dem Treppenverschlag beseitigt worden; die Kanzeltreppe hat ein schlichtes Holzgeländer erhalten. Die Vorhänge an dem Emporeneinbau hinter der Kanzel sind beseitigt und durch Holzvergitterungen ähnlich denen im Schiff ersetzt worden. Die Kanzel ist durch eine Tür gegen diesen Raum, der als Sakristei dient, abgeschlossen worden. Dadurch ist auch die Blendung durch das Fenster beseitigt worden." Reisebericht des Bezirkskonservators, 3.–24. August 1936. ZA EKHN 1 Nr. 2573.
895 Historische Aufnahme im Pfarrarchiv Heftrich.

896 Gutachten des Denkmalpflegers Walbe, 1904 Mai 14. StA DA G 15 Alsfeld K 966.
897 „Die Kirche soll im Jahre 1620 erbaut worden sein. Im Jahr 1717 ist dieselbe aus Gemeindemitteln vergrößert und repariert worden, was urkundlich feststeht." Chronik des ev. Kirchenbauvereins Helpershain 1901–1920, S. 46; SCHMIDT, Frank 1993, S. 171.
898 StA DA G 15 Alsfeld K Nr. 966. Zur Vorgeschichte des Abbruchs und zu Walbes Bemühungen, das Baudenkmal zu retten, vgl. ELLWARDT 1998, S. 4–43.
899 Gutachten des Denkmalpflegers für Oberhessen, Prof. Heinrich Walbe, an das Großherzogliche Kreisamt Schotten durch Landrat Diehm, 1904 Mai 14. StA DA G 15 Alsfeld K 966.
900 Kirchenvorstand Helpershain an Kreisamt Schotten, 1840 Aug 12. StA DA G 15 Schotten K 275.
901 Die Gemeinde Helpershain hat auf Veranlassung des damaligen Pfarrers im April 1866 ein Harmonium angeschafft, „um den Kirchengesang zu unterstützen und die Feierlichkeit des Gottesdienstes zu erhöhen". Protokoll der Kirchenvorstandssitzung, 1866 Dez 14 (Abschrift). StA DA G 15 Schotten. K 275. Daraus folgt, daß die Kirche nie eine Orgel besessen hat.
902 Gutachten des Denkmalpflegers Walbe, 1904 Mai 14. StA DA G 15 Alsfeld K 966.
903 StA MR 5 Nr. 18570, 315 e Cassel, luth. IV/2; LKA KS Gen. Konsist. Kassel Spezialia Nr. 1558.
904 Dekret Friedrichs von Schweden, 1731 Sept 7. LKA KS Gen. Konsist. Kassel Spezialia Nr. 1558.
905 Diesen Verkauf betreffend eine Urkunde der Friederike Rosine von Scholley, 1734 Jan 8. Stadtarchiv Kassel, Samml. Risse, o. Sign.
906 LKA KS Gen. Konsist. Kassel Spezialia Nr. 1558.
907 StA MR 5 Nr. 18570.
908 Inventar Kassel 1923, S. 212.
909 Inventar Kassel 1923, S. 212; BRUNNER, Hugo 1913, S. 251; BOTH / VOGEL 1964, S. 178 f.; STOLZE 1997, S. 49. – DÖTT 1955, S. 109 konstatiert sehr richtig: „Der Entwerfer der Kirche ist noch nicht ermittelt."
910 StA MR P II 3354.
911 DÖHN 1968, S. 187–189; JÖCKLE 1989, S. 4.
912 DÖHN 1968, S. 200 f. Diese Gruft wurde 1922 nach einem Einbruchsversuch geöffnet; dabei stellte man fest, daß eindringendes Wasser erhebliche Schäden angerichtet hatte. Die sterblichen Überreste der dort Bestatteten wurden umgebettet, die Gruft instandgesetzt. Denkschrift (handschriftlich), in mehreren Expl. erhalten. ZA EKP 43 Nr. 875, u. LA SP H 3 Nr. 5099.
913 LOHMEYER 1911, S. 38; Inventar Kirchheimbolanden 1938, S. 145; DÖTT 1955, S. 110; BACKES 1959, S. 22; MORLOCK 1965, S. 369; KLISCHAT 1966, S. 46–48; DÖHN 1968, S. 188; DEHIO 1984, S: 452; JÖCKLE 1989, S. 4.
914 ISENBURG 1985, S. 7; WOLF 1988, S. 482.
915 StA MR 315 g Langenselbold III, 1.
916 Zum möglichen Verbleib der späteren Jahrgänge bzw. anderer Bauakten war nur in Erfahrung zu bringen, daß vor wenigen Jahren eine Metallkiste, die im Keller gelagert und bei einem schon einige Zeit zurückliegenden Hochwasser voll Wasser gelaufen war, ‚entsorgt' worden ist. Sie enthielt vermoderte alte Papiere nicht mehr feststellbaren Inhalts. Freundliche Auskunft von Herrn Dekan Peter Gbiorczyk, Langenselbold.
917 FIA, Selbolder Kellereirechnung 1728, S. 56.
918 Pfarrer Johann Henrich Ruth an Konsistorium, 1726 Okt 2, und Konsistorium an Pfarrer Ruth, 1726 Okt 7 (Konzept). StA MR 315 g Langenselbold III, 1.
919 Kirchenbaurechnung 1727, S. 26.
920 Traubuch der Ev. Kirchengemeinde Langenselbold 1726–1825. Pfarrarchiv Langenselbold. Abgedruckt in: Festschrift Langenselbold 1985, S. 4 f.
921 FIA, Selbolder Kellereirechnung 1728, S. 45 u. 56.
922 StA MR 315 g Langenselbold III, 1 und Rechnungen II Langenselbold 12; FIA, Selbolder Kellereirechnung 1729, S. 54–56, 63.
923 Traubuch der Ev. Kirchengemeinde Langenselbold 1726–1825. Pfarrarchiv Langenselbold. Abgedruckt in: Festschrift 1985, S. 4 f. Zum Verlauf der Einweihungsfeier s. außerdem: Reglement wornach das Ceremoniel umzug bey der auff d[en] 7ten [Septem]bris 1735 festgestellten Einweyhung der Kirche zu Langen=Selbold ein zu richten. StA MR 315 g Langenselbold III, 1.
924 Pfarrer Schneider, Langenselbold, an Landeskirchenbaurat Maurer, Kassel, 1960 Jan 2. Pfarrarchiv Langenselbold, Kirche – Renovation 1959–1960.
925 StA MR Rechnungen II Langenselbold 12: Kirchenbaurechnung 1735, S. 9, 11 u. 12; StA MR 315 g Langenselbold III, 1: Amtmann Karsbach in Langendiebach an Graf Wolfgang Ernst von Isenburg-Birstein, 1735 Aug 6: „In Ew. Hochgräffl. Gnd. Stuhl in der neuen Kirchen zu Selbold fehlet annoch die Treppe, welche auß dem Thurn hinein gehet; Nachdeme man nun anstand hat, ob solche von Holtz oder Steinen gemacht werden solle..."
926 Pfarrarchiv Langenselbold, Kirche - Renovation 1959–1960.
927 Amtmann Karsbach in Langendiebach an Graf Wolfgang Ernst von Isenburg-Birstein bzgl. Lohnforderungen der Schreiner, 1734 Juli 8. StA MR 315 g Langenselbold III, 1. – G. Siemon entnimmt alten Kirchenrechnungen die folgenden Bezeichnungen: Kavalier-, Beamten-, Schöffenstuhl, Stuhl des Amtsrichters, Amtsrats, Hofrats und Amtskellers, Burggrafen- und Brauerstuhl, Stuhl derer von Eisenberg, von Horn u. a. SIEMON 1935, Nr. 11/12. Ebd. Nr. 8/9/10 allgemein zur Sitzordnung in der Kirche.
928 StA MR 315 g Langenselbold IV, 2: Pfarrer Rauch in Langenselbold an Konsistorium in Kassel, 1852 April 6.
929 Zit. nach: ISENBURG 1985, S. 7.
930 Christian Ludwig Hermann an den Amtmann, 1727 Jan 18. StA MR 315 g Langenselbold III, 1.
931 FIA, Selbolder Kellereirechnung 1727, S. 66.
932 Christian Ludwig Hermann an Amtmann Karsbach in Langendiebach, 1733 Aug 5. StA MR 315 g Langenselbold IV, 6.
933 „Beygebogenen Riß von der Cantzel in der neuen Kirchen zu Selbold habe ich vom Bau Director H[err]n Hermann zu Hanau am nächstverwichenen samstag empfangen..." Amtmann Karsbach, Langendiebach, an Graf Wolfgang Ernst von Isenburg-Birstein, 1734 Juli 8. StA MR 315 g Langenselbold III, 1.
934 Landeskirchenamt Kassel an Kirchenvorstand Langenselbold, 1958 Juni 13. Pfarrarchiv Langenselbold, Kirche – Renovation 1959–1960.
935 Aus der Renovierungsphase von 1959–1960 waren trotz intensiver Suche keinerlei Planzeichnungen des Architekten aufzufinden. Ihr Verbleib ist unklar.
936 „Die Orgel stand früher hinter dem Schalldeckel der Kanzel, die neue Orgel wurde der Kanzel gegenüber auf dem s. g. Herrrenstuhl aufgestellt." Pfarrarchiv Langenselbold: Pfarrchronik S. 25. Angaben zu den Vorgängerorgeln: Ebd. S. 24 f., StA MR 315 g Langenselbold III, 3 und IV, 6.
937 VOGE 1960.
938 Kirchen und Kapellen 1980, S. 32; DEHIO 1982, S. 146; MÖNNER 1982, S. 4. Inventar Gelnhausen 1901, S. 156 f. ohne Datierung, bezieht sich nur auf Wiederherstellung nach einem Brand 1677.
939 MÖNNER 1982, S. 4.
940 DEHIO 1982, S. 612; Festschrift Marköbel 1989, S. 195–197.
941 Pfarrarchiv Marköbel: Presbyterialprotokoll 1727–1742; StA MR 83 Rep. X, 977 Nr. 1.
942 Abschrift aus dem Marköbler Presbyterialprotokoll, 1741 Feb 12. – In: Rechnung über die NeuAuferbauung (Haubtbaurechnung) de 1741 et 1742. Pfarrarchiv Marköbel.
943 StA MR 83 Rep. X, 977 Nr. 1.
944 Pfarrarchiv Marköbel: Rechnung über die NeuAuferbauung (Haubtbaurechnung) de 1741 et 1742.
945 Die Kirche ist bestimmt nicht „auf den Grundmauern des alten Gebäudes" wiederaufgebaut worden, wie Trackis annimmt (Festschrift Marköbel 1989, S. 197). Dagegen spricht nicht nur die Tatsache, daß Fundamente gegraben werden mußten, sondern auch die Grundrißform mit den abgeschrägten Ecken.
946 StA MR 83 Rep. X, 977 Nr. 1.
947 Pfarrarchiv Marköbel: Rechnung über die NeuAuferbauung (Haubtbaurechnung) de 1741 et 1742.
948 Schultheiß und Gerichtsleute aus Marköbel an ref. Konsistorium in Hanau, undatiert (präs. 1742 März 7). StA MR 83 Rep. X, 977 Nr. 1.
949 Quittung des Schreiners. Pfarrarchiv Marköbel: Beilagen zur Kirchenbaurechnung 1743, Nr. 30.
950 Pfarrarchiv Marköbel: Beylagen zu der Marköbler Kirchbau Rechnung de Anno 1742, Quittung N. 13.
951 Pfarrarchiv Marköbel: Rechnung über die NeuAuferbauung (Haubtbaurechnung) de 1741 et 1742.

952 Pfarrarchiv Marköbel: Marköbeler Kirch Bau Rechnung de Anno 1741, p. 22. Dazu die Quittung in: Beylagen zur Marköbeler Kirchbau Rechnung de Anno 1741, N. 11.
953 Rechnung über die Ein Nahm und Außgab Des Kirchenbaus zu Nauheim Auff das Jahr 1741, p. 28. Pfarrarchiv Bad Nauheim.
954 StA MR 83 Rep. X, 977 Nr. 1.
955 KRAFT 1919, S. 30; DIEHL 1935, S. 797.
956 KRAFT 1919, S. 31; BRÜCHER / RUHLAND 1992, S. 5.
957 Abb. bei KRAFT 1919, Tafel 4.
958 Bewilligungsbescheid Wilhelms VIII. über den Salzkreuzer zum Besten der reformierten Kirche zu Nauheim, 1740 Mai 28. Abschrift. Dazu erhalten ein Dekret des Landgrafen Wilhelm mit der Vollmacht für Pfarrer Theobald, daß zur Erbauung der Wilhelmskirche der Salzkreuzer im Betrag von 4425 fl. bei dem Kammerrat Koch erhoben werden könne, 1740 Aug 27. Pfarrarchiv Bad Nauheim, Abt. II, Fasz. a–e, 2. – KRAFT 1919, S. 31 kennt diese beiden Stücke nicht, sondern bezieht sich auf ein wahrscheinlich verlorenes Dekret des Landgrafen von 1740 März 1, in dem dieser fordert, ihm solle ein Riß und ein Kostenüberschlag vorgelegt werden, welche der Baudirektor Hermann anzufertigen hätte.
959 KRAFT 1919, S. 31; BRÜCHER / RUHLAND 1992, S. 5 f.
960 KRAFT 1919, S. 32 f.
961 Pfarrarchiv Bad Nauheim, Presbyterial-Protocoll v. 1739 – [1838].
962 Pfarrarchiv Bad Nauheim, Abt. IX, Nr. 9; StA MR 83 / 585–I, Nr. 4.
963 Rechnung über die Ein Nahm und Außgab Des Kirchenbaus zu Nauheim Auff das Jahr 1746, p. 26. Pfarrarchiv Bad Nauheim.
964 Pfarrarchiv Bad Nauheim, Abt. I, Fasz. i III; Jahresbericht Denkmalpflege 1913–1928, S. 217.
965 BRÜCHER / RUHLAND 1992, S. 10; Denkmaltopographie Wetteraukreis II 1999, Bd. 1, S. 184 f.
966 Pfarrarchiv Bad Nauheim, Abt. I, Fasz. i III.
967 Vertrag der Gemeinde Bad Nauheim mit Orgelbauer Georg Förster, Lich, 1892 Okt 15. Pfarrarchiv Bad Nauheim, Abt. V, Fasz. 60.
968 Gutachten über den baulichen Zustand der Wilhelmskirche zu Bad=Nauheim im Jahre 1907. Pfarrarchiv Bad Nauheim, Abt. I, Fasz. i III.
969 Pfarrarchiv Bad Nauheim, Urkunden zur Rechnung der evangelischen Kirche Bad-Nauheim im Kreis Friedberg für 1925, Nr. 389.
970 Inventar Wiesbaden 1880, S. 337; GENSICKE 1982, S. 22; Festschrift Neunkirchen 1990, S. 2.
971 DEHIO/GALL 1950, S. 210; DÖTT 1955, S. 119; BACKES 1959, S. 64. Die Vermutung im Inventar Reg.-Bez. Wiesbaden Nachträge, S. 145, der Gemeinderaum sei „vielleicht ... kurz nach 1773 entstanden, als der ... Ort durch Tausch von Nassau-Weilburg an Oranien-Nassau überging“, kann nur der Vorstellung entsprungen sein, Quersäle seien etwas genuin Reformiertes.
972 Pfarrarchiv Neunkirchen: Chronik der Kirchengemeinde Neunkirchen 1830–1975, S. 7–10. Mencke nennt als Einweihungsdatum den Michaelistag des Jahres 1741. Auf diesen Chronikbericht stützen sich auch GENSICKE 1982 und Festschrift Neunkirchen 1990.
973 ZA EKHN 161 Nr. 314. Auf dem Inhalt dieses Rechnungsbandes beruht, soweit nicht anders angemerkt, der nachfolgend geschilderte Bauverlauf. Die wenigen im Hauptstaatsarchiv Wiesbaden erhaltenen Schriftstücke aus der Bauzeit beziehen sich nur auf die Finanzierung mittels Kollekten und Verkauf der Kirchenstühle (HStA WI 171 Nr. Z 3407; 153 Nr. 381 u. 382).
974 Relatio ad Konsistorium worinnen einige, die Kirchen= und Pfarrgebäude betreffende anfragen auß eingehenden berichten beantwortet werden. Zusammengestellt von Superintendent Weinrich, 1737 Sept 11. HStA WI 153 Nr. 67.
975 Pfarrarchiv Neunkirchen: Chronik der Kirchengemeinde Neunkirchen 1830–1975, S. 9.
976 Gutachten des Zimmermanns Glöckner und des Steindeckers Pettermann, 1766 Juli 15. HStA WI 179 Nr. 1495.
977 HStA WI 154 Nr. 1803 u. 3803, 172 Nr. 2353, 179 Nr. 1495. Pfarrarchiv Neunkirchen: Chronik der Kirchengemeinde Neunkirchen 1830–1975, S. 10.
978 Pfarrarchiv Neunkirchen: Chronik der Kirchengemeinde Neunkirchen 1830–1975, S. 130.
979 „Der Altar hat während der Dienstführung des Pf[arre]r Strobel im Jahre 1790 die marmorne Platte erhalten...“ Pfarrarchiv Neunkirchen: Chronik der Kirchengemeinde Neunkirchen 1830–1975, S. 10.
980 GRUNE 1982, S. 38.
981 BACKES 1959, S. 64.
982 DEHIO 2. Aufl. 1984, S. 724 f.: „wahrscheinlich von Rothweil“. GRUNE 1982 und Festschrift Neunkirchen 1990, S. 4 gehen von Rothweil als Architekten aus.
983 BACKES 1959.
984 HStA WI 153 Nr. 18 Bd. 2.
985 Quittung Petris von 1739 Nov 4. ZA EKHN 161 Nr. 314. Zum Vergleich: Der hanauische Baudirektor Hermann erhielt für seine Arbeit bei den Kirchenbauten in Marköbel und Nauheim nur 10 fl. als Honorar.
986 Pfarrer Appel, Neunkirchen, an den Amtmann in Mengerskirchen, 1742 Nov 2. HStA WI 153 Nr. 95.
987 Seit der Revolutionszeit (1792) gehört die Ortschaft zu Frankreich; am 16. Juni 1794 sind Bockenheim und Neusaarwerden zu der Stadt Sarre-Union mit den Stadtteilen Boucquenom und Villeneuve vereinigt worden.
988 Le Temple réformé de Sarre-Union 1992. Text des Kollektenpatents ebd. S. 15. Patrimoine Bas-Rhin, Bd. 2, S. 1089.
989 SALTENBERGER 1984/85, S. 106 f. und WINSTEIN 1992, S. 16 f. mit Bezug auf HAUCK 1964, S. 318. Wesentlich vorsichtiger MORLOCK 1965, S. 425–427 sowie TOURSEL-HARSTER / BECK / BRONNER 1995, S. 386. SKALECKI 1995 nimmt Neusaarwerden nicht in das Verzeichnis der Werke Stengels auf.
990 WITTICH 1731. Ausführlich zur Baugeschichte: ELLWARDT 1999a.
991 Div. Schreiben im Pfarrarchiv Ober-Eschbach, Fasz. 126 u. 129/I.
992 Kirchenverwalter Pfaff, Hanau, an Pfarrer Wittich, 1728 Mai 10. Pfarrarchiv Ober-Eschbach, Fasz. 129/I.
993 Gutachten Hermanns, 1728 Mai 6. Text bei DIEHL 1935, S. 768 f.
994 Kirchenbaurechnung. Pfarrarchiv Ober-Eschbach, Fasz. 128, p. 32.
995 Pfarrer Wittich an Kirchenverwalter Pfaff, 1728 April 27 (Konzept). Pfarrarchiv Ober-Eschbach, Fasz. 129/I.
996 Bericht von Pfarrer Wittich,, 1728 Mai 14. Pfarrarchiv Ober-Eschbach, Fasz. 129/I.
997 Zuschreibung an Petter bei DEHIO 1982, S. 686; GROTTKER 1984, S. 62. Bei WOLF 1988 wird Ober-Eschbach nicht erwähnt.
998 Gutachten Hermanns, 1728 Mai 6. Zit. nach: DIEHL 1935, S. 768 f.
999 Pfarrarchiv Ober-Eschbach, Fasz. 126 u. 129/I.
1000 Pfarrarchiv Ober-Eschbach, Fasz. 126 u. 128.
1001 Pfarrarchiv Ober-Eschbach, Fasz. 129/I.
1002 Pfarrer Wittich an Konsistorium, 1731 Juni 21 (Konzept). Pfarrarchiv Ober-Eschbach, Fasz. 126.
1003 Superintendent Müller an Pfarrer Wittich, 1731 Aug 24. Pfarrarchiv Ober-Eschbach, Fasz. 129/I.
1004 Pfarrarchiv Ostheim: Kirchenbuch der Pfarrei Ostheim 1681–1777, S. 549 ff.
1005 SCHMIDT, Frank 1993, S. 118.
1006 Bestätigungsschreiben des Butzbacher Amtmanns Klotz, 1750 Feb 17. StA DA Best. E 5 c Nr. 39/7.
1007 Inventar Friedberg 1895, S. 244 deutet das Monogramm als das verschlungene Doppel-L des Landgrafen Ludwig VIII.
1008 Pfarrarchiv Ostheim: Kirchenbuch der Pfarrei Ostheim 1681–1777, S. 549 ff.
1009 Schriftwechsel zum Neubau des Orgelwerks: StA DA G 15 Friedberg K 987.
1010 Beschluß von Gemeindevertretung und Kirchenvorstand, 1913 Feb 7 (Abschrift des Protokolls). StA DA G 15 Friedberg K 987.
1011 LA SP C 20 Nr. 2572 a und 3172; LEHNUNG 1978, S. 46.
1012 LA SP C 20 Nr. 325.
1013 LEHNUNG 1978, S. 83; zum weiteren Verlauf des Kirchenbaus ebd. S. 87–89 u. 101–103.
1014 Bericht von Kirchenschaffner Reuß an Rentkammer in Buchsweiler, 1756 Sept 17. LA SP C 20 Nr. 3172.
1015 LA SP C 20 Nr. 3172.
1016 Inventar Pirmasens 1957, S. 95; DEHIO 2. Aufl. 1984, S. 826; CZERWINSKI / ZIEGLER 1995.
1017 LA SP C 20 Nr. 325 u. 3172.
1018 LA SP C 20 Nr. 3272.

1019 RAUCH, Wolfgang o. J.
1020 Pfarrarchiv Rodheim, Nr. 91.
1021 StA MR P II 9697.
1022 DAHMEN 1982a, zum Kirchenbau besonders S. 33–63, ders. 1982b zu den Orgeln, ders. 1993 zur Geschichte der Kirche im 20. Jahrhundert. Zusammenfassung bei ELLWARDT 2003. Bauakten: Pfarrarchiv Rodheim Nr. 91–93.
1023 DAHMEN 1993, S. 17.
1024 Bericht des Dekanats Rodheim, 1901 Sept 24. Zit. nach: DIEHL 1935, S. 754 f.
1025 Denkmaltopographie Wetteraukreis II 1999, Bd. 2, S. 1005. – „Die abgebrannte Kirche soll in denselben Dimensionen und in der Art, wie dieselbe vor dem Brande bestanden hat, wieder aufgebaut werden." Beschluß des Rodheimer Gemeinderates, 1902 Jan 15. StA DA G 15 Friedberg K Nr. 999.
1026 Pfarrarchiv Rodheim v. d. H.
1027 Pfarrer Ganz an Konsistorium, 1738 Okt 22. Pfarrarchiv Rodheim, Nr. 93.
1028 „... daß derselbe 1) die Porbühne, wo die Orgel hin zu stehen kom[m]e[n] soll, abheben 2) in der Ecke nach dem Fenster zu eine Scheidewand ... machen (...) 5) ... hinten nach dem Fenster in den Pfarr garten ein sauberes gelän der hinmach[en] solle..." Das Pfarrhaus stand hinter der Kirche. Akkord mit Schreinermeister Freund, 1766 Juni 28. Pfarrarchiv Rodheim, Lutherisches Kirchenprotokoll 1733–1767. – Diese Ansicht vertritt auch DAHMEN 1982b, S. 10 und 1993, S. 10.
1029 Akkord über die Schreinerarbeiten mit Johann Henrich Winckler und Johann Georg Wien, Rodheim, 1735 Mai. Pfarrarchiv Rodheim, Nr. 92.
1030 Pfarrarchiv Rodheim, Nr. 92.
1031 GROSZMANN, Dieter 1983, S. 81.
1032 Landgraf Moritz von Hessen-Kassel an Orgelmacher Meister Daniel zu Göttingen, 1595 Juli 2 (Konzept). StA MR 17 e Rotenburg Nr. 93.
1033 DEMANDT 1980, S. 253 u. 267.
1034 StA MR 17 e Rotenburg Nr. 192, 53 f Nr. 1463, 315 e Rotenburg III, Nr. 8.
1035 Metropolitan Johann Anton Kayser in Rotenburg an das Konsistorium, 1745 Mai 15. StA MR 315 e Rotenburg III, 8.
1036 Landgraf Emmanuel zu Hessen-Rotenburg an Landgraf zu Hessen-Kassel, 1789 Okt 4, und Bericht des Geheimen Rates über den rechtlichen Status der Rotenburger Hofkapelle, 1789 Okt 13. StA MR 17 e Rotenburg Nr. 192.
1037 Extract aus denen Landgräfl. Rotenburgischen gravaminibus, undatiert (1789), Beantwortung durch die Kasseler Regierung. StA MR 17 e Rotenburg Nr. 192.
1038 Konsistorialresolution, 1790 Jan 15. StA MR 17 e Rotenburg Nr. 192.
1039 Konsistorialprotokoll, 1790 Mai 10. StA MR 17 e Rotenburg Nr. 192.
1040 StA MR 17 e Rotenburg Nr. 192; LUCAE 1701, S. 49–55; beide ausgewertet von KRAMM 1934, S. 178–188.
1041 Bericht des Geheimen Rates über den rechtlichen Status der Rotenburger Hofkapelle, 1789 Okt 13. StA MR 17 e Rotenburg Nr. 192.
1042 LUCAE 1701, S. 49 f.
1043 LUCAE 1701, S. 52–55.
1044 DIEHL 1935, S. 275.
1045 DEBUS 1954, 4. Fortsetzung.
1046 DEBUS 1955.
1047 DEBUS 1954, 5. Fortsetzung. Ebenso DIEHL 1935, S. 276, und WEYRAUCH 1979, S. 164.
1048 Bericht über die Grundsteinlegung. Pfarrarchiv Ruppertsburg, Kirchenbuch 3: 1739–1807, Anhang, S. 8. Zit. nach: Abschrift von Paul Diehl (erstellt 1979).
1049 Pfarrarchiv Ruppertsburg, Pfarrchronik, S. 18.
1050 Am ausführlichsten das „Protokollum der unterm 19. August 1754 vergangenen Grundsteinlegung der neuerbauten Kirche zu Ruppertsburg betreffend", abgedruckt bei: DEBUS 1954, 5. Fortsetzung. Ferner Pfarrarchiv Ruppertsburg, Kirchenbuch 3: 1739–1807, Anhang, S. 8; Pfarrchronik S. 16.
1051 „... In Nomine Sacro Sanctae Trinitatis ad Dei O[ptimo] M[aximo] gloria Doctrina purioris et Religionis evangelica incremente Aedificium hacce Sacrum ... exstructum et restitutum est. Directore et Moderatore Johanne Wiesenfeld Architecto et Aedificiorum Aulicorum Inspectore..." Urkunde aus dem Grundstein, 1754 Aug 19. Abschrift in: Pfarrarchiv Ruppertsburg, Kirchenbuch 3: 1739–1807, vor dem Anhang eingeheftetes Doppelblatt.
1052 DEBUS 1955. – Diese Rechnungen sind heute nicht mehr erhalten. Freundliche Auskunft von Herrn Paul Diehl, Ruppertsburg.
1053 Pfarrarchiv Ruppertsburg, Kirchenbuch 3: 1739–1807, Anhang, S. 8.
1054 WEYRAUCH 1979, S. 164.
1055 Pfarrarchiv Ruppertsburg, Pfarrchronik S. 16; DEBUS 1955.
1056 „An[n]o 1756. den 13t[en] Julii ist von Maurer Meister Andreas Wagner aus Laubach, die letzte Maurer Arbeit, durch Verfertigung des Pflasters um die Kirch u[nd] Thurn herum vollendet u[nd] also Deo sit Laus et Gloria, der gantze Kirch= u[nd] Thurn=Bau fertig geworden." Pfarrarchiv Ruppertsburg, Kirchenbuch 3: 1739–1807, Anhang, S. 1.
1057 DEBUS 1955.
1058 Pfarrarchiv Ruppertsburg, Kirchenbuch 3: 1739–1807, Anhang, S. 1.
1059 Nach 224 Jahren wird die Kirche nun endlich verputzt. Fertigstellung des Ruppertsburger Gotteshauses unterblieb aus Geldmangel. – In: Gießener Anzeiger, 15. 9. 1981.
1060 Pfarrarchiv Ruppertsburg, Fasz. 60, Einlage 2. Darin auch zwei aquarellierte Zeichnungen mit dem Entwurf des Orgelprospekts; WIRTZ 1936.
1061 Inventar Saarbrücken 1932, S. 91–93. Zum Turmbau und der 1760 dafür erhobene Kollekte: LA SB N–S II Nr. 3770.
1062 LA SB Staatskanzlei Nr. 552 u. 2943; HEINZ 1967, S. 51–119.
1063 Rekonstruktionszeichnung des Grundrisses einschließlich Innenausstattung: HEINZ 1967, S. 96. Zu Bau und Ausstattung außerdem DITTSCHEID 1975, S. 186; SKALECKI 1995, S. 69 f.
1064 Ein Gang über den Schlitzer Friedhof 1914, S. 57 f. – Allgemein über die Sandkirche: DEHIO 1982, S. 782; DIEHL 1935, S. 390 f.; SCHLITZ gen. v. GÖRTZ 1936. S. 31 f.; SCHMITT 1911.
1065 Im Jahre des Herrn 1612. Gott geheiligt. Erbaut als Johannes Rember Schultheiß, Christoph Schellenberg Pfarrer, Stephan Frank Diakon und Hermann Hofmann, Johannes Camerarius und Nikolaus Lintz Schöffen waren. Zit. nach: Ein Gang über den Schlitzer Friedhof 1914, S. 58. Der Stein ist stark verwittert und nur noch schwer lesbar, zumal er weit über Augenhöhe angebracht ist.
1066 DIEHL 1935, S. 390 f.; Jahresbericht Denkmalpflege 1910–1913, S. 182, Jahresbericht Denkmalpflege 1913–1928, S. 291.
1067 StA DA E 5 c, Nr. 37/3; Pfarrarchiv Stammheim, Akte 60.
1068 „... unter gnädiger Regirung der Reichs=Frey=Hochwohlgebohrnen Herrn Gann=Erben, HErrn Friedrich Wilhelm von Löw, HErrn Johann Friedrich Ferdinand von Löw, und HErrn Johann Adolph Rau von Holzhausen. unter dem Kirchen=Patronat des Reichs=Frey=Hochwohlgebohrnen Herrn, HErrn Ernst Christian von Schrautenbach, Hochfürstl. Hessen=Darmstädtischen geheimen Raths und Ober=Amtmanns ..." Urkunde zur Grundsteinlegung, 1750 März 20. Pfarrarchiv Stammheim, Akte 60.
1069 Pfarrarchiv Stammheim, Akte 60; StA DA E 5 c, Nr. 37/3.
1070 SCHMIDT; Frank 1989, bes. S. 119–126. Ders. 1990, S. 89–129.
1071 SCHMIDT, Frank 1989, S. 43–51. Die Ausstattung des 18. Jahrhunderts ist nicht erhalten, denn die Kirche ist in den Jahren 1890–1898 vollständig neu eingerichtet worden.
1072 Pfarrarchiv Stammheim, Akte 60.
1073 SCHMIDT, Frank 1989, S. 121.
1074 Pfarrarchiv Stammheim, Akte 60.
1075 StA DA E 5 c Nr. 37/3. – Schrautenbach besaß ein Hofgut in Gundernhausen (heute Gemeinde Roßdorf, Kreis Darmstadt-Dieburg), wo in den Jahren 1747–1750 eine neue Kirche nach einem Entwurf Lichtenbergs errichtet wurde. Zu dem Hofgut gehörte ein geschlossener Kirchenstuhl in der Gundernhausener Kirche (SCHMIDT, Frank 1989, S. 71 u. 119). Die Familie Schrautenbach hat folglich den dortigen Kirchenbau mitverfolgen können. Spätestens daher war Schrautenbach mit Lichtenbergs Qualitäten als Architekt vertraut.
1076 Patron v. Schrautenbach an Pfr. Mettenheimer in Staden, 1750 Jan 30. Pfarrarchiv Stammheim, Akte 60.
1077 Pfarrarchiv Stammheim, Akte 60.
1078 Zimmerakkord mit Meister Johann Henrich Rück, Pfarrarchiv Stammheim, Akte 60 (16.1.1750) und StA DA E 5 c Nr. 37/3.

1079 StA DA P 11 Nr. 41/4, bereits im Repertorium Stammheim zugeordnet.
1080 DEHIO 1982, S. 828; GROTTKER 1984, S. 36–38; WOLF 1988, S. 477 f.
1081 StA MR 83 Nr. 1080/16.
1082 HARTMANN 1975, Bd. II, S. 205, ders. 1981, S. 53.
1083 Graf Johann Reinhard von Hanau-Lichtenberg an Graf Wolfgang Ernst von Isenburg-Birstein, 1728 Feb 15: „...in zweckerinnerung dero Bey legung des ersten Steins an der Kirchen zu Steinau an der Straßen woselbsten Sie diese ceremonie mit ihrer Hohen gegenwarth Beehren wollen, mir gütlich gethanen mündlichen Verspruchs ...“ StA MR 315 g Langenselbold III, 1.
1084 Hofverwalter Fischer an Archivar Henning (?), 1725 Dez 11. StA MR 83 Nr. 1080/17.
1085 Pfarrarchiv Steinau: Rechnung nebst Beylagen 1725.
1086 StA MR 83 Nr. 1080/17.
1087 StA MR 83 Nr. 1080/17.
1088 Pfarrarchiv Steinau: Rechnung nebst Beylagen 1725.
1089 H. Rauch und Dr. Vömel vom Steinauer Presbyterium an den Stadtrat zu Steinau, 1838 Okt 10. StA MR 190 Kreisbauamt Schlüchtern XIII, Nr. 2.
1090 DEHIO 1982, S. 860, BEZZENBERGER / FISCHER 1987, S. 263.
1091 SPOHR 1959, S. 54; Festschrift Unterreichenbach 2000. Die Baudaten 1748–1750 sind ebenfalls genannt im Inventar Gelnhausen 1901, S. 191.
1092 Reichenbacher Kirchenbaurechnung 1748. StA MR Rechnungen II Unterreichenbach I.
1093 StA MR 315 g Unterreichenbach III, 1.
1094 StA MR 315 g Unterreichenbach III, 15 u. 16; SPOHR 1959, S. 53, 100–103.
1095 StA MR 315 g Unterreichenbach III, 2.
1096 Bericht von Secretarius Floret über den Verlauf der Grundsteinlegung, 1748 Nov 21; Verse so unter dem Grund Stein der Kirche zu Unter-Reichenbach geleget und auff einer silbernen Platte gestochen worden. StA MR 315 g Unterreichenbach III, 1; Festschrift Unterreichenbach 2000, S. 78 f.
1097 StA MR 315 g Unterreichenbach III, 1; Rechnungen II Unterreichenbach I: Kirchenbaurechnung 1749.
1098 Festschrift Unterreichenbach 2000, S. 68 f. mit Reproduktion der Urkunde (dort fehlerhaft transkribiert).
1099 StA MR 315 g Unterreichenbach III, 1.
1100 Kostenvoranschlag von Johann Gallus Diemar, 1748 Juni 20. StA MR 315 g Unterreichenbach III, 1.
1101 Steinhauer Koch an Fürst Wolfgang Ernst von Isenburg-Birstein, undatiert (präs. 1750 Feb 2). StA MR 315 g Unterreichenbach III, 2.
1102 Wiesenfeld an den Hofverwalter in Birstein, 1751 Nov 14. StA MR 315 g Unterreichenbach III, 2.
1103 Wiesenfeld an den Hofverwalter in Birstein, 1752 April 8. StA MR 315 g Unterreichenbach III, 2.
1104 Johann Wiesenfeld: Specification was vor die, wegen der Kirche zu Reichenbach, gethanen Reisen, Bemühung und Riße, zu fordern habe. 1753 Jan 25. StA MR 315 g Unterreichenbach III, 2.
1105 Konsistorialprotokoll, 1753 Feb 12. StA MR 315 g Unterreichenbach III, 2.
1106 Wiesenfeld an den Hofverwalter in Birstein, 1751 Nov 14. StA MR 315 g Unterreichenbach III, 2.
1107 DEHIO 1982, S. 860; BEZZENBERGER/FISCHER 1987, S. 263; ORTMANN 2000, S. 91.
1108 Eintrag im lutherischen Kirchenbuch, zit. bei KAETHNER 1981, S. 88 u. DÖLEMEYER 1993, S. 51.
1109 HStA WI 135 Usingen 17.
1110 KAETHNER 1981, S. 91; VOGT 1990, S. 268 unter Bezug auf das reformierte Kirchenbuch Usingen, 1701 ff. (Pfarrarchiv Usingen).
1111 HStA WI 211 Nr. 2805.
1112 Inventar Fritzlar 1909, S. 198; DÖTT 1955, S. 134; DEHIO 1982, S. 873; BEZZENBERGER / FISCHER 1987, S. 126; GROSS 1992, S. 34.
1113 ELLWARDT 2. Aufl. 1998; StA MR 315 r Wabern, Baurechnung Kirchenbau.
1114 Bittschrift der Gemeinde Wabern, undatiert (präs. 1724 Jan 28). StA MR 315 r Wabern, Baurechnung Kirchenbau.
1115 StA MR 5 Nr. 10530.
1116 Bittschrift der Gemeinde Wabern an Landgraf Karl, undatiert. StA MR 315 r Wabern, Baurechnung Kirchenbau.
1117 Dekret des Landgrafen Karl von Hessen-Kassel, 1725 Mai 11. StA MR 5 Nr. 3374.
1118 Rechnung des Gottes Castens zu Wabern vom Jahr 1726 (unpag.). Pfarrarchiv Wabern, Schatulle R2.
1119 Pfarrer Suavedissen, Wabern, an das Königliche Konsistorium in Kassel, 1882 Dez 28. Pfarrarchiv Wabern, Schatulle 19, Fasz. VI,E,4.
1120 Protokoll der Kirchenvorstandssitzung, 1889 Mai 13. Pfarrarchiv Wabern, Schatulle 19, Fasz. V,E,1.
1121 Laut freundlicher Mitteilung von Herrn Eckhard Trinkaus, Weimar/Lahn, wurde das Instrument 1752 von Johann Philipp Schellhase aus Homberg/Efze angefertigt.
1122 GROSZMANN, Dieter 1996, S. 32 f.; GROSS 1992, S. 34.
1123 Relation über das Onus Fabricae der hiesigen Kirche mit Beilagen A–K (1303–1781), zusammengestellt von Regierungsrat J. H. Medicus, 1781 April 4. HStA WI 153 Nr. 18 Bd. 5.
1124 Überschlag und Specification der Baukosten einer neuen Kirche, so allhier künfftiges 1707.te Jahr gebaut werden solle. HStA WI 212 Nr. 1638.
1125 WEHRUM o. J., S. 11–14; KUHNIGK o. J., S. 87 f.
1126 Kirchenbaurechnung 1707, S. 21. HStA WI 160 Nr. 5051.
1127 Specification Über die Neue Kirch, das Rathhauß und den Thurn, biß zur völligen perfection ..., 1707 Dez 6. HStA WI 212 Nr. 1638.
1128 WEHRUM o. J., S. 24 f., dort auch der Wortlaut der Inschrift. Die beiden kleineren dieser Glocken wurden 1918 eingeschmolzen, die Mittagsglocke überstand zwar den 1. Weltkrieg, doch 1942 ereilte auch sie dasselbe Schicksal.
1129 HStA WI 153 Nr. 18, Bd. 2.
1130 GROTTKER 1994, S. 11–13.
1131 HStA WI 153 Nr. 14.
1132 WEHRUM o. J., S. 11–14; KUHNIGK o. J., S. 87 f.
1133 Laut BACKES 1959, S. 73 soll sich ein eigenhändiger Vorentwurf Rothweils zum Kirchturm erhalten haben..
1134 Konsistorialdekret, 1740 Okt 25. HStA WI 153, Nr. 18, Bd. 2. Andere Schreiben ebd. belegen, daß Rothweil u. a. am letzten Pfingstfeiertag 1741 die Bauschäden an der Kirche begutachtet hat.
1135 Pfarrarchiv Wölfersheim: Ortschronik für Wölfersheim 1858–1972, begonnen 1858 von Pfarrer Johann Philipp KRING, S. 4.
1136 Inventar Friedberg 1895, S. 292; DÖTT 1955, S. 138.
1137 DIEHL 1935, S. 186 f.
1138 DEHIO 1982, S. 940. Ebenso BEZZENBERGER / FISCHER 1987, S. 254.
1139 Denkmaltopographie Wetteraukreis II 1999, Bd. 2, S. 1030 f.
1140 RIESS 1991, S. 9–15.
1141 Leybmeisters Calender 1716. FSBA A.23.1, Sign. III.15/19.
1142 Schreiben Kurschners an den Grafen, Mai 1717. FSBA A.69.2, Sign. III.835. Vertrag mit Maurer Sendker, 1718 (1717 ?!) März 5 (Abschrift mit falscher Jahreszahl). FSBA RK, Sign. 2.7.2.
1143 Noch an demselben Tag trägt Pfarrer Johann Daniel Elling seinen Bericht über die Feierlichkeiten in das Stiftungsbuch ein. Pfarrarchiv Wölfersheim: Des Kirchbaws zu Wilffersheim Stiftungen..., beg. 1650.
1144 Specification über ausstehende Kosten für Maurer- und Steinhauerarbeiten, 1718. FSBA A.69.2, Sign. III.835.
1145 Bericht über Probestücke der Steinhauer zum Gebälk, wahrscheinlich von Baumeister Meyer, 1718 Mai 21. FSBA A.69.2, Sign. III.835.
1146 „D[en] 25. May an den Steinhauer zu Orttenburg auff die bestelte arbeit 10 fl. dem Steinhauer zu Ranstadt 4 fl. und 1 fl. so der baumeister alda verzehrt.“ Pfarrarchiv Wölfersheim, Kirchenbaurechnung 1718.
1147 FSBA RK, Sign. 2.7.2.
1148 Pfarrarchiv Wölfersheim: Kirchenbaurechnung 1719.
1149 Das Original des Planes befindet sich im Schloß Braunfels in der Privatwohnung des Grafen. Abgebildet und erläutert bei SCHELLENBERG 1990, S. 69–71.
1150 Bestallungsbrief Meyers von 1711 Mai 1. FSBA A.60.9, Sign. III.436 a.
1151 Schreiben Baumeister Meyers an Graf Wilhelm Moritz von Solms-Braunfels, 1716 Aug. 27. FSBA A.13.9, Sign. I.742/4.
1152 FSBA, Abt. A.69.2, Sign. III.835.
1153 RIESS 1991, S. 24–26.
1154 Kirchenbaurechnung 1737–41: „Rechnung über Einnahm und ausgab deß von Neuenwied durch 34. Jährigen zu

Wetzlar geführten process erhaltenen Kirchen Capitals ..." FSBA A.69.2, Sign. III.846 f.

1155 Reichskammergerichtsurteile von 1731 Dez 20 und 1734 Apr 7 (Abschriften). FSBA A.37.1, Sign. XVII.305 b. Außerdem Pfarrarchiv Wölfersheim Fasz. 18 Nr. 11: Schreiben des Direktoriums des Westfälischen Reichskreises an Neuwied, 1736 August 23 (Abschrift).

1156 FSBA A.37.1, Sign. XVII.305 b.

1157 FSBA A.69.2, Sign. III.835.

1158 DEHIO 1982, S. 940. – RIESS 1991, S. 70 bringt die Vollendung des Turmes in Zusammenhang mit einem Glokkenguß von 1725, obwohl es sich dabei lediglich um den Umguß einer gesprungenen alten Glocke handelte.

1159 FSBA A.69.2, Sign. III.835.

1160 Kirchenbaurechnung 1737–40. FSBA A.69.2, Sign. III. 846 f.

1161 Zwei Blätter mit Grundrissen als Anlagen zu einem Schreiben von Johann Wüstenfeld aus Laubach an Graf Wilhelm Moritz von Solms-Braunfels, 1738 August 24. FSBA A.69.2, Sign. III.835. Aufrisse bei KNOCH 1763. GhK 2° Ms. Hass. 707. –Für den Hinweis auf das Manuskript und die darin enthaltenen Planzeichnungen danke ich Gerald Bamberger M.A.

1162 Pfarrer Schmitthenner aus Wölfersheim an Graf Wilhelm Moritz von Solms-Braunfels, 1738 Aug 23. FSBA A.69.2 Sign. III.835.

1163 „... wurde mir Anno 1739 die Vollführung desselben aufgetragen." KNOCH 1763. GhK 2° Ms. Hass. 707. Außerdem ders. 1792/93: GhK 2° Ms. Hass. 283. In der Kirchenbaurechnung 1737–41 wird Knoch erstmals im April 1739 genannt. Im Juni desselben Jahres wurde Wüstenfeld „vor seine risse und bisherige bemühung" bezahlt. FSBA A.69.2, Sign. III.846 f.

1164 GhK 2° Ms. Hass. 707: KNOCH 1763.

1165 Kirchenbaurechnung 1737–41. FSBA A.69.2, Sign. III.846 f.; GhK 2° Ms. Hass. 283: KNOCH 1792/93; Wetterauischer Geographus 1747, S. 416.

1166 Pfarrarchiv Wölfersheim: Ortschronik für Wölfersheim 1858–1972, S. 74–79. Die Akten bezüglich des Orgelneubaus befinden sich im StA DA G 15 Friedberg K Nr. 1015.

1167 RIESS 1991, S. 15–22.

Bildnachweis

Bildarchiv Foto Marburg: 4, 9, 10, 18, 21, 22, 33, 99, 111, 112, 131, 145, 151, 157, 186, 239, 243
Hauptstaatsarchiv Wiesbaden: 54, 55
Staatsarchiv Marburg, Fotos: Kathrin Ellwardt: 25, 31, 105, 106, 197, 215, 216
Staatsarchiv Marburg, Fotos: Horst Schattner: 13, 14, 15, 195, 196
Staatsarchiv Darmstadt: 36, 37, 182, 189, 190, 191, 192, 210, 211, 212, 213, 237, 254
Landes- und Hochschulbibliothek Darmstadt: 107, 108, 109
Planarchiv der Evangelischen Kirche in Hessen und Nassau, Darmstadt: 184
Landesarchiv Speyer: 95, 180
Generallandesarchiv Karlsruhe: 5, 146
Gesamthochschulbibliothek Kassel: 161, 250, 251, 252, 253, 255, 256, 257
Herzog-August-Bibliothek Wolfenbüttel: 134, 135, 175, 178, 179
Fürst zu Solms-Braunfelsisches Archiv Braunfels: 247, 248, 249
Landesdenkmalamt Mainz: 172
Pfarrarchiv Bieber: 128
Pfarrarchiv Bad Nauheim: 233
Pfarrarchiv Stammheim, Staden: 236
Privatbesitz, Langenselbold: 66, 67
Architekturbüro Rohrbach & Schmees, Gießen: 45
DEMANDT 1980: 1
Festschrift Erbach 1750: 77, 78, 79
KRAFT 1919: 26, 27
KRIEG 1988: 149
LANGMAACK 1971: 132
MATT 1988: 84
MORLOCK 1965: 165
POSCHARSKY 1963: 3
SALTENBERGER 1988: 150
alle übrigen: Kathrin Ellwardt

Verzeichnis der Abkürzungen

FSBA	Fürst zu Solms-Braunfels'sches Archiv, Braunfels
FIA	Fürst von Isenburgisches Archiv, Birstein
GhK	Gesamthochschulbiblithek Kassel, Landesbibliothek und Murhardsche Bibliothek der Stadt Kassel
GLA KA	Generallandesarchiv Karlsruhe
HAB	Herzog August-Bibliothek, Wolfenbüttel
HStA WI	Hessisches Hauptstaatsarchiv Wiesbaden
LA SB	Landesarchiv Saarbrücken
LA SP	Landesarchiv Speyer
LHB DA	Landes- und Hochschulbibliothek Darmstadt
LKA BS	Landeskirchliches Archiv der Evangelisch-lutherischen Landeskirche in Braunschweig
LKA KS	Landeskirchliches Archiv der Evangelischen Kirche von Kurhessen-Waldeck, Kassel
StA DA	Hessisches Staatsarchiv Darmstadt
StA MR	Hessisches Staatsarchiv Marburg
StA WF	Niedersächsisches Staatsarchiv Wolfenbüttel
ZA EKHN	Zentralarchiv der Evangelischen Kirche in Hessen und Nassau, Darmstadt
ZA EKP	Zentralarchiv der Evangelischen Kirche der Pfalz, Speyer

Verzeichnis der benutzten Quellen und Literatur

Ungedruckte Quellen

Hessisches Staatsarchiv Darmstadt

Best. E 5 c, Nr. 7/5, 37/3, 39/7, 61/3
Best. G 15 Friedberg K 987, 999, 1015
Best. G 15 Alsfeld K 966
Best. G 15 Schotten K 275
Best. G 15 Lauterbach Nr. 557
Best. P 11 Nr. 41/4, 416/1, 416/2, 2379
Best. P 27 Nr. 1/1–6

Hessisches Staatsarchiv Marburg

Best. 5 Nr. 255, 3374, 10097, 10530, 11426, 18570
Best. 7B / 3 Nr. 22
Best. 17 e Rotenburg Nr. 93, 192
Best. 40 a XXV, Paket „Grebenstein bis Lichtenau", Fasz. 7
Best. 53 f Nr. 1463
Best. 81 Reg. Hanau A Rubr. 81 Nr. 28
Best. 83 Nr. 585–I/4, 1080/16, 1080/17
Best. 83 Rep. X, 977 Nr. 1
Best. 83 Rep. XIII, 1034, Nr. 16
Best. 190 Kreisbauamt Schlüchtern XIII, Nr. 2
Best. 315 e Cassel, luth. III, 1, Cassel, luth. IV,2, Rotenburg III, 8, Wabern III, 1
Best. 315 f Oberweimar III, 1
Best. 315 g Bieber III, 1, Hanau, Johanneskirche IV, 3, Hanau, Johanneskirche IV, 7, Langenselbold III, 1, Langenselbold III, 3, Langenselbold IV, 2, Langenselbold IV, 6, Unterreichenbach III, 1, Unterreichenbach III, 1, Unterreichenbach III, 15, Unterreichenbach III, 16, Unterreichenbach III, 2
Best. 315 r Wabern, Baurechnung Kirchenbau
Kartensammlung P II Nr. 2189, 3354, 9663, 9668, 9680, 9697, 12774
Rechnungen II Langenselbold 12, Unterreichenbach I

Hessisches Hauptstaatsarchiv Wiesbaden

Best. 130 II Nr. 4095
Best. 133 Nr. 30
Best. 135 Usingen 16, 17, 30
Best. 151 Nr. 1086
Best. 153 Nr. 14, 18, 66, 67, 95, 381, 382, 421
Best. 154 Nr. 1803, 3803
Best. 160 Nr. 5051, 5153, 5177
Best. 171 Nr. Z 3407
Best. 172 Nr. 191, 2353, 3254
Best. 173 Nr. 93
Best. 175 Nr. 3704
Best. 179 Nr. 1495
Best. 211 Nr. 2805, 4541, 4545, 4722
Best. 212 Nr. 1638

Niedersächsisches Staatsarchiv Wolfenbüttel

Best. 1 Alt 22 Nr. 427, 433
Best. 4 Alt 2 Salder Nr. 2732
Best. 4 Alt 6 Nr. 1652

Landesarchiv Saarbrücken

ArchSlg. HV Nr. B 050, B 080, LII 065
N–S II Nr. 3770
Staatskanzlei Nr. 552, 2943

Landesarchiv Speyer

Best. C 20 Nr. 325, 326, 2572 a, 3172, 3173, 3272
Best. H 3 Nr. 5099

Generallandesarchiv Karlsruhe

171 / 1322 u. 1328
G Karlsruhe / 243
G Pforzheim / 103

Landeskirchliches Archiv der Evangelischen Kirche von Kurhessen-Waldeck, Kassel

Gen. Konsist. Kassel Spezialia Nr. 1558

Zentralarchiv der Evangelischen Kirche in Hessen und Nassau, Darmstadt

Best. 1 Nr. 2573
Best. 161 Nr. 314
Kirchenbausachen Heftrich, unsigniert

Planarchiv der Bauabteilung der Evangelischen Kirche in Hessen und Nassau, Darmstadt

Pläne Nr. 2908 0011 01 01–2908 0011 01 16

Zentralarchiv der Evangelischen Kirche der Pfalz, Speyer

Best. 43 Nr. 875

Landeskirchliches Archiv der Evangelisch-lutherischen Landeskirche in Braunschweig

OA Salder 13, Salder 21 Varia 2

Stadtarchiv Kassel

Samml. Risse, o. Sign.: Urkunde der Friederike Rosine von Scholley, 1734 Januar 8

Fürst von Isenburgisches Archiv, Birstein

Nr. 4866
Selbolder Kellereirechnungen 1728 und 1729

Fürst zu Solms-Braunfels'sches Archiv, Braunfels

Abt. A.13.9, Sign. I.742/4
Abt. A.23.1, Sign. III.15/19
Abt. A.37.1, Sign. XVII.305 b
Abt. A.60.9, Sign. III.436 a
Abt. A.61.1, Sign. III.543/2
Abt. A.69.2, Sign. III.835, III.846 f
Abt. A.96.5, Sign. I.197 a
Abt. RK, Sign. 2.7.2
KNOCH, Johann Ludwig: Sammlung zu einem Staatsrecht des Hochfürst- und Hochgräflichen Hauses Solms. Manuskript, 2 Bde. 1753.

Herzog August-Bibliothek, Wolfenbüttel

Cod. Guelf. 30.2 Extrav.
Cod. Guelf. 117.4 Extrav.
Top. 15 b

Landes- und Hochschulbibliothek Darmstadt, Plansammlung

Mappen 28/1/7, 28/9/1, 28/10

Gesamthochschul-Bibliothek Kassel, Landesbibliothek und Murhardsche Bibliothek der Stadt Kassel, Handschriftensammlung

2° Ms. Hass. 283
KNOCH, Johann Ludwig: Geographische Beschreibung und Erläuterung der Alten Graffschafft Solms und der darin gelegenen Merckwürdigen Städte, Dörffer, Höffe und Gegenden. Manuskript, verfaßt ca. 1747, Abschrift 1792/1793.
2° Ms. Hass. 707
KNOCH, Johann Ludwig: Kurtze Nachricht von einigen Civil-Gebäuden, welche in Fürstlich-Solms-Braunfelsischen und andern Landen angeordnet und erbauet. Manuskript 1763.

Pfarrarchiv Bad Nauheim

Abt. I, Fasz. i III
Abt. II, Fasz. a–e, 2
Abt. V, Fasz. 60
Abt. IX, Nr. 9
Presbyterial-Protocoll v. 1739–1838
Urkunden zur Rechnung der evangelischen Kirche Bad Nauheim im Kreis Friedberg für 1925
Kirchenbaurechnungen 1741, 1746

Pfarrarchiv Bicken

Rechnung über den Neuen Kirchen-Bau, Welcher zu Bicken, Im Jahr 1756 Unter Gottes besondern beystant, Glücklich ist auf gerichtet worden. Geführet durch Johann Friedrich Tilemann Zeidigen Prediger daselbst

Pfarrarchiv Bieber

Presbyterial Protocoll der Evangelisch Lutherischen Gemeinde zu Bieber vom 30 ten März 1768 – 18. Dez[ember] 1910
Presbyterialprotokoll der reformierten Gemeinde 1749–1784
Lutherisches Kirchenbuch 1745–1820
Chronik der Pfarrei Bieber, begonnen 1910 von Pfarrer Ludwig Schlott

Pfarrarchiv Eisemroth

Baupläne und Berichte
Chronik 1821–1969
Chronik der Ev. Kirchengemeinde Eisemroth, begonnen 1964 durch Pfarrer Reinhard Brückner
Kollektenbücher
Presbyterialprotokollbuch, beg. 1712
Rechnung für die Kirche zu Eysemroth vom Jahr 1723

Pfarrarchiv Erbach

Schriftstück aus dem Turmknopf von Centgraf Schönhardt, 1749 Oktober 4

Pfarrarchiv Grifte

Schatulle 21 / III / 2,1

Pfarrarchiv Langenselbold

Kirchenbaurechnung 1727
Kirche – Renovation 1959–1960
Traubuch der Ev. Kirchengemeinde Langenselbold 1726–1825
Pfarrchronik

Pfarrarchiv Marköbel

Kirchenbaurechnung 1741
Beilagen zur Kirchenbaurechnung 1741–1743
Presbyterialprotokoll 1727–1742
Hauptbaurechnung 1741–1742
Stuhl=Buch ueber alle Stände der Weibspersohnen, in der Evangelischen Kirche zu Marköbel Renoviret, undatiert (18. Jh.)

Pfarrarchiv Neunkirchen

Chronik der Kirchengemeinde Neunkirchen 1830–1975

Pfarrarchiv Ober-Eschbach

Fasz. 126, 128, 129/I

Pfarrarchiv Ostheim

Kirchenbuch der Pfarrei Ostheim 1681–1777

Pfarrarchiv Rodheim

Lutherisches Kirchenprotokoll 1733–1767
Nr. 87, 91, 92, 93, 98

Pfarrarchiv Ruppertsburg

Kirchenbuch 3: 1739–1807
Pfarrchronik

Pfarrarchiv Salder

Saldersche Kirchenrechnungen 1701–1754
Mappe 23

Pfarrarchiv Stammheim

Akte 60

Pfarrarchiv Steinau

Rechnung nebst Beylagen über die erbaute Evangelisch-Lutherische Kirche zu Steinau an der Straßen 1725

Pfarrarchiv Wabern

Schatulle 19, Fasz. V,E,1, Fasz. VI,E,4
Schatulle R2

Pfarrarchiv Weilburg

Abt. V, Nr. 132
Weilburg – Chronik 1508–1860

Pfarrarchiv Wölfersheim

Kirchenbaurechnung 1718, 1719
Urkunden
Des Kirchbaws zu Wilffersheim Stiftungen, Pensiones, Zinsen, Kornpflicht, Ackerbuch, Donationes und Stiftungen, beg. 1650
Ortschronik für Wölfersheim 1858–1972, begonnen 1858 von Pfarrer Johann Philipp Kring

Gedruckte Quellen und Literatur

1648 – Krieg und Frieden in Europa 1998
1648 – Krieg und Frieden in Europa. Kat. d. Ausst. Münster / Osnabrück 24.10.1998–17.1.1999. Hrsg. v. Klaus BUSSMANN und Heinz SCHILLING.

300 Jahre Hugenotten in Hessen 1985
300 Jahre Hugenotten in Hessen. Herkunft und Flucht, Aufnahme und Assimilation, Wirkung und Ausstrahlung. Bearb. v. Karl-Hermann WEGNER, Reinhard SCHWARZER, Ingrid KRÄLING u. Wilfried GROSSJOHANN. Kat. d. Ausst. Museum Fridericianum Kassel 1985.

ACKVA, Friedhelm 1995
Der Pietismus in Hessen, in der Pfalz, im Elsaß und in Baden. – In: Geschichte des Pietismus. Bd. 2: Der Pietismus im achtzehnten Jahrhundert. Hrsg. v. Martin BRECHT u. Klaus DEPPERMANN. Göttingen 1995, S. 198–224.

ARNDT, Johann 1609
Sechs Bücher vom wahren Christentum. (1609) Stuttgart 1919.

ASCH, Ronald G. 1996
No Bishop No King oder *Cuius regio eius religio*. Die Deutung und Legitimation des fürstlichen Kirchenregiments und die Implikationen für die Genese des „Absolutismus" in England und im protestantischen Deutschland. – In: ASCH, Ronald G. u. DUCHHARDT, Heinz (Hrsg.): Der Absolutismus – ein Mythos? Strukturwandel monarchischer Herrschaft in West- und Mitteleuropa (ca. 1550–1700). Köln/Weimar/Wien 1996 (= Münsterische historische Forschungen 9), S. 79–123.

ASCH, Ronald G. u. DUCHHARDT, Heinz 1996
Die Geburt des „Absolutismus" im 17. Jahrhundert: Epochenwende der europäischen Geschichte oder optische Täuschung? – In: ASCH, Ronald G. u. DUCHHARDT, Heinz (Hrsg.): Der Absolutismus – ein Mythos? Strukturwandel monarchischer Herrschaft in West- und Mitteleuropa (ca. 1550–1700). Köln/Weimar/Wien 1996 (= Münsterische historische Forschungen 9), S. 3–24.

Augsburger Bekenntnis 1530
Das Augsburger Bekenntnis (1530). – In: Unser Glaube. Die Bekenntnisschriften der evangelisch-lutherischen Kirche. Im Auftrag der Kirchenleitung der Vereinigten Evangelisch-Lutherischen Kirche Deutschlands (VELKD) hrsg. v. Lutherischen Kirchenamt. Bearb. v. Horst Georg PÖHLMANN. Gütersloh 3. Aufl. 1991, S. 49–119.

BAAS, Friedrich-Karl 1972
Die Mariendorfer Kirche vor der Renovation 1970/71. – In: Gemeinde-Nachrichten für die evangelischen Kirchengemeinden Immenhausen und Mariendorf Nr. 4 (Juli/August) 1972, S. 40.

BAAS, Friedrich-Karl 1978
Mariendorf. – In: DESEL, Jochen u. MOGK, Walter (Hrsg.): Hugenotten und Waldenser in Hessen-Kassel. Kassel 1978, S. 178–188.

BAAS, Friedrich-Karl 1987
Die Geschichte Mariendorfs im Überblick. – In: 300 Jahre Mariendorf. Eine Hugenottengemeinde im Wandel der Zeit. Immenhausen-Mariendorf 1987, S. 12–27.

BACHSCHMIDT, Jean-Paul 1960
L'église protestante de Sarre-Union (Neusaarwerden) / Geschichte der evangelischen Kirche von Sarre-Union (Neusaarwerden). Sarre-Union 1960.

BACKES, Magnus 1959
Julius Ludwig Rothweil. Ein rheinisch-hessischer Barockarchitekt. Baden-Baden/Strasbourg 1959 (= Studien zur deutschen Kunstgeschichte 317).

BAIER-SCHRÖCKE, Helga o. J.
Die Schloßkapelle der Christiansburg zu Eisenberg. Eisenberg o. J.

BAMBERGER, Gerald 1999
Der Entwurf einer Winkelhakenkirche in der Graphischen Sammlung in Kassel. – In: Denkmalpflege & Kulturgeschichte 2/1999, S. 23–27.

BAUER, Wolfgang 1966
Mozart und die Stummorgel in der Paulskirche. – In: Die alte fürstliche Hof- und Stadtkirche „St. Paul" Kirchheimbolanden. Festschrift zur Feier anläßlich ihrer Wiederbenutzung nach erfolgter Restaurierung am Sonntag, den 4.Sept.1966. Hrsg. v. d. Evangelischen Kirchengemeinde Kirchheimbolanden. Kirchheimbolanden 1966, S. 28–32.

BECKERT, Marianne (Hrsg.) 1999
Zur Himmelspforte. Geschichte einer Pfarrkirche in Ober-Eschbach. Bad Homburg 1999.

BEINERT, Johannes 2. Aufl. 1990
Geschichte des badischen Hanauerlandes unter Berücksichtigung Kehls. (Kehl 1909) 2. Aufl. Kehl/Strasbourg/Basel 1990.

BENAD, Matthias (Hrsg.) 1987
Gott in Frankfurt? Theologische Spuren in einer Metropole. Frankfurt 1987.

BENEDICT, Philip 1999
Calvinism as a Culture? Preliminary Remarks on Calvinism and the Visual Arts. – In: FINNEY, Paul Corby (Hrsg.): Seeing beyond the Word. Visual Arts and the Calvinist Tradition. Grand Rapids / Cambridge 1999, S. 19–45.

BERGMEYER, Winfried 1999
Landgraf Karl von Hessen-Kassel als Bauherr – Funktionen von Architektur zwischen Vision und Wirklichkeit. Münster 1999 (= Oktogon – Studien zu Architektur und Städtebau 17).

BERNDT, Friedrich u. POSCHARSKY, Peter 1968
Der Kirchenbau seit der Reformation. – In: Vier Jahrhunderte lutherische Landeskirche in Braunschweig. Festschrift zum 400jährigen Reformationsjubiläum der Braunschweigischen ev.-luth. Landeskirche im Jahre 1968. Wolfenbüttel 1968, S. 121–151.

BETZ, Karl 1994
Der Siebenjährige Krieg in den Kirchenbüchern von Ettingshausen und Queckborn. Ettingshausen 1994.

BEYREUTHER, Erich 1975
Nikolaus Ludwig von Zinzendorf in Selbstzeugnissen und Bilddokumenten. Stuttgart 1975.

BEZZENBERGER, Günter E. Th. u. FISCHER, Beatus (Hrsg.) 1987
Sehenswerte Kirchen in den Kirchengebieten Hessen und Nassau und Kurhessen-Waldeck einschließlich der rheinhessischen Kirchenkreise Wetzlar und Braunfels. Kassel/Frankfurt 1987.

BIÉLER, André 1961
Liturgie et architecture. Le temple des Chrétiens. Genève 1961.

BIRNSTIEL, Eckard 1992
Les Réfugiés Huguenots en Allemagne au XVIIIe Siècle. – In: MONDOT, Jean, VALENTIN, Jean-Marie u. VOSS, Jürgen (Hrsg.): Deutsche in Frankreich – Franzosen in Deutschland 1715–1789. Institutionelle Verbindungen, soziale Gruppen, Stätten des Austausches. Sigmaringen 1992, S. 73–87.

BÖCHER, Otto 1995
Erwägungen zum protestantischen Kirchenbau des Historismus. – In: Aspekte protestantischen Lebens im hessischen und nassauischen Raum. Festschrift für Karl Dienst zum 65. Geburtstag. Darmstadt 1995 (= Quellen und Studien zur hessischen Kirchengeschichte 1), S. 175–189.

BÖGGEMANN, Ute u. EBERHARDT, Gunter 2. Aufl. 1991
Neanderkirche, Berger Kirche, Johanneskirche. Evangelische Kirchen in Düsseldorf-Stadtmitte (= Rheinische Kunststätten 302). Köln 2. Aufl. 1991.

BOTH, Wolf von u. VOGEL, Hans 1964
Landgraf Wilhelm VIII. von Hessen-Kassel. Ein Fürst der Rokokozeit. München/Berlin 1964.

BOUVAIN, Pierre 1987
Die Burgkirche in Friedberg/Hessen. Beiträge zur Geschichte der Burgkirche. Festschrift zur Wiedereröffnung der renovierten Burgkirche, 27. September 1987. Friedberg 1987.

BRASELMANN, Albert 1912
Der Kirchenbau des Protestantismus des 17. und 18. Jahrhunderts im Bergischen. Düsseldorf 1912.

BRATHE, Paul 1906
Theorie des evangelischen Kirchengebäudes. Stuttgart 1906.

BRAUN, Reiner 1997
Evangelische Beichte und Beichtstühle in Weilburg. Weilburg 1997.

BRAUN, Reiner / ELLWARDT, Kathrin o. J.
Die Loge des Grafen Johann Ernst in der Evangelischen Schloßkirche in Weilburg. Weilburg o. J. (2002).

BRECHT, Martin 1993a
Das Aufkommen der neuen Frömmigkeitsbewegung in Deutschland. – In: Geschichte des Pietismus. Bd. 1: Der Pietismus vom siebzehnten bis zum frühen achtzehnten Jahrhundert. Hrsg. v. Martin BRECHT. Göttingen 1993, S. 113–203.

BRECHT, Martin 1993b
Philipp Jacob Spener, sein Programm und dessen Auswirkungen. – In: Geschichte des Pietismus. Bd. 1: Der Pietismus vom siebzehnten bis zum frühen achtzehnten Jahrhundert. Hrsg. v. Martin BRECHT. Göttingen 1993, S. 278–389.

BRÜCHER, Erich u. RUHLAND, Dieter 1992
Die Kirche im Dorf. Aus der 250jährigen Baugeschichte der Wilhelmskirche zu Bad Nauheim. – In: Unser Brief. Gemeindebrief der Evangelischen Kirchengemeinde Bad Nauheim Nr. 59 / September-November 1992, S. 4–10.

BRUNNER, Hugo 1913
Geschichte der Residenzstadt Cassel 913–1913. Kassel 1913.

BUDDE, Kai u. MERTEN, Klaus 1986
Die Architektur im deutschen Südwesten zwischen 1530 und 1634. – In: Die Renaissance im deutschen Südwesten zwischen Reformation und Dreißigjährigem Krieg. Ausst.-Kat. Badisches Landesmuseum Karlsruhe 1986, S. 87–123.

BUSCHBECK, Karl (Hrsg.) o. J.
Kirchen- und Gemeindebuch des Dekanats Hanau-Stadt. Hanau o. J.

CALAMINUS, A. 1858
Nachricht über die Gründung der evangelischen Marienkirche und Johanneskirche zu Hanau. Ein Beitrag zur

allgemeinen Reformationsgeschichte der Diözese Hanau. Hanau 1858.

CALVIN, Jean 1542
Le Catéchisme de l'Eglise de Genève (1542). Bearb. v. Ernst PFISTERER. – In: Bekenntnisschriften und Kirchenordnungen der nach Gottes Wort reformierten Kirche. Hrsg. v. Wilhelm NIESEL. München 1938, S. 1–41.

CALVIN, Johannes (Jean) 1559
Unterricht in der christlichen Religion. Institutio Christianae Religionis. Nach der letzten Ausgabe (1559) übers. u. bearb. v. Otto WEBER. Neunkirchen 6. Aufl. 1997.

CANCRIN, Franz Ludwig von 1787
Geschichte und systematische Beschreibung der in der Grafschaft Hanau Münzenberg, in dem Amte Bieber und anderen Aemtern dieser Grafschaft, auch den dieser Grafschaft benachbarten Ländern gelegenen Bergwerke (Leipzig 1787). Reprint, hrsg. v. Ernst-Ludwig HOFMANN. Bad Orb 1979.

Chronik des ev. Kirchenbauvereins Helpershain 1901–1920
Chronik des ev. Kirchenbauvereins 1901–1920, geführt von Heinrich Hohmann IV. – In: „... zum Vergessen zu schade!" Vom Fachwerkkirchlein zum Kirchenneubau. Beiträge aus der Helpershainer Kirchenchronik des 20. Jahrhunderts. Hrsg. v. Kirchenvorstand der Evangelischen Kirchengemeinde Helpershain. Lautertal-Helpershain 1998, S. 46–79.

CLOTZ, Friedrich 1927
Drei heimatgeschichtliche Vorträge. 1) Einführung der Reformation in Wölfersheim. 2) Die alte Kirche zu Wölfersheim. 3) Die jetzige Kirche daselbst. Friedberg 1927.

Confessio Helvetica Posterior 1566
Confessio et expositio simplex orthodoxae fidei et dogmatum Catholicorum syncerae religionis Christianae, concorditer ab Ecclesiae Christ ministris, qui sunt in Helvetia, Tiguri, Bernae, Scaphusii, Sangalli, Curiae Rhetorum et apud confoederatos, Mylhusii item, et Biennae, quibus adiunxerunt se et Genevensis Ecclesiae ministris, edita in hoc, ut universis testestur fidelibus, quod in unitate verae et antiquae Christi Ecclesiae, perstent, neque ulla nova aut erronea dogmata spargant, atque ideo etiam nihil consortii cum ullis Sectis aut haeresibus habeant: hoc demum vulgata tempore, qui de ea aestimare piis omnibus liceat (1566). Bearb. v. Walter HERRENBRÜCK. – In: Bekenntnisschriften und Kirchenordnungen der nach Gottes Wort reformierten Kirche. Hrsg. v. Wilhelm NIESEL. München 1938. S. 219–275.

CORNELIUS, Werner 1996
Dörfliche Probleme Anno dazumal. Als im 18. Jahrhundert die Tiefenbacher Kirche erweitert und renoviert wurde. – In: Heimat im Lindelbachtal – Tiefenbacher Chronik. Hrsg. v. Magistrat der Stadt Braunfels. Gießen 1996, S. 257–268.

CZERWINSKI, Manfred u. ZIEGLER, Markus 1995
Das Kirchenlexikon der Pfalz. 1000 Kirchen im Luftbild. Kaiserslautern 1995.

DAHMEN, Fritz 1982a
Die lutherische Gemeinde in Rodheim und ihre Kirchbauten. Rodheim 1982.

DAHMEN, Fritz 1982b
Fünf Orgeln in drei Jahrhunderten. Kleine Rodheimer Orgelgeschichte. Festschrift zur Orgeleinweihung am Trinitatissonntag, 6. Juni 1982. Rodheim 1982.

DAHMEN, Fritz 1992
Gottesdienst und Gemeindeleben in der Rodheimer Pfarrkirche von der Reformation 1540 bis zur Union 1819. – In: SCHÜTTE, Ulrich (Hrsg.): Die alte Kirche in Rodheim vor der Höhe. Beiträge zur Geschichte und Architektur einer ländlichen Pfarrkirche in der Wetterau. Rosbach v. d. H. 1992, S. 75–178.

DAHMEN, Fritz 1993
Die evangelische Kirche Rodheim v. d. H. 1903–1993. Ein Führer durch die Geschichte und Gegenwart der Kirche. Rodheim 1993.

DAHMEN, Fritz 1996
„Nach Gottes Wort reformiert." 400 Jahre reformiertes Bekenntnis in Rodheim v. d. H. und den ehemals hanauischen Ämtern Rodheim und Dorheim. Rodheim 1996.

DEBUS, Philipp 1954
Aus dem kirchl. Leben der Gemeinde Ruppertsburg. – In: Ruppertsburger Heimatglocken. Evangelisches Gemeindeblatt, Nr. 6 / Juni 1954, Nr. 7 / Juli 1954 und Nr. 8 / August 1954.

DEBUS, Philipp 1955
Fortsetzung über den Bau der Ruppertsburger Kirche. – In: Ruppertsburger Heimatglocken. Evangelisches Gemeindeblatt, Nr. 4 / April 1955.

DECKER, Klaus Peter 1988
Die Heilig-Kreuz-Kapelle zu Burgbracht und der Kirchenneubau von 1738. – In: 1238 Jahre Burgbracht. 250 Jahre Kirche. 50 Jahre Freiwillige Feuerwehr. O. O. (Kefenrod-Burgbracht) 1988, S. 110–121.

DECKER, Klaus-Peter 1985
Die Situation der Grafschaft Isenburg zur Erbauungszeit der evangelischen Kirche in Langenselbold. Vortrag anläßlich der Jubiläumswoche „250 Jahre Evangelische Kirche Langenselbold 1735–1985" am 13. September 1985 (unveröff. Manuskript).

DEHIO, Georg 1908
Handbuch der deutschen Kunstdenkmäler, Südwestdeutschland. Berlin 1908.

DEHIO, Georg 1982
Handbuch der Deutschen Kunstdenkmäler. Hessen. Bearb. v. Magnus BACKES. München/Berlin 1982.

DEHIO, Georg 1992
Handbuch der Deutschen Kunstdenkmäler. Bremen, Niedersachsen. Bearb. v. Gerd WEISS unter Mitarbeit von Karl EICHWALDER, Peter HAHN, Hans Christoph HOFFMANN, Reinhard KARRENBROCK und Roswitha POPPE. München/Berlin 1992.

DEHIO, Georg 2. Aufl. 1984
Handbuch der Deutschen Kunstdenkmäler. Rheinland-Pfalz, Saarland. Bearb. v. Hans CASPARY, Wolfgang GÖTZ und Ekkart KLINGE. 2. Aufl. München/Berlin 1984.

DEHIO/GALL 1950
DEHIO, Georg: Handbuch der Deutschen Kunstdenkmäler. Neu bearb. v. Ernst GALL. Südliches Hessen. München/Berlin 1950.

DEMANDT, Karl E. 1980
Geschichte des Landes Hessen. Kassel 1980 (Ndr. d. 2. Aufl. 1972).

Denkmalpflege – Sanierung – Modernisierung o. J.
Denkmalpflege – Sanierung – Modernisierung. O. O., o. J. (= Schriftenreihe der Architektenkammer Hessen 5).

Denkmaltopographie Donnersbergkreis 1998
Denkmaltopographie Bundesrepublik Deutschland. Kulturdenkmäler in Rheinland-Pfalz 15: Donnersbergkreis. Bearb. v. Dieter KRIENKE. Worms 1998.

Denkmaltopographie Frankfurt 1986
Denkmaltopographie Bundesrepublik Deutschland. Kulturdenkmäler in Hessen. Stadt Frankfurt am Main. Bearb. v. Lino MÁSALA, Heike RISSE, Volker RÖDEL u. Heinz SCHOMANN. Braunschweig/Wiesbaden 1986.

Denkmaltopographie Lahn-Dill-Kreis I 1986
Denkmaltopographie Bundesrepublik Deutschland. Kulturdenkmäler in Hessen. Lahn-Dill-Kreis I. Bearb. v. Heinz WIONSKI. Braunschweig/Wiesbaden 1986.

Denkmaltopographie Limburg-Weilburg II 1994
Denkmaltopographie Bundesrepublik Deutschland. Kulturdenkmäler in Hessen. Landkreis Limburg-Weilburg, Bd. II (Mengerskichen bis Weinbach). Braunschweig/Wiesbaden 1994.

Denkmaltopographie Offenbach 1987
Denkmaltopographie Bundesrepublik Deutschland. Kulturdenkmäler in Hessen. Kreis Offenbach. Bearb. v. Dagmar SÖDER. Braunschweig/Wiesbaden 1987.

Denkmaltopographie Wetteraukreis I 1982
Denkmaltopographie Bundesrepublik Deutschland. Kulturdenkmäler in Hessen. Wetteraukreis I. Bearb. v. Siegfried RCT ENDERS u. Christoph MOHR. Braunschweig/Wiesbaden 1982.

Denkmaltopographie Wetteraukreis II 1999
Denkmaltopographie Bundesrepublik Deutschland. Kulturdenkmäler in Hessen. Wetteraukreis II. Bearb. v. Heinz WIONSKI. 2 Bde. Braunschweig/Wiesbaden 1999.

DESEL, Jochen u. MOGK, Walter (Hrsg.) 1978
Hugenotten und Waldenser in Hessen-Kassel. Kassel 1978.

DESEL, Jochen 2. Aufl. 1985
Die Hugenotten- und Waldenserkirchen im Landkreis Kassel. - In: BURMEISTER, Helmut (Hrsg.): Auf Einladung des Landgrafen. Beiträge zur Geschichte der Hugenotten und Waldenser in Nordhessen. Kassel 2. Aufl. 1985, S. 33–45.

DESEL, Jochen 1992
Hugenottenkirchen in Hessen-Kassel. Hofgeismar 1992.

DIEFENBACH 1924
Die Gotteshäuser zu Erbach. – In: Die Heimat. Monatliche Beilage zur „Odenwälder Heimatzeitung (Erbacher Kreisblatt)", Nr. 2 / Mai 1924 u. Nr. 3 / Juni 1924, o. S.

DIEFFENBACH, Philipp 1847
Auszug aus dem Tagebuche einer im Auftrag des historischen Vereins unternommenen Reise. Dritte Abtheilung, den südlichen und westlichen Theil der Provinz Oberhessen betreffend. – In: Archiv für hessische Geschichte 5 (1847), Heft 3, XIII, S. 1–180.

DIEHL, Wilhelm 1935
Baubuch für die evangelischen Pfarreien der Souveränitätslande und der aquirierten Gebiete. Darmstadt 1935 (= Hassia Sacra VIII).

DIENST, Karl 1987
Reformatorische Bewegung und Reformation. – In: BENAD, Matthias (Hrsg.): Gott in Frankfurt? Theologische Spuren in einer Metropole. Frankfurt 1987, S. 43–51.

DIETRICH, Reinhard 1996
Die Landes-Verfaßung in dem Hanauischen. Die Stellung der Herren und Grafen in Hanau-Münzenberg aufgrund der archivalischen Quellen. Hanau 1996 (= Hanauer Geschichtsblätter 34).

DIMMIG, Oranna 1987
Stengelkirchen im Krummen Elsaß. Ein Beitrag zur Rettung der katholischen Kirche St. Laurentius in Lorentzen. – in: Saarheimat 31 (1987), S. 154–162.

DITTRICH, Erika 1997
„Als präsentire hinbey die Ueberschläge zum Kirchbau." Der Kirchbau zu Rockenberg in der Wetterau in der Mitte des 18. Jahrhunderts. – In: Archiv für mittelrheinische Kirchengeschichte 49 (1997), S. 145–154.

DITTSCHEID, Hans-Christoph 1975
Evangelischer Kirchenbau in Nassau-Saarbrücken. – In: Die Evangelische Kirche an der Saar gestern und heute. Saarbrücken 1975, S. 139–195.

DITTSCHEID, Hans-Christoph 1998
„Erbaut auf dem Grund der Apostel und Propheten." Zur Ikonographie von Friedrich Joachim Stengels (1694–1787) Ludwigskirche in Saarbrücken. – In: POSCHARSKY, Peter (Hrsg.): Die Bilder in den lutherischen Kirchen. Ikonographische Studien. München 1998, S. 155–184.

DITTSCHEID, Hans-Christoph, u. GLATZ, Joachim 2. Aufl. 1992
Jugenheim in Rheinhessen. 2. Aufl. Köln 1992 (= Rheinische Kunststätten 261).

DOERBECKER, Otto 1920
Die Entwicklung der kirchlichen Baukunst im Kreise Alsfeld. Darmstadt 1920.

DÖHN, Hans 1968
Kirchheimbolanden. Die Geschichte der Stadt. (1968) Ndr. 1993.

DÖLEMEYER, Barbara 1993
Die „Hugenottenkirche" in Usingen. – In: Der Deutsche Hugenott 57 (1993) Nr. 2, S. 50–53.

DÖTT, Ilse-Käthe 1955
Protestantische Querkirchen in Deutschland und der Schweiz. Diss. (masch.) Münster 1955.

DREHER, Ferdinand 1925
Führer durch Friedberg i. H. in Wort und Bild. Ein Heimatbuch. Friedberg 1925.

DREITZEL, Horst 1992
Absolutismus und ständische Verfassung in Deutschland. Ein Beitrag zur Kontinuität und Diskontinuität der politischen Theorie in der frühen Neuzeit. Mainz 1992.

DUCHHARDT, Heinz 1985
Die Konfessionspolitik Ludwigs XIV. und die Aufhebung des Edikts von Nantes. – In: Ders. (Hrsg.): Der Exodus der Hugenotten. Die Aufhebung des Edikts von Nantes 1685 als europäisches Ereignis. Köln/Wien 1985, S. 29–52.

DUCHHARDT, Heinz 1994
Absolutismus – Abschied von einem Epochenbegriff? – In: Historische Zeitschrift 258 (1994), S. 113–122.

DÜTGE, Wolfgang 1974
Die Evangelische Kirchengemeinde. – In: Atzbach 774–1974. Beiträge zur Ortsgeschichte. Hrsg. v. Gemeindevorstand Atzbach. Gießen 1974, S. 141–146.

Eglise de Chêne-Pâquier 1988
Eglise de Chêne-Pâquier. Notice historique. Chêne-Pâquier 1988.

Ein Gang über den Schlitzer Friedhof 1914
Ein Gang über den Schlitzer Friedhof. – In: Geschichtsblätter für den Kreis Lauterbach 3, Nr. 9/10 (September/Oktober 1914), S. 57–60.

EINSINGBACH, Wolfgang 1989
Die Unionskirche zu Idstein. Gestalt und Bedeutung. Idstein 1989.

EISENBACH, Carolin 1993
Die Kirche in Wissmar und die zeitgenössische Sakralarchitektur im frühen 19. Jahrhundert. Magisterarbeit (masch.) Marburg 1993.

ELIAS, Norbert 6. Aufl. 1992
Die höfische Gesellschaft. Untersuchungen zur Soziologie des Königtums und der höfischen Aristokratie (1969). Frankfurt/Main 6. Aufl. 1992.

ELLWARDT, Kathrin 1993
Der Neubau der ev.-reformierten Kirche in Wölfersheim (1717–1741). Magisterarbeit (masch.) Marburg 1993.

ELLWARDT, Kathrin 1996
Die Tiefenbacher Kirche: Die Auffassung vom Kirchenraum im Wandel der Zeiten. – In: Heimat im Lindelbachtal – Tiefenbacher Chronik. Hrsg. v. Magistrat der Stadt Braunfels. Gießen 1996, S. 248–256.

ELLWARDT, Kathrin 1997a
Die Sitzordnung in der Weilburger Schloß- und Stadtkirche in der ersten Hälfte des 18. Jahrhunderts. Weilburg 1997.

ELLWARDT, Kathrin 1997b
Die evangelische Pfarrkirche in Bruchenbrücken. Das Bauwerk und seine Geschichte. Friedberg-Bruchenbrücken 1997.

ELLWARDT, Kathrin 1998
Das Schicksal der alten Fachwerkkirche in Helpershain. – In: „... zum Vergessen zu schade!" Vom Fachwerkkirchlein zum Kirchenneubau. Beiträge aus der Helpershainer Kirchen chronik des 20. Jahrhunderts. Hrsg. v. Kirchenvorstand der Evangelischen Kirchengemeinde Helpershain. Lautertal-Helpershain 1998, S. 4–43.

ELLWARDT, Kathrin 2. Aufl. 1998
Die evangelisch-reformierte Pfarrkirche in Wabern. Ein kunstgeschichtlicher Kirchenführer. Hrsg. v. Horst SCHATTNER. Wabern 2. Aufl. 1998.

ELLWARDT, Kathrin 1999a
Der Bau der lutherischen Pfarrkirche in Ober-Eschbach. – In: Zur Himmelspforte. Geschichte einer Pfarrkirche in Ober-Eschbach. Hrsg. v. Marianne BECKERT. Bad Homburg 1999, S. 7–71.

ELLWARDT, Kathrin 1999b
Ev. Schloßkirche Weilburg. Regensburg 1999 (= Schnell Kunstführer 2391).

ELLWARDT, Kathrin 1999c
Die Michaeliskirche in Zennern. Ein kunstgeschichtlicher Kirchenführer. Wabern-Zennern 1999.

ELLWARDT, Kathrin 2000
Johann Andreas Engelhardt – ein landgräflicher Baumeister in Hessen-Kassel um 1800. – In: Zeitschrift des Vereins für hessische Geschichte und Landeskunde 105 (2000), S. 101–134.

ELLWARDT, Kathrin 2001a
Die ev.-luth. Schloßkirche St. Maria Magdalena in Salzgitter-Salder. Ergebnisse einer kunsthistorischen Forschung. Salzgitter 2001.

ELLWARDT, Kathrin 2001b
Die Alte Johanneskirche in Hanau – Residenzkirche der Grafen von Hanau-Lichtenberg. – In: Neues Magazin für Hanauische Geschichte 2001, S. 10–30.

ELLWARDT, Kathrin 2001c
Kirchen für die lutherische Minderheit – Baudirektor Christian Ludwig Hermann und das Kirchenbauprogramm des letzten Hanauer Grafen Johann Reinhard III. – In: Neues Magazin für Hanauische Geschichte 2001, S. 31–48.

ELLWARDT, Kathrin 2003
Die Kleine Kirche in Rodheim: Das Bauwerk und seine Geschichte. – In: 100 Jahre „neue kleine" Kirche (1903–2003). Hrsg. v. d. Evangelischen Kirchengemeinde Rodheim. Rosbach-Rodheim 2003, S. 4–10.

ELSÄSSER, Inge 1987
Die „Hugenottenkirche" in Erlangen und ihre Vorbilder. Beispiel einer Synthese aus französischem Hugenottentempel und deutscher Querkirche im Gefüge einer barocken Stadtanlage. München 1987 (= Schriften aus dem Institut für Kunstgeschichte der Universität München 14).

ENDRES, Rudolf 1985
Das „Moderne" bei den hugenottischen Städtegründungen. – In: DUCHHARDT, Heinz (Hrsg.) : Der Exodus der Hugenotten. Die Aufhebung des Edikts von Nantes 1685 als europäisches Ereignis. Köln/Wien 1985, S. 155–175.

ERBE, Hans-Walter 1988
Herrnhaag. Hamburg 1988.

ESCHMANN, Jürgen (Hrsg.) 1989
Hugenottenkultur in Deutschland. Tübingen 1989.

Ev.-luth. Kirche Buchsweiler o. J.
Evangelisch-Lutherische Kirche Buchsweiler 1614. Faltblatt, o. O., o. J.

Evangelische Stadtkirche Laubach 1990
Evangelische Stadtkirche Laubach. Laubach 1990.

Fachwerkkirchen 3. Aufl. 1983
Fachwerkkirchen in Hessen. Hrsg. v. Förderkreis Alte Kirchen e.V. Marburg unter Mitarbeit von Irmgard BOTT, Jean CHANEL, Angus FOWLER, Dieter GROSZMANN, Alfred HÖCK, Anneliese KLAPPENBACH, Gerhard SEIB und Peter WEYRAUCH. Königstein/Ts. 3. Aufl. 1983.

FARNER, Alfred 1930
Die Lehre von Kirche und Staat bei Zwingli. (Tübingen 1930) Ndr. Darmstadt 1973.

FÄSCH, Johann Rudolph 1722
Anderer Versuch. Nürnberg 1722.

FELLER, Hans (Hrsg.) 1970
Die Lutherkirche zu Kassel. Zum Gedenken an den Tag der Einweihung am 1. Sonntag im Advent – 29.11.1970. Kassel 1970.

Festbuch Heftrich 1984
Festbuch 750 Jahre Heftrich. Hrsg. v. Gerhard MOOS u. a. Idstein 1984.

Festschrift Burgbracht 1988
1238 Jahre Burgbracht. 250 Jahre Kirche. 50 Jahre Freiwillige Feuerwehr. O. O. (Kefenrod-Burgbracht) 1988.

Festschrift Erbach 1750
Das Ewige Leben in der Erkänntnis GOttes. Bey der Einweihung der neuen Stadtkirche in Erbach beschrieben, und auf gnädigsten Befehl mit allen Feyerlichkeiten der Einweihung zum Abdruck befördert von Philipp Ernst KERN. Frankfurt am Mayn 1750.

Festschrift Hanau 1908
Festschrift zum 250jährigen Jubiläum der Grundsteinlegung der Johanniskirche zu Hanau 1685 – 25.Mai – 1908. Hrsg. v. d. Johanniskirchen-Gemeinde. Hanau 1908.

Festschrift Heftrich 1989
Festschrift zum 250jährigen Bestehen der evangelischen Pfarrkirche in Heftrich. Hrsg. v. Klaus-Gunther WESSELING. Heftrich 1989.

Festschrift Kirchheimbolanden 1966
Die alte fürstliche Hof- und Stadtkirche „St. Paul" Kirchheimbolanden. Festschrift zur Feier anläßlich ihrer Wiederbenutzung nach erfolgter Restaurierung am Sonntag, den 4. Sept.1966. Hrsg. v. d. Evangelischen Kirchengemeinde Kirchheimbolanden. Kirchheimbolanden 1966.

Festschrift Langenselbold 1960
225 Jahre Ev. Kirche Langenselbold 30. Okt.60. Langenselbold 1960.

Festschrift Langenselbold 1985
250 Jahre Evangelische Kirche Langenselbold 1735–1985. Langenselbold 1985.

Festschrift Marköbel 1989
Chronik 1150 Jahre Marköbel, 850 Jahre Baiersröderhof. Redaktion Dirk-Jürgen SCHÄFER. Hammersbach 1989.

Festschrift Neunkirchen 1982
750 Jahre Neunkirchen. Festschrift zur 750-Jahrfeier vom 27.–30. August 1982. Hrsg. v. d. Gemeinde Neunkirchen. Neunkirchen 1982.

Festschrift Neunkirchen 1990
250 Jahre Evang. Kirche Neunkirchen. Neunkirchen 1990.

Festschrift Ostheim 1969
75 Jahre Freiwillige Feuerwehr Ostheim. Ostheim 1969.

Festschrift Rotenburg 1948
Festschrift zur 700 Jahr-Feier Rotenburg (Fulda). Rotenburg 1948.

Festschrift Siegbach 1995
600 Jahre Kirche in Siegbach 1395–1995. Festschrift, hrsg. v. Kirchenvorstand der evangelischen Kirchengemeinde Siegbach. Siegbach 1995.

Festschrift Unterreichenbach 2000
250 Jahre Vogelsberger Dom. Eine Festschrift zum Jubiläum der Evangelischen Kirche in Unterreichenbach. Hrsg. v. d. Ev. Kirchengemeinde Unterreichenbach. Birstein-Unterreichenbach 2000.

FISCHER, Helmut 1989
Eine notwendige Erinnerung an die Gottesdiensttradition im Bereich der Evangelischen Kirche in Hessen und Nassau. – In: Jahrbuch der Hessischen Kirchengeschichtlichen Vereinigung 40 (1989), S. 259–277.

FLECK, Walther-Gerd: Stuttgart, Altes Schloß, Schloßkirche. – In: SCHOCK-WERNER, Barbara u. HOFRICHTER, Hartmut (Hrsg.): Burg- und Schloßkapellen. Marksburg/Braubach 1995 (= Veröff. der dt. Burgenvereinigung e. V., Reihe B: Schriften, Bd. 3), S. 138–143.

FLICK, Andreas 2000a
300 Jahre Evangelisch-reformierte Kirche in Celle. Der letzte Hugenottentempel in Niedersachsen. – In: Hugenotten 64/2000, Nr. 4, S. 107–122.

FLICK, Andreas 2000b
1700–2000: 300 Jahre Evangelisch-reformierte Kirche in Celle. – In: Celler Chronik 9 (2000), S. 58–101.

FORSSMAN, Erik 1961
Dorisch, jonisch, korinthisch. Studien über den Gebrauch der Säulenordnungen in der Architektur des 16.–18. Jahrhunderts. Stockholm/Göteborg/Uppsala 1961 (= Acta Universitatis Stockholmiensis. Stockholm Studies in History of Art V).

FOWLER, Angus M. 1982
Neues zum Holz- bzw. Fachwerk-Kirchenbau in Marburg. – In: Marburger Almanach 1982, S. 118–123.

FRITSCH, Georg 1930
Die Burgkirche zu Königsberg i. Pr. und ihre Beziehungen zu Holland. Ein Beitrag zur Neringforschung. Diss. Berlin 1930.

FRITSCH, K. E. O. 1893
Der Kirchenbau des Protestantismus von der Reformation bis zur Gegenwart. Hrsg. v. d. Vereinigung Berliner Architekten. Berlin 1893.

FRITZ, Johann Michael (Hrsg.) 1997
Die bewahrende Kraft des Luthertums. Mittelalterliche Kunstwerke in evangelischen Kirchen. Regensburg 1997.

FURTTENBACH, Joseph 1649
Kirchen Gebäw. Augsburg 1649. – Faksimile in: LANGMAACK, Gerhard: Evangelischer Kirchenbau im 19. und 20 Jahrhundert. Geschichte – Dokumentation – Synopse. Kassel 1971, S. 189–215.

GÄNSSLER, Hans-Joachim 1983
Evangelium und weltliches Schwert. Hintergrund, Entstehungsgeschichte und Anlaß von Luthers Scheidung zweier Reiche oder Regimente. Wiesbaden 1983 (= Veröffentlichungen des Instituts für europäische Geschichte Mainz, Abteilung für abendländische Religionsgeschichte 109).

GALÉRA, Karl Siegmar Baron von 1961
Die Riedesel zu Eisenbach. 5. Bd.: Vom Reich zum Rheinbund 1713–1806. Neustadt a. d. Aisch 1961.

GELLER, Fritz 1929
Gotteshaus und Gottesdienst in den Herrnhuter Brüdergemeinen. Herrnhut 1929.

Gemeinde-Nachrichten Mariendorf 1/1985
Gemeinde-Nachrichten für die evangelisch-reformierten Kirchengemeinden Immenhausen und Mariendorf 1/1985.

GENSICKE, Hellmuth 1982
Aus der älteren Geschichte von Neunkirchen. – In: 750 Jahre Neunkirchen. Festschrift zur 750-Jahrfeier vom 27.–30. August 1982. Hrsg. v. d. Gemeinde Neunkirchen. Neunkirchen 1982, S. 14–26.

GERMANN, Georg 1963
Der protestantische Kirchenbau in der Schweiz. Von der Reformation bis zur Romantik. Zürich 1963.

GERMANN, Georg 1994
Der protestantische Kirchenbau in der Schweiz bis 1900 – 30 Jahre Forschungsgeschichte. – In: RASCHZOK, Klaus u. SÖRRIES, Reiner (Hrsg.): Geschichte des protestantischen Kirchenbaues. Festschrift für Peter Poscharsky zum 60. Geburtstag. Erlangen 1994, S. 192–200.

Geschichte des Pietismus 1993
Geschichte des Pietismus. Bd. 1: Der Pietismus vom siebzehnten bis zum frühen achtzehnten Jahrhundert. Hrsg. v. Martin BRECHT. Göttingen 1993.

Geschichte des Pietismus 1995
Geschichte des Pietismus. Bd. 2: Der Pietismus im achtzehnten Jahrhundert. Hrsg. v. Martin BRECHT u. Klaus DEPPERMANN. Göttingen 1995.

GLAWISCHNIG, Rolf 1973
Niederlande, Calvinismus und Reichsgrafenstand 1559–1584. Nassau-Dillenburg unter Graf Johann VI. Marburg 1973.

GOETERS, Johann Friedrich Gerhard 1986
Genesis, Formen und Hauptthemen des reformierten Bekenntnisses in Deutschland. Eine Übersicht. – In: Die reformierte Konfessionalisierung in Deutschland – Das Problem der „Zweiten Reformation". Hrsg. v. Heinz SCHILLING. Gütersloh 1986 (= Schriften des Vereins für Reformationsgeschichte 195), S. 44–59.

GOETERS, Johann Friedrich Gerhard 1993
Der reformierte Pietismus in Deutschland 1650–1690. – In: Geschichte des Pietismus. Bd. 1: Der Pietismus vom siebzehnten bis zum frühen achtzehnten Jahrhundert. Hrsg. v. Martin BRECHT. Göttingen 1993, S. 241–277.

GOLDAMMER, Kurt 1960
Kultsymbolik des Protestantismus. Stuttgart 1960 (= Symbolik der Religionen VII).

GOLDMANN, Nicolaus 1696
Vollständige Anweisung zu der Civilbaukunst. Hrsg. v. Leonhard Christoph STURM. (Wolfenbüttel 1696) Ndr. Baden-Baden/Strasbourg 1962.

GORENFLO, Roger M.: Die Rüsselsheimer Stadtkirche – ein Beitrag zur frühklassizistischen Bauphase. Rüsselsheim 1991.

GRASHOFF, Ehler W. 1938
Raumprobleme des protestantischen Kirchenbaus im 17. und 18. Jahrhundert. Berlin 1938.

GROSS, Karl Bernd 1992
Geschichte der evangelischen Kirche in Wabern. – In: 1175 Jahre Wabern. Hrsg. v. d. Gemeinde Wabern. Gudensberg-Gleichen 1992, S. 32–38.

GROSZMANN, Dieter 1983
Die Schloßkirche zu Weilburg als Raumlösung im protestantischen Kirchenbau. – In: Hessische Heimat 32 (1983), H. 2, S.75–85.

GROSZMANN, Dieter 1990
Die Bedeutung der Schloßkapellen für den protestantischen Kirchenbau. – In: Renaissance in Nord-Mitteleuropa I. Hrsg. v. G. Ulrich GROSZMANN. München/Berlin 1990 (= Schriften des Weserrenaissance-Museums Schloß Brake 4), S. 127–147.

GROSZMANN, Dieter 1994
Emporenkirchen und Kirchenemporen in Deutschland im 16. Jahrhundert. – In: RASCHZOK, Klaus u. SÖRRIES, Reiner (Hrsg.): Geschichte des protestantischen Kirchenbaues. Festschrift für Peter Poscharsky zum 60. Geburtstag. Erlangen 1994, S. 27–35.

GROSZMANN, Dieter 1996
Protestantischer Kirchenbau. Marburg 1996 (= Beiträge zur hessischen Geschichte 11).

GROSZMANN, G. Ulrich 1979
Der Schloßbau in Hessen 1530–1630. Diss. Marburg 1979.

GROTTKER, Caroline 1984
Lutherische Kirchen in der Grafschaft Hanau-Münzenberg unter Graf Johann Reinhard III. (1712–1736). Magisterarbeit (masch.) Frankfurt 1984.

GROTTKER, Caroline 1994
Andreas Gallasini, fürstäbtlicher Hofbaumeister in Fulda. Diss. Frankfurt 1994.

GRUNE, Gerold 1982
Aufzeichnungen aus der Pfarr- und Schulchronik.– In: 750 Jahre Neunkirchen. Festschrift zur 750-Jahrfeier vom 27.–30. August 1982. Hrsg. v. d. Gemeinde Neunkirchen. Neunkirchen 1982, S. 27–67.

GUBLER, Hans Martin 1981
Reformierte Kirche Horgen. Bern 1981 (= Schweizerische Kunstführer 31/303).

GUICHARNAUD, Hélène 1999
An Introduction to the Architecture of Protestant Temples Constructed in France before the Revocation of the Edict of Nantes. – In: FINNEY, Paul Corby (Hrsg.): Seeing beyond the Word. Visual Arts and the Calvinist Tradition. Grand Rapids / Cambridge 1999, S. 133–161.

GURLITT, Cornelius 1906
Kirchen. Stuttgart 1906 (= Handbuch der Architektur, IV. Teil, 8. HalbBd., Heft 1).

GÜTHLEIN, Klaus 1994
Der Architekt Friedrich Joachim Stengel. Eine Skizze zu seinem 300. Geburtstag am 29. September 1994. – In: Friedrich Joachim Stengel. Zum 300. Geburtstag. Ausstellungskatalog Saarbrücken 1994, S. 11–31.

HAAS, Karl Eduard 1970
Die Evangelisch-Reformierte Kirche in Bayern. Ihr Wesen und ihre Geschichte. Neustadt/Aisch 1970.

Hanauischer Hauptreceß 1670
Endlicher Haupt=Receß. So Durch Hohe Vermittelung unterschiedlicher Chur= und Fürstlicher Häuser, Zwischen dem Hochgebohrnen Graffen und Herrn, Herrn Frieder. Casimirn, Graffen zu Hanau, Rieneck und Zweybrücken, Herrn zu Müntzenberg, Lichtenberg und Ochsenstein, Erb=Marschallen und Ober=Vogten zu Straßburg. Und Ihro Hochgräfl. Gnaden Der Reformirten religion zugethanen Unterthanen in dero Graffschafft Hanau=Müntzenberg, Beydes in Ecclesiasticis und Politicis, den 16/26 Augusti des 1670. Jahrs, auffgerichtet, Und Von der mitinteressirten Hochfürstlichen Vormundschafft so wohl in Dero Hochgräfl. Pupillen als aller Nachkommen Nahmen beliebt und mit eingegangen, So dann hernach Von Ihro Kaiserlichen Majestät Allergnädigst confirmirt und bestättiget worden.

HANDSCHUCH, Uwe u. VOLK, Herbert (Hrsg.) 1993
Wir lassen die Kirche im Dorf. Das Evangelische Dekanat Herborn und seine Kirchen-Gemeinden. Herborn 1993.

HARASIMOWICZ, Jan 1996
Kunst als Glaubensbekenntnis. Beiträge zur Kunst- und Kulturgeschichte der Reformationszeit. Baden-Baden 1996.

HARDY, Daniel W. 1999
Calvinism and the Visual Arts: A Theological Introduction. – In: FINNEY, Paul Corby (Hrsg.): Seeing beyond the Word. Visual Arts and the Calvinist Tradition. Grand Rapids / Cambridge 1999, S. 1–16.

HARTMANN, Ernst 1975
Geschichte der Stadt und des Amtes Steinau an der Straße. Bd. II, Steinau 1975.

HARTMANN, Ernst 1981
Festschrift zum 250. Jahr-Jubiläum der Reinhardskirche und zum 500. Jahr-Jubiläum der Katharinenkirche zu Steinau an der Straße. Zugleich: Geschichte der Reformation im oberen Kinzigtal. Steinau 1981.

HAUCK, Marie-Luise 1964
Die Kirche von Neu-Saarwerden. Ein Werk Friedrich Joachim Stengels. – In: Saarheimat 8 (1964), S. 318–325.

HEINEMEYER, Walter 1997
Territorium und Kirche in Hessen vor der Reformation. – In: Ders.: Philipp der Großmütige und die Reformation in Hessen. Gesammelte Aufsätze zur hessischen Reformationsgeschichte. Als Festgabe zum 85. Geburtstag hrsg. v. Hans-Peter LACHMANN, Hans SCHNEIDER und Fritz WOLFF. Marburg 1997 (= Veröffentlichungen der historischen Kommission für Hessen 24,7), S. 17–40.

HEINZ, Dieter 1967
Entstehen und Wiedererstehen der Saarbrücker Friedenskirche. – In: Festschrift zur Weihe der wiederaufgebauten Saarbrücker Friedenskirche. Saarbrücken 1967, S. 51–119.

HENSHALL, Nicholas 1992
The Myth of Absolutism. Change and Continuity in Early Modern European Monarchy. London / New York 1992.

HENSHALL, Nicholas 1996
Early Modern Absolutism 1550–1700: Political Reality or Propaganda? – In: ASCH, Ronald G. u. DUCHHARDT, Heinz (Hrsg.): Der Absolutismus – ein Mythos? Strukturwandel monarchischer Herrschaft in West- und Mitteleuropa (ca. 1550–1700). Köln/Weimar/Wien 1996 (= Münsterische historische Forschungen 9), S. 25–53.

HERRMANN, Dietrich 1995
Hanaus evangelische Kirchen und ihr Wiederaufbau. – In: Evangelische Kirche in Hanau Nr. 87 / Ostern 1995, S. 5–8.

HESS, Hermann 1966
Johann Michael Stumm, Erbauer der Orgel – In: Die prot. Kirchen in Kirchheimbolanden. München und Zürich 1989 (= Schnell Kunstführer 1767), S. 33 f.

HEYDT, Horst 1991
Ludwigskirche und Ludwigsplatz zu Alt-Saarbrücken. Saarbrücken 1991.

HILDEBRANDT, Rudolf 1995
Die Kirche zu Eisemroth von 1395 bis zur Gegenwart. – In: 600 Jahre Kirche in Siegbach 1395–1995. Festschrift, hrsg. v. Kirchenvorstand der evangelischen Kirchengemeinde Siegbach. Siegbach 1995, S. 12–22.

HINRICHS, Ernst 2000
Fürsten und Mächte. Zum Problem des europäischen Absolutismus. Göttingen 2000.

HOPPSTÄDTER, Kurt u. HERMANN, Hans-Walter (Hrsg.) 1977
Geschichtliche Landeskunde des Saarlandes, Bd. 2: Von der fränkischen Landnahme bis zum Ausbruch der französischen Revolution. Saarbrücken 1977 (= Mitteilungen des historischen Vereins für die Saargegend N. F. 4).

HÖRETH, Friedrich 1950
Schmücke Erbachs Heiligtum! Ein Gedenkblatt zur Einweihung der Stadtkirche zu Erbach am 12.Juli 1750. – In: Die Heimat. Monatliche Beilage zur Odenwälder Heimatzeitung (Erbacher Kreisblatt), Nr. 7b / Juli 1950, o. S.

HOFFMANN, Markus 1997
Die Verbandsgemeinde Göllheim. Ein kulturhistorischer Reiseführer. Göllheim 1997.

Horgner Jahrheft 1977
Horgner Jahrheft 1977, hrsg. v. d. Gemeinde Horgen. Horgen 1977.

HOSPINIAN, Rudolf 2. Aufl. 1672
Rodolphi Hospiniani de Templis, hoc est, de Origine, Progressu, Usu et Abusu Templorum et Rerum ad Templa pertinentium Libri Quinque. (1587) Genf 2. Aufl. 1672.

HOTZ, Wilhelm (1908) 1990
Die Gegenreformation des Fuldaer Fürstabtes Johann Bernhard Schenk zu Schweinsberg in der Herrschaft Schlitz (1908). Mit einer „Vorgeschichte" von Heinrich SIPPEL. Schlitz 1990 (= Studien zur Schlitzer Geschichte 17).

HUBATSCH, Walther 1962
Das Zeitalter des Absolutismus 1600–1789. Braunschweig 1962.

HUBATSCH, Walther 1968
Geschichte der evangelischen Kirche Ostpreußens. Bd. II: Bilder ostpreußischer Kirchen. Bearb. v. Iselin GUNDERMANN. Göttingen 1968.

HUGE, Martin 1987
Der Magdalenen-Altar der Salderschen Kirchen. Salzgitter-Salder 1987.

HUMMEL, Richard u. JÖCKLE, Clemens 1989
Baukunst in der evangelischen Kirche der Pfalz. Speyer 2. Aufl. 1989.

IMHOF, Hans Joachim o. J.
Kleiner Führer durch die Evangelische Matthäuskirche zu Lohrhaupten. Lohrhaupten o. J.

Inventar Celle 1937
Die Kunstdenkmäler der Provinz Hannover, III. Regierungsbezirk Lüneburg, Heft 5: Stadt Celle. Bearb. v. Heinrich SIEBERN unter Mitarbeit von Hans LÜTGENS. Hannover 1937.

Inventar Darmstadt 1952
Die Bau- und Kunstdenkmäler der Stadt Darmstadt, Bd. 1. Bearb. v. Georg HAUPT. Darmstadt 1952.

Inventar Erbach 1891
Kunstdenkmäler im Großherzogthum Hessen. Provinz Starkenburg. Kreis Erbach. Bearb. v. Georg SCHAEFER. Darmstadt 1891.

Inventar Friedberg 1895
Kunstdenkmäler im Grossherzogtum Hessen. Provinz Oberhessen. Kreis Friedberg. Bearb. v. Rudolf ADAMY. Darmstadt 1895.

Inventar Fritzlar 1909
Die Bau- und Kunstdenkmäler im Regierungsbezirk Cassel. Bd. II: Kreis Fritzlar. Bearb. v. C. ALHARD von DRACH. Marburg 1909.

Inventar Gelnhausen 1901
Die Bau- und Kunstdenkmäler im Regierungsbezirk Cassel. Bd. I: Kreis Gelnhausen. Bearb. v. Ludwig BICKELL. 3 Bde. Marburg 1901.

Inventar Gießen 1933
Die Kunstdenkmäler des Kreises Gießen. Bearb. v. Heinrich WALBE. Bd. III: Südlicher Teil ohne Arnsburg. Darmstadt 1933.

Inventar Hanau 1897
Die Bau- und Kunstdenkmäler der Stadt Hanau, I. Teil: Festschrift zum 300jährigen Jubiläum der Gründung der Neustadt Hanau. Bearb. v. A. WINKLER u. J. MITTELSDORF. Hanau 1897.

Inventar Kassel 1923
Die Bau- und Kunstdenkmäler im Regierungsbezirk Cassel. Bd. VI: Kreis Cassel-Stadt. Bearb. v. A. HOLTMEYER. 5 Bde. Kassel 1923.

Inventar Kirchheimbolanden 1938
Die Kunstdenkmäler von Bayern, Regierungsbezirk Pfalz, VII. Bezirksamt Kirchheimbolanden. Bearb. v. Bernhard Hermann RÖTTGER, Karl BUSCH und Max GOERING. München 1938.

Inventar Offenbach 1885
Kunstdenkmäler im Großherzogthum Hessen. Provinz Starkenburg. Kreis Offenbach. Bearb. v. Georg SCHAEFER. Darmstadt 1885.

Inventar Pirmasens 1957
Die Kunstdenkmäler der Stadt und des Landkreises Pirmasens. Bearb. v. Anton ECKARDT und Hans Erich KUBACH. München/Berlin 1957.

Inventar Saarbrücken 1932.
Die Kunstdenkmäler der Stadt und des Landkreises Saarbrücken. Bearb. v. Walther ZIMMERMANN. Düsseldorf 1932.

Inventar Schmalkalden 1913
Die Bau- und Kunstdenkmäler im Regierungsbezirk Cassel. Bd. V: Kreis Herrschaft Schmalkalden. Bearb. v. Paul WEBER. Marburg 1913.

Inventar Wiesbaden 1880
Die Baudenkmäler im Regierungsbezirk Wiesbaden. Bearb. v. Wilhelm LOTZ, hrsg. v. Friedrich SCHNEIDER. Berlin 1880.

Inventar Wiesbaden Ergänzungsband 1932
Die Bau- und Kunstdenkmäler des Regierungsbezirks Wiesbaden. Bd. VI: Nachlese und Ergänzungen zu den Bänden I–V. Orts- und Namensregister des Gesamtwerkes. Bearb. v. Ferdinand LUTHMER. Frankfurt/Main 1921.

Inventar Wolfenbüttel 1906
Bau- und Kunstdenkmäler des Herzogtums Braunschweig, Bd. III: Kreis Wolfenbüttel. Bearb. v. P. J. MEIER u. Karl STEINACKER. Wolfenbüttel 1906.

ISENBURG, Margarete Prinzessin von 1985
Die evangelische Kirche in Langenselbold. – In: 250 Jahre Evangelische Kirche Langenselbold 1735–1985. Langenselbold 1985, S. 6–8.

ISRAEL, Jonathan 1999
Der niederländisch-spanische Krieg und das Heilige Römische Reich Deutscher Nation (1568–1648). – In: 1648 – Krieg und Frieden in Europa. Ausstellungskatalog Münster / Osnabrück 24.10.1998–17.1.1999. Hrsg. v. Klaus BUSSMANN und Heinz SCHILLING, S. 111–122.

JACOBS, Paul (Hrsg.) 1949
Reformierte Bekenntnisschriften und Kirchenordnungen in deutscher Übersetzung. Neukirchen 1949.

JACOBS, Paul 1959
Theologie reformierter Bekenntnisschriften in Grundzügen. Neukirchen 1959.

JACOBS, Paul 1977
Die Reformierten Kirchen Deutschlands. – In: HALASKI, Karl (Hrsg.): Die Reformierten Kirchen. Stuttgart 1977 (= Die Kirchen der Welt XVII), S. 118–147.

Jahresbericht Denkmalpflege 1910–1913
Jahresbericht der Denkmalpflege im Grossherzogtum Hessen III, 1910–1913. Darmstadt 1914.

Jahresbericht Denkmalpflege 1913–1928
Jahresbericht der Denkmalpflege im Volksstaat Hessen IV a, 1913–1928. Darmstadt 1930.

JAKOB, Andreas 1990
Die Legende von den „Hugenottenstädten". Deutsche Planstädte des 16. und 17. Jahrhunderts. – In: Klar und Lichtvoll wie eine Regel. Planstädte der Neuzeit vom 16. bis zum 18. Jahrhundert. Ausstellungskatalog Badisches Landesmuseum Karlsruhe 1990, S. 181–198.

JENNY, Hans 5. Aufl. 1976
Kunstführer durch die Schweiz. Bd. 2: Genf / Neuenburg / Waadt / Wallis / Tessin. Hrsg. v. Alfred A. SCHMID. Zürich/Basel 5. Aufl. 1976.

JÖCKLE, Clemens 1989
Prot. Pfarrkirche St. Paul. – In: Die prot. Kirchen in Kirchheimbolanden. München / Zürich 1989 (= Schnell Kunstführer 1767), S.4–14.

JÖCKLE, Clemens 1994
Überlegungen zu einer Typologie evangelischer Schloßkapellen des 16. Jahrhunderts. – In: RASCHZOK, Klaus u. SÖRRIES, Reiner (Hrsg.): Geschichte des protestantischen Kirchenbaues. Festschrift für Peter Poscharsky zum 60. Geburtstag. Erlangen 1994, S. 36–43.

JUNG, Karl Heinrich 1982
400 Jahre reformiertes Bekenntnis in Oberhessen 1582–1982. 350 Jahre evangelische Kirche Holzheim 1632–1982. O. O. 1982.

JUNG, Michael 1999
Saarbrücken und St. Johann während der Fürstenzeit (1741–1789). – In: WITTENBROCK, Rolf (Hrsg.): Geschichte der Stadt Saarbrücken. Bd. 1: Von den Anfängen bis zum industriellen Aufbruch (1860). Saarbrücken 1999, S. 352–453.

JUNG, Wolfgang 1959
Zur Geschichte des evangelischen Gottesdienstes in der Pfalz. Teil I: Von der Reformation zur Union. Grünstadt (Pfalz) 1959 (= Veröffentlichungen des Vereins für Pfälzische Kirchengeschichte VII).

JÜRGENS, Klaus 1996
Lutherische Erneuerung unter Herzog August Wilhelm und Abt Gottlieb Treuer. Wolfenbüttel 1996 (= Quellen und Beträge zur Geschichte der Evangelisch-lutherischen Landeskirche in Braunschweig).

KADELL, Franz-Anton 1980
Die Hugenotten in Hessen-Kassel. Darmstadt/Marburg 1980 (= Quellen und Forschungen zur hessischen Geschichte 40).

KAETHNER, Rudi H. u. Martha 1981
Usingen. Menschen und Ereignisse aus der Geschichte einer kleinen deutschen Stadt. Usingen 1981.

KAHLE; Barbara 1990
Deutsche Kirchenbaukunst des 20. Jahrhunderts. Darmstadt 1990.

KAISER, Paul 1994
Das sogenannte Eisenacher Regulativ von 1861: ein kirchenrechtliches Phantom. – In: RASCHZOK, Klaus u. SÖRRIES, Reiner (Hrsg.): Geschichte des protestantischen Kirchenbaues. Festschrift für Peter Poscharsky zum 60. Geburtstag. Erlangen 1994, S. 114–118.

KELLER, Michael 1982
Adelslandschaft Wetterau im 18. und 19. Jahrhundert. Ständische Repräsentation im Zeitalter der Auflösung der Feudalgesellschaft. Friedberg 1982.

KIESSLING, Gotthard 1995
Der Herrschaftsstand. Aspekte repräsentativer Gestaltung im evangelischen Kirchenbau. München 1995 (= Beiträge zur Kunstwissenschaft 58).

KIESSLING, Gotthard 1998
Die herrschaftliche Inanspruchnahme evangelischer Kirchen an Residenzorten. – UNBEHAUN, Lutz (Hrsg.): In: Die Künste und das Schloß in der frühen Neuzeit. München / Berlin 1998, S. 83–93.

Kirchen und Kapellen 1980
Kirchen und Kapellen im Main-Kinzig-Kreis. Bearb. v. Kurt HERMANN. Gelnhausen 1980.

Kirchenordnung der Burg Friedberg, 1704
Der Kayserl. und des Heiligen Reiches Burg Friedberg Kirchen=Ordnung. Darinnen Gesetz und Ordnung enthalten, wie es daselbst und im Freyen Kaicher Gericht, bei denen der Unveränderten Augspurgischen Confession Verwandten Unterthanen, nach Innhalt Heiliger Prophetischer und Apostolischer Schrifft, mit Verkündigung Göttlichen Worts, und Administrirung der Heiligen Sacramenten: Auch Anweisung zur heylsamen Kirchen= und Schul=Disciplin, solle gehalten werden. Zu Mänliches, sowol Lehrend= als Lernenden Alten und Jungen Unterricht, publicirt: Benebenst, Denen Sonn= und Feyer=Tägigen Episteln und Evangelien. Frankfurt am Main 1704.

Kirchenordnung der Kurpfalz 1563
Kirchenordnung Wie es mit der Christlichen Lehre / heiligen Sacramenten / vnnd Ceremonien / inn des Durchleuchtigsten Hochgebornen Fürsten / vnnd Herren / Herrn Friderichs Pfaltzgrauen bey Rhein / des heiligen Römischen Reichs Ertzdruchsessen vnnd Churfürsten / Hertzogen inn Bayern und Churfürstenthumb bey Rhein / gehalten wirdt (1563). Bearb. v. H. KLUGKIST HESSE u. Wilhelm NIESEL. – In: Bekenntnisschriften und Kirchenordnungen der nach Gottes Wort reformierten Kirche. Hrsg. v. Wilhelm NIESEL. München 1938, S. 136–218.

Kirchenordnung der Kurpfalz 1763
Chur-Pfälzische Kirchen=Ordnung wie es mit der christlichen Lehre, heiligen Sacramenten und Ceremonien, in allen Kirchen der Churfürstlichen Pfalz gehalten werden soll. Wie dieselbe vor Alters publicirt gewesen, und anjetzo nach dem Exemplar de Ao. 1684 revidirt und aufs neue gedruckt worden. 1763.

KLEINAU, Hermann 1986
Geschichtliches Ortsverzeichnis des Landes Braunschweig. Hildesheim 1986.

KLISCHAT, Ulrich 1966
Zur baulichen Gestalt der Paulskirche. –In: Die alte fürstliche Hof- und Stadtkirche „St. Paul" Kirchheimbolanden. Festschrift zur Feier anläßlich ihrer Wiederbenutzung nach erfolgter Restaurierung am Sonntag, den 4. Sept. 1966. Hrsg. v. d. evangelischen Kirchengemeinde Kirchheimbolanden. Kirchheimbolanden 1966, S. 57–60.

KLOFT, Jost 1971
Territorialgeschichte des Kreises Usingen. Marburg 1971.

KLUETING, Harm 1989
Das Konfessionelle Zeitalter 1525–1648. Stuttgart 1989.

KNODT, Manfred 3. Aufl. 1989
Die Regenten von Hessen-Darmstadt. Darmstadt 3. Aufl. 1989.

KNOTT, Hermann 1912
Aus der Geschichte der Herren und Grafen v. Schlitz. – In: SCHMIDT, Fritz: Elfhundert Jahre Schlitzer Geschichte. Festschrift zur 1100–jährigen Jubelfeier der Gründung der Schlitzer Kirche. Schlitz 1912, S. 47–50.

KÖBLER, Gerhard 4. Aufl. 1992
Historisches Lexikon der deutschen Länder. München 4. Aufl. 1992.

KOCH, Ernst 2000
Das konfessionelle Zeitalter – Katholizismus, Luthertum, Calvinismus. Leipzig 2000 (= Kirchengeschichte in Einzeldarstellungen II / 8).

KOCH, Traugott 1981
Der lutherische Kirchenbau in der Zeit des Barocks und seine theologischen Voraussetzungen. – In: Kerygma und Dogma 27 (1981), S. 111–129.

KOCH, Traugott 1998
Grundsätzliche Überlegungen zur Ikonographie evangelischer Kirchenmalerei in der Zeit der lutherischen Orthodoxie. – In: POSCHARSKY, Peter (Hrsg.): Die Bilder in den lutherischen Kirchen. Ikonographische Studien. München 1998, S. 5–20.

KRAFT, Leonhard 1919
Wetterauer Dorfkichen. Beiträge zur Geschichte des Kirchenbaus im Kreis Friedberg. Diss. Darmstadt 1919.

KRAMM, Walter 1934
Eine unbekannte Schloßanlage des 16. Jahrhunderts. – In: Zeitschrift für Kunstgeschichte 3/1934, S. 178–188.

KREUTZER, Jakob 1909
Zwinglis Lehre von der Obrigkeit (Stuttgart 1909). Ndr. Amsterdam 1965.

KRIEG, Dieter 1988
Abwanderung des welschen Häufleins auf dem Herrnhaag nach Neuwied am Rhein 1750. – In: Büdinger Geschichtsblätter 13 (1988), S. 44–49.

KRUMWIEDE, Hans-Walter 1983
Kirchengeschichte. Geschichte der evangelischen Kirche von der Reformation bis 1803. – In: Geschichte Niedersachsens. Hrsg. v. Hans PATZE, Bd. 3, Teil 2: Kirche und Kultur von der Reformation bis zum Beginn des 19. Jahrhunderts. Hildesheim 1983, S. 1–216.

KRUMWIEDE, Hans-Walter 1995
Kirchengeschichte Niedersachsens. Von der Sachsenmission bis zum Ende des Reiches 1806. Göttingen 1995.

KUHNIGK, Armin o. J.
Geschichte der Stadt Weilburg 881–1971. Weilburg o. J.

KUMPF, Fritz 1995
Über die Sandkirche in Schlitz. – In: Schlitzer Bote, 22.4.1995.

KUNISCH, Johannes 2. Aufl. 1999
Absolutismus. Europäische Geschichte vom Westfälischen Frieden bis zur Krise des Ancien Régime. Göttingen 2. Aufl. 1999.

Kunst-Topographie Schleswig-Holstein 1969
Kunst-Topographie Schleswig-Holstein. Hrsg. v. Hartwig BESELER. Neumünster 1969.

KUNTZ, Hermann 1985
Die Kirchen der Nordpfalz. Otterbach 1985.

KUNZE, Gerhard 1960
Lehre – Gottesdienst – Kirchenbau in ihren gegenseitigen Beziehungen II. Bearb. v. A. WECKWERTH. Göttingen 1960.

KUNZENDORF Jörg Ulrich 1992
Querkirchen in Berlin-Brandenburg. Studien zur Architektur evangelischer Kirchenräume seit dem Beginn des 18. Jahrhunderts in Berlin und der Provinz Brandenburg. Lic. theol. Diss. (masch.) Oslo 1992.

KÜSTER, Isolde 1942
Leonhard Christoph Sturm. Leben und Leistung auf dem Gebiet der Zivilbaukunst in Theorie und Praxis. Diss. Berlin 1942.

LABROUSSE, Élisabeth 1985
Calvinism in France, 1598–1685. – In: PRESTWICH, Menna (Hrsg.): International Calvinism 1541–1715. Oxford 1985, S. 185–314.

LANDAU, Peter 1983
Luther und die Tradition der Demokratie. – In: BUNGERT, Hans (Hrsg.): Martin Luther. Eine Spiritualität und ihre Folgen. Regensburg 1983 (= Schriftenreihe der Universität Regensburg 9), S. 89–105.

LANGMAACK, Gerhard 1971
Evangelischer Kirchenbau im 19. und 20. Jahrhundert. Geschichte – Dokumentation – Synopse. Kassel 1971.

Le Temple réformé de Sarre-Union 1992
Le Temple réformé de Sarre-Union. Hrsg. v. d. Association pour la Sauvegarde et l'Utilisation du Temple réformé de Sarre-Union. Sarre-Union 1992.

LEHMANN, Hartmut 1980
Das Zeitalter des Absolutismus. Gottesgnadentum und Kriegsnot. Stuttgart/Berlin/Köln/ Mainz 1980 (= Christentum und Gesellschaft 9).

LEHMANN, J. G. o. J.
Urkundliche Geschichte der Grafschaft Hanau-Lichtenberg im unteren Elsasse. O. J., Ndr. Pirmasens 1970, 2 Bde.

LEHNUNG, Julius B. 1978
Geliebtes Pirmasens, Bd. 1: 740–1790. Pirmasens 1978.

LEMBERG, Margret 1989
Barock im Marburger Raum. Marburg 1989.

LÖSCHER, Valentin Ernst 1726
Als Am 26. August An. 1726 Der Grund-Stein Zu dem neuen Bau Der Frauen-Kirche in Dresden geleget ward, Hat aus Jes. XXVIII, 16 Das Göttliche Glück zu! In einer Predigt vorgestellet Valentin Ernst Löscher, D. Des Ober-Consistorii ältestes Mit-Glied und Superintend. (Dresden 1726) Faksimile Dresden 1994.

LOHMEYER, Karl 1911
Friedrich Joachim Stengel – fürstäbtlich fuldischer Ingenieur, Hofarchitekt und Bauinspektor, fürstlich nassau-usingen'scher Baudirektor, herzoglich sachsen-gothaischer Rat und Baudirektor, fürstlich-nassau-saarbrücken'scher Generalbaudirektor, würklicher Kammerrat und Forstkammerpräsident pp. 1694–1787. Düsseldorf 1911 (= Mitteilungen des historischen Vereins für die Saargegend 11), Ndr. Saarbrücken 1982.

LOHSE, Bernhard 2. Aufl. 1983
Martin Luther. Eine Einführung in sein Leben und sein Werk. München 2. Aufl. 1983.

LORENZ, Hellmut 1995
Leonhard Christoph Sturms „Prodromus Architecturae Goldmanniae". – In: Niederdeutsche Beiträge zur Kunstgeschichte 34 (1995), S. 119–144.

LOTZ, Gerhard 1957
Was die Kirchenbücher erzählen. – In: Festschrift zur 900–Jahrfeier der Gemeinde Lohrhaupten im Spessart 1957, S. 45–48.

LOTZE, Siegfried 2. Aufl. 1985
Paul du Ry als Baumeister am Kasseler Hof. – In: BURMEISTER, Helmut: Auf Einladung des Landgrafen. Beiträge zur Geschichte der Hugenotten und Waldenser in Nordhessen. 2. Aufl. Kassel 1985, S. 68–73.

LÜBBECKE, Fried 1951
Hanau. Stadt und Grafschaft. Köln 1951.

LUCAE, Friedrich 1701
Das edle Kleinod an der hessischen Landeskrone (1700–1701). Geschichte der Stadt und des Amtes Rotenburg. Rotenburger Chronik Bd. 1: von den Anfängen bis 1700. Bearb. v. Hans-Günter KITTELMANN. Kassel 1996.

LUMMITSCH, Rudolf 1977
Geschichte der Stadt Assenheim. Niddatal 1977.

MACHAT, Christoph 1988
Die Entwicklung des evangelischen Kirchenbaues von der Reformation bis zum Anfang des 19. Jahrhunderts. – In: Rheinische Heimatpflege 25. Jg., N. F., Heft 2, 1988, S. 81–95.

MACK, Rüdiger 1984
Pietismus und Frühaufklärung an der Universität Gießen und in Hessen-Darmstadt. Gießen 1984.

MACK, Rüdiger 1987
Forschungsbericht: Pietismus in Hessen. – In: Pietismus und Neuzeit 13 (1987), S. 181–226.

MAGDELAINE, Michelle 1980
La Confession de foi de la communauté française de Sainte-Marie-aux-Mines. – In: Bulletin de la Société de l'Histoire du Protestantisme français 126 (1980), S. 327–346.

MAI, Hartmut 1963
Die Marienkirche zu Großenhain. Berlin 1963 (= Das christliche Denkmal 65).

MAI, Hartmut 1969
Der evangelische Kanzelaltar. Geschichte und Bedeutung. Halle (Saale) 1969.

MAI, Hartmut 1994
Tradition und Innovation im protestantischen Kirchenbau bis zum Ende des Barock. – In: RASCHZOK, Klaus u. SÖRRIES, Reiner (Hrsg.): Geschichte des protestantischen Kirchenbaues. Festschrift für Peter Poscharsky zum 60. Geburtstag. Erlangen 1994, S. 11–26.

MALETTKE, Klaus 1994
Frankreich, Deutschland und Europa im 17. und 18. Jahrhundert. Beiträge zum Einfluß französischer politischer Theorie, Verfassung und Außenpolitik in der Frühen Neuzeit. Marburg 1994.

MARX, Wolf 1931
Die Saalkirche der deutschen Brüdergemeine im 18. Jahrhundert. Leipzig 1931, S. 2–5.

MATT, Alfred 1988
Baillages, Prévoté et Fiefs ayant fait partie de la Seigneurie de Lichtenberg, du Comté de Hanau-Lichtenberg, du Landgraviat de Hesse-Darmstadt. – In: Hanauerland. Ein vergessenes Stück Hanauer Geschichte. Hrsg. v. Hubert ZILCH. Hanau 1988, S. 80–86.

MEISSNER, Helmuth 1994
Maßnahmen zum Bau und zur Einrichtung evangelischer Kirchen im Markgraftum Brandenburg-Kulmbach/Bayreuth im Reformationsjahrhundert unter besonderer Berücksichtigung der Schloßkapelle auf der Plassenburg. – In: RASCHZOK, Klaus u. SÖRRIES, Reiner (Hrsg.): Geschichte des protestantischen Kirchenbaues. Festschrift für Peter Poscharsky zum 60. Geburtstag. Erlangen 1994, S. 233–242.

MENGEL, Karl-August 1996
Die Schloßkirche zu Altenburg. – In: Mitteilungen des Geschichts- und Museumsvereins Alsfeld 15. Reihe, Nr. 6 / August 1996, S. 111–127.

MENK, Gerhard 1986
Die „Zweite Reformation" in Hessen-Kassel. Landgraf Moritz und die Einführung der Verbesserungspunkte. – In: Die reformierte Konfessionalisierung in Deutschland – Das Problem der „Zweiten Reformation". Hrsg. v. Heinz SCHILLING. Gütersloh 1986 (= Schriften des Vereins für Reformationsgeschichte 195), S. 154–183.

MENK, Gerhard 1992
Grafschaft und Fürstentum Waldeck im Zeitalter des fürstlichen Absolutismus. Grundlagen und Folgen kleinstaatlicher Politik. – In: „Indessen will es glänzen." Arolsen. Eine barocke Residenz. Hrsg. v. Birgit KÜMMEL und Richard HÜTTEL. Ausstellungskatalog Arolsen 1992, S. 14–24.

MERIAN, Hans 1974/75
Herrnhaag. Zur Geschichte der ehemaligen Herrnhuter Siedlung. – In: Büdinger Geschichtsblätter 8 (1974/75), S. 39–48.

MERKEL, Ursula 1990
„Zu mehrerer Zierde und Gleichheit des Orths". Der Modellhausbau des 18. Jahrhunderts in Karlsruhe. – In: Klar und lichtvoll wie eine Regel. Planstädte der Neuzeit vom 16. bis zum 18. Jahrhundert. Ausstellungskatalog Badisches Landesmuseum Karlsruhe 1990, S. 243–258.

MEYER, Dietrich 1995
Zinzendorf und Herrnhut. – In: Geschichte des Pietismus. Bd. 2: Der Pietismus im achtzehnten Jahrhundert. Hrsg. v. Martin BRECHT u. Klaus DEPPERMANN. Göttingen 1995, S. 3–106.

MICHALSKI, Sergiusz 1994
Einfache Häuser – Prunkvolle Kirchen. Zur Topik der frühen protestantischen Debatten um den Kirchenbau. – In: RASCHZOK, Klaus u. SÖRRIES, Reiner (Hrsg.): Geschichte des protestantischen Kirchenbaues. Festschrift für Peter Poscharsky zum 60. Geburtstag. Erlangen 1994, S. 44–46.

MODROW, Irina 1994
Dienstgemeinde des Herrn. Nikolaus Ludwig von Zinzendorf und die Brüdergemeine seiner Zeit. Hildesheim/Zürich/New York 1994 (= Theologische Texte und Studien 4).

MÖRKE, Olaf 1996
Die politische Bedeutung des Konfessionellen im Deutschen Reich und in der Republik des Vereinigten Niederlande. Oder: War die Konfessionalisierung ein „Fundamentalvorgang? – In: ASCH, Ronald G. u. DUCHHARDT, Heinz (Hrsg.): Der Absolutismus- ein Mythos? Strukturwandel monarchischer Herrschaft in West- und Mitteleuropa (ca. 1550–1700). Köln/Weimar/Wien 1996 (= Münsterische historische Forschungen 9), S. 125–164.

MOGK, Walter 1978
Voraussetzungen für die Einwanderung von Hugenotten und Waldensern nach Hessen-Kassel. – In: DESEL, Jochen u. MOGK, Walter (Hrsg.): Hugenotten und Waldenser in Hessen-Kassel. Kassel 1978, S. 13–41.

MOGK, Walter 1986
Die Französisch-Reformierten Kirchengemeinden Carlsdorf und Schöneberg während der Jahre 1704 bis 1738. – In: WICKE, Klaus (Hrsg.): Carlsdorf 1686–1986. Festschrift zur 300-Jahr-Feier der ältesten Hugenottensiedlung in Hessen. Hofgeismar-Carlsdorf 1986, S. 27–46.

MOHRHARDT, Wilhelm 1984
Hanau alt's – in Ehren b'halt's. Die Grafen von Hanau-Lichtenberg in Geschichte und Geschichten. Babenhausen 1984 (= Babenhausen einst und jetzt X).

MÖNNER, Walter 1982
Kirchenfest anläßlich des 250. Geburtstages unserer Evang. Kirche Lichenroth am 28. und 29.8.1982. Lichenroth 1982.

MORLOCK, Erwin 1965
Der protestantische Kirchenbau in der linksrheinischen Pfalz bis zur Union. Diss. (masch.) Darmstadt 1965.

NAGEL, William 1962
Geschichte des christlichen Gottesdienstes. Berlin 1962.

NEUMANN, Hartwig 1984
Architectura Militaris. – In: Architekt und Ingenieur. Ausstellungskatalog Herzog August-Bibliothek Wolfenbüttel 1984, S. 281–404.

NEUMANN, Michael 1992
Thron und Kanzel. – In: „Indessen will es glänzen." Arolsen. Eine barocke Residenz. Hrsg. v. Birgit KÜMMEL und Richard HÜTTEL. Ausstellungskatalog Arolsen 1992, S. 64–69.

NEUMANN, Michael 1996
Der protestantische Kanzelaltar in Waldeck. Seine Bedeutung – seine Gefährdung. – In: Geschichtsblätter für Waldeck 84 (1996), S. 117–140.

NIESEL, Wilhelm (Hrsg.) 1938
Bekenntnisschriften und Kirchenordnungen der nach Gottes Wort reformierten Kirche. München 1938.

OBST, Helmut u. RAABE, Paul 2000
Die Franckeschen Stiftungen zu Halle (Saale). Geschichte und Gegenwart. Halle 2000.

OLSCHEWSKI, Eckhard 2001
Die Schlösser in Saarbrücken und Biebrich. Zwei Residenzen des Grafenhauses Nassau-Saarbrücken – ein Beitrag zur Schloßarchitektur mindermächtiger Reichsfürsten im 18. Jahrhundert. Weimar 2001.

Ordonnances Ecclésiastiques 1561
Les Ordonnances Ecclésiastiques de l'Eglise de Genève ci-devant faites, depuis augmentees, et dernierement confermees par nos treshonnorez Seigneurs, Syndiques, petit et grand Conseil des deux cens, et general, le jeudi 13 de Novembre, 1561. Bearb. v. Ernst PFISTERER. – In: Bekenntnisschriften und Kirchenordnungen der nach Gottes Wort reformierten Kirche. Hrsg. v. Wilhelm NIESEL. München 1938, S. 42–64.

ORTMANN, Volkmar 2000
Der Gemeinde Raum geben. Der Bau des Vogelsberger Doms in Unterreichenbach (1748–1750). – In: 250 Jahre Vogelsberger Dom. Eine Festschrift zum Jubiläum der Evangelischen Kirche in Unterreichenbach. Hrsg. v. d. Ev. Kirchengemeinde Unterreichenbach. Birstein-Unterreichenbach 2000, S. 80–91.

Osnabrücker Friedensvertrag 1648
Instrumentum Pacis Caesareo – Suecicum Osnabrugense, 1648 Juli 27 / August 6. – In: Instrumenta Pacis Westphalicae. Die Westfälischen Friedensverträge 1648. Bearb. v. Konrad MÜLLER. Bern 1949 (= Quellen zur Neueren Geschichte 12/13), S. 9–78.

OZINGA, M. D. 1929
De Protestantsche Kerkenbouw in Nederland. Amsterdam 1929.

Patrimoine Bas-Rhin 1999
Le Patrimoine des Ccommunes du Bas-Rhin. 2 Bde. Charenton-le Pont 1999 (= Le Patrimoine des Communes de France 67).

PEZELIUS, Christoph 1578
Auffrichtige Rechenschafft von Lehr und Ceremonien, So in den Evangelischen Reformirten Kirchen, nach der Richtschnur Göttliches Worts angestellet (= Nassauisches Bekenntnis, 1561). – In: HEPPE, Heinrich (Hrsg.): Die Bekenntnisschriften der reformirten Kirchen Deutschlands. Elberfeld 1860, S. 68–146.

PFISTER, Chr. 1929
L'Alsace et l'Édit de Nantes. – In: Revue Historique 160 (1929), S. 217–240.

PHILIPPI, Hans 1976
Landgraf Karl von Hessen-Kassel. Ein deutscher Fürst der Barockzeit. Marburg 1976 (= Veröffentlichungen der Historischen Kommission für Hessen 34).

Politische Testamente 1986
Die politischen Testamente der Hohenzollern. Hrsg. v. Richard DIETRICH. Köln/Wien 1986 (= Veröffentlichungen aus den Archiven Preußischer Kulturbesitz 20).

POSCHARSKY, Peter 1963
Die Kanzel. Erscheinungsform im Protestantismus bis zum Ende des Barocks. Gütersloh 1963.

POSCHARSKY, Peter 1998
Das lutherische Bildprogramm. – In: Ders. (Hrsg.): Die Bilder in den lutherischen Kirchen. Ikonographische Studien. München 1998, S. 21–39.

POSCHARSKY, Peter (Hrsg.) 1998
Die Bilder in den lutherischen Kirchen. Ikonographische Studien. München 1998.

PRINZ, Matthias 1980
Saarbrücken, Basilika St. Johann. Ottobeuren 1980.

PRÖGER, Johannes 1989
Die Mozartorgel in der Paulskirche. – In: Die prot. Kirchen in Kirchheimbolanden. München und Zürich 1989 (= Schnell Kunstführer 1767), S. 20 f.

RASCHZOK. Klaus 1988
Lutherischer Kirchenbau und Kirchenraum im Zeitalter des Absolutismus. Dargestellt am Beispiel des Markgraftums Brandenburg-Ansbach 1672–1791. 2 Bde. Frankfurt/Bern/New York/Paris 1988 (= Europäische Hochschulschriften, Reihe XXII: Theologie, Bd. 328).

RAUCH, Günter 1987
Hanau und Kassel. Zum Aussterben des Hanauer Grafenhauses vor 250 Jahren. – In: Neues Magazin für Hanauische Geschichte 9 (1987–1990), S. 57–70.

RAUCH, Wolfgang o. J.
Herzlich willkommen in der Lutherkirche zu Pirmasens. Faltblatt. O. O., o. J.

REIMERS, Dagmar 1963
Die Ysenburger Linien im 18. Jahrhundert. – In: Isenburg – Ysenburg 963–1963. Zur tausendjährigen Geschichte des Geschlechtes. O. O. 1963, S. 55–64.

RENKEWITZ, Heinz 2. Aufl. 1939
Zinzendorf. Herrnhut 2. Aufl. 1939.

REUTHER, Hans 1978
Die reformierte Kirche zu Göttingen. Eine Studie zum spätbarocken Sakralbau im südlichen Niedersachsen. – In: Niederdeutsche Beiträge zur Kunstgeschichte 17 (1978), S. 163–184.

RHODE, Uta 1994
Die Schloßkapelle in Eisenberg/Thüringen. Magisterarbeit (masch.) Marburg 1994.

RIESS, Eugen 1991
250 Jahre evangelisch-reformierte Kirche Wölfersheim. Festschrift anläßlich des 250. Jahrestags ihrer Einweihung am 22. Mai 1991. Wölfersheim 1991.

ROHLS, Jan 1987
Theologie reformierter Bekenntnisschriften. Göttingen 1987

ROHLS, Jan 1997
Protestantische Theologie der Neuzeit I. Die Voraussetzungen und das 19. Jahrhundert. Tübingen 1997.

ROHR, Julius Bernhard von 1733
Ceremoniel-Wisenschaft der großen Herren. Berlin 1733.

ROTERMUND, Hans Martin 1959
Orthodoxie und Pietismus. Valentin Ernst Löschers „Timotheus perinus" und die Auseinandersetzung mit der Schule August Hermann Franckes. Berlin 1959 (= Theologische Arbeiten XIII).

ROTH, Hermann 1974
Burg und Stadt Friedberg. Ein Wegweiser durch ihre Sehenswürdigkeiten und ihre Geschichte. Friedberg 1974.

RUDNIG, Alice 1982
Die Reformation in der Grafschaft Solms-Braunfels. Phasen der Konfessionsbildung. – In: Mitteilungen des Wetzlarer Geschichtsvereins 29, 1982. S. 11–116.

RUPP, Johannes-Peter 1984
Kleine Geschichte der Solmser Lande. Gießen 1984.

Salder, Schloßkirche o. J.
Salder. Schloßkirche Maria Magdalena. Faltblatt. Salzgitter-Salder o. J.

SALTENBERGER, Frank-Michael 1984/85
Die frühen protestantischen Kirchenbauten Friedrich Joachim Stengels in Heftrich und Grävenwiesbach. Magisterarbeit (masch.) Frankfurt 1984/85.

SALTENBERGER, Frank-Michael 1985
Die Grävenwiesbacher Kirche – Ein protestantischer Kirchenbau Friedrich Joachim Stengels (1694–1787). – In: Usinger Land. Heimatbeilage zum „Usinger Anzeiger", Nr. 11 / November 1985, Sp. 229–240.

SALTENBERGER, Frank-Michael 1988
Das Herrnhaager Gemeinhaus – Eine Architekturanalyse. – In: Büdinger Geschichtsblätter 13 (1988), S. 15–29.

SALTENBERGER, Frank-Michael 1989
Die ev. Pfarrkirche in Heftrich. – In: Festschrift zum 250jährigen Bestehen der evangelischen Pfarrkirche in Heftrich. Hrsg. v. Klaus-Gunther WESSELING. Heftrich 1989, S. 1–19.

SCHELLENBERG, Karl-Heinz 1990
Braunfelser Chronik. Braunfels 1990.

SCHELTER, Alfred 1981
Der protestantische Kirchenbau des 18. Jahrhunderts in Franken. Kulmbach 1981.

SCHICKETANZ, Peter 2001
Der Pietismus von 1675 bis 1800. Leipzig 2001 (= Kirchengeschichte in Einzeldarstellungen III / 1).

SCHLITZ gen. v. GÖRTZ, Elisabeth Gräfin von 1936
Schlitz und das Schlitzerland. Ein Heimatbuch. Schlitz 1936.

SCHLOSSER, Manfred 1956
Genossenschaften in der Grafschaft Ysenburg vom 16. bis zum 19. Jahrhundert. Diss. Frankfurt 1956.

SCHMIDT, Ernst Hermann 1923
Geschichte des Dorfes Eisemroth. Begonnen 1923 (Manuskript).

SCHMIDT, F. A. 1948
Fürst Karl August und seine Bautätigkeit in und um Weilburg. – In: Nassauische Annalen 60 (1948), S. 66–89.

SCHMIDT, Frank 1990
Der Hessen-Darmstädtische Pfarrer Johann Konrad Lichtenberg (1689–1751) als Baumeister. – In: Archiv für hessische Geschichte und Altertumskunde, N. F. 48 (1990), S. 89–129.

SCHMIDT, Frank 1993
Kirchenbau und Kirchenausstattung in der Landgrafschaft Hessen-Darmstadt von der Reformation bis 1803. Diss. Heidelberg 1993.

SCHMIDT, Frank 1994
Ev.-luth. Stadtkirche Erbach/Odenwald. Regensburg 1994 (= Schnell & Steiner Kunstführer Nr. 2123).

SCHMIDT, Fritz 1912
Reformation und Gegenreformation in Stadt und Gericht Schlitz. – In: Ders.: Elfhundert Jahre Schlitzer Geschichte. Festschrift zur 1100-jährigen Jubelfeier der Gründung der Schlitzer Kirche. Schlitz 1912, S. 33–41.

SCHMIDT, Georg 1986
Die „Zweite Reformation" im Gebiet des Wetterauer Grafenvereins. Die Einführung des reformierten Bekenntnisses im Spiegel der Modernisierung gräflicher Herrschaftssysteme. – In: Die reformierte Konfessionalisierung in Deutschland – Das Problem der „Zweiten Reformation". Hrsg. v. Heinz SCHILLING. Gütersloh 1986 (= Schriften des Vereins für Reformationsgeschichte 195), S. 185–213.

SCHMIDT, Martin 1972
Pietismus. Stuttgart/Berlin/Köln/Mainz 1972.

SCHMITT, Franz 1911
Die Kirchen des Kreises Lauterbach. Diss. Darmstadt 1911.

SCHMOLL gen. EISENWERTH, J. A. 1963
Die Ludwigskirche von Friedrich Joachim Stengel 1762–1962. Saarbrücken 1963.

SCHÖNFELD, Stephan 1999
Der niederländische Einfluß auf den Kirchenbau in Brandenburg und Anhalt im 17. und 18. Jahrhundert. Frankfurt am Main/Berlin/Bern/Bruxelles/New York/Wien 1999 (= Europäische Hochschulschriften, Reihe XXVIII, Bd. 346).

SCHRUPP, Antje 2000
Kein Revolutionär. Speners Theologie als Reaktion auf die Zeitgeschichte. – In: Nicht nur fromme Wünsche. Philipp Jakob Spener neu entdeckt. Mit Beiträgen von Wolfgang BROMME, Paul Martin CLOTZ, Ulrich DAHMER, Karl DIENST, Ralf-Andreas GMELIN, Antje SCHRUPP, Peter STEINACKER und Jutta TAEGE-BIZER. Frankfurt 2000, S. 77–98.

SCHUBART, Robert H.: Ludwigsplatz und Ludwigskirche in Saarbrücken 1762–1765–1775. Saarbrücken 1967.

SCHUBERT, Ulrike 1988
Querkirchen von Johann Friedrich Matthei im Werraland. Magisterarbeit (masch.) Frankfurt 1988.

SCHÜTTE, Ulrich 1979
„Ordnung" und „Verzierung". Untersuchungen zur deutschsprachigen Architekturtheorie des 18. Jahrhunderts. Diss. Heidelberg 1979.

SCHÜTTE, Ulrich 1984
Die Lehre von den Gebäudetypen. – In: Architekt und Ingenieur. Baumeister in Krieg und Frieden. Hrsg. v. Hartwig NEUMANN u. Ulrich SCHÜTTE. Ausstellungskatalog Wolfenbüttel 1984, S. 173–189.

SCHÜTTE, Ulrich 1992
„Wie manchen Fürsten Pracht hast du, o Fürst, erreicht." Das Residenzschloß in Arolsen. – In: „Indessen will es glänzen." Arolsen. Eine barocke Residenz. Hrsg. v. Birgit KÜMMEL und Richard HÜTTEL. Ausstellungskatalog Arolsen 1992, S. 33–48.

SCHÜTTE, Ulrich 1994
Überlegungen zur Außenwirkung protestantischer Dorfkirchen in Hessen. – In: RASCHZOK, Klaus u. SÖRRIES, Reiner (Hrsg.): Geschichte des protestantischen Kirchenbaues. Festschrift für Peter Poscharsky zum 60. Geburtstag. Erlangen 1994, S. 201–208.

SCHWIPPS, Werner 1964
Die Garnisonkirchen von Berlin und Potsdam. Berlin 1964 (= Berlinische Reminiszenzen VI).

SIEMON, G. 1935
Das 200jährige evangelische Gotteshaus zu Langenselbold. Jubiläumsvortrag. – In: Heimatliche Beilage zur Hanauer Rundschau / Langenselbolder Zeitung 4 (1935), Nr. 11/12.

SINKOLI, Anna 1995
Frankreich, das Reich und die Reichsstände 1697–1702. Frankfurt/Berlin/Bern/New York/ Paris/Wien 1995 (= Europäische Hochschulschriften Reihe III Bd. 652).

SKALECKI, Georg 1995
Das Werk Friedrich Joachim Stengels. – In: Zeitschrift für die Geschichte der Saargegend 43 (1995), S. 54–91.

SOLMS-LAUBACH, Rudolph Graf zu 1856
Geschichte des Grafen- und Fürstenhauses Solms. Frankfurt/Main 1856.

SPOHR, Edmund 1959
Geschichte des Kirchspiels und der Kirche zu Unterreichenbach. Manuskript, Völzberg 1959.

Stadtkirche Erbach o. J.
Die evangelische Stadtkirche zu Erbach. Kirchenchronik (Faltblatt). Erbach o. J.

STÄHLIN, Rudolf 1954
Die Geschichte des christlichen Gottesdienstes von der Urkirche bis zur Gegenwart. – In: Leiturgia. Handbuch des evangelischen Gottesdienstes. Hrsg. v. Karl Ferdinand WALDMÜLLER und Walter BLANKENBURG. Bd. I: Geschichte und Lehre des evangelischen Gottesdienstes. Kassel 1954, S. 1–80.

STEITZ, Heinrich 1977
Geschichte der Evangelischen Kirche in Hessen und Nassau. Marburg 1977.

STOLZE, Hans-Dieter 1997
Die Lutheraner in Kassel. Ein Stück Stadt- und Kirchengeschichte. Kassel 1997 (= Monographia Hassiae 20).

STURM, Leonhard Christoph 1712
Architectonisches Bedencken von Protestantischer Kleinen Kirchen Figur und Einrichtung / An Eine Durchläuchtige Person über einem gewissen Casu gestellet / Und Als eine offtmahls vorkommende Sache zum gemeinen Nutzen in Druck gegeben / Mit dazugehörigen Rissen. Hamburg 1712. – Faksimile in: LANGMAACK, Gerhard: Evangelischer Kirchenbau im 19. und 20 Jahrhundert. Geschichte – Dokumentation – Synopse. Kassel 1971, S. 219–258.

STURM, Leonhard Christoph 1714
Leonhard Christoph Sturms, Fürstl. Mecklenburgischen Cammer-Raths und Bau-Directoris, Prodromus Architecturae Goldmanniae, oder Getreue und gründliche Anweisung / I. Worinnen die wahre Praxis der Civil-Bau-Kunst bestehe / II. Wie das Bau-Wesen in einem Fürstenthum mit Bestellung nothwendiger Bedienten und deren Instruction, Mit Einrichtung eines zulänglichen Bau-Hoffes / und Mit sicherer Führung der Rechnungen einzurichten sey / III. Wie eine nach Nicol. Goldmanns Reguln eingerichtete Invention allezeit vor der Tadelsucht der Empiricorum in Praxi sicher stehen könne: Als eine Vorbereitung Zu einer vorhabenden neuen / sehr vermehrten / verbesserten und bequemern Edition der vollständigen Anweisung Zu der Civil-Bau-Kunst herausgegeben Und in netten Kupfferstichen mit unterschiedlichen Baumeisterischen Erfindungen erläutert. Augsburg 1714.

STURM, Leonhard Christoph 1718
Vollständige Anweisung alle Arten von Kirchen wohl anzugeben. Worinnen 1. Nic. Goldmanns Anweisung und drey Exempel angeführet / und mit Anmerckungen erläutert. 2. Außführlicher von Römisch-Catholischen Kirchen / und insonderheit 3. Von dem künstlichen Bau der grossen Kuppeln. 4. Von Protestantischen Kirchen gehandelt / Mit fünff neuen Inventionen von jenen / und sechs von diesen der Praxi gemäß erkläret / und in 22. saubern Kupffer-Platten appliciret wird. Augsburg 1718.

THADDEN, Rudolf von u. MAGDELAINE, Michelle (Hrsg.) 1985
Die Hugenotten 1685–1985. München 1985.

THEIS, Friedrich 1953
Bicken im Aartal in Vergangenheit und Gegenwart. O. O. 1953.

THEIS, Friedrich o. J.
Orgel in der evangelischen Kirche in Bicken. Manuskript, o. J.

THIELING, Gauthier 1939
La Ville de Bouxwiller et le Comté de Hanau-Lichtenberg. – In: Bulletin de la Société Niederbronnoise d'Histoire et d'Archéologie 5 (1939), S. 207–218.

THOMASIUS, Christian 1723
Vom Recht eines christlichen Fürsten in Religionssachen (1723). – Auszug in: Kirchen- und Theologiegeschichte in Quellen. Ein Arbeitsbuch. Hrsg. v. Heiko A. OBERMAN, Adolf Martin RITTER und Hans-Walter KRUMWIEDE. Bd. 4: Neuzeit, 1. Teil: 17. Jahrhundert bis 1870. Ausgewählt, übersetzt und kommentiert v. Hans-Walter KRUMWIEDE, Martin GRESCHAT, Manfred JACOBS und Andreas LINDT. Neukirchen 1979, S. 79–82.

THOMES, Paul 1999
Der mühsame Weg zur absolutistischen Residenz (1635–1741). – In: WITTENBROCK, Rolf (Hrsg.): Geschichte der Stadt Saarbrücken. Bd. 1: Von den Anfängen bis zum industriellen Aufbruch (1860). Saarbrücken 1999, S. 299–352.

TOURSEL-HARSTER, BECK u. BRONNER 1995
TOURSEL-HARSTER, Dominique, BECK, Jean-Pierre u. BRONNER, Guy: Dictionnaire des monuments historiques d'Alsace. Strasbourg 1995.

UFHOLZ, Gerhard 1985
Die Geschichte der evangelischen Kirchengemeinde Gersfeld. – In: 200 Jahre Barockkirche Gersfeld 1785–1985. Gersfeld 1985, S. 9–136.

VAST, Henri (Hrsg.) 1898
Les grandes traités du règne de Louis XIV, Bd. 2: Traités d'Aix-la Chapelle, Traités de Nimègue et Trêve de Ratisbonne, Traités de Turin et de Ryswick (1668–1697). Paris 1898.

VIERHAUS, Rudolf 2. Aufl. 1984
Deutschland im Zeitalter des Absolutismus. Göttingen 2. Aufl. 1984.

VOGE, Richard 1960
Die Orgel der Kirche zu Langenselbold. – In: 225 Jahre Ev. Kirche Langenselbold 30.Okt.60. Langenselbold 1960.

VOGLER, Bernard 1994a
Histoire des chrétiens d'Alsace des origines à nos jours. O.O. 1994.

VOGLER, Bernard 1994b
Histoire culturelle de l'Alsace. Strasbourg 1994.

VOGLER, Günter 1996
Absolutistische Herrschaft und ständische Gesellschaft. Stuttgart 1996.

VOGT, Monika 1990
Die Ansiedlung der französischen Glaubensflüchtlinge in Hessen nach 1685. Ein Beitrag zur Problematik der sogenannten Hugenottenarchitektur. Darmstadt/Marburg 1990 (= Quellen und Forschungen zur hessischen Geschichte 73).

WA
Martin Luthers Werke. Kritische Gesamtausgabe (Weimarer Ausgabe). Bd. 1–58,1. Weimar 1883–1948.

WAGNER, Hans W. 1967
Über Ursprung und Werden der Hugenottenkolonie Mariendorf. – In: Gemeinde-Nachrichten für die evangelischen Kirchengemeinden Immenhausen und Mariendorf, Sonderausgabe Juli 1967, S. 10–19.

WAGNER, Hans W. 1985
Hugenottenland Hessen. Kassel 1985.

WAGNER, Walter 1938
Das Rhein-Main-Gebiet vor 150 Jahren (1787). Darmstadt 1938.

WAGNITZ, Friedrich 1994
Herzog August Wilhelm von Wolfenbüttel (1662–1731). Fürstenleben zwischen Familie und Finanzen. Manuskript, 1994.

WARTENBERG, Günther 1997
Bilder in den Kirchen der Wittenberger Reformation. – In: FRITZ, Johann Michael (Hrsg.): Die bewahrende Kraft des Luthertums. Mittelalterliche Kunstwerke in evangelischen Kirchen. Regensburg 1997, S. 19–33.

WEBER, Anette 1992
Giovanni Ghezzy's barocke Dorfkirchen in der Landgrafschaft Hessen-Kassel. Magisterarbeit (masch.) Marburg 1992.

WEHRUM, Carl o. J.
Chronik der Schloßkirche zu Weilburg. Weilburg o. J.

WEITZEL, Jürgen 1985
Landesherrliche Administrationsmaßnahmen zur Eingliederung hugenottischer Flüchtlinge. – In: DUCHHARDT, Heinz (Hrsg.): Der Exodus der Hugenotten. Die Aufhebung des Edikts von Nantes 1685 als europäisches Ereignis. Köln/Wien 1985, S. 121–140.

Wetterauischer Geographus 1747
Wetterauischer Geographus, Das ist: Kurtze und Vollständige Beschreibung, aller derer in= und an der Wetterau liegender Herrschaften, Städte, Schlösser, Flecken, Dörfer, Adelicher= Klöster= und anderer Höfe, Salz=Soden, Sauer= und Gesund Brunnen und Bäder, Silber= Kupfer= Bley= und Eysen=Bergwercke, Gruben, Schmeltzen, Hütten, Hämmer, Mühlen, Ströhme, Flüsse, Bäche und dergleichen, auch was bey ein= und anderem Ort merck. und denckwürdiges zu sehen, etc. in Alphabetischer Ordnung zusammen getragen und Nun zum erstenmahl ans Licht gestellet Von dem Liebhaber In Historischen Dingen. Frankfurt/Main 1747.

WEX, Reinhold 1984
Ordnung und Unfriede. Raumprobleme des protestantischen Kirchenbaus im 17. und 18. Jahrhundert in Deutschland. Marburg 1984.

WEYRAUCH, Peter 1979
Die Kirchen des Altkreises Gießen. Gießen 1979.

WHITE, James F. 1964
Protestant Worship and Church Architecture. Theological and Historical Considerations. New York 1964.

WICKE, Klaus 1986
300 Jahre Carlsdorf. Zur Geschichte der ältesten Hugenottensiedlung in Hessen. – In: Ders. (Hrsg.): Carlsdorf 1686–1986. Festschrift zur 300-Jahr-Feier der ältesten Hugenottensiedlung in Hessen. Hofgeismar-Carlsdorf 1986, S. 9–25.

WIESENHÜTTER, Alfred 1936
Protestantischer Kirchenbau des deutschen Ostens in Geschichte und Gegenwart. Leipzig 1936.

WILBERT, Jean-Louis 1995
Denkmalpflege an Stengel-Bauten im Elsaß. - In: Zeitschrift für die Geschichte der Saargegend 43 (1995), S. 166–169.

WILFERT, Manfred 1988
Die evangelische Kirche in Grävenwiesbach 1738–1988. – In: Festschrift zum 250-jährigen Jubiläum der ev. Kirche Grävenwiesbach. Grävenwiesbach 1988, S. 4–16.

WINSTEIN, Ernest 1992
Die reformierte Kirche: ein Werk von F. J. Stengel. – In: Le Temple réformé de Sarre-Union. Hrsg. v. d. Association pour la Sauvegarde et l'Utilisation du Temple réformé de Sarre-Union. Sarre-Union 1992, S. 16–17.

WIRTZ, B. 1936
Heimatblatt für die evangelische Gemeinde Ruppertsburg, Nr. 9 / September 1936 und Nr. 10 / Oktober 1936.

WITTICH, Johann Georg 1731
Das neu=erbaute GOttes=Hauß zu Ober=Eschbach / als Die rechte Himmels=Pfort. Homburg vor der Höhe 1731.

WOLF, Inge 1988
Christian Ludwig Hermann – Baudirektor am Hanauer Hof. In: Hanauer Geschichtsblätter 30 (1988), S.445–555.

WOLLENBERG, Jörg: Die französische Hugenottenpolitik zwischen Toleranz und Verfolgung. Zur Entpolitisierung des französischen Protestantismus im 17. Jahrhundert. – In: ESCHMANN, Jürgen (Hrsg.): Hugenottenkultur in Deutschland. Tübingen 1989, S. 69–92.

YON, Catherine 1985
Das Refuge auf dem Lande. Das Beispiel Hessen. – In: THADDEN, Rudolf von u. MAGDELAINE, Michelle (Hrsg.): Die Hugenotten 1685–1985. München 1985, S. 127–145.

Zeitbilder 1905
Zeitbilder. Illustrierte Zeitschrift für den Fremden- und Touristenverkehr in der Pfalz. Sonntagsbeilage zur „Pfälzischen Presse" 14. Jg. Nr. 39 / 19.11.1905, S. 1–3.

ZILCH, Hubert (Hrsg.) 1988
Hanauerland. Ein vergessenes Stück Hanauer Geschichte. Hanau 1988.

ZIMMERLING, Peter 1999
Nikolaus Ludwig Graf von Zinzendorf und die Herrnhuter Brüdergemeine. Geschichte, Spiritualität und Theologie. Holzgerlingen 1999.

ZWINGLI, Huldreich 1523
Ratschläge betreffend Messe und Bilder, 10.–19. Dezember 1523. – In: Corpus Reformatorum LXXXIX: Huldreich Zwinglis sämtliche Werke. Bd. II. Leipzig 1908. S. 813–816.